Incomplet d'1 ff.

Hakeroult, p. 263, n°245 (VIII)
Becker, VI (1887), p. 525, n°1475

Z 2424
B.A.9

Z 2424
B.A.9

1364

COLLECTION
COMPLETTE
DES
ŒUVRES
DE
J. J. ROUSSEAU.

TOME NEUVIEME.

DICTIONNAIRE
DE
MUSIQUE,
PAR
J. J. ROUSSEAU.

Nouvelle Edition revue & corrigée.

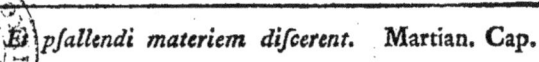

Et psallendi materiem discerent. Martian. Cap.

LONDRES.

M. DCC. LXVI.

PRÉFACE.

LA Musique est, de tous les beaux Arts, celui dont le Vocabulaire est le plus étendu, & pour lequel un Dictionnaire est, par conséquent, le plus utile. Ainsi, l'on ne doit pas mettre celui-ci au nombre de ces compilations ridicules, que la mode, ou plutôt la manie des Dictionnaires multiplie de jour en jour. Si ce Livre est bien fait, il est utile aux Artistes. S'il est mauvais, ce n'est ni par le choix du sujet, ni par la forme de l'ouvrage. Ainsi l'on auroit tort de le rebuter sur son titre. Il faut le lire pour en juger.

L'UTILITÉ du sujet n'établit pas, j'en conviens, celle du Livre, elle me justifie seulement de l'avoir entrepris, & c'est aussi tout ce que je puis prétendre; car d'ailleurs, je sens bien ce qui manque à l'exécution. C'est ici moins un Dictionnaire en forme, qu'un recueil de matériaux pour un Dictionnaire, qui n'attendent qu'une meilleure main pour être employés. Les fondemens de cet Ouvrage furent jettés si à la hâte, il y a quinze ans, dans l'Encyclopédie, que, quand j'ai voulu le reprendre sous œuvre, je n'ai pû lui donner la solidité qu'il auroit eue, si j'avois eu plus de temps pour en digérer le plan & pour l'exécuter.

JE ne formai pas de moi-même cette entreprise, elle me fut proposée; on ajouta que le manuscrit entier de l'Encyclopédie devoit être complet avant qu'il en fût imprimé une seule ligne; on ne me donna que trois mois pour remplir ma tâche, & trois ans pouvoient me suffire à peine pour lire, extraire, comparer & compiler les Auteurs dont j'avois besoin: mais le zèle de l'amitié m'aveugla sur l'impossibilité du succès. Fidèle à ma parole, aux dépens de ma réputation, je fis vite & mal, ne pouvant bien faire en si peu de temps,

PRÉFACE.

au bout de trois mois mon manuscrit entier fut écrit, mis au net & livré; je ne l'ai pas revu depuis. Si j'avois travaillé volume à volume comme les autres, cet essai, mieux digéré, eût pu rester dans l'état où je l'aurois mis. Je ne me repens pas d'avoir été exact; mais je me repens d'avoir été téméraire, & d'avoir plus promis que je ne pouvois exécuter.

Blessé de l'imperfection de mes articles à mesure que les volumes de l'Encyclopédie paroissoient, je résolus de refondre le tout sur mon brouillon, & d'en faire à loisir un ouvrage à part, traité avec plus de soin. J'étois, en recommençant ce travail, à portée de tous les secours nécessaires. Vivant au milieu des Artistes & des Gens de Lettres, je pouvois consulter les uns & les autres. M. l'Abbé Sallier me fournissoit, de la Bibliothèque du Roi, les livres & manuscrits dont j'avois besoin, & souvent je tirois, de ses entretiens, des lumières plus sûres que de mes recherches. Je crois devoir à la mémoire de cet honnête & savant homme, un tribut de reconnoissance que tous les Gens de Lettres qu'il a pû servir, partageront sûrement avec moi.

Ma retraite à la campagne m'ôta toutes ces ressources, au moment que je commençois d'en tirer parti. Ce n'est pas ici le lieu d'expliquer les raisons de cette retraite: on conçoit que, dans ma façon de penser, l'espoir de faire un bon Livre sur la Musique n'en étoit pas une pour me retenir. Éloigné des amusemens de la Ville, je perdis bien-tôt les goûts qui s'y rapportoient; privé des communications qui pouvoient m'éclairer sur mon ancien objet, j'en perdis aussi toutes les vues; & soit que depuis ce temps l'Art ou sa théorie aient fait des progrès, n'étant pas même à portée d'en rien savoir, je ne fus plus en état de les suivre. Convaincu, cependant, de l'utilité du travail que j'avois entrepris, je m'y remettois de temps à autre, mais toujours avec moins de succès, & toujours éprouvant que les difficultés d'un Livre de cette espèce demandent, pour les vaincre, des lumières que je n'étois plus en état d'acquérir, & une chaleur d'intérêt que j'avois cessé d'y mettre. Enfin, désespérant d'être jamais à portée de mieux faire, & voulant quitter pour toujours des idées dont mon esprit s'éloigne de plus en plus, je me suis occupé, dans ces Montagnes, à rassembler ce que j'avois fait à Paris & à Montmorenci ; &, de cet amas indigeste, est sorti l'espèce de Dictionnaire qu'on voit ici.

Cet historique m'a paru nécessaire pour expliquer comment les circonstances m'ont forcé de donner en si mauvais état un Livre que j'aurois pû mieux faire, avec les secours dont je suis privé. Car j'ai toujours cru que le respect qu'on doit au Public n'est pas de lui dire des fadeurs, mais de ne lui rien dire que de vrai & d'utile, ou du moins qu'on ne juge tel ; de ne lui rien présenter sans y avoir donné tous les soins dont ont est capable, & de croire qu'en faisant de son mieux, on ne fait jamais assez bien pour lui.

Je n'ai pas cru, toutefois, que l'état d'imperfection où j'étois forcé de laisser cet ouvrage, dût m'empêcher de le publier ; parce qu'un Livre de cette espèce étant utile à l'Art, il est infiniment plus aisé d'en faire un bon sur celui que je donne, que de commencer par tout créer. Les connoissances nécessaires pour cela ne sont peut-être pas fort grandes, mais elles sont fort variées, & se trouvent rarement réunies dans la même tête. Ainsi, mes compilations peuvent épargner beaucoup de travail à ceux qui sont en état d'y mettre l'ordre nécessaire ; & tel, marquant mes erreurs, peut faire un excellent Livre, qui n'eût jamais rien fait de bon sans le mien.

J'avertis donc ceux qui ne veulent souffrir que des Livres bien faits, de ne pas entreprendre la lecture de celui-ci ; bientôt ils en seroient rebutés : mais pour ceux que le mal ne détourne pas du bien ; ceux qui ne sont pas tellement occupés des fautes, qu'ils comptent pour rien ce qui les rachete ;

PRÉFACE.

ceux, enfin, qui voudront bien chercher ici de quoi compenser les miennes, y trouveront peut-être assez de bons articles pour tolérer les mauvais, &, dans les mauvais même, assez d'observations neuves & vraies, pour valoir la peine d'être triées & choisies parmi le reste. Les Musiciens lisent peu, & cependant je connois peu d'Arts où la lecture & la réflexion soient plus nécessaires. J'ai pensé qu'un Ouvrage de la forme de celui-ci seroit précisément celui qui leur convenoit, & que pour le leur rendre aussi profitable qu'il étoit possible, il falloit moins y dire ce qu'ils savent, que ce qu'ils auroient besoin d'apprendre.

Si les Manœuvres & les Croque-Notes relèvent souvent ici des erreurs, j'espère que les vrais Artistes & les hommes de génie y trouveront des vues utiles dont ils sauront bien tirer parti. Les meilleurs Livres sont ceux que le vulgaire décrie, & dont les gens à talent profitent sans en parler.

Après avoir exposé les raisons de la médiocrité de l'Ouvrage & celles de l'utilité que j'estime qu'on en peut tirer, j'aurois maintenant à entrer dans le détail de l'Ouvrage même, à donner un précis du plan que je me suis tracé, & de la manière dont j'ai tâché de le suivre. Mais à mesure que les idées qui s'y rapportent se sont effacées de mon esprit, le plan sur lequel je les arrangeois, s'est de même effacé de ma mémoire. Mon premier projet étoit d'en traiter si relativement les articles, d'en lier si bien les suites par des renvois, que le tout, avec la commodité d'un Dictionnaire, eût l'avantage d'un Traité suivi; mais pour exécuter ce projet, il eût fallu me rendre sans cesse présentes toutes les parties de l'Art, & n'en traiter aucune sans me rappeller les autres; ce que le défaut de ressources & mon goût attiédi m'ont bien-tôt rendu impossible, & que j'eusse eu même bien de la peine à faire, au milieu de mes premiers guides, & plein de ma première ferveur. Livré à moi seul, n'ayant plus ni

PRÉFACE.

Savans ni Livres à confulter; forcé, par conféquent, de traiter chaque article en lui-même, &, fans égard à ceux qui s'y rapportoient, pour éviter des lacunes, j'ai dû faire bien des redites. Mais j'ai cru que dans un Livre de l'efpèce de celui-ci, c'étoit encore un moindre mal de commettre des fautes, que de faire des omiffions.

Je me fuis donc attaché fur-tout à bien completter le Vocabulaire, & non-feulement à n'omettre aucun terme technique, mais à paffer plutôt quelquefois les limites de l'Art, que de n'y pas toujours atteindre : & cela m'a mis dans la néceffité de parfemer fouvent ce Dictionnaire de mots Italiens & de mots Grecs; les uns tellement confacrés par l'ufage, qu'il faut les entendre même dans la pratique; les autres, adoptés de même par les Savans, & auxquels, vû la défuétude de ce qu'ils expriment, on n'a pas donné de fynonymes en François. J'ai tâché, cependant, de me renfermer dans ma règle, & d'éviter l'excès de Broffard, qui, donnant un Dictionnaire François, en fait le Vocabulaire tout Italien, & l'enfle de mots abfolument étrangers à l'Art qu'il traite. Car, qui s'imaginera jamais que *la Vierge*, *les Apôtres*, *la Meffe*, *les Morts*, foient des termes de Mufique, parce qu'il y a des Mufiques relatives à ce qu'ils expriment; que ces autres mots, *Page*, *Feuillet*, *Quatre*, *Cinq*, *Gofier*, *Raifon*, *Déja*, foient auffi des termes techniques, parce qu'on s'en fert quelquefois en parlant de l'Art?

Quant aux parties qui tiennent à l'Art fans lui être effencielles, & qui ne font pas abfolument néceffaires à l'intelligence du refte, j'ai évité, autant que j'ai pu, d'y entrer. Telle eft celle des Inftrumens de Mufique, partie vafte & qui rempliroit feule un Dictionnaire, fur-tout par rapport aux inftrumens des Anciens. M. Diderot s'étoit chargé de cette partie dans l'Encyclopédie, & comme elle n'entroit pas dans mon premier plan, je n'ai eu garde de l'y ajouter dans la fuite, après avoir si bien senti la difficulté d'exécuter ce plan tel qu'il étoit.

J'ai traité la partie Harmonique dans le système de la Basse-fondamentale, quoique ce système, imparfait & défectueux à tant d'égards, ne soit point, selon moi, celui de la Nature & de la vérité, & qu'il en résulte un remplissage sourd & confus, plutôt qu'une bonne Harmonie. Mais c'est un système, enfin ; c'est le premier, & c'étoit le seul jusqu'à celui de M. Tartini ; où l'on ait lié, par des principes, ces multitudes de règles isolées qui sembloient toutes arbitraires, & qui faisoient, de l'Art Harmonique, une étude de mémoire plutôt que de raisonnement. Le système de M. Tartini, quoique meilleur, à mon avis, n'étant pas encore aussi généralement connu, & n'ayant pas, du moins en France, la même autorité que celui de M. Rameau, n'a pas dû lui être substitué dans un Livre destiné principalement pour la Nation Françoise. Je me suis donc contenté d'exposer de mon mieux les principes de ce système dans un article de mon Dictionnaire ; & du reste, j'ai cru devoir cette déférence à la Nation pour laquelle j'écrivois, de préférer son sentiment au mien sur le fond de la doctrine Harmonique. Je n'ai pas dû cependant m'abstenir, dans l'occasion, des objections nécessaires à l'intelligence des articles que j'avois à traiter ; c'eût été sacrifier l'utilité du Livre au préjugé des Lecteurs ; c'eût été flatter sans instruire, & changer la déférence en lâcheté.

J'exhorte les Artistes & les Amateurs de lire ce Livre sans défiance, & de le juger avec autant d'impartialité que j'en ai mis à l'écrire. Je les prie de considérer que ne professant pas, je n'ai d'autre intérêt ici que celui de l'Art, & quand j'en aurois, je devrois naturellement appuyer en faveur de la Musique Françoise, où je puis tenir une place, contre l'Italienne où je ne puis être rien. Mais cherchant

PRÉFACE.

sincérement le progrès d'un Art que j'aimois passionnément, mon plaisir a fait taire ma vanité. Les premières habitudes m'ont long-temps attachés à la Musique Françoise, & j'en étois enthousiaste ouvertement. Des comparaisons attentives & impartiales m'ont entraîné vers la Musique Italienne, & je m'y suis livré avec la même bonne foi. Si quelquefois j'ai plaisanté, c'étoit pour répondre aux autres sur leur propre ton; mais je n'ai pas, comme eux, donné des bons mots pour toute preuve, & je n'ai plaisanté qu'après avoir raisonné. Maintenant que les malheurs & les maux m'ont enfin détaché d'un goût qui n'avoit pris sur moi que trop d'empire, je persiste, par le seul amour de la vérité, dans les jugemens que le seul amour de l'Art m'avoit fait porter. Mais, dans un Ouvrage comme celui-ci, consacré à la Musique en général, je n'en connois qu'une, qui n'étant d'aucun pays, est celle de tous; & je n'y suis jamais entré dans la querelle des deux Musiques, que quand il s'est agi d'éclaircir quelque point important au progrès commun. J'ai fait bien des fautes, sans doute; mais je suis assuré que la partialité ne m'en a pas fait commettre une seule. Si elle m'en fait imputer à tort par les Lecteurs, qu'y puis-je faire? Ce sont eux alors qui ne veulent pas que mon Livre leur soit bon.

Si l'on a vu, dans d'autres Ouvrages, quelques articles peu importans qui sont aussi dans celui-ci, ceux qui pourront faire cette remarque, voudront bien se rappeller que, dès l'année 1750, le manuscrit est sorti de mes mains sans que je sache ce qu'il est devenu depuis ce temps-là. Je n'accuse personne d'avoir pris mes articles; mais il n'est pas juste que d'autres m'accusent d'avoir pris les leurs.

A Motiers-Travers, le 20 Décembre 1764.

AVERTISSEMENT.

Quand l'espèce grammaticale des mots pouvoit embarrasser quelque Lecteur, on l'a désignée par les abbréviations usitées : *v. n. verbe neutre : f. m. substantif masculin*, &c. On ne s'est pas asservi à cette spécification pour chaque article, parce que ce n'est pas ici un Dictionnaire de Langue. On a pris un soin plus nécessaire pour des mots qui ont plusieurs sens; en les distinguant par une lettre majuscule quand on les prend dans le sens technique, & par une petite lettre quand on les prend dans le sens du discours. Ainsi, ces mots : *air* & *Air*, *mesure* & *Mesure*, *note* & *Note*, *temps* & *Temps*, *portée* & *Portée*, ne sont jamais équivoques, & le sens en est toujours déterminé par la manière de les écrire. Quelques autres sont plus embarrassans, comme Ton, qui a dans l'Art deux acceptions toutes différentes. On a pris le parti de l'écrire en italique pour distinguer un Intervalle, & en romain pour désigner une Modulation. Au moyen de cette précaution, la phrase suivante, par exemple, n'a plus rien d'équivoque.

„ Dans les Tons majeurs, l'Intervalle de la Tonique
„ à la Médiante est composé d'un *Ton* majeur & d'un *Ton*
„ mineur.

DICTIONNAIRE
DE
MUSIQUE.

A.

A *mi la*, A *la mi re*, ou simplement A. sixième son de la Gamme diatonique & naturelle, lequel s'appelle autrement *la*. (Voyez GAMME.)

A *battuta*. (Voyez MESURÉ.)

A Livre ouvert, ou à l'ouverture du Livre. (Voyez LIVRE.)

A *Tempo*. (Voyez MESURÉ.)

ACADÉMIE DE MUSIQUE. C'est ainsi qu'on appelloit autrefois en France, & qu'on appelle encore en Italie, une assemblée de Musiciens ou d'Amateurs, à laquelle les François ont depuis donné le nom de *Concert*. (Voyez CONCERT.)

ACADÉMIE ROYALE DE MUSIQUE. C'est le titre que porte encore aujourd'hui l'Opéra de Paris. Je ne dirai rien ici de cet établissement célèbre, sinon que de toutes les Académies du Royaume & du Monde c'est assurément celle qui fait le plus de bruit. (Voyez OPÉRA.)

ACCENT. On appelle ainsi, selon l'acception la plus générale, toute modification de la voix parlante, dans la durée, ou dans le ton des syllabes & des mots dont le discours est composé; ce qui montre un rapport très-exact entre les deux usages des *Accens* & les deux parties de la Mélodie, savoir le Rhythme & l'Intonation. *Accentus*, dit le Grammairien Sergius dans Donat, *quasi ad cantus*. Il y a autant d'*Accens* différens qu'il y a de manières de modifier ainsi la voix; & il y a autant de genres d'*Accens* qu'il y a de causes générales de ces modifications.

Dict. de Musˌ

On distingue trois de ces genres dans le simple discours ; savoir : l'*Accent* grammatical qui renferme la règle des *Accens* proprement dits, par lesquels le son des syllabes est grave ou aigu, & celle de la quantité, par laquelle chaque syllabe est brève ou longue : l'*Accent* logique ou rationel, que plusieurs confondent mal-à-propos avec le précédent : cette seconde sorte d'*Accent*, indiquant le rapport, la connexion plus ou moins grande que les propositions & les idées ont entr'elles, se marque en partie par la ponctuation : enfin l'*Accent* pathétique ou oratoire, qui, par diverses inflexions de voix, par un ton plus ou moins élevé, par un parler plus vif ou plus lent, exprime les sentimens dont celui qui parle est agité, & les communique à ceux qui l'écoutent. L'étude de ces divers *Accens* & de leurs effets dans la langue doit être la grande affaire du Musicien, & Denis d'Halicarnasse regarde avec raison l'*Accent* en général comme la semence de toute Musique. Aussi devons-nous admettre pour une maxime incontestable que le plus ou moins d'*Accent* est la vraie cause qui rend les langues plus ou moins musicales : car quel seroit le rapport de la Musique au discours, si les tons de la voix chantante n'imitoient les *Accens* de la parole ? D'où il suit que, moins une langue a de pareils *Accens*, plus la Mélodie y doit être monotone, languissante & fade ; à moins qu'elle ne cherche, dans le bruit & la force des sons, le charme qu'elle ne peut trouver dans leur variété.

Quant à l'*Accent* pathétique & oratoire, qui est l'objet le plus immédiat de la Musique imitative du théatre, on ne doit pas opposer à la maxime que je viens d'établir, que tous les hommes étant sujets aux mêmes passions doivent en avoir également le langage : car autre chose est l'*Accent* universel de la Nature qui arrache à tout homme des cris inarticulés, & autre chose l'*Accent* de la langue, qui engendre la Mélodie particulière à une Nation. La seule différence du plus ou moins d'imagination & de sensibilité qu'on remarque d'un peuple à l'autre, en doit introduire une infinie dans l'idiôme accentué, si j'ose parler ainsi. L'Allemand, par exemple, hausse également & fortement la voix dans la colère ; il crie toujours sur le même ton : l'Italien, que mille mouvemens divers agitent rapidement & succeſſivement dans le même cas, modifie ſa voix de milles manière. Le même fond de paſſion règne dans ſon ame : mais quel variété d'expreſſions dans ſes *Accens* & dans ſon langage ! Or, c'eſt à cette ſeule variété, quand le Muſicien ſait l'imiter, qu'il doit l'énergie & la grace de ſon chant.

Malheureuſement tous ces *Accens* divers, qui s'accordent parfaitement dans la bouche de l'Orateur, ne ſont pas ſi faciles à concilier ſous la plume du Muſicien déja ſi gêné par les règles particulières de ſon Art. On ne peut douter que la Muſique la plus parfaite ou du moins la plus expreſſive, ne ſoit celle où les *Accens* ſont le plus exactement obſervés; mais ce qui rend ce concours ſi difficile, eſt que trop de règles dans cet Art ſont ſujettes à ſe contrarier mutuellement, & ſe contrarient d'autant plus que la langue eſt moins muſicale; car nulle ne l'eſt parfaitement : autrement ceux qui s'en ſervent chanteroient au lieu de parler.

Cette extrême difficulté de ſuivre à la fois les règles de tous les *Accens* oblige donc ſouvent le Compoſiteur à donner la préférence à l'une ou à l'autre, ſelon les divers genres de Muſique qu'il traite. Ainſi les Airs de Danſe exigent ſur-tout un *Accent* rhythmique & cadencé, dont en chaque Nation le caractère eſt déterminé par la langue. L'*Accent* grammatical doit être le premier conſulté dans le Récitatif, pour rendre plus ſenſible l'articulation des mots, ſujette à ſe perdre par la rapidité du débit, dans la reſonnance harmonique : mais l'*Accent* paſſionné l'emporte à ſon tour dans les Airs dramatiques; & tous deux y ſont ſubordonnés, ſur-tout dans la Symphonie, à une troiſième ſorte d'*Accent*, qu'on pourroit appeler muſical, & qui eſt en quelque ſorte déterminé par l'eſpèce de Mélodie que le Muſicien veut approprier aux paroles.

En effet, le premier & principal objet de toute Muſique eſt de plaire à l'oreille ; ainſi tout Air doit avoir un chant agréable : voilà la première loi, qu'il n'eſt jamais permis d'enfreindre. L'on doit donc premièrement conſulter la Mélodie & l'*Accent* muſical dans le deſſein d'un Air quelconque. Enſuite, s'il eſt queſtion d'un chant dramatique & imitatif, il faut chercher l'*Accent* pathétique qui donne au sentiment son expression, & l'*Accent* rationel par lequel le Musicien rend avec justesse les idées du Poëte ; car pour inspirer aux autres la chaleur dont nous sommes animés en leur parlant, il faut leur faire entendre ce que nous disons. L'*Accent* grammatical est nécessaire par la même raison ; & cette règle, pour être ici la dernière en ordre, n'est pas moins indispensable que les deux précédentes, puisque le sens des propositions & des phrases dépend absolument de celui des mots : mais le Musicien qui sait sa langue, a rarement besoin de songer à cet *Accent*; il ne sauroit chanter son Air sans s'appercevoir s'il parle bien ou mal, & il lui suffit de savoir qu'il doit toujours bien parler. Heureux, toutefois, quand une Mélodie flexible & coulante ne cesse jamais de se prêter à ce qu'exige la langue ! Les Musiciens François ont en particulier des secours qui rendent sur ce point leurs erreurs impardonnables, & sur-tout le traité de la Prosodie Françoise de M. l'Abbé d'Olivet, qu'ils devroient tous consulter. Ceux qui feront en état de s'élever plus haut, pourront étudier la Grammaire de Port-Royal & les savantes notes du Philosophe qui l'a commentée. Alors en appuyant l'usage sur les règles & les règles sur les principes, ils seront toujours sûrs de ce qu'ils doivent faire dans l'emploi de l'*Accent* grammatical de toute espèce.

Quant aux deux autres sortes d'*Accens*, on peut moins les réduire en règles, & la pratique en demande moins d'étude & plus de talent. On ne trouve point de sang-froid le langage des passions, & c'est une vérité rebattue qu'il faut être ému soi-même pour émouvoir les autres. Rien ne peut donc suppléer dans la recherche de l'*Accent* pathétique à ce génie qui réveille à volonté tous les sentimens, & il n'y a d'autre Art en cette partie que d'allumer en son propre cœur le feu qu'on veut porter dans celui des autres. (Voyez GÉNIE.) Est-il question de l'*Accent* rationel : l'Art a tout aussi peu de prise pour le saisir, par la raison qu'on n'apprend point à entendre à des sourds. Il faut avouer aussi que cet *Accent* est moins que les autres du ressort de la Musique, parce qu'elle est bien plus le langage des sens que celui de l'esprit. Donnez donc au Musicien beaucoup d'images ou de sentimens & peu de simples idées à rendre : car il n'y a que les passions qui chantent; l'entendement ne fait que parler.

ACCENT. Sorte d'agrément du Chant François qui se notoit autrefois avec la Musique, mais que les Maîtres de Goût-du-Chant marquent aujourd'hui seulement avec du crayon, jusqu'à ce que les Écoliers sachent le placer d'eux-mêmes. L'*Accent* ne se pratique que sur une syllabe longue, & sert de passage d'une Note appuyée à une autre Note non appuyée, placée sur le même degré; il consiste en un coup de gosier qui éleve le son d'un degré, pour reprendre à l'instant sur la Note suivante le même son d'où l'on est parti. Plusieurs donnoient le nom de *plainte* à l'*Accent*. Voyez le signe & l'effet de l'*Accent*, (*Planche B. Figure 13.*)

ACCENS. Les Poëtes emploient souvent ce mot au pluriel pour signifier le Chant même, & l'accompagnent ordinairement d'une épithète, comme *doux, tendres, tristes, Accens*. Alors ce mot reprend exactement le sens de sa racine; car il vient de *canere, cantus*, d'où l'on a fait *Accentus*, comme *Concentus*.

ACCIDENT. ACCIDENTEL. On appelle *Accidens* ou *Signes Accidentels* les Bémols, Diéses ou Béquarres qui se trouvent, par accident, dans le courant d'un Air, & qui, par conséquent, n'étant pas à la Clef, ne se rapportent pas au mode ou Ton principal. (Voyez DIÈSE, BÉMOL, TON, MODE, CLEF TRANSPOSÉE.)

On appelle aussi *Lignes Accidentelles* celles qu'on ajoute au-dessus ou au-dessous de la Portée pour placer les Notes qui passent son étendue. (Voyez LIGNE, PORTÉE.)

ACCOLADE. Trait perpendiculaire aux Lignes, tiré à la marge d'une Partition, & par lequel on joint ensemble les Portées de toutes les Parties. Comme toutes ces Parties doivent s'exécuter en même temps, on compte les Lignes d'une Partition, non par les Portées, mais par les *Accolades*, & tout ce qui est compris sous une *Accolade*, ne forme qu'une seule Ligne. (Voyez PARTITION.)

ACCOMPAGNATEUR. Celui qui dans un concert accompagne de l'Orgue, du Clavecin, ou de tout autre Instrument d'accompagnement. (Voyez ACCOMPAGNEMENT.)

Il faut qu'un bon *Accompagnateur* soit grand Musicien, sache à fond l'Harmonie, qu'il connoisse bien son Clavier, qu'il ait l'oreille sensible, les doigts souples & le goût sûr.

C'est à l'*Accompagnateur* de donner le ton aux Voix & le mouvement à l'Orchestre. La première de ces fonctions exige qu'il ait toujours sous un doigt la Note du Chant pour la refrapper au besoin & soutenir ou remettre la Voix, quand elle foiblit ou s'égare. La seconde exige qu'il marque la Basse & son Accompagnement par des coups fermes, égaux, détachés & bien réglés à tous égards, afin de bien faire sentir la Mesure aux Concertans, sur-tout au commencement des Airs.

On trouvera dans les trois Articles suivans les détails qui peuvent manquer à celui-ci.

ACCOMPAGNEMENT. C'est l'exécution d'une Harmonie complette & régulière sur un Instrument propre à la rendre, tel que l'Orgue, le Clavecin, le Théorbe, la Guitarre, &c. Nous prendrons ici le Clavecin pour exemple ; d'autant plus qu'il est presque le seul Instrument qui soit demeuré en usage pour l'*Accompagnement*.

On y a pour guide une des parties de la Musique, qui est ordinairement la Basse. On touche cette Basse de la main gauche, & de la droite l'Harmonie indiquée par la marche de la Basse, par le chant des autres Parties qui marchent en même temps, par la Partition qu'on a devant les yeux, ou par les chiffres qu'on trouve ajoutés à la Basse. Les Italiens méprisent les chiffres ; la Partition même leur est peu nécessaire : la promptitude & la finesse de leur oreille y supplée, ils accompagnent fort bien sans tout cet appareil. Mais ce n'est qu'à leur disposition naturelle qu'ils sont redevables de cette facilité, & les autres Peuples, qui ne sont pas nés comme eux pour la Musique, trouvent à la pratique de l'*Accompagnement* des obstacles presqu'insurmontables. Il faut des huit à dix années pour y réussir passablement. Quelles sont donc les causes qui retardent ainsi l'avancement des élèves & embarrassent si long-temps les Maîtres, si la seule difficulté de l'Art ne fait point cela ?

Il y en a deux principales : l'une dans la manière de chiffrer les Basses : l'autre dans la méthode de *l'Accompagnement*. Parlons d'abord de la première.

Les signes dont on se sert pour chiffrer les Basses sont en trop grand nombre : il y a si peu d'Accords fondamentaux ! Pourquoi faut-il tant des chiffres pour les exprimer ? Ces mêmes signes sont équivoques, obscurs, insuffisans. Par exemple, ils ne déterminent presque jamais l'espèce des Intervalles qu'ils expriment, ou, qui pis est, ils en indiquent d'une autre espèce. On barre les uns pour marquer des Dièses ; on en barre d'autres pour marquer des Bémols : les Intervalles Majeurs & les Superflus, même les Diminués s'expriment souvent de la même manière : quand les chiffres sont doubles, ils sont trop confus ; quand ils sont simples, ils n'offrent presque jamais que l'idée d'un seul Intervalle ; de sorte qu'on en a toujours plusieurs à sous-entendre & à déterminer.

Comment remédier à ces inconvéniens ? Faudra-t-il multiplier les signes pour tout exprimer ? Mais on se plaint qu'il y en a déja trop. Faudra-t-il les réduire ? On laissera plus de choses à deviner à l'Accompagnateur, qui n'est déja que trop occupé ; & dès qu'on fait tant que d'employer des chiffres, il faut qu'ils puissent tout dire. Que faire donc ? Inventer de nouveaux Signes, perfectionner le Doigter, & faire des Signes & du Doigter deux moyens combinés qui concourent à soulager l'Accompagnateur. C'est ce que M. Rameau a tenté avec beaucoup de sagacité, dans sa Dissertation sur les différentes méthodes d'Accompagnement. Nous exposerons aux mots *Chiffre* & *Doigter* les moyens qu'il propose. Passons aux méthodes.

Comme l'ancienne Musique n'étoit pas si composée que la nôtre, ni pour le Chant, ni pour l'Harmonie, & qu'il n'y avoit guères d'autre Basse que la fondamentale, tout *l'Accompagnement* ne consistoit qu'en une suite d'Accords parfaits, dans lesquels l'Accompagnateur substituoit de temps en temps quelque Sixte à la Quinte, selon que l'oreille le conduisoit : ils n'en savoient pas davantage. Aujourd'hui qu'on a varié les Modulations, renversé les parties, surchargé, peut-être gâté l'Harmonie par des foules de Dissonnances, on est contraint de suivre d'autres

Règles. Campion imagina, dit-on, celle qu'on appelle Règle de l'Octave: (Voyez RÈGLE DE L'OCTAVE.) & c'est par cette méthode que la plupart des Maîtres enseignent encore aujourd'hui l'*Accompagnement*.

Les Accords sont déterminés par la Règle de l'Octave, rélativement au rang qu'occupent les Notes de la Basse, & à la marche qu'elles suivent dans un ton donné. Ainsi le Ton étant connu, la Note de la Basse-continue aussi connue, le rang de cette Note dans le Ton, le rang de la Note qui la précède immédiatement, & le rang de la Note qui la suit, on ne se trompera pas beaucoup, en accompagnant par la Règle de l'Octave, si le Compositeur a suivi l'Harmonie la plus simple & la plus naturelle, mais c'est ce qu'on ne doit guères attendre de la Musique d'aujourd'hui, si ce n'est peut-être en Italie où l'Harmonie paroit se simplifier à mesure qu'elle s'altère ailleurs. De plus, le moyen d'avoir toutes ces choses incessamment présentes, & tandis que l'Accompagnateur s'en instruit, que deviennent les doigts ? A peine atteint-on un Accord, quand il s'en offre un autre, & le moment de la réflexion est précisément celui de l'exécution. Il n'y a qu'une habitude consommée de Musique, une expérience réfléchie, la facilité de lire une ligne de musique d'un coup d'œil, qui puissent aider en ce moment. Encore les plus habiles se trompent-ils avec ce secours. Que de fautes échappent, durant l'exécution, à l'Accompagnateur le mieux exercé !

Attendra-t-on même pour accompagner, que l'oreille soit formée; qu'on sache lire aisément & rapidement toute Musique; qu'on puisse débrouiller, à livre ouvert, une Partition ? Mais, en fût-on là, on auroit encore besoin d'une habitude du Doigter fondée sur d'autres principes d'*Accompagnement* que ceux qu'on a donné jusqu'à M. Rameau.

Les Maîtres zélés ont bien senti l'insuffisance de leurs Règles. Pour y suppléer, ils ont eu recours à l'énumération & à la description des Consonnances, dont chaque Dissonnance se prépare, s'accompagne & se sauve dans tous les différens cas : détail prodigieux que la multitude des Dissonnances & de leurs combinaisons

sons fait assez sentir, & dont la mémoire demeure accablée.

Plusieurs conseillent d'apprendre la Composition avant de passer à l'*Accompagnement* : comme si l'*Accompagnement* n'étoit pas la composition même, à l'invention près, qu'il faut de plus au Compositeur. C'est comme si l'on proposoit de commencer par se faire Orateur pour apprendre à lire. Combien de gens, au contraire, veulent qu'on commence par l'*Accompagnement* à apprendre la composition? Et cet ordre est assurément plus raisonnable & plus naturel.

La marche de la Basse, la Règle de l'Octave, la manière de préparer & sauver les Dissonnances, la Composition en général, tout cela ne concourent guères qu'à montrer la succession d'un Accord, à un autre; de sorte qu'à chaque Accord, nouvel objet, nouveau sujet de réflexion. Quel travail continuel! Quand l'esprit sera-t-il assez instruit? Quand l'oreille sera-t-elle assez exercée, pour que les doigts ne soient plus arrêtés?

Telles sont les difficultés que M. Rameau s'est proposé d'applanir par ses nouveaux Chiffres, & par ses nouvelles Règles d'*Accompagnement*.

Je tâcherai d'exposer en peu de mots les principes sur lesquels sa méthode est fondée.

Il n'y a dans l'Harmonie que des Consonnances & des Dissonnances. Il n'y a donc que des Accords consonnans & des Accords dissonnans.

Chacun de ces Accords est fondamentalement divisé par Tierces. (C'est le système de M. Rameau.) L'Accord consonnant est composé de trois Notes, comme, *ut mi sol*; & le dissonnant de quatre, comme, *sol si re fa* : laissant à part la supposition & la suspension, qui, à la place des Notes dont elles exigent le retranchement, en introduisent d'autres comme par licence : mais l'*Accompagnement* n'en porte toujours que quatre. (Voyez Supposition & Suspension.)

Ou des Accords consonnans se succèdent, ou des accords dissonnans sont suivis d'autres Accords dissonnans, ou les consonnans & les dissonnans sont entrelacés.

L'Accord consonnant parfait ne convenant qu'à la Tonique, la succession des Accords consonnans fournit autant de Toniques, & par conséquent autant de changement de Ton.

Les Accords diffonnans se succèdent ordinairement dans un même Ton, si les Sons n'y sont point altérées. La diffonnance lie le sens harmonique : un Accord y fait desirer l'autre, & sentir que la phrase n'est pas finie. Si le Ton change dans cette succession, ce changement est toujours annoncé par un Dièse ou par un Bémol. Quant à la troisième succession, savoir l'entrelacement des Accords consonnans & diffonnans, M. Rameau la réduit à deux cas seulement, & il prononce en général, qu'un Accord consonant ne peut être immédiatement précédé d'aucun autre Accord diffonant, que celui de septième de la Dominante-Tonique, ou de celui de Sixte-Quinte de la Sous-Dominante ; excepté dans la Cadence rompue & dans les suspensions ; encore prétend-il qu'il n'y a pas d'exception quant au fond. Il me semble que l'Accord parfait peut encore être précédé de l'Accord de Septième diminuée, & même de celui de Sixte superflue ; deux Accords originaux, dont le dernier ne se renverse point.

Voilà donc trois textures différentes des phrases harmoniques. 1. Des Toniques qui se succèdent & forment autant de nouvelles Modulations. 2. Des Diffonnances qui se succèdent ordinairement dans le même Ton. 3. Enfin des Consonnances & des Diffonnances qui s'entrelacent, & où la Consonnance est, selon M. Rameau, nécessairement précédée de la Septième de la Dominante, ou de la Sixte-Quinte de la Sous-Dominante. Que reste-t-il donc à faire pour la facilité de l'*Accompagnement*, sinon d'indiquer à l'Accompagnateur quelle est celle de ces textures qui règne dans ce qu'il accompagne. Or, c'est ce que M. Rameau veut qu'on exécute avec des caractères de son invention.

Un seul Signe peut aisément indiquer le Ton, la Tonique & son Accord.

De-là se tire la connoissance des Dièses & des Bémols, qui doivent entrer dans la composition des Accords d'une Tonique à une autre.

La succession fondamentale par Tierces, ou par Quintes, tant en montant qu'en descendant, donne la première texture des phrases harmoniques, toute composée d'Accords consonnans.

La succession fondamentale par Quintes ou par Tierces, en

descendant donne la seconde texture, composée d'Accords dissonnans, savoir, des Accords de Septième, & cette succession donne une Harmonie descendante.

L'Harmonie ascendante est fournie par une succession de Quintes en montant ou de Quartes en descendant, accompagnées de la Dissonnance propre à cette succession, qui est la Sixte-ajoutée ; & c'est la troisième texture des phrases harmoniques. Cette dernière n'avoit jusqu'ici été observée par personne, pas même par M. Rameau, quoiqu'il en ait découvert le principe dans la Cadence qu'il appelle *Irrégulière*. Ainsi, par les Règles ordinaires, l'Harmonie qui naît d'une succession de Dissonnances, descend toujours, quoique selon les vrais principes, & selon la raison, elle doive avoir, en montant, une progression tout aussi régulière qu'en descendant.

Les Cadences fondamentales donnent la quatrième texture de phrases harmoniques, où les Consonnances & les Dissonnances s'entrelacent.

Toutes ces textures peuvent être indiquées par des caractères simples, clairs, peu nombreux, qui puissent, en même temps, indiquer, quand il le faut, la Dissonnance en général; car l'espèce en est toujours déterminée par la texture même. On commence par s'exercer sur ces textures prises séparément; puis on les fait succéder les unes aux autres sur chaque Ton & sur chaque Mode successivement.

Avec ces précautions, M. Rameau prétend qu'on apprend plus d'Accompagnement en six mois qu'on n'en apprenoit auparavant en six ans, & il a l'expérience pour lui. (Voyez Chiffres & Doigter.)

A l'égard de la manière d'accompagner avec intelligence, comme elle dépend plus de l'usage & du goût que des règles qu'on en peut donner, je me contenterai de faire ici quelques observations générales que ne doit ignorer aucun Accompagnateur.

I. Quoique dans les Principes de M. Rameau, l'on doive toucher tous les Sons de chaque Accord, il faut bien se garder de prendre toujours cette Règle à la lettre. Il y a des Accords qui seroient insupportables avec tout ce remplissage. Dans la plupart des Accords dissonnans, sur-tout dans les Accords par suppofition, il y a quelque Son à retrancher pour en diminuer la dureté : ce Son eft quelquefois la Septième, quelquefois la Quinte ; quelquefois l'une & l'autre fe retranchent. On retranche encore affez fouvent la Quinte ou l'Octave de la Baffe dans les Accords diffonnans, pour éviter des Octaves ou des Quintes de fuite qui peuvent faire un mauvais effet, fur-tout aux extrémités. Par la même raifon, quand la Note fenfible eft dans la Baffe, on ne la met pas dans l'*Accompagnement*, & l'on double, au lieu de cela, la Tierce ou la Sixte, de la main droite. On doit éviter auffi les Intervalles de Seconde, & d'avoir deux doigts joints ; car cela fait une diffonnance fort dure, qu'il faut garder pour quelques occafions où l'expreffion la demande. En général on doit penfer, en accompagnant, que quand M. Rameau veut qu'on rempliffe tous les Accords, il a bien plus d'égard à la méchanique des doigts & à fon fyftême particulier d'*Accompagnement*, qu'à la pureté de l'Harmonie. Au lieu du bruit confus que fait un pareil *Accompagnement*, il faut chercher à le rendre agréable & fonore, & faire qu'il nourriffe & renforce la Baffe, au lieu de la couvrir & de l'étouffer.

Que fi l'on demande comment ce retranchement de Sons s'accorde avec la définition de l'*Accompagnement* par une Harmonie complette, je réponds que ces retranchemens ne font, dans le vrai, qu'hypothétiques & feulement dans le Syftême de M. Rameau ; que, fuivant la Nature, ces Accords, en apparence ainfi mutilés, ne font pas moins complets que les autres, puifque les Sons qu'on y fuppofe ici retranchés les rendroient choquans & fouvent infupportables ; qu'en effet les Accords diffonnans ne font point remplis dans le fyftême de M. Tartini comme dans celui de M. Rameau, que par conféquent des Accords défectueux dans celui-ci font complets dans l'autre ; qu'enfin le bon goût dans l'exécution demandant qu'on s'écarte fouvent de la règle générale, & l'*Accompagnement* le plus régulier n'étant pas toujours le plus agréable, la définition doit dire la règle, & l'ufage apprendre quand on s'en doit écarter.

II. On doit toujours proportionner le bruit de l'*Accompagnement* au caractère de la Mufique & à celui des Inftrumens ou des Voix que l'on doit accompagner. Ainfi dans un Chœur on frappe de la main droite les Accords pleins ; de la gauche on redou-

ACC

ble l'Octave ou la Quinte ; quelquefois tout l'Accord. On en doit faire autant dans le Récitatif Italien ; car les sons de la Basse n'y étant pas soutenus, ne doivent se faire entendre qu'avec toute leur Harmonie, & de manière à rappeller fortement & pour long-temps l'idée de la Modulation. Au contraire, dans un Air lent & doux, quand on n'a qu'une voix foible ou un seul Instrument à accompagner, on retranche des Sons, on arpège doucement, on prend le petit Clavier. En un mot, on a toujours attention que l'*Accompagnement*, qui n'est fait que pour soutenir & embellir le Chant, ne le gâte & ne le couvre pas.

III. Quand on frappe les mêmes touches pour prolonger le Son dans une Note longue ou une Tenue, que ce soit plutôt au commencement de la Mesure ou du Temps fort, que dans un autre moment : on ne doit rebattre qu'en marquant bien la Mesure. Dans le Récitatif Italien, quelque durée que puisse avoir une Note de Basse, il ne faut jamais la frapper qu'une fois & fortement avec tout son Accord ; on refrappe seulement l'Accord quand il change sur la même Note : mais quand un Accompagnement de Violons règne sur le Récitatif, alors il faut soutenir la Basse & en arpéger l'Accord.

IV. Quand on accompagne de la Musique vocale, on doit par l'*Accompagnement* soutenir la Voix, la guider, lui donner le Ton à toutes les rentrées, & l'y remettre quand elle détonne : l'accompagnateur ayant toujours le Chant sous les yeux & l'Harmonie présente à l'esprit, est chargé spécialement d'empêcher que la Voix ne s'égare. (Voyez ACCOMPAGNATEUR.)

V. On ne doit pas accompagner de la même manière la Musique Italienne & la Françoise. Dans celle-ci, il faut soutenir les Sons, les arpéger gracieusement & continuellement de bas en haut, remplir toujours l'Harmonie, autant qu'il se peut ; jouer proprement la Basse ; en un mot, se prêter à tout ce qu'exige le genre. Au contraire, en accompagnant de l'Italien, il faut frapper simplement & détacher les Notes de la Basse ; n'y faire un Trills ni Agrémens, lui conserver la marche égale & simple qui lui convient ; l'*Accompagnement* doit être plein, sec & sans arpéger, excepté le cas dont j'ai parlé numéro 3, & quelques Tenues ou Points-d'Orgue. On y peut, sans scrupule, retrancher des Sons : mais alors il faut bien choisir ceux qu'on fait entendre; en sorte qu'ils se fondent dans l'Harmonie & se marient bien avec la Voix. Les Italiens ne veulent pas qu'on entende rien dans *l'Accompagnement*, ni dans la Basse, qui puisse distraire un moment l'oreille du Chant, & leurs *Accompagnemens* sont toujours dirigés sur ce principe, que le plaisir & l'attention s'évaporent en se partageant.

VI. Quoique l'*Accompagnement* de l'Orgue soit le même que celui du Clavecin, le goût en est très-différent. Comme les Sons de l'Orgue sont soutenus, la marche en doit être plus liée & moins sautillante : il faut lever la main entière le moins qu'il se peut; glisser les doigts d'une touche à l'autre, sans ôter ceux qui, dans la place où ils sont, peuvent servir à l'Accord où l'on passe. Rien n'est si désagéable que d'entendre hacher sur l'Orgue cette espèce d'*Accompagnement* sec, arpégé, qu'on est forcé de pratiquer sur le Clavecin. (Voyez le mot DOIGTER.) En général l'Orgue, cet Instrument si sonore & si majestueux, ne s'associe avec aucun autre, & ne fait qu'un mauvais effet dans l'*Accompagnement*, si ce n'est tout au plus pour fortifier les Rippienes & les Chœurs.

M. Rameau, dans ses *Erreurs sur la Musique*, vient d'établir, ou du moins d'avancer un nouveau principe, dont il me censure fort de n'avoir pas parlé dans l'Encyclopédie; savoir, que l'*Accompagnement représente le Corps Sonore*. Comme j'examine ce principe dans un autre écrit, je me dispenserai d'en parler dans cet article, qui n'est déja que trop long. Mes disputes avec M. Rameau sont les choses du monde les plus inutiles au progrès de l'Art, & par conséquent au but de ce Dictionnaire.

ACCOMPAGNEMENT, est encore toute Partie de Basse ou d'autre Instrument, qui est composée sous un Chant pour y faire Harmonie. Ainsi un *Solo* de Violon s'accompagne du Violoncelle ou du Clavecin, & un *Accompagnement* de Flûte se marie fort bien avec la voix. L'Harmonie de l'*Accompagnement* ajoute à l'agrément du Chant en rendant les Sons plus sûrs, leur effet plus doux, la Modulation plus sensible, & portant à l'oreille un témoignage de justesse qui la flatte. Il y a même, par rapport aux Voix, une forte raison de les faire toujours accompagner de quelque Instrument, soit en Partie, soit à l'Uniffon. Car, quoique plufieurs prétendent qu'en chantant la Voix fe modifie naturellement felon les loix du tempérament, (voyez TEMPÉRAMENT.) cependant l'expérience nous dit que les voix les plus juftes & les mieux exercées, ont bien de la peine à fe maintenir long-temps dans la jufteffe du Ton, quand rien ne les y foutient. A force de chanter on monte ou l'on defcend infenfiblement, & il eft très-rare qu'on fe trouve exactement en finiffant dans le Ton d'où l'on étoit parti. C'eft pour empêcher ces variations que l'Harmonie d'un Inftrument eft employée; elle maintient la Voix dans le même Diapafon, ou l'y rappelle auffi-tôt, quand elle s'égare. La Baffe eft de toutes les Parties la plus propre à l'*Accompagnement*, celle qui foutient le mieux la Voix, & fatisfait le plus l'oreille ; parce qu'il n'y en a point dont les vibrations foient fi fortes, fi déterminantes, ni qui laiffe moins d'équivoque dans le jugement de l'Harmonie fondamentale.

ACCOMPAGNER, *v. a.* & *n.* c'eft en général jouer les Parties d'Accompagnement dans l'exécution d'un morceau de Mufique ; c'eft plus particuliérement, fur un Inftrument convenable, frapper avec chaque Note de la Baffe les Accords qu'elle doit porter, & qui s'appellent l'Accompagnement. J'ai fuffifamment expliqué dans les précédens articles en quoi confifte cet Accompagnement. J'ajouterai feulement que ce mot même avertit celui qui *accompagne* dans un concert qu'il n'eft chargé que d'une partie acceffoire, qu'il ne doit s'attacher qu'à en faire valoir d'autres, que fi-tôt qu'il a la moindre prétention pour lui-même, il gâte l'exécution & impatiente à la fois les Concertans & les Auditeurs ; plus il croit fe faire admirer, plus il fe rend ridicule, & fi-tôt qu'à force de bruit ou d'ornemens déplacés, il détourne à foi l'attention due à la partie principale, tout ce qu'il montre de talent & d'exécution, montre à la fois fa vanité & fon mauvais goût. Pour *Accompagner* avec intelligence & avec applaudiffement, il ne faut fonger qu'à foutenir & faire valoir les Parties effentielles, & c'eft exécuter fort habilement la fienne que d'en faire fentir l'effet fans la laiffer remarquer.

ACCORD, *f. m.* Union de deux ou plufieurs Sons rendus à la fois, & formant enfemble un tout harmonique.

L'Harmonie naturelle produite par la Réfonnance d'un Corps

fonore eft compofée de trois Sons différens, fans compter leurs Octaves; lefquels forment entre eux l'*Accord* le plus agréable & le plus parfait que l'on puiffe entendre : d'où on l'appelle par excellence *Accord parfait*. Ainfi pour rendre complette l'Harmonie, il faut que chaque *Accord* foit au moins compofé de trois Sons. Auffi les Muficiens trouvent-ils dans le Trio la perfection harmonique, foit parce qu'ils y emploient les *Accords* en entier, foit parce que dans les occafions où ils ne les emploient pas en entier, ils ont l'art de donner le change à l'oreille, & de lui perfuader le contraire, en lui préfentant les Sons principaux des *Accords*, de manière à lui faire oublier les autres. (Voyez TRIO.) Cependant, l'Octave du Son principal produifant de nouveaux rapports & de nouvelles Confonnances par les complémens des Intervalles, (Voyez COMPLÉMENT.) on ajoute ordinairement cette Octave pour avoir l'enfemble de toutes les Confonnances dans un même *Accord*. (Voyez CONSONNANCE.) De plus, l'addition de la Diffonnance, (Voyez DISSONNANCE.) produifant un quatrième Son ajouté à l'*Accord* parfait, c'eft une néceffité, fi l'on veut remplir l'*Accord*, d'avoir une quatrième Partie pour exprimer cette Diffonnance. Ainfi la fuite des *Accords* ne peut être complette & liée qu'au moyen de quatre Parties.

On divife les *Accords* en parfaits & imparfaits. L'*Accord* parfait eft celui dont nous venons de parler, lequel eft compofé du Son fondamental au grave, de fa Tierce, de fa Quinte, & de fon Octave; il fe fubdivife en Majeur ou Mineur, felon l'efpèce de fa Tierce. (Voyez MAJEUR, MINEUR.) Quelques Auteurs donnent auffi le nom de *parfaits* à tous les *Accords*, même Diffonnans, dont le Son fondamental eft au grave. Les *Accords* imparfaits font ceux où règne la Sixte au lieu de la Quinte, & en général tous ceux où le Son grave n'eft pas le fondamental. Ces dénominations, qui ont été données avant que l'on connût la Baffe fondamentale, font fort mal appliquées : celles d'*Accords* directs ou renverfés font beaucoup plus convénables dans le même fens. (Voyez RENVERSEMENT.)

Les *Accords* fe divifent encore en Confonnans & Diffonnans. Les *Accords* Confonnans font l'*Accord* parfait & fes dérivés : tout autre Accord eft Diffonnant. Je vais donner une Table des uns & des autres, felon le fyftème de M. Rameau.

TABLE

De tous les Accords reçus dans l'Harmonie.

ACCORDS FONDAMENTAUX.
ACCORD PARFAIT ET SES DÉRIVÉS.

Le Son fondamental,   Sa Tierce, au grave.   Sa Quinte, au grave.
au grave.

Accord parfait.   Accord de Sixte.   Accord de Sixte-Quarte.

Cet *Accord* constitue le Ton, & ne se fait que sur la Tonique : sa Tierce peut être Majeure ou Mineure, & c'est elle qui constitue le Mode.

ACCORD SENSIBLE OU DOMINANT, ET SES DÉRIVÉS.

Le Son fondamental,   Sa Tierce,   Sa Quinte,   Sa Septième,
au grave.   au grave.   au grave.   au grave.

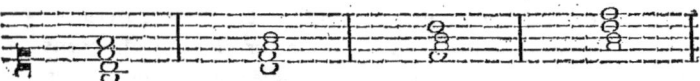

Accord sensible.   De fausse-Quinte.   De Petite-Sixte   De Triton.
majeure.

Aucun des Sons de cet *Accord* ne peut s'altérer.

ACCORD DE SEPTIÈME ET SES DÉRIVÉS.

Le Son fondamental,   Sa Tierce,   Sa Quinte,   Sa Septième,
au grave.   au grave.   au grave.   au grave.

Accord de Septième.   De Grande-Sixte.   De Petite-Sixte   De Seconde.
mineure.

Dict. de Mus.

La Tierce, la Quinte, & la Septième peuvent s'altérer dans cet *Accord*.

ACCORD DE SEPTIÈME DIMINUÉE ET SES DÉRIVÉS.

| Le Son fondamental, au grave. | Sa Tierce, au grave. | Sa Quinte, au grave. | Sa Septième, au grave. |

| Accord de Septième diminuée. | De Sixte majeure & Fausse-Quinte. | De Tierce mineure & Triton. | De Seconde superflue. |

Aucun des Sons de cet *Accord* ne peut s'altérer.

ACCORD DE SIXTE AJOUTÉE ET SES DÉRIVÉS.

| Le Son fondamental, au grave. | Sa Tierce, au grave. | Sa Quinte, au grave. | Sa Sixte, au grave. |

| Accord de Sixte ajoutée. | De Petite-Sixte ajoutée. | De Seconde ajoutée. | De Septième ajoutée. |

Je joins ici par-tout le mot *ajouté* pour distinguer cet *Accord* & ses renversés des productions semblables de l'*Accord* de Septième.

Ce dernier renversement de Septième ajoutée n'est pas admis par M. Rameau, parce que ce renversement forme un *Accord* de Septième, & que l'*Accord* de Septième est fondamental. Cette raison paroît peu solide. Il ne faudroit donc pas non plus admettre la Grande-Sixte comme un renversement ; puisque dans les propres principes de M. Rameau ce même *Accord* est souvent fondamental. Mais la pratique des plus grands Musiciens, & la sienne même dément l'exclusion qu'il voudroit établir.

ACCORD DE SIXTE SUPERFLUE.

Cet *Accord* ne se renverse point, & aucun de ses Sons ne peut s'altérer. Ce n'est proprement qu'un *Accord* de Petite-Sixte majeure, dièsée par accident, & dans lequel on substitue quelquefois la Quinte à la Quarte.

ACCORDS PAR SUPPOSITION.
(Voyez SUPPOSITION.)
ACCORD DE NEUVIÈME ET SES DÉRIVÉS.

| Le Son supposé, au grave. | Le Son fondamental, au grave. | Sa Tierce, au grave. | Sa Septième au grave. |

| Accord de Neuvième. | De Septième & Sixte. | De Sixte-Quarte & Quinte. | De Septième & seconde. |

C'est un *Accord* de Septième auquel on ajoute un cinquième Son à la Tierce au-dessous du fondamental.

On retranche ordinairement la Septième, c'est-à-dire, la Quinte du Son fondamental, qui est ici la Note marquée en noir; dans cet état l'*Accord* de neuvième peut se renverser en retranchant encore de l'Accompagnement l'Octave de la Note qu'on porte à la Basse.

ACCORD DE QUINTE SUPERFLUE.

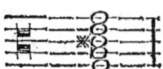

C'est l'*Accord* sensible d'un Ton Mineur, au-dessous duquel on fait entendre la Médiante : ainsi c'est un véritable *Accord* de Neuvième. Mais il ne se renverse point, à cause de la Quarte diminuée que donneroit avec la Note sensible le Son supposé porté à l'aigu, laquelle Quarte est un Intervalle banni de l'Harmonie.

ACC

ACCORD D'ONZIÈME OU QUARTE.

| Le Son fuppofé, au grave. | *Idem* en retranchant deux Sons. | Le Son fondamental, au grave. | Sa Septième, au grave. |

Accord de Neuvième & Quarte. Accord de Quarte. De Septième & Quarte. De Seconde & Quinte.

C'eſt un *Accord* de Septième, au-deſſous duquel on ajoute un cinquième Son à la Quinte du fondamental. On ne frappe guères cet *Accord* plein, à cauſe de ſa dureté : on en retranche ordinairement la Neuvième & la Septième ; & pour le renverſer, ce retranchement eſt indiſpenſable.

ACCORD DE SEPTIÈME SUPERFLUE.

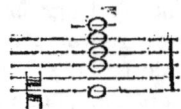

C'eſt l'*Accord* dominant ſous lequel la Baſſe fait la Tonique.

ACCORD DE SEPTIÈME SUPERFLUE ET SIXTE MINEURE.

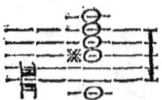

C'eſt l'*Accord* de Septième diminuée ſur la Note ſenſible, ſous lequel la Baſſe fait la Tonique.

Ces deux derniers *Accords* ne ſe renverſent point, parce que la Note ſenſible & la Tonique s'entendroient enſemble dans les Parties ſupérieures ; ce qui ne peut ſe tolérer.

Quoique tous les *Accords* ſoient pleins & complets dans cette Table, comme il le falloit pour montrer tous leurs Élémens, ce n'eſt pas à dire qu'il faille les employer tels. On ne le peut pas toujours, & on le doit très-rarement. Quant aux Sons qui doivent être préférés selon la place & l'usage des *Accords*; c'est dans ce choix exquis & nécessaire que consiste le plus grand art du Compositeur. (Voyez COMPOSITION, MÉLODIE, EFFET, EXPRESSION, &c.)

FIN DE LA TABLE DES ACCORDS.

Nous parlerons aux mots HARMONIE, BASSE-FONDAMENTALE, COMPOSITION, &c. de la manière d'employer tous ces *Accords* pour en former une Harmonie régulière. J'ajouterai seulement ici les observations suivantes.

I. C'est une grande erreur de penser que le choix des renversemens d'un même *Accord* soit indifférent pour l'Harmonie ou pour l'expression. Il n'y a pas un de ces renversemens qui n'ait son caractère propre. Tout le monde sent l'opposition qui se trouve entre la douceur de la Fausse-Quinte & l'aigreur du Triton, & cependant l'un de ces Intervalles est renversé de l'autre. Il en est de même de la Septième diminuée & de la Seconde superflue, de la Seconde ordinaire & de la Septième. Qui ne sait combien la Quinte est plus sonore que la Quarte ? L'*Accord* de Grande-Sixte & celui de petite-Sixte mineure, sont deux faces du même *Accord* fondamental ; mais de combien l'une n'est-elle pas plus harmonieuse que l'autre ? L'*Accord* de petite Sixte majeure, au contraire, n'est-il pas plus brillant que celui de fausse Quinte ? Et pour ne parler que du plus simple de tous les *Accords*, considérez la majesté de l'*Accord* parfait, la douceur de l'*Accord* de Sixte, & la fadeur de celui de Sixte-Quarte ; tous cependant composés des mêmes Sons. En général les Intervalles superflus, les Dièses dans le haut, sont propres par leur dureté à exprimer l'emportement, la colère & les passions aigues. Au contraire, les Bémols à l'aigu & les Intervalles diminués forment une Harmonie plaintive, qui attendrit le cœur. C'est une multitude d'observations semblables, qui, lorsqu'un habile Musicien sait s'en prévaloir, le rendent maitre des affections de ceux qui l'écoutent.

II. Le choix des Intervalles simples n'est guères moins important que celui des *Accords* pour la place où l'on doit les employer.

C'eſt, par exemple, dans le bas qu'il faut placer les Quintes & les Octaves par préférence, dans le haut les Tierces & les Sixtes. Tranſpoſez cet ordre, vous gâterez l'Harmonie en laiſſant les mêmes *Accords*.

III. Enfin l'on rend les *Accords* plus harmonieux encore, en les rapprochant par de petits Intervalles, plus convenables que les grands à la capacité de l'oreille. C'eſt ce qu'on appelle reſſerrer l'Harmonie, & que ſi peu de Muſiciens ſavent pratiquer. Les bornes du Diapaſon des voix ſont une raiſon de plus pour reſſerrer les Chœurs. On peut aſſurer qu'un Chœur eſt mal fait, lorſque les *Accords* divergent, lorſque les Parties crient, ſortent de leur Diapaſon & ſont ſi éloignées les unes des autres qu'elles ſemblent n'avoir plus de rapport entre elles.

On appelle encore *Accord* l'état d'un Inſtrument dont les Sons fixes ſont entre eux dans toute la juſteſſe qu'ils doivent avoir. On dit en ce ſens qu'un Inſtrument eſt d'*Accord*, qu'il n'eſt pas d'*Accord*, qu'il garde ou ne garde pas ſon *Accord*. La même expreſſion s'emploie pour deux Voix qui chantent enſemble, pour deux Sons qui ſe font entendre à la fois, ſoit à l'Uniſſon, ſoit en Contre-parties.

ACCORD DISSONNANT, FAUX ACCORD, ACCORD FAUX, ſont autant de différentes choſes qu'il ne faut pas confondre. *Accord diſſonnant* eſt celui qui contient quelque Diſſonnance; *Accord faux*, celui dont les Sons ſont mal accordés, & ne gardent pas entre eux la juſteſſe des Intervalles; *faux Accord*, celui qui choque l'oreille, parce qu'il eſt mal compoſé, & que les Sons, quoique juſtes, n'y forment pas un tout harmonique.

ACCORDER des Inſtrumens, c'eſt tendre ou lâcher les cordes, allonger ou raccourcir les tuyaux, augmenter ou diminuer la maſſe du Corps ſonore, juſqu'à ce que toutes les parties de l'Inſtrument ſoient au Ton qu'elles doivent avoir.

Pour *Accorder* un Inſtrument, il faut d'abord fixer un Son qui ſerve aux autres de terme de comparaiſon. C'eſt ce qu'on appelle, prendre ou donner le Ton. (Voyez Ton.) Ce Son eſt ordinairement l'*ut* pour l'Orgue & le Clavecin, le *la* pour le Violon & la Baſſe, qui ont ce *la* ſur une corde à vuide & dans un *Medium* propre à être aiſément ſaiſi par l'oreille.

A l'égard des Flûtes, Hautbois, Baffons, & autres Inftrumens à vent, ils ont leur Ton à-peu-près fixé, qu'on ne peut guères changer qu'en changeant quelque pièce de l'Inftrument. On peut encore les allonger un peu à l'emboîture des pièces, ce qui baiffe le Ton de quelque chofe ; mais il doit néceffairement réfulter des tons faux de ces variations, parce que la jufte proportion eft rompue entre la longueur totale de l'Inftrument & les diftances d'un trou à l'autre.

Quand le Ton eft déterminé, on y fait rapporter tous les autres Sons de l'Inftrument, lefquels doivent être fixés par l'Accord felon les Intervalles qui leur conviennent. L'Orgue & le Clavecin s'*accordent* par Quintes, jufqu'à ce que la Partition foit faite, & par Octaves pour le refte du Clavier ; La Baffe & le Violon par Quintes ; la Viole & la Guitarre par Quartes & par Tierces, &c. En général on choifit toujours des Intervalles confonnans & harmonieux, afin que l'oreille en faififfe plus aifément la juftefie.

Cette juftefie des Intervalles ne peut, dans la pratique, s'obferver à toute rigueur, & pour qu'ils puiffent tous s'*Accorder* entre eux, il faut que chacun en particulier fouffre quelque altération. Chaque efpèce d'Inftrument a pour cela fes règles particulières & fa méthode d'*Accorder*. (Voyez TEMPÉRAMENT.)

On obferve que les Inftrumens dont on tire le Son par infpiration, comme la Flûte & le Hautbois, montent infenfiblement quand on a joué quelque temps ; ce qui vient, felon quelques-uns, de l'humidité qui, fortant de la bouche avec l'air, les renfle & les raccourcit ; ou plutôt, fuivant la Doctrine de M. Euler, c'eft que la chaleur & la réfraction que l'air reçoit pendant l'infpiration rendent fes vibrations plus fréquentes, diminuent fon poids, & augmentant ainfi le poids relatif de l'Atmofphère, rendent le Son un peu plus aigu.

Quoi qu'il en foit de la caufe, il faut, en *Accordant*, avoir égard à l'effet prochain, & forcer un peu le vent quand on donne ou reçoit le Ton fur ces Inftrumens ; car pour refter d'Accord durant le Concert, ils doivent être un peu trop bas en commençant.

ACCORDEUR. *f. m.* On appelle *Accordeurs* d'Orgue ou de Clavecin, ceux qui vont dans les Églifes ou dans les maifons accommoder & accorder ces Inftrumens, & qui, pour l'ordinaire, en font auffi les Facteurs.

ACOUSTIQUE. *f. f.* Doctrine ou Théorie des Sons. (Voyez Son.) Ce mot eft de l'invention de M. Sauveur, & vient du Grec ακούω, j'entends.

L'*Acouftique* eft proprement la Partie théorique de la Mufique : c'eft elle qui donne ou doit donner les raifons du plaifir que nous font l'Harmonie & le Chant, qui détermine les rapports des Intervalles harmoniques, qui découvre les affections ou propriétés des cordes vibrantes, &c. (Voyez Cordes, Harmonie.)

Acouftique eft auffi quelquefois adjectif; on dit : l'Organe *Acouftique*, un Phénomène *Acouftique*, &c.

ACTE. *f. m.* Partie d'un Opéra féparée d'une autre dans la repréfentation par un efpace appellé Entre-Acte. (Voyez Entre-Acte.)

L'unité de temps & de lieu doit être auffi rigoureufement obfervée dans un *Acte* d'Opéra que dans une Tragédie entière du genre ordinaire, & même plus, à certains égards; car le Poëte ne doit point donner à un Acte d'Opéra une durée hypothétique plus longue que celle qu'il a réellement, parce qu'on ne peut fuppofer que ce qui fe paffe fous nos yeux dure plus long-temps que nous ne le voyons durer en effet : mais il dépend du Muficien de précipiter ou ralentir l'action jufqu'à un certain point, pour augmenter la vraifemblance ou l'intérêt; liberté qui l'oblige à bien étudier la gradation des paffions théatrales, le temps qu'il faut pour les développer, celui où le progrès eft au plus haut point, & celui où il convient de s'arrêter pour prévenir l'inattention, la langueur, l'épuifement du Spectateur. Il n'eft pas non plus permis de changer de décoration & de faire fauter le théatre d'un lieu à un autre, au milieu d'un *Acte*, même dans le genre merveilleux; parce qu'un pareil faut choque la raifon, la vérité, la vraifemblance, & détruit l'illufion que la première loi du Théatre eft de favorifer en tout. Quand donc l'action eft interrompue par de tels changemens, le Muficien ne peut favoir ni comment il les doit marquer, ni ce qu'il doit

doit faire de fon Orcheftre pendant qu'ils durent, à moins d'y repréfenter le même cahos qui règne alors fur la Scène.

Quelquefois le premier *Acte* d'un Opéra ne tient point à l'action principale & ne lui fert que d'introduction. Alors il s'appelle *Prologue*. (*Voyez ce mot.*) Comme le Prologue ne fait point partie de la Pièce, on ne le compte point dans le nombre des *Actes* qu'elle contient & qui eft fouvent de cinq dans les Opéra François, mais toujours de trois dans les Italiens. (Voyez OPÉRA.)

ACTE DE CADENCE, eft un mouvement dans une des parties, & fur-tout dans la Baffe, qui oblige toutes les autres Parties à concourir à former une Cadence, ou à l'éviter expreffément. (Voyez CADENCE, ÉVITER.)

ACTEUR. *f. m.* Chanteur qui fait un rôle dans la repréfentation d'un Opéra. Outre toutes les qualités qui doivent lui être communes avec l'*Acteur* dramatique, il doit en avoir beaucoup de particulières pour réuffir dans fon Art. Ainfi il ne fuffit pas qu'il ait un bel organe pour la parole, s'il ne l'a tout auffi beau pour le Chant; car il n'y a pas une telle liaifon entre la voix parlante & la voix chantante, que la beauté de l'une fuppofe toujours celle de l'autre. Si l'on pardonne à un Acteur le défaut de quelque qualité qu'il a pu fe flatter d'acquérir, on ne peut lui pardonner d'ofer fe deftiner au Théatre, deftitué des qualités naturelles qui y font néceffaires, telles entre autres que la voix dans un Chanteur. Mais par ce mot *voix*, j'entends moins la force du timbre, que l'étendue, la jufteffe & la flexibilité. Je penfe qu'un Théatre, dont l'objet eft d'émouvoir le cœur par les Chants, doit être interdit à ces voix dures & bruyantes qui ne font qu'étourdir les oreilles; & que, quelque peu de voix que puiffe avoir un *Acteur*, s'il l'a jufte, touchante, facile, & fuffifamment étendue, il en a tout autant qu'il en faut; il faura toujours bien fe faire entendre, s'il fait fe faire écouter.

Avec une voix convenable l'*Acteur* doit l'avoir cultivée par l'Art, & quand fa voix n'en auroit pas befoin, il en auroit befoin lui-même pour faifir & rendre avec intelligence la partie muficale de fes rôles. Rien n'eft plus infupportable & plus

Dict. de Muf.

dégoûtant que de voir un Héros dans les transports des paffions les plus vives, contraint & gêné dans fon rôle, peiner & s'affujettir en écolier qui répète mal fa leçon ; montrer, au lieu des combats de l'Amour & de la Vertu, ceux d'un mauvais Chanteur avec la Mefure & l'Orcheftre, & plus incertain fur le Ton que fur le parti qu'il doit prendre. Il n'y a n'y chaleur ni grace fans facilité, & l'*Acteur* dont le rôle lui coûte, ne le rendra jamais bien.

Il ne fuffit pas à l'*Acteur* d'Opéra d'être un excellent Chanteur ; s'il n'eft encore un excellent Pantomime ; car il ne doit pas feulement faire fentir ce qu'il dit lui-même, mais auffi ce qu'il laiffe dire à la fymphonie. L'Orcheftre ne rend pas un fentiment qui ne doive fortir de fon ame ; fes pas, fes regards, fon gefte, tout doit s'accorder fans ceffe avec la Mufique, fans pourtant qu'il paroiffe y fonger ; il doit intéreffer toujours, même en gardant le filence, & quoiqu'occupé d'un rôle difficile, s'il laiffe un inftant oublier le Perfonnage pour s'occuper du Chanteur, ce n'eft qu'un Muficien fur la Scène ; il n'eft plus *Acteur*. Tel excella dans les autres Parties qui s'eft fait fiffler pour avoir négligé celle-ci. Il n'y a point d'*Acteur* a qui l'on ne puiffe, à cet égard, donner le célèbre *Chaffé* pour modèle. Cet excellent pantomime, en mettant toujours fon Art au-deffus de lui, & s'efforçant toujours d'y exceller, s'eft ainfi mis lui-même fort au-deffus de fes Confrères : Acteur unique & homme eftimable, il laiffera l'admiration & le regret de fes talens aux Amateurs de fon Théatre, & un fouvenir honorable de fa perfonne à tous les honnêtes gens.

ADAGIO. *adv.* Ce mot écrit à la tête d'un Air défigne le fecond, du lent au vite, des cinq principaux degrés de Mouvement diftingués dans la Mufique Italienne. (Voyez MOUVEMENT.) *Adagio* eft un adverbe Italien qui fignifie, *à l'aife, pofément*, & c'eft auffi de cette manière qu'il faut battre la Mefure des Airs aufquels il s'applique.

Le mot *Adagio* fe prend quelquefois fubftantivement, & s'applique par métaphore aux morceaux de Mufique dont il détermine le mouvement : il en eft de même des autres mots femblables. Ainfi, l'on dira : un *Adagio* de Tartini, un *Andante* de S. Martino, un *Allegro* de Locatelli, &c.

AFFETTUOSO. *adj. pris adverbialement.* Ce mot écrit à la tête d'un Air indique un mouvement moyen entre l'*Andante* & l'*Adagio*, & dans le caractère du Chant une expreffion affectueufe & douce.

AGOGÉ. Conduite. Une des fubdivifions de l'ancienne Mélopée, laquelle donne les règles de la marche du Chant par degrés alternativement conjoints ou disjoints, foit en montant, foit en defcendant. (Voyez MÉLOPÉE.)

Martianus Cappella donne, après Artiftide Quintilien, au mot *Agogé*, un autre fens que j'expofe au mot TIRADE.

AGRÉMENS DU CHANT. On appelle ainfi dans la Mufique Françoife certains tours de gofier & autres ornemens affectés aux Notes qui font dans telle ou telle pofition, felon les règles prefcrites par le goût du Chant. (Voyez GOUT DU CHANT.)

Les principaux de ces *Agrémens* font : l'ACCENT, le COULÉ, le FLATTÉ, le MARTELLEMENT, la CADENCE PLEINE, la CADENCE BRISÉE, & le PORT DE VOIX. Voyez ces articles chacun en fon lieu; & la *Planche* B, *Figure* 13.

AIGU, *adj.* Se dit d'un Son perçant ou élevé par rapport à quelque autre Son. (Voyez SON.)

En ce fens, le mot *Aigu* eft oppofé au mot *Grave*. Plus les vibrations du corps fonore font fréquentes, plus le Son eft *Aigu*.

Les Sons confidérés fous les rapports d'*Aigus* & de *Graves* font le fujet de l'Harmonie. (Voyez HARMONIE, ACCORD.)

AJOUTÉE, ou *Acquife*, ou *Surnuméraire. adj. pris fubftantivement.* C'étoit dans la Mufique Grecque la Corde ou le Son qu'ils appelloient PROSLAMBANOMENOS. (*Voyez ce mot.*)

Sixte ajoutée eft une Sixte qu'on ajoute à l'Accord parfait, & de laquelle cet Accord ainfi augmenté prend le nom. (Voyez ACCORD & SIXTE.)

AIR. Chant qu'on adapte aux paroles d'une Chanfon, ou d'une petite Pièce de Poéfie propre à être chantée, & par extenfion l'on appelle *Air* la Chanfon même.

Dans les Opéra l'on donne le nom d'*Airs* à tous les Chants

mesurés pour les distinguer du Récitatif, & généralement on appelle *Air* tout morceau complet du Musique vocale ou instrumentale formant un Chant, soit que ce morceau fasse lui seul une Pièce entière, soit qu'on puisse le détacher du tout dont il fait partie, & l'exécuter séparément.

Si le sujet ou le Chant est partagé en deux Parties, l'*Air* s'appelle *Duo*; si en trois, *Trio*, &c.

Saumaise croit que ce mot vient du Latin *æra*; & Burette est de son sentiment, quoique Ménage le combatte dans ses étymologies de la Langue Françoise.

Les Romains avoient leurs signes pour le Rhythme ainsi que les Grecs avoient les leurs; & ces signes, tirés aussi de leurs caractères, se nommoient non-seulement *numerus*, mais encore *æra*, c'est-à-dire, nombre, ou la marque du nombre, *numeri nota*, dit Nonnius Marcellus. C'est en ce sens que le mot *æra* se trouve employé dans ce Vers de Lucile:

Hæc est ratio? perversa æra! Summa subducta improbè!

Et Sextus Rufus s'en est servi de même.

Or, quoique ce mot ne se prît originairement que pour le nombre ou la mesure du Chant, dans la suite on en fit le même usage qu'on avoit fait du mot *numerus*, & l'on se servit du mot *æra* pour désigner le Chant même; d'où est venu, selon les deux Auteurs cités, le mot François *Air*, & l'Italien *Aria* pris dans le même sens.

Les Grecs avoient plusieurs sortes d'*Airs* qu'ils appelloient Nomes ou Chansons. (Voyez CHANSON.) Les Nomes avoient chacun leur caractère & leur usage, & plusieurs étoient propres à quelque instrument particulier, à-peu-près comme ce que nous appellons aujourd'hui *Pièces* ou *Sonates*.

La Musique moderne a diverses espèces d'*Airs* qui conviennent chacune à quelque espèce de Danse dont ces Airs portent le nom. (Voyez MENUET, GAVOTTE, MUSETTE, PASSEPIED, &c.)

Les *Airs* de nos Opéra sont, pour ainsi dire, la toile ou le fond sur quoi se peignent les tableaux de la Musique imitative; la Mélodie est le dessein, l'Harmonie est le coloris;

tous les objets pittoresques de la belle nature, tous les sentimens réfléchis du cœur humain, sont les modèles que l'Artiste imite; l'attention, l'intérêt, le charme de l'oreille, & l'émotion du cœur, sont la fin de ces imitations. (Voyez IMITATION.) Un *Air* savant & agréable, un *Air* trouvé par le Génie & composé par le Goût, est le chef-d'œuvre de la Musique; c'est-là que se développe une belle voix, que brille une belle Symphonie; c'est-là que la passion vient insensiblement émouvoir l'ame par le sens. Après un bel *Air*, on est satisfait, l'oreille ne desire plus rien; il reste dans l'imagination, on l'emporte avec soi, on le répète à volonté; sans pouvoir en rendre une seule Note on l'exécute dans son cerveau tel qu'on l'entendit au Spectacle; on voit la Scène, l'Acteur, le Théatre; on entend l'accompagnement, l'applaudissement. Le véritable Amateur ne perd jamais les beaux *Airs* qu'il entendit en sa vie; il fait recommencer l'Opéra quand il veut.

Les paroles des *Airs* ne vont point toujours de suite, ne se débitent point comme celles du Récitatif; quoiqu'assez courtes pour l'ordinaire, elles se coupent, se répètent, se transposent au gré du Compositeur : elles ne font point une narration qui passe; elles peignent, ou un tableau qu'il faut voir sous divers points de vue, ou un sentiment dans lequel le cœur se complaît, duquel il ne peut, pour ainsi dire, se détacher, & les différentes phrases de l'*Air* ne sont qu'autant de manières d'envisager la même image. Voilà pourquoi le sujet doit être un. C'est par ces répétitions bien entendues, c'est par ces coups redoublés qu'une expression, qui d'abord n'a pu vous émouvoir, vous ébranle enfin, vous agite, vous transporte hors de vous, & c'est encore par le même principe que les Roulades, qui, dans les *Airs* pathétiques paroissent si déplacées, ne le sont pourtant pas toujours : le cœur pressé d'un sentiment très-vif l'exprime souvent par des Sons inarticulés plus vivement que par des paroles. (Voyez NEUME.)

La forme des *Airs* est de deux espèces. Les petits *Airs* sont ordinairement composés de deux reprises qu'on chante chacune deux fois; mais les grands *Airs* d'Opéra sont le plus souvent en Rondeau. (Voyez RONDEAU.)

ALSEGNO. Ces mots écrits à la fin d'un *Air* en Rondeau, marquent qu'il faut reprendre la première Partie, non tout-à-fait au commencement, mais à l'endroit où est marqué le renvoi.

ALLA BREVE, Terme Italien qui marque une sorte de Mesure à deux Temps fort vite, & qui se note pourtant avec une Ronde ou semi-breve par Temps. Elle n'est plus guères d'usage qu'en Italie, & seulement dans la Musique d'Église. Elle répond assez à ce qu'on appelloit en France du *Gros-fa*.

ALLA ZOPPA. Terme Italien qui annonce un mouvement contraint, & syncopant entre deux Temps, sans syncoper entre deux Mesures; ce qui donne aux Notes une marche inégale & comme boiteuse. C'est un avertissement que cette même marche continue ainsi jusqu'à la fin de l'Air.

ALLEGRO, *adj. pris adverbialement*. Ce mot Italien écrit à la tête d'un Air, indique, du vite au lent, le second des cinq principaux degrés de Mouvement distingués dans la Musique Italienne. *Allegro*, signifie *gai*; & c'est aussi l'indication d'un mouvement gai, le plus vif de tous après le *presto*. Mais il ne faut pas croire pour cela que ce mouvement ne soit propre qu'à des sujets gais; il s'applique souvent à des transports de fureur, d'emportement & de désespoir, qui n'ont rien moins que de la gaieté. (Voyez MOUVEMENT.)

Le diminutif *Allegretto* indique une gaieté plus modérée, un peu moins de vivacité dans la Mesure.

ALLEMANDE, *s. f.* sorte d'Air ou de Pièce de Musique dont la Musique est à quatre Temps & se bat gravement. Il paroît par son nom que ce caractère d'Air nous est venu d'Allemagne, quoiqu'il n'y soit point connu du tout. L'*Allemande* en Sonate est par-tout vieillie, & à peine les Musiciens s'en servent-ils aujourd'hui : ceux qui s'en servent encore, lui donnent un mouvement plus gai.

ALLEMANDE, est aussi l'Air d'une Danse fort commune en Suisse & en Allemagne. Cet Air, ainsi que la Danse a beaucup de gaité : il se bat à deux temps.

ALTUS. Voyez HAUTE-CONTRE.

AMATEUR, celui qui, sans être Musicien de profession, fait sa Partie dans un Concert pour son plaisir & par amour pour la Musique.

On appelle encore *Amateurs* ceux qui, fans favoir la Mufique, ou du moins fans l'exercer, s'y connoiffent, ou prétendent s'y connoître, & fréquentent les Concerts.

Ce mot eft traduit de l'Italien *Dilettante*.

AMBITIUS, *f. m.* Nom qu'on donnoit autrefois à l'étendue de chaque Ton ou Mode du grave à l'aigu : car quoique l'étendue d'un Mode fût en quelque manière fixée à deux Octaves, il y avoit des Modes irréguliers dont l'*Ambitius* excédoit cette étendue, & d'autres imparfaits où il n'y arrivoit pas.

Dans le Plain-Chant, ce mot eft encore ufité : mais l'*Ambitius* des Modes parfaits n'y eft que d'une Octave : ceux qui la paffent s'appellent *Modes fuperflus;* ceux qui n'y arrivent pas, *Modes diminués,* (Voyez MODES, TONS DE L'ÉGLISE.)

AMOROSO. Voyez TENDREMENT.

ANACAMPTOS. Terme de la Mufique Grecque, qui fignifie une fuite de Notes rétrogrades, ou procédant de l'aigu au grave; c'eft le contraire de l'*Eutia*. Une des parties de l'ancienne Mélopée portoit auffi le nom d'*Anacamptofa*. (Voyez MÉLOPÉE.)

ANDANTE, *adj. pris fubftantivement.* Ce mot écrit à la tête d'un Air défigne, du lent au vite, le troifième des cinq principaux degrés de Mouvement diftingués dans la Mufique Italienne. *Andante* eft le Participe du verbe Italien *Andare,* aller. Il caractérife un mouvement marqué fans être gai, & qui répond à-peu-près à celui qu'on défigne en François par le mot *Gracieufement.* (Voyez MOUVEMENT.)

Le diminutif ANDANTINO indique un peu moins de gaîté dans la Mefure : ce qu'il faut bien remarquer, le diminutif *Larghetto* fignifiant tout le contraire. (Voyez LARGO.)

ANONNER, *v. n.* C'eft déchiffrer avec peine & en héfitant la Mufique qu'on a fous les yeux.

ANTIENNE, *f. f.* En Latin, *Antiphona.* Sorte de Chant ufité dans l'Eglife Catholique.

Les *Antiennes* ont été ainfi nommées parce que dans leur origine on les chantoit à deux chœurs qui fe répondoient alternativement, & l'on comprenoit fous ce titre les Pfeaumes & les Hymnes que l'on chantoit dans l'Église. Ignace, Difciple des Apôtres, a été felon Socrate, l'Auteur de cette manière de chanter parmi les Grecs, & Ambroise l'a inttroduite dans l'Église Latine. Théodoret en attribue l'invention à Diodore & à Flavien.

Aujourd'hui la signification de ce terme est restreinte à certains passages cours tirés de l'Écriture, qui conviennent à la Fête qu'on célèbre, & qui précédant les Pseaumes & Cantiques, en règlent l'intonation.

L'on a aussi conservé le nom d'*Antiennes* à quelques Hymnes qu'on chante en l'honneur de la Vierge, telles que *Regina cœli*; *Salve Regina*, &c.

ANTIPHONIE, *s. f.* Nom que donnoient les Grecs à cette espèce de Symphonie, qui s'exécutoit par diverses Voix ou par divers Instrumens à l'Octave ou à la double Octave, par opposition à celle qui s'exécutoit au simple Unisson, & qu'ils appelloient *Homophonie*. (Voyez SYMPHONIE, HOMOPHONIE.)

Ce mot vien, d'Ἀντὶ, *contre*, & de φωνὴ, *voix*, comme qui diroit, *opposition de voix*.

ANTIPHONIER ou ANTIPHONAIRE, *s. m.* Livre qui contient en Notes les Antiennes & autres Chants dont on use dans l'Église Catholique.

APOTHETHUS. Sorte de Nome propre aux Flûtes dans l'ancienne Musique des Grecs.

APOTOME, *s. m.* Ce qui reste d'un Ton majeure après qu'on en a retranché un *Limma*, qui est un Intervalle moindre d'un Comma que le Semi-Ton majeur. Par conséquent, l'*Apotome* est d'un Comma plus grand que le Semi-Ton moyen. (Voyez COMMA, SEMI-TON.)

Les Grecs, qui n'ignoroient pas que le Ton majeur ne peut, par des divisions rationnelles, se partager en deux parties égales, le partageoient inégalement de plusieurs manières. (Voyez INTERVALLE.)

De l'une de ces divisions, inventée par Pythagore, ou plutôt, par Philolaüs son Disciple, résultoit le Dièse ou Limma d'un côté, & de l'autre l'*Apotome*, dont la raison est de 2048 à 2187.

La génération de cet *Apotome* se trouve à la Septième Quinte *ut* Dièse en commençant par *ut* naturel : car la quantité dont cet *ut* Dièse surpasse l'*ut* naturel le plus rapproché,

proché, est précisément le rapport que je viens de marquer.

Les Anciens donnoient encore le même nom à d'autres Intervalles. Ils appelloient *Apotome majeur* un petit Intervalle que M. Rameau appelle Quart de Ton enharmonique, lequel est formé de deux Sons en raison de 125 à 128.

Et ils appelloient *Apotome mineur* l'Intervalle de deux Sons en raison de 2025 à 2048 : Intervalle encore moins sensible à l'oreille que le précédent.

Jean de Muris & ses Contemporains, donnent par-tout le nom d'*Apotome* au Semi-Ton mineur, & celui de *Dièse* au Semi-Ton majeur.

APPRÉCIABLE, *adj.* Les Sons *Appréciables* sont ceux dont on peut trouver ou sentir l'Unisson & calculer les Intervalles. M. Euler donne un espace de huit Octaves depuis le Son le plus aigu jusqu'au Son le plus grave *Appréciables* à notre oreille : mais ces Sons extrêmes n'étant guères agréables, on ne passe pas communément dans la pratique les bornes de cinq Octaves, telles que les donne le Clavier à Ravallement. Il y a aussi un degré de force au-delà duquel le Son ne peut plus s'*Apprécier*. On ne sauroit *Apprécier* le Son d'une grosse cloche dans le clocher même ; il faut en diminuer la force en s'éloignant, pour le distinguer. De même les Sons d'une voix qui crie, cessent d'être *Appréciables* ; c'est pourquoi ceux qui chantent fort sont sujets à chanter faux. A l'égard du Bruit, il ne s'*Apprécie jamais* ; & c'est ce qui fait sa différence d'avec le Son. (Voyez BRUIT & SON.)

APYCNI, *adj. plur.* Les Anciens appelloient ainsi dans les Genres épais trois des huit Sons stables de leur système ou Diagramme, lesquels ne touchoient d'aucun côté les Intervalles serrés ; savoir, la Proslambanomène, la Nète Synnémenon, & la Nète Hyperboléon.

Ils appelloient aussi *Apycnos* ou *non-épais* le Genre Diatonique, parce que dans les Tetracordes de ce Genre la somme des deux premiers Intervalles étoit plus grande que le troisième. (Voyez ÉPAIS, GENRE, SON, TETRACORDE.)

ARBITRIO. Voyez CADENZA.

ARCO, *Archet, s. m.* Ces mots Italiens *Con l'Arco*, marquent

Dict. de Mus.

qu'après avoir pincé les cordes, il faut reprendre l'*Archet* à l'endroit où ils font écrits.

ARIETTE, *f. f.* Ce diminutif, venu de l'Italien, fignifie proprement *petit Air*; mais le fens de ce mot eft changé en France, & l'on y donne le nom d'*Ariettes* à de grands morceaux de Mufique d'un mouvement pour l'ordinaire affez gai & marqué, qui fe chantent avec des Accompagnemens de Symphonie, & qui font communément en Rondeau. (Voyez AIR, RONDEAU.)

ARIOSO, *adj. pris adverbialement..* Ce mot Italien à la tête d'un Air, indique une manière de Chant foutenue, développée, & affectée aux grands Airs.

ARISTOXENIENS. Secte qui eut pour Chef Ariftoxène de Tarente, Difciple d'Ariftote, & qui étoit oppofée aux Pythagoriciens fur la mefure des Intervalles & fur la manière de déterminer les rapports des Sons; de forte que les *Ariftoxéniens* s'en rapportoient uniquement au jugement de l'oreille, & les Pythagoriciens à la précifion du calcul. (Voyez PYTHAGORICIENS.)

ARMER LA CLEF. C'eft y mettre le nombre de Dièfes ou de Bémols convenables au Ton & au Mode dans lequel on veut écrire de la Mufique. (Voyez BÉMOL, CLEF, DIÈSE.)

ARPÉGER, *v. n.* C'eft faire une fuite d'Arpèges. (*Voyez l'article fuivant.*)

ARPEGGIO, ARPÉGE, ou ARPÉGEMENT, *f. m.* Manière de faire entendre fucceffivement & rapidement les divers Sons d'un Accord, au lieu de les frapper tous à la fois.

Il y a des Inftrumens fur lefquels on ne peut former un Accord plein qu'en Arpégeant; tels font le Violon, le Violoncelle, la Viole, & tous ceux dont on joue avec l'Archet; car la convexité du Chevalet empêche que l'Archet ne puiffe appuyer à la fois fur toutes les cordes. Pour former donc des Accords fur ces Inftrumens, on eft contraint d'Arpéger, & comme on ne peut tirer qu'autant de Sons qu'il y a de cordes, l'*Arpège* du Violoncelle ou du Violon ne fauroit être compofé de plus de quatre Sons. Il faut pour Arpéger que les doigts foient arrangés chacun fur fa corde, & que l'*Arpège* fe tire d'un seul & grand coup d'Archet qui commence fortement sur la plus grosse corde, & vienne finir en tournant & adoucissant sur la Chanterelle. Si les doigts ne s'arrangeoient sur les cordes que successivement, ou qu'on donnât plusieurs coups d'Archet, ce ne seroit plus Arpéger; ce seroit passer très-vite plusieurs Notes de suite.

Ce qu'on fait sur le Violon par nécessité, on le pratique par goût sur le Clavecin. Comme on ne peut tirer de cet Instrument que des Sons qui ne tiennent pas, on est obligé de les refrapper sur des Notes de longue durée. Pour faire durer un Accord plus long-temps, on le frappe en Arpégeant, commençant par les Sons bas, & observant que les doigts qui ont frappé les premiers ne quittent point leurs touches que tout l'*Arpège* ne soit achevé, afin que l'on puisse entendre à la fois tous les Sons de l'Accord. (Voyez ACCOMPAGNEMENT.)

Arpeggio est un mot Italien qu'on a francisé dans celui d'*Arpège*. Il vient du mot *Arpa*, à cause que c'est du jeu de la Harpe qu'on a tiré l'idée de l'*Arpégement*.

ARSIS & THESIS. Terme de Musique & de Prosodie. Ces deux mots sont Grecs. *Arsis* vient du Verbe αἴρω *tollo*, j'élève, & marque l'élévation de la voix ou de la main; l'abbaissement qui suit cette élévation est ce qu'on appelle θέσις, *depositio*, *remissio*.

Par rapport donc à la Mesure, *per Arsin* signifie, *en levant*, ou *durant le premier temps*; *per Thesin*, *en baissant*, ou *durant le dernier temps*. Sur quoi l'on doit observer que notre manière de marquer la Mesure est contraire à celle des Anciens; car nous frappons le premier temps & levons le dernier. Pour ôter toute équivoque, on peut dire qu'*Arsis* indique le *temps fort*, & *Thesis* le *temps foible*. (Voyez MESURE, TEMPS, BATTRE LA MESURE.)

Par rapport à la voix, on dit qu'un Chant, un Contre-Point, une Fugue, sont *per Thesin*, quand les Notes montent du grave à l'aigu; *per Arsin*, quand elles descendent de l'aigu au grave. Fugue *per Arsin & Thesin*, est celle qu'on appelle aujourd'hui Fugue renversée ou Contre-fugue, dans laquelle la réponse se fait en sens contraire; c'est-à-dire, en descendant si la Guide a monté, & en montant si la Guide a descendu. (Voyez FUGUE.)

ASSAI. Adverbe augmentatif qu'on trouve assez souvent joint au mot qui indique le mouvement d'un Air. Ainsi *presto Assai*, *largo Assai*, signifient *fort vîte*, *fort lent*. L'Abbé Brossard a fait sur ce mot une de ses bévues ordinaires en substituant à son vrai & unique sens celui d'*une sage médiocrité de lenteur ou de vîtesse*. Il a cru qu'*Assai* signifioit *assez*. Sur quoi l'on doit admirer la singulière idée qu'a eu cet auteur de préférer, pour son Vocabulaire, à sa langue maternelle une langue étrangère qu'il n'entendoit pas.

AUBADE, *f. f.* Concert de nuit en plein air sous les fenêtres de quelqu'un. (Voyez SÉRÉNADE.)

AUTHENTIQUE ou AUTHENTE, *adj*. Quand l'Octave se trouve divisée harmoniquement, comme dans cette proportion 6. 4. 3. c'est-à-dire, quand la Quinte est au grave, & la Quarte à l'aigu, le Mode ou le Ton s'appelle *Authentique* ou *Authente*; à la différence du Ton *Plagal*, où l'Octave est divisée arithmétiquement, comme dans cette proportion 4. 3. 2 : ce qui met la Quarte au grave & la Quinte à l'aigu.

A cette explication adoptée par tous les auteurs, mais qui ne dit rien, j'ajouterai la suivante ; le lecteur pourra choisir.

Quand la Finale d'un Chant en est aussi la Tonique, & que le Chant ne descend pas jusqu'à la Dominante au-dessous, le Ton s'appelle *Authentique* : mais si le Chant descend ou finit à la Dominante, le Ton est *Plagal*. Je prends ici ces mots de *Tonique* & de *Dominante* dans l'acception musical.

Ces différences d'*Authente* & de *Plagal* ne s'observent plus que dans le Plain-Chant ; &, soit qu'on place la Finale au bas du Diapason, ce qui rend le Ton *Authentique*; soit qu'on la place au milieu, ce qui le rend *Plagal*; pourvu qu'au surplus la modulation soit régulière, la Musique moderne admet tous les Chants comme *Authentiques* également, en quelque lieu du Diapason que puisse tomber la Finale. (Voyez MODE.)

Il y a dans les huit Tons de l'Église Romaine quatre Tons *Authentiques*; savoir, le premier, le troisième, le cinquième, & le septième. (Voyez TONS DE L'ÉGLISE.)

On appelloit autrefois *Fugue Authentique* celle dont le sujet procédoit en montant ; mais cette dénomination n'est plus d'usage.

B.

B *fa si*, ou B *fa b mi*, ou simplement B. Nom du septième Son de la Gamme de l'Arétin, pour lequel les Italiens & les autres Peuples de l'Europe répètent le B, disant B *mi* quand il est naturel, B *fa* quand il est Bémol; mais les François l'appellent *Si*. (Voyez SI.)

B *Mol*. (Voyez BÉMOL.)

B *Quarre*. (Voyez BÉQUARRE.)

BALLET, *s. m.* Action théatrale qui se représente par la Danse guidée par la Musique. Ce mot vient du vieux François *Baller*, danser, chanter, se réjouir.

La Musique d'un *Ballet* doit avoir encore plus de cadence & d'accent que la Musique vocale, parce qu'elle est chargée de signifier plus de choses, que c'est à elle seule d'inspirer au Danseur la chaleur & l'expression que le Chanteur peut tirer des paroles, & qu'il faut, de plus, qu'elle supplée, dans le langage de l'ame & des passions, tout ce que la Danse ne peut dire aux yeux du Spectateur.

Ballet est encore le nom qu'on donne en France à une bizarre sorte d'Opéra, où la Danse n'est guères mieux placée que dans les autres, & n'y fait pas un meilleur effet. Dans la plupart de ces *Ballets*, les Actes forment autant de sujets différens, liés seulement entre eux par quelques rapports généraux étrangers à l'action, & que le Spectateur n'appercevroit jamais, si l'Auteur n'avoit soin de l'en avertir dans le Prologue.

Ces *Ballets* contiennent d'autres *Ballets* qu'on appelle autrement *Divertissemens* ou *Fêtes*. Ce sont des suites de Danses qui se succèdent sans sujet, ni liaison entre elles, ni avec l'action principale, & où les meilleurs Danseurs ne savent vous dire autre chose, sinon qu'ils dansent bien. Cette Ordonnance peu théatrale suffit pour un Bal, où chaque Acteur a rempli son objet lorsqu'il s'est amusé lui-même, & où l'intérêt que le Spectateur prend aux personnes, le dispense d'en donner à la chose; mais ce défaut de sujet & de liaison ne doit jamais être souffert sur la Scène, pas même dans la répresentation d'un Bal, où le tout doit être lié par quelque action secrette qui soutienne l'attention & donne de l'intérêt au Spectateur. Cette adresse d'Auteur n'est pas sans exemple, même à l'Opéra François, & l'on en peut voir un très-agréable dans les *Fétes Vénitiennes*, Acte du Bal.

En général, toute Danse qui ne peint rien qu'elle-même, & tout *Ballet* qui n'est qu'un Bal, doivent être bannis du Théatre lyrique. En effet, l'action de la Scène est toujours la représentation d'une autre action, & ce qu'on y voit n'est que l'image de ce qu'on y suppose ; de sorte que ce ne doit jamais être un tel ou un tel Danseur qui se présente à vous, mais le personnage dont il est révêtu. Ainsi, quoique la Danse de Société puisse ne rien représenter qu'elle même, la Danse théatrale doit nécessairement être l'imitation de quelque autre chose, de même que l'Auteur chantant représente un homme qui parle, & la décoration d'autres lieux que ceux qu'elle occupe.

La pire sorte de *Ballets* est celle qui roule sur des sujets allégoriques, & où par conséquent il n'y a qu'imitation d'imitation. Tout l'art de ces sortes de Drames consiste à présenter sous des images sensibles des rapports purement intellectuels, & à faire penser au Spectateur toute autre chose que ce qu'il voit, comme si, loin de l'attacher à la Scène, c'étoit un mérite de l'en éloigner. Ce genre exige, d'ailleurs, tant de subtilité dans le Dialogue, que le Musicien se trouve dans un Pays perdu parmi les pointes, les allusions, les épigrammes, tandis que le Spectateur ne s'oublie pas un moment : comme qu'on fasse, il n'y aura jamais que le sentiment qui puisse amener celui-ci sur la Scène & l'identifier, pour ainsi dire, avec les Acteurs ; tout ce qui n'est qu'intellectuel l'arrache à la Pièce, & le rend à lui-même. Aussi voit-on que les Peuples qui veulent & mettent le plus d'esprit au Théatre, sont ceux qui se soucient le moins de l'illusion. Que fera donc le Musicien sur des Drames qui ne donnent aucune prise à son Art ? Si la Musique ne peint que des sentimens ou des images, comment rendra-t-elle des idées purement métaphysiques, telles que les allégories, où l'esprit est sans cesse occupé du rapport des objets qu'on lui présente avec ceux qu'on veut lui rappeller ?

Quand les Compositeurs voudront réfléchir sur les vrais principes de leur Art, ils mettront avec plus de discernement dans le choix des Drames dont ils se chargent, plus de vérité dans l'expression de leurs sujets; & quand les paroles des Opéra diront quelque chose, la Musique apprendra bientôt à parler.

BARBARE, *adj.* Mode Barbare, Voyez LYDIEN.

BARCAROLLES, *s. f.* Sorte de Chansons en Langue Vénitienne que chantent les Gondoliers à Vénise. Quoique les Airs des *Barcarolles* soient faits pour le Peuple, & souvent composés par les Gondoliers mêmes, ils ont tant de mélodies & un accent si agréable qu'il n'y a pas de Musicien dans toute l'Italie qui ne se pique d'en savoir & d'en chanter. L'entrée gratuite qu'ont les Gondoliers à tous les Théatres, les met à portée de se former sans frais l'oreille & le goût; de sorte qu'ils composent & chantent leurs Airs en gens qui, sans ignorer les finesses de la Musique, ne veulent point altérer le genre simple & naturel de leurs *Barcarolles*. Les paroles de ces Chansons sont communement plus que naturelles, comme les conversations de ceux qui les chantent : mais ceux à qui les peintures fidelles des mœurs du Peuple peuvent plaire, & qui aiment d'ailleurs le Dialecte Vénitien, s'en passionnent facilement, séduits par la beauté des Airs; de sorte que plusieurs Curieux en ont de très-amples recueils.

N'oublions pas de remarquer à la gloire du Tasse, que la plupart de Gondoliers savent par cœur une grande partie de son Poëme de la *Jérusalem délivrée*, que plusieurs le savent tout entier, qu'ils passent les nuits d'été sur leurs barques à le chanter alternativement d'une barque à l'autre, que c'est assurément une belle *Barcarolle* que le Poëme du Tasse, qu'Homere seul eut avant lui l'honneur d'être ainsi chanté, & que nul autre Poëme Épique n'en a eu depuis un pareil.

BARDES. Sorte d'hommes très-singuliers, & très-respectés jadis dans les Gaules, lesquels étoient à la fois Prêtres, Prophètes, Poëtes & Musiciens.

Bochard fait dériver ce nom de *Parat*, chanter; & Camden convient avec Festus que *Barde* signifie un Chanteur, en Celtique *Bard*.

BARIPYCNI, *adj.* Les Anciens appelloient ainsi cinq des huit Sons ou Cordes ſtables de leur ſyſtême ou Diagramme; ſavoir, l'Hypate-Hypaton, l'Hypate-Meſon, la Meſe, la Parameſe & la Nete-Dièzeugménon. (Voyez Pygni, Son, Tetracorde.)

BARYTON. Sorte de voix entre la Taille & la Baſſe. (Voyez Concordant.)

BAROQUE. Une Muſique *Baroque* eſt celle dont l'Harmonie eſt confuſe, chargée de Modulations & de Diſſonnances, le Chant dur & peu naturel, l'Intonation difficile, & le Mouvement contraint.

Il y a bien de l'apparence que ce terme vient du *Baroco* des Logiciens.

BARRÉS, C *barré*, ſorte de Meſure. (Voyez C.)

BARRES. Traits tirés perpendiculairement à la fin de chaque Meſure, ſur les cinq lignes de la Portée, pour ſéparer la Meſure qui finit de celle qui recommence. Ainſi les Notes contenues entre deux *Barres* forment toujours une Meſure complette, égale en valeur & en durée à chacune des autres Meſures compriſes entre deux autres *Barres*, tant que le Mouvement ne change pas: mais comme il y a pluſieurs ſortes de Meſures qui diffèrent conſidérablement en durée, les mêmes différences ſe trouvent dans les valeurs contenues entre deux *Barres* de chacune de ces eſpèces de Meſures. Ainſi dans le grand Triple qui ſe marque par ce ſigne $\frac{3}{2}$ & qui ſe bat lentement, la ſomme des Notes compriſes entre deux *Barres* doit faire une Ronde & demie; & dans le petit triple $\frac{3}{8}$, qui ſe bat vîte, les deux *Barres* n'enferment que trois Croches ou leur valeur: de ſorte que huit fois la valeur contenue entre deux *Barres* de cette dernière Meſure ne font qu'une fois la valeur contenue entre deux *Barres* de l'autre.

Le principal uſage des *Barres* eſt de diſtinguer les Meſures & d'en indiquer le *Frappé*, lequel ſe fait toujours ſur la Note qui ſuit immédiatement la *Barre*. Elles ſervent auſſi dans les Partitions à montrer les Meſures correſpondantes dans chaque Portée. (Voyez Partition.)

Il n'y a pas plus de cent ans qu'on s'eſt aviſé de tirer des *Barres* de Meſure en Meſure. Auparavant la Muſique étoit ſimple; on n'y voyoit guères que des Rondes, des Blanches & des Noires,

res, peu de Croches, presque jamais de doubles Croches. Avec des divisions moins inégales, la Mesure en étoit plus aisée à suivre. Cependant j'ai vu nos meilleurs Musiciens embarrassés à bien exécuter l'ancienne Musique d'Orlande & de Claudin. Ils se perdoient dans la Mesure, faute des *Barres* auxquelles ils étoient accoutumés, & ne suivoient qu'avec peine des Parties chantées autrefois couramment par les Musiciens d'Henri III & de Charles IX.

BAS, en Musique, signifie la même chose que *Grave*, & ce terme est opposé à *haut* ou *aigu*. On dit ainsi que le Ton est trop *bas*, qu'on chante trop *bas*, qu'il faut renforcer les Sons dans le *bas*. *Bas* signifie aussi quelquefois doucement, à demi-voix ; & en ce sens il est opposé à *fort*. On dit *parler bas*, chanter ou psalmodier à *Basse*-voix. Il chantoit ou parloit si *bas* qu'on avoit peine à l'entendre.

> Coulez si lentement & murmurez si *bas*,
> Qu'Issé ne vous entende pas.
> *La Motte.*

Bas se dit encore, dans la subdivision des Dessus chantans, de celui des deux qui est au-dessous de l'autre ; ou, pour mieux dire, *Bas-Dessus* est un dessus dont le Diapason est au-dessous du *Medium* ordinaire. (Voyez DESSUS.)

BASSE. Celle des quatre Parties de la Musique qui est au-dessous des autres, la plus basse de toutes, d'où lui vient le nom de *Basse*. (Voyez PARTITION.)

La *Basse* est la plus importante des Parties, c'est sur elle que s'établit le corps de l'Harmonie ; aussi est-ce une maxime chez les Musiciens que, quand la *Basse* est bonne, rarement l'Harmonie est mauvaise.

Il y a plusieurs sortes de *Basses*. *Basse-fondamentale*, dont nous ferons un Article ci-après.

Basse-continue ; ainsi appellée, parce qu'elle dure pendant toute la Pièce. Son principal usage, outre celui de régler l'Harmonie, est de soutenir la voix & de conserver le Ton. On prétend que c'est un *Ludovico Viana*, dont il en reste un Traité, qui, vers le commencement du dernier siècle, la mit le premier en usage.

Dict. de Mus.

Basse-figurée, qui, au lieu d'une seule Note, en partage la valeur en plusieurs autres Notes sous un même Accord. (Voyez HARMONIE FIGURÉE.)

Basse-contrainte, dont le sujet ou le Chant, borné à un petit nombre de Mesures, comme quatre ou huit, recommence sans cesse, tandis que les Parties supérieures poursuivent leur Chant & leur Harmonie, & les varient de différentes manières. Cette *Basse* appartient originairement aux Couplets de la Chaconne; mais on ne s'y asservit plus aujourd'hui. La *Basse-contrainte* descendant diatoniquement ou chromatiquement & avec lenteur de la Tonique ou de la Dominante dans les Tons mineurs, est admirable pour les morceaux pathétiques. Ces retours fréquens & périodiques affectent insensiblement l'ame, & la disposent à la langueur & à la tristesse. On en voit des exemples dans plusieurs Scènes des Opéra François. Mais si ces *Basses* font un bon effet à l'oreille, il en est rarement de même des Chants qu'on leur adapte, & qui ne sont, pour l'ordinaire, qu'un véritable accompagnement. Outre les modulations dures & mal amenées qu'on y évite avec peine, ces Chants, retournés de mille manières & cependant monotones, produisent des renversemens peu harmonieux & sont eux-mêmes assez peu chantans; en sorte que le Dessus s'y ressent beaucoup de la contrainte de la *Basse*.

Basse-chantante est l'espèce de Voix qui chante la Partie de la Basse. Il y a des *Basses-récitantes* & des *Basses-de-Chœur*; des Concordans ou *Basse-tailles* qui tiennent le milieu entre la Taille & la *Basse*; des *Basses* proprement dites que l'usage fait encore appeller *Basse-tailles*, & enfin des *Basse-Contres* les plus graves de toutes les Voix, qui chantent la *Basse* sous la *Basse* même, & qu'il ne faut pas confondre avec les *Contre-basses*, qui sont des Instrumens.

BASSE-FONDAMENTALE, est celle qui n'est formée que des Sons fondamentaux de l'Harmonie; de sorte qu'au dessous de chaque Accord elle fait entendre le vrai Son fondamental de cet Accord, c'est-à-dire, celui duquel il dérive par les règles de l'Harmonie. Par où l'on voit que la *Basse-fondamentale* ne peut avoir d'autre contexture que celle d'une succession régulière & fondamentale, sans quoi la marche des Parties supérieures seroit mauvaise.

Pour bien entendre ceci, il faut savoir que, selon le système de M. Rameau que j'ai suivi dans cet Ouvrage, tout Acccord, quoique formé de plusieurs Sons, n'en a qu'un qui lui soit fondamental; savoir, celui qui a produit cet Accord & qui lui sert de *Basse* dans l'ordre direct & naturel. Or, la *Basse* qui règne sous toutes les autres Parties n'exprime pas toujours les Sons fondamentaux des Accords : car entre tous les Sons qui forment un Accord, le compositeur peut porter à la *Basse* celui qu'il croit préférable, eu égard à la marche de cette *Basse*, au beau Chant & sur-tout à l'expression, comme je l'expliquerai dans la suite. Alors le vrai Son fondamental, au lieu d'être à sa place naturelle qui est la *Basse*, se transporte dans les autres Parties, ou même ne s'exprime point du tout; & un tel Accord s'appelle Accord renversé. Dans le fond un Accord renversé ne diffère point de l'Accord direct qui l'a produit; car ce sont toujours les mêmes Sons : mais ces Sons formant des combinaisons différentes, on a long-temps pris toutes ces combinaisons pour autant d'Accords fondamentaux, & on leur a donné différens noms qu'on peut voir au mot *Accord*, & qui ont achevé de les distinguer, comme si la différence des noms en produisoit réellement dans l'espèce.

M. Rameau a montré dans son Traité de l'Harmonie, & M. d'Alembert, dans ses Élémens de Musique, a fait voir encore plus clairement, que plusieurs de ces prétendus Accords n'étoient que des renversemens d'un seul. Ainsi l'Accord de Sixte n'est qu'un Accord parfait dont la Tierce est transportée à la *Basse*; en y portant la Quinte on aura l'Accord de Sixte-Quarte. Voilà donc trois combinaisons d'un Accord qui n'a que trois Sons; ceux qui en ont quatre sont susceptibles de quatre combinaisons, chaque Son pouvant être porté à la *Basse*. Mais en portant au-dessous de celle-ci une autre *Basse* qui, sous toutes les combinaisons d'un même Accord, présente toujours le Son fondamental, il est évident qu'on réduit au tiers le nombre des Accords consonnans, & au quart le nombre des dissonnans. Ajoutez à cela tous les

Accords par supposition, qui se réduisent encore aux mêmes fondamentaux, vous trouverez l'Harmonie simplifiée à un point qu'on n'eût jamais espéré dans l'état de confusion où étoient ses règles avant M. Rameau. C'est certainement, comme l'observe cet Auteur, une chose étonnante qu'on ait pu pousser la pratique de cet Art au point où elle est parvenue sans en connoître le fondement, & qu'on ait exactement trouvé toutes les règles sans avoir découvert le principe qui les donne.

Après avoir dit ce qu'est la *Basse-fondamentale* sous les Accords, parlons maintenant de sa marche & de la manière dont elle lie ces Accords entre eux. Les préceptes de l'Art sur ce point peuvent se réduire aux six règles suivantes.

I. La *Basse fondamentale* ne doit jamais sonner d'autres Notes que celles de la Gamme du Ton où l'on est, ou de celui où l'on veut passer. C'est la première & la plus indispensable de toutes ses règles.

II. Par la seconde, sa marche doit être tellement soumise aux loix de la modulation, qu'elle ne laisse jamais perdre l'idée d'un Ton qu'en prenant celle d'un autre; c'est-à-dire, que la *Basse-fondamentale* ne doit jamais être errante ni laisser oublier un moment dans quel Ton l'on est.

III. Par la troisième, elle est assujettie à la liaison des Accords & à la préparation des Dissonnances : préparation qui n'est, comme je le ferai voir, qu'un des cas de la liaison, & qui, par conséquent, n'est jamais nécessaire quand la liaison peut exister sans elle. (Voyez LIAISON, PRÉPARER.)

IV. Par la quatrième, elle doit, après toute Dissonnance, suivre le progrès qui lui est prescrit par la nécessité de la sauver. (Voyez SAUVER.)

V. Par la cinquième, qui n'est qu'une suite des précédentes, la *Basse-fondamentale* ne doit marcher que par Intervalles consonnans; si ce n'est seulement dans un Acte de Cadence rompue, ou après un Accord de Septième diminuée, qu'elle monte diatoniquement. Toute autre marche de la *Basse-fondamentale* est mauvaise.

VI. Enfin, par la sixième, la *Basse-fondamentale* où

l'Harmonie ne doit pas syncoper, mais marquer la Mesure & les Temps par des changemens d'Accords bien cadencés ; en sorte, par exemple, que les Diffonnances qui doivent être préparées le soient sur le Temps foible, mais sur-tout que tous les repos se trouvent sur le Temps fort. Cette sixième règle souffre une infinité d'exceptions : mais le Compositeur doit pourtant y songer, s'il veut faire une Musique où le mouvement soit bien marqué, & dont la Mesure tombe avec grace.

Par-tout où ces règles seront observées, l'Harmonie sera régulière & sans faute ; ce qui n'empêchera pas que la Musique n'en puisse être détestable. (Voyez COMPOSITION.)

Un mot d'éclaircissement sur la cinquième règle ne sera peut-être pas inutile. Qu'on retourne comme on voudra une Basse-fondamentale ; si elle est bien faite, on n'y trouvera jamais que ces deux choses : ou des Accords parfaits sur des mouvemens consonnans, sans lesquels ces Accords n'auroient point de liaison, ou des Accords dissonnans dans des actes de Cadence ; en tout autre cas la Dissonnance ne sauroit être, ni bien placée, ni bien sauvée.

Il suit de-là, que la Basse-fondamentale ne peut marcher régulièrement que d'une de ces trois manières. 1°. Monter ou descendre de Tierce ou de Sixte. 2°. De Quarte ou de Quinte. 3°. Monter diatoniquement au moyen de la Dissonance qui forme la liaison, ou par licence sur un Accord parfait. Quant à la descente diatonique, c'est une marche absolument interdite à la Basse-fondamentale, ou tout au plus tolérée dans le cas de deux Accords parfaits consécutifs, séparés par un repos exprimé ou sous-entendu : cette règle n'a point d'autre exception, & c'est pour n'avoir pas démêlé le vrai fondement de certains passages, que M. Rameau a fait descendre diatoniquement la Basse-fondamentale sous des Accords de Septième ; ce qui ne se peut en bonne Harmonie. (Voyez CADENCE, DISSONNANCE.)

La Basse-fondamentale qu'on n'ajoute que pour servir de preuve à l'Harmonie, se retranche dans l'exécution, & souvent elle y feroit un fort mauvais effet ; car elle est, comme dit très-bien M. Rameau, pour le jugement & non pour l'oreille. Elle produiroit tout au moins une monotonie très-ennuyeuse par les retours fréquens du même Accord qu'on déguise & qu'on varie plus agréablement en le combinant en différentes manières fur la Basse-continue ; sans compter que les divers renversemens d'Harmonie fournissent mille moyens de prêter de nouvelles beautés au Chant, & une nouvelle énergie à l'expression. (Voyez ACCORD, RENVERSEMEMT.)

Si la *Basse-fondamentale* ne sert pas à composer de bonne Musique, me dira-t-on ; si même on doit la retrancher dans l'exécution, à quoi donc est-elle utile ? Je répond qu'en premier lieu elle sert de règle aux Écoliers pour apprendre à former une Harmonie régulière & à donner à toutes les Parties la marche diatonique & élémentaire qui lui est prescrite par cette *Basse-fondamentale*. Elle sert, de plus, comme je l'ai déja dit, à prouver si une Harmonie déja faite est bonne & régulière : car toute Harmonie, qui ne peut être soumise à une *Basse-fondamentale* est régulièrement mauvaise. Elle sert enfin à trouver une Basse-continue fous un Chant donné ; quoiqu'à la vérité celui qui ne saura pas faire directement une Basse-continue, ne fera guères mieux une *Basse-fondamentale*, & bien moins encore saura-t-il transformer cette *Basse-fondamentale* en une bonne Basse-continue. Voici toutefois les principales règles que donne M. Rameau pour trouver la *Basse-fondamentale* d'un Chant donné.

I. S'assurer du Ton & du Mode par lesquels on commence, & de tous ceux par où l'on passe. Il y a aussi des règles pour cette recherche des Tons, mais si longues, si vagues, si incomplettes, que l'oreille est formée, à cet égard, long-temps avant que les règles soient apprises, & que le stupide qui voudra tenter de les employer, n'y gagnera que l'habitude d'aller toujours Note à Note, sans jamais savoir où il est.

II. Essayer successivement sous chaque Note les cordes principales du Ton, commençant par les plus analogues, & passant jusqu'aux plus éloignées, lorsque l'on s'y voit forcé.

III. Considérez si la corde choisie peut cadrer avec le Dessus dans ce qui précède & dans ce qui suit par une bonne succession fondamentale, & quand cela ne se peut, revenir sur ses pas.

IV. Ne changer la Note de *Basse-fondamentale* que lorsqu'on a épuisé toutes les Notes consécutives du Dessus qui peuvent entrer dans son Accord, ou que quelque Note syncopant dans le Chant, peut recevoir deux ou plusieurs Notes de Basse, pour préparer des Dissonnances sauvées ensuite réguliérement.

V. Étudier l'entrelacement des Phrases, les successions possibles de Cadences, soit pleines, soit évitées, & sur-tout les repos qui viennent ordinairement de quatre en quatre Mesures ou de deux en deux, afin de les faire tomber toujours sur les Cadences parfaites ou irrégulières.

VI. Enfin, observer toutes les règles données ci-devant pour la composition de la *Basse-fondamentale*. Voilà les principales observations à faire pour en trouver une sous un Chant donné; car il y en a quelquefois plusieurs de trouvables : mais, quoi qu'on en puisse dire, si le Chant a de l'Accent & du Caractère, il n'y a qu'une bonne *Basse-fondamentale* qu'on lui puisse adapter.

Après avoir exposé sommairement la manière de composer une *Basse-fondamentale*, il resteroit à donner les moyens de la transformer en Basse-continue ; & cela seroit facile, s'il ne falloit regarder qu'à la marche diatonique & au beau Chant de cette Basse : mais ne croyons pas que la Basse qui est le guide & le soutient de l'Harmonie, l'ame &, pour ainsi dire, l'interprète du Chant, se borne à des règles si simples; il y en a d'autres qui naissent d'un principe plus sûr & plus radical, principe fécond mais caché, qui a été senti par tous les Artistes de génie, sans avoir été développé par personne. Je pense en avoir jetté le germe dans ma Lettre sur la Musique Françoise. J'en ai dis assez pour ceux qui m'entendent ; je n'en dirois jamais assez pour les autres. (Voyez toutefois UNITÉ DE MÉLODIE.)

Je ne parle point ici du Système ingénieux de M. Serre de Genève, ni de sa double *Basse-fondamentale* ; parce que les principes qu'il avoit entrevus avec une sagacité digne d'éloges, ont été depuis développés par M. Tartini dans un Ouvrage dont je rendrai compte avant la fin de celui-ci. (Voyez SYSTÊME.)

BATARD. *Nothus*. C'est l'épithète donnée par quelques-uns au Mode Hypophrygien, qui a sa finale en *si*, & conséquemment sa Quinte fausse ; ce qui le retranche des Modes authentiques : & au Mode Eolien, dont la finale est en *fa*, & la Quarte superflue ; ce qui l'ôte du nombre des Modes plagaux.

BATON. Sorte de barre épaisse qui traverse perpendiculairement une ou plusieurs ligne de la Portée, & qui, selon le nombre des lignes qu'il embrasse, exprime une plus grande ou moindre quantité de Mesures qu'on doit passer en silence.

Anciennement il y avoit autant de sortes de *Bâtons* que de différentes valeurs de Notes, depuis la Ronde qui vaut une Mesure, jusqu'à la Maxime qui en valoit huit, & dont la durée en silence s'évaluoit par un *Bâton* qui, partant d'une ligne, traversoit trois espaces & alloit joindre la quatrième ligne.

Aujourd'hui le plus grand *Bâton* est de quatre Mesure : ce *Bâton*, partant d'une ligne, traverse la suivante & va joindre la troisième. (*Planche* A. *figure* 12.) On le répète une fois, deux fois, autant de fois qu'il faut pour exprimer huit Mesures, ou douze, ou tout autre multiple de quatre, & l'on ajoute ordinairement au-dessus un chiffre qui dispense de calculer la valeur de tous ces *Bâtons*. Ainsi les signes couverts du chiffre 16 dans la même figure 12, indiquent un silence de seize Mesures ; je ne vois pas trop à quoi bon ce double signe d'une même chose. Aussi les Italiens, à qui une plus grande pratique de la Musique suggère toujours les premiers moyens d'en abréger les signes, commencent-ils à supprimer les *Bâtons*, auxquels ils substituent le chiffre qui marque le nombre de Mesures à compter. Mais une attention qu'il faut avoir alors, est de ne pas confondre ces chiffres dans la Portée avec d'autres chiffres semblables qui peuvent marquer l'espèce de la Mesure employée. Ainsi, dans la figure 13, il faut bien distinguer le signe du *trois Temps* d'avec le nombre des Pauses à compter, de peur qu'au lieu de 31 Mesures ou Pauses, on n'en comptât 331.

Le plus petit *Bâton* est de deux Mesures, & traversant un seul espace, il s'étend seulement d'une ligne à sa voisine. (*Même Planche*, *figure* 22.)

Les autres moindres silences, comme d'une Mesure, d'une demi-Mesure, d'un Temps, d'un demi-Temps, &c. s'expriment par les mots de *Pause*, de *demi-Pause*, de *Soupir*, de *demi-Soupir*, *demi-Soupir*, &c. (Voyez ces mots.) Il eſt aiſé de comprendre qu'en combinant tous ces ſignes, on peut exprimer à volonté des ſilences d'une durée quelconque.

Il ne faut pas confondre avec les *Bâtons* des ſilences, d'autres *Bâtons* préciſément de même figure, qui ſous le nom de Pauſes initiales ſervoient dans nos anciennes Muſiques à annoncer le Mode, c'eſt-à-dire, la Meſure, & dont nous parlerons au mot MODE.

BATON DE MESURE, eſt un Bâton fort court, ou même un rouleau de papier dont le Maitre de Muſique ſe ſert dans un Concert pour régler le mouvement & marquer la Meſure & le Temps. (Voyez BATTRE LA MESURE.)

A l'Opéra de Paris il n'eſt pas queſtion d'un rouleau de papier, mais d'un bon gros Bâton de bois bien dur, dont le Maître frappe avec force pour être entendu de loin.

BATTEMENT. *ſ. m.* Agrément du Chant François, qui conſiſte à élever & battre un Tril ſur une Note qu'on a commencée uniment. Il y a cette différence de la Cadence au *Battement*, que la Cadence commence par la Note ſupérieure à celle ſur laquelle elle eſt marquée; après quoi l'on bat alternativement cette Note ſupérieure & la véritable; au lieu que le *Battement* commence par le ſon même de la Note qui le porte; après quoi l'on bat alternativement cette Note & celle qui eſt au-deſſus. Ainſi ces coups de goſier, *mi re mi re mi re mi re ut ut* ſont une Cadence; & ceux-ci, *re mi re mi re mi re ut re mi*, ſont un *Battement*.

BATTEMENS *au pluriel.* Lorſque deux Sons forts & ſoutenus, comme ceux de l'Orgue, ſont mal d'accord & diſſonnent entr'eux à l'approche d'un Intervalle conſonnant, ils forment, par ſecouſſes plus ou moins fréquentes, des renflemens de ſon qui ſont à-peu-près, à l'oreille, l'effet des battemens du pouls au toucher; c'eſt pourquoi M. Sauveur leur a auſſi donné le nom de *Battemens*. Ces *Battemens* deviennent d'autant plus fréquens que l'Intervalle approche plus de la juſteſſe, & lorſqu'il y parvient, ils ſe confondent avec les vibrations du Son.

M. Serre prétend, dans ſes *Eſſais ſur les Principes de l'Harmonie*, que ces *Battemens* produits par la concurrence de deux Sons, ne ſont qu'une apparence acouſtique, occaſionnée par les vibra-

tions coincidentes de ces deux Sons. Ces *Battemens*, selon lui, n'ont pas moins lieu lorsque l'Intervalle est consonnant ; mais la rapidité avec laquelle ils se confondent alors, ne permettant point à l'oreille de les distinguer, il en doit résulter, non la cessation absolue de ces *Battemens*, mais une apparence de Son grave & continu, une espèce de foible Bourdon, tel précisément que celui qui résulte, dans les expériences citées par M. Serre, & depuis détaillée par M. Tartini, du concours de deux Sons aigus & consonnans. (On peut voir au mot *Système*, que des Dissonnances les donnent aussi.) » Ce qu'il y a de bien certain «, continue M. Serre, » c'est
» que ces *Battemens*, ces vibrations coincidentes qui se suivent avec
» plus ou moins de rapidité, sont exactement isochrones aux vibra-
» tions que feroit réellement le Son fondamental, si, par le moyen
» d'un troisième Corps sonore, on le faisoit actuellement résonner «.

Cette explication, très-spécieuse, n'est peut-être pas sans difficulté ; car le rapport de deux Sons n'est jamais plus composé que quand il approche de la simplicité qui en fait une consonnance, & jamais les vibrations ne doivent coincider plus rarement que quand elles touchent presque à l'Isochronisme. D'où il suivroit, ce me semble, que les *Battemens* devroient se ralentir à mesure qu'ils s'accélerent, puis se réunir tout d'un coup à l'instant que l'accord est juste.

L'observation des *Battemens* est une bonne règle à consulter sur le meilleur système de Tempérament : (Voyez TEMPÉRAMENT.) Car il est clair que de tous les Tempéramens possibles celui qui laisse le moins de *Battemens* dans l'Orgue, est celui que l'oreille & la Nature préfèrent. Or, c'est une expérience constante & reconnue de tous les Facteurs, que les altérations des Tierces majeures produisent des *Battemens* plus sensibles & plus désagréables que celles des Quintes. Ainsi la Nature elle-même a choisi.

BATTERIE. *s. f.* Manière de frapper & répéter successivement sur diverses cordes d'un Instrument les divers Sons qui composent un Accord, & de passer ainsi d'Accord en Accord par un même mouvement de Notes. La *Batterie* n'est qu'un Arpège continué, mais dont toutes les Notes sont détachées, au lieu d'être liées comme dans l'Arpège.

BATTEUR DE MESURE. Celui qui bat la Mesure dans un Concert. Voyez l'article suivant.

BATTRE LA MESURE. C'est en marquer les Temps par des

mouvemens de la main ou du pied, qui en règlent la durée, & par lesquels toutes les Mesures semblables sont rendues parfaitement égales en valeur chronique ou en Temps, dans l'exécution.

Il y a des Mesures qui ne se *battent* qu'à un Temps, d'autres à deux, à trois ou à quatre, ce qui est le plus grand nombre de Temps marqués que puisse renfermer une Mesure : encore une Mesure à quatre Temps peut-elle toujours se résoudre en deux Mesures à deux Temps. Dans toutes ces différentes Mesures le Temps frappé est toujours sur la Note qui suit la barre immediatement ; le Temps levé est toujours celui qui la précède, à moins que la Mesure ne soit à un seul Temps ; & même, alors, il faut toujours supposer le Temps foible, puisqu'on ne sauroit frapper sans avoir levé.

Le degré de lenteur ou de vitesse qu'on donne à la Mesure dépend de plusieurs choses. 1°. De la valeur des Notes qui composent la Mesure. On voit bien qu'une Mesure qui contient une Ronde doit se *battre* plus posément & durer davantage que celle qui ne contient qu'une Noire. 2°. Du Mouvement indiqué par le mot François ou Italien qu'on trouve ordinairement à la tête de l'Air ; *Gai*, *Vite*, *Lent*, &c. Tous ces mots indiquent autant de modifications dans le Mouvement d'une même sorte de Mesure. 3°. Enfin du caractère de l'Air même, qui, s'il est bien fait, en fera nécessairement sentir le vrai mouvement.

Les Musiciens François ne *battent* pas la *Mesure* comme les Italiens. Ceux-ci, dans la Mesure à quatre Temps, frappent successivement les deux premiers Temps & levent les deux autres ; ils frappent aussi les deux premiers dans la Mesure à trois Temps, & levent le troisieme. Les François ne frappent jamais que le premier Temps, & marquent les autres par différens mouvemens de la main à droite & à gauche. Cependant la Musique Françoise auroit beaucoup plus besoin que l'Italienne d'une Mesure bien marquée ; car elle ne porte point sa cadence en elle-même ; ses Mouvemens n'ont aucune précision naturelle : on presse, on ralentit la Mesure au gré du Chanteur. Combien les oreilles ne sont-elles pas choquées à l'Opéra de Paris du bruit désagréable & continuel que fait, avec son bâton, celui qui *bat la Mesure*,

& que le petit Prophète compare plaifamment à un Bucheron qui coupe du bois! Mais c'eft un mal inévitable; fans ce bruit on ne pourroit fentir la Mefure; la Mufique par elle-même ne la marque pas: auffi les Étrangers n'apperçoivent-ils point le Mouvement de nos Airs. Si l'on y fait attention, l'on trouvera que c'eft ici l'une des différences fpécifiques de la Mufique Françoife à l'Italienne. En Italie la Mefure eft l'ame de la Mufique; c'eft la Mefure bien fentie qui lui donne cet accent qui la rend fi charmante; c'eft la Mefure auffi qui gouverne le Muficien dans l'exécution. En France, au contraire, c'eft le Muficien qui gouverne la Mefure; il l'énerve & la défigure fans fcrupule. Que dis-je? Le bon goût même confifte à ne la pas laiffer fentir; précaution dont, au refte, elle n'a pas grand befoin. L'Opéra de Paris eft le feul Théatre de l'Europe où l'on *batte la Mefure* fans la fuivre; par-tout ailleurs on la fuit fans la *battre*.

Il règne là-deffus une erreur populaire qu'un peu de réflexion détruit aifément. On s'imagine qu'un Auditeur ne *bat* par inftinct la *Mefure* d'un Air qu'il entend, que parce qu'il la fent vivement; & c'eft, au contraire, parce qu'elle n'eft pas affez fenfible ou qu'il ne la fent pas affez, qu'il tâche, à force de mouvemens des mains & des pieds, de fuppléer ce qui manque en ce point à fon oreille. Pour peu qu'une Mufique donne prife à la cadence, on voit la plupart des François qui l'écoutent faire mille contorfions & un bruit terrible pour aider la Mefure à marcher ou leur oreille à la fentir. Subftituez des Italiens ou des Allemands, vous n'entendrez pas le moindre bruit & ne verrez pas le moindre gefte qui s'accorde avec la Mefure. Seroit-ce peut-être que les Allemands, les Italiens font moins fenfibles à la Mefure que les François? Il y a tel de mes Lecteurs qui ne fe feroit guères preffer pour le dire; mais, dira-t-il auffi, que les Muficiens les plus habiles font ceux qui fentent le moins la Mefure? Il eft inconteftable que ce font ceux qui la *battent* le moins; & quand, à force d'exercice, ils ont acquis l'habitude de la fentir continuellement, ils ne la *battent* plus du tout; c'eft un fait d'expérience qui eft fous les yeux de tout le monde. L'on pourra dire encore que les mêmes gens à qui je reproche de ne *battre la Mefure* que parce qu'ils ne la fentent pas affez, ne la *battent* plus dans les Airs où elle n'eſt point ſenſible ; & je répondrai que c'eſt parce qu'alors ils ne la ſentent point du tout. Il faut que l'oreille ſoit frappée au moins d'un foible ſentiment de Meſure pour que l'inſtinct cherche à le renforcer.

Les Anciens, dit M. Burette, *battoient la Meſure* en pluſieurs façons. La plus ordinaire conſiſtoit dans le mouvement du pied, qui s'élevoit de terre & la frappoit alternativement, ſelon la meſure des deux Temps égaux ou inégaux. (Voyez RHYTHME.) C'étoit ordinairement la fonction du Maître de Muſique appellé Coriphée, κορυφαῖος, parce qu'il étoit placé au milieu du Chœur des Muſiciens & dans une ſituation élevée pour être plus facilement vu & entendu de toute la troupe. Ces Batteurs de Meſure ſe nommoient en Grec ποδέκτυπαι, & ποδοψόφοι, à cauſe du bruit de leurs pieds, ϛυντονήριοι, à cauſe de l'uniformité du geſte, &, ſi l'on peut parler ainſi, de la monotonie du Rhythme qu'ils battoient toujours à deux Temps. Ils s'appelloient en Latin *pedarii, podarii, pedicularii*. Ils garniſſoient ordinairement leurs pieds de certaines chauſſures ou ſandales de bois ou de fer, deſtinées à rendre la percuſſion rhythmique plus éclatante, nommées en Grec κρουπέζια, κρούπαλα, κρούπεται; & en Latin *pedicula, ſcabella* ou *ſcabilla*, à cauſe qu'elles reſſembloient à de petits marche-pieds ou de petites ſcabelles.

Ils *battoient la Meſure*, non-ſeulement du pied, mais auſſi de la main droite dont ils réuniſſoient tous les doigts pour frapper dans le creux de la main gauche, & celui qui marquoit ainſi le Rhythme s'appelloit *Manuductor*. Outre ce claquement de mains & le bruit des ſandales, les Anciens avoient encore, pour *battre la Meſure*, celui des coquilles, des écailles d'huîtres, & des oſſemens d'animaux, qu'on frappoit l'un contre l'autre, comme on fait aujourd'hui les Caſtagnettes, le Triangle & autres pareils Inſtrumens.

Tout ce bruit ſi déſagréable & ſi ſuperflu parmi nous, à cauſe de l'égalité conſtante de la Meſure, ne l'éroit pas de même chez eux, où les fréquens changemens de pieds & de Rhythmes exigeoient un Accord plus difficile & donnoient au bruit même une variété plus harmonieuſe & plus piquante. Encore peut-on dire que l'uſage de battre ainſi ne s'introduiſit qu'à meſure que la

Mélodie devint plus languissante, & perdit de son accent & de son énergie. Plus on remonte, moins on trouve d'exemples de ces Batteurs de Mesure, & dans la Musique de la plus haute antiquité l'on n'en trouve plus du tout.

BÉMOL ou B MOL. *s. m.* Caractere de Musique auquel on donne à-peu-près la figure d'un *b*, & qui fait abbaisser d'un semi-Ton mineur la Note à laquelle il est joint. (Voyez SEMI-TON.)

Guy d'Arezzo ayant autrefois donné des noms à six des Notes de l'Octave, desquelles il fit son célèbre Hexacorde, laissa la septième sans autre nom que celui de la lettre *B* qui lui est propre, comme le *C* à l'*ut*, le *D* au *re*, &c. Or ce *B* se chantoit de deux manières; savoir, à un ton au-dessus du *la*, selon l'ordre naturel de la Gamme, ou seulement à un semi-Ton du même *la*, lorsqu'on vouloit conjoindre les Tétracordes ; car il n'étoit pas encore question de nos Modes ou Tons modernes. Dans le premier cas, le *si* sonnant assez durement, à cause des trois Tons consécutifs, on jugea qu'il faisoit à l'oreille un effet semblable à celui que les corps anguleux & durs font à la main : c'est pourquoi on l'appella *B dur* ou *B quarre*, en Italien *B quadro*. Dans le second cas, au contraire, on trouva que le *si* étoit extrêmement doux; c'est pourquoi on l'appella *B mol*; par la même analogie on auroit pu l'appeller aussi *B rond*, & en effet les Italiens le nomment quelquefois *B tondo*.

Il y a deux manières d'employer le *Bémol*; l'une accidentelle, quand dans le cours du Chant on le place à la gauche d'une Note. Cette Note est presque toujours la Note-sensible dans les Tons majeurs, & quelquefois la sixieme Note dans les Tons mineurs, quand la Clef n'est pas correctement armée. Le *Bémol* accidentel n'altère que la Note qu'il touche & celles qui la rebattent immédiatement, ou tout au plus, celles qui, dans la même Mesure, se trouvent sur le même degré sans aucun signe contraire.

L'autre manière est d'employer le *Bémol* à la Clef, & alors il la modifie, il agit dans toute la suite de l'Air & sur toutes les Notes placées sur le même degré ; à moins que ce *Bémol* ne soit détruit accidentellement par quelque Dièze ou Béquarre, ou que la Clef ne vienne à changer.

La position des *Bémols* à la Clef n'est pas arbitraire ; en voici la raison. Ils sont destinés à changer le lieu des semi-Tons de l'Échelle : or, ces deux demi-Tons doivent toujours garder entre eux des Intervalles prescrits ; savoir, celui d'une Quarte d'un côté, & celui d'une Quinte de l'autre. Ainsi la Note *mi* inférieure de son demi-Ton fait au grave la Quinte du *si* qui est son homologue dans l'autre semi-Ton, & à l'aigu la Quarte du même *si*, & réciproquement la Note *si* fait au grave la Quarte du *mi*, & à l'aigu la Quinte du même *mi*.

Si donc laissant, par exemple, le *si* naturel, on donnoit un *Bémol* au *mi*, le semi-Ton changeroit de lieu, & se trouveroit descendu d'un degré entre le *re* & le *mi Bémol*. Or, dans cette position, l'on voit que les deux semi-Tons ne garderoient plus entre eux la distance prescrite ; car le *re*, qui seroit la Note inférieure de l'un, seroit au grave la Sixte du *si* son homologue dans l'autre ; & à l'aigu, la Tierce du même *si* ; & ce *si* seroit au grave la Tierce du *re*, & à l'aigu, la Sixte du même *re*. Ainsi les deux semi-Tons seroient trop voisins d'un côté, & trop éloignés de l'autre.

L'ordre des *Bémols* ne doit donc pas commencer par *mi*, ni par aucune autre Note de l'Octave que par *si*, la seule qui n'a pas le même inconvénient ; car bien que le semi-Ton y change de place, &, cessant d'être entre le *si* & l'*ut*, descende entre le *si Bémol* & le *la*, toutefois l'ordre prescrit n'est point détruit ; le *la*, dans ce nouvel arrangement, se trouvant d'un côté à la Quarte, & de l'autre à la Quinte du *mi* son homologue, & réciproquement.

La même raison qui fait placer le premier *Bémol* sur le *si*, fait mettre le second sur le *mi*, & ainsi de suite, en montant de Quarte ou descendant de Quinte jusqu'au *sol*, auquel on s'arrête ordinairement, parce que le *Bémol* de l'*ut*, qu'on trouveroit ensuite, ne diffère point du *si* dans la pratique. Cela fait donc une suite de cinq *Bémols* dans cet ordre :

1	2	3	4	5
Si	Mi	La	Re	Sol.

Toujours, par la même raison, l'on ne sauroit employer les derniers *Bémols* à la Clef, sans employer aussi ceux qui les précèdent :

ainsi le *Bémol* du *mi* ne se pose qu'avec celui du *si*, celui du *la* qu'avec les deux précédens, & chacun des suivans qu'avec tous ceux qui le précèdent.

On trouvera dans l'Article *Clef* une formule pour savoir tout d'un coup si un Ton ou un Mode donné doit porter des *Bémols* à la Clef & combien.

BÉMOLISER *v. a.* Marquer une Note d'un *Bémol*, ou armer la Clef par *Bémol*. *Bémolisez* ce *mi*. Il faut *bémoliser* la Clef pour le Ton de *fa*.

BÉQUARRE ou B QUARRE. *s. m.* Caractère de Musique qui s'écrit ainsi ♮ & qui, placé à la gauche d'une Note, marque que cette Note, ayant été précédemment haussée par un Dièse ou baissée par un *Bémol*, doit être remise à son élévation naturelle ou diatonique.

Le *Béquarre* fut inventé par Guy d'Arezzo. Cet Auteur qui donna des noms aux six premières Notes de l'Octave, n'en laissa point d'autre que la lettre *B* pour exprimer le *si* naturel. Car chaque Note avoit, dès-lors, sa lettre correspondante; & comme le chant diatonique de ce *si* est dur quand on y monte depuis le *fa*, il l'appella simplement *b dur b quarré* ou *b quarre*, par une allusion dont j'ai parlé dans l'Article précédent.

le *Béquarre* servit dans la suite à détruire l'effet du Bémol antérieur sur la Note qui suivoit le *Béquarre* : c'est que le Bémol se plaçant ordinairement sur le *si*, le *Béquarre* qui venoit ensuite, ne produisoit, en détruisant ce Bémol, que son effet naturel, qui étoit de représenter la Note *si* sans altération. A la fin on s'en servit par extension, & faute d'autre signe, pour détruire aussi l'effet du Dièse, & c'est ainsi qu'il s'emploie encore aujourd'hui. Le *Béquarre* efface également le Dièse ou le Bémol qui l'ont précédé.

Il y a cependant une distinction à faire. Si le Dièse ou le Bémol étoient accidentels, ils sont détruits sans retour par le *Béquarre* dans toutes les Notes qui le suivent médiatement ou immédiatement sur le même degré, jusqu'à ce qu'il s'y présente un nouveau Bémol ou un nouveau Dièse. Mais si le Bémol ou le Dièse sont à la Clef, le *Béquarre* ne les efface que pour la Note qu'il précède immédiatement ou tout au plus pour toutes celles qui suivent dans la même Mesure & sur le même degré; & à chaque Note altérée à la Clef dont on veut détruire l'altération, il faut autant

de

B I S.

de nouveaux *Béquarres*. Tout cela eſt aſſez mal entendu ; mais tel eſt l'uſage.

Quelques-uns donnoient un autre ſens au *Béquarre*, & lui accordant ſeulement le droit d'effacer les Dièſes ou Bémols accidentels, lui ôtoient celui de rien changer à l'état de la Clef : de ſorte qu'en ce ſens ſur un *fa* dièſé, ou ſur un *ſi* bémoliſé à la Clef, le *Béquarre* ne ſerviroit qu'à détruire un Dièſe accidentel ſur ce *ſi*, ou un Bémol ſur ce *fa*, & ſignifieroit toujours le *fa* Dièſe ou le *ſi* Bémol tel qu'il eſt à la Clef.

D'autres, enfin, ſe ſervoient bien du *Béquarre* pour effacer le Bémol, même celui de la Clef, mais jamais pour effacer le Dièſe : c'eſt le Bémol ſeulement qu'ils employent dans ce dernier cas.

Le premier uſage a tout-à-fait prévalu ; ceux-ci deviennent plus rares, & s'aboliſſent de jour en jour ; mais il eſt bon d'y faire attention en liſant d'anciennes Muſiques, ſans quoi l'on ſe tromperoit ſouvent.

BI. Syllabe dont quelques Muſiciens étrangers ſe ſervoient autrefois pour prononcer le ſon de la Gamme que les François appellent *Si*. (Voyez Sı.)

BISCROME. *ſ. f.* Mot Italien qui ſignifie *Triples-croches*. Quand ce mot eſt écrit ſous une ſuite de Notes égales & de plus grande valeur que des Triples-chroches, il marque qu'il faut diviſer en Triples-chroches les valeurs de toutes ces Notes, ſelon la diviſion réelle qui ſe trouve ordinairement faite au premier Temps. c'eſt une invention des Auteurs adoptée par les copiſtes, ſur-tout dans les Partitions, pour épargner le papier & la peine. (Voyez CROCHET.)

BLANCHE. *ſ. f.* C'eſt le nom d'une Note qui vaut deux Noires ou la moitié d'une Ronde. (Voyez l'Article NOTES, & la valeur de la *Blanche*, Pl. E. Fig. 9.)

BOURDON. Baſſe-continue qui reſonne toujours ſur le même Ton, comme ſont communément celles des Airs appellés Muſettes. (Voyez POINT D'ORGUE.)

BOURRÉE. *ſ. f.* Sorte d'Air propre à une Danſe de même nom, que l'on croit venir d'Auvergne, & qui eſt encore en uſage dans cette Province. La *Bourrée* eſt à deux Temps gais, & commence par une Noire avant le frappé. Elle doit avoir, comme la plupart des autres Danses, deux Parties, & quatre Mesures, ou un multiple de quatre à chacune. Dans ce caractère d'Air on lie assez fréquemment la seconde moitié du premier Temps & la première du second, par une Blanche syncopée.

BOUTADE. *s. f.* Ancienne sorte de petit Ballet qu'on exécutoit ou qu'on paroissoit exécuter impromptu. Les Musiciens ont aussi quelquefois donné ce nom aux Pièces ou Idées qu'ils exécutoient de même sur leurs Instrumens, & qu'on appelloit autrement CAPRICE, FANTAISIE. *Voyez ces mots.*

BRAILLER. *v. n.* C'est excéder le volume de sa voix & chanter tant qu'on a de force, comme font au Lutrin les Marguilliers de Village, & certains Musiciens ailleurs.

BRANLE. *s. m.* Sorte de Danse fort gaie qui se danse en rond sur un Air court & en Rondeau, c'est-à-dire, avec un même refrain à la fin de chaque Couplet.

BREF. Adverbe qu'on trouve quelquefois écrit dans d'anciennes Musiques au-dessus de la Note qui finit une phrase ou un Air, pour marquer que cette Finale doit être coupée par un son bref & sec, au lieu de durer toute sa valeur. (Voyez COUPER.) Ce mot est maintenant inutile, depuis qu'on a un signe pour l'exprimer.

BRÈVE. *s. f.* Note qui passe deux fois plus vîte que celle qui la précède : ainsi la Noire est *Brève* après une Blanche pointée, la Croche après une Noire pointée. On ne pourroit pas de même appeller *Brève*, une Note qui vaudroit la moitié de la précédente : ainsi la Noire n'est pas une *Brève* après la Blanche simple, ni la Croche après la Noire, à moins qu'il ne soit question de syncope.

C'est autre chose dans le Plain-Chant. Pour répondre exactement à la quantité des syllabes, la *Brève* y vaut la moitié de la Longue. De plus, la Longue a quelquefois une queue pour la distinguer de la *Brève* qui n'en a jamais ; ce qui est précisément l'opposé de la Musique, où la Ronde, qui n'a point de queue, est double de la Blanche qui en a une. (Voyez MESURE, VALEUR DE NOTES.)

BRÈVE est aussi le nom que donnoient nos anciens Musiciens, & que donnent encore aujourd'hui les Italiens à cette vieille figure de Note que nous appellons *Quarrée*. Il y avoit deux sortes de *Brèves*; savoir, la droite ou parfaite, qui se divise en trois parties égales &

vaut trois Rondes ou femi-brèves dans la **Mefure** triple, & la *Brève*
altérée ou imparfaite, qui fe divife en deux parties égales, & ne
vaut que deux femi-brèves dans la Mefure double. Cette dernière
forte de *Brève* eft celle qui s'indique par le Signe du *C* barré, &
les Italiens nomment encore *Alla Breve* la Mefure à deux Temps
fort vîte, dont ils fe fervent dans les Mufiques *da Capella*. (Voyez
Alla Breve.)

BRODERIES, DOUBLES, FLEURTIS. Tout cela fe dit en Mufique de plufieurs Notes de goût que le Muficien ajoute à fa Partie dans l'exécution, pour varier un Chant fouvent répété, pour orner des paffages trop fimples, ou pour faire briller le légéreté de fon gofier ou de fes doigts. Rien ne montre mieux le bon ou le mauvais goût d'un Muficien, que le choix & l'ufage qu'il fait de fes ornemens. La vocale Françoife eft fort retenue fur les *Broderies*; elle le devient même davantage de jour en jour, &, fi l'on excepte le célèbre Jéliote & Mademoifelle Fel, aucun Acteur François ne fe hafarde plus au Théatre à faire des *Doubles*; car le Chant François ayant pris un ton plus traînant & plus lamentable encore depuis quelques années, ne les comporte plus. Les Italiens s'y donnent carrière : c'eft chez eux à qui en fera davantage; émulation qui mène toujours à en faire trop. Cependant l'accent de leur Mélodie étant très-fenfible, ils n'ont pas à craindre que le vrai Chant difparoiffe fous ces ornemens que l'Auteur même y a fouvent fuppofés.

A l'égard des Inftrumens, on fait ce qu'on veut dans un *Solo*, mais jamais Symphonifte qui *brode* ne fut fouffert dans un bon Orcheftre.

BRUIT. *f. m.* C'eft, en général, toute émotion de l'Air qui fe rend fenfible à l'organe auditif. Mais en Mufique le mot *Bruit* eft oppofé au mot *Son*, & s'entend de toute fenfation de l'ouïe qui n'eft pas fonore & appréciable. On peut fuppofer, pour expliquer la différence qui fe trouve à cet égard, entre le *Bruit* & le *Son*, que ce dernier n'eft appréciable que par le concours de fes Harmoniques, & que le *Bruit* ne l'eft point, parce qu'il en eft dépourvu. Mais outre que cette manière d'appréciation n'eft pas facile à concevoir, fi l'émotion de l'air, caufée par le Son, fait vibrer avec une corde les aliquotes de cette corde, on ne voit pas pourquoi l'émotion de l'air, caufée par le *Bruit*, ébranlant cette même corde n'ébranleroit pas de même fes aliquotes. Je ne fache pas qu'on ait obfervé aucune propriété de l'air qui puiffe faire foupçonner que l'agitation qui produit le Son, & celle qui produit le *Bruit* prolongé, ne foient pas de même nature, & que l'action & réaction de l'air & du corps fonore, ou de l'air & du corps bruyant, fe faffent par des loix différentes dans l'un & dans l'autre effet.

Ne pourroit-on pas conjecturer que le *Bruit* n'eft point d'une autre nature que le Son; qu'il n'eft lui-même que la fomme d'une multitude confufe de Sons divers, qui fe font entendre à la fois & contrarient, en quelque forte mutuellement, leurs ondulations ? Tous les corps élaftiques femblent être plus fonores à mefure que leur matiére eft plus homogène, que le degré de cohéfion eft plus égal par-tout, & que le corps n'eft pas, pour ainfi dire, partagé en une multitude de petites maffes qui ayant des folidités différentes, refonnent conféquemment à différens Tons.

Pourquoi le *Bruit* ne feroit-il pas du Son, puifqu'il en excite ? Car tout *Bruit* fait réfonner les cordes d'un Clavecin, non quelques-unes, comme fait un Son, mais toutes enfemble, parce qu'il n'y en a pas une qui ne trouve fon uniffon ou fes harmoniques. Pourquoi le *Bruit* ne feroit-il pas du Son, puifqu'avec des Sons on fait du *Bruit* ? Touchez à la fois toutes les touches d'un Clavier, vous produirez une fenfation totale qui ne fera que du *Bruit*, & qui ne prolongera fon effet, par la réfonnance des cordes, que comme tout autre *Bruit* qui feroit réfonner les mêmes cordes. Pourquoi le *Bruit* ne feroit-il pas du Son, puifqu'un Son trop fort n'eft qu'un véritable *Bruit*, comme une Voix qui crie à pleine tête, & fur-tout comme le Son d'une groffe cloche qu'on entend dans le clocher même ? Car il eft impoffible de l'apprécier, fi, fortant du clocher on n'adoucit le Son par l'éloignement.

Mais, me dira-t-on, d'où vient ce changement d'un Son exceffif en *Bruit* ? C'eft que la violence des vibrations rend fenfible la réfonnance d'un fi grand nombre d'aliquotes, que le mélange de tant de Sons divers fait alors fon effet ordinaire & n'eft plus que du *Bruit*. Ainfi les aliquotes qui réfonnent ne font pas feulement la moitié, le tiers, le quart & toutes les confonnances;

mais la septième partie, la neuvième, la centième, & plus encore. Tout cela fait ensemble un effet semblable à celui de toutes les touches d'un Clavecin frappées à la fois, & voilà comme le Son devient *Bruit*.

On donne aussi par mépris le nom de *Bruit* à une Musique étourdissante & confuse, où l'on entend plus de fracas que d'Harmonie, & plus de clameurs que de Chant. *Ce n'est que du* Bruit. *Cet Opéra fait beaucoup de* Bruit *& peu d'effet.*

BUCOLIASME. Ancienne Chanson des Bergers. (Voyez CHANSON.)

C.

C. Cette lettre étoit, dans nos anciennes Musiques, le signe de la Prolation mineure imparfaite, d'où la même lettre est restée parmi nous celui de la Mesure à quatre Temps, laquelle renferme exactement les mêmes valeurs de Notes. (Voyez MODE, PROLATION.)

C BARRÉ. Signe de la Mesure à quatre Temps vites, ou à deux Temps posés. Il se marque en traversant le C de haut en bas par une ligne perpendiculaire à la Portée.

C *sol ut*, C *sol fa ut*, ou simplement **C**. Caractère ou terme de Musique qui indique la première Note de la Gamme que nous appellons *ut*. (Voyez GAMME.) C'est aussi l'ancien signe d'une des trois Clefs de la Musique. (Voyez CLEF.)

CACOPHONIE. *s. f.* Union discordante de plusieurs Sons mal choisis ou mal accordés. Ce mot vient de κακός *mauvais*, & de φωνή *Son*. Ainsi c'est mal-à-propos que la plupart des Musiciens prononcent *Cacaphonie*. Peut-être feront-ils, à la fin, passer cette prononciation, comme ils ont déja fait passer celle de *Colophane*.

CADENCE. *s. f.* Terminaison d'une phrase harmonique sur un repos ou sur un Accord parfait, ou, pour parler plus généralement, c'est tout passage d'un Accord dissonnant à un Accord quelconque; car on ne peut jamais sortir d'un Accord dissonnant que par un acte de *Cadence*. Or, comme toute phrase harmonique est nécessairement liée par des Dissonnances exprimées ou sous-entendues, il s'ensuit que toute l'Harmonie n'est proprement qu'une suite de *Cadences*.

Ce qu'on appelle *Acte de Cadence*, résulte toujours de deux Sons fondamentaux dont l'un annonce la *Cadence* & l'autre la termine.

Comme il n'y a point de Dissonnance sans *Cadence*, il n'y a point non plus de *Cadence* sans Dissonnance exprimée ou sous-entendue : car pour faire sentir le repos, il faut que quelque chose d'antérieur le suspende, & ce quelque chose ne peut être que la Dissonnance, ou le sentiment implicite de la Dissonnance. Autrement les deux Accords étant également parfaits, on pourroit se reposer sur le premier; le second ne s'annonceroit point & ne seroit pas nécessaire. L'Accord formé sur le premier Son d'une *Cadence* doit donc toujours être dissonnant, c'est-à-dire, porter ou supposer une Dissonnance.

A l'égard du second, il peut être confonnant ou diffonnant, felon qu'on veut établir ou éluder le repos. S'il est confonnant, la *Cadence* est pleine; s'il est diffonnant la *Cadence* est évitée ou imitée.

On compte ordinairement quatre espèces de *Cadences*; favoir, *Cadence parfaite*, *Cadence imparfaite* ou *irrégulière*, *Cadence interrompue*, & *Cadence rompue*. Ce font les dénominations que leur a donné M. Rameau, & dont on verra ci-après les raifons.

I. Toutes les fois qu'après un Accord de Septième la Baffe-fondamentale defcend de Quinte fur un Accord parfait, c'est une *Cadence parfaite* pleine, qui procède toujours d'une Dominante-tonique à la Tonique : mais fi la *Cadence parfaite* est évitée par une Diffonnance ajoutée à la feconde Note, on peut commencer une feconde *Cadence* en évitant la première fur cette feconde Note, éviter derechef cette feconde *Cadence* & en commencer une troifième fur la troifième Note ; enfin continuer ainfi tant qu'on veut, en montant de Quarte ou defcendant de Quinte fur toutes les cordes du Ton, & cela forme une fucceffion de *Cadences parfaites évitées*. Dans cette fucceffion, qui est fans contredit la plus harmonique, deux Parties, favoir, celles qui font la Septième & la Quinte, defcendent fur la Tierce & l'Octave de l'Accord fuivant, tandis que deux autres Parties, favoir, celles qui font la Tierce & l'Octave restent pour faire, à leur tour, la Septième & la Quinte, & defcendent enfuite alternativement avec les deux autres. Ainfi une telle fucceffion donne une harmonie defcendante. Elle ne doit jamais s'arrêter qu'à une Dominante-tonique pour tomber enfuite fur la Tonique par une *Cadence* pleine. *Planche* A *Fig.* 1.

II. Si la Baffe-fondamentale, au lieu de defcendre de Quinte après un Accord de Septième, defcend feulement de Tierce, la *Cadence* s'appelle *interrompue* : celle-ci ne peut jamais être pleine, mais il faut nécessairement que la feconde Note de cette *Cadence* porte un autre Accord diffonnant. On peut de même continuer à defcendre de Tierce ou monter de Sixte par des Accords de Septième ; ce qui fait une deuxième fucceffion de *Cadence évitées*, mais bien moins parfaite que la précédente : car la Septième, qui fe fauve fur la Tierce dans la *Cadence parfaite*, fe fauve ici fur l'Octave, ce qui rend moins l'Harmonie & fait même fous-entendre deux Octaves ; de forte que pour les éviter, il faut retrancher la Diffonnance ou renverfer l'Harmonie.

Puisque la *Cadence interrompue* ne peut jamais être pleine, il s'ensuit qu'une phrase ne peut finir par elle; mais il faut recourir à la *Cadence parfaite* pour faire entendre l'Accord dominant. *Fig.* 2.

La *Cadence interrompue* forme encore, par sa succession, une Harmonie descendante; mais il n'y a qu'un seul Son qui descende. Les trois autres restent en place pour descendre, chacun à son tour, dans une marche semblable. *Même Figure.*

Quelques-uns prennent mal-à-propos pour une *Cadence interrompue* un renversement de la *Cadence parfaite*, où la Basse, après un Accord de Septième, descend de Tierce portant un Accord de Sixte : mais chacun voit qu'une telle marche, n'étant point fondamentale, ne peut constituer une *Cadence particulière.*

III. *Cadence rompue* est celle où la Basse-fondamentale, au lieu de monter de Quarte après un Accord de septième, comme dans la *Cadence parfaite*, monte seulement d'un degré. Cette *Cadence* s'évite le plus souvent par une Septième sur la seconde Note. Il est certain qu'on ne peut la faire pleine que par licence; car alors il y a nécessairement défaut de liaison. Voyez *Fig. 3.*

Une succession de *Cadences rompues* évitées est encore descendante; trois Sons y descendent & l'Octave reste seule pour préparer la Dissonnance; mais une telle succession est dure, mal modulée, & se pratique rarement.

IV. Quand la Basse descend, par un Intervalle de Quinte, de la Dominante sur la Tonique, c'est, comme je l'ai dit, un Acte de *Cadence parfaite*. Si au contraire la Basse monte par Quinte de la Tonique à la Dominante, c'est un Acte de *Cadence irrégulière* ou *imparfaite*. Pour l'annoncer on ajoute une Sixte majeure à l'Accord de la Tonique; d'où cet Accord prend le nom de *Sixte-ajoutée*. (Voyez ACCORD.) Cette Sixte qui fait dissonnance sur la Quinte, est aussi traitée comme Dissonnance sur la Basse-fondamentale, &, comme telle obligée de se sauver en montant diatoniquement sur la Tierce de l'Accord suivant.

La *Cadence imparfaite* forme une opposition presque entière à la *Cadence parfaite*. Dans le premier Accord de l'une & de l'autre on divise la Quarte qui se trouve entre la Quinte & l'Octave par une Dissonnance qui y produit une nouvelle Tierce, & cette Dissonnance doit aller se résoudre sur l'Accord suivant, par une marche

che fondamentale de Quinte. Voilà ce que ces deux *Cadences* ont de commun : voici maintenant ce qu'elles ont d'oppofé.

Dans la *Cadence parfaite*, le Son ajouté fe prend au haut de l'Intervalle de Quarte, auprès de l'Octave, formant Tierce avec la Quinte, & produit une Diffonnance mineure qui fe fauve en defcendant ; tandis que la Baffe-fondamentale monte de Quarte ou defcend de Quinte de la Dominante à la Tonique, pour établir un repos parfait. Dans la *Cadence imparfaite*, le Son ajouté fe prend au bas de l'Intervalle de Quarte auprès de la Quinte, & formant Tierce avec l'Octave il produit une Diffonnance majeure qui fe fauve en montant, tandis que la Baffe-fondamentale defcend de Quarte ou monte de Quinte de la Tonique à la Dominante pour établir un repos imparfait.

M. Rameau, qui a le premier parlé de cette *Cadence*, & qui en admet plufieurs renverfemens, nous défend, dans fon *Traité de l'Harmonie*, *page* 117, d'admettre celui où le Son ajouté eft au grave portant un Accord de Septième, & cela, par une raifon peu folide dont j'ai parlé au mot *Accord*. Il a pris cet Accord de Septième pour fondamental ; de forte qu'il fait fauver une Septième par une autre Septième, une Diffonnance par une Diffonnance pareille, par un mouvement femblable fur la Baffe-fondamentale. Si une telle manière de traiter les Diffonnances pouvoit fe tolérer, il faudroit fe boucher les oreilles & jetter les règles au feu. Mais l'Harmonie fous laquelle cet Auteur a mis une fi étrange Baffe-fondamentale, eft vifiblement renverfée d'une *Cadence imparfaite*, évitée par une Septième ajoutée fur la feconde Note. (Voyez *Pl. A. Fig. 4.*) Et cela eft fi vrai, que la Baffe-continue qui frappe la Diffonnance, eft néceffairement obligée de monter diatoniquement pour la fauver, fans quoi le paffage ne vaudroit rien. J'avoue que dans le même ouvrage, *page* 272, M. Rameau donne un exemple femblable avec la vraie Baffe-fondamentale ; mais puifqu'il improuve, en termes formels, le renverfement qui réfulte de cette Baffe, un tel paffage ne fert qu'à montrer dans fon Livre une contradiction de plus ; &, bien que dans un ouvrage poftérieur, (*Génér. Harmon. p. 186*), le même Auteur femble reconnoître le vrai fondement de ce paffage, il en parle fi obfcurément, & dit encore fi nettement que la Septième eft fau-

Dict. de Muf.   K vée par une autre, qu'on voit bien qu'il ne fait ici qu'entrevoir ; & qu'au fond il n'a pas changé d'opinion : de sorte qu'on est en droit de rétorquer contre lui le reproche qu'il fait à Masson de n'avoir pas su voir la *Cadence imparfaite* dans un de ses Renversemens.

La même *Cadence imparfaite* se prend encore de la sous-Dominante à la Tonique. On peut aussi l'éviter & lui donner, de cette manière, une succession de plusieurs Notes, dont les Accords formeront une Harmonie ascendante, dans laquelle la Sixte & l'Octave montent sur la Tierce & la Quinte de l'Accord, tandis que la Tierce & la Quinte restent pour faire l'Octave & préparer la Sixte.

Nul Auteur, que je sache, n'a parlé, jusqu'à M. Rameau, de cette ascension harmonique; lui-même ne l'a fait qu'entrevoir, & il est vrai qu'on ne pourroit, ni pratiquer une longue suite de pareilles *Cadences*, à cause des Sixtes majeures qui éloigneroient la Modulation, ni même en remplir, sans précaution, toute l'Harmonie.

Après avoir exposé les Règles & la constitution des diverses *Cadences*, passons aux raisons que M. d'Alembert donne, d'après M. Rameau, de leurs dénominations.

La *Cadence parfaite* consiste dans une marche de Quinte en descendant; & au contraire, l'*imparfaite* consiste dans une marche de Quinte en montant : en voici la raison. Quand je dis, *ut sol, sol* est déja renfermé dans l'*ut*, puisque tout Son, comme *ut*, porte avec lui sa douzième, dont sa Quinte *sol* est l'Octave : ainsi, quand on va d'*ut* à *sol*, c'est le Son générateur qui passe à son produit, de manière pourtant que l'oreille desire toujours de revenir à ce premier générateur ; au contraire, quand on dit *sol ut*, c'est le produit qui retourne au générateur ; l'oreille est satisfaite & ne desire plus rien. De plus, dans cette marche *sol ut*, le *sol* se fait encore entendre dans *ut* : ainsi, l'oreille entend à la fois le générateur & son produit ; au lieu que dans la marche *ut sol*, l'oreille qui, dans le premier Son, avoit entendu *ut* & *sol*, n'entend plus, dans le second, que *sol* sans *ut*. Ainsi le repos ou la *Cadence* de *sol* à *ut* a plus de perfection que la *Cadence* ou le repos d'*ut* à *sol*.

Il semble, continue M. d'Alembert, que dans les Principes de M. Rameau on peut encore expliquer l'effet de la *Cadence rompue* & de la *Cadence interrompue*. Imaginons, pour cet effet, qu'après un Accord de Septième, *sol si re fa*, on monte diatoniquement par une *Cadence rompue* à l'Accord *la ut mi sol*; il est visible que cet Accord est renversé de l'Accord de sous-Dominante *ut mi sol la*: ainsi la marche de *Cadence rompue* équivaut à cette succession *sol si re fa*, *ut mi sol la*, qui n'est autre chose qu'une *Cadence parfaite*, dans laquelle *ut*, au lieu d'être traitée comme Tonique, est rendue sous-Dominante. Or, toute Tonique, dit M. d'Alembert, peut toujours être rendue sous-Dominante, en changeant de Mode; j'ajouterai qu'elle peut même porter l'Accord de Sixte-ajoutée, sans en changer.

A l'égard de la *Cadence interrompue*, qui consiste à descendre d'une Dominante sur une autre par l'Intervalle de Tierce en cette sorte, *sol si re fa*, *mi sol si re*, il semble qu'on peut encore l'expliquer. En effet, le second Accord *mi sol si re* est renversé de l'Accord de sous-Dominante *sol si re mi*: ainsi la *Cadence interrompue* équivaut à cette succession, *sol si re fa*, *sol si re mi*, où la Note *sol*, après avoir été traitée comme Dominante, est rendue sous-Dominante en changeant de Mode; ce qui est permis & dépend du Compositeur.

Ces explications sont ingénieuses & montrent quel usage on peut faire du Double-emploi dans les passages qui semblent s'y rapporter le moins. Cependant l'intention de M. d'Alembert n'est sûrement pas qu'on s'en serve réellement dans ceux-ci pour la pratique, mais seulement pour l'intelligence du Renversement. Par exemple, le Double-emploi de la *Cadence interrompue* sauveroit la Dissonnance *fa* par la Dissonnance *mi*, ce qui est contraire aux règles, à l'esprit des règles, & sur-tout au jugement de l'oreille: car dans la sensation du second Accord, *sol si re mi*, à la suite du premier *sol si re fa*, l'oreille s'obstine plutôt à rejetter le *re* du nombre des Consonnantes, que d'admettre le *mi* pour Dissonnant. En général, les Commençans doivent savoir que le Double-emploi peut être admis sur un Accord de septième à la suite d'un Accord consonnant; mais que si-tôt qu'un Accord de septième en suit un semblable, le Double-emploi ne peut avoir lieu. Il est bon qu'ils sachent encore qu'on ne doit changer de Ton par nul autre Accord dissonnant que le sensible; d'où il suit que dans la *Cadence rompue* on ne peut supposer aucun changement de Ton.

Il y a une autre espèce de *Cadence* que les Musiciens ne regardent point comme telle, & qui, selon la définition, en est pourtant une véritable : c'est le passage de l'Accord de Septième diminuée sur la Note sensible à l'Accord de la Tonique. Dans ce passage, il ne se trouve aucune *liaison harmonique*, & c'est le second exemple de ce défaut dans ce qu'on appelle *Cadence*. On pourroit regarder les transitions enharmoniques, comme des manières d'éviter cette même *Cadence*, de même qu'on évite la *Cadence parfaite* d'une Dominante à sa Tonique par une transition chromatique : mais je me borne à expliquer ici les dénominations établies.

CADENCE est, en terme de Chant, ce battement de gosier que les Italiens appellent *Trillo*, que nous appellons autrement *Tremblement*, & qui se fait ordinairement sur la pénultième Note d'une phrase Musicale, d'où, sans doute, il a pris le nom de *Cadence*. On dit : *Cette Actrice a une belle* Cadence ; *ce Chanteur bat mal la* Cadence, *&c.*

Il y a deux sortes de *Cadences* : l'une est la *Cadence pleine*. Elle consiste à ne commencer le battement de voix qu'après en avoir appuyé la Note supérieure ; l'autre s'appelle *Cadence brisée*, & l'on y fait le battement de voix sans aucune préparation. Voyez l'exemple de l'une & de l'autre, *Pl. B. Fig. 13.*

CADENCE, (la) est une qualité de la bonne Musique, qui donne à ceux qui l'exécutent ou qui l'écoutent, un sentiment vif de la mesure, en sorte qu'ils la marquent & la sentent tomber à propos, sans qu'ils y pensent & comme par instinct. Cette qualité est sur-tout requise dans les Airs à danser. *Ce Menuet marque bien la* Cadence, *cette Chacone manque de* Cadence. La *Cadence*, en ce sens, étant une qualité, porte ordinairement l'Article défini *la*, au lieu que la *Cadence* harmonique porte, comme individuelle, l'Article numérique. *Une* Cadence *parfaite. Trois* Cadences *évitées*, &c.

Cadence signifie encore la conformité des pas du Danseur avec la Mesure marquée par l'Instrument. *Il sort de* Cadence ; *il est bien en* Cadence. Mais il faut observer que la *Cadence* ne se marque pas toujours comme se bat la Mesure. Ainsi, le Maître de Musique marque le mouvement du Menuet en frappant au commencement de chaque Mefure; au lieu que le Maître à danfer ne bat que de deux en deux Mefures, parce qu'il en faut autant pour former les quatre pas du Menuet.

CADENCÉ. *adj.* Une Mufique bien *Cadencée* eft celle où la Cadence eft fenfible, où le Rhythme & l'Harmonie concourent le plus parfaitement qu'il eft poffible à faire fentir le mouvement. Car le choix des Accords n'eft pas indifférent pour marquer les Temps de la mefure, & l'on ne doit pas pratiquer indifféremment la même Harmonie fur le Frappé & fur le Levé. De même il ne fuffit pas de partager les Mefures en valeurs égales, pour en faire fentir les retours égaux; mais le Rhythme ne dépend pas moins de l'Accent qu'on donne à la Mélodie que des valeurs qu'on donne aux Notes; car on peut avoir des Temps très-égaux en valeurs, & toutefois très-mal *Cadencés*; ce n'eft pas affez que l'égalité y foit; il faut encore qu'on la fente.

CADENZA. *f. f.* Mot Italien, par lequel on indique un Point d'Orgue non écrit, & que l'Auteur laiffe à la volonté de celui qui exécute la Partie principale, afin qu'il y faffe, relativement au caractère de l'Air, les paffages les plus convenables à fa Voix, à fon Inftrument, ou à fon goût.

Ce Point d'Orgue s'appelle *Cadenza*, parce qu'il fe fait ordinairement fur la première Note d'une Cadence finale, & il s'appelle auffi *Arbitrio*, à caufe de la liberté qu'on y laiffe à l'exécutant de fe livrer à fes idées, & de fuivre fon propre goût. La Mufique Françoife, fur-tout la vocale, qui eft extrêmement fervile, ne laiffe au Chanteur aucune pareille liberté, dont même il feroit fort embarraffé de faire ufage.

CANARDER. *v. n.* C'eft, en jouant du Hautbois, tirer un Son nafillard & rauque, approchant du cri du Canard : c'eft ce qui arrive aux Commençans, & fur-tout dans le bas, pour ne pas ferrer affez l'anche des lèvres. Il eft auffi très-ordinaire à ceux qui chantent la Haute-Contre de *Canarder*; parce que la Haute-Contre eft une Voix factice & forcée, qui fe fent toujours de la contrainte avec laquelle elle fort.

CANARIE. *f. f.* Efpèce de Gigue dont l'Air eft d'un mouvement encore plus vif que celui de la Gigue ordinaire : c'eft pourquoi l'on le marque quelquefois par $\frac{6}{16}$. Cette Danfe n'eft plus en ufage aujourd'hui. (Voyez GIGUE.)

CANEVAS. *f. m.* C'eſt ainſi qu'on appelle à l'Opéra de Paris des paroles que le Muſicien ajuſte aux Notes d'un Air à parodier. Sur ces paroles, qui ne ſignifient rien, le Poëte en ajuſte d'autres qui ne ſignifient pas grand'choſe, où l'on ne trouve pour l'ordinaire pas plus d'eſprit que de ſens, où la Proſodie Françoiſe eſt ridiculement eſtropiée, & qu'on appelle encore, avec grande raiſon, des *Canevas.*

CANON. *f. m.* C'étoit dans la Muſique ancienne une règle ou méthode pour déterminer les rapports des Intervalles. L'on donnoit auſſi le nom de *Canon* à l'Inſtrument par lequel on trouvoit ces rapports, & Ptolomée a donné le même nom au Livre que nous avons de lui ſur les rapports de tous les Intervalles harmoniques. En général on appelloit *Sectio Canonis*, la diviſion du Monocorde par tous ces Intervalles, & *Canon univerſalis*, le Monocorde ainſi diviſé, ou la Table qui le repréſentoit. (Voyez Monocorde.)

CANON, en Muſique moderne, eſt une ſorte de Fugue qu'on appelle *perpétuelle*, parce que les Parties, partant l'une après l'autre, répètent ſans ceſſe le même Chant.

Autrefois, dit Zarlin, on mettoit à la tête des fugues perpétuelles qu'il appelle *Fughe in conſeguenza*, certains avertiſſemens qui marquoient comment il falloit chanter ces ſortes de Fugues, & ces avertiſſemens étant proprement les règles de ces Fugues, s'intituloient *Canoni*, règles, *Canons*. De-là prenant le titre pour la choſe, on a, par métonymie, nommé *Canon*, cette eſpèce de Fugue.

Les *Canons* les plus aiſés à faire & les plus communs, ſe prennent à l'Uniſſon ou à l'Octave; c'eſt-à-dire, que chaque Partie répète ſur le même ton le Chant de celle qui la précède. Pour compoſer cette eſpèce de *Canon*, il ne faut qu'imaginer un Chant à ſon gré; y ajouter, en Partition, autant de Parties qu'on veut, à voix égales; puis, de toutes ces Parties chantées ſucceſſivement, former un ſeul Air; tâchant que cette ſucceſſion produiſe un tout agréable, ſoit dans l'Harmonie, ſoit dans le Chant.

Pour exécuter un tel *Canon*, celui qui doit chanter le premier, part ſeul, chantant de ſuite l'Air entier, & le recommençant auſſi-tôt ſans interrompre la Meſure. Dès que celui-ci a fini le premier couplet, qui doit ſervir de ſujet perpétuel, & ſur lequel le *Canon* entier a été compoſé, le ſecond entre, & commence ce même premier couplet, tandis que le premier entré, pourfuit le fecond: les autres partent de même fucceffivement, dès que celui qui les précède eft à la fin du même premier couplet : en recommençant ainfi, fans ceffe, on ne trouve jamais de fin générale, & l'on pourfuit le *Canon* auffi long-temps qu'on veut.

L'on peut encore prendre une Fugue perpétuelle à la Quinte, ou à la Quarte ; c'eft-à-dire, que chaque Partie répétera le Chant de la précédente, une Quinte ou une Quarte plus haut ou plus bas. Il faut alors que le *Canon* foit imaginé tout entier, *di prima intenzione*, comme difent les Italiens, & que l'on ajoute des Bémols ou des Dièfes aux Notes, dont les degrés naturels ne rendroient pas exactement, à la Quinte ou à la Quarte, le Chant de la Partie précédente. On ne doit avoir égard ici à aucune modulation ; mais feulement à l'identité du Chant, ce qui rend la compofition du *Canon* plus difficile ; car à chaque fois qu'une Partie reprend la Fugue, elle entre dans un nouveau Ton, elle en change prefque à chaque Note, & qui pis eft, nulle Partie ne fe trouve à la fois dans le même Ton qu'une autre, ce qui fait que ces fortes de *Canons*, d'ailleurs peu faciles à fuivre, ne font jamais un effet agréable, quelque bonne qu'en foit l'Harmonie, & quelque bien chantés qu'ils foient.

Il y a une troifième forte de *Canons* très-rares, tant à caufe de l'exceffive difficulté, que parce qu'ordinairement dénués d'agrémens, ils n'ont d'autre mérite que d'avoir coûté beaucoup de peine à faire. C'eft ce qu'on pourroit appeller *double Canon renverfé*, tant par l'inverfion qu'on y met, dans le Chant des Parties, que par celle qui fe trouve entre les Parties mêmes, en les chantant. Il y a un tel artifice dans cette efpèce de *Canons*, que, foit qu'on chante les Parties dans l'ordre naturel, foit qu'on renverfe le papier pour les chanter dans un ordre rétrograde, en forte que l'on commence par la fin, & que la Baffe devienne le Deffus, on a toujours une bonne Harmonie & un *Canon* régulier. (Voyez *Pl.* D. Fig. 11.) deux exemples de cette efpèce de *Canons* tirés de Bontempi, lequel donne auffi des règles pour les compofer. Mais on trouvera le vrai principe de ces règles au mot SYSTÊME, dans l'expofition de celui de M. Tartini.

Pour faire un *Canon* dont l'Harmonie foit un peu variée, il faut que les Parties ne se suivent pas trop promptement, que l'une n'entre que long-temps après l'autre. Quand elles se suivent si rapidement, comme à la Pause ou demi-Pause, on n'a pas le temps d'y faire passer plusieurs Accords, & le *Canon* ne peut manquer d'être monotone ; mais c'est un moyen de faire, sans beaucoup de peine, des *Canons* à tant de Parties qu'on veut : car un *Canon* de quatre Mesures seulement, sera déja à huit Parties si elles se suivent à la demi-Pause, & à chaque Mesure qu'on ajoutera, l'on gagnera encore deux Parties.

L'Empereur Charles VI, qui étoit grand Musicien & composoit très-bien, se plaisoit beaucoup à faire & chanter des *Canons*. L'Italie est encore pleine de fort beaux *Canons* qui ont été faits pour ce Prince, par les meilleurs Maîtres de ce pays-là.

CANTABILE. Adjectif Italien, qui signifie *Chantable, commode à chanter*. Il se dit de tous les Chants dont, en quelque Mesure que ce soit, les Intervalles ne sont pas trop grands, ni les Notes trop précipitées ; de sorte qu'on peut les chanter aisément sans forcer ni gêner la Voix. Le mot *Cantabile* passe aussi peu-à-peu dans l'usage François. On dit : *parlez-moi du* Cantabile ; *un beau* Cantabile *me plaît plus que tous vos Airs d'exécution*.

CANTATE. *s. f.* Sorte de petit Poëme Lyrique qui se chante avec des Accompagnemens, & qui, bien que fait pour la chambre, doit recevoir du Musicien, la chaleur & les graces de la Musique imitative & théatrale. Les *Cantates* sont ordinairement composées de trois Récitatifs, & d'autant d'Airs. Celles qui sont en récit, & les Airs en maximes, sont toujours froides & mauvaises ; le Musicien doit les rebuter. Les meilleurs sont celles où, dans une situation vive & touchante, le principal personnage parle lui-même ; car nos *Cantates* sont communément à voix seule. Il y en a pourtant quelques-unes à deux Voix en forme de Dialogue, & celles-là sont encore agréables, quand on y fait introduire de l'intérêt. Mais comme il faut toujours un peu d'échafaudage, pour faire une sorte d'exposition, & mettre l'auditeur au fait, ce n'est pas sans raison que les *Cantates* ont passé de Mode, & qu'on leur a substitué, même dans les Concerts, des Scènes d'Opéra.

La Mode des *Cantates* nous est venue d'Italie, comme on le voit par leur nom qui est Italien, & c'est l'Italie aussi qui les a proscrites

proscrites la première. Les *Cantates* qu'on y fait aujourd'hui, sont de véritables Pièces dramatiques à plusieurs Acteurs, qui ne diffèrent des Opéra, qu'en ce que ceux-ci se représentent au Théatre, & que les *Cantates* ne s'exécutent qu'en Concert : de sorte que la *Cantate* est sur un sujet profane, ce qu'est l'Oratorio sur un sujet sacré.

CANTATILLE. *s. f.* Diminutif de *Cantate*, n'est en effet qu'une Cantate fort courte, dont le sujet est lié par quelques vers de Récitatif, en deux ou trois Airs en Rondeau pour l'ordinaire, avec des Accompagnemens de Symphonie. Le genre de la *Cantatille* vaut moins encore que celui de la Cantate, auquel on l'a substitué parmi nous. Mais comme on n'y peut développer ni passions, ni tableaux, & qu'elle n'est susceptible que de gentillesse, c'est une ressource pour les petits faiseurs de vers, & pour les Musiciens sans génie.

CANTIQUE. *s. m.* Hymne que l'on chante en l'honneur de la Divinité.

Les premiers & les plus anciens *Cantiques* furent composés à l'occasion de quelque événement mémorable, & doivent être comptés entre les plus anciens monumens historiques.

Ces *Cantiques* étoient chantés par des Chœurs de Musique, & souvent accompagnés de danses, comme il paroît par l'Écriture. La plus grande Pièce qu'elle nous offre, en ce genre, est le *Cantique* des *Cantiques*, Ouvrage attribué à Salomon, & que quelques Auteurs prétendent n'être que l'Épithalame de son mariage avec la fille du Roi d'Égypte. Mais les Théologiens montrent, sous cette emblême, l'union de Jesus-Christ & de l'Église. Le Sieur de Cahusac ne voyoit, dans le *Cantique des Cantiques*, qu'un Opéra très-bien fait ; les Scènes, les Récits, les Duo, les Chœurs, rien n'y manquoit, selon lui, & il ne doutoit pas même que cet Opéra n'eût été représenté.

Je ne sache pas qu'on ait conservé le nom de *Cantique* à aucun des chants de l'Église Romaine, si ce n'est le *Cantique* de Siméon, celui de Zacharie, & le *Magnificat* appellé le *Cantique* de la Vierge. Mais parmi nous on appelle *Cantique* tout ce qui se chante dans nos Temples, excepté les Pseaumes qui conservent leur nom.

Les Grecs donnoient encore le nom de *Cantiques* à certains Monologues passionnés de leurs Tragédies, qu'on chantoit sur le Mode Hypodorien, ou sur l'Hypophrygien; comme nous l'apprend Aristote au dix-neuvième de ses Problêmes.

CANTO. Ce mot Italien, écrit dans une Partition sur la Portée vuide du premier Violon, marque qu'il doit jouer à l'unisson sur la Partie chantante.

CAPRICE. *f. m.* Sorte de Pièce de Musique libre, dans laquelle l'Auteur, sans s'assujettir à aucun sujet, donne carrière à son génie & se livre à tout le feu de la Composition. Le *Caprice* de Rebel étoit estimé dans son temps. Aujourd'hui les *Caprices* de Locatelli donnent de l'exercice à nos Violons.

CARACTÈRES DE MUSIQUE. Ce sont les divers signes qu'on emploie pour représenter tous les Sons de la Mélodie, & toutes les valeurs des Temps & de la Mesure; de sorte qu'à l'aide de ces *Caractères* on puisse lire & exécuter la Musique exactement comme elle a été composée, & cette manière d'écrire s'appelle *Noter*. (Voyez NOTES.)

Il n'y a que les Nations de l'Europe qui sachent écrire leur Musique. Quoique dans les autres parties du Monde chaque Peuple ait aussi la sienne, il ne paroît pas qu'aucun d'eux ait poussé ses recherches jusqu'à des *Caractères* pour la noter. Au moins est-il sûr que les Arabes ni les Chinois, les deux Peuples étrangers qui ont le plus cultivé les Lettres, n'ont, ni l'un ni l'autre, de pareils *Caractères*. A la vérité les Persans donnent des noms de Villes de leur pays ou des parties du corps humain aux quarante-huit Sons de leur Musique. Ils disent, par exemple, pour donner l'intonation d'un Air : *Allez de cette Ville à celle-là* ; ou , *allez du doigt au coude*. Mais ils n'ont aucun signe propre pour exprimer, sur le papier ces mêmes Sons ; &, quant aux Chinois, on trouve dans le P. du Halde, qu'ils furent étrangement surpris de voir les Jésuites noter & lire sur cette même Note tous les Airs Chinois qu'on leur faisoit entendre.

Les anciens Grecs se servoient pour *Caractères* dans leur Musique, ainsi que dans leur Arithmétique, des lettres de leur Alphabet : mais au lieu de leur donner, dans la Musique, une valeur numéraire qui marquât les Intervalles, ils se contentoient de les employer comme Signes, les combinant en diverses manières, les mutilant, les accouplant, les couchant, les retournant différemment, selon les Genres & les Modes, comme on peut voir dans le Recueil d'Alypius. Les Latins les imitèrent, en se servant, à leur exemple, des lettres de l'Alphabet, & il nous en reste encore la lettre jointe au nom de chaque Note de notre Échelle diatonique & naturelle.

Gui Aretin imagina les Lignes, les Portées, les Signes particuliers qui nous sont demeurés sous le nom de *Notes*, & qui sont aujourd'hui la Langue Musicale & universelle de toute l'Europe. Comme ces derniers Signes, quoiqu'admis unanimement & perfectionnés depuis l'Aretin, ont encore de grands défauts, plusieurs ont tenté de leur substituer d'autres Notes : de ce nombre ont été Parran, Souhaitti, Sauveur, Dumas, & moi-même. Mais comme, au fond, tous ces systêmes, en corrigeant d'anciens défauts auxquels on est tout accoutumé, ne faisoient qu'en substituer d'autres dont l'habitude est encore à prendre ; je pense que le Public a très-sagement fait de laisser les choses comme elles sont, & de nous renvoyer, nous & nos systêmes, au pays des vaines spéculations.

CARRILLON. Sorte d'Air fait pour être exécuté par plusieurs Cloches accordées à différens Tons. Comme on fait plutôt le *Carrillon* pour les Cloches que les Cloches pour le *Carrillon*, l'on n'y fait entrer qu'autant de Sons divers qu'il y a de Cloches. Il faut observer de plus, que tous leurs Sons ayant quelque permanence, chacun de ceux qu'on frappe doit faire Harmonie avec celui qui le précède & avec celui qui le suit ; assujettissement qui, dans un mouvement gai, doit s'étendre à toute une Mesure & même au-delà, afin que les Sons qui durent ensemble ne dissonnent point à l'oreille. Il y a beaucoup d'autres observations à faire pour composer un bon *Carrillon*, & qui rendent ce travail plus pénible que satisfaisant : car c'est toujours une sotte Musique que celle des Cloches, quand même tous les Sons en feroient exactement justes ; ce qui n'arrive jamais. On trouvera, (*Planche* A. *Fig.* 14.) l'exemple d'un *Carrillon* consonnant, composé pour être exécuté sur une Pendule à neuf timbres, faite par M. Romilly, célèbre Horloger. On conçoit que l'extrême gêne à laquelle assujettissent le concours harmonique des Sons voisins, & le petit nombre des timbres, ne permet guères de mettre du Chant dans un semblable Air.

CARTELLES. Grandes feuilles de peau d'âne préparées, sur lesquelles on entaille les traits des Portées, pour pouvoir y noter tout ce qu'on veut en composant, & l'effacer ensuite avec une éponge; l'autre côté qui n'a point de Portées, peut servir à écrire & barbouiller, & s'efface de même, pourvu qu'on n'y laisse pas trop vieillir l'encre. Avec une *Cartelle* un Compositeur soigneux en a pour sa vie, & épargne bien des rames de papier réglé: mais il y a ceci d'incommode, que la plume passant continuellement sur les lignes entaillées, gratte & s'émousse facilement. Les *Cartelles* viennent toutes de Rome ou de Naples.

CASTRATO, *s. m.* Musicien qu'on a privé, dans son enfance, des organes de la génération, pour lui conserver la voix aiguë, qui chante la Partie appellée *Dessus* ou *Soprano*. Quelque peu de rapport qu'on apperçoive entre deux organes si différens, il est certain que la mutilation de l'un prévient & empêche dans l'autre cette mutation qui survient aux hommes à l'âge nubile, & qui baisse tout-à-coup leur voix d'une Octave. Il se trouve, en Italie, des pères barbares qui, sacrifiant la Nature à la fortune, livrent leurs enfans à cette opération, pour le plaisir des gens voluptueux & cruels, qui osent rechercher le Chant de ces malheureux. Laissons aux honnêtes femmes des grandes Villes les ris modestes, l'air dédaigneux, & les propos plaisans dont ils sont l'éternel objet; mais faisons entendre, s'il se peut, la voix de la pudeur & de l'humanité qui crie & s'élève contre cet infâme usage, & que les Princes qui l'encouragent par leurs recherches, rougissent une fois de nuire, en tant de façons, à la conservation de l'espèce humaine.

Au reste, l'avantage de la voix se compense dans les *Castrati* par beaucoup d'autres pertes. Ces hommes qui chantent si bien, mais sans chaleur & sans passions, sont, sur le théâtre, les plus maussades Acteurs du monde; ils perdent leur voix de très-bonne heure & prennent un embonpoint dégoûtant. Ils parlent & prononcent plus mal que les vrais hommes, & il y a même des lettres telles que l'*r*, qu'ils ne peuvent point prononcer du tout.

Quoique le mot *Castrato* ne puisse offenser les plus délicates oreilles, il n'en est pas de même de son synonyme François. Preuve évidente que ce qui rend les mots indécens ou déshonnêtes, dépend moins des idées qu'on leur attache, que de l'ufage de la bonne compagnie, qui les tolère ou les profcrit à fon gré.

On pourroit dire, cependant, que le mot Italien s'admet comme repréfentant une profeffion, au lieu que le mot François ne repréfente que la privation qui y eft jointe.

CATABAUCALESE. Chanfon des Nourrices chez les Anciens. (Voyez CHANSON.)

CATACOUSTIQUE. *f. f.* Science qui a pour objet les Sons réfléchis, ou cette partie de l'Acouftique qui confidère les propriétés des Échos. Ainfi la *Catacouftique* eft à l'Acouftique ce que la Catoptrique eft à l'Optique.

CATAPHONIQUE. *f. f.* Science des Sons réfléchis qu'on appelle auffi *Catacouftique*. (Voyez l'*Article précédent*.)

CAVATINE. *f. f.* Sorte d'Air pour l'ordinaire affez court, qui n'a ni Reprife, ni feconde Partie, & qui fe trouve fouvent dans des Récitatifs obligés. Ce changement fubit du Récitatif au Chant mefuré, & le retour inattendu du Chant mefuré au Récitatif, produifent un effet admirable dans les grandes expreffions, comme font toujours celles du Récitatif obligé.

Le Mot *Cavatina* eft Italien, & quoique je ne veuille pas, comme Broffard, expliquer dans un Dictionnaire François tous les mots techniques Italiens, fur-tout lorfque ces mots ont des fynonymes dans notre Langue; je me crois pourtant obligé d'expliquer ceux de ces mêmes mots, qu'on emploie dans la Mufique notée; par ce qu'en exécutant cette Mufique, il convient d'entendre les termes qui s'y trouvent, & que l'Auteur n'y a pas mis pour rien.

CENTONISER. *v. n.* Terme de Plain-Chant. C'eft compofer un Chant de traits recueillis & arrangés pour la Mélodie qu'on a en vue. Cette manière de compofer n'eft pas de l'invention des Symphoniaftes modernes; puifque, felon l'Abbé le Beuf, faint Grégoire lui-même a *Centonifé*.

CHACONNE *f. f.* Sorte de Pièce de Mufique faite pour la Danfe, dont la Mefure eft bien marquée & le Mouvement modéré. Autrefois il y avoit des *Chaconnes* à deux Temps & à trois; mais on n'en fait plus qu'à trois. Ce font, pour l'ordinaire, des Chants qu'on appelle Couplets, compofés & variés en diverfes manières ;

fur une Baffe-contrainte, de quatre en quatre Mefures, commençant prefque toujours par le fecond temps pour prévenir l'interruption. On s'eft affranchi peu-à-peu de cette contrainte de la Baffe, & l'on n'y a prefque plus aucun égard.

La beauté de la *Chaconne* confifte à trouver des Chants qui marquent bien le Mouvement, & comme elle eft fouvent fort longue, à varier tellement les Couplets qu'ils contraftent bien enfemble; & qu'ils réveillent fans ceffe l'attention de l'auditeur. Pour cela, on paffe & repaffe à volonté du Majeur au Mineur, fans quitter pourtant beaucoup le Ton principal, & du grave au gai, & du tendre au vif, fans preffer ni ralentir jamais la Mefure.

La *Chaconne* eft née en Italie, & elle y étoit autrefois fort en ufage, de même qu'en Efpagne. On ne la connoît plus aujourd'hui qu'en France dans nos Opéra.

CHANSON. Efpèce de petit Poëme lyrique fort court, qui roule ordinairement fur des fujets agréables, auquel on ajoute un Air pour être chanté dans des occafions familières, comme à table, avec fes amis, avec fa maîtreffe, & même feul, pour éloigner, quelques inftants, l'ennui fi l'on eft riche; & pour fupporter plus doucement la mifère & le travail, fi l'on eft pauvre.

L'ufage des *Chanfons* femble être une fuite naturelle de celui de la parole, & n'eft en effet pas moins général; car par-tout où l'on parle, on chante. Il n'a fallu, pour les imaginer, que déployer fes organes, donner un tour agréable aux idées dont on aimoit à s'occuper, & fortifier par l'expreffion dont la voix eft capable, le fentiment qu'on vouloit rendre, ou l'image qu'on vouloit peindre. Auffi les anciens n'avoient-ils point encore l'art d'écrire qu'ils avoient déja des *Chanfons*. Leurs Loix & leurs hiftoires, les louanges des Dieux & des Héros, furent chantées avant d'être écrites. Et de-là vient, felon Ariftote, que le même nom Grec fut donné aux Loix & aux *Chanfons*.

Toute la Poëfie lyrique n'étoit proprement que des *Chanfons*; mais je dois me borner ici à parler de celle qui portoit plus particuliérement ce nom, & qui en avoit mieux le caractère felon nos idées.

Commençons par les Airs de table. Dans les premiers temps, dit M. de la Nauze, tous les Convives, au rapport de Dicéarque, de Plutarque & d'Artémon, chantoient enfemble, & d'une feule voix, les louanges de la Divinité. Ainsi ces *Chansons* étoient de véritables, Péans ou Cantiques sacrés. Les Dieux n'étoient point pour eux des trouble-fêtes; & ils ne dédaignoient pas de les admettre dans leurs plaisirs.

Dans la suite les Convives chantoient successivement, chacun à son tour, tenant une branche de Myrthe, qui passoit de la main de celui qui venoit de chanter, à celui qui Chantoit après lui. Enfin quand la Musique se perfectionna dans la Grèce, & qu'on employa la Lyre dans les festins, il n'y eut plus, disent les Auteurs déja cités, que les habiles qui fussent en état de chanter à table; du moins en s'accompagnant de la Lyre. Les autres, contraints de s'en tenir à la branche de Myrthe, donnerent lieu à un proverbe Grec, par lequel on disoit qu'un homme chantoit au Myrthe quand on vouloit le taxer d'ignorance.

Ces *Chansons* accompagnées de la Lyre, & dont Terpandre fut l'inventeur, s'appellent *Scolies*, mot qui signifie *oblique* ou *tortueux*, pour marquer, selon Plutarque, la difficulté de la *Chanson*; ou comme le veut Artémon, la situation irrégulière de ceux qui chantoient : car comme il falloit être habile pour chanter ainsi, chacun ne chantoit pas à son rang ; mais seulement ceux qui savoient la Musique, lesquels se trouvoient dispersés çà & là, & placés obliquement l'un par rapport à l'autre.

Les Sujets des Scolies se tiroient non-seulement de l'amour & du vin, ou du plaisir en général, comme aujourd'hui; mais encore de l'histoire, de la guerre, & même de la morale. Telle est la *Chanson* d'Aristote sur la mort d'Hermias, son ami & son allié, laquelle fit accuser son Auteur d'impiété.

» O vertu, qui, malgré les difficultés que vous présentez aux foibles mortels, êtes l'objet charmant de leurs recherches! Vertu pure & aimable ! ce fut toujours aux Grecs un destin digne d'envie de mourir pour vous, & de souffrir avec constance les maux les plus affreux. Telles sont les semences d'immortalité que vous répandez dans tous les cœurs. Les fruits en sont plus précieux que l'or, que l'amitié des parens, que le someil le plus tranquille. Pour vous le divin Hercule & les fils de Léda supportèrent mille travaux, & le succès de leurs exploits annonça votre puissance. C'est par amour pour vous qu'Achille & Ajax descendirent dans l'Empire de

Pluton, & c'est en vue de votre céleste beauté, que le Prince d'Atarne s'est aussi privé de la lumière du Soleil. Prince à jamais célèbre par ses actions; les filles de Mémoire chanteront sa gloire toutes les fois qu'elles chanteront le culte de Jupiter Hospitalier, & le prix d'une amitié durable & sincère. «

Toutes leurs *Chansons* morales n'étoient pas si graves que celle-là. En voici une d'un goût différent, tirée d'Athénée.

» Le premier de tous les biens est la santé, le second la beauté, le troisième les richesses amassées sans fraude, & le quatrième la jeunesse qu'on passe avec ses amis. «

Quant aux Scolies qui roulent sur l'amour & le vin, on en peut juger par les soixante & dix Odes d'Anacréon, qui nous restent. Mais dans ces sortes de *Chansons* mêmes, on voyoit encore briller cet amour de la Patrie & de la liberté dont tous les Grecs étoient transportés.

» Du vin & de la santé « dit une de ces *Chansons*, » pour ma » Clitagora & pour moi, avec le secours des Thessaliens. « C'est qu'outre que Clitagora étoit Thessalienne, les Athéniens avoient autrefois reçu du secours des Thessaliens, contre la tyrannie des Pisistratides.

Ils avoient aussi des *Chansons* pour les diverses professions. Telles étoient les *Chansons* des Bergers, dont une espèce appellée *Bucoliasme*, étoit le véritable Chant de ceux qui conduisoient le bétail; & l'autre, qui est proprement la *Pastorale*, en étoit l'agréable imitation; la *Chanson* des Moissonneurs, appellée *le Lytierce*, du nom d'un fils de Mydas, qui s'occupoit par goût à faire la moisson: la *Chanson* des Meuniers, appellée *Hymée*, ou *Épiaulie*; comme celle-ci tirée de Plutarque; *Moulez, meule, moulez: car Pittacus qui regne dans l'auguste Mitylène, aime à moudre*; parce que Pittacus étoit grand mangeur: la *Chanson* des Tisserands, qui s'appelloit *Éline*: *la Chanson Yule* des ouvriers en laine: celles des Nourrices, qui s'appelloit *Catabaucalaise* ou *Nunnie*: la *Chanson* des Amans, appellée *Nomion*: celle des femmes, appellée *Calyce*; *Harpalice*, celle des filles. Ces deux dernières, attendu le sexe, étoient aussi des *Chansons* d'amour.

Pour des occasions particulières, ils avoient la *Chanson* des noces, qui s'appelloit *Hymenée, Épithalame*: la *Chanson* de *Daris*,

pour

pour des occasions joyeuses : les lamentations, l'*Ialème* & le *Linos* pour des occasions funèbres & tristes. Ce *Linos* se chantoit aussi chez les Égyptiens, & s'appelloit par eux *Maneros*, du nom d'un de leurs Princes, au deuil duquel il avoit été chanté. Par un passage d'Euripide, cité par Athénée, on voit que le *Linos* pouvoit aussi marquer la joie.

Enfin, il y avoit encore des Hymnes ou *Chansons* en l'honneur des Dieux & des Héros. Telles étoient les *Iules* de Cérès & Proserpine, la *Philelie* d'Apollon, les *Upinges* de Diane, &c.

Ce genre passa des Grecs aux Latins, & plusieurs Odes d'Horace, sont des *Chansons* galantes ou bachiques. Mais cette Nation, plus guerrière que sensuelle, fit, durant très-long-temps, un médiocre usage de la Musique & des *Chansons*, & n'a jamais approché, sur ce point, des graces de la volupté Grecque. Il paroit que le Chant resta toujours rude & grossier chez les Romains. Ce qu'ils chantoient aux noces, étoit plutôt des clameurs que des *Chansons*, & il n'est guères à présumer que les *Chansons* satyriques des Soldats, aux triomphes de leurs Généraux, eussent une Mélodie fort agréable.

Les Modernes ont aussi leurs *Chansons* de différentes espèces, selon le génie & le goût de chaque Nation. Mais les François l'emportent sur toute l'Europe, dans l'art de les composer, sinon pour le tour & la Mélodie des Airs, au moins pour le sel, la grace & la finesse des paroles; quoique pour l'ordinaire l'esprit & la satyre s'y montrent bien mieux encore que le sentiment & la volupté. Ils se sont plus livrés à cet amusement, & y ont excellé dans tous les Temps, témoins les anciens Troubadours. Cet heureux peuple est toujours gai, tournant tout en plaisanterie : les femmes y sont fort galantes, les hommes fort dissipés, & le pays produit d'excellent vin ; le moyen de n'y pas chanter sans cesse ? Nous avons encore d'anciennes *Chansons* de Thibault, Comte de Champagne, l'homme le plus galant de son siècle, mises en Musique par Guillaume de Machault. Marot en fit beaucoup qui nous restent, & grace aux Airs d'Orlande & de Claudin, nous en avons aussi plusieurs de la Pléyade de Charles IX. Je ne parlerai point des *Chansons* plus modernes, par lesquelles les Musiciens Lambert, du Bousset, la Garde & autres ont acquis un nom, &

Dict. de Mus. M

dont on trouve autant de Poëtes, qu'il y a de gens de plaisir parmi le peuple du monde qui s'y livre le plus, quoique non pas tous auſſi célèbres que le Comte de Coulange & l'Abbé de Lattaignant. La Provence & le Languedoc n'ont point non plus dégénéré de leur premier talent. On voit toujours regner dans ces Provinces un air de gaieté qui porte ſans ceſſe leurs habitans au Chant & à la Danſe. Un Provençal menace, dit-on, ſon ennemi d'une *Chanſon*, comme un Italien menaceroit le ſien d'un coup de ſtilet; chacun a ſes armes. Les autres Pays ont auſſi leurs Provinces Chanſonnières; en Angleterre c'eſt l'Écoſſe, en Italie c'eſt Veniſe. (Voyez BARCAROLLES.)

Nos *Chanſons* ſont de pluſieurs ſortes; mais en général elles roulent ou ſur l'amour, ou ſur le vin, ou ſur la ſatyre. Les *Chanſons* d'amour ſont; les Airs tendres qu'on appelle encore Airs ſérieux; les Romances dont le caractère eſt d'émouvoir l'ame inſenſiblement par le récit tendre & naïf de quelque hiſtoire amoureuſe & tragyque; les *Chanſons* paſtorales & ruſtiques, dont pluſieurs ſont faites pour danſer; comme les Muſettes, les Gavottes, les Branles, &c.

Les *Chanſons* à boire ſont aſſez communément des Airs de Baſſe ou des Rondes de table: c'eſt avec beaucoup de raiſon qu'on en fait peu pour les Deſſus; car il n'y a pas une idée de débauche plus crapuleuſe & plus vile que celle d'une femme ivre.

A l'égard des *Chanſons* ſatyriques, elles ſont compriſes ſous le nom de Vaudevilles, & lancent indifféremment leurs traits ſur le vice & ſur la vertu, en les rendant également ridicules; ce qui doit proſcrire le Vaudeville de la bouche des gens de bien.

Nous avons encore une eſpèce de *Chanſon* qu'on appelle Parodie. Ce ſont des paroles qu'on ajuſte comme on peut ſur des Airs de Violon, ou d'autres Inſtrumens, & qu'on fait rimer tant bien que mal, ſans avoir égard à la meſure des vers, ni au caractère de l'Air, ni au ſens des paroles, ni le plus ſouvent à l'honnêteté. (Voyez PARODIE.)

CHANT. *ſ. m.* Sorte de modification de la voix humaine, par laquelle on forme des Sons variés & appréciables. Obſervons que pour donner à cette définition toute l'univerſalité qu'elle doit avoir, il ne faut pas ſeulement entendre par *Sons appréciables*, ceux qu'on peut aſſigner par les Notes de notre Muſique, & rendre par les touches de notre Clavier; mais tous ceux dont on peut trouver ou sentir l'Unisson & calculer les Intervalles de quelque manière que ce soit.

Il est très-difficile de déterminer en quoi la voix qui forme la parole, diffère de la voix qui forme le *Chant*. Cette différence est sensible, mais on ne voit pas bien clairement en quoi elle consiste, & quand on veut le chercher, on ne le trouve pas. M. Dodard a fait des observations anatomiques, à la faveur desquelles il croit, à la vérité, trouver, dans les différentes situations du Larinx, la cause de ces deux sortes de voix. Mais je ne sais si ces observations, où les conséquences qu'il en tire, sont bien certaines. (Voyez VOIX.) il semble ne manquer aux Sons, qui forment la parole, que la permanence, pour former un véritable *Chant* : il paroît aussi que les diverses inflexions qu'on donne à la voix en parlant, forment des Intervalles qui ne sont point harmoniques, qui ne font pas partie de nos systêmes de Musique, & qui, par conséquent, ne pouvant être exprimés en Notes, ne sont pas proprement du *Chant* pour nous.

Le *Chant* ne semble pas naturel à l'homme. Quoique les Sauvages de l'Amérique chantent, parce qu'ils parlent, le vrai Sauvage ne chanta jamais. Les muets ne chantent point; ils ne forment que des voix sans permanence, des mugissemens sourds que le besoin leur arrache. Je douterois que le Sieur Pereyre, avec tout son talent, pût jamais tirer d'eux aucun *Chant* musical. Les enfans crient, pleurent, & ne chantent point. Les premières expressions de la nature n'ont rien en eux de mélodieux ni de sonore, & ils apprennent à chanter comme à parler, à notre exemple. Le *Chant* mélodieux & appréciable n'est qu'une imitation paisible & artificielle des accens de la Voix parlante ou passionnée; on crie & l'on se plaint sans chanter : mais on imite en chantant les cris & les plaintes; & comme, de toutes les imitations, la plus intéressante est celle des passions humaines, de toutes les manières d'imiter, la plus agréable est le *Chant*.

Chant, appliqué plus particulièrement à notre Musique, en est la partie mélodieuse, celle qui résulte de la durée & de la succession des Sons, celle d'où dépend toute l'expression, & à laquelle tout le reste est subordonné. (Voyez MUSIQUE, MÉLODIE.) Les

Chants agréables frappent dabord, ils se gravent facilement dans la mémoire; mais ils sont souvent l'écueil des Compositeurs, parce qu'il ne faut que du savoir pour entasser des Accords, & qu'il faut du talent pour imaginer des *Chants* gracieux. Il y a dans chaque Nation des tours de *Chant* triviaux & usés, dans lesquels les mauvais Musiciens retombent sans cesse; il y en a de baroques qu'on n'use jamais, parce que le Public les rebute toujours. Inventer des *Chants* nouveaux, appartient à l'homme de génie: trouver de beaux *Chants*, appartient à l'homme de goût.

Enfin, dans son sens le plus resserré, *Chant* se dit seulement de la Musique vocale; & dans celle qui est mêlée de Symphonie on appelle Parties de *Chant*, celles qui sont destinées pour les Voix.

CHANT AMBROSIEN. Sorte de Plaint-Chant dont l'invention est attribuée à Saint Ambroise, Archevêque de Milan. (Voyez PLAIN-CHANT.)

CHANT GRÉGORIEN. Sorte de Plain-Chant dont l'invention est attribuée à Saint Grégoire Pape, & qui a été substitué ou préféré dans la plupart des Églises, au *Chant* Ambrosien. (Voyez PLAIN-CHANT.)

CHANT en ISON ou CHANT ÉGAL. On appelle ainsi un *Chant* ou une Psalmodie qui ne roule que sur deux Sons, & ne forme, par conséquent, qu'un seul Intervalle. Quelques Ordres Religieux n'ont dans leurs Églises d'autre *Chant* que le *Chant en Ison*.

CHANT SUR LE LIVRE. Plain-Chant ou Contre-point à quatre Parties, que les Musiciens composent & chantent impromptu sur une seule; savoir, le Livre de Chœur qui est au Lutrin: en sorte, qu'excepté la Partie notée, qu'on met ordinairement à la Taille, les Musiciens affectés aux trois autres Parties, n'ont que celle-là pour guide, & composent chacun la leur en chantant.

Le *Chant sur le Livre* demande beaucoup de science, d'habitude & d'oreille dans ceux qui l'exécutent, d'autant plus qu'il n'est pas toujours aisé de rapporter les Tons du Plain-Chant à ceux de notre Musique. Cependant il y a des Musiciens d'Église, si versés dans cette sorte de Chant, qu'ils y commencent & poursuivent même des Fuges, quand le sujet en peut comporter, sans confondre & croiser les Parties, ni faire de faute dans l'Harmonie.

CHANTER. *v. n.* C'est, dans l'acception la plus générale, former avec la voix des Sons variés & appréciables. (Voyez CHANT.) Mais c'eſt plus communément faire diverſes inflexions de voix, ſonores, agréables à l'oreille, par des Intervalles admis dans la Muſique, & dans les règles de la Modulation.

On *Chante* plus ou moins agréablement, à proportion qu'on a la voix plus ou moins agréable & ſonore, l'oreille plus ou moins juſte, l'organe plus ou moins flexible, le goût plus ou moins formé, & plus ou moins de pratique de l'art du *Chant*. A quoi l'on doit ajouter, dans la Muſique imitative & théatrale, le degré de ſenſibilité qui nous affecte plus ou moins des ſentimens que nous avons à rendre. On a auſſi plus ou moins de diſpoſition à *Chanter* ſelon le climat ſous lequel on eſt né, & ſelon le plus ou moins d'accent de ſa langue naturelle; car plus la langue eſt accentuée, & par conſéquent mélodieuſe & *chantante*, plus auſſi ceux qui la parlent ont naturellement de facilité à *Chanter*.

On a fait un art du *Chant*, c'eſt-à-dire, que, des obſervations ſur les Voix qui *chantoient* le mieux, on a compoſé des règles pour faciliter & perfectionner l'uſage de ce don naturel. (Voyez MAITRE A CHANTER.) Mais il reſte bien des découvertes à faire ſur la manière la plus facile, la plus courte & la plus ſûre d'acquérir cet art.

CHATERELLE. *ſ. f.* Celle des cordes du Violon, & des Inſtrumens ſemblables, qui a le Son le plus aigu. On dit d'une Symphonie qu'elle ne quitte pas la *Chanterelle*, lorſqu'elle ne roule qu'entre les Sons de cette Corde & ceux qui lui ſont les plus voiſins, comme font preſque toutes les Parties de Violon des Opéra de Lully & des Symphonies de ſon temps.

CHANTEUR. Muſicien qui chante dans un Concert.

CHANTRE. *ſ. m.* Ceux qui chantent au Chœur dans les Égliſes Catholiques, s'appellent *Chantres*. On ne dit point *Chanteur* à l'Égliſe, ni *Chantre* dans un Concert.

Chez les Réformés on appelle *Chantre* celui qui entonne & ſoutient le Chant des Pſeaumes dans le Temple; il eſt aſſis au-deſſous de la Chaire du Miniſtre ſur le devant. Sa fonction exige une voix très-forte capable de dominer ſur celle de tout le peuple, & de ſe faire entendre juſqu'aux extrémités du Temple. Quoiqu'il n'y ait ni Proſodie ni Meſure dans notre manière de chanter les Pſeaumes,

& que le Chant en soit si lent qu'il est facile à chacun de le suivre, il me semble qu'il seroit nécessaire que le *Chantre* marquât une sorte de Mesure. La raison en est, que le *Chantre* se trouvant fort éloigné de certaines parties de l'Église, & le Son parcourant assez lentement ces grandes intervalles, sa voix se fait à peine entendre aux extrémités, qu'il a déja pris un autre Ton, & commencé d'autres Notes; ce qui devient d'autant plus sensible en certains lieux, que le Son arrivant encore beaucoup plus lentement d'une extrémité à l'autre, que du milieu où est le *Chantre*, la masse d'air qui remplit le Temple, se trouve partagée à la fois en divers Sons fort discordans qui enjambent sans cesse les uns sur les autres & choquent fortement une oreille exercée, défaut que l'Orgue même ne fait qu'augmenter, parcequ'au lieu d'être au milieu de l'édifice, comme le *Chantre*, il ne donne le Ton que d'une extrémité.

Or, le remède à cet inconvénient me paroit très-simple; car comme les rayons visuels se communiquent à l'instant de l'objet à l'œil, ou du moins avec une vîtesse incomparablement plus grande que celle avec laquelle le Son se transmet du corps sonore à l'oreille; il suffit de substituer l'un à l'autre, pour avoir, dans toute l'étendue du Temple, un Chant bien simultané & parfaitement d'Accord. Il ne faut pour cela que placer le *Chantre*, ou quelqu'un chargé de cette partie de sa fonction, de manière qu'il soit à la vue de tout le monde, & qu'il se serve d'un bâton de mesure dont le mouvement s'apperçoive aisément de loin, comme, par exemple, un rouleau de papier : car alors, avec la précaution de prolonger assez la première Note, pour que l'intonnation en soit par-tout entendue avant qu'on poursuive; tout le reste du Chant marchera bien ensemble, & la discordance dont je parle disparoîtra infailliblement. On pourroit même, au lieu d'un homme, employer un Chronomètre, dont le mouvement seroit encore plus égal dans une Mesure si lente.

Il résulteroit de-là deux autres avantages; l'un que, sans presque altérer le Chant des Pseaumes, il seroit aisé d'y introduire un peu de Prosodie, & d'y observer du moins les longues & les brèves les plus sensibles, l'autre, que ce qu'il y a de monotonie & de langueur dans ce Chant, pourroit, selon la première intention de l'Auteur, être effacé par la Basse & les autres Parties, dont l'Harmonie est certainement la plus majestueuse & la plus sonore qu'il soit possible d'entendre.

CHAPEAU. *s. m.* Trait demi-circulaire, dont on couvre deux ou plusieurs Notes, & qu'on appelle plus communément *liaison*. (Voyez LIAISON.)

CHASSE. *s. f.* On donne ce nom à certains Airs ou à certaines Fanfares de Cors, ou d'autres Instrumens qui réveillent, à ce qu'on dit, l'idée des Tons que ces mêmes Cors donnent à la Chasse.

CHEVROTTER. *v. n.* C'est, au lieu de battre nettement & alternativement du gosier les deux sons qui forment la Cadence ou le Trill, (*Voyez ces mots.*) en battre un seul à coups précipités, comme plusieurs doubles-croches détachées & à l'unisson ; ce qui se fait en forçant du poumon l'air contre la glotte fermée, qui sert alors de soupape : en sorte qu'elle s'ouvre par secousses pour livrer passage à cet air, & le referme à chaque instant par une méchanique semblable à celle du Tremblant de l'Orgue. Le *Chevrottement* est la désagréable ressource de ceux qui n'ayant aucun Trill en cherchent l'imitation grossière ; mais l'oreille ne peut supporter cette substitution, & un seul *Chevrottement* au milieu du plus beau Chant du monde, suffit pour le rendre insupportable & ridicule.

CHIFFRER. C'est écrire sur les Notes de la Basse des Chiffres ou autres caractères indiquant les Accords que ces Notes doivent porter, pour servir de guide à l'Accompagnateur. (Voyez CHIFFRES, ACCORD.)

CHIFFRES. Caractères qu'on place au-dessus ou au-dessous des Notes de la Basse, pour indiquer les Accords qu'elles doivent porter. Quoique parmi ces caractères il y en ait plusieurs qui ne sont pas des *Chiffres*, on leur en a généralement donné le nom, parce que c'est la sorte de signes qui s'y présente le plus fréquemment.

Comme chaque Accord est composé de plusieurs Sons, s'il avoit fallu exprimer chacun de ces Sons par un *Chiffre*, on auroit tellement multiplié & embrouillé les *Chiffres*, que l'Accompagnateur n'auroit jamais eu le temps de les lire au moment de l'exécution. On s'est donc appliqué, autant qu'on a pu, à caractériser chaque Accord par un seul *Chiffre* ; de sorte que ce *Chiffre* peut suffire pour indiquer, relativement à la Basse, l'espèce de l'Accord, &

par conséquent tous les Sons qui doivent le composer. Il y a même un Accord qui se trouve chiffré en ne le chiffrant point ; car selon la précision des *Chiffres* toute Note qui n'est point chiffrée, ou ne porte aucun Accord, ou porte l'Accord parfait.

Le *Chiffre* qui indique chaque Accord, est ordinairement celui qui répond au nom de l'Accord : ainsi l'Accord de seconde, se *Chiffre* 2 ; celui de Septième 7 ; celui de Sixte 6, &c. Il y a des Accords qui portent un double nom, & qu'on exprime aussi par un double *Chiffre* : tels sont les Accords de Sixte-Quarte, de Sixte-Quinte, de Septième-&-Sixte, &c. Quelquefois même on en met trois, ce qui rentre dans l'inconvénient qu'on vouloit éviter ; mais comme la composition des *Chiffres* est venue du temps & du hazard, plutôt que d'une étude réfléchie, il n'est pas étonnant qu'il s'y trouve des fautes & des contradictions.

Voici une Table de tous les *Chiffres* pratiqués dans l'Accompagnement ; sur quoi l'on observera qu'il y a plusieurs Accords qui se chiffrent diversement en différens Pays, ou dans le même Pays par différens Auteurs, ou quelquefois par le même. Nous donnons toutes ces manières, afin que chacun, pour chiffrer, puisse choisir celle qui lui paroîtra la plus claire ; &, pour Accompagner, rapporter chaque *Chiffre* à l'Accord qui lui convient, selon la manière de chiffrer de l'Auteur.

TABLE GÉNÉRALE
De tous les Chiffres de l'Accompagnement.

N. B. On a ajouté une étoile à ceux qui sont plus usités en France aujourd'hui.

Chiffres.	Noms des Accords.	Chiffres.	Noms des Accords.
*	Accord parfait.		Les différentes Sixtes dans cet Accord se marquent par un accident au Chiffre, comme les Tierces dans l'Accord parfait.
8	Idem.		
5	Idem.		
3	Idem.		
5/3	Idem.		
3♭	Accord parfait Tierce mineure.	*6/4	Accord de Sixte-Quarte.
♭3	Idem.	6	Idem.
*♭	Idem.	7/5/3	Accord de Septième
5/♭	Idem.		
3✗	Accord parfait Tierce majeure.	7/5	Idem.
✗3	Idem.	7/3	Idem.
*✗	Idem.	*7	Idem.
5/✗	Idem.	*7/✗	Septième avec Tierce majeure.
3♮	Accord parfait Tierce naturelle.	*7/♭	Avec Tierce mineure.
♮3	Idem.		
*♮	Idem.	*7/♮	Avec Tierce naturelle.
5/♮	Idem.	7♭	Accord de Septième mineure.
6/3	Accord de Sixte.	*♭7	Idem.
*6	Idem.	7✗	Accord de Septième majeure.

Dict. de Mus.

Chiffres.	Noms des Accords.	Chiffres.	Noms des Accords.
*♮7	Idem.	7♯ } 6♭ }	Septième superflue, avec Sixte mineure.
7♮	De Septième naturelle		
*♭7	Idem.	*x7 } ♭6 }	Idem.
*7 } 8 }	Septième avec la Quinte fausse.		
		x7 } 6♭ }	Idem.
7 } 5♭ } ...	Idem.	2 }	
*4	Septième diminuée.	x7 } ♭6 }	Idem.
7♭	Idem.	4 }	&c.
♭7	Idem.		
7♭ } 8 }	Idem.	*7 } 2 }	Septième & Seconde.
7♭ } 5♭ }	Idem.	6 } *5 }	Grande Sixte.
♭7 } 8 }	Idem.	6	Idem.
		*8	Fausse Quinte.
♭7 } ♭5 }	Idem.	5♭	Idem.
		♭5	Idem.
7♭ } 5♭ } 3 }	Idem.	6 } ♭5 }	Idem.
	&c.	6 } 5 }	Idem.
*x7	Septième superflue.	6 } 5 }	Fausse-Quinte & Sixte majeure.
7x	Idem.		
6	Idem.	*x6 } 5 }	Idem.
7 } 2 }	Idem.		
		x6 } ♭5 }	Idem.
7x } 4 } 2 }	Idem.	6x } 5♭ }	Idem.
x7 } 5 } 4 } 2 }	Idem.	4 } 3 }	Petite Sixte.
	&c.	6 } 4 } 3 }	Idem.

CHI.

Chiffres.	Noms des Accords.	Chiffres.	Noms des Accords.
*6	Idem.	6/4	Triton.
6	Idem.	6/4x	Idem.
x6	Idem majeure.	6/x4	Idem.
x6/4/3	Idem.	6/4	Idem.
	&c.	6/4/2	Idem.
*x6	Petite Sixte superflue.	4/2	Idem.
x6/4/3	Idem.	4x/2	Idem.
x6	Idem.	x4/2	Idem.
x6/5/3	Id. avec la Quinte.	4x	Idem.
x6/5	Idem.	*x4	Idem.
6/4/3	Petite-Sixte avec la Quarte superflue.	4	Idem.
6/x4/3	Idem.	4x/3♭	Triton avec Tierce mineure.
*6/x4	Idem.	* 4/♭	Idem.
x4/3	Idem.	6/4/3♭	Idem.
* 2	Accord de Seconde.	*x4/♭	Idem.
4/2	Idem.	*x2	Seconde superflue.
6/2	Idem.	x4/x2	Idem.
* 5/2	Seconde & Quinte.	4/3	Idem.

CHI.

Chiffres.	Noms des Accords.	Chiffres.	Noms des Accords.
6, 4, 2	...Idem.	*4, 7	....Septième & Quarte.
&c.		*x5	.....Quinte superflue.
*9	.....Accord de Neuvième.	5x	....Idem.
9, 5	....Idem.	x5, 9	....Idem.
9, 3	....Idem.	x5, 9, 7	....Idem.
*9, 7	....Neuvième avec la Septième.	*x5, ♮4	....Quinte superflue & Quarte.
9, 7	....Idem.	5x, 4♮	...Idem.
*5, 4	....Quarte ou Onzième.	*7, 6	....Septième & Sixte.
5, 4	....Idem.	*9, 6	....Neuvième & Sixte.
*4, 9	....Quarte & Neuvième.		

Fin de la Table des Chiffres.

Quelques Auteurs avoient introduit l'usage de couvrir d'un trait toutes les Notes de la Basse qui passoient sous un même Accord; c'est ainsi que les jolies Cantates de M. Clerambault sont chiffrées : mais cette invention étoit trop commode pour durer; elle montroit aussi trop clairement à l'œil toutes les syncopes d'Harmonie. Aujourd'hui quand on soutient le même Accord sous quatre différentes Notes de la Basse, ce sont quatre Chiffres différens qu'on leur fait porter, de sorte que l'Accompagnateur, induit en erreur, se hâte de chercher l'Accord même qu'il a sous la main. Mais c'est la mode en France de charger les Basses d'une confusion de *Chiffres* inutiles : on chiffre tout, jusqu'aux Accords les plus évidens, & celui qui met le plus de *Chiffres* croit être le plus savant. Une Basse ainsi hérissée de *Chiffres* triviaux rebute l'Accompagnateur, & lui fait souvent négliger les *Chiffres* nécessaires. L'Auteur doit supposer, ce me semble, que l'Accompagnateur sait les élémens de l'Accompagnement, qu'il fait placer une Sixte fur une Médiante, une Fauffe-Quinte fur une Note fenfible, une Septième fur une Dominante, &c. Il ne doit donc pas chiffrer des Accords de cette évidence, à moins qu'il ne faille annoncer un changement de Ton. Les *Chiffres* ne font faits que pour déterminer le choix de l'Harmonie dans les cas douteux, ou le choix des Sons dans les Accords qu'on ne doit pas remplir. Du refte, c'eft très-bien fait d'avoir des Baffes chiffrées exprès pour les Écoliers. Il faut que les *Chiffres* montrent à ceux-ci l'application des Règles; pour les Maîtres il fuffit d'indiquer les exceptions.

M. Rameau, dans fa Differtation fur les différentes Méthodes d'Accompagnement, a trouvé un grand nombre de défauts dans les *Chiffres* établis. Il a fait voir qu'ils font trop nombreux & pourtant infuffifans, obfcurs, équivoques; qu'ils multiplient inutilement les Accords, & qu'ils ne montrent en aucune manière la liaifon.

Tous ces défauts viennent d'avoir voulu rapporter les *Chiffres* aux Notes arbitraires de la Baffe-continue au lieu de les rapporter immédiatement à l'Harmonie fondamentale. La Baffe-continue fait, fans doute, une partie de l'Harmonie; mais elle n'en fait pas le fondement : cette Harmonie eft indépendante des Notes de cette Baffe, & elle a fon progrès déterminé auquel la Baffe même doit affujettir fa marche. En faifant dépendre les Accords & les *Chiffres* qui les annoncent des Notes de la Baffe & de leurs différentes marches, on ne montre que des combinaifons de l'Harmonie au lieu d'en montrer la bafe, on multiplie à l'infini le petit nombre des Accords fondamentaux, & l'on force, en quelque forte, l'Accompagnateur de perdre de vue à chaque inftant la véritable fucceffion harmonique.

Après avoir fait de très-bonnes obfervations fur la méchanique des doigts dans la pratique de l'Accompagnement, M. Rameau propofe de fubftituer à nos *Chiffres* d'autres *Chiffres* beaucoup plus fimples, qui rendent cet Accompagnement tout-à-fait indépendant de la Baffe-continue; de forte que, fans égard à cette Baffe & même fans la voir, on accompagneroit fur les *Chiffres* feuls avec plus de précifion qu'on ne peut faire par la méthode établie avec le concours de la Baffe & des *Chiffres*.

Les *Chiffres* inventés par M. Rameau indiquent deux chofes.

1°. L'Harmonie fondamentale dans les Accords parfaits, qui n'ont aucune succession nécessaire, mais qui constatent toujours le Ton. 2°. La succession harmonique déterminée par la marche régulière des doigts dans les Accords dissonnans.

Tout cela se fait au moyen de sept *Chiffres* seulement. I. Une lettre de la Gamme indique le Ton, la Tonique & son Accord : si l'on passe d'un Accord parfait à un autre, on change de Ton ; c'est l'affaire d'une nouvelle lettre. II. Pour passer de la Tonique à un Accord dissonnant, M. Rameau n'admet que six manières, à chacune desquelles il assigne un caractère particulier, savoir :

1. Un X pour l'Accord sensible : pour la Septième diminuée il suffit d'ajouter un Bémol sous cet X.

2. Un 2 pour l'Accord de seconde sur la Tonique.

3. Un 7 pour son Accord de Septième.

4. Cette abbréviation *aj.* pour sa Sixte ajoutée.

5. Ces deux *Chiffres* $\frac{4}{3}$ relatifs à cette Tonique pour l'Accord qu'il appelle de Tierce-Quarte, & qui revient à l'Accord de Neuvième sur la seconde Note.

6. Enfin ce *Chiffre* 4 pour l'Accord de Quarte-&-Quinte sur la Dominante.

III. Un Accord dissonnant est suivi d'un Accord parfait ou d'un autre Accord dissonnant : dans le premier cas, l'Accord s'indique par une lettre ; le second se rapporte à la méchanique des doigts : (Voyez DOIGTER.) C'est un doigt qui doit descendre diatoniquement, ou deux, ou trois. On indique cela par autant de points l'un sur l'autre, qu'il faut descendre de doigts. Les doigts qui doivent descendre par préférence sont indiqués par la méchanique ; les Dièses ou Bémols qu'ils doivent faire sont connus par le Ton ou substitués dans les Chiffres aux points correspondans : ou bien, dans le Chromatique & l'Enharmonique, on marque une petite ligne inclinée en descendant ou en montant depuis le signe d'une Note connue pour marquer qu'elle doit descendre ou monter d'un semi-Ton. Ainsi tout est prévu, & ce petit nombre de Signes suffit pour exprimer toute bonne Harmonie possible.

On sent bien qu'il faut supposer ici que toute Dissonnance se sauve en descendant ; car s'il y en avoit qui se dussent sauver en montant, s'il y avoit des marches de doigts ascendantes dans des

Accords diffonnans, les points de M. Rameau feroient infuffifans pour exprimer cela.

Quelque fimple que foit cette méthode, quelque favorable qu'elle paroiffe pour la pratique, elle n'a point eu de cours; peut-être a-t-on cru que les *Chiffres* de M. Rameau ne corrigeoient un défaut que pour en fubftituer un autre : car s'il fimplifie les Signes, s'il diminue le nombre des Accords, non-feulement il n'exprime point encore la véritable Harmonie fondamentale; mais il rend, de plus, ces Signes tellement dépendans les uns des autres, que fi l'on vient à s'égarer ou à fe diftraire un inftant, à prendre un doigt pour un autre, on eft perdu fans reffource : les points ne fignifient plus rien, plus de moyen de fe remettre jufqu'à un nouvel Accord parfait. Mais avec tant de raifons de préférence n'a-t-il point fallu d'autres objections encore pour faire rejetter la méthode de M. Rameau ? Elle étoit nouvelle; elle étoit propofée par un homme fupérieur en génie à tous fes rivaux; voilà fa condamnation.

CHŒUR. *f. m.* Morceau d'Harmonie complette à quatre Parties ou plus, chanté à la fois par toutes les Voix & joué par tout l'Orcheftre. On cherche dans les *Chœurs* un bruit agréable & harmonieux qui charme & rempliffe l'oreille. Un beau *Chœur* eft le chef-d'œuvre d'un commençant, & c'eft par ce genre d'ouvrage qu'il fe montre fuffifamment inftruit de toutes les Règles de l'Harmonie. Les François paffent, en France, pour réuffir mieux dans cette Partie qu'aucune autre Nation de l'Europe.

Le *Chœur*, dans la Mufique Françoife, s'appelle quelquefois *Grand Chœur*, par oppofition au *Petit-Chœur* qui eft feulement compofé de trois Parties, favoir, deux Deffus & la Haute-contre qui leur fert de Baffe. On fait de temps en temps entendre féparément ce *Petit-Chœur*, dont la douceur contrafte agréablement avec la bruyante Harmonie du grand.

On appelle encore *Petit-Chœur*, à l'Opéra de Paris, un certain nombre des meilleurs Inftrumens de chaque genre qui forment comme un petit Orcheftre particulier autour du Clavecin de celui qui bat la Mefure. Ce *Petit-Chœur* eft deftiné pour les Accompagnemens qui demandent le plus de délicateffe & de précifion.

Il y a des Mufiques à deux ou plufieurs *Chœurs* qui fe répondent & chantent quelquefois tous enfemble. On en peut voir un exemple dans l'Opéra de Jephté. Mais cette pluralité de *Chœurs* simultanés qui se pratique assez souvent en Italie, est peu usitée en France : on trouve qu'elle ne fait pas un bien grand effet, que la composition n'en est pas fort facile, & qu'il faut un trop grand nombre de Musiciens pour l'exécuter.

CHORION. Nome de la Musique Grecque, qui se chantoit en l'honneur de la mère des Dieux, & qui, dit-on, fut inventé par Olympe Phrygien.

CHORISTE. *s. m.* Chanteur non récitant & qui ne chante que dans les Chœurs.

On appelle aussi Choristes les Chantres d'Église qui chantent au Chœur. *Une Antienne à deux Choristes.*

Quelques Musiciens étrangers donnent encore le nom de *Choriste* à un petit Instrument destiné à donner le Ton pour accorder les autres. (Voyez TON.)

CHORUS. Faire *Chorus*, c'est répéter en Chœur, à l'Unisson, ce qui vient d'être chanté à voix seule.

CHRESES ou CHRESIS. Une des parties de l'ancienne Mélopée, qui apprend au Compositeur à mettre un tel arrangement dans la suite diatonique des Sons, qu'il en résulte une bonne Modulation & une Mélodie agréable. Cette Partie s'applique à différentes successions de Sons appellées par les Anciens, *Agoge*, *Euthia*, *Anacamptos*. (Voyez TIRADE.)

CHROMATIQUE. *adj. pris quelquefois substantivement.* Genre de Musique qui procède par plusieurs semi-Tons consécutifs. ce mot vient du Grec χρᾶμκ qui signifie *couleur*, soit parce que les Grecs marquoient ce Genre par des caractères rouges ou diversement colorés; soit, disent les Auteurs, parce que le Genre *Chromatique* est moyen entre les deux autres, comme la couleur est moyenne entre le blanc & le noir; ou, selon d'autres, parce que ce Genre varie & embellit le Diatonique par ses semi-Tons, qui font, dans la Musique, le même effet que la variété des couleurs fait dans la Peinture.

Boëce attribue à Timothée de Milet, l'invention du Genre *Chromatique*; mais Athénée la donne à Épigonus.

Aristoxème divise ce Genre en trois espèces qu'il appelle *Molle*, *Hemiolion* & *Tonicum*, dont on trouvera les rapports, (*Pl.* M. *Fig.*

Fig. 5 N°. A,) le Tétracorde étant supposé divisé en 60 parties égales.

Ptolomée ne divise ce même Genre qu'en deux espèces *Molle* ou *Anticum*, qui procède par de plus petits Intervalles, & *Intensum*, dont les Intervalles sont plus grands. *Même Fig.* N°. B.

Aujourd'hui le Genre *Chromatique* consiste à donner une telle marche à la Basse-fondamentale, que les Parties de l'Harmonie, ou du moins quelques-unes, puissent procéder par semi-Tons, tant en montant qu'en descendant; ce qui se trouve plus fréquemment dans le Mode mineur, à cause des altérations auxquelles la Sixième & la Septième Note y sont sujettes par la nature même du Mode.

Les semi-Tons successifs pratiqués dans le *Chromatique* ne sont pas tous du même Genre, mais presque alternativement Mineurs & Majeurs, c'est-à-dire, *Chromatiques* & *Diatoniques* : car l'Intervalle d'un *Ton* mineur contient un semi-Ton mineur ou *Chromatique*, & un semi-Ton majeur ou Diatonique; mesure que le Tempérament rend commune à tous les Tons : de sorte qu'on ne peut procéder par deux semi-Tons mineurs conjoints & successifs; sans entrer dans l'Enharmonique; mais deux semi-Tons majeurs se suivent deux fois dans l'ordre *Chromatique* de la Gamme.

La route élémentaire de la Basse fondamentale pour engendrer le *Chromatique* ascendant, est de descendre de Tierce & remonter de Quatre alternativement, tous les Accords portant la Tierce majeure. Si la Basse-fondamentale procède de Dominante en Dominante par des Cadences parfaites évitées, elle engendre le *Chromatique* descendant. Pour produire à la fois l'un & l'autre, on entrelace la Cadence parfaite & l'interrompue, en les évitant.

Comme à chaque Note on change de Ton dans le *Chromatique*, il faut borner & régler ces Successions de peur de s'égarer. On se souviendra, pour cela, que l'espace le plus convenable pour les mouvemens *Chromatiques*, est entre la Dominante & la Tonique en montant, & entre la Tonique & la Dominante en descendant. Dans le Mode Majeur on peut encore descendre chromatiquement de la Dominante sur la seconde Note. Ce passage est fort commun en Italie, &, malgré sa beauté, commence à l'être un peu trop parmi nous.

Le Genre *Chromatique* est admirable pour exprimer la douleur

& l'affliction : ſes Sons renforcés, en montant, arrachent l'ame. Il n'eſt pas moins énergique en deſcendant; on croit alors entendre de vrais gémiſſemens. Chargé de ſon Harmonie, ce même Genre devient propre à tout; mais ſon rempliſſage, en étouffant le Chant, lui ôte une partie de ſon expreſſion; & c'eſt alors au caractère du Mouvement à lui rendre ce dont le prive la plénitude de ſon Harmonie. Au reſte, plus ce Genre a d'énergie, moins il doit être prodigué. Semblable à ces mets délicats dont l'abondance dégoûte bien-tôt, autant il charme ſobrement ménagé, autant devient-il rebutant quand on le prodigue.

CHRONOMÈTRE. ſ. f. Nom générique des Inſtrumens qui ſervent à meſurer le temps. Ce mot eſt compoſé de χρόνος Temps & de μέτρον, Meſure.

On dit en ce ſens, que les montres, les horloges ſont des *Chronomètres.*

Il y a néammoins quelques Inſtrumens qu'on a appellés en particulier *Chronomètres*, & nommément un que M. Sauveur décrit dans ſes principes d'Acouſtique. C'étoit un Pendule particulier, qu'il deſtinoit à déterminer exactement les Mouvemens en Muſique. L'Affilard, dans ſes Principes dédiés aux Dames Religieuſes, avoit mis à la tête de tous les Airs, des Chiffres qui exprimoient le nombre des vibrations de ce Pendule, pendant la durée de chaque meſure.

Il y a une trentaine d'années qu'on vit paroître le projet d'un Inſtrument ſemblable, ſous le nom de Métromètre, qui battoit la Meſure tout ſeul; mais il n'a réuſſi ni dans un temps, ni dans l'autre. Pluſieurs prétendent cependant qu'il ſeroit fort à ſouhaiter qu'on eût un tel Inſtrument pour fixer avec préciſion le temps de chaque Meſure dans une Pièce de Muſique : on conſerveroit par ce moyen plus facilement le vrai Mouvement des Airs, ſans lequel ils perdent leur caractère, & qu'on ne peut connoître, après la mort des Auteurs, que par une eſpèce de tradition fort ſujette à s'éteindre ou à s'altérer. On ſe plaint déja que nous avons oublié les mouvemens d'un grand nombre d'Airs, & il eſt à croire qu'on les a ralentis tous. Si l'on eut pris la précaution dont je parle, & à laquelle on ne voit pas d'inconvénient, on auroit aujourd'hui le plaiſir d'entendre ces mêmes Airs tels que l'Auteur les faiſoit exécuter.

À cela les connoisseurs en Musique ne demeurent pas sans réponse. Ils objecteront, dit M. Diderot, (*Mémoires sur différens sujets de Mathématiques*) contre tout *Chronomètre* en général, qu'il n'y a peut-être pas dans un Air deux Mesures qui soient exactement de la même durée ; deux choses contribuant nécessairement à ralentir les unes, & à précipiter les autres, le goût & l'Harmonie dans les Pièces à plusieurs Parties ; le goût & le pressentiment de l'Harmonie dans les *solo*. Un Musicien qui sait son art, n'a pas joué quatre Mesures d'un Air, qu'il en saisit le caractère, & qu'il s'y abandonne ; il n'y a que le plaisir de l'Harmonie qui le suspende. Il veut ici que les Accords soient frappés, là qu'ils soient dérobés ; c'est-à-dire, qu'il chante ou joue plus ou moins lentement d'une Mesure à l'autre, & même d'un Temps & d'un quart de Temps à celui qui le suit.

A la vérité, cette objection qui est d'une grande force pour la Musique Françoise, n'en auroit aucune pour l'Italienne, soumise irrémissiblement à la plus exacte Mesure : rien même ne montre mieux l'opposition parfaite de ces deux Musiques ; puisque ce qui est beauté dans l'une, seroit dans l'autre le plus grand défaut. Si la Musique Italienne tire son énergie de cet asservissement à la rigueur de la Mesure, la Françoise cherche la sienne à maîtriser à son gré cette même Mesure, à la presser, à la ralentir selon que l'exige le goût du Chant ou le degré de flexibilité des organes du Chanteur.

Mais quand on admettroit l'utilité d'un *Chronomètre*, il faut toujours, continue M. Diderot, commencer par rejetter tous ceux qu'on a proposé jusqu'à présent, parce qu'on y a fait du Musicien & du *Chronomètre*, deux machines distinctes, dont l'une ne peut jamais bien assujettir l'autre : cela n'a presque pas besoin d'être prouvé ; il n'est pas possible que le Musicien ait, pendant toute sa Pièce, l'œil au mouvement, & l'oreille au bruit du Pendule, & s'il s'oublie un instant, adieu le frein qu'on a prétendu lui donner.

J'ajouterai que, quelque Instrument qu'on pût trouver pour régler la durée de la Mesure, il seroit impossible, quand même l'exécution en seroit de la dernière facilité, qu'il eût jamais lieu dans la pratique. Les Musiciens, gens confians, & faisant, comme bien d'autres, de leur propre goût la règle du bon, ne l'adopteroient jamais; ils laisseroient le *Chronomètre*, & ne s'en rapporteroient qu'à eux du vrai caractère & du vrai mouvement des Airs. Ainsi le seul bon *Chronomètre* que l'on puisse avoir, c'est un habile Musicien qui ait du goût, qui ait bien lu la Musique qu'il doit faire exécuter, & qui sache en battre la Mesure : machine pour machine, il vaut mieux s'en tenir à celle-ci.

CIRCONVOLUTION. *s. f.* Terme de Plain-Chant. C'est une sorte de Périélese, qui se fait en insérant entre la pénultième & la dernière Note de l'intonation d'une Pièce de Chant, trois autres Notes; savoir, une au-dessus & deux au-dessous de la dernière Note, lesquelles se lient avec elle, & forment un contour de Tierce avant que d'y arriver; comme si vous avez ces trois Notes *mi fa mi* pour terminer l'Intonation, vous y interpolerez par *Circonvolution* ces trois autres, *fa re re*, & vous aurez alors votre Intonation terminée de cette sorte, *mi fa fa re re mi*, &c. (Voyez PÉRIÉLESE.)

CITHARISTIQUE. *s. f.* Genre de Musique & de Poésie, appropriée à l'Accompagnement de la Guittare. Ce Genre, dont Amphion, fils de Jupiter & d'Antiope, fut l'inventeur, prit depuis le nom de Lyrique.

CLAVIER, *s. m.* Portée générale ou somme des Sons de tout le système qui résulte de la position relative des trois Clefs. Cette position donne une étendue de douze Lignes, & par conséquent de vingt-quatre Degrés ou de trois Octaves & une Quarte. Tout ce qui excède en haut ou en bas cet espace, ne peut se noter qu'à l'aide d'une ou plusieurs Lignes postiches ou accidentelles, ajoutées aux cinq qui composent la Portée d'une Clef. Voyez (*Pl.* A. *Fig. 5.*) l'étendue générale du *Clavier*.

Les Notes ou touches diatoniques du *Clavier*, lesquelles sont toujours constantes, s'expriment par des lettres de l'Alphabet, à la différence des Notes de la Gamme, qui étant mobiles & relatives à la modulation, portent des noms qui expriment ces rapports. (Voyez GAMME & SOLFIER.)

Chaque Octave du *Clavier* comprend treize Sons, sept diatoniques & cinq chromatiques, représentés sur le *Clavier* instrumental par autant de touches. (Voyez *Pl.* I. *Fig. 2.*) Autrefois ces treize touches répondoient à quinze Cordes; savoir, une de plus entre le

CLE.

re Dièfe & le *mi* naturel, l'autre entre le *fol* Dièfe & le *la* ; & ces deux Cordes qui formoient des Intervalles enharmoniques ; & qu'on faifoit fonner à volonté au moyen de deux touches brifées, furent regardées alors comme la perfection du fyftême ; mais en vertu de nos règles de Modulation, ces deux ont été retranchées, parce qu'il en auroit fallu mettre par-tout. (Voyez CLEF, PORTÉE.)

CLEF. *f. f.* Caractère de Mufique qui fe met au commencement d'une Portée, pour déterminer le degré d'élévation de cette Portée dans le Clavier général, & indiquer les noms de toutes les Notes qu'elle contient dans la ligne de cette *Clef*.

Anciennement on appelloit *Clefs* les lettres par lefquelles on défignoit les Sons de la Gamme. Ainfi la lettre A étoit la *Clef* de la Note *la*, C la *Clef* d'*ut*, E la *Clef* de *mi*, &c. A mefure que le fyftême s'étendit, on fentit l'embarras & l'inutilité de cette multitude de *Clefs*. Gui d'Arrezzo, qui les avoit inventées, marquoit une lettre ou *Clef* au commencement de chacune des lignes de la Portée ; car il ne plaçoit point encore de Notes dans les efpaces. Dans la fuite on ne marqua plus qu'une des fept *Clefs* au commencement d'une des lignes feulement ; & celle-là fuffifoit pour fixer la pofition de toutes les autres, felon l'ordre naturel. Enfin de ces fept lignes ou *Clefs*, on en choifit quatre qu'on nomma *Claves fignatæ* ou *Clefs marquées*, parce qu'on fe contentoit d'en marquer une fur une des lignes, pour donner l'intelligence de toutes les autres : encore en retrancha-t-on bien-tôt une des quatre ; favoir, le Gamma, dont on s'étoit fervi pour défigner le *fol* d'en bas, c'eft-à-dire, l'Hypoproflambanomène ajoutée au fyftême des Grecs.

En effet Kircher prétend que fi l'on eft au fait des anciennes écritures, & qu'on examine bien la figure de nos *Clefs*, on trouvera qu'elles fe rapportent chacune à la lettre un peu défigurée de la Note qu'elle repréfente. Ainfi la *Clef* de *fol* étoit originairement un G ; la *Clef* d'*ut* un C, & la *Clef* de *fa* une F.

Nous avons donc trois *Clefs* à la Quinte l'une de l'autre. La *Clef* d'*F ut fa*, ou de *fa*, qui eft la plus baffe ; la *Clef* d'*ut* ou de *C fol ut*, qui eft une Quinte au-deffus de la première ; & la *Clef* de *fol* ou de *G re fol*, qui eft une Quinte au-deffus de celle d'*ut*, dans l'ordre marquée Pl. A. Fig. 5. fur quoi l'on doit remarquer que par un reste de l'ancien usage, la *Clef* se pose toujours sur une ligne & jamais dans un espace. On doit savoir aussi que la *Clef* de *fa* se fait de trois manières différentes ; l'une dans la Musique imprimée ; un autre dans la Musique écrite ou gravée, & la dernière dans le Plain-Chant. Voyez ces trois Figures. (*Pl.* M. *Fig. 8.*)

En ajoutant quatre lignes au-dessus de la *Clef* de *sol*, & trois lignes au-dessous de la *Clef* de *fa* ; ce qui donne, de part & d'autre, la plus grande étendue de lignes stables, on voit que le système total des Notes qu'on peut placer sur les degrés relatifs à ces *Clefs* se monte à vingt-quatre, c'est-à-dire, trois Octaves & une Quarte, depuis le *fa* qui se trouve au-dessous de la première ligne, jusqu'au *si* qui se trouve au-dessus de la dernière, & tout cela forme ensemble ce qu'on appelle *le Clavier général*; par où l'on peut juger que cette étendue a fait long-temps celle du système. Aujourd'hui qu'il acquiert sans cesse de nouveaux degrés, tant à l'aigu qu'au grave, on marque ces degrés sur des lignes postiches qu'on ajoute en haut ou en bas, selon le besoin.

Au lieu de joindre ensemble toutes les lignes comme j'ai fait, (*Pl.* A. *Fig. 5.*) pour marquer le rapport des *Clefs*, on les sépare de cinq en cinq, parce que c'est à-peu-près aux degrés compris dans cet espace qu'est bornée l'étendue d'une voix commune. Cette collection de cinq lignes s'appelle *Portée*, & l'on y met une *Clef* pour déterminer le nom des Notes, le lieu des semi-Tons, & montrer quelle place la Portée occupe dans le Clavier.

De quelque manière qu'on prenne, dans le Clavier, cinq lignes consécutives, on y trouve une *Clef* comprise, & quelquefois deux ; auquel cas on en retranche une comme inutile. L'usage a même prescrit celle des deux qu'il faut retrancher, & celle qu'il faut poser ; ce qui a fixé aussi le nombre des positions assignées à chaque *Clef*.

Si je fais une Portée des cinq premières lignes du Clavier, en commençant par le bas, j'y trouve la *Clef* de *fa* sur la quatrième ligne : voilà donc une position de *Clef*, & cette position appartient évidemment aux Notes les plus graves ; aussi est-elle celle de la *Clef* de Basse.

Si je veux gagner une Tierce dans le haut, il faut ajouter une ligne au-dessus ; il en faut donc retrancher une ou-dessous, autrement la Portée auroit plus de cinq lignes. Alors la *Clef* de *fa* se trouve transportée de la quatrième ligne à la troisième, & la *Clef* d'*ut* se trouve aussi sur la cinquième ; mais comme deux *Clefs* sont inutiles, on retranche ici celle d'*ut*. On voit que la Portée de cette *Clef* est d'une Tierce plus élevée que la précédente.

En abandonnant encore une ligne en bas pour en gagner une en haut, on a une troisième Portée où la *Clef* de *fa* se trouveroit sur la deuxième ligne, & celle d'*ut* sur la quatrième. Ici l'on abandonne la *Clef* de *fa*, & l'on prend celle d'*ut*. On a encore gagné une Tierce à l'aigu, & on l'a perdue au grave.

En continuant ainsi de ligne en ligne, on passe successivement par quatre positions différentes de la *Clef* d'*ut*. Arrivant à celle de *sol*, on la trouve posée sur la deuxième ligne, & puis sur la première ; cette position embrasse les cinq plus hautes lignes, & donne le Diapason le plus aigu que l'on puisse établir par les *Clefs*.

On peut voir, (*Pl. A. Fig. 6.*) cette succession des *Clefs* du grave à l'aigu ; ce qui fait en tout huit Portées, *Clefs*, ou Positions de *Clefs* différentes.

De quelque caractère que puisse être une Voix ou un Instrument, pourvu que son étendue n'excède pas à l'aigu ou au grave celle du Clavier général, on peut dans ce nombre, lui trouver une Portée & une *Clef* convenables, & il y en a en effet de déterminées pour toutes les Parties de la Musique. (Voyez PARTIES.) Si l'étendue d'une Partie est fort grande, que le nombre de lignes qu'il faudroit ajouter au-dessus ou au-dessous devienne incommode, alors on change la *Clef* dans le courant de l'Air. On voit clairement par la figure, quelle *Clef* il faudroit prendre pour élever ou baisser la Portée, de quelque *Clef* qu'elle soit armée actuellement.

On voit aussi que pour rapporter une *Clef* à l'autre, il faut les rapporter toutes deux sur le Clavier général, au moyen duquel on voit ce que chaque Note de l'une des *Clefs* est à l'égard de l'autre. C'est par cet exercice réitéré qu'on prend l'habitude de lire aisément les Partitions.

Il suit de cette méchanique qu'on peut placer telle Note qu'on voudra de la Gamme sur une ligne ou sur un espace quelconque de la Portée, puisqu'on a le choix de huit différentes Positions, nombre des Notes de l'Octave. Ainsi l'on pourroit Noter un Air entier sur la même ligne, en changeant la *Clef* à chaque degré. La Figure 7 montre par la suite des *Clefs* la suite des Notes *re fa la ut mi sol si re*, montant de Tierce en Tierce, & toutes placées sur la même ligne. La Figure suivante 8 représente sur la suite des mêmes *Clefs* la Note *ut* qui paroît descendre de Tierce en Tierce sur toutes les lignes de la Portée, & au-de-là, & qui cependant, au moyen des changemens de *Clef*, garde toujours l'Unisson. C'est sur des exemples semblables qu'on doit s'exercer pour connoître au premier coup d'œil le jeu de toutes les *Clefs*.

Il y a deux de leurs positions, savoir, la *Clef* de *sol* sur la première ligne & la *Clef* de *fa* sur la troisième, dont l'usage paroît s'abolir de jour en jour. La première peut sembler moins nécessaire puisqu'elle ne rend qu'une position toute semblable à celle de *fa* sur la quatrième ligne, dont elle diffère pourtant de deux Octaves. Pour la *Clef* de *fa*, il est évident qu'en l'ôtant tout-à-fait de la troisième ligne, on n'aura plus de position équivalente, & que la composition du Clavier, qui est complette aujourd'hui, deviendra par-là défectueuse.

CLEF TRANSPOSÉE. On appelle ainsi toute *Clef* armée de Dièses ou de Bémols. Ces signes y servent à changer le lieu des deux semi-Tons de l'Octave, comme je l'ai expliqué au mot *Bémol*, & à établir l'ordre naturel de la Gamme sur quelque degré de l'Échelle qu'on veuille choisir.

La nécessité de ces altérations naît de la similitude des Modes dans tous les Tons : car comme il n'y a qu'une formule pour le Mode majeur, il faut que tous les degrés de ce Mode se trouvent ordonnés de la même façon sur leur Tonique ; ce qui ne peut se faire qu'à l'aide des Dièses ou des Bémols. Il en est de même du Mode mineur ; mais comme la même combinaison qui donne la formule pour un Ton majeur, la donne aussi pour un Ton mineur sur un autre Tonique, (Voyez MODE.) il s'ensuit que pour les vingt-quatre Modes il suffit de douze combinaisons : or, si avec la Gamme naturelle on compte six modifications par Dièses, & cinq par Bémols, où six par Bémols & cinq par Dièses, on trouvera ces douze combinaisons auxquelles se bornent toutes les variétés possibles des Tons & des Modes dans le Système établi.

J'explique

CLE. 105

J'explique, aux mots *Dièse* & *Bémol*, l'ordre selon lequel ils doivent être placés à la *Clef.* Mais pour transposer tout d'un coup la *Clef* convenablement à un Ton ou Mode quelconque, voici une formule générale trouvée par M. de Boisgelou, Conseiller au Grand-Conseil, & qu'il a bien voulu me communiquer.

Prenant l'*ut* naturel pour terme de comparaison, nous appellerons Intervalles mineurs la Quarte *ut fa* & tous les Intervalles du même *ut* à une Note bémolisée quelconque ; tout autre Intervalle est majeur. Remarquez qu'on ne doit pas prendre par Dièse la Note supérieure d'un Intervalle majeur, parce qu'alors on feroit un Intervalle superflu : mais il faut chercher la même chose par Bémol ; ce qui donnera un Intervalle mineur. Ainsi l'on ne composera pas en *la* Dièse, parce que la Sixte *ut la* étant majeure naturellement, deviendroit superflue par ce Dièse ; mais on prendra la Note *si* Bémol, qui donne la même touche par un Intervalle mineur ; ce qui rentre dans la règle.

On trouvera, (*Pl.* N *Fig. 5.*) une table des douze Sons de l'Octave divisées par Intervalles majeurs & mineurs, sur laquelle on transposera la *Clef* de la manière suivante, selon le Ton & le Mode où l'on veut composer.

Ayant pris une de ces douze Notes pour Tonique ou fondamentale, il faut voir d'abord si l'Intervalle qu'elle fait avec *ut* est majeur ou mineur : s'il est majeur, il faut des Dièses ; s'il est mineur, il faut des Bémols. Si cette Note est l'*ut* lui-même, l'Intervalle est nul, & il ne faut ni Bémol ni Dièse.

Pour déterminer à présent combien il faut de Dièses ou de Bémols, soit a le nombre qui exprime l'Intervalle d'*ut* à la Note en question. La formule par Dièses sera $\frac{a-1 \times 2}{7}$, & le reste donnera le nombre des Dièses qu'il faut mettre à la *Clef.* La formule par Bémols sera $\frac{a-1 \times 5}{7}$, & le reste sera le nombre des Bémols qu'il faut mettre à la *Clef.*

Je veux, par exemple, composer en *la* Mode majeure. Je vois d'abord qu'il faut des Dièses, parce que *la* fait un Intervalle majeur avec *ut*. L'Intervalle est une Sixte dont le nombre est 6 ;

Dict. de Mus. P

j'en retranche 1 ; je multiplie le reste 5 par 2, & du produit 10 rejettant 7 autant de fois qu'il se peut, j'ai le reste 3 qui marque le nombre de Dièses dont il faut armer la Clef pour le Ton majeur de *la*.

Que si je veux prendre *fa* Mode majeure, je vois, par la Table, que l'Intervalle est mineur, & qu'il faut par conséquent des Bémols. Je retranche donc une du nombre 4 de l'Intervalle ; je multiplie par 5 le reste 3, & du produit 15 rejettant 7 autant de fois qu'il se peut, j'ai 1 de reste : c'est un Bémol qu'il faut mettre à la *Clef*.

On voit par-là que le nombre des Dièses ou des Bémols de la *Clef* ne peut jamais passer six, puisqu'ils doivent être le reste d'une division par sept.

Pour les Tons mineurs il faut appliquer la même formule des Tons majeurs, non sur la Tonique, mais sur la Note qui est une Tierce mineure au-dessus de cette même Tonique, sur sa Médiante.

Ainsi, pour composer en *si* Mode mineur, je transposerai la *Clef* comme pour le Ton majeur de *re*. Pour *fa* Dièse mineur, je la transposerai comme pour *la* majeur, &c.

Les Musiciens ne déterminent les Transpositions qu'à force de pratique, ou en tâtonnant ; mais la règle que je donne est démontrée, générale & sans exception.

COMARCHIOS. Sorte de Nome pour les Flûtes dans l'ancienne Musique des Grecs.

COMMA. *s. m.* Petit Intervalle qui se trouve, dans quelques cas, entre deux Sons produits sous le même nom par des progressions différentes.

On distingue trois espèces de *Comma*. 1°. Le mineur, dont la raison est de 2025 à 2048 ; ce qui est la quantité dont le *si* Dièse, quatrième Quinte de *sol* Dièse pris comme Tierce majeure de *mi*, est surpassé par l'*ut* naturel qui lui correspond. Ce *Comma* est la différence du semi-Ton majeur au semi-Ton moyen.

2°. Le *Comma* majeur est celui qui se trouve entre le *mi* produit par la progression triple comme quatrième Quinte en commençant par *ut*, & le même *mi*, ou sa réplique, considéré comme Tierce majeure de ce même *ut*. La raison en est de 80 à 81. C'est le *Comma* ordinaire, & il est la différence du Ton majeur au Ton mineur.

3°. Enfin le *Comma* maxime, qu'on appelle *Comma* de Pythagore, a son rapport de 524288 à 531441, & il est l'excès du *si* Dièse produit par la progression triple comme douzième Quinte de l'*ut* sur le même *ut* élevé par ses Octaves au degré correspondant.

Les Musiciens entendent par *Comma* la huitième ou la neuvième partie d'un Ton, la moitié de ce qu'ils appellent un quart-de-Ton. Mais on peut assurer qu'ils ne savent ce qu'ils veulent dire en s'exprimant ainsi, puisque pour des oreilles comme les nôtres un si petit Intervalle n'est appréciable que par le calcul. (Voyez INTERVALLE.)

COMPAIR *adj. corrélatif de lui-même.* Les Tons *Compairs* dans le Plain-Chant, sont l'authente & le Plagal qui lui correspond. Ainsi le premier Ton est *Compair* avec le second ; le troisième avec le quatrième, & ainsi de suite : chaque Ton pair est *Compair* avec l'impair qui le précède. (Voyez TONS DE L'ÉGLISE.)

COMPLÉMENT d'un Intervalle est la quantité qui lui manque pour arriver à l'Octave : ainsi la Seconde & la Septième, la Tierce & la Sixte, la Quarte & la Quinte sont *Complémens* l'une de l'autre. Quand il n'est question que d'un Intervalle, *Complément* & *Renversement* sont la même chose. Quant aux espèces, le juste est *Complément* du juste, le majeur du mineur, le superflu du diminué, & réciproquement. (Voyez INTERVALLE.)

COMPOSÉ. *adj.* Ce mot a trois sens en Musique ; deux par rapport aux Intervalles & un par rapport à la Mesure.

I. Tout Intervalle qui passe l'étendue de l'Octave est un Intervalle *Composé*, parce qu'en retranchant l'Octave on simplifie l'Intervalle sans le changer. Ainsi la Neuvième, la Dixième, la Douzième sont des Intervalles *Composés* ; le premier, de la seconde & de l'Octave ; le deuxième, de la Tierce & de l'Octave ; le troisième de la Quinte & de l'Octave, &c.

II. Tout Intervalle qu'on peut diviser musicalement en deux Intervalles, peut encore être considéré comme *Composé*. Ainsi la Quinte est *composée* de deux Tierces, la Tierce de deux secondes, la seconde majeure de deux semi-Tons ; mais le semi-Ton n'est point *Composé*, parce qu'on ne peut plus le diviser ni sur le Clavier, ni par Notes. C'est le sens du discours qui, des deux précédentes acceptions, doit déterminer celle selon laquelle un Intervalle est dit *Composé*.

III. On appelle *Mesures composées* toutes celles qui sont désignées par deux Chiffres. (Voyez MESURE.)

COMPOSER, *v. a.* Inventer de la Musique nouvelle, selon les règles de l'Art.

COMPOSITEUR. *s. m.* Celui qui compose de la Musique ou qui fait les règles de la Composition. Voyez, au mot COMPOSITION, l'exposé des connoissances nécessaires pour savoir composer. Ce n'est pas encore assez pour former un vrai *Compositeur*. Toute la science possible ne suffit point sans le génie qui la met en œuvre. Quelque effort que l'on puisse faire, quelque acquis que l'on puisse avoir, il faut être né pour cet Art; autrement on n'y fera jamais rien que de médiocre. Il en est du *Compositeur* comme du Poëte : si la Nature en naissant ne l'a formé tel.

S'il n'a reçu du Ciel l'influence secrette,
Pour lui Phébus est sourd & Pégase est retif.

Ce que j'entends par génie n'est point ce goût bisarre & capricieux qui seme par-tout le baroque & le difficile, qui ne sait orner l'Harmonie qu'à force de Dissonnances de contrastes & de bruit. C'est ce feu intérieur qui brûle, qui tourmente le *Compositeur* malgré lui, qui lui inspire incessamment des Chants nouveaux & toujours agréables ; des expressions vives, naturelles & qui vont au cœur ; une Harmonie pure, touchante, majestueuse qui renforce & pare le Chant sans l'étouffer. C'est ce divin guide qui a conduit Correlli, Vinci, Perez, Rinaldo, Jomelli, Durante plus savant qu'eux tous, dans le sanctuaire de l'Harmonie ; Leo, Pergolese, Hasse, Terradélias, Galuppi dans celui du bon goût & de l'expression.

COMPOSITION. *s. f.* C'est l'Art d'inventer & d'écrire des Chants, de les accompagner d'une Harmonie convenable, de faire, en un mot, une Pièce complette de Musique, avec toutes ses Parties.

La connoissance de l'Harmonie & de ses règles est le fondement de la *Composition*. Sans doute il faut savoir remplir des Accords, préparer, sauver des Dissonnances, trouver des Basses-fondamentales & posséder toutes les autres petites connoissances élémentaires mais avec les seules règles de l'Harmonie on n'est pas plus près de savoir la *Composition*, qu'on ne l'est d'être un Orateur avec celles de la Grammaire. Je ne dirai point qu'il faut, outre cela, bien connoître la portée & le caractère des Voix & des Inftrumens, les Chants qui font de facile ou difficile exécution, ce qui fait de l'effet & ce qui n'en fait pas; fentir le caractère des différentes Mefures, celui des différentes Modulations pour appliquer toujours l'une & l'autre à propos; favoir, toutes les règles particulières établies par convention, par goût, par caprice ou par pédanterie, comme les Fugues, les Imitations, les fujets contraints, &c. Toutes ces chofes ne font encore que des préparatifs à la *Compofition* : mais il faut trouver en foi-même la fource des beaux Chants, de la grande Harmonie, les Tableaux, l'expreffion; être enfin capable de faifir ou de former l'ordonnance de tout un ouvrage, d'en fuivre les convenances de toute efpèce, & de fe remplir de l'efprit Poëte fans s'amufer à courir après les mots. C'eft avec raifon que nos Muficiens ont donné le nom de paroles aux Poëmes qu'ils mettent en Chant. On voit bien, par leur manière de les rendre, que ce ne font en effet, pour eux, que des paroles. Il femble, fur-tout depuis quelques années, que les règles des Accords aient fait oublier ou négliger toutes les autres, & que l'Harmonie n'ait acquis plus de facilité qu'aux dépens de l'Art en général. Tous nos Artiftes favent le rempliffage, à peine en avons-nous qui fachent la *Compofition*.

Au refte, quoique les règles fondamentales du Contre-point foient toujours les mêmes, elles ont plus ou moins de rigueur felon le nombre des Parties; car à mefure qu'il y a de Parties, la *Compofition* devient plus difficile, & les règles font moins févères. La *Compofition* à deux Parties s'appelle *Duo*, quand les deux Parties chantent également, c'eft-à-dire, quand le fujet fe trouve partagé entre elles. Que fi le fujet eft dans une Partie feulement, & que l'autre ne faffe qu'accompagner, on appelle alors la première *Récit* ou *Solo*; & l'autre, *Accompagnement* ou *Baffe-continue*, fi c'eft une Baffe. Il en eft de même du *Trio* ou de la *Compofition* à trois Parties, du *Quatuor*, du *Quinque*, &c. (*Voyez ces mots.*)

On donne auffi le nom de *Compofitions* aux Pièces mêmes de Mufique faites dans les règles de la *Compofition* : c'eft pourquoi les *Duo*, *Trio*, *Quatuor* dont je viens de parler, s'appellent des *Compofitions*.

On compose ou pour les Voix seulement, ou pour les Instrumens, ou pour les Instrumens & les Voix. Le Plain-Chant & les Chansons sont les seules *Compositions* qui ne soient que pour les voix, encore y joint-on souvent quelque Instrument pour les soutenir. Les *Compositions* instrumentales sont pour un Chœur d'Orchestre, & alors elles s'appellent *Symphonies, Concerts* ; ou pour quelque espèce particulière d'Instrument, & elles s'appellent *Pièces, Sonates*. (Voyez ces mots.)

Quant aux *Compositions* destinées pour les Voix & pour les Instrumens, elles se divisent communément en deux espèces principales ; savoir, Musique Latine ou Musique d'Église, & Musique Françoise. Les Musiques destinées pour l'Église, soit Pseaumes, Hymnes, Antiennes, Répons, portent en général le nom de *Mottets*. (Voyez MOTTET.) La Musique Françoise se divise encore en Musique de Théatre, comme nos Opéra, & en Musique de Chambre, comme nos Cantates ou Cantatilles. (Voyez CANTATE, OPÉRA.)

Généralement la *Composition* Latine passe pour demander plus de science & de règles, & la françoise plus de génie & de goût.

Dans une *Composition* l'Auteur a pour sujet le Son physiquement considéré, & pour objet le seul plaisir de l'oreille, ou bien il s'élève à la Musique imitative & cherche à émouvoir ses Auditeurs par des effets moraux. Au premier égard il suffit qu'il cherche de beaux Sons & des Accords agréables ; mais au second il doit considérer la Musique par ses rapports aux accens de la voix humaine, & par les conformités possibles entre les Sons harmoniquement combinés & les objets imitables. On trouvera dans l'article *Opéra* quelques idées sur les moyens d'élever & d'ennoblir l'Art, en faisant, de la Musique, une langue plus éloquente que le discours même.

CONCERT. *s. m.* Assemblée de Musiciens qui exécutent des Pièces de Musique Vocale & Instrumentale. On ne se sert guères du mot de *Concert* que pour une assemblée d'au moins sept ou huit Musiciens, & pour une Musique à plusieurs Parties. Quant aux Anciens, comme ils ne connoissoient pas le Contre-point, leurs *Concerts* ne s'exécutoient qu'à l'Unisson ou à l'Octave ; & ils en avoient rarement ailleurs qu'aux Théatres & dans les Temples.

CON.

CONCERT SPIRITUEL. *Concert* qui tient lieu de Spectacle public à Paris, durant le temps où les autres Spectacles sont fermés. Il est établi au Château des Tuileries ; les Concertans y sont très-nombreux & la Salle est fort bien décorée. On y exécute des Mottets, des Symphonies, & l'on se donne aussi le plaisir d'y défigurer de temps en temps quelques Airs Italiens.

CONCERTANT. *adj.* Parties *Concertantes* sont, selon l'Abbé Brossart, celles qui ont quelque chose à réciter dans une Pièce ou dans un *Concert*, & ce mot sert à les distinguer des Parties qui ne sont que de Chœur.

Il est vieilli dans ce sens, s'il l'a jamais eu. L'on dit aujourd'hui Parties Récitantes : mais on se sert de celui de *Concertant* en parlant du nombre de Musiciens qui exécutent dans un *Concert*, & l'on dira. *Nous étions vingt-cinq* Concertans. *Une assemblée de huit à dix* Concertans.

CONCERTO. *s. m.* Mot Italien francisé, qui signifie généralement une Symphonie faite pour être exécutée par tout un Orchestre ; mais on appelle plus particuliérement *Concerto* une Pièce faite pour quelque Instrument particulier, qui joue seul de temps en temps avec un simple Accompagnement, après un commencement en grand Orchestre ; & la Pièce continue ainsi toujours alternativement entre le même Instrument récitant, & l'Orchestre en Chœur. Quant aux *Concerto* où tout se joue en Rippieno, & où nul Instrument ne récite, les François les appellent quelquefois *Trio*, & les Italiens *Sinfonie*.

CONCORDANT, ou *Basse-Taille*, ou *Baryton* ; celle des Parties de la Musique qui tient le milieu entre la Taille & la Basse. Le nom de *Concordant* n'est guères en usage que dans les Musiques d'Église, non plus que la Partie qu'il désigne. Par-tout ailleurs cette Partie s'appelle Basse-Taille & se confond avec la Basse. Le *Concordant* est proprement la Partie qu'en Italie on appelle *Tenor*. (Voyez PARTIES.)

CONCOURS. *s. m.* Assemblée de Musiciens & de connoisseurs autorisés, dans laquelle une place vacante de Maître de Musique ou d'Organiste est emportée, à la pluralité des suffrages, par celui qui a fait le meilleur Mottet, ou qui s'est distingué par la meilleure exécution.

Le *Concours* étoit en ufage autrefois dans la plupart des Cathédrales; mais dans ces temps malheureux où l'efprit d'intrigue s'eft emparé de tous les États, il eft naturel que le *Concours* s'aboliffe infenfiblement, & qu'on lui fubftitue des moyens plus aifés de donner à la faveur ou à l'intérêt, le prix qu'on doit au talent & au mérite.

CONJOINT. *adj.* Tétracorde *Conjoint* eft, dans l'ancienne Mufique, celui dont la corde la plus grave eft à l'uniffon de la corde la plus aiguë du Tétracorde qui eft immédiatement au-deffous de lui; ou dont la corde la plus aiguë eft à l'uniffon de la plus grave du Tétracorde qui eft immédiatement au-deffus de lui. Ainfi, dans le fyftême des Grecs, tous les cinq Tétracordes font *Conjoints* par quelque côté; favoir, 1°. le Tétracorde Mefon *conjoint* au Tétracorde Hypaton; 2°. le Tétracorde Synnemenon *conjoint* au Tétracorde Mefon; 3°. le Tétracorde Hyperboleon *conjoint* au Tétracorde Diezeugmenon : & comme le Tétracorde auquel un autre étoit *conjoint* lui étoit *conjoint* réciproquement, cela eût fait en tout fix Tétracordes; c'eft-à-dire, plus qu'il n'y en avoit dans le fyftême, fi le Tétracorde Mefon étant *Conjoint* par fes deux extrémités, n'eût été pris deux fois pour une.

Parmi nous, *Conjoint* fe dit d'un Intervalle ou Degré. On appelle Degrés *Conjoints* ceux qui font tellement difpofés entr'eux, que le Son le plus aigu du Degré inférieur, fe trouve à l'uniffon du Son le plus grave du Degré fupérieur. Il faut de plus qu'aucun des Degrés *Conjoints* ne puiffe être partagé en d'autres Degrés plus petits, mais qu'ils foient eux-mêmes les plus petits qu'il foit poffible; favoir, ceux d'une feconde. Ainfi ces deux Intervalles *ut re*, & *re mi* font *Conjoints*; mais *ut re* & *fa fol* ne le font pas, faute de la première condition; *ut mi* & *mi fol* ne le font pas non plus, faute de la feconde.

Marche par Degrés *Conjoints* fignifie la même chofe que Marche Diatonique. (Voyez *Degré*, *Diatonique*.)

CONJOINTES. *f. f.* Tétracorde des *Conjointes*. (Voyez SYNNEMENON.

CONNEXE. *adj.* Terme de Plain-Chant. (Voyez MIXTE.)

CONSONNANCE. *f. f.* C'eft, felon l'étymologie du mot, l'effet de deux ou plufieurs Sons entendus à la fois; mais on reftraint communément

munément la signification de ce terme aux Intervalles formés par deux Sons, dont l'Accord plaît à l'oreille, & c'est en ce sens que j'en parlerai dans cet article.

De cette infinité d'Intervalles qui peuvent diviser les Sons, il n'y en a qu'un très-petit nombre qui fassent des *Consonnances*; tous les autres choquent l'oreille & sont appellés pour cela *Dissonnances*. Ce n'est pas que plusieurs de celles-ci ne soient employées dans l'Harmonie; mais elles ne le sont qu'avec des précautions dont les *Consonnances*, toujours agréables par elles-mêmes, n'ont pas également besoin.

Les Grecs n'admettoient que cinq *Consonnances*; savoir l'Octave, la Quinte, la Douzième qui est la réplique de la Quinte, la Quarte, & l'onzième qui est sa réplique. Nous y ajoutons les Tierces & les Sixtes majeures & mineures, les Octaves doubles & triples, & en un mot, les diverses répliques de tout cela sans exception, selon toute l'étendue du systême.

On distingue les *Consonnances* en parfaites ou justes, dont l'Intervalle ne varie point, & en imparfaites, qui peuvent être majeures ou mineures. Les *Consonnances* parfaites, sont l'Octave, la Quinte & la Quarte; les imparfaites sont les Tierces & les Sixtes.

Les *Consonnances* se divisent encore en simples & composées. Il n'y a de *Consonnances* simples que la Tierce & la Quarte : car la Quinte, par exemple, est composée de deux Tierces; la Sixte est composée de Tierce & de Quarte, &c.

Le caractère physique des *Consonnances* se tire de leur production dans un même Son; ou, si l'on veut, du frémissement des cordes. De deux cordes bien d'accord formant entre elles un Intervalle d'Octaves ou de Douzième qui est l'Octave de la Quinte, ou de Dix-septième majeure qui est la double Octave de la Tierce majeure, si l'on fait sonner la plus grave, l'autre frémit & résonne. A l'égard de la Sixte majeure & mineure, de la Tierce mineure, de la Quinte & de la Tierce majeure simples, qui toutes sont des combinaisons & des renversemens des précédentes *Consonnances*, elles se trouvent non directement, mais entre les diverses cordes qui frémissent au même Son.

Si je touche la corde *ut*, les cordes montées à son Octave *ut*, à la Quinte *sol* de cette Octave, à la Tierce *mi* de la double

Dict. de Mus.   Q

Octave, même aux Octaves de tout cela, frémiront toutes & réſonneront à la fois; & quand la première corde ſeroit ſeule, on diſtingueroit encore tous ces Sons dans ſa réſonnance. Voilà donc l'Octave, la Tierce majeure, & la Quinte directes. Les autres *Conſonnances* ſe trouvent auſſi par combinaiſon; ſavoir, la Tierce mineure, du *mi* au *ſol*; la Sixte mineure, du même *mi* à l'*ut* d'en haut; la Quarte, du *ſol* à ce même *ut*; & la Sixte majeure, du même *ſol* au *mi* qui eſt au-deſſus de lui.

Telle eſt la génération de toutes les *Conſonnances*. Il s'agiroit de rendre raiſon des Phénomènes.

Premièrement, le frémiſſement des cordes s'explique par l'action de l'air & le concours des vibrations. (Voyez Unisson.) 2º. Que le ſon d'une corde ſoit toujours accompagné de ſes Harmoniques, (Voyez ce mot.) cela paroît une propriété du Son qui dépend de ſa nature, qui en eſt inſéparable, & qu'on ne ſauroit expliquer qu'avec des hypothèſes qui ne ſont pas ſans difficulté. La plus ingénieuſe qu'on ait juſqu'à préſent imaginée ſur cette matière eſt, ſans contredit, celle de M. de Mairan, dont M. Rameau dit avoir fait ſon profit.

3º. A l'égard du plaiſir que les *Conſonnances* font à l'oreille à l'excluſion de tout autre Intervalle, on en voit clairement la ſource dans leur génération. Les *Conſonnances* naiſſent toutes de l'Accord parfait, produit par un Son unique, & réciproquement l'Accord parfait ſe forme par l'aſſemblage des *Conſonnances*. Il eſt donc naturel que l'Harmonie de cet Accord ſe communique à ſes Parties ; que chacune d'elles y participe, & que tout autre Intervalle qui ne fait pas partie de cet Accord n'y participe pas. Or, la Nature qui a doué les objets de chaque ſens de qualités propres à le flatter, a voulu qu'un Son quelconque fût toujours accompagné d'autres Sons agréables, comme elle a voulu qu'un rayon de lumière fût toujours formé des plus belles couleurs. Que ſi l'on preſſe la queſtion, & qu'on demande encore d'où naît le plaiſir que cauſe l'Accord parfait à l'oreille, tandis qu'elle eſt choquée du concours de tout autre Son; que pourroit-on répondre à cela, ſinon de demander à ſon tour pourquoi le verd plutôt que le gris réjouit la vue, & pourquoi le parfum de la roſe enchante, tandis que l'odeur du pavot déplaît?

Ce n'eſt pas que les Phyſiciens n'aient expliqué tout cela; &

que n'expliquent-ils point? Mais que toutes ces explications font conjecturales, & qu'on leur trouve peu de folidité quand on les examine de près ! Le Lecteur en jugera par l'expofé des principales, que je vais tâcher de faire en peu de mots.

Ils difent donc que la fenfation du Son étant produite par les vibrations du corps fonore propagées jufqu'au tympan par celles que l'air reçoit de ce même corps, lorfque deux Sons fe font entendre enfemble l'oreille eft affectée à la fois de leurs diverfes vibrations. Si ces vibrations font ifochrones; c'eft-à-dire, qu'elles s'accordent à commencer & finir en même temps, ce concours forme l'Uniffon, & l'oreille, qui faifit l'Accord de ces retours égaux & bien concordans, en eft agréablement affectée. Si les vibrations d'un des deux Sons font doubles en durée de celles de l'autre, durant chaque vibration du plus grave, l'aigu en fera précifément deux, & à la troifième ils partiront enfemble. Ainfi, de deux en deux, chaque vibration impaire de l'aigu concourra avec chaque vibration du grave, & cette fréquente concordance qui conftitue l'Octave, felon eux moins douce que l'Uniffon, le fera plus qu'aucune autre *Confonnance*. Après vient la Quinte dont l'un des Sons fait deux vibrations, tandis que l'autre en fait trois; de forte qu'ils ne s'accordent qu'à chaque troifième vibration de l'aigu; enfuite la double Octave, dont l'un des Sons fait quatre vibrations pendant que l'autre n'en fait qu'une, s'accordant feulement à chaque quatrième vibration de l'aigu; pour la Quarte, les vibrations fe répondent de quatre en quatre à l'aigu, & de trois en trois au grave: celles de la Tierce majeure font comme 4 & 5, de la Sixte majeure comme 3 & 5, de la Tierce mineure comme 5 & 6, & de la Sixte mineure comme 5 & 8. Au-delà de ces nombres il n'y a plus que leurs multiples qui produifent des *Confonnances*, c'eft-à-dire, des Octaves de celles-ci; tout le refte eft diffonnant.

D'autres trouvant l'Octave plus agréable que l'Uniffon, & la Quinte plus agréable que l'Octave, en donnent pour raifon que les retours égaux des vibrations dans l'Uniffon & leur concours trop fréquent dans l'Octave confondent, identifient les Sons & empêchent l'oreille d'en appercevoir la diverfité. Pour qu'elle puiffe, avec plaifir, comparer les Sons, il faut bien, difent-ils, que

Q ij

les vibrations s'accordent par Intervalles, mais non pas qu'elles se confondent trop souvent, autrement au lieu de deux Sons on croiroit n'en entendre qu'un, & l'oreille perdroit le plaisir de la comparaison. C'est ainsi que du même principe on déduit à son gré le pour & le contre, selon qu'on juge que les expériences l'exigent.

Mais premiérement toute cette explication n'est, comme on voit, fondée que sur le plaisir qu'on prétend que reçoit l'ame par l'organe de l'ouie du concours des vibrations; ce qui, dans le fond, n'est déja qu'une pure supposition. De plus, il faut supposer encore, pour autoriser ce systême, que la première vibration de chacun des deux corps sonores commence exactement avec celle de l'autre; car de quelque peu que l'une précédât, elles ne concourroient plus dans le rapport déterminé, peut-être même ne concourroient-elles jamais, & par conséquent l'Intervalle sensible devroit changer; la *Consonnance* n'existeroit plus ou ne seroit plus la même. Enfin, il faut supposer que les diverses vibrations des deux Sons d'une *Consonnance* frappent l'organe sans confusion, & transmettent au cerveau la sensation de l'Accord sans se nuire mutuellement: chose difficile à concevoir, & dont j'aurai occasion de parler ailleurs.

Mais sans disputer sur tant du suppositions, voyons ce qui doit s'ensuivre de ce systême. Les vibrations ou les Sons de la dernière *Consonnance*, qui est la Tierce mineure, sont comme 5 & 6, & l'Accord en est fort agréable. Que doit-il naturellement résulter des deux autres Sons dont les vibrations seroient entr'elles comme 6 & 7? Une *Consonnance* un peu moins harmonieuse, à la vérité, mais encore assez agréable, à cause de la petite différence des raisons; car elles ne diffèrent que d'un trente-sixième. Mais qu'on me dise comment il se peut faire que deux Sons, dont l'un fait cinq vibrations pendant que l'autre en fait 6, produisent une *Consonnance* agréable, & que deux Sons, dont l'un fait 6 vibrations pendant que l'autre en fait 7, produisent une Dissonnance aussi dure. Quoi! dans l'un de ces rapports les vibrations s'accordent de six en six, & mon oreille est charmée; dans l'autre elles s'accordent de sept en sept, & mon oreille est écorchée? Je demande encore comment il se fait qu'après cette première Dissonnance la dureté des autres n'augmente pas en raison de la composition des rapports? Pourquoi, par exemple, la Dissonnance qui résulte du rapport de 8.9, à 90, n'est pas beaucoup plus choquante que celle qui résulte du rapport de 12 à 13? Si le retour plus ou moins fréquent du concours des vibrations étoit la cause du degré de plaisir ou de peine que me font les Accords, l'effet seroit proportionné à cette cause, & je n'y trouve aucune proportion. Donc ce plaisir & cette peine ne viennent point de-là.

Il reste encore à faire attention aux altérations dont une *Consonnance* est susceptible sans cesser d'être agréable à l'oreille, quoique ces altérations dérangent entièrement le concours périodique des vibrations, & que ce concours même devienne plus rare, à mesure que l'altération est moindre. Il reste à considérer que l'Accord de l'Orgue ou du Clavecin ne devroit offrir à l'oreille qu'une cacophonie d'autant plus horrible que ces Instrumens seroient accordés avec plus de soin, puisqu'excepté l'Octave il ne s'y trouve aucune *Consonnance* dans son rapport exact.

Dira-t-on qu'un rapport approché est supposé tout-à-fait exact, qu'il est reçu pour tel par l'oreille, & qu'elle supplée par instinct ce qui manque à la justesse de l'Accord? Je demande alors pourquoi cette inégalité de jugement & d'appréciation, par laquelle elle admet des rapports plus ou moins rapprochés, & en rejette d'autres selon la diverse nature des *Consonnances*? Dans l'Unisson, par exemple, l'oreille ne supplée rien ; il est juste ou faux, point de milieu. De même encore dans l'Octave, si l'Intervalle n'est exact, l'oreille est choquée ; elle n'admet point d'approximation. Pourquoi en admet-elle plus dans la Quinte, & moins dans la Tierce majeure? Une explication vague, sans preuve, & contraire au principe qu'on veut établir, ne rend point raison de ces différences.

Le Philosophe qui nous a donné des principes d'Acoustique, laissant à part tous ces concours de vibrations, & renouvellant sur ce point le système de Descartes, rend raison du plaisir que les *Consonnances* font à l'oreille par la simplicité des rapports qui sont entre les Sons qui les forment. Selon cet Auteur, & selon Descartes, le plaisir diminue à mesure que ces rapports deviennent plus composés, & quand l'esprit ne les saisit plus, ce sont de véritables Dissonnances ; ainsi c'est une opération de l'esprit qu'ils prennent pour le principe du sentiment de l'Harmonie. D'ailleurs, quoique cette hypothèse s'accorde avec le résultat des premières divisions harmoniques, & qu'elle s'étende même à d'autres phénomènes qu'on remarque dans les beaux Arts, comme elle est sujette aux mêmes objections que la précédente, il n'est pas possible à la raison de s'en contenter.

Celles de toutes qui paroît la plus satisfaisante a pour Auteur M. Estève, de la Société Royale de Montpellier. Voici là-dessus comment il raisonne.

Le sentiment du Son est inséparable de celui de ses Harmoniques, & puisque tout Son porte avec soi ses Harmoniques ou plutôt son Accompagnement, ce même Accompagnement est dans l'ordre de nos organes. Il y a dans le Son le plus simple une gradation de Sons qui sont & plus foibles & plus aigus, qui adoucissent, par nuances, le Son principal, & le font perdre dans la grande vitesse des Sons les plus hauts. Voilà ce que c'est qu'un Son ; l'Accompagnement lui est essentiel, en fait la douceur & la mélodie. Ainsi toutes les fois que cet adoucissement, cet Accompagnement, ces Harmoniques seront renforcés & mieux développés, les Sons seront plus mélodieux, les nuances mieux soutenues. C'est une perfection, & l'ame y doit être sensible.

Or, les *Consonnances* ont cette propriété que les Harmoniques de chacun des deux Sons concourant avec les Harmoniques de l'autre, ces Harmoniques se soutiennent mutuellement, deviennent plus sensibles, durent plus long-temps, & rendent ainsi plus agréable l'Accord des Sons qui les donnent.

Pour rendre plus claire l'application de ce principe, M. Estève a dressé deux Tables, l'une des *Consonnances* & l'autre des Dissonnances, qui sont dans l'ordre de la Gamme ; & ces Tables sont tellement disposées, qu'on voit dans chacune le concours ou l'opposition des Harmoniques des deux Sons, qui forment chaque Intervalle.

Par la Table des *Consonnances* on voit que l'Accord de l'Octave conserve presque tous ses Harmoniques, & c'est la raison de l'identité qu'on suppose, dans la pratique de l'Harmonie, entre les deux Sons de l'Octave ; on voit que l'Accord de la Quinte ne conserve que trois Harmoniques, que la Quarte n'en conserve que deux, qu'enfin les *Consonnances* imparfaites n'en conservent qu'un, excepté la Sixte majeure qui en porte deux.

Par la Table des Diſſonnances on voit qu'elles ne ſe conſervent aucun Harmonique, excepté la ſeule Septième mineure qui conſerve ſon quatrième Harmonique; ſavoir, la Tierce majeure de la troiſième Octave du Son aigu.

De ces obſervations, l'Auteur conclud que, plus entre deux Sons il y aura d'Harmoniques concourans, plus l'Accord en ſera agréable, & voilà les *Conſonnances* parfaites. Plus il y aura d'Harmoniques détruits, moins l'ame ſera ſatisfaite de ces Accords; voilà les *Conſonnances* imparfaites. Que s'il arrive enfin qu'aucun Harmonique ne ſoit conſervé, les Sons ſeront privés de leur douceur & de leur mélodie; ils ſeront aigres & comme décharnés, l'ame s'y refuſera, & au lieu de l'adouciſſement qu'elle éprouvoit dans les *Conſonnances*, ne trouvant par-tout qu'une rudeſſe ſoutenue, elle éprouvera un ſentiment d'inquiétude, déſagréable, qui eſt l'effet de la Diſſonnance.

Cette hypothèſe eſt, ſans contredit, la plus ſimple, la plus naturelle, la plus heureuſe de toutes: mais elle laiſſe pourtant encore quelque choſe à deſirer pour le contentement de l'eſprit, puiſque les cauſes qu'elle aſſigne ne ſont pas toujours proportionnelles aux différences des effets; que, par exemple, elle confond dans la même cathégorie la Tierce mineure & la Septième mineure, comme réduites également à un ſeul Harmonique, quoique l'un ſoit *Conſonnante*, l'autre Diſſonnante, & que l'effet, à l'oreille, en ſoit très-différent.

A l'égard du principe d'Harmonie imaginé par M. Sauveur, & qu'il faiſoit conſiſter dans les Battemens, comme il n'eſt en nulle façon ſoutenable, & qu'il n'a été adopté de perſonne, je ne m'y arrêterai pas ici, & il ſuffira de renvoyer le Lecteur à ce que j'en ai dit au mot BATTEMENS.

CONSONNANT. *adj.* Un Intervalle *Conſonnant* eſt celui qui donne une Conſonnance ou qui en produit l'effet; ce qui arrive, en certains cas, aux Diſſonnances par la force de la modulation. Un Accord *Conſonnant* eſt celui qui n'eſt compoſé que de Conſonnances.

CONTRA. *ſ. m.* Nom qu'on donnoit autrefois à la Partie qu'on appelloit plus communément *Altus*, & qu'aujourd'hui nous nommons *Haute-Contre*. (VOYEZ HAUTE-CONTRE.)

CONTRAINT. *adj.* Ce mot s'applique, ſoit à l'Harmonie, ſoit au

Chant, soit à la valeur des Notes, quand par la nature du deſſein on s'eſt aſſujetti à une loi d'uniformité dans quelqu'une de ces trois Parties. (Voyez BASSE-CONTRAINTE.)

CONTRASTE. *ſ. m.* Oppoſition de ce caractère. Il y a *Contraſte* dans une Pièce de Muſique, lorſque le Mouvement paſſe du lent au vîte, ou du vîte au lent; lorſque le Diapaſon de la Mélodie paſſe du grave à l'aigu, ou de l'aigu au grave; lorſque le Chant paſſe du doux au fort, ou du fort au doux; lorſque l'Accompagnement paſſe du ſimple au figuré, ou du figuré au ſimple; enfin lorſque l'Harmonie a des jours & des pleins alternatifs: & le *Contraſte* le plus parfait eſt celui qui réunit à la fois toutes ces oppoſitions.

Il eſt très-ordinaire aux Compoſiteurs qui manquent d'invention d'abuſer du *Contraſte*, & d'y chercher, pour nourrir l'attention, les reſſources que leur génie ne leur fournit pas. Mais le *Contraſte*, employé à propos & ſobrement ménagé, produit des effets admirables.

CONTRA-TENOR. Nom donné dans les commencemens du Contre-point à la Partie qu'on a depuis nommée *Tenor* ou *Taille*, (Voyez TAILLE.)

CONTRE-CHANT. *ſ. m.* Nom donné par Gerſon & par d'autres à ce qu'on appelloit alors plus communément *Déchant* ou *Contrepoint*. (*Voyez ces mots.*)

CONTRE-DANSE. Air d'une ſorte de Danſe de même nom, qui s'exécute à quatre, à ſix & à huit perſonnes, & qu'on danſe ordinairement dans les Bals après les Menuets, comme étant plus gaie & occupant plus de monde. Les Airs de *Contre-Danſes* ſont le plus ſouvent à deux temps; ils doivent être bien cadencés, brillans & gais, & avoir cependant beaucoup de ſimplicité; car comme on les reprend très-ſouvent, ils deviendroient inſupportables, s'ils étoient chargés. En tout genre les choſes les plus ſimples ſont celles dont on ſe laſſe le moins.

CONTRE-FUGUE ou FUGUE RENVERSÉE. *ſ. f.* Sorte de Fugue dont la marche eſt contraire à celle d'une autre Fugue qu'on a établie auparavant dans le même morceau. Ainſi quand la Fugue s'eſt fait entendre en montant de la Tonique à la Dominante, ou de la Dominante à la Tonique, la *Contre-Fugue* doit ſe faire entendre en deſcendant de la Dominante à la Tonique, ou de la Tonique à la Dominante, *& vice verſâ*. Du reſte ſes règles ſont entiérement tièrement semblables à celles de la Fugue. (Voyez Fugue.)

CONTRE-HARMONIQUE. *adj.* Nom d'une sorte de Proportion. (Voyez Proportion.)

CONTRE-PARTIE. *s. f.* Ce terme ne s'emploie en Musique que pour signifier une des deux Parties d'un Duo considérée relativement à l'autre.

CONTRE-POINT. *s. m.* C'est à-peu-près la même chose que *Composition*; si ce n'est que *Composition* peut se dire des Chants, & d'une seule Partie, & que *Contre-point* ne se dit que de l'Harmonie, & d'une *Composition* à deux ou plusieurs Parties différentes.

Ce mot de *Contre-point* vient de ce qu'anciennement les Notes ou signes des Sons étoient de simples points, & qu'en composant à plusieurs Parties, on plaçoit ainsi ces points l'un sur l'autre, ou l'un contre l'autre.

Aujourd'hui le nom de *Contre-point* s'applique spécialement aux Parties ajoutées sur un sujet donné, pris ordinairement du Plain-Chant. Le sujet peut être à la Taille ou à quelque autre Partie supérieure, & l'on dit alors que le *Contre-point* est sous le sujet; mais il est ordinairement à la Basse, ce qui met le sujet sous le *Contre-point*. Quand le *Contre-point* est syllabique, ou Note sur Note, on l'appelle *Contre-point simple*, *Contre-point figuré*, quand il s'y trouve différentes figures ou valeur de Notes, & qu'on y fait des Desseins, des Fugues, des imitations: on sent bien que tout cela ne peut se faire qu'à l'aide de la Mesure, & que ce Plain-Chant devient alors de véritable Musique. Une composition faite & exécutée ainsi sur le champ & sans préparation sur un sujet donné, s'appelle *Chant sur le Livre*, parce qu'alors chacun compose impromptu sa Partie ou son Chant sur le Livre du Chœur. (Voyez Chant sur le Livre.)

On a long-temps disputé si les Anciens avoient connu le *Contre-point*; mais par tout ce qui nous reste de leur Musique & de leurs écrits, principalement par les règles de pratique d'Aristoxène, Livre troisième, on voit clairement qu'ils n'en eurent jamais la moindre notion.

CONTRE-SENS. *s. m.* Vice dans lequel tombe le Musicien quand il rend une autre pensée que celle qu'il doit rendre. La Musique, dit M. d'Alembert, n'étant & ne devant être qu'une traduction des paroles qu'on met en Chant, il eft vifible qu'on y peut tomber dans des *Contre-fens*; & ils n'y font guères plus faciles à éviter que dans une véritable traduction. *Contre-fens* dans l'expreffion, quand la Mufique eft trifte au lieu d'être gaie, gaie au lieu d'être trifte, légère au lieu d'être grave, grave au lieu d'être légère, &c. *Contre-fens* dans la Profodie, lorfqu'on eft bref fur des fyllabes longues, long fur des fyllabes brèves, qu'on n'obferve pas l'accent de la langue, &c. *Contre-fens* dans la Déclamation lorfqu'on y exprime par les mêmes Modulations des fentimens oppofés ou différens, lorfqu'on y rend moins les fentimens que les mots, lorfqu'on s'y appéfantit fur des détails fur lefquels on doit glifler, lorfque les répétitions font entaffées hors de propos. *Contre-fens* dans la ponctuation, lorfque la Phrafe de Mufique fe termine par une Cadence parfaite dans les endroits où le fens eft fufpendu, ou forme un repos imparfait quand le fens eft achevé. Je parle ici des *Contre-fens* pris dans la rigueur du mot; mais le manque d'expreffion eft peut-être le plus énorme de tous. J'aime encore mieux que la Mufique dife autre chofe que ce qu'elle doit dire, que de parler & ne rien dire du tout.

CONTRE-TEMPS. *f. m.* Mefure à *Contre-temps* eft celle où l'on paufe fur le Temps foible, où l'on gliffe fur le Temps fort, & où le Chant femble être en Contre-fens avec la Mefure. (Voy. SYNCOPE.)

COPISTE. *f. m.* Celui qui fait profeffion de copier de la Mufique.

Quelque progrès qu'ait fait l'Art Typographique, on n'a jamais pu l'appliquer à la Mufique avec autant de fuccès qu'à l'écriture, foit parce que les goûts de l'efprit étant plus conftans que ceux de l'oreille, on s'ennuie moins vite des mêmes livres que des mêmes chanfons; foit par les difficultés particulières que la combinaifon des Notes & des Lignes ajoute à l'impreffion de la Mufique: car fi l'on imprime premièrement les Portées, & enfuite les Notes, il eft impoffible de donner à leurs pofitions relatives, la jufteffe néceffaire; & fi le caractère de chaque Note tient à une portion de la Portée, comme dans notre Mufique imprimée, les lignes s'ajuftent fi mal entr'elles, il faut une fi prodigieufe quantité de caractères, & le tout fait un fi vilain effet à l'œil, qu'on a quitté cette manière avec raifon pour lui fubftituer la gravure. Mais outre que la gravure elle-même n'eft pas exempte d'inconvéniens, elle a toujours celui de multiplier trop ou trop peu les exemplaires ou les Parties ; de mettre en Partition ce que les uns voudroient en Parties féparées, ou en Parties féparées ce que d'autres voudroient en Partition, & de n'offrir guères aux curieux que de la Mufique déja vieille qui court dans les mains de tout le monde. Enfin il eft sûr qu'en Italie, le pays de la terre où l'on fait le plus de Mufique, on a profcrit depuis long-temps la Note imprimée, fans que l'ufage de la gravure ait pu s'y établir ; d'où je concluds qu'au jugement des Experts celui de la fimple *Copie* eft le plus commode.

Il eft plus important que la Mufique foit nettement & correctement copiée que la fimple écriture ; parce que celui qui lit & médite dans fon cabinet, apperçoit, corrige aifément les fautes qui font dans fon livre, & que rien ne l'empêche de fufpendre fa lecture ou de la recommencer : mais dans un Concert où chacun ne voit que fa Partie, & où la rapidité & la continuité de l'exécution ne laiffe le temps de revenir fur aucune faute, elles font toutes irréparables : fouvent un morceau fublime eft eftropié, l'exécution eft interrompue ou même arrêtée, tout va de travers, par-tout manque l'enfemble & l'effet, l'Auditeur eft rebuté & l'Auteur déshonoré, par la feule faute du *Copifte*.

De plus, l'intelligence d'une Mufique difficile dépend beaucoup de la manière dont elle eft copiée ; car, outre la netteté de la Note, il y a divers moyens de préfenter plus clairement au Lecteur les idées qu'on veut lui peindre & qu'il doit rendre. On trouve fouvent la copie d'un homme plus lifible que celle d'un autre, qui pourtant note plus agréablement ; ceft que l'un ne veut que plaire aux yeux, & que l'autre eft plus attentif aux foins utiles. Le plus habile *Copifte* eft celui dont la Mufique s'exécute avec le plus de facilité, fans que le Muficien même devine pourquoi. Tout cela m'a perfuadé que ce n'étoit pas faire un Article inutile que d'expofer un peu en détail le devoir & les foins d'un bon *Copifte* : tout ce qui tend à faciliter l'exécution n'eft point indifférent à la perfection d'un Art dont elle eft toujours le plus grand écueil. Je fens combien je vais me nuire à moi-même fi l'on compare mon travail à mes règles ; mais je n'ignore pas que celui qui cherche l'utilité publique doit oublier la fienne. Homme de Lettres, j'ai dit de mon état tout le mal que j'en penfe ; je n'ai fait que de la Musique Françoise, & n'aime que l'Italienne ; j'ai montré toutes les misères de la Société quand j'étois heureux par elle : mauvais *Copiste*, j'expose ici ce que font les bons. O vérité ! mon intérêt ne fut jamais rien devant toi ; qu'il ne souille en rien le culte que je t'ai voué.

Je suppose d'abord que le *Copiste* est pourvu de toutes les connoissances nécessaires à sa profession. Je lui suppose, de plus, les talens qu'elle exige pour être exercée supérieurement. Quels sont ces talens, & quels sont ces connoissances ? Sans en parler expressément, c'est de quoi cet Article pourra donner une suffisante idée. Tout ce que j'oserai dire ici, c'est que tel compositeur qui se croit un fort habile homme, est bien loin d'en savoir assez pour copier correctement la composition d'autrui.

Comme la Musique écrite, sur-tout en Partition, est faite pour être lue de loin par les Concertans, la première chose que doit faire le *Copiste* est d'employer les matériaux les plus convenables pour rendre sa Note bien lisible & bien nette. Ainsi il doit choisir de beau papier fort, blanc, médiocrement fin, & qui ne perce point : on préfere celui qu'on n'a pas besoin de laver, parce que le lavage avec l'alun lui ôte un peu de sa blancheur. L'encre doit être très-noire, sans être luisante ni gommée ; la Reglure fine, égale & bien marquée, mais non pas noire comme la Note : il faut au contraire que les lignes soient un peu pâles, afin que les Croches, Doubles-croches, les Soupirs, Demi-soupirs & autres petits signes ne se confondent pas avec elles, & que la Note sorte mieux. Loin que la pâleur des Lignes empêche de lire la Musique à une certaine distance, elle aide au contraire, à la netteté ; & quand même la Ligne échapperoit un moment à la vue, la position des Notes l'indique assez le plus souvent. Les Régleurs ne rendent que du travail mal fait ; si le *Copiste* veut se faire honneur, il doit régler son papier lui-même.

Il y a deux formats de papier réglé ; l'un pour la Musique Françoise, dont la longueur est de bas en haut ; l'autre pour la Musique Italienne, dont la longueur est dans le sens des Lignes. On peut employer pour les deux le même papier, en le coupant & réglant en sens contraire : mais quand on l'achete réglé, il faut renverser les noms chez les Papetiers de Paris, demander du Papier à l'Italienne quand on le veut à la Françoise, & à la Françoise quand on le veut à l'Italienne; ce *qui-pro-quo* importe peu, dès qu'on en est prévenu.

Pour copier une Partition il faut compter les Portées qu'enferme l'Accolade, & choisir du Papier qui ait, par page, le même nombre de Portées, ou un multiple de ce nombre ; afin de ne perdre aucune Portée, ou d'en perdre le moins qu'il est possible quand le multiple n'est pas exact.

Le Papier à l'Italienne est ordinairement à dix Portées, ce qui divise chaque page en deux Accolades de cinq Portées chacune pour les Airs ordinaires; savoir, deux Portées pour les deux Dessus de Violon, une pour la Quinte, une pour le Chant, & une pour la Basse. Quand on a des Duo ou des Parties de Flûtes, de Hautbois, de Cors, de Trompettes; alors, à ce nombre de Portées on ne peut plus mettre qu'une Accolade par page, à moins qu'on ne trouve le moyen de supprimer quelque Portée inutile, comme celle de la Quinte, quand elle marche sans cesse avec la Basse.

Voici maintenant les observations qu'on doit faire pour bien distribuer la Partition. 1°. Quelque nombre de Parties de symphonie qu'on puisse avoir, il faut toujours que les Parties de Violon, comme principales, occupent le haut de l'Accolade où les yeux se portent plus aisément ; ceux qui les mettent au-dessous de toutes les autres & immédiatement sur la Quinte pour la commodité de l'Accompagnateur, se trompent ; sans compter qu'il est ridicule de voir dans une Partition les Parties de Violon au-dessous, par exemple, de celles des Cors qui sont plus basses. 2°. Dans toute la longueur de chaque morceau l'on ne doit jamais rien changer au nombre des Portées, afin que chaque Partie ait toujours la sienne au même lieu. Il vaut mieux laisser des Portées vides, ou, s'il le faut absolument, en charger quelqu'une de deux Parties, que d'étendre ou resserrer l'Accolade inégalement. Cette règle n'est que pour la Musique Italienne ; car l'usage de la gravure a rendu les Compositeurs François plus attentifs à l'économie de l'espace qu'à la commodité de l'exécution. 3°. Ce n'est qu'à toute extrémité qu'on doit mettre deux Parties sur une même Portée ; c'est, sur-tout, ce qu'on doit éviter pour les Parties de Violon ; car, outre que la confusion y seroit à craindre, il y auroit équivoque avec la Double-corde : il faut aussi regarder si jamais les Parties ne se croisent ; ce qu'on ne pourroit guères écrire sur la même Portée d'une manière nette & lisible. 4°. Les Clefs une fois écrites & correctement armées ne doivent plus se répéter non plus que le signe de la Mesure, si ce n'est dans la Musique Françoise, quand, les Accolades étant inégales, chacun ne pourroit plus reconnoître sa Partie ; mais dans les Parties séparées on doit répéter la Clef au commencement de chaque Portée, ne fut-ce que pour marquer le commencement de la Ligne au défaut d'Accolade.

Le nombre des Portées ainsi fixé, il faut faire la division des Mesures, & ces Mesures doivent être toutes égales en espace comme en durée, pour mesurer en quelque sorte le temps au compas & guider la voix par les yeux. Cet espace doit être assez étendu dans chaque Mesure pour recevoir toutes les Notes qui peuvent y entrer, selon sa plus grande subdivision. On ne sauroit croire combien ce soin jette de clarté sur une Partition, & dans quel embarras on se jette en le négligeant. Si l'on serre une Mesure sur une Ronde, comment placer les seize Doubles-croches que contient peut-être une autre Partie dans la même Mesure ? Si l'on se règle sur la Partie Vocale, comment fixer l'espace des Ritournelles ? En un mot, si l'on ne regarde qu'aux divisions d'une des Parties, comment y rapporter les divisions souvent contraires des autres Parties ?

Ce n'est pas assez de diviser l'Air en Mesures égales, il faut aussi diviser les Mesures en Temps égaux. Si dans chaque Partie on proportionne ainsi l'espace à la durée, toutes les Parties & toutes les Notes simultanées de chaque Partie se correspondront avec une justesse qui fera plaisir aux yeux & facilitera beaucoup la lecture d'une Partition. Si, par exemple, on partage une Mesure à quatre Temps, en quatre espaces bien égaux entr'eux & dans chaque Partie, qu'on étende les Noires, qu'on rapproche les Croches, qu'on resserre les Doubles-croches à proportion & chacune dans son espace ; sans qu'on ait besoin de regarder une Partie en copiant l'autre, toutes les Notes correspondantes se trouveront plus exactement perpendiculaires, que si on les eût confrontées en les écrivant ; & l'on remarquera dans le tout la plus exacte proportion, soit entre les diverses Mesures d'une même Partie, soit entre les diverses parties d'une même Mesure.

A l'exactitude des rapports, il faut joindre autant qu'il se peut la netteté des signes. Par exemple, on n'écrira jamais de Notes inutiles, mais si-tôt qu'on s'apperçoit que deux Parties se réunissent & marchent à l'unisson, l'on doit renvoyer de l'une à l'autre lorsqu'elles sont voisines & sur la même Clef. A l'égard de la Quinte, si-tôt qu'elle marche à l'Octave de la Basse, il faut aussi l'y renvoyer. La même attention de ne pas inutilement multiplier les signes, doit empêcher d'écrire pour la Symphonie les *Piano* aux entrées du Chant, & les *Forte* quand il cesse : par-tout ailleurs, il les faut écrire exactement sous le premier Violon & sous la Basse ; & cela suffit dans une Partition, où toutes les Parties peuvent & doivent se régler sur ces deux-là.

Enfin le devoir du *Copiste* écrivant une Partition est de corriger toutes les fausses Notes qui peuvent se trouver dans son original. Je n'entends pas par fausses Notes les fautes de l'ouvrage, mais celles de la Copie qui lui sert d'original. La perfection de la sienne est de rendre fidellement les idées de l'Auteur, bonnes ou mauvaises : ce n'est pas son affaire ; car il n'est pas Auteur ni correcteur, mais *Copiste*. Il est bien vrai que, si l'Auteur a mis par mégarde une Note pour une autre, il doit la corriger ; mais si ce même Auteur a fait par ignorance une faute de Composition, il la doit laisser. Qu'il compose mieux lui-même, s'il veut ou s'il peut, à la bonne heure ; mais si-tôt qu'il copie, il doit respecter son original. On voit par-là qu'il ne suffit pas au *Copiste* d'être bon Harmoniste & de bien savoir la Composition ; mais qu'il doit, de plus, être exercé dans les divers styles, reconnoître un Auteur par sa manière, & savoir bien distinguer ce qu'il a fait de ce qu'il n'a pas fait. Il y a, de plus, une sorte de critique propre à restituer un passage par la comparaison d'un autre, à remettre un *Fort* ou un *Doux* où il a été oublié, à détacher des phrases liées mal-à-propos, à restituer même des Mesures omises ; ce qui n'est pas sans exemple, même dans des Partitions. Sans doute il faut du savoir & du goût pour rétablir un texte dans toute sa pureté : l'on me dira que peu de *Copistes* le font ; je répondrai que tous le devroient faire.

Avant de finir ce qui regarde les Partitions, je dois dire comment on y rassemble des Parties séparées ; travaille embarrassant pour bien des *Copistes*, mais facile & simple quand on s'y prend avec méthode.

Pour cela il faut d'abord compter avec soin les Mesures dans toutes les Parties, pour s'assurer qu'elles sont correctes. Ensuite on pose toutes les Parties l'une sur l'autre en commençant par la Basse & la couvrant successivement des autres Parties dans le même ordre qu'elles doivent avoir sur la Partition. On fait l'Accolade d'autant de Portées qu'on a de Parties ; on la divise en Mesures égales, puis mettant toutes ces Parties ainsi rangées devant soi & à sa gauche, on copie d'abord la première ligne de la première Partie, que je suppose être le premier Violon ; on y fait une légère marque en crayon à l'endroit où l'on s'arrête ; puis on la transporte renversée à sa droite. On copie de même la première ligne du second Violon, renvoyant au premier par-tout où ils marchent à l'unisson ; puis faisant une marque comme ci-devant, on renverse la Partie sur la précédente à sa droite, & ainsi de toutes les Parties l'une après l'autre. Quand on est à la Basse, on parcourt des yeux toute l'Accolade pour vérifier si l'Harmonie est bonne, si le tout est bien d'accord, & si l'on ne s'est point trompé. Cette première ligne faite, on prend ensemble toutes les Parties qu'on a renversées l'une sur l'autre à sa droite, on les renverse derechef à sa gauche, & elles se retrouvent ainsi dans le même ordre & dans la même situation où elles étoient quand on a commencé ; on recommence la seconde Accolade, à la petite marque en crayon ; l'on fait une autre marque à la fin de la seconde ligne, & l'on poursuit comme ci-devant, jusqu'à ce que le tout soit fait.

J'aurai peu de choses à dire sur la manière de tirer une Partition en Parties séparées ; car c'est l'opération la plus simple de l'Art, & il suffira d'y faire les observations suivantes : 1°. Il faut tellement comparer la longueur des morceaux à ce que peut contenir une page, qu'on ne soit jamais obligé de tourner sur un même morceau dans les Parties Instrumentales, à moins qu'il n'y ait beaucoup de Mesures à compter, qui en laissent le temps. Cette règle oblige de commencer à la page *verso* tous les morceaux qui
remplissent

rempliffent plus d'une page ; & il n'y en a guères qui en rempliffent plus de deux. 2°. Les *Doux* & les *Fort* doivent être écrits avec la plus grande exactitude fur toutes les Parties, même ceux où rentre & ceffe le Chant, qui ne font pas pour l'ordinaire écrits fur la Partition. 3°. On ne doit point couper une Mefure d'une ligne à l'autre ; mais tâcher qu'il y ait toujours une Barre à la fin de chaque Portée. 4°. Toutes les lignes poftiches qui excèdent, en haut ou en bas, les cinq de la Portée, ne doivent point être continues mais féparées à chaque Note, de peur que le Muficien, venant à les confondre avec celles de la Portée, ne fe trompe de Note & ne fache plus où il eft. Cette règle n'eft pas moins néceffaire dans les Partitions, & n'eft fuivie par aucun *Copifte* François. 5°. Les Parties de Hautbois qu'on tire fur les Parties de Violon pour un grand Orcheftre, ne doivent pas être exactement copiées comme elles font dans l'original : mais, outre l'étendue que cet Inftrument a de moins que le Violon ; outre les *Doux* qu'il ne peut faire de même ; outre l'agilité qui lui manque ou qui lui va mal dans certaines viteffes, la force du Hautbois doit être ménagée pour marquer mieux les Notes principales, & donner plus d'accent à la Mufique. Si j'avois à juger du goût d'un Symphonifte fans l'entendre, je lui donnerois à tirer fur la Partie de Violon, la Partie de Hautbois ; tout *Copifte* doit favoir le faire. 6°. Quelquefois les Parties de Cors & de Trompettes ne font pas notées fur le même Ton que le refte de l'Air ; il faut les tranfpofer au Ton ; ou bien, fi on les copie telles qu'elles font, il faut écrire au haut le nom de la véritable Tonique. *Corni in D fol re*, *Corni in E la fa*, &c. 7°. Il ne faut point bigarrer la Partie de Quinte ou de Viola de la Clef de Baffe & de la fienne, mais tranfpofer à la Clef de Viola tous les endroits où elle marche avec la Baffe ; & il y a là-deffus encore une autre attention à faire : c'eft de ne jamais laiffer monter la Viola au-deffus des Parties de Violon ; de forte que quand la Baffe monte trop haut, il n'en faut pas prendre l'Octave, mais l'uniffon ; afin que la Viola ne forte jamais du *Medium* qui lui convient. 8°. La Partie vocale ne fe doit copier qu'en Partition avec la Baffe, afin que le Chanteur fe puiffe accompagner lui-même, & n'ait pas la peine ni de tenir fa Partie à la main, ni de compter fes Paufes : dans les Duo ou Trio, chaque Partie de Chant doit contenir, outre la Baffe, fa Contre-Partie, & quand on copie un Récitatif obligé, il faut pour chaque Partie d'Inftrument ajouter la Partie du Chant à la fienne, pour le guider au défaut de la Mefure. 9°. Enfin, dans les Parties vocales il faut avoir foin de lier ou détacher les Croches, afin que le Chanteur voye clairement celles qui appartiennent à chaque fyllabe; les Partitions qui fortent des mains des Compofiteurs font, fur ce point, très-équivoques, & le Chanteur ne fait, la plupart du temps comment diftribuer la Note fur la parole. Le *Copifte* verfé dans la Profodie, & qui connoît également l'accent du difcours & celui du Chant, détermine le partage des Notes & prévient l'indécifion du Chanteur. Les paroles doivent être écrites bien exactement fous les Notes, & correctes quant aux accens & à l'orthographe : mais on n'y doit mettre ni points ni virgules, les répétitions fréquentes & irrégulières rendant la ponctuation grammaticale impoffible; c'eft à la Mufique à ponctuer les paroles; le *Copifte* ne doit pas s'en mêler : car ce feroit ajouter des fignes que le Compofiteur s'eft chargé de rendre inutiles.

Je m'arrête pour ne pas étendre à l'excès cet article : j'en ai dit trop pour tout *Copifte* inftruit qui a une bonne main & le goût de fon métier; je n'en dirois jamais affez pour les autres. J'ajouterai feulement un mot en finiffant : il y a bien des intermédiaires entre ce que le Compofiteur imagine & ce qu'entendent les Auditeurs. C'eft au *Copifte* de rapprocher ces deux termes le plus qu'il eft poffible, d'indiquer avec clarté tout ce qu'on doit faire pour que la Mufique exécutée rende exactement à l'oreille du Compofiteur ce qui s'eft peint dans fa tête en la compofant.

CORDE SONORE. Toute Corde tendue dont on peut tirer du Son. De peur de m'égarer dans cet article, j'y tranfcrirai en partie celui de M. d'Alembert, & n'y ajouterai du mien que ce qui lui donne un rapport plus immédiat au Son & à la Mufique.

,, Si une *Corde* tendue eft frappée en quelqu'un de fes points par une puiffance quelconque, elle s'éloignera jufqu'à une certaine diftance de la fituation qu'elle avoit étant en repos, reviendra enfuite & fera des vibrations en vertu de l'élafticité que fa tenfion lui donne, comme en fait un Pendule qu'on tire de fon

C O R.

à-plomb. Que fi, de plus, la matière de cette *Corde* eft elle-même affez élaftique ou affez homogène pour que le même mouvement fe communique à toutes fes parties, en frémiffant elle rendra du Son, & fa réfonnance accompagnera toujours fes vibrations. Les Géomètres ont trouvé les loix de ces vibrations, & les Muficiens celles des Sons qui en réfultent."

„ On favoit depuis long-temps, par l'expérience & par des raifonnemens affez vagues, que, toutes chofes d'ailleurs égales, plus une *Corde* étoit tendue, plus fes vibrations étoient promptes, qu'à tenfion égale les *Cordes* faifoient leur vibrations plus ou moins promptement en même raifon qu'elles étoient moins ou plus longues ; c'eft-à-dire, que la raifon des longueurs étoit toujours inverfe de celle du nombre des vibrations. M. Taylor, célèbre Géomètre Anglois, eft le premier qui ait démontré les loix des vibrations des *Cordes* avec quelque exactitude, dans fon favant ouvrage intitulé : *Methodus incrementorum directa & inverfa*. 1715 ; & ces mêmes loix ont été démontrées encore depuis par M. Jean Bernouilli, dans le fecond tome des *Mémoires de l'Académie Impériale de Pétersbourg*." De la formule qui réfulte de ces loix, & qu'on peut trouver dans l'Encyclopédie, Article *Corde*, je tire les trois Corollaires fuivans qui fervent de principes à la théorie de la Mufique.

I. Si deux *Cordes* de même matière font égales en longueur & en groffeur, les nombres de leurs vibrations en temps égaux feront comme les racines des nombres qui expriment le rapport des tenfions des *Cordes*.

II. Si les tenfions & les longueurs font égales, les nombres des vibrations en temps égaux feront en raifon inverfe de la groffeur ou du diamètre des *Cordes*.

III. Si les tenfions & les groffeurs font égales, les nombres des vibrations en temps égaux feront en raifon inverfe des longueurs.

Pour l'intelligence de ces Théorèmes, je crois devoir avertir que la tenfion des *Cordes* ne fe repréfente pas par les poids tendans, mais par les racines de ces mêmes poids ; ainfi les vibrations étant entr'elles commes les racines quarrées des tenfions, les poids tendans font entr'eux comme les Cubes des vibrations, &c.

Des loix des vibrations des *Cordes* fe déduifent celles des Sons qui réfultent de ces mêmes vibrations dans la *Corde fonore*. Plus une *Corde* fait de vibrations dans un temps donné, plus le Son qu'elle rend eft aigu ; moins elle fait de vibrations, plus le Son eft grave : en forte que, les Sons fuivant entr'eux les rapports des vibrations, leurs Intervalles s'expriment par les mêmes rapports ; ce qui foumet toute la Mufique au calcul.

On voit par les Théorèmes précédens, qu'il y a trois moyens de changer le Son d'une *Corde* ; favoir, en changeant le Diamètre ; c'eft-à-dire, la groffeur de la *Corde*, ou fa longueur, ou fa tenfion. Ce que ces altérations produifent fucceffivement fur une même *Corde*, on peut le produire à la fois fur diverfes *Cordes*, en leur donnant différens degrés de groffeur, de longueur ou de tenfion. Cette Méthode combinée eft celle qu'on met en ufage dans la fabrique, l'Accord & le jeu du Clavecin, du Violon, de la Baffe, de la Guittare & autres pareils Inftrumens, compofés de *Cordes* de différentes groffeurs & différemment tendues, lefquelles ont par conféquent des Sons différens. De plus, dans les uns, comme le Clavecin, ces *Cordes* ont différentes longueurs fixes par lefquelles les Sons fe varient encore ; & dans les autres, comme le Violon, les *Cordes*, quoiqu'égales en longueur fixe, fe racourciffent ou s'alongent à volonté fous les doigts du Joueur, & ces doigts avancés ou reculés fur le manche font alors la fonction de chevalets mobiles qui donnent à la *Corde* ébranlée par l'archet, autant de Sons divers que de diverfes longueurs. A l'égard des rapports des Sons & de leurs Intervalles, relativement aux longueurs des *Cordes* & à leurs vibrations, voyez SON, INTERVALLE, CONSONNANCE.

La *Corde fonore*, outre le Son principal qui réfulte de toute fa longueur, rend d'autres Sons acceffoires moins fenfibles, & ces Sons femblent prouver que cette *Corde* ne vibre pas feulement dans toute fa longueur, mais fait vibrer auffi fes aliquotes chacune en particulier, felon la loi de leurs dimenfions. A quoi je dois ajouter que cette propriété, qui fert, ou doit fervir de fondement à toute l'Harmonie, & que plufieurs attribuent, non à la *Corde fonore*, mais à l'air frappé du Son, n'eft pas particulière aux *Cordes* feulement, mais fe trouve dans tous les Corps fonores. (Voyez CORPS SONORE, HARMONIQUE.)

COR.

Une autre propriété non moins surprenante de la *Corde sonore*, & qui tient à la précédente, est que si le chevalet qui la divise n'appuie que légérement & laisse un peu de communication aux vibrations d'une partie à l'autre, alors au lieu du Son total de chaque Partie ou de l'une des deux, on n'entendra que le Son de la plus grande aliquote commune aux deux Parties. (Voyez Sons Harmoniques.)

Le mot de *Corde* se prend figurément en Composition pour les Sons fondamentaux du Mode, & l'on appelle souvent *Cordes d'Harmonie* les Notes de Basse qui, à la faveur de certaines Dissonnances, prolongent la phrase, varient & entrelacent la Modulation.

CORDE-A-JOUR ou CORDE-A-VIDE. (Voyez Vide.)

CORDES MOBILES. (Voyez Mobile.)

CORDES STABLES. (Voyez Stable.)

CORPS-DE-VOIX. *s. m.* Les Voix ont divers degrés de force ainsi que d'étendue. Le nombre de ces degrés que chacune embrasse porte le nom de *Corps-de-Voix* quand il s'agit de force ; & de *Volume*, quand il s'agit d'étendue. (Voyez Volume.) Ainsi, de deux Voix semblables formant le même Son, celle qui remplit le mieux l'oreille & se fait entendre de plus loin, est dite avoir plus de *Corps*. En Italie, les premières qualités qu'on recherche dans les Voix, sont la justesse & la flexibilité : mais en France on exige sur-tout un bon *Corps-de-Voix*.

CORPS SONORE. *s. m.* On appelle ainsi tout Corps qui rend ou peut rendre immédiatement du Son. Il ne suit pas de cette définition que tout Instrument de Musique soit un *Corps Sonore*; on ne doit donner ce nom qu'à la partie de l'instrument qui sonne elle-même, & sans laquelle il n'y auroit point de Son. Ainsi dans un Violoncelle ou dans un Violon chaque corde est un *Corps Sonore*; mais la caisse de l'Instrument, qui ne fait que répercuter & réfléchir le Son, n'est point le *Corps Sonore* & n'en fait point partie. On doit avoir cet article présent à l'esprit toutes les fois qu'il sera parlé du *Corps Sonore* dans cet ouvrage.

CORYPHÉE. *s. m.* Celui qui conduisoit le Chœur dans les Spectacles des Grecs, & battoit la Mesure dans leur Musique. (Voyez Battre la Mesure.)

COULÉ. *Participe pris fubftantivement.* Le *Coulé* fe fait lorfqu'au lieu de marquer en Chantant chaque Note d'un coup de gofier, ou d'un coup d'archet fur les Inftrumens à corde, ou d'un coup de langue fur les Inftrumens à vent, on paffe deux ou plufieurs Notes fous la même articulation en prolongeant la même infpiration, ou en continuant de tirer ou de pouffer le même coup d'archet fur toutes les Notes couvertes d'un *Coulé*. Il y a des Inftrumens, tels que le Clavecin, le Tympanon, &c. fur lefquels le *Coulé* paroît prefque impoffible à pratiquer; & cependant on vient à bout de l'y faire fentir par un toucher doux & lié, très-difficile à décrire, & que l'Écolier apprend plus aifément de l'exemple du maître que de fes difcours. Le *Coulé* fe marque par une Liaifon qui couvre toutes les Notes qu'il doit embraffer.

COUPER. *v. a.* on coupe une Note lorfqu'au lieu de la foutenir durant toute fa valeur, on fe contente de la frapper au moment qu'elle commence, paffant en filence le refte de fa durée. Ce mot ne s'employe que pour les Notes qui ont une certaine longueur; on fe fert du mot *Détacher* pour celles qui paffent plus vite.

COUPLET. Nom qu'on donne dans les Vaudevilles & autres Chanfons à cette partie du Poëme qu'on appelle *Strophe* dans les Odes. Comme tous les *Couplets* font compofés fur la même mefure de vers, on les chante auffi fur le même Air; ce qui fait eftropier fouvent l'Accent & la Profodie, parce que deux vers François n'en font pas moins dans la même mefure, quoique les longues & brèves n'y foient pas dans les mêmes endroits.

COUPLETS, fe dit auffi des Doubles & Variations qu'on fait fur un même Air, en le reprenant plufieurs fois avec de nouveaux changemens : mais toujours fans défigurer le fond de l'Air, comme dans les Folies d'Efpagne & dans de vielles Chaconnes. Chaque fois qu'on reprend ainfi l'Air en le variant différemment, on fait un nouveau *Couplet*. (Voyez VARIATIONS.)

COURANTE. *f. f.* Air propre à une efpèce de Danfe ainfi nommée à caufe des allées & des venues dont elle eft remplie plus qu'aucune autre. Cet Air eft ordinairement d'une Mefure à trois Temps graves, & fe note en Triple de Blanches avec deux Reprifes. Il n'eft plus en ufage, non plus que la Danfe dont il porte le nom.

COURONNE. *f. f.* Efpèce de C renverfé avec un point dans le milieu, qui fe fait ainfi : ⁀.

Quand la *Couronne*, qu'on appelle auſſi *Point de repos*, eſt à la fois dans toutes les Parties ſur la Note correſpondante, c'eſt le ſigne d'un repos général : on doit y ſuſpendre la Meſure, & ſouvent même on peut finir par cette Note. Ordinairement la Partie principale y fait, à ſa volonté, quelque paſſage, que les Italiens appellent *Cadenza*, pendant que toutes les autres prolongent & ſoutiennent le Son qui leur eſt marqué, ou même s'arrêtent tout-à-fait. Mais ſi la *Couronne* eſt ſur la Note finale d'une ſeule Partie, alors on l'appelle en François *Point d'Orgue*, & elle marque qu'il faut continuer le Son de cette Note, juſqu'à ce que les autres Parties arrivent à leur concluſion naturelle. On s'en ſert auſſi dans les Canons pour marquer l'endroit où toutes les Parties peuvent s'arrêter quand on veut finir. (Voyez REPOS, CANON, POINT D'ORGUE.)

CRIER. C'eſt forcer tellement la voix en chantant, que les Sons n'en ſoient plus appréciables, & reſſemblent plus à des cris qu'à du Chant. La Muſique Françoiſe veut être *criée*; c'eſt en cela que conſiſte ſa plus grande expreſſion.

CROCHE. *ſ. f.* Note de Muſique qui ne vaut en durée que le quart d'une Blanche ou la moitié d'une Noire. Il faut par conſéquent huit *Croches* pour une Ronde ou pour une Meſure à quatre Temps. (Voyez MESURE, VALEUR DES NOTES.)

On peut voir (*Pl. D. Fig. 9.*) comment ſe fait la *Croche*, ſoit ſeule ou chantée ſur une ſyllabe, ſoit liée avec d'autres *Croches* quand on en paſſe pluſieurs dans un même temps en jouant, ou ſur une même ſyllabe en chantant. Elles ſe lient ordinairement de quatre en quatre dans les Meſures à quatre Temps & à deux, de trois en trois dans la Meſure à ſix-huit, ſelon la diviſion des Temps; & de ſix en ſix dans la Meſure à trois Temps, ſelon la diviſion des Meſures.

Le nom de *Croche* a été donné à cette eſpèce de Note, à cauſe de l'eſpèce de Crochet qui la diſtingue.

CROCHET. Signe d'abbréviation dans la Note. C'eſt un petit trait en travers, ſur la queue d'une Blanche ou d'une Noire, pour marquer ſa diviſion en Croches, gagner de la place & prévenir la confuſion. Le *Crochet* déſigne par conſéquent quatre Croches au lieu d'une Blanche, ou deux au lieu d'une Noire, comme on voit Planche D. à l'exemple A de la Fig. 10, où les trois Portées accolées fignifient exactement la même chofe. La Ronde n'ayant point de queue, ne peut porter de *Crochet*; mais on en peut cependant faire auffi huit Croches par abbréviation, en la divifant en deux Blanches ou quatre Noires, auxquelles on ajoute des *Crochets*. Le Copifte doit foigneufement diftinguer la figure du *Crochet*, qui n'eft qu'une abbréviation de celle de la Croche, qui marque une valeur réelle.

CROME. *f. f.* Ce pluriel Italien fignifie *Croches*. Quand ce mot fe trouve écrit fous des Notes noires, blanches ou rondes, il fignifie la même chofe que fignifieroit le Crochet, & marque qu'il faut divifer chaque Note en Croches, felon fa valeur. (Voyez CROCHET.)

CROQUE-NOTE ou CROQUE-SOL. *f. m.* Nom qu'on donne par dérifion à ces Muficiens ineptes, qui, verfés dans la combinaifon des Notes, & en état de rendre à livre ouvert les Compofitions les plus difficiles, exécutent au furplus fans fentiment, fans expreffion, fans goût. Un *Croque-fol*, rendant plutôt les Sons que les phrafes, lit la Mufique la plus énergique fans y rien comprendre, comme un maître d'école pourroit lire un chef-d'œuvre d'éloquence, écrit avec les caractères de fa langue, dans une langue qu'il n'entendroit pas.

D.

D. Cette lettre signifie la même chose dans la Musique Françoise que *P.* dans l'Italienne ; c'est-à-dire, *Doux*. Les Italiens l'emploient aussi quelquefois de même pour le mot *Dolce*, & ce mot *Dolce* n'est pas seulement opposé à *Fort*, mais à *Rude*.

D. C. (Voyez DA CAPO.)

D *la re*, **D** *sol re* ou simplement **D**. Deuxième Note de la Gamme naturelle ou Diatonique, laquelle s'appelle autrement *Re*. (Voyez GAMME.)

DA CAPO. Ces deux mots Italiens se trouvent fréquemment écrits à la fin des Airs en Rondeau, quelquefois tout au long, & souvent en abrégé par ces deux lettres, D. C. Ils marquent qu'ayant fini la seconde partie de l'Air, il en faut reprendre le commencement jusqu'au Point final. Quelquefois il ne faut pas reprendre tout-à-fait au commencement ; mais à un lieu marqué d'un Renvoi. Alors, au lieu de ces mots *Da Capo*, on trouve écrits ceux-ci *Al Segno*.

DACTYLIQUE. *adj.* Nom qu'on donnoit, dans l'ancienne Musique, à cette espèce de Rhythme dont la Mesure se partageoit en deux Temps égaux. (Voyez RHYTHME.)

On appelloit aussi *Dactylique* une sorte de Nome où ce Rhythme étoit fréquemment employé, tel que le Nome Harmathias & le Nome Orthien.

Julius Pollux révoque-en doute si le *Dactylique* étoit une sorte d'Instrument, ou une forme de Chant ; doute qui se confirme par ce qu'en dit Aristide Quintilien dans son second Livre, & qu'on ne peut résoudre qu'en supposant que le mot *Dactylique* signifioit à la fois un Instrument & un Air, comme parmi nous les mots *Musette* & *Tambourin*.

DÉBIT. *s. m.* Récitation précipitée. Voyez l'Article suivant.

DÉBITER. *v. a. pris en sens neutre.* C'est presser à dessein le Mouvement du Chant, & le rendre d'une manière approchante de la rapidité de la parole ; sens qui n'a lieu, non plus que le mot, que dans la Musique Françoise. On défigure toujours les Airs en les

Dict. de Mus.

Débitant, parce que la Mélodie, l'Expreſſion, la Grace y dépendent toujours de la préciſion du Mouvement, & que preſſer le Mouvement, c'eſt le détruire. On défigure encore le Récitatif François en le *Débitant*, parce qu'alors il en devient plus rude, & fait mieux ſentir l'oppoſition choquante qu'il y a parmi nous entre l'Accent Muſical & celui du Diſcours. A l'égard du Récitatif Italien, qui n'eſt qu'un parler harmonieux, vouloir le *Débiter*, ce ſeroit vouloir parler plus vîte que la parole, & par conſéquent bredouiller : de ſorte qu'en quelque ſens que ce ſoit, le mot *Débit* ne ſignifie qu'une choſe barbare, qui doit être proſcrite de la Muſique.

DECAMERIDE. *ſ. f.* C'eſt le nom de l'un des Élémens du Syſtême de M. Sauveur, qu'on peut voir dans les Mémoires de l'Académie des Sciences, année 1701.

Pour former un ſyſtême général qui fourniſſe le meilleur Tempérament, & qu'on puiſſe ajuſter à tous les ſyſtêmes, cet Auteur, après avoir diviſé l'Octave en 43 parties, qu'il appelle *Mérides*, & ſubdiviſé chaque Méride en 7 parties, qu'il appelle *Eptamérides*, diviſe encore chaque *Eptaméride* en 10 autres parties auxquelles il donne le nom de *Décamérides*. L'Octave ſe trouve ainſi diviſée en 3010 parties égales, par leſquelles on peut exprimer, ſans erreur ſenſible, les rapports de tous les Intervalles de la Muſique.

Ce mot eſt formé de δέκα, *dix*, & de μέρις, *partie*.

DÉCHANT ou DISCANT. *ſ. m.* Terme ancien par lequel on déſignoit ce qu'on a depuis appellé Contre-point. (Voyez CONTRE-POINT.)

DÉCLAMATION. *ſ. f.* C'eſt, en Muſique, l'art de rendre, par les inflexions & le nombre de la Mélodie, l'Accent grammatical & l'Accent oratoire. (Voyez ACCENT, RÉCITATIF.)

DÉDUCTION. *ſ. f.* Suite de Notes montant diatoniquement ou par Degrés conjoints. Ce terme n'eſt guères en uſage que dans le Plain-Chant.

DEGRÉ. *ſ. m.* Différence de poſition ou d'élévation qui ſe trouve entre deux Notes placées dans une même Portée. Sur la même Ligne ou dans le même eſpace, elles ſont au même *Degré* ; & elles y ſeroient encore, quand même l'une des deux ſeroit hauſſée ou baiſſée d'un ſemi-Ton par un Dièſe ou par un Bémol. Au contraire, elles pourroient être à l'unisson, quoique posées sur différens *Degrés*; comme l'*ut* Bémol & le *si* naturel; le *fa* Dièse & le *sol* Bémol, *&c.*

Si deux Notes se suivent diatoniquement, de sorte que l'une étant sur une Ligne, l'autre soit dans l'espace voisin, l'Intervalle est d'un *Degré*; de deux, si elles sont à la Tierce; de trois, si elles sont à la Quarte; de sept, si elles sont à l'Octave, *&c.*

Ainsi, en ôtant 1 du nombre exprimé par le nom de l'Intervalle, on a toujours le nombre des *Degrés* diatoniques qui séparent les deux Notes.

Ces *Degrés* diatoniques ou simplement *Degrés*, sont encore appellés *Degrés conjoints*, par opposition aux *Degrés disjoints*, qui sont composés de plusieurs *Degrés* conjoints. Par exemple, l'Intervalle de Seconde est un *Degré* conjoint; mais celui de Tierce est un *Degré* disjoint, composé de deux *Degrés* conjoints; & ainsi des autres. (Voyez Conjoint, Disjoint, Intervalle.)

DÉMANCHER. *v. n.* C'est, sur les Instrumens à manche, tels que le Violoncelle, le Violon, *&c.* ôter la main gauche de sa position naturelle pour l'avancer sur une position plus haute ou plus à l'aigu. (Voyez Position.) Le Compositeur doit connoître l'étendue qu'a l'Instrument sans *Démancher*, afin que, quand il passe cette étendue & qu'il *Démanche*, cela se fasse d'une manière praticable.

DEMI-JEU, A-DEMI-JEU, ou simplement A DEMI. Terme de Musique Instrumentale qui répond à l'Italien, *Sotto voce*, ou *Mezza voce* ou *Mezzo forte*, & qui indique une manière de jouer qui tienne le milieu entre le *Fort* & le *Doux*.

DEMI-MESURE. *s. f.* Espace de temps qui dure la moitié d'une Mesure. Il n'y a proprement de *Demi-Mesures* que dans les Mesures dont les Temps sont en nombre pair : car dans la Mesure à trois Temps, la première *Demi-Mesure* commence avec le Temps fort, & la seconde à contre-temps; ce qui les rend inégales.

DEMI-PAUSE. *s. f.* Caractère de Musique qui se fait comme il est marqué dans la *Fig.* 9 de la *Pl.* D, & qui marque un silence dont la durée doit être égale à celle d'une Demi-Mesure à quatre Temps, ou d'une Blanche. Comme il y a des Mesures de différentes valeurs, & que celle de la *Demi-Pause* ne varie point, elle n'équivaut à la moitié d'une Mesure que quand la Mesure entière vaut une Ron-

T ij

de; à la différence de la Pause entière qui vaut toujours exactement une Mesure grande ou petite. (Voyez PAUSE.)

DEMI-SOUPIR. Caractère de Musique qui se fait comme il est marqué dans la *Fig.* 9 de la *Pl.* D, & qui marque un silence dont la durée est égale à celle d'une Croche ou de la moitié d'un Soupir. (Voyez SOUPIR.)

DEMI-TEMPS. Valeur qui dure exactement la moitié d'un Temps. Il faut appliquer au *Demi-Temps*, par rapport au Temps, ce que j'ai dit ci-devant de la Demi-Mesure par rapport à la Mesure.

DEMI-TON. Intervalle de Musique valant à-peu-près la moitié d'un Ton, & qu'on appelle plus communément *Semi-Ton*. (Voyez SEMI-TON.)

DESCENDRE. *v. n.* C'est baisser la voix, *vocem remittere*; c'est faire succéder les Sons de l'aigu au grave, ou du haut au bas. Cela se présente à l'œil par notre manière de Noter.

DESSEIN, *s. m.* C'est l'invention & la conduite du sujet, la disposition de chaque Partie, & l'ordonnance générale du tout.

Ce n'est pas assez de faire de beaux Chants & une bonne Harmonie; il faut lier tout cela par un sujet principal, auquel se rapportent toutes les parties de l'ouvrage, & par lequel il soit *un*. Cette unité doit regner dans le Chant, dans le Mouvement, dans le Caractère, dans l'Harmonie, dans la Modulation. Il faut que tout cela se rapporte à une idée commune qui le réunisse. La difficulté est d'associer ces préceptes avec une élegante variété, sans laquelle tout devient ennuyeux. Sans doute le Musicien, aussi-bien que le Poëte & le Peintre, peut tout oser en faveur de cette variété charmante, pourvû que sous prétexte de contraster, on ne nous donne pas, pour des ouvrages bien dessinés, des Musiques toutes hachées, composées de petits morceaux étranglés, & de caractères si opposés, que l'assemblage en fasse un tout monstrueux.

Non ut placidis coeant immitia, non ut
Serpentes avibus geminentur, tigribus agni.

C'est donc dans une distribution bien entendue, dans une juste proportion entre toutes les parties que consiste la perfection du *Dessein*, & c'est sur-tout en ce point que l'immortel Pergolèse a montré son jugement, son goût, & a laissé si loin derrière lui tous fes rivaux. Son *Stabat Mater*, fon *Orfeo*, fa *Serva Padrona* font, dans trois genres différens, trois chef-d'œuvres de *Deſſein* également parfaits.

Cette idée du *Deſſein* général d'un ouvrage, s'applique auſſi en particulier à chaque morceau qui le compoſe. Ainſi l'on deſſine un Air, un Duo, un Chœur, &c. Pour cela, après avoir imaginé fon ſujet, on le diſtribue, felon les règles d'une bonne Modulation, dans toutes les Parties où il doit être entendu, avec une telle proportion qu'il ne s'efface point de l'efprit des Auditeurs, & qu'il ne ſe repréſente pourtant jamais à leur oreille qu'avec les graces de la nouveauté. C'eſt une faute de *Deſſein* de laiſſer oublier fon ſujet; c'en eſt une plus grande de le pourſuivre juſqu'à l'ennui.

DESSINER. *v. a.* Faire le Deſſein d'une Pièce ou d'un morceau de Muſique. (Voyez DESSEIN.) *Ce Compoſiteur* Deſſine *bien ſes ouvrages. Voilà un Chœur fort mal* Deſſiné.

DESSUS. *ſ. m.* La plus aiguë des Parties de la Muſique; celle qui règne au-deſſus de toutes les autres. C'eſt dans ce ſens qu'on dit dans la Muſique inſtrumentale, *Deſſus* de Violon, *Deſſus* de Flûte ou de Hautbois, & en général *Deſſus* de Symphonie.

Dans la Muſique vocale, le *Deſſus* s'exécute par des voix de femmes, d'enfans, & encore par des *Caſtrati* dont la voix, par des rapports difficiles à concevoir, gagne une Octave en haut, & en perd une en bas, au moyen de cette mutilation.

Le *Deſſus* ſe diviſe ordinairement en premier & ſecond; & quelquefois même en trois. La Partie vocale qui exécute le ſecond *Deſſus*, s'appelle *Bas-Deſſus*, & l'on fait auſſi des Récits à voix ſeule pour cette Partie. Un beau *Bas-Deſſus* plein & ſonore, n'eſt pas moins eſtimé en Italie que les Voix claires & aiguës; mais on n'en fait aucun cas en France. Cependant, par un caprice de la mode, j'ai vu fort applaudir à l'Opéra de Paris, une Mlle Gondré, qui en effet avoit un fort beau *Bas-Deſſus*.

DÉTACHÉ. *participe pris ſubſtantivement.* Genre d'exécution par lequel, au lieu de ſoutenir les Notes durant toute leur valeur, on les ſépare par des ſilences pris ſur cette même valeur. Le *Détaché* tout-à-fait bref & ſec, ſe marque ſur les Notes par des points alongés.

DÉTONNER. v. n. C'est sortir de l'Intonation ; c'est altérer mal-à-propos la justesse des Intervalles, & par conséquent Chanter faux. Il y a des Musiciens dont l'oreille est si juste qu'ils ne *détonnent* jamais ; mais ceux-là sont rares. Beaucoup d'autres ne *détonnent* point par une raison contraire ; car pour sortir du Ton, il faudroit y être entré. Chanter sans Clavecin, crier, forcer sa voix en haut ou en bas, & avoir plus d'égard au volume qu'à la justesse, sont des moyens presque sûrs de se gâter l'oreille, & de *Détonner*.

DIACOMMATIQUE. adj. Nom donné par M. Serre, à une espèce de quatrième Genre, qui consiste en certaines Transitions harmoniques, par lesquelles la même Note restant en apparence sur le même Degré, monte ou descend d'un Comma, en passant d'un Accord à un autre, avec lequel elle paroît faire liaison.

Par exemple, sur ce passage de Basse $\overset{32\ 27}{fa\ re}$ dans le Mode majeur d'*ut*, le $\overset{80}{la}$, Tierce majeure de la première Note, reste pour devenir Quinte de *re* : or, la Quinte juste de $\overset{27}{re}$ ou de $\overset{54}{re}$ n'est pas $\overset{80}{la}$, mais $\overset{81}{la}$: ainsi le Musicien qui entonne le *la* doit naturellement lui donner les deux Intonations consécutives $\overset{80}{la}\overset{81}{la}$, lesquelles diffèrent d'un Comma.

De même dans la Folie d'Espagne, au troisième Temps de la troisième Mesure : on peut y concevoir que la Tonique $\overset{80}{re}$ monte d'un Comma pour former la seconde $\overset{81}{re}$ du Mode majeur d'*ut*, lequel se déclare dans la Mesure suivante, & se trouve ainsi subitement amené par ce paralogisme Musical, par ce Double-emploi du *re*.

Lors encore que, pour passer brusquement du Mode mineur de *la* en celui d'*ut* majeur, on change l'Accord de Septième diminuée *sol* Dièse, *si*, *re*, *fa*, en Accord de simple Septième *sol*, *si*, *re*, *fa*, le Mouvement chromatique du *sol* Dièse au *sol* naturel est bien le plus sensible, mais il n'est pas le seul ; le *re* monte aussi d'un Mouvement diacommatique de $\overset{80}{re}$ à $\overset{81}{re}$; quoique la Note le suppose permanent sur le même Degré.

On trouvera quantité d'exemples de ce Genre *Diacommatique*, particuliérement lorsque la Modulation passe subitement du Majeur au Mineur, ou du Mineur au Majeur. C'est sur-tout dans l'Adagio, ajoute M. Serre, que les grands Maîtres, quoique guidés uniquement par le sentiment, font usage de ce genre de Transitions, si propre à donner à la Modulation une apparence d'indécision, dont l'oreille & le sentiment éprouvent souvent des effets qui ne sont point équivoques.

DIACOUSTIQUE. *s. f.* C'est la recherche des propriétés du Son réfracté en passant à travers différens milieux ; c'est-à-dire, d'un plus dense dans un plus rare, & au contraire. Comme les rayons visuels se dirigent plus aisément que les Sons par des Lignes sur certains points, aussi les expériences de la *Diacoustique* sont-elles infiniment plus difficiles que celles de la Dioptrique. (Voyez Son.) Ce mot est formé du Grec διά, par, & d'ἀκούω, j'entends.

DIAGRAMME. *s. m.* C'étoit, dans la Musique ancienne, la Table ou le modèle qui présentoit à l'œil l'étendue générale de tous les Sons d'un système, ou ce que nous appellons aujourd'hui *Échelle, Gamme, Clavier.* Voyez ces mots.

DIALOGUE. *s. m.* Composition à deux voix ou deux Instrumens qui se répondent l'un à l'autre, & qui souvent se réunissent. La plupart des Scènes d'Opéra sont, en ce sens, des *Dialogues*, & les *Duo* Italiens en sont toujours : mais ce mot s'applique plus précisément à l'Orgue ; c'est sur cet Instrument qu'un Organiste joue des *Dialogues*, en se répondant avec différens jeux, ou sur différens Claviers.

DIAPASON. *s. m.* Terme de l'ancienne Musique, par lequel les Grecs exprimoient l'Intervalle ou la Consonnance de l'Octave. (Voyez Octave.)

Les Facteurs d'Instrumens de Musique nomment aujourd'hui *Diapasons* certaines Tables où sont marquées les mesures de ces Instrumens & de toutes leurs parties.

On appelle encore *Diapason* l'étendue convenable à une Voix ou à un Instrument. Ainsi, quand une Voix se force, on dit qu'elle a sorti du *Diapason*, & l'on dit la même chose d'un Instrument dont les cordes sont trop lâches ou trop tendues, qui ne rend que peu de Son, ou qui rend un Son désagréable, parce que le Ton en est trop haut ou trop bas.

Ce mot est formé de διὰ, *par*, & πάντα, *toutes*; parce que l'Octave embrasse toutes les Notes du système parfait.

DIAPENTE. *s. f.* Nom donné par les Grecs à l'Intervalle que nous appellons Quinte, & qui est la seconde des Consonnances. (Voyez Consonnance, Intervalle, Quinte.)

Ce mot est formé de διὰ, *par*, & de πέντε, *cinq*, parce qu'en parcourant cet Intervalle diatoniquement, on prononce cinq différens Sons.

DIAPENTER, *en latin* DIAPENTISSARE. *v. n.* Mot barbare employé par Muris & par nos anciens Musiciens. (Voy. Quinter.)

DIAPHONIE. *s. f.* Nom donné par les Grecs à tout Intervalle ou Accord dissonnant, parce que les deux Sons se choquant mutuellement, se divisent, pour ainsi dire, & sont sentir désagréablement leur différence. Gui Aretin donne aussi le nom de *Diaphonie* à ce qu'on a depuis appelé *Discant*, à cause des deux Parties qu'on y distingue.

DIAPTOSE, Intercidence, ou petite Chûte. *s. f.* C'est dans le Plain-Chant une sorte de Périélèse, ou de passage qui se fait sur la dernière Note d'un Chant, ordinairement après un grand Intervalle en montant. Alors, pour assurer la justesse de cette finale, on la marque deux fois en séparant cette répétition par une troisième Note que l'on baisse d'un Degré en manière de Note sensible, comme *ut si ut* ou *mi re mi*.

DIASCHISMA. *s. m.* C'est, dans la Musique ancienne, un Intervalle faisant la moitié du semi-Ton mineur. Le rapport en est de 24 à $\sqrt[2]{600}$ & par conséquent irrationnel.

DIASTÊME. *s. m.* Ce mot, dans la Musique ancienne, signifie proprement *Intervalle*, & c'est le nom que donnoient les Grecs à l'Intervalle simple, par opposition à l'Intervalle composé qu'ils appelloient *Système*. (Voyez Intervalle, Système.)

DIATESSARON. Nom que donnoient les Grecs à l'Intervalle que nous appellons *Quarte*, & qui est la troisième des Consonnances. (Voyez Consonnance, Intervalle, Quarte.)

Ce mot est composé de διὰ, *par*, & du génitif de τέσσαρες, *quatre*; parce qu'en parcourant diatoniquement cet Intervalle on prononce quatre différens Sons.

DIATESSERONER,

DIATESSERONER, *en Latin*, DIATESSERONARE. *v. n.* Mot barbare employé par Muris & par nos anciens Muficiens. (Voyez QUARTER.)

DIATONIQUE. *adj.* Le Genre *Diatonique* eft celui des trois qui procède par Tons & femi-Tons majeurs, felon la divifion naturelle de la Gamme; c'eft-à-dire, celui dont le moindre Intervalle eft d'un Degré conjoint : ce qui n'empêche pas que les Parties ne puiffent procéder par de plus grands Intervalles, pourvu qu'ils foient tous pris fur des Degrés *Diatoniques*.

Ce mot vient du Grec διά, *par*, & de τόνος, *Ton*; c'eft-à-dire, paffant d'un Ton à un autre.

Le genre *Diatonique* des Grecs réfultoit de l'une des trois règles principales qu'ils avoient établies pour l'Accord des Tétracordes. Ce Genre fe divifoit en plufieurs efpèces, felon les divers rapports dans lefquels fe pouvoit divifer l'Intervalle qui le déterminoit; car cet Intervalle ne pouvoit fe refferrer au-delà d'un certain point fans changer de Genre. Ces diverfes efpèces du même Genre font appellées χρόας, *couleurs*, par Ptolomée qui en diftingue fix; mais la feule en ufage dans la pratique étoit celle qu'il appelle *Diatonique-Ditonique*, dont le Tétracorde étoit compofé d'un femi-Ton foible & de deux Tons majeurs. Ariftoxène divife ce même Genre en deux efpèces feulement; favoir, le *Diatonique tendre* ou *mol*, & le *Syntonique* ou *dur*. Ce dernier revient au *Ditonique* de Ptolomée. Voyez les rapports de l'un & de l'autre, *Planche* M. *Fig. 5*.

Le Genre *Diatonique* moderne réfulte de la marche confonnante de la Baffe fur les Cordes d'un même Mode, comme on peut le voir par la *Figure* 7 de la *Planche* K. Les rapports en ont été fixés par l'ufage des mêmes Cordes en divers Tons; de forte que, fi l'Harmonie a d'abord engendré l'Échelle *Diatonique*, c'eft la Modulation qui l'a modifiée, & cette Échelle, telle que nous l'avons aujourd'hui, n'eft exacte, ni quant au Chant, ni quant à l'Harmonie, mais feulement quant au moyen d'employer les mêmes Sons à divers ufages.

Le Genre *Diatonique* eft, fans contredit, le plus naturel des trois, puifqu'il eft le feul qu'on peut employer fans changer de Ton. Auffi l'Intonation en eft-elle incomparablement plus aifée que celle des deux autres, & l'on ne peut guères douter que les premiers Chants n'aient été trouvés dans ce Genre : mais il faut remarquer que, selon les loix de la Modulation, qui permet & qui prescrit même le passage d'un Ton & d'un Mode à l'autre, nous n'avons presque point, dans notre Musique, de *Diatonique* bien pur. Chaque Ton particulier est bien, si l'on veut, dans le Genre *Diatonique*; mais on ne sauroit passer de l'un à l'autre sans quelque Transition chromatique, au moins sous-entendue dans l'Harmonie. Le *Diatonique* pur, dans lequel aucun des Sons n'est altéré, ni par la Clef, ni accidentellement, est appellé par Zarlin *Diatono-diatonique*, & il en donne pour exemple le Plain-Chant de l'Église. Si la Clef est armée d'un Bémol, pour lors c'est, selon lui, le *Diatonique mol*, qu'il ne faut pas confondre avec celui d'Aristoxène. (Voyez MOL.) À l'égard de la Transposition par Dièse, cet Auteur n'en parle point, & l'on ne la pratiquoit pas encore de son temps. Sans doute, il lui auroit donné le nom de *Diatonique dur*, quand même il en auroit résulté un Mode mineur, comme celui d'*E la mi* : car dans ces temps où l'on n'avoit point encore les notions harmoniques de ce que nous appellons Tons & Modes, & où l'on avoit déja perdu les autres notions que les Anciens attachoient aux mêmes mots, on regardoit plus aux altérations particulières des Notes qu'aux rapports généraux qui en résultoient. (Voyez TRANSPOSITIONS.)

SONS ou CORDES DIATONIQUES. Euclide distingue sous ce nom, parmi les Sons mobiles, ceux qui ne participent point du Genre épais, même dans le Chromatique & l'Enharmonique. Ces Sons dans chaque Genre sont au nombre de cinq; savoir, le troisième de chaque Tétracorde; & ce sont les mêmes que d'autres Auteurs appellent *Apycni*. (Voyez APYCNI, GENRE, TÉTRACORDE.)

DIAZEUXIS. *s. f.* Mot Grec qui signifie *division*, *séparation*, *disjonction* C'est ainsi qu'on appelloit, dans l'ancienne Musique, le Ton qui séparoit deux Tétracordes disjoints, & qui, ajouté à l'un des deux, en formoit la *Diapente*. C'est notre Ton majeur, dont le rapport est de 8 à 9, & qui est en effet la différence de la Quinte à la Quarte.

La *Diazeuxis* se trouvoit, dans leur Musique, entre la Mese &

la Paramèse, c'est-à-dire, entre le Son le plus aigu du second Tétracorde & le plus grave du troisième; ou bien entre la Nete Synnemenon & la Paramèse hiperboleon, c'est-à-dire, entre le troisième & le quatrième Tétracorde, selon que la Disjonction se faisoit dans l'un ou dans l'autre lieu : car elle ne pouvoit se pratiquer à la fois dans tous les deux.

Les Cordes homologues des deux Tétracordes entre lesquels il y avoit *Diazeuxis* sonnoient la Quinte, au lieu qu'elles sonnoient la Quarte quand ils étoient conjoints.

DIÉSER. *v. a.* C'est armer la Clef de Dièses, pour changer l'ordre & le lieu des semi-Tons majeurs, ou donner à quelque Note un Dièse accidentel, soit pour le Chant, soit pour la Modulation. (Voyez DIÈSE.)

DIESIS. *s. m.* C'est, selon le vieux Bacchius, le plus petit Intervalle de l'ancienne Musique. Zarlin dit que Philolaüs Pythagoricien, donna le nom de *Diesis* au Limma; mais il ajoute peu après que le *Diesis* de Pythagore est la différence du Limma & de l'Apotome. Pour Aristoxène, il divisoit sans beaucoup de façons le *Ton* en deux parties égales, ou en trois, ou en quatre. De cette dernière division résultoit le *Dièse* enharmonique mineur ou quart de Ton; de la seconde, le *Dièse* mineur chromatique ou le tiers d'un Ton; & de la troisième, le *Dièse* majeur, qui faisoit juste un demi-Ton.

DIÈSE ou DIÉSIS, chez les Modernes, n'est pas proprement, comme chez les Anciens, un Intervalle de Musique, mais un signe de cet Intervalle, qui marque qu'il faut élever le Son de la Note devant laquelle il se trouve, au-dessus de celui qu'elle devroit avoir naturellement; sans cependant la faire changer de Degré ni même de nom. Or, comme cette élévation se peut faire du moins de trois manières dans les Genres établis, il y a trois sortes de *Dièses*; savoir,

1º. Le *Dièse* enharmonique mineur ou simple *Dièse*, qui se figure par une croix de Saint André, ainsi ✕. Selon tous nos Musiciens, qui suivent la pratique d'Aristoxène, il élève la Note d'un Quart-de-Ton; mais il n'est proprement que l'excès du semi-Ton majeur sur le Semi-Ton mineur. Ainsi du *mi* naturel au *fa* Bémol, il y a un *Dièse* enharmonique, dont le rapport est de 125 à 128.

2º. Le *Dièse* chromatique, double *Dièse* ou *Dièse* ordinaire, marqué par une double croix ✕ élève la Note d'un semi-Ton mineur. Cet Intervalle est égal à celui du Bémol; c'est-à-dire, la différence du semi-Ton majeur au Ton mineur : ainsi, pour monter d'un Ton depuis le *mi* naturel, il faut passer au *fa Dièse*. Le rapport de ce *Dièse* est de 24 à 25. Voyez sur cet Article une remarque essentielle au mot *semi-Ton*.

3°. Le *Dièse* enharmonique majeur ou trible *Dièse*, marqué par une croix triple ※ élève, selon les Aristoxéniens, la Note d'environ trois quarts de Ton. Zarlin dit qu'il l'élève d'un semi-Ton mineur; ce qui ne sauroit s'entendre de notre semi-Ton, puisqu'alors ce *Dièse* ne différeroit en rien de notre *Dièse* chromatique.

De ces trois *Dièses*, dont les Intervalles étoient tous pratiqués dans la Musique ancienne, il n'y a plus que le chromatique qui soit en usage dans la nôtre ; l'Intonation des *Dièses* enharmoniques étant pour nous d'une difficulté presque insurmontable, & leur usage étant d'ailleurs aboli par notre système tempéré.

Le *Dièse*, de même que le Bémol, se place toujours à gauche, devant la Note qui le doit porter ; & devant ou après le chiffre, il signifie la même chose que devant une Note. (Voyez CHIFFRES.) Les *Dièses* qu'on mêle parmi les Chiffres de la Basse-continue, ne sont souvent que de simples croix comme le *Dièse* enharmonique : mais cela ne sauroit causer d'équivoque, puisque celui-ci n'est plus en usage.

Il y a deux manières d'employer le *Dièse* : l'une accidentelle, quand dans le cours du Chant on le place à la gauche d'une Note. Cette Note dans les Modes majeurs se trouve le plus communément la quatrième du Ton ; dans les Modes mineurs, il faut le plus souvent deux *Dièses* accidentels, sur-tout en montant ; savoir, un sur la sixième Note & un autre sur la septième. Le *Dièse* accidentel n'altère que la Note qui le suit immédiatement, ou, tout au plus, celles qui dans la même Mesure se trouvent sur le même Degré, & quelquefois à l'Octave, sans aucun signe contraire.

L'autre manière est d'employer le *Dièse* à la Clef, & alors il agit dans toute la suite de l'Air & sur toutes les Notes qui sont placées sur le même Degré où est le *Dièse*, à moins qu'il ne soit contrarié par quelque Bémol ou Béquarre, ou bien que la Clef ne change.

La position des *Dièses* à la Clef n'est pas arbitraire, non plus que celle des Bémols; autrement les deux semi-Tons de l'Octave seroient sujets à se trouver entr'eux hors des Intervalles prescrits. Il faut donc appliquer aux *Diéses* un raisonnement semblable à celui que nous avons fait au mot Bémol, & l'on trouvera que l'ordre des *Diéses* qui convient à la Clef est celui des Notes suivantes, en commençant par *fa* & montant successivement de Quinte, ou descendant de Quarte jusqu'au *la*, auquel on s'arrête ordinairement, parce que le *Diése* du *mi*, qui le suivroit, ne différe point du *fa* sur nos Claviers.

ORDRE DES DIÈSES A LA CLEF.

Fa, Ut, Sol, Re, La, &c.

Il faut remarquer qu'on ne sauroit employer un *Diése* à la Clef sans employer aussi ceux qui le précédent; ainsi le *Diése* de l'*ut* ne se pose qu'avec celui du *fa*; celui du *sol* qu'avec les deux précédens, &c.

J'ai donné au mot *Clef transposée*, une formule pour trouver tout d'un coup si un Ton ou Mode doit porter des *Diéses* à la Clef; & combien.

Voilà l'acception du mot *Diése*, & son usage, dans la pratique. Le plus ancien manuscrit où j'en aie vu le signe employé, est celui de Jean de Muris; ce qui me fait croire qu'il pourroit bien être de son invention. Mais il ne paroît avoir dans ses exemples, que l'effet du Béquarre: aussi cet Auteur donne-t-il toujours le nom de *Diesis* au semi-Ton majeur.

On appelle *Diéses*, dans les calculs harmoniques, certains Intervalles plus grands qu'un Comma & moindres qu'un semi-Ton, qui font la différence d'autres Intervalles engendrés par les progressions & rapports des Consonnances. Il y a trois de ces *Diéses*. 1°. le *Diése majeur*, qui est la différence du semi-Ton majeur au semi-Ton mineur, & dont le rapport est de 125 à 128. 2°. Le *Diése mineur*, qui est la différence du semi-Ton mineur au *Diése majeur*, & en rapport de 3072 à 3125. 3°. & le *Diése maxime*, en rapport de 243 à 250, qui est la différence du Ton mineur au semi-Ton maxime. (Voyez SEMI-TON.)

Il faut avouer que tant d'acceptions diverses du même mot

dans le même Art, ne font guères propres qu'à caufer de fréquentes équivoques, & à produire un embrouillement continuel.

DIEZEUGMENON. *génit. fem. plur.* Tétracorde *Diezeugmenon* ou *des Séparées*, eft le nom que donnoient les Grecs à leur troifième Tétracorde, quand il étoit disjoint d'avec le fecond. (Voyez TÉTRACORDE.)

DIMINUÉ. *adj.* Intervalle *diminué* eft tout Intervalle mineur dont on retranche un fémi-Ton par un Dièfe à la Note inférieure, ou par un Bémol à la fupérieure. A l'égard des Intervalles juftes que forment les Confonnances parfaites, lorfqu'on les diminue d'un femi-Ton l'on ne doit point les appeller *Diminués*, mais *Faux*; quoiqu'on dife quelquefois mal-à-propos *Quarte diminuée*, au lieu de dire Fauffe-Quarte, & *Octave diminuée*, au lieu de dire Fauffe-Octave.

DIMINUTION. *f. f.* Vieux mot, qui fignifioit la divifion d'une Note longue, comme une Ronde ou une Blanche, en plufieurs autres Notes de moindre valeur. On entendoit encore par ce mot tous les Fredons & autres paffages qu'on a depuis appellés *Roulemens* ou *Roulades*. (*Voyez ces mots.*)

DIOXIE. *f. f.* C'eft, au rapport de Nicomaque, un nom que les Anciens donnoient quelquefois à la Confonnance de la Quinte, qu'ils appelloient plus communément *Diapente*. (Voy. DIAPENTE.)

DIRECT. *adj.* Un Intervalle *direct* eft celui qui fait un Harmonique quelconque fur le Son fondamental qui le produit. Ainfi la Quinte, la Tierce majeure, l'Octave, & leurs répliques font rigoureufement les feuls Intervalles *directs* : mais par extenfion l'on appelle encore Intervalles *directs* tous les autres, tant confonnans que diffonnans, que fait chaque Partie avec le Son fondamental, pratique qui eft ou doit être au-deffous d'elle; ainfi la Tierce mineure eft un Intervalle *direct* fur un Accord en Tierce mineure, & de même la Septième ou la Sixte-ajoutée fur les Accords qui portent leur nom.

Accord direct eft celui qui a le Son fondamental au grave, & dont les Parties font diftribuées, non pas felon leur ordre le plus naturel, mais felon leur ordre le plus rapproché. Ainfi l'Accord parfait *direct* n'eft pas Octave, Quinte & Tierce, mais Tierce, Quinte & Octave.

DISCANT ou **DÉCHANT**. *f. m.* C'étoit, dans nos anciennes Musiques, cette espèce de Contre-point que composoient sur le champ les Parties supérieures en chantant impromptu sur le Tenor ou la Basse; ce qui fait juger de la lenteur avec laquelle devoit marcher la Musique, pour pouvoir être exécutée de cette manière par des Musiciens aussi peu habiles que ceux de ce temps-là. *Discantat*, dit Jean de Muris, *qui simul cum uno vel pluribus dulciter cantat, ut ex distinctis Sonis Sonus unus fiat, non unitate simplicitatis, sed dulcis concordisque mixtionis unione.* Après avoir expliqué ce qu'il entend par Consonnances, & le choix qu'il convient de faire entre elles, il reprend aigrement les Chanteurs de son temps qui les pratiquoient presque indifféremment. « De quel front, dit-il, si nos Règles sont bonnes, osent *Déchanter* ou composer le *Discant*, ceux qui n'entendent rien au choix des Accords, qui ne se doutent pas même de ceux qui sont plus ou moins concordans, qui ne savent ni desquels il faut s'abstenir, ni desquels on doit user le plus fréquemment, ni dans quels lieux il les faut employer; ni rien de ce qu'exige la pratique de l'Art bien entendu? S'ils rencontrent, c'est par hasard; leurs Voix errent sans règle sur le Tenor : qu'elles s'accordent, si Dieu le veut; ils jettent leurs Sons à l'aventure, comme la pierre que lance au but une main mal-adroite, & qui de cent fois le touche à peine une. » Le bon Magister Muris apostrophe ensuite ces corrupteurs de la pure & simple Harmonie, dont son siècle abondoit ainsi que le nôtre. *Heu! proh dolor! His temporibus aliqui suum defectum inepto proverbio colorare moliuntur. Iste est, inquiunt, novus discantandi modus, novis scilicet uti consonantiis. Offendunt ii intellectum eorum qui tales defectus agnoscunt, offendunt sensum; nam inducere cum deberent delectationem, adducunt tristitiam. O incongruum proverbium! ó mala coloratio, irrationabilis excusatio! ó magnus abusus, magna ruditas, magna bestialitas, ut asinus sumatur pro homine, capra pro leone, ovis pro pisce, serpens pro salmone! Sic enim concordiæ confunduntur cum discordiis, ut nullatenus una distinguatur ab aliâ. O si antiqui periti Musicœ doctores tales audissent Discantatores, quid dixissent? Quid fecissent? Sic discantantem increparent, & dicerent : Non hunc discantum quo uteris de me sumis. Non tuum cantum unum & concordantem cum me facis. Do* *quo te intromittis ? Mihi non congruis , mihi adverfarius , fcandalum tu mihi es ; ó utinam taceres! Non concordas, fed deliras & difcordas.*

DISCORDANT. adj. On appelle ainfi tout Inftrument dont on joue & qui n'eft pas d'accord, toute voix qui chante faux, toute Partie qui ne s'accorde pas avec les autres. Une Intonation qui n'eft pas jufte fait un Ton *faux.* Une fuite de Tons *faux* fait un Chant *difcordant*; c'eft la différence de ces deux mots.

DISDIAPASON. *f. m.* Nom que donnoient les Grecs à l'Intervalle que nous appellons *double Octave.*

Le *Difdiapafon* eft à-peu-près la plus grande étendue que puiffent parcourir les voix humaines fans fe forcer; il y en a même affez peu qui l'entonnent bien pleinement. C'eft pourquoi les Grecs avoient borné chacun de leurs Modes à cette étendue & lui donnoient le nom de Syftême parfait. (Voyez MODE, GENRE, SYSTÊME.)

DISJOINT. adj. Les Grecs donnoient le nom relatif de *Disjoints* à deux Tétracordes qui fe fuivoient immédiatement, lorfque la corde la plus grave de l'aigu étoit un *Ton* au-deffus de la plus aiguë du grave, au lieu d'être la même. Ainfi les deux Tétracordes Hypaton & Diezeugmenon étoient *Disjoints*, & les deux Tétracordes Synnemenon & Hyperboleon l'étoient auffi. (Voyez TÉTRACORDE.)

On donne, parmi nous, le nom de *Disjoints* aux Intervalles qui ne fe fuivent pas immédiatement, mais font féparés par un autre Intervalle. Ainfi ces deux Intervalles *ut mi* & *fol fi* font *Disjoints.* Les Degrés qui ne font pas conjoints, mais qui font compofés de deux ou plufieurs Degrés conjoints, s'appellent auffi Degrés *Disjoints.* Ainfi chacun des deux Intervalles dont je viens de parler forme un Degré *Disjoint.*

DISJONCTION. C'étoit, dans l'ancienne Mufique, l'efpace qui féparoit la Mèfe de la Paramèfe, ou en général un Tétracorde du Tétracorde voifin, lorfqu'ils n'étoient pas conjoints. Cet efpace étoit d'un *Ton*, & s'appelloit en Grec *Diazeuxis.*

DISSONNANCE. *f. f.* Tout Son qui forme, avec un autre, un Accord défagréable à l'oreille, ou mieux, tout Intervalle qui n'eft pas confonnant. Or, comme il n'y a point d'autres Confonnances

que

que celles que forment entr'eux & avec le fondamental les Sons de l'Accord parfait, il s'enfuit que tout autre Intervalle est une véritable *Dissonnance* : même les Anciens comptoient pour telles les Tierces & les Sixtes, qu'ils retranchoient des Accords consonnans.

Le terme de *Dissonnance* vient de deux mots, l'un Grec, l'autre Latin, qui signifient *sonner à double*. En effet, ce qui rend la *Dissonnance* désagréable, est que les Sons qui la forment, loin de s'unir à l'oreille, se repoussent, pour ainsi dire, & sont entendus par elle comme deux Sons distincts, quoique frappés à la fois.

On donne le nom de *Dissonnance* tantôt à l'Intervalle & tantôt à chacun des deux Sons qui le forment. Mais quoique deux Sons dissonnent entr'eux, le nom de *Dissonnance* se donne plus spécialement à celui des deux qui est étranger à l'Accord.

Il y a une infinité de *Dissonnances* possibles; mais comme dans la Musique on exclud tous les Intervalles que le Système reçu ne fournit pas, elles se réduisent à un petit nombre; encore pour la pratique ne doit-on choisir parmi celles-là que celles qui conviennent au Genre & au Mode, & enfin exclure même de ces dernières celles qui ne peuvent s'employer selon les règles prescrites. Quelles sont ces règles? Ont-elles quelque fondement naturel, ou sont-elles purement arbitraires? Voilà ce que je me propose d'examiner dans cet Article.

Le principe physique de l'Harmonie se tire de la production de l'Accord parfait par la résonnance d'un Son quelconque : toutes les Consonnances en naissent, & c'est la nature même qui les fournit. Il n'en va pas ainsi de la *Dissonnance*, du moins telle que nous la pratiquons. Nous trouvons bien, si l'on veut, sa génération dans les progressions des Intervalles consonnans & dans leurs différences; mais nous n'appercevons pas de raison physique qui nous autorise à l'introduire dans le corps même de l'Harmonie. Le P. Marsenne se contente de montrer la génération par le calcul & les divers rapports des *Dissonnances*, tant de celles qui sont rejettées, que de celles qui sont admises; mais il ne dit rien du droit de les employer. M. Rameau dit en termes formels, que la *Dissonnance* n'est pas naturelle à l'Harmonie, & qu'elle n'y peut être employée que par le secours de l'Art. Cependant, dans un autre Ouvrage, il essaye d'en trouver le principe dans les rapports des nombres & les proportions harmoniques & arithmétiques, comme s'il y avoit quelque identité entre les propriétés de la quantité abstraite & les sensations de l'ouïe. Mais après avoir bien épuisé des analogies, après bien des métamorphoses de ces diverses proportions les unes dans les autres, après bien des opérations & d'inutiles calculs, il finit par établir, sur de légères convenances, la *Dissonnance* qu'il s'est tant donné de peine à chercher. Ainsi, parce que dans l'ordre des Sons harmoniques la proportion arithmétique lui donne, par les longueurs des cordes, une Tierce mineure au grave, (remarquez qu'elle la donne à l'aigu par le calcul des vibrations,) il ajoute au grave de la sous-Dominante une nouvelle Tierce mineure. La proportion harmonique lui donne une Tierce mineure à l'aigu, (elle la donneroit au grave par les vibrations,) & il ajoute à l'aigu de la Dominante une nouvelle Tierce mineure. Ces Tierces ainsi ajoutées ne font point, il est vrai, de proportion avec les rapports précédens; les rapports mêmes qu'elles devroient avoir, se trouvent altérés; mais n'importe: M. Rameau fait tout valoir pour le mieux; la proportion lui sert pour introduire la *Dissonnance*, & le défaut de proportion pour la faire sentir.

L'illustre Géomètre qui a daigné interpréter au Public le Système de M. Rameau, ayant supprimé tous ces vains calculs, je suivrai son exemple, ou plûtôt je transcrirai ce qu'il dit de la *Dissonnance*, & M. Rameau me devra des remercimens d'avoir tiré cette explication, des *Elemens de Musique* plûtôt que de ses propres écrits.

Supposant qu'on connoisse les cordes essentielles du Ton selon le Système de M. Rameau; savoir, dans le Ton d'*ut* la Tonique *ut*, la Dominante *sol* & la sous-Dominante *fa*, on doit savoir aussi que ce même Ton d'*ut* a les deux cordes *ut* & *sol* communes avec le Ton de *sol*, & les deux cordes *ut* & *fa* communes avec le Ton de *fa*. Par conséquent cette marche de Basse *ut sol* peut appartenir au Ton d'*ut* ou au Ton de *sol*, comme la marche de Basse *fa ut* ou *ut fa*, peut appartenir au Ton d'*ut* ou au Ton de *fa*. Donc, quand on passe d'*ut* à *fa* ou à *sol* dans une Basse-fondamentale, on ignore encore jusques-là dans quel Ton l'on est. Il seroit pourtant avantageux de le savoir & de pouvoir, par quelque moyen, distinguer le générateur de ses Quintes.

On obtiendra cet avantage en joignant enſemble les Sons *ſol* & *fa* dans une même Harmonie ; c'eſt-à-dire, en joignant à l'Harmonie *ſol ſi re* de la quinte *ſol* l'autre Quinte *fa*, en cette manière *ſol ſi re fa* : ce *fa* ajouté étant la Septième de *ſol* fait *Diſſonnance* : c'eſt pour cette raiſon que l'Accord *ſol ſi re fa* eſt appellé Accord diſſonnant ou Accord de Septième. Il ſert à diſtinguer la Quinte *ſol* du générateur *ut*, qui porte toujours, ſans mélange & ſans altération, l'Accord parfait *ut mi ſol ut*, donné par la Nature même. (Voyez ACCORD, CONSONNANCE, HARMONIE.) Par-là on voit que, quand on paſſe d'*ut* à *ſol*, on paſſe en même temps d'*ut* à *fa*, parce que le *fa* ſe trouve compris dans l'Accord de *ſol*, & le Ton d'*ut* ſe trouve, par ce moyen, entièrement déterminé, parce qu'il n'y a que ce Ton ſeul auquel les Sons *fa* & *ſol* appartiennent à la fois.

Voyons maintenant, continue M. d'Alembert, ce que nous ajouterons à l'Harmonie *fa la ut* de la Quinte *fa* au-deſſous du générateur, pour diſtinguer cette Harmonie de celle de ce même générateur. Il ſemble d'abord que l'on doive y ajouter l'autre Quinte *ſol*, afin que le générateur *ut* paſſant à *fa*, paſſe en même temps à *ſol*, & que le Ton ſoit déterminé par-là : mais cette introduction de *ſol* dans l'Accord *fa la ut*, donneroit deux Secondes de ſuite, *fa ſol*, *ſol la*, c'eſt-à-dire, deux *Diſſonnances* dont l'union ſeroit trop déſagréable à l'oreille; inconvénient qu'il faut éviter : car ſi, pour diſtinguer le Ton, nous altérons l'Harmonie de cette Quinte *fa*; il ne faut l'altérer que le moins qu'il eſt poſſible.

C'eſt pourquoi, au lieu de *ſol*, nous prendrons ſa Quinte *re*, qui eſt le Son qui en approche le plus; & nous aurons pour la ſous-Dominante *fa* l'Accord *fa la ut re*, qu'on appelle Accord de Grande-Sixte ou Sixte-ajoutée.

On peut remarquer ici l'analogie qui s'obſerve entre l'Accord de la Dominante *ſol*, & celui de la ſous-Dominante *fa*.

La Dominante *ſol*, en montant au-deſſus du générateur, a un Accord tout compoſé de Tierces en montant depuis *ſol*; *ſol ſi re fa*. Or la ſous-Dominante *fa* étant au-deſſous du générateur *ut*, on trouvera, en deſcendant d'*ut* vers *fa* par Tierces, *ut la fa re*, qui contient les mêmes Sons que l'Accord *fa la ut re* donne à la ſous-Dominante *fa*.

On voit de plus, que l'altération de l'Harmonie des deux Quintes ne confifte que dans la Tierce mineure *re fa*, ou *fa re*, ajoutée de part & d'autre à l'Harmonie de ces deux Quintes.

Cette explication eft d'autant plus ingénieufe qu'elle montre à la fois l'origine, l'ufage, la marche de la *Diffonnance*, fon rapport intime avec le Ton, & le moyen de déterminer réciproquement l'un par l'autre. Le défaut que j'y trouve, mais défaut effentiel qui fait tout crouler, c'eft l'emploi d'une corde étrangère au Ton, comme corde effentielle du Ton ; & cela par une fauffe analogie qui, fervant de bafe au Syftême de M. Rameau, le détruit en s'évanouiffant.

Je parle de cette Quinte au-deffous de la Tonique, de cette fous-Dominante entre laquelle & la Tonique on n'apperçoit pas la moindre liaifon qui puiffe autorifer l'emploi de cette fous-Dominante, non-feulement comme corde effentielle du Ton, mais même en quelque qualité que ce puiffe être. En effet, qu'y a-t-il de commun entre la réfonnance, le frémiffement des uniffons d'*ut*, & le Son de fa Quinte en-deffous ? Ce n'eft point parce que la corde entière eft un *fa* que fes aliquotes réfonnent au Son d'*ut*, mais parce qu'elle eft un multiple de la corde *ut*, & il n'y a aucun des multiples de ce même *ut* qui ne donne un femblable phénomène. Prenez le feptuple, il frémira & réfonnera dans fes Parties ainfi que le triple ; eft-ce à dire que le Son de ce feptuple ou fes Octaves foient des cordes effentielles du Ton ? Tant s'en faut ; puifqu'il ne forme pas même avec la Tonique un rapport commenfurable en Notes.

Je fais que M. Rameau a prétendu qu'au fon d'une corde quelconque, une autre corde à fa douzième en-deffous frémiffoit fans réfonner ; mais, outre que c'eft un étrange phénomène en acouftique qu'une corde fonore qui vibre & ne réfonne pas, il eft maintenant reconnu que cette prétendue expérience eft une erreur, que la corde grave frémit parce qu'elle fe partage, & qu'elle paroît ne pas réfonner parce qu'elle ne rend dans fes Parties que l'uniffon de l'aigu, qui ne fe diftingue pas aifément.

Que M. Rameau nous dife donc qu'il prend la Quinte en-deffous parce qu'il trouve la Quinte en-deffus, & que ce jeu des Quintes lui paroît commode pour établir fon Syftême, on pourra le féliciter d'une ingénieuse invention ; mais qu'il ne l'autorise point d'une expérience chimérique, qu'il ne se tourmente point à chercher dans les renversemens des proportions harmoniques & arithmétiques les fondemens de l'Harmonie, ni à prendre les propriétés des nombres pour celles des Sons.

Remarquez encore que si la contre-génération qu'il suppose pouvoit avoir lieu, l'Accord de la sous-Dominante *fa* ne devroit point porter une Tierce majeure, mais mineure ; parce que le *la* Bémol est l'Harmonique véritable qui lui est assigné par ce renversement $1 \; \frac{1}{3} \; \frac{1}{5}$ *ut fa la* ♭. De sorte qu'à ce compte la Gamme du Mode majeur devroit avoir naturellement la Sixte mineure ; mais elle l'a majeure, comme quatrième Quinte, ou comme Quinte de la seconde Note : ainsi voilà encore une contradiction.

Enfin remarquez que la quatrième Note donnée par la série des aliquotes, d'où naît le vrai Diatonique naturel n'est point l'Octave de la prétendue sous-Dominante dans le rapport de 4 à 3, mais une autre quatrième Note toute différente dans le rapport de 11 à 8, ainsi que tout Théoricien doit l'appercevoir au premier coup-d'œil.

J'en appelle maintenant à l'expérience & à l'oreille des Musiciens. Qu'on écoute combien la Cadence imparfaite de la sous-Dominante à la Tonique est dure & sauvage, en comparaison de cette même Cadence dans sa place naturelle, qui est de la Tonique à la Dominante. Dans le premier cas, peut-on dire que l'oreille ne desire plus rien après l'Accord de la Tonique ? N'attend-on pas, malgré qu'on en ait, une suite ou une fin ? Or, qu'est-ce qu'une Tonique après laquelle l'oreille desire quelque chose ? Peut-on la regarder comme une véritable Tonique, & n'est-on pas alors réellement dans le Ton de *fa*, tandis qu'on pense être dans celui d'*ut* ? Qu'on observe combien l'Intonation diatonique & successive de la quatrième Note & de la Note sensible, tant en montant qu'en descendant, paroît étrangère au Mode, & même pénible à la Voix. Si la longue habitude y accoutume l'oreille & la Voix du Musicien, la difficulté des Commençans à entonner cette Note doit lui montrer assez combien elle est peu naturelle. On attribue cette difficulté aux trois *Tons* consécutifs : ne devroit-on pas voir que ces trois *Tons* consécutifs, de même que la Note qui les introduit, donnent une Modulation barbare qui n'a nul fondement dans la Nature ? Elle avoit assurément mieux guidé les Grecs, lorsqu'elle leur fit arrêter leur Tétracorde précisément au *mi* de notre Échelle, c'est-à-dire, à la Note qui précède cette quatrième ; ils aimerent mieux prendre cette quatrième en-dessous, & ils trouverent ainsi, avec leur seule oreille, ce que toute notre théorie harmonique n'a pu encore nous faire appercevoir.

Si le témoignage de l'oreille & celui de la raison se réunissent, au moins dans le Système donné, pour rejetter la prétendue sous-Dominante, non-seulement du nombre des cordes essentielles du Ton, mais du nombre des Sons qui peuvent entrer dans l'Échelle du Mode, que devient toute cette théorie des *Dissonnances* ? Que devient l'explication du Mode mineur ? Que devient tout le Système de M. Rameau ?

N'appercevant donc, ni dans la Physique, ni dans le calcul, la véritable génération de la *Dissonnance*, je lui cherchois une origine purement méchanique, & c'est de la manière suivante que je tâchois de l'expliquer dans l'Encyclopédie, sans m'écarter du Système pratique de M. Rameau.

Je suppose la nécessité de la *Dissonnance* reconnue. (Voyez HARMONIE & CADENCE.) Il s'agit de voir où l'on doit prendre cette *Dissonnance*, & comment il faut l'employer.

Si l'on compare successivement tous les Sons de l'Échelle Diatonique avec le Son fondamental dans chacun des deux Modes, on n'y trouvera pour toute *Dissonnance* que la Seconde, & la Septième, qui n'est qu'une Seconde renversée, & qui fait réellement Seconde avec l'Octave. Que la Septième soit renversée de la Seconde, & non la Seconde de la Septième, c'est ce qui est évident par l'expression des rapports : car celui de la Seconde 8. 9. étant plus simple que celui de la Septième 9. 16. l'Intervalle qu'il représente n'est pas, par conséquent, l'engendré, mais le générateur. Je sais bien que d'autres Intervalles altérés peuvent devenir dissonnans ; mais si la Seconde ne s'y trouve pas exprimée ou sous-entendue, ce sont seulement des accidens de Modulation auxquels l'Harmonie n'a aucun égard, & ces *Dissonnances* ne sont point alors traitées comme telles. Ainsi c'est une chose certaine qu'où il n'y a point de Seconde il n'y a point de *Diſſonnance*; & la Seconde eſt proprement la ſeule *Diſſonnance* qu'on puiſſe employer.

Pour réduire toutes les Conſonnances à leur moindre eſpace, ne ſortons point des bornes de l'Octave, elles y ſont toutes contenues dans l'Accord parfait. Prenons donc cet Accord parfait, *ſol ſi re ſol*, & voyons en quel lieu de cet Accord, que je ne ſuppoſe encore dans aucun Ton, nous pourrions placer une *Diſſonnance*; c'eſt-à-dire, une Seconde, pour la rendre le moins choquante à l'oreille qu'il eſt poſſible. Sur le *la* entre le *ſol* & le *ſi*, elle feroit une Seconde avec l'un & avec l'autre, & par conſéquent diſſonneroit doublement. Il en feroit de même entre le *ſi* & le *re*, comme entre tout Intervalle de Tierce: reſte l'Intervalle de Quarte entre le *re* & le *ſol*. Ici l'on peut introduire un Son de deux manières; 1°. on peut ajouter la Note *fa* qui fera Seconde avec le *ſol* & Tierce avec le *re*; 2°. ou la Note *mi* qui fera Seconde avec le *re* & Tierce avec le *ſol*. Il eſt évident qu'on aura de chacune de ces deux manières la *Diſſonnance* la moins dure qu'on puiſſe trouver, car elle ne diſſonnera qu'avec un ſeul Son, & elle engendrera une nouvelle Tierce qui, auſſi bien que les deux précédentes, contribuera à la douceur de l'Accord total. D'un côté nous aurons l'Accord de Septième, & de l'autre, celui de Sixte-ajoutée, les deux ſeuls Accords diſſonnans admis dans le Syſtême de la Baſſe-fondamentale.

Il ne ſuffit pas de faire entendre la *Diſſonnance*, il faut la réſoudre; vous ne choquez d'abord l'oreille que pour la flatter enſuite plus agréablement. Voilà deux Sons joints; d'un côté la Quinte & la Sixte, de l'autre la Septième & l'Octave; tant qu'ils feront ainſi la Seconde, ils reſteront diſſonnans: mais que les Parties qui les font entendre s'éloignent d'un Degré; que l'une monte ou que l'autre deſcende diatoniquement, votre Seconde, de part & d'autre, ſera devenue une Tierce; c'eſt-à-dire, une des plus agréables Conſonnances. Ainſi après *ſol fa*, vous aurez *ſol mi* ou *fa la*, & après *re mi*, *mi ut*, ou *re fa*; c'eſt ce qu'on appelle ſauver la *Diſſonnance*.

Reſte à déterminer lequel des deux Sons joints doit monter ou deſcendre, & lequel doit reſter en place: mais le motif de détermination ſaute aux yeux. Que la Quinte ou l'Octave reſtent comme cordes principales, que la Sixte monte, & que la Septième deſcende, comme fans acceffoires, comme *Diffonnances*. De plus, fi, des deux Sons joints, c'eft à celui qui a le moins de chemin à faire de marcher par préférence, le *fa* defcendra encore fur le *mi*, après la Septième, & le *mi* de l'Accord de Sixte-ajoutée montera fur le *fa*: car il n'y a point d'autre marche plus courte pour fauver la *Diffonnance*.

Voyons maintenant quelle marche doit faire le Son fondamental relativement au mouvement affigné à la *Diffonnance*. Puifque l'un des deux Sons joints refte en place, il doit faire liaifon dans l'Accord fuivant. L'Intervalle que doit former la Baffe-fondamentale en quittant, l'Accord, doit donc être déterminé fur ces deux conditions; 1°. que l'Octave du Son fondamental précédent puiffe refter en place après l'Accord de Septième, la Quinte après l'Accord de Sixte-ajoutée. 2°. que le Son fur lequel fe réfoud la *Diffonnance* foit un des Harmoniques de celui auquel paffe la Baffe-fondamentale. Or, le meilleur mouvement de la Baffe étant par Intervalles de Quinte, fi elle defcend de Quinte dans le premier cas, ou qu'elle monte de Quinte dans le fecond, toutes les conditions feront parfaitement remplies, comme il eft évident, par la feule infpection de l'exemple, *Pl*. A. *Fig*. 9.

De-là on tire un moyen de connoître à quelle corde du Ton chacun de ces deux Accords convient le mieux. Quelles font dans chaque Ton les deux cordes les plus effentielles? C'eft la Tonique & la Dominante. Comment la Baffe peut-elle marcher en defcendant de Quinte fur deux cordes effentielles du Ton? C'eft en paffant de la Dominante à la Tonique; donc la Dominante eft la corde à laquelle convient le mieux l'Accord de Septième. Comment la Baffe en montant de Quinte peut-elle marcher fur deux cordes effentielles du Ton? C'eft en paffant de la Tonique à la Dominante: donc la Tonique eft la corde à laquelle convient l'Accord de Sixte-ajoutée. Voilà pourquoi, dans l'exemple, j'ai donné un Dièfe au *fa* de l'Accord qui fuit celui-là: car le *re* étant Dominante-Tonique doit porter la Tierce majeure. La Baffe peut avoir d'autres marches; mais ce font-là les plus parfaites, & les deux principales Cadences. (Voyez CADENCE.)

Si l'on compare ces deux *Diffonnances* avec le Son fondamental, on trouve que celle qui defcend eft une Septième mineure,

&

& celle qui monte une Sixte majeure, d'où l'on tire cette nouvelle règle que les *Diſſonnances* majeures doivent monter, & les mineures deſcendre : car en général un Intervalle majeur a moins de chemin à faire en montant, & un Intervalle mineur en deſcendant ; & en général auſſi, dans les marches Diatoniques les moindres Intervalles ſont à préférer.

Quand l'Accord de Septième porte Tierce majeure, cette Tierce fait, avec la Septième, une autre *Diſſonnance* qui eſt la Fauſſe-Quinte, ou, par renverſement, le Triton. Cette Tierce, vis-à-vis de la Septième, s'appelle encore *Diſſonnance* majeure, & il lui eſt preſcrit de monter, mais c'eſt en qualité de Note ſenſible, & ſans la Seconde, cette prétendue *Diſſonnance* n'exiſteroit point ou ne ſeroit point traitée comme telle.

Une obſervation qu'il ne faut pas oublier, eſt que les deux ſeules Notes de l'Échelle qui ne ſe trouvent point dans les Harmoniques des deux cordes principales *ut* & *ſol*, ſont préciſément celles qui s'y trouvent introduites par la *Diſſonnance*, & achevent, par ce moyen, la Gamme Diatonique, qui, ſans cela, ſeroit imparfaite : ce qui explique comment le *fa* & le *la*, quoiqu'étrangers au Mode, ſe trouvent dans ſon Échelle, & pourquoi leur Intonation, toujours rude malgré l'habitude, éloigne l'idée du Ton principal.

Il faut remarquer encore que ces deux *Diſſonnances* ; ſavoir, la Sixte majeure & la Septième mineure, ne different que d'un ſemi-Ton, & différeroient encore moins ſi les Intervalles étoient bien juſtes. A l'aide de cette obſervation l'on peut tirer du principe de la réſonnance une origine très-approchée de l'une & de l'autre, comme je vais le montrer.

Les Harmoniques qui accompagnent un Son quelconque ne ſe bornent pas à ceux qui compoſent l'Accord parfait. Il y en a une infinité d'autres moins ſenſibles à meſure qu'ils deviennent plus aigus & leurs rapports plus compoſés, & ces rapports ſont exprimés par la ſérie naturelle des aliquotes $\frac{1}{2} \frac{1}{3} \frac{1}{4} \frac{1}{5} \frac{1}{6} \frac{1}{7}$, &c. Les ſix premiers termes de cette ſérie donnent les Sons qui compoſent l'Accord parfait & ſes Répliques, le ſeptième en eſt exclus ; cependant ce ſeptième terme entre comme eux dans la réſonnance totale du Son générateur, quoique moins ſenſiblement : mais il n'y

Dict. de Muſ.

entre point comme Confonnance; il y entre donc comme *Diffon-nance*, & cette *Diffonnance* eft donnée par la Nature. Refte à voir fon rapport avec celles dont je viens de parler.

Or, ce rapport eft intermédiaire entre l'un & l'autre & fort rapproché de tous deux; car le rapport de la Sixte majeure eft $\frac{4}{5}$, & celui de la Septième mineure $\frac{9}{16}$. Ces deux rapports réduits aux mêmes termes font $\frac{48}{80}$ & $\frac{45}{80}$.

Le rapport de l'aliquote $\frac{1}{7}$ rapproché au fimple par fes Octaves eft $\frac{4}{7}$, & ce rapport réduit au même terme avec les précédens fe trouve intermédiaire entre les deux, de cette manière $\frac{336}{560} \frac{320}{560} \frac{315}{560}$; où l'on voit que ce rapport moyen ne diffère de la Sixte majeure que d'un $\frac{1}{15}$, ou à-peu-près deux Comma, & de la Septième mineure que d'un $\frac{1}{112}$ qui eft beaucoup moins qu'un Comma. Pour employer les mêmes Sons dans le genre Diatonique & dans divers Modes, il a fallu les altérer; mais cette altération n'eft pas affez grande pour nous faire perdre la trace de leur origine.

J'ai fait voir, au mot *Cadence*, comment l'introduction de ces deux principales *Diffonnances*, la Septième & la Sixte ajoutée, donne le moyen de lier une fuite d'Harmonie en la faifant monter ou defcendre à volonté par l'entrelacement des *Diffonnances*.

Je ne parle point ici de la préparation de la *Diffonnance*, moins parce qu'elle a trop d'exceptions pour en faire une règle générale, que parce que ce n'en eft pas ici le lieu. (Voyez PRÉPARER.) A l'égard des *Diffonnances* par fuppofition ou par fufpenfion, voyez auffi ces deux mots. Enfin je ne dis rien non plus de la Septième diminuée, Accord fingulier dont j'aurai occafion de parler au mot ENHARMONIQUE.

Quoique cette manière de concevoir la *Diffonnance* en donne une idée affez nette, comme cette idée n'eft point tirée du fond de l'Harmonie, mais de certaines convenances entre les Parties; je fuis bien éloigné d'en faire plus de cas qu'elle ne mérite, & je ne l'ai jamais donnée que pour ce qu'elle valoit; mais on avoit jufqu'ici raifonné fi mal fur la *Diffonnance*, que je ne crois pas avoir fait en cela pis que les autres. M. Tartini eft le premier, & jufqu'à préfent le feul, qui ait déduit une Théorie des *Diffonnances* des vrais principes de l'Harmonie. Pour éviter d'inutiles répétitions, je renvoye là-deffus au mot *Syftême*, où j'ai fait l'exposition du fien. Je m'abstiendrai de juger s'il a trouvé ou non celui de la Nature : mais je dois remarquer au moins que les principes de cet Auteur paroissent avoir dans leurs conséquences cette universalité & cette connexion qu'on ne trouve guères que dans ceux qui menent à la vérité.

Encore une observation avant de finir cet Article. Tout Intervalle commensurable est réellement consonnant : il n'y a de vraiment dissonnans que ceux dont les rapports sont irrationnels; car il n'y a que ceux-là auxquels on ne puisse assigner aucun Son fondamental commun. Mais passé le point où les Harmoniques naturels sont encore sensibles, cette consonnance des Intervalles commensurables ne s'admet plus que par induction. Alors ces Intervalles font bien partie du Système Harmonique, puisqu'ils sont dans l'ordre de sa génération naturelle, & se rapportent au Son fondamental commun; mais ils ne peuvent être admis comme Consonnans par l'oreille, parce qu'elle ne les apperçoit pas dans l'Harmonie naturelle du corps sonore. D'ailleurs, plus l'Intervalle se compose, plus il s'élève à l'aigu du Son fondamental; ce qui se prouve par la génération réciproque du Son fondamental & des Intervalles supérieurs. (*Voyez le Système de M. Tartini.*) Or, quand la distance du Son fondamental au plus aigu de l'Intervalle générateur ou engendré, excède l'étendue du Système Musical ou appréciable, tout ce qui est au-delà de cette étendue devant être censé nul, un tel intervalle n'a point de fondement sensible, & doit être rejetté de la pratique ou seulement admis comme Dissonnant. Voilà, non le Système de M. Rameau, ni celui de M. Tartini, ni le mien, mais le texte de la Nature, qu'au reste je n'entreprends pas d'expliquer.

DISSONNANCE MAJEURE, est celle qui se sauve en montant. Cette *Dissonnance* n'est telle que relativement à la *Dissonnance* mineure; car elle fait Tierce ou Sixte majeure sur le vrai Son fondamental, & n'est autre que la Note sensible, dans un Accord Dominant, ou la Sixte-ajoutée dans son Accord.

DISSONNANCE MINEURE, est celle qui se sauve en descendant : c'est toujours la *Dissonnance* proprement dite ; c'est-à-dire, la Septième du vrai Son fondamental.

La *Dissonnance majeure* est aussi celle qui se forme par un Intervalle fuperflu, & la *Diffonnance mineure* eft celle qui fe forme par un Intervalle diminué. Ces diverfes acceptions viennent de ce que le mot même de *Diffonnances* eft équivoque & fignifie quelquefois un Intervalle, & quelquefois un fimple Son.

DISSONNANT, *partie*. (Voyez DISSONNER.)

DISSONNER. *v. n.* Il n'y a que les Sons qui *diffonnent*, & un Son *diffonne* quand il forme Diffonnance avec un autre Son. On ne dit pas qu'un Intervalle *diffonne*, on dit qu'il eft Diffonnant.

DITHYRAMBE. *f. m.* Sorte de Chanfon Grecque en l'honneur de Bacchus, laquelle fe chantoit fur le Mode Phrygien, & fe fentoit du feu & de la gaieté qu'infpire le Dieu auquel elle étoit confacrée. Il ne faut pas demander fi nos Littérateurs modernes, toujours fages & compaffés, fe font récriés fur la fougue & le défordre des *Dithyrambes*. C'eft fort mal fait, fans doute, de s'enyvrer, fur-tout en l'honneur de la Divinité ; mais j'aimerois mieux encore être yvre moi-même, que de n'avoir que ce fot bon-fens qui mefure fur la froide raifon tous les difcours d'un homme échauffé par le vin.

DITON. *f. m.* C'eft dans la Mufique Grecque un Intervalle compofé de deux Tons ; c'eft-à-dire une Tierce majeure. (Voyez INTERVALLE, TIERCE.)

DIVERTISSEMENT. *f. m.* C'eft le nom qu'on donne à certains recueils de Danfes & de Chanfons qu'il eft de règle à Paris d'inférer dans chaque Acte d'un Opéra, foit Ballet, foit Tragédie : *Divertiffement* importun dont l'Auteur a foin de couper l'action dans quelque moment intéreffant, & que les Acteurs affis & les Spectateurs debout ont la patience de voir & d'entendre.

DIX-HUITIÈME. *f. f.* Intervalle qui comprend dix-fept Degrés conjoints, & par conféquent dix-huit Sons Diatoniques en comptant les deux extrêmes. C'eft la double Octave de la Quarte. (Voyez QUARTE.)

DIXIÈME. *f. f.* Intervalle qui comprend neuf Degrés conjoints, & par conféquent dix Sons Diatoniques en comptant les deux qui le forment. C'eft l'Octave de la Tierce ou la Tierce de l'Octave, & la *Dixième* eft majeure ou mineure, comme l'Intervalle fimple dont elle eft la Réplique. (Voyez TIERCE.)

DIX-NEUVIÈME. *f. f.* Intervalle qui comprend dix-huit Degrés conjoints, & par conféquent dix-neuf Sons Diatoniques en comptant les deux extrêmes. C'eſt la double Octave de la Quinte. (Voyez QUINTE.)

DIX-SEPTIÈME. ſ. f. Intervalle qui comprend ſeize Degrés conjoints, & par conſéquent dix-ſept Sons Diatoniques en comptant les deux extrêmes. C'eſt la double-Octave de la Tierce, & la Dix-ſeptième eſt majeure ou mineure comme elle.

Toute corde ſonore rend avec le Son principal celui de ſa Dix-ſeptième majeure, plûtôt que celui de ſa Tierce ſimple ou de ſa Dixième, parce que cette Dix-ſeptième eſt produite par une aliquote de la corde entière; ſavoir, la cinquième partie : au lieu que les $\frac{4}{5}$ que donneroit la Tierce, ni les $\frac{2}{5}$ que donneroit la Dixième, ne ſont pas une aliquote de cette même corde. (Voyez SON, INTERVALLE, HARMONIE.)

DO. Syllabe que les Italiens ſubſtituent, en ſolfiant, à celle d'*ut* dont ils trouvent le Son trop ſourd. Le même motif a fait entreprendre à pluſieurs perſonnes, & entr'autres à M. Sauveur, de changer les noms de toutes les ſyllabes de notre Gamme; mais l'ancien uſage a toujours prévalu parmi nous. C'eſt peut-être un avantage : il eſt bon de s'accoutumer à ſolfier par des ſyllabes ſourdes, quand on n'en a guères de plus ſonores à leur ſubſtituer dans le Chant.

DODECACORDE. C'eſt le titre donné par Henri Glaréan à un gros livre de ſa compoſition, dans lequel, ajoutant quatre nouveaux Tons aux huit uſités de ſon temps, & qui reſtent encore aujourd'hui dans le Chant Eccléſiaſtique Romain, il penſe avoir rétabli dans leur pureté les douze Modes d'Ariſtoxène, qui cependant en avoit treize ; mais cette prétention a été réfutée par J. B. Doni, dans ſon Traité des Genres & des Modes.

DOIGTER. v. n. C'eſt faire marcher d'une manière convenable & régulière les doigts ſur quelque Inſtrument, & principalement ſur l'Orgue ou le Clavecin, pour en jouer le plus facilement & le plus nettement qu'il eſt poſſible.

Sur les Inſtrumens à manche, tels que le Violon & le Violoncelle, la plus grande règle du *Doigter* conſiſte dans les diverſes poſitions de la main gauche ſur le manche; c'eſt par-là que les mêmes paſſages peuvent devenir faciles ou difficiles, ſelon les poſitions & ſelon les cordes ſur leſquelles on peut prendre ces paſsages : c'est quand un Symphoniste est parvenu à passer rapidedement, avec justesse & précision, par toutes ces différentes positions, qu'on dit qu'il possède bien son manche. (Voy. POSITION.)

Sur l'Orgue ou le Clavecin, le *Doigter* est autre chose. Il y a deux manières de jouer sur ces Instrumens; savoir, l'Accompagnement & les Pièces. Pour jouer des Pièces on a égard à la facilité de l'exécution & à la bonne grace de la main. Mais comme il y a un nombre excessive de passages possibles dont la plupart demandent une manière particulière de faire marcher les doigts, & que d'ailleurs chaque Pays & chaque Maître a sa règle, il faudroit sur cette Partie des détails que cet ouvrage ne comporte pas, & sur lesquels l'habitude & la commodité tiennent lieu de règles, quand une fois on a la main bien posée. Les préceptes généraux qu'on peut donner sont, 1°. de placer les deux mains sur le Clavier de manière qu'on n'ait rien de géné dans l'attitude; ce qui oblige d'exclure communément le pouce de la main droite, parce que les deux pouces posés sur le Clavier, & principalement sur les touches blanches, donneroient aux bras une situation contrainte & de mauvaise grace. Il faut observer aussi que les coudes soient un peu plus élevés que le niveau du Clavier, afin que la main tombe comme d'elle-même sur les touches; ce qui dépend de la hauteur du siège. 2°. De tenir le poignet à-peu-près à la hauteur du Clavier; c'est-à-dire, au niveau du coude, les doigts écartés de la largeur des touches & un peu recourbés sur elles, pour être prêts à tomber sur des touches différentes. 3°. De ne point porter successivement le même doigt sur deux touches consécutives, mais d'employer tous les doigts de chaque main. Ajoutez à ces observations les règles suivantes que je donne avec confiance, parce que je les tiens de M. Duphli, excellent Maître de Clavecin, & qui possède sur-tout la perfection du *Doigter*.

Cette perfection consiste en général dans un mouvement doux, léger & régulier.

Le mouvement des doigts se prend à leur racine, c'est-à-dire, à la jointure qui les attache à la main.

Il faut que les doigts soient courbés naturellement, & que chaque doigt ait son mouvement propre indépendant des autres doigts. Il faut que les doigts tombent sur les touches & non qu'ils

les frappent, & de plus qu'ils coulent de l'une à l'autre en se
succédant ; c'est-à-dire, qu'il ne faut quitter une touche qu'après
en avoir pris une autre. Ceci regarde particuliérement le jeu
François.

Pour continuer un roulement, il faut s'accoutumer à passer le
pouce par-dessous tel doigt que ce soit, & à passer tel autre doigt
par-dessous le pouce. Cette manière est excellente, sur-tout quand
il se rencontre des Dièses ou des Bémols ; alors faites en sorte
que le pouce se trouve sur la touche qui précède le Dièse ou le
Bémol, ou placez-le immédiatement après : par ce moyen vous
vous procurerez autant de doigts de suite que vous aurez de Notes
à faire.

Évitez, autant qu'il se pourra, de toucher du pouce ou du cinquième doigt une touche blanche, sur-tout dans les roulemens de
vitesse.

Souvent on exécute un même roulement avec les deux mains
dont les doigts se succèdent pour lors consécutivement. Dans ces
roulemens les mains passent l'une sur l'autre ; mais il faut observer
que le Son de la première touche sur laquelle passe une des mains,
soit aussi lié au Son précédent, que s'ils étoient touchés de la
même main.

Dans le genre de Musique harmonieux & lié, il est bon de
s'accoutumer à substituer un doigt à la place d'un autre sans re-
lever la touche ; cette manière donne des facilités pour l'exécution, & prolonge la durée des Sons.

Pour l'Accompagnement, le *Doigter* de la main gauche est le
même que pour les Pièces, parce qu'il faut toujours que cette
main joue les Basses qu'on doit accompagner ; ainsi les règles de
M. Duphli y servent également pour cette partie, excepté dans
les occasions où l'on veut augmenter le bruit au moyen de l'Octave qu'on embrasse du pouce & du petit doigt : car alors, au lieu
de *Doigter*, la main entière se transporte d'une touche à l'autre.
Quant à la main droite, son *Doigter* consiste dans l'arrangement
des doigts & dans les marches qu'on leur donne pour faire entendre les Accords & leur succession ; de sorte que quiconque
entend bien la méchanique des doigts en cette partie, possède
l'art de l'accompagnement. M. Rameau a fort bien expliqué cette

méchanique dans sa Differtation fur l'Accompagnement, & je crois ne pouvoir mieux faire que de donner ici un précis de la Partie de cette Differtation qui regarde le *Doigter*.

Tout Accord peut s'arranger par Tierces. L'Accord parfait, c'eft-à-dire, l'Accord d'une Tonique ainfi arrangé fur le Clavier, eft formé par trois touches qui doivent être frappées du fecond, du quatrième & du cinquième doigt. Dans cette fituation c'eft le doigt le plus bas, c'eft-à-dire, le fecond qui touche la Tonique; dans les deux autres faces, il fe trouve toujours un doigt au moins au-deffous de cette même Tonique; il faut le placer à la Quarte. Quant au troifième doigt, qui fe trouve au-deffus ou au-deffous des deux autres, il faut le placer à la Tierce de fon voifin.

Une règle générale pour la fucceffion des Accords eft qu'il doit y avoir liaifon entre eux; c'eft-à-dire, que quelqu'un des Sons de l'Accord précédent doit être prolongé fur l'Accord fuivant & entrer dans fon Harmonie. C'eft de cette règle que fe tire toute la méchanique du *Doigter*.

Puifque pour paffer régulièrement d'un Accord à un autre, il faut que quelque doigt refte en place, il eft évident qu'il n'y a que quatre manières de fucceffion régulière entre deux Accords parfaits; favoir, la Baffe-fondamentale montant ou defcendant de Tierce ou de Quinte.

Quand la Baffe procède par Tierces, deux doigts reftent en place; en montant, ceux qui formoient la Tierce & la Quinte reftent pour former l'Octave & la Tierce, tandis que celui qui formoit l'Octave defcend fur la Quinte; en defcendant, les doigts qui formoient l'Octave & la Tierce reftent pour former la Tierce & la Quinte, tandis que celui qui faifoit la Quinte monte fur l'Octave.

Quand la Baffe procède par Quintes, un doigt feul refte en place, & les deux autres marchent; en montant, c'eft la Quinte qui refte pour faire l'Octave, tandis que l'Octave & la Tierce defcendent fur la Tierce & fur la Quinte; en defcendant, l'Octave refte pour faire la Quinte, tandis que la Tierce & la Quinte montent fur l'Octave & fur la Tierce. Dans toutes ces fucceffions les deux mains ont toujours un mouvement contraire.

En s'exerçant ainfi fur divers endroits du Clavier, on fe familiarife bientôt au jeu des doigts fur chacune de ces marches,

&

& les suites d'Accords parfaits ne peuvent plus embarrasser.

Pour les Dissonnances, il faut d'abord remarquer que tout Accord dissonnant complet, occupe les quatre doigts, lesquels peuvent être arrangés tous par Tierces, ou trois par Tierces, & l'autre joint à quelqu'un des premiers, faisant avec lui un Intervalle de Seconde. Dans le premier cas, c'est le plus bas des doigts; c'est-à-dire, l'index qui sonne le Son fondamental de l'Accord; dans le second cas, c'est le supérieur des deux doigts joints. Sur cette observation l'on connoît aisément le doigt qui fait la dissonnance, & qui, par conséquent, doit descendre pour la sauver.

Selon les différens Accords consonnans ou dissonnans qui suivent un Accord dissonnant, il faut descendre un doigt seul, ou deux, ou trois. A la suite d'un Accord dissonnant, l'Accord parfait qui le sauve se trouve aisément sous les doigts. Dans une suite d'Accords dissonnans quand un doigt seul descend, comme dans la Cadence interrompue, c'est toujours celui qui a fait la Dissonnance; c'est-à-dire l'inférieur des deux joints, ou le supérieur de tous, s'ils sont arrangés par Tierces. Faut-il faire descendre deux doigts, comme dans la Cadence parfaite : ajoutez, à celui dont je viens de parler, son voisin au-dessous, & s'il n'en a point, le supérieur de tous; ce sont les deux doigts qui doivent descendre. Faut-il en faire descendre trois, comme dans la Cadence rompue : conservez le fondamental sur sa touche, & faites descendre les trois autres.

La suite de toutes ces différentes successions, bien étudiée, vous montre le jeu des doigts dans toutes les phrases possibles; & comme c'est des Cadences parfaites que se tire la succession la plus commune des phrases harmoniques, c'est aussi à celle-là qu'il faut s'exercer davantage : on y trouvera toujours deux doigts marchant & s'arrêtant alternativement. Si les deux doigts d'en haut descendent sur un Accord où les deux inférieurs restent en place, dans l'Accord suivant les deux supérieurs restent, & les deux inférieurs descendent à leur tour; ou bien ce sont les deux doigts extrêmes qui font le même jeu avec les deux moyens.

On peut trouver encore une succession harmonique ascendante par Dissonnances, à la faveur de la Sixte-ajoutée; mais cette succession, moins commune que celle dont je viens de parler, est plus difficile à ménager, moins prolongée, & les Accords se remplissent rarement de tous leurs Sons. Toutefois la marche des doigts auroit encore ici ses règles; & en supposant un entrelacement de Cadences imparfaites, on y trouveroit toujours, ou les quatre doigts par Tierces, ou deux doigts joints : dans le premier cas, ce seroit aux deux inférieurs à monter, & ensuite aux deux supérieurs alternativement : dans le second, le supérieur des deux doigts joints doit monter avec celui qui est au-dessus de lui, & s'il n'y en a point, avec le plus bas de tous, &c.

On n'imagine pas jusqu'à quel point l'étude du *Doigter*, prise de cette maniere, peut faciliter la pratique de l'Accompagnement. Après un peu d'exercice les doigts prennent insensiblement l'habitude de marcher comme d'eux-mêmes; ils préviennent l'esprit & accompagnent avec une facilité qui a de quoi surprendre. Mais il faut convenir que l'avantage de cette méthode n'est pas sans inconvénient ; car sans parler des Octaves & des Quintes de suite qu'on y rencontre à tout moment, il résulte de tout ce remplissage une Harmonie brute & dure dont l'oreille est étrangement choquée, sur-tout dans les Accords par supposition.

Les Maîtres enseignent d'autres manières de *Doigter*, fondées sur les mêmes principes, sujettes, il est vrai, à plus d'exceptions ; mais par lesquelles retranchant des sons, on gêne moins la main par trop d'extension, l'on évite les Octaves & les Quintes de suite, & l'on rend une Harmonie, non pas aussi pleine, mais plus pure & plus agréable.

DOLCE. (Voyez D.)

DOMINANT. *adj*. Accord *Dominant* ou sensible est celui qui se pratique sur la Dominante du Ton, & qui annonce la Cadence parfaite. Tout Accord parfait majeur devient *Dominant*, si-tôt qu'on lui ajoute la Septième mineure.

DOMINANTE. *s. f.* C'est, des trois Notes essentielles du Ton, celle qui est une Quinte au-dessus de la Tonique. La Tonique & la *Dominante* déterminent le Ton; elles y sont chacune la fondamentale d'un Accord particulier ; au lieu que la Médiante, qui constitue le Mode, n'a point d'Accord à elle, & fait seulement partie de celui de la Tonique.

M. Rameau donne généralement le nom de *Dominante* à toute

Note qui porte un Accord de Septième, & diftingue celle qui porte l'Accord fenfible par le nom de *Dominante-Tonique*; mais à caufe de la longueur du mot cette addition n'eft pas adoptée des Artiftes, ils continuent d'appeller fimplement *Dominante* la Quinte de la Tonique, & ils n'appellent pas *Dominantes*, mais *Fondamentales*, les autres Notes portant Accord de Septième; ce qui fuffit pour s'expliquer, & prévient la confufion.

DOMINANTE, dans le Plain-Chant, eft la Note que l'on rebat le plus fouvent à quelque Degré que l'on foit de la Tonique. Il y a dans le Plain-Chant *Dominante* & *Tonique*, mais point de Médiante.

DORIEN. *adj.* Le Mode *Dorien* étoit un des plus anciens de la Mufique des Grecs, & c'étoit le plus grave ou le plus bas de ceux qu'on a depuis appellés authentiques.

Le caractère de ce Mode étoit férieux & grave, mais d'une gravité tempérée; ce qui le rendoit propre pour la guerre & pour les fujets de Religion.

Platon regarde la majefté du mode *Dorien* comme très-propre à conferver les bonnes mœurs, & c'eft pour cela qu'il en permet l'ufage dans fa République.

Il s'appelloit *Dorien* parce que c'étoit chez les Peuples de ce nom qu'il avoit été d'abord en ufage. On attribue l'invention de ce Mode à Thamiris de Thrace, qui, ayant eu le malheur de défier les Mufes & d'être vaincu, fut privé par elles de la Lyre & des yeux.

DOUBLE. *adj.* Intervalles *Doubles* ou *redoublés* font tous ceux qui excèdent l'étendue de l'Octave. En ce fens la Dixieme eft *Double* de la Tierce, & la Douzieme *Double* de la Quinte. Quelques-uns donnent auffi le nom d'Intervalles *Doubles* à ceux qui font compofés de deux Intervalles égaux, comme la Fauffe-Quinte qui eft compofée de deux Tierces mineures.

DOUBLE. *f. m.* On appelle *Doubles*, des Airs d'un Chant fimple en lui-même, qu'on figure & qu'on double par l'addition de plufieurs Notes qui varient & ornent le Chant fans le gâter. C'eft ce que les Italiens appellent *Variazioni*. (Voyez VARIATIONS.)

Il y a cette différence des *Doubles* aux broderies ou Fleurtis, que ceux-ci font à la liberté du Muficien, qu'il peut les faire ou les quitter quand il lui plait, pour reprendre le fimple. Mais le

Double ne se quitte point ; & si-tôt qu'on l'a commencé, il faut le poursuivre jusqu'à la fin de l'Air.

DOUBLE est encore un mot employé à l'Opéra de Paris, pour désigner les Acteurs en sous-ordre, qui remplacent les premiers Acteurs dans les rolles que ceux-ci quittent par maladie ou par air, ou lorsqu'un Opéra est sur ses fins & qu'on en prépare un autre. Il faut avoir entendu un Opéra en *Doubles* pour concevoir ce que c'est qu'un tel Spectacle, & quelle doit être la patience de ceux qui veulent bien le fréquenter en cet état. Tout le zèle des bons Citoyens François bien pourvus d'oreilles à l'épreuve, suffit à peine pour tenir à ce détestable charivari.

DOUBLER. *v. a. Doubler* un Air, c'est y faire des doubles ; *Doubler* un rolle, c'est y remplacer l'Acteur principal. (Voy. DOUBLE.)

DOUBLE-CORDE. *s. f.* Manière de jeu sur le Violon, laquelle consiste à toucher deux cordes à la fois faisant deux Parties différentes. La Double-corde *fait souvent beaucoup d'effet. Il est difficile de jouer très-juste sur la* Double-corde.

DOUBLE-CROCHE. *s. f.* Note de Musique qui ne vaut que le quart d'une Noire, ou la moitié d'une Croche. Il faut par conséquent seize *Doubles-croches* pour une Ronde ou pour une Mesure à quatre Temps. (Voyez MESURE, VALEUR DES NOTES.)

On peut voir la Figure de la *Double-croche* liée ou détachée dans la Figure 9 de la Planche D. Elle s'appelle *Double-croche*, à cause du double crochet qu'elle porte à sa queue, & qu'il faut pourtant bien distinguer du Double-crochet proprement dit, qui fait le sujet de l'article suivant.

DOUBLE-CROCHET. *s. m.* Signe d'abbréviation qui marque la division des Notes en Doubles-croches, comme le simple Crochet marque leur division en Croches simples. (Voyez CROCHET.) Voyez aussi la figure & l'effet du *Double-crochet*, Figure 10 de la Planche D. à l'exemple B.

DOUBLE-EMPLOI. *s. m.* Nom donné par M. Rameau aux deux différentes manières dont on peut considérer & traiter l'Accord de sous-Dominante ; savoir, comme Accord fondamental de Sixte-ajoutée, ou comme Accord de grande-Sixte, renversé d'un Accord fondamental de Septième. En effet, ces deux Accords portent exactement les mêmes Notes, se chiffrent de même, s'emploient fur les mêmes cordes du Ton ; de forte que fouvent on ne peut difcerner celui que l'Auteur a voulu employer qu'à l'aide de l'Accord fuivant qui le fauve, & qui eft différent dans l'un & dans l'autre cas.

Pour faire ce difcernement on confidère le progrès diatonique de deux Notes qui font la Quinte & la Sixte, & qui, formant entr'elles un Intervalle de Seconde font l'une & l'autre la Diffonnance de l'Accord. Or, ce progrès eft déterminé par le mouvement de la Baffe. Si donc, de ces deux Notes, la fupérieure eft diffonnante, elle montera d'un Degré dans l'Accord fuivant, l'inférieure reftera en place, & l'Accord fera une Sixte-ajoutée. Si c'eft l'inférieure qui eft diffonnante, elle defcendera dans l'Accord fuivant, la fupérieure reftera en place, & l'accord fera celui de grande-Sixte. Voyez les deux cas du *Double-emploi*, Planche D. Fig. 12.

A l'égard du Compofiteur, l'ufage qu'il peut faire du *Double-emploi* eft de confidérer l'Accord qui le comporte fous une face pour y entrer & fous l'autre pour en fortir ; de forte qu'y étant arrivé comme à un Accord de Sixte-ajoutée, il le fauve comme un Accord de grande Sixte, & réciproquement.

M. d'Alembert a fait voir qu'un des princiqaux ufages de *Double emploi* eft de pouvoir porter la fucceffion diatonique de la Gamme jufqu'à l'Octave, fans changer de Mode, du moins en montant ; car en defcendant on en change. On trouvera, (*Planche D. Fig. 13.*) l'exemple de cette Gamme & de fa Baffe-fondamentale. Il eft évident, felon le fyftême de Mr Rameau, que toute la fucceffion harmonique qui en réfulte eft dans le même Ton ; car on n'y employe à la rigueur, que les trois Accords, de la Tonique, de la Dominante, & de la fous-Dominante ; ce dernier donnant par le *Double-emploi* celui de Septième de la feconde Note, qui s'emploie fur la Sixième.

A l'égard de ce qu'ajoute M. d'Alembert dans fes Élémens de Mufique, *page 80*, & qu'il répète dans l'Encyclopédie, Article *Double-emploi*; favoir, que l'Accord de Septième *re fa la ut*, quand même on le regarderoit comme renverfé de *fa la ut re*, ne peut être fuivi de l'Accord *ut mi fol ut*, je ne puis être de fon avis fur ce point.

La preuve qu'il en donne est que la Dissonnance *ut* du premier accord ne peut être sauvée dans le second; & cela est vrai, puisqu'elle reste en place : mais dans cet Accord de Septième *re fa la ut* renversé de cet Accord *fa la ut re* de Sixte-ajoutée, ce n'est point *ut* mais *re* qui est la Dissonnance; laquelle, par conséquent, doit être sauvée en montant sur *mi*, comme elle fait réellement dans l'Accord suivant; tellement que cette marche est forcée dans la Basse même, qui de *re* ne pourroit sans faute retourner à *ut*, mais doit monter à *mi* pour sauver la Dissonnance.

M. d'Alembert fait voir ensuite que cet accord *re fa la ut*, précédé & suivi de celui de la Tonique, ne peut s'autoriser par le *Douple-emploi*; & cela est encore très-vrai, puisque cet Accord, quoique chiffré d'un 7, n'est traité comme Accord de Septième, ni quand on y entre, ni quand on en sort, ou du moins qu'il n'est point nécessaire de le traiter comme tel, mais simplement comme un renversement de la Sixte-ajoutée, dont la Dissonnance est à la Basse; sur quoi l'on ne doit pas oublier que cette Dissonnance ne se prépare jamais. Ainsi : quoique dans un tel passage il ne soit pas question du *Double-emploi*, que l'Accord de Septième n'y soit qu'apparent & impossible à sauver dans les règles, cela n'empêche pas que le passage ne soit bon & régulier, comme je viens de le prouver aux Théoriciens, & comme je vais le prouver aux Artistes, par un exemple de ce passage, qui sûrement ne sera condamné d'aucun d'eux, ni justifié par aucune autre Basse-fondamentale que la mienne. (Voyez *Planche* D. *Fig.* 14.)

J'avoue que ce renversement de l'Accord de Sixte-ajoutée, qui transporte la Dissonnance à la Basse, a été blâmé par M. Rameau : cet Auteur, prenant pour Fondamental l'Accord de Septième qui en résulte, a mieux aimé faire descendre Diatoniquement la Basse-Fondamentale, & sauver une Septième par une autre Septième, que d'expliquer cette Septième par un renversement. J'avois relevé cette erreur & beaucoup d'autres dans des papiers qui depuis long-temps avoient passé dans les mains de M. d'Alembert, quand il fit ses Élémens de Musique; de sorte que ce n'est pas son sentiment que j'attaque, c'est le mien que je défends.

Au reſte, on ne ſauroit uſer avec trop de réſerve du *Double-emploi*, & les plus grands Maîtres ſont les plus ſobres à s'en ſervir.

DOUBLE-FUGUE. *ſ. f.* On fait une *Double-Fugue*, lorſqu'à la ſuite d'une Fugue déja annoncée, on annonce une autre Fugue d'un deſſein tout différent; & il faut que cette ſeconde Fugue ait ſa réponſe & ſes rentrées ainſi que la première; ce qui ne peut guères ſe pratiquer qu'à quatre Parties. (Voyez FUGUE.) On peut, avec plus de Parties, faire entendre à la fois un plus grand nombre encore de différentes Fugues : mais la confuſion eſt toujours à craindre, & c'eſt alors le chef-d'œuvre de l'art de les bien traiter. Pour cela il faut, dit M. Rameau, obſerver autant qu'il eſt poſſible, de ne les faire entrer que l'une après l'autre ; ſur-tout la première fois, que leur progreſſion ſoit renverſée, qu'elles ſoient caractériſées différemment, & que ſi elles ne peuvent être entendues enſemble, au moins une portion de l'une s'entende avec une portion de l'autre. Mais ces exercices pénibles ſont plus faits pour les écoliers que pour les maîtres ; ce ſont les ſemelles de plomb qu'on attache aux pieds des jeunes Coureurs pour les faire courir plus légèrement quand ils en ſont délivrés.

DOUBLE-OCTAVE. *ſ. f.* Intervalle compoſé de deux Octaves, qu'on appelle autrement *Quinzième*, & que les Grecs appelloient *Diſdiapaſon*.

La *Double-Octave* eſt en raiſon doublée de l'Octave ſimple, & c'eſt le ſeul Intervalle qui ne change pas de nom en ſe compoſant avec lui-même.

DOUBLE-TRIPLE. Ancien nom de la Triple de Blanches ou de la Meſure à trois pour deux, laquelle ſe bat à trois Temps, & contient une Blanche pour chaque Temps. Cette Meſure n'eſt plus en uſage qu'en France, où même elle commence à s'abolir.

DOUX. *adj. pris adverbialement.* Ce mot en Muſique eſt oppoſé à *Fort*, & s'écrit au-deſſus des Portées pour la Muſique Françoiſe, & au-deſſous pour l'Italienne dans les endroits où l'on veut faire diminuer le bruit, tempérer & radoucir l'éclat & la véhémence du Son, comme dans les Échos, & dans les Parties d'Accompagnement. Les Italiens écrivent *Dolce* & plus communément *Piano* dans le même ſens ; mais leurs Puriſtes en Muſique ſoutiennent que ces deux mots ne font pas synonymes, & que c'est par abus que plusieurs Auteurs les emploient comme tels. Ils disent que *Piano* signifie simplement une modération de son, une diminution de bruit; mais que *Dolce* indique, outre cela, une manière de jouer *più soave*, plus douce, plus liée, & répondant à-peu-près au mot *Louré* des François.

Le *Doux* a trois nuances qu'il faut bien distinguer; savoir le *Demi-jeu*, le *Doux*, & le *très-Doux*. Quelques voisines que paroissent être ces trois nuances, un Orchestre entendu les rend très-sensibles & très-distinctes.

DOUZIÈME. *s. f.* Intervalle composé de onze Degrés conjoints, c'est-à-dire, de Douze Sons diatoniques en comptant les deux extrêmes: C'est l'Octave de la Quinte. (Voyez QUINTE.)

Toute corde sonore rend, avec le Son principal, celui de la *Douzième*, plutôt que celui de la Quinte, parce que cette *Douzième* est produite par une aliquote de la corde entière qui est le tiers; au lieu que les deux tiers qui donneroient la Quinte, ne sont pas une aliquote de cette même corde.

DRAMATIQUE. *adj.* Cette épithète se donne à la Musique imitative, propre aux Pièces de Théatre qui se chantent, comme les Opéra. On l'appelle aussi Musique Lyrique. (Voy. IMITATION.)

DUO. *s. m.* Ce nom se donne en général à toute Musique à deux Parties, mais on en restraint aujourd'hui le sens à deux Parties récitantes, vocales ou instrumentales, à l'exclusion des simples Accompagnemens qui ne sont comptés pour rien. Aussi l'on appelle *Duo* une Musique à deux Voix, quoiqu'il y ait une troisième Partie pour la Basse-continue, & d'autres pour la Symphonie. En un mot, pour constituer un *Duo* il faut deux Parties principales, entre lesquelles le Chant soit également distribué.

Les règles du *Duo* & en général de la Musique à deux Parties, sont les plus rigoureuses pour l'Harmonie; on y défend plusieurs passages, plusieurs mouvemens qui seroient permis à un plus grand nombre de Parties: car tel passage ou tel Accord qui plaît à la faveur d'un troisième ou d'un quatrième Son, sans eux choqueroit l'oreille. D'ailleurs, on ne seroit pas pardonnable de mal choisir, n'ayant que deux Sons à prendre dans chaque Accord. Ces règles étoient encore bien plus sévères autrefois; mais on s'est relâché

sur

fur tout cela dans ces derniers temps, où tout le monde s'eſt mis à compoſer.

On peut enviſager le *Duo* ſous deux aſpects ; ſavoir ſimplement comme un Chant à deux Parties, tel par exemple que le premier verſet du *Stabat* de Pergolèſe, *Duo* le plus parfait & le plus touchant qu'il ſoit ſorti de la plume d'aucun Muſicien ; ou comme partie de la Muſique imitative & théatrale, tels que ſont les *Duo* des Scènes-d'Opéra. Dans l'un & dans l'autre cas, le *Duo* eſt de toutes les ſortes de Muſique celle qui demande le plus de goût, de choix, & la plus difficile à traiter ſans ſortir de l'unité de Mélodie. On me permettra de faire ici quelques obſervations ſur le *Duo* Dramatique, dont les difficultés particulières ſe joignent à celles qui ſont communes à tous les *Duo*.

L'Auteur de la Lettre ſur l'Opéra d'*Omphale* a ſenſément remarqué que les *Duo* ſont hors de la nature dans la Muſique imitative : car rien n'eſt moins naturel que de voir deux perſonnes ſe parler à la fois durant un certain temps, ſoit pour dire la même choſe, ſoit pour ſe contredire, ſans jamais s'écouter ni ſe répondre ; & quand cette ſuppoſition pourroit s'admettre en certains cas, ce ne ſeroit pas du moins dans la Tragédie, où cette indécenſe n'eſt convenable ni à la dignité des perſonnages qu'on y fait parler, ni à l'éducation qu'on leur ſuppoſe. Il n'y a donc que les tranſports d'une paſſion violente qui puiſſent porter deux Interlocuteurs héroïques à s'interrompre l'un l'autre, à parler tous deux à la fois ; & même, en pareil cas, il eſt très-ridicule que ces diſcours ſimultanés ſoient prolongés de manière à faire une ſuite chacun de leur côté.

Le premier moyen de ſauver cette abſurdité eſt donc de ne placer les *Duo* que dans des ſituations vives & touchantes, où l'agitation des Interlocuteurs les jette dans une ſorte de délire capable de faire oublier aux Spectateurs & à eux-mêmes ces bienſéances théatrales qui renforcent l'illuſion dans les ſcènes froides, & la détruiſent dans la chaleur des paſſions. Le ſecond moyen eſt de traiter le plus qu'il eſt poſſible le *Duo* en Dialogue. Ce Dialogue ne doit pas être phraſé & diviſé en grandes périodes comme celui du Récitatif, mais formé d'interrogations, de réponſes, d'exclamations vives & courtes, qui donnent occaſion à la Mélodie de passer alternativement, & rapidement d'une Partie à l'autre, sans cesser de former une suite que l'oreille puisse saisir. Une troisième attention est de ne pas prendre indifféremment pour sujets toutes les passions violentes; mais seulement celles qui sont susceptibles de la Mélodie douce & un peu contrastée convenable au *Duo*, pour en rendre le chant accentué & l'Harmonie agréable. La fureur, l'emportement marchent trop vite; on ne distingue rien, on n'entend qu'un aboiement confus, & le *Duo* ne fait point d'effet. D'ailleurs, ce retour perpétuel d'injures, d'insultes conviendroit mieux à des Bouviers qu'à des Héros, & cela ressemble tout-à-fait aux fanfaronades de gens qui veulent se faire plus de peur que de mal. Bien moins encore faut-il employer ces propos doucereux d'*appas*, de *chaînes*, de *flammes*; jargon plat & froid que la passion ne connut jamais, & dont la bonne Musique n'a pas plus besoin que la bonne Poésie. L'instant d'une séparation, celui où l'un des deux Amans va à la mort ou dans le bras d'un autre; le retour sincère d'un infidèle; le touchant combat d'une mère & d'un fils voulant mourir l'un pour l'autre; tous ces momens d'affliction où l'on ne laisse pas de verser des larmes délicieuses : voilà les vrais sujets qu'il faut traiter en *Duo* avec cette simplicité de paroles qui convient au langage du cœur. Tous ceux qui ont fréquenté les Théatres Lyriques savent combien ce seul mot *addio* peut exciter d'attendrissement & d'émotion dans tout un Spectacle. Mais si-tôt qu'un trait d'esprit ou un tour phrasé se laisse appercevoir, à l'instant le charme est détruit, & il faut s'ennuyer ou rire.

Voilà quelques-unes des observations qui regardent le Poëte. A l'égard du Musicien, c'est à lui de trouver un chant convenable au sujet, & distribué de telle sorte que, chacun des Interlocuteurs parlant à son tour, toute la suite du Dialogue ne forme qu'une Mélodie, qui, sans changer de sujet, ou du moins sans altérer le mouvement, passe dans son progrès d'une Partie à l'autre, sans cesser & sans enjamber. Les *Duo* qui font le plus d'effet sont ceux des Voix égales, parce que l'Harmonie en est plus rapprochée; & entre les Voix égales, celles qui font le plus d'effet sont le Dessus, parce que leur Diapason plus aigu se rend plus distinct, & que le Son en est plus touchant. Aussi les *Duo* de cette espèce sont-ils les feuls employés par les Italiens dans leurs Tragédies, & je ne doute pas que l'ufage des Caftrati dans les rolles d'hommes ne foit dû en partie à cette obfervation. Mais quoiqu'il doive y avoir égalité entre les Voix, & unité dans la Mélodie, ce n'eft pas à dire que les deux Parties doivent être exactement femblables dans leur tour de chant : car outre la diverfité des ftyles qui leur convient, il eft très-rare que la fituation des deux Acteurs foit fi parfaitement la même qu'ils doivent exprimer leurs fentimens de la même manière : ainfi le Muficien doit varier leur Accent & donner à chacun des deux le caractère qui peint le mieux l'état de fon ame, fur-tout dans le Récit alternatif.

Quand on joint enfemble les deux Parties (ce qui doit fe faire rarement & durer peu), il faut trouver un Chant fufceptible d'une marche par Tierces ou par Sixtes, dans laquelle la feconde Partie faffe fon effet fans fe diftraire de la première. (Voyez UNITÉ DE MÉLODIE.) Il faut garder la dureté des Diffonnances, les Sons perçans & renforcés, le *Fortiffimo* de l'Orcheftre pour des inftans de défordres & de tranfports où les Acteurs, femblant s'oublier eux-mêmes, portent leur égarement dans l'ame de tout fpectateur fenfible, & lui font éprouver le pouvoir de l'Harmonie fobrement ménagée ; mais ces inftans doivent être rares, courts & amenés avec art. Il faut, par une Mufique douce & affectueufe, avoir déja difpofé l'oreille & le cœur à l'émotion, pour que l'une & l'autre fe prêtent à ces ébranlemens violens, & il faut qu'ils paffent avec la rapidité qui convient à notre foibleffe ; car quand l'agitation eft trop forte, elle ne peut durer, & tout ce qui eft au-delà de la nature ne touche plus.

Comme je ne me flatte pas d'avoir pu me faire entendre partout affez clairement dans cet article, je crois devoir y joindre un exemple fur lequel le Lecteur, comparant mes idées, pourra les concevoir plus aifément. Il eft tiré de l'Olympiade de M.ᵉ Métaftafio ; les curieux feront bien de chercher dans la Mufique du même Opéra, par Pergolèfe, comment ce premier Muficien de fon temps & du nôtre a traité ce *Duo* dont voici le fujet.

Mégaclès s'étant engagé à combattre pour fon ami dans des jeux où le prix du vainqueur doit être la belle Ariftée, retrouve dans cette même Ariftée la maîtreffe qu'il adore. Charmée du combat qu'il va foutenir & qu'elle attribue à fon amour pour elle, Ariftée lui dit à ce fujet les chofes les plus tendres, auxquelles il répond non moins tendrement; mais avec le défefpoir fecret de ne pouvoir retirer fa parole, ni fe difpenfer de faire, aux dépens de tout fon bonheur, celui d'un ami auquel il doit la vie. Ariftée, allarmée de la douleur qu'elle lit dans fes yeux, & que confirment fes difcours équivoques & interrompus, lui témoigne fon inquiétude, & Mégaclès ne pouvant plus fupporter à la fois fon défefpoir & le trouble de fa maîtreffe, part fans s'expliquer & la laiffe en proie aux plus vives craintes. C'eft dans cette fituation qu'ils chantent le *Duo* fuivant.

MÉGACLÈS.

Mia vita . . . . . . addio.
Ne' giorni tuoi felici
Ricordati di me.

ARISTÉE.

Perchè cofì mi dici,
Anima mia, Perchè?

MÉGACLÈS.

Taci, bell' Idol mio.

ARISTÉE.

Parla, mio dolce amor.

ENSEMBLE.

Mégaclès. *Ah! che parlando,* } *oh Dio!*
Aristée. *Ah! che tacendo,*
Tu mi traffigi il cor!

ARISTÉE, à part.

Veggio languir chi adoro,
Ne intendo il fuo languir!

D U O.

MÉGACLÈS, *à part.*

Di gelofia mi moro,
E non lo poffo dir!

ENSEMBLE.

Chi mai provò di quefto
Affanno più funefto,
Più barbaro dolor?

Bien que tout ce Dialogue femble n'être qu'une fuite de la Scène, ce qui le raffemble en un feul *Duo*, c'eft l'unité de Deffein par laquelle le Muficien en réunit toutes les Parties, felon l'intention du Poëte.

A l'égard des *Duo* Bouffons qu'on emploie dans les Intermèdes & autres Opéra Comiques, ils ne font pas communément à Voix égales, mais entre Baffe & Deffus. S'ils n'ont pas la pathétique des *Duo* tragiques, en revanche ils font fufceptibles d'une variété plus piquante, d'accens plus différens & de caractères plus marqués. Toute la gentilleffe de la coquetterie, toute la charge des rolles à manteaux, tout le contrafte des fottifes de notre fexe & de la rufe de l'autre, enfin toutes les idées acceffoires dont le fujet eft fufceptible; ces chofes peuvent concourir toutes à jetter de l'agrément & de l'intérêt dans ces *Duo*, dont les règles font d'ailleurs les mêmes que des précédens, en ce qui regarde le Dialogue & l'unité de Mélodie. Pour trouver un *Duo* comique parfait à mon gré dans toutes fes Parties, je ne quitterai point l'Auteur immortel qui m'a fourni les deux autres exemples, mais je citerai le premier *Duo* de la *Serva Padrona* : *lo conofco à quelg' occhietti, &c.* & je citerai hardiment comme un modele de Chant agréable, d'unité de Mélodie, d'Harmonie fimple, brillante & pure, d'accent, de dialogue & de goût; auquel rien ne peut manquer, quand il fera bien rendu, & qu'il aura des auditeurs qui fauront l'entendre & l'eftimer ce qu'il vaut.

DUPLICATION. *f. f.* Terme de Plain-Chant. L'Intonation par *Duplication* fe fait par une forte de Périelèfe, en doublant la pénultième, Note du mot qui termine l'Intonation; ce qui n'a lieu que lorfque cette pénultième Note eft immédiatement au-deffous de la dernière. Alors la *Duplication* fert à la marquer davantage, en manière de Note fenfible.

DUR. *adj.* On appelle ainfi tout ce qui bleffe l'oreille par fon âpreté. Il y a des Voix *Dures* & glapiffantes, des Inftrumens aigres & *Durs*, des compofitions *Dures*. La *Dureté* du Béquarre lui fit donner autrefois le nom de B *Dur*. Il y a des Intervalles *Durs* dans la Mélodie; tel eft le progrès Diatonique des trois Tons, foit en montant foit en defcendant; & telles font en général toutes les Fauffes-Relations. Il y a dans l'Harmonie des Accords *Durs*; tels que font le Triton, la Quinte fuperflue, & en général toutes les Diffonnances majeures. La *Dureté* prodiguée révolte l'oreille & rend une Mufique défagréable; mais ménagée avec art, elle fert au clair-obfcur, & ajoute à l'expreffion.

E.

E *fi mi*, E *la mi*, ou fimplément E. Troifième Son de la Gamme de l'Arétin, que l'on appelle autrement *Mi* (Voyez GAMME.)

ECBOLÉ, ou *Elevation*. C'étoit, dans les plus anciennes Mufiques Grecques, une altération du Genre Enharmonique, lorfqu'une Corde étoit accidentellement élevée de cinq Dièfes au-deffus de fon Accord ordinaire.

ÉCHELLE. *f. f.* C'eft le nom qu'on a donné à la fucceffion Diatonique des fepts Notes, *ut re mi fa fol la fi*, de la Gamme notée, parce que ces Notes fe trouvent rangées en manière d'Échelons fur les Portées de notre Mufique.

Cette énumération de tous les Sons Diatoniques de notre Syftême, rangés par ordre, que nous appellons *Echelle*: les Grecs dans le leur l'appelloient Tétracorde, parce qu'en effet leur *Echelle* n'étoit compofée que de quatre Sons qu'ils répétoient de Tétracorde en Tétracorde, comme nous faifons d'Octave en Octave. (Voyez TÉTRACORDE.)

Saint Grégoire fut, dit-on, le premier qui changea les Tétracordes des Anciens en un Eptacorde ou Syftême de fept Notes; au bout defquelles, commençant une autre Octave, on trouve des Sons femblables répétés dans le même ordre. Cette découverte eft très-belle, & il femblera fingulier que les Grecs, qui voyoient fort bien les propriétés de l'Octave, aient cru, malgré cela, devoir refter attachés à leurs Tétracordes. Grégoire exprima ces fept Notes avec les fept premières lettres de l'Alphabet Latin. Gui Arétin donna des noms aux fix premières; mais il négligea d'en donner un à la feptième qu'on a depuis appellée *fi*, & qui n'a point encore d'autre nom que B *mi*, chez la plupart des Peuples de l'Europe.

Il ne faut pas croire que les rapports des Tons & femi-Tons dont l'*Echelle* eft compofée, foient des chofes purement arbitraires, & qu'on eût pu, par d'autres divifions tout auffi bonnes, donner aux Sons de cette *Echelle* un ordre & des rapports différens. Notre Syftême Diatonique eft le meilleur à certains égards, parce qu'il

eſt engendré par les Conſonnances & par les différences qui ſont entr'elles. » Que l'on ait entendu pluſieurs fois », dit Mr Sau-
» veur, » l'Accord de la Quinte & celui de la Quarte, on eſt porté
» naturellement à imaginer la différence qui eſt entr'eux ; elle s'u-
» nit & ſe lie avec eux dans notre eſprit & participe à leur agré-
» ment : voilà le Ton majeur. Il en va de même du Ton mineur,
» qui eſt la différence de la Tierce mineure à la Quarte ; & du
» ſemi-Ton majeur, qui eſt celle de la même Quarte à la Tierce
» majeure «. Or le Ton majeur, & le Ton mineur & le ſemi-
Ton majeur ; voilà les Degrés Diatoniques dont notre *Echelle* eſt
compoſée ſelon les rapports ſuivants,

Ton majeur.	Ton mineur.	Semi-Ton majeur.	Ton majeur.	Ton mineur.	Ton majeur.	Semi-Ton majeur.
Ut	Re	Mi	Fa	Sol	La	Si	Ut.
$\frac{8}{9}$	$\frac{9}{10}$	$\frac{15}{16}$	$\frac{8}{9}$	$\frac{9}{10}$	$\frac{8}{9}$	$\frac{15}{16}$

Pour faire la preuve de ce calcul il faut compoſer tous les rapports compris entre deux termes conſonnans, & l'on trouvera que
leur produit donne exactement le rapport de la Conſonnance ; &
ſi l'on réunit tous les termes de l'*Echelle*, on trouvera le rapport
total en raiſon ſous double ; c'eſt-à-dire, comme 1 eſt à 2 : ce
qui eſt en effet le rapport exact des deux termes extrêmes ; c'eſt-
à-dire de l'*ut* à ſon Octave.

L'*Echelle* qu'on vient de voir eſt celle qu'on nomme naturelle
ou Diatonique ; mais les modernes, diviſant ſes Degrés en d'autres
Intervalles plus petits, en ont tiré un autre *Echelle* qu'ils ont appellée *Echelle* ſemi-Tonique ou Chromatique, parce qu'elle procède par ſemi-Tons.

Pour former cette *Echelle*, on n'a fait que partager ces deux
Intervalles égaux ou ſuppoſés tels, chacun des cinq Tons entiers
de l'Octave, ſans diſtinguer le Ton majeur du Ton mineur ; ce
qui, avec les deux ſemi-Tons majeurs qui s'y trouvoient déja,

fait

fait une succession de douze semi-Tons sur treize Sons consécutifs d'une Octave à l'autre.

L'usage de cette *Echelle* est de donner les moyens de Moduler sur telle Note qu'on veut choisir pour fondamentale, & de pouvoir, non-seulement faire sur cette Note un Intervalle quelconque, mais y établir une *Echelle* Diatonique, semblable à l'*Echelle* Diatonique de l'*ut*. Tant qu'on s'est contenté d'avoir pour Tonique une Note de la Gamme, prise à volonté, sans s'embarrasser si les Sons par lesquels devoit passer la Modulation, étoient avec cette Note, & entre eux dans les rapports convenables, l'*Echelle* semi-Tonique étoit peu nécessaire ; quelque *fa* Dièse, quelque *si* Bémol composoient ce qu'on appelloit les *Feintes* de la Musique : c'étoit seulement deux touches à ajouter au Clavier Diatonique. Mais depuis qu'on a cru sentir la nécessité d'établir entre les divers Tons une similitude parfaite, il a fallu trouver des moyens de transporter les mêmes Chants & les mêmes Intervalles plus haut ou plus bas, selon le Ton que l'on choisissoit. L'*Echelle* Chromatique est donc devenue d'une nécessité indispensable ; & c'est par son moyen qu'on porte un Chant sur tel Degré du Clavier que l'on veut choisir, & qu'on le rend exactement sur cette nouvelle position tel qu'il peut avoir été imaginé pour un autre.

Ces cinq Sons ajoutés ne forment pas dans la Musique de nouveaux Degrés : mais ils se marquent tous sur le Degré le plus voisin, par un Bémol si le Degré est plus haut ; par un Dièse s'il est plus bas : & la Note prend toujours le nom du Degré sur lequel elle est placée. (Voyez BÉMOL & DIÈSE.)

Pour assigner maintenant les rapports de ces nouveaux Intervalles, il faut savoir que dans les deux Parties ou semi-Tons qui composent le Ton majeur, sont dans les rapports de 15 à 16 & de 128 à 135 ; & que les deux qui composent aussi le Ton mineur, sont dans les rapports de 15 à 16 & de 24 à 25 : de sorte qu'en divisant toute l'Octave selon l'*Echelle* semi-Tonique, on en a tous les termes dans les rapports exprimés dans la *Pl. L. Fig. 2.*

Mais il faut remarquer que cette division, tirée de M. Malcolm, paroît à bien des égards manquer de justesse. Premièrement, les semi-Tons qui doivent être mineurs y sont majeurs, & celui du *sol* Dièse au *la*, qui doit être majeur, y est mineur. En second lieu, plusieurs Tierces majeures, comme celle du *la* à l'*ut* Dièse, & du *mi* au *sol* Dièse, y sont trop fortes d'un Comma ; ce qui doit les rendre insupportables. Enfin le semi-Ton moyen y étant substitué au semi-Ton maxime, donne des Intervalles faux par-tout où il est employé. Sur quoi l'on ne doit pas oublier que ce semi-Ton moyen est plus grand que le majeur même ; c'est-à-dire, moyen entre le maxime & le majeur. (Voy. SEMI-TON.)

Une division meilleure & plus naturelle seroit donc de partager le Ton majeur en deux semi-Tons, l'un mineur de 24 à 25, & l'autre maxime de 25 à 27, laissant le Ton mineur divisé en deux semi-Tons, l'un majeur & l'autre mineur, comme dans la Table ci-dessus.

Il y a encore deux autres *Echelles* semi-Toniques, qui viennent des deux autres manières de diviser l'Octave par semi-Tons.

La première se fait en prenant une moyenne Harmonique ou Arithmétique entre les deux termes du Ton majeur, & une autre entre ceux du Ton mineur, qui divise l'un & l'autre Ton en deux semi-Tons presque égaux : ainsi le Ton majeur $\frac{8}{9}$ est divisé en $\frac{16}{17}$ & $\frac{17}{18}$ arithmétiquement, les nombres représentant les longueurs des Cordes ; mais quand ils représentent les vibrations, les longueurs des Cordes sont réciproques & en proportion harmoniques, comme $1 \frac{16}{17} \frac{8}{9}$ ce qui met le plus grand semi-Ton au grave.

De la même manière le Ton mineur $\frac{9}{10}$ se divise arithmétiquement en deux semi-Tons $\frac{18}{19}$ & $\frac{19}{20}$, ou réciproquement $1 \frac{18}{19} \frac{9}{10}$: mais cette dernière division n'est pas harmonique.

Toute l'Octave ainsi calculée donne les rapports exprimés dans la *Planche* L. *Fig.* 2.

M. Salmon rapporte, dans les Transactions Philosophiques, qu'il a fait devant la Sociétée Royale une expérience de cette *Echelle* sur des cordes divisées exactement selon ces proportions, & qu'elles furent parfaitement d'accords avec d'autres Instrumens touchés par les meilleures mains. M. Malcolm ajoute qu'ayant calculé & comparé ces rapports, il en trouva un plus grand nombre de faux dans cette *Echelle*, que dans la précédente ;

mais que les erreurs étoient confidérablement moindres; ce qui fait compenfation.

Enfin l'autre *Echelle* femi-Tonique eft celle des Ariftoxéniens, dont le P. Merfenne a traité fort au long, & que M. Rameau a tenté de renouveller dans ces derniers temps. Elle confifte à divifer géométriquement l'Octave par onze moyennes proportionelles en douze femi-Tons parfaitement égaux. Comme les rapports n'en font pas rationnels, je ne donnerai point ici ces rapports qu'on ne peut exprimer que par la formule même, ou par le logarithmes des termes de la progreffion entre les extrêmes 1 & 2. (Voyez TEMPÉRAMENT.)

Comme au Genre Diatonique & au Chromatique, les Harmoniftes en ajoutent un troifième, favoir l'Enharmonique; ce troifième Genre doit avoir auffi fon *Echelle*, du moins par fuppofition : car quoique les Intervalles vraiment Enharmoniques n'exiftent point dans notre Clavier, il eft certain que tout paffage Enharmonique les fuppofe, & que l'efprit corrigeant fur ce point la fenfation de l'oreille, ne paffe alors d'une idée à l'autre qu'à la faveur de cet Intervalle fous-entendue. Si chaque Ton étoit exactement compofé de deux femi-Tons mineurs, tout Intervalle Enharmonique feroit nul, & ce Genre n'exifteroit pas. Mais comme un Ton mineur même contient plus de deux femi-Tons mineurs, le complément de la fomme de ces deux femi-Tons au Ton; c'eft-à-dire l'efpace qui refte entre le Dièfe de la Note inférieure, & le Bémol de la fupérieure, eft précifément l'Intervalle Enharmonique, appellé communément Quart-de-Ton. Ce Quart-de-Ton eft de deux efpèces, favoir l'Enharmonique majeur & l'Enharmonique mineur, dont on trouvera les rapports au mot QUART-DE-TON.

Cette explication doit fuffire à tout Lecteur pour concevoir aifément l'*Echelle* Enharmonique que j'ai calculée & inférée dans la *Planche* L. *Fig. 3*. Ceux qui chercheront de plus grands éclairciffemens fur ce point, pourront lire le mot ENHARMONIQUE.

ECHO. *f. m.* Son renvoyé ou réfléchi par un corps folide, & qui par-là fe répète & fe renouvelle à l'oreille. Ce mot vient du Grec ἦχος, Son.

On appelle auffi *Echo* le lieu où la répétition fe fait entendre.

On distingue les *Echos* pris en ce sens, en deux espèces ; savoir :
1°. L'*Echo simple* qui ne répète la voix qu'une fois, & 2°. l'*Echo double* ou *multiple* qui répète les mêmes Sons deux ou plusieurs fois.

Dans les *Echos* simples il y en a de Toniques, c'est-à-dire, qui ne répètent que le Son musical & soutenu ; & d'autres Syllabiques, qui répètent aussi la voix parlante.

On peut tirer parti des *Echos* multiples, pour former des Accords & de l'Harmonie avec une seule Voix, en faisant entre la Voix & l'*Echo* une espèce de Canon dont la Mesure doit être reglée sur le Temps qui s'écoule entre les Sons prononcés & les mêmes Sons répétés. Cette manière de faire un Concert à soi tout seul, devroit, si le Chanteur étoit habile, & l'*Echo* vigoureux, paroître étonnante & presque magique aux Auditeurs non prévenus.

Le nom d'*Echo* se transporte en Musique à ces sortes d'Airs ou de Pièces dans lesquels, à l'imitation de l'*Echo*, l'on répète de temps en temps, & fort doux, un certain nombre de Notes. C'est sur l'Orgue qu'on emploie le plus communément cette manière de jouer, à cause de la facilité qu'on a de faire des *Echos* sur le Positif ; on peut faire aussi des *Echos* sur le Clavecin, au moyen du petit Clavier.

L'Abbé Brossard dit qu'on se sert quelquefois du mot *Echo* en la place de celui de *Doux* ou *Piano*, pour marquer qu'il faut adoucir la Voix ou le Son de l'Instrument, comme pour faire un *Echo*. Cet usage ne subsiste plus.

ÉCHOMETRE. *s. m.* Espèce d'Echelle graduée, ou de Règle divisée en plusieurs parties, dont on se sert pour mesurer la durée ou longueur des Sons, pour déterminer leurs valeurs diverses, & même les rapports de leurs Intervalles.

Ce mot vient du Grec ἦχος, Son, & de μετρο, *Mesure*.

Je n'entreprendrai pas la description de cette machine, parce qu'on n'en fera jamais usage, & qu'il n'y a de bon *Echometre* qu'une oreille sensible & une longue habitude de la Musique. Ceux qui voudront en savoir là-dessus davantage, peuvent consulter le Mémoire de Monsieur Sauveur, inséré dans ceux de l'Académie des Sciences *année* 1701. Ils y trouveront deux Echelles de cette espèce ; l'une de M. Sauveur, & l'autre de M. Loulié. (Voyez aussi l'article CHRONOMETRE.)

ECLYSE. *f. f.* Abaissement. C'étoit, dans les plus anciennes Musique Grecques, une altération dans le Genre Enharmonique, lorsqu'une corde étoit accidentellement abaissée de trois Dièses au-dessous de son Accord ordinaire. Ainsi l'*Eclyse* étoit le contraire du *Spondéasme*.

ECMÈLE. *adj.* Les Sons *Ecmèles* étoient, chez les Grecs, ceux de la voix inappréciable ou parlante, qui ne peut fournir de Mélodie; par opposition aux Sons *Emmèles* ou Musicaux.

EFFET. *f. m.* Impression agréable & forte que produit une excellente Musique sur l'oreille & l'esprit des écoutans: ainsi le seul mot *Effet* signifie en Musique un grand & bel *Effet*. Et non-seulement on dira d'un ouvrage qu'il fait de l'*Effet*; mais on y distinguera, sous le nom de *Choses d'Effet*, toutes celles où la sensation produite paroît supérieure aux moyens employés pour l'exciter.

Une longue pratique peut apprendre à connoître sur le papier les choses d'*Effet*; mais il n'y a que le Génie qui les trouve. C'est le défaut des mauvais Compositeurs & de tous les Commençans, d'entasser Parties sur Parties, Instrumens sur Instrumens, pour trouver l'*Effet* qui les fuit, & d'ouvrir, comme disoit un Ancien, une grande bouche pour souffler dans une petite Flûte. Vous diriez, à voir leurs partitions si chargées, si hérissées, qu'ils vont vous surprendre par des *Effets* prodigieux, & si vous êtes surpris en écoutant tout cela, c'est d'entendre une petite Musique maigre, chétive, confuse, sans *Effet*, & plus propre à étourdir les oreilles qu'à les remplir. Au contraire l'œil cherche sur les Partitions des grands maîtres ces *Effets* sublimes & ravissans que produit leur Musique exécutée. C'est que les menus détails sont ignorés ou dédaignés du vrai génie, qu'il ne nous amuse point par des foules d'objets petits & puériles, mais qu'il nous émeut par de grands *Effets*, & que la force & la simplicité réunies forment toujours son caractère.

ÉGAL. *adj.* Nom donné par les Grecs au Système d'Aristoxène, parce que cet Auteur divisoit généralement chacun de ses Tétracordes en trente parties égales, dont il assignoit ensuite un certain nombre à chacune des trois divisions du Tétracorde, selon le Genre & l'espèce du Genre qu'il vouloit établir. (Voyez GENRE, SYSTEME.)

ÉLÉGIE. Sorte de Nome pour les Flûtes, inventé, dit-on, par Sacadas Argien.

ÉLÉVATION. *f. f. Arfis.* L'*Elévation* de la main ou du pied, en battant la Mesure, sert à marquer le Temps foible & s'appelle proprement *Levé* : c'étoit le contraire chez les Anciens. L'*Elévation* de la voix en chantant, c'est le mouvement par lequel on la porte à l'aigu.

ÉLINE. Nom donné par les Grecs à la Chanson des Tisserands. (Voyez CHANSON.)

EMMELE. *adj.* Les Sons *Emmèles* étoient chez les Grecs ceux de la voix distincte, chantante & appréciable, qui peuvent donner une Mélodie.

ENDEMATIE. *f. f.* C'étoit l'Air d'une sorte de Danse particulière aux Argiens.

ENHARMONIQUE. *adj. pris fubst.* Un des trois Genres de la Musique des Grecs, appellé aussi très-fréquemment *Harmonie* par Aristoxène & ses Sectateurs.

Ce Genre résultoit d'une division particulière du Tétracorde, selon laquelle l'Intervalle qui se trouve entre le Lichanos ou la troisième corde, & la Mése ou la quatrième, étant d'un Diton ou d'une Tierce majeure, il ne restoit, pour achever le Tétracorde au grave, qu'un semi-Ton à partager en deux Intervalles ; savoir, de l'Hypate à la Pathyp*te, & de la Pathypate au Lichanos. Nous expliquerons au mot *Genre* comment se faisoit cette division.

Le Genre *Enharmonique* étoit le plus doux des trois, au rapport d'Aristide Quintilien. Il passoit pour être très-ancien, & la plupart des Auteurs en attribuoient l'invention à Olympe Phrygien. Mais son Tétracorde, ou plutôt son Diatessaron de ce Genre, ne contenoit que trois cordes qui formoient entr'elles deux Intervalles incomposés ; le premier d'un semi-Ton ; & l'autre d'une Tierce majeure ; & de ces deux seuls Intervalles répétés de Tétracorde en Tétracorde, résultoit alors tout le Genre *Enharmonique*. Ce ne fut qu'après Olympe qu'on s'avisa d'insérer, à l'imitation des autres Genres, une quatrième corde entre les deux premières, pour faire la division dont je viens de parler. On en trouvera les rapports selon les Systêmes de Ptolomée & d'Aristoxène. (*Planche M. Fig.* 5)

ENH.

Ce Genre si merveilleux, si admiré des Anciens, &, selon quelques-uns, le premier trouvé des trois, ne demeura pas long-temps en vigueur. Son extrême difficulté le fit bien-tôt abandonner à mesure que l'Art gagnoit des combinaisons en perdant de l'énergie, & qu'on suppléoit à la finesse de l'oreille par l'agilité des doigts. Aussi Plutarque reprend-il vivement les Musiciens de son temps d'avoir perdu le plus beau des trois Genres, & d'oser dire que les Intervalles n'en sont pas sensibles; comme si tout ce qui échappe à leurs sens grossiers, ajoute ce Philosophe, devoit être hors de la Nature.

Nous avons aujourd'hui une sorte de Genre *Enharmonique* entiérement différent de celui des Grecs. Il consiste, comme les deux autres, dans une progression particulière de l'Harmonie, qui engendre, dans la marche des parties, des Intervalles *Enharmoniques*, en employant à la fois ou successivement entre deux Notes qui sont à un Ton l'une de l'autre le Bémol de l'inférieure, & le Dièse de la supérieure. Mais quoique, selon la rigueur des rapports, ce Dièse & ce Bémol dussent former un Intervalle entre eux; (Voyez ÉCHELLE & QUART-DE-TON.) cet Intervalle se trouve nul, au moyen du Tempérament, qui dans le Système établi, fait servir le même Son à deux usages: ce qui n'empêche pas qu'un tel passage ne produise, par la force de la Modulation & de l'Harmonie, une partie de l'effet qu'on cherche dans les transitions *Enharmoniques*.

Comme ce Genre est assez peu connu, & que nos auteurs se sont contentés d'en donner quelques notions trop succinctes, je crois devoir l'expliquer ici un peu plus au long.

Il faut remarquer d'abord que l'Accord de Septième diminuée est le seul sur lequel on puisse pratiquer des passages vraiment *Enharmoniques*; & cela en vertu de cette propriété singulière qu'il a de diviser l'Octave entière en quatre Intervalles égaux. Qu'on prenne dans les quatre Sons qui composent cet Accord, celui qu'on voudra pour fondamental, on trouvera toujours également que les trois autres Sons forment sur celui-ci un Accord de Septième diminuée. Or, le Son fondamental de l'Accord de Septième diminuée est toujours une Note sensible; de sorte que, sans rien changer à cet Accord, on peut, par une manière de double ou de quadruple emploi, le faire servir succeſſivement ſur quatre différentes fondamentales, c'eſt-à-dire, ſur quatre différentes Notes ſenſibles.

Il ſuit de-là que ce même Accord, ſans rien changer ni à l'Accompagnement, ni à la Baſſe, peut porter quatre noms différens, & par conſéquent ſe chiffrer de quatre différentes manières : ſavoir, d'un 7 ♭ ſous le nom de Septième diminuée d'un $\frac{6\ \times}{5}$ ſous le nom de Sixte majeure & fauſſe-Quinte ; d'un $\frac{\times\ 4}{\flat}$ ſous le nom de Tierce mineure & Triton, & enfin d'un × 2 ſous le nom de Seconde ſuperflue. Bien entendu que la Clef doit être cenſée armée différemment, ſelon les Tons où l'on eſt ſuppoſé être.

Voilà donc quatre manières de ſortir d'un Accord de Septième diminuée, en ſe ſuppoſant ſucceſſivement dans quatre Accords différens : car la marche fondamentale & naturelle du Son qui porte un Accord de Septième diminuée, eſt de ſe réſoudre ſur la Tonique du Mode mineur, dont il eſt la Note ſenſible.

Imaginons maintenant l'Accord de Septième diminuée ſur *ut* Dièſe Note ſenſible, ſi je prends la Tierce *mi* pour fondamentale, elle deviendra Note ſenſible à ſon tour, & annoncera par conſéquent le Mode mineur de *fa* ; or cet *ut* Dièſe reſte bien dans l'Accord de *mi* Note ſenſible : mais c'eſt en qualité de *re* Bémol, c'eſt-à-dire, de ſixième Note du Ton, & de ſeptième diminuée de la Note ſenſible : ainſi cet *ut* Dièſe qui, comme Note ſenſible, étoit obligé de monter dans le Ton de *re*, devenu *re* Bémol dans le Ton de *fa*, eſt obligé de deſcendre comme Septième diminuée : voilà une tranſition *Enharmonique*. Si au lieu de la Tierce, on prend, dans le même Accord d'*ut* Dièſe, la fauſſe Quinte *ſol* pour nouvelle Note ſenſible, l'*ut* Dièſe deviendra encore *re* Bémol, en qualité de quatrième Note : autre paſſage *Enharmonique*. Enfin ſi l'on prend pour Note ſenſible la Septième diminuée elle-même, au lieu de *ſi* Bémol, il faudra néceſſairement la conſidérer comme *la* Dièſe, ce qui fait un troiſième paſſage *Enharmonique* ſur le même Accord.

A

E N H.

A la faveur de ces quatre différentes manières d'envisager succeffivement le même Accord, on paffe d'un Ton à un autre qui en paroît fort éloigné, on donne aux Parties des progrès différens de celui qu'elles auroient dû avoir en premier lieu, & ces paffages ménagés à propos, font capables, non-feulement de furprendre, mais de ravir l'auditeur quand ils font bien rendus.

Une autre fource de variété, dans le même Genre, fe tire des différentes manières dont on peut réfoudre l'Accord qui l'annonce ; car quoique la Modulation la plus naturelle foit de paffer de l'Accord de Septième diminuée fur la Note fenfible, à celui de la Tonique en Mode mineure, on peut, en fubftituant la Tierce majeure à la mineure, rendre le Mode majeur & même y ajouter la Septième pour changer cette Tonique en Dominante, & paffer ainfi dans un autre Ton. A la faveur de ces diverfes combinaifons réunies, on peut fortir de l'Accord en douze manières. Mais, de ces douze, il n'y en a que neuf qui, donnant la converfion du Dièfe en Bémol ou réciproquement, foient véritablement *Enharmoniques* ; parce que dans les trois autres on ne change point de Note fenfible : encore dans ces neuf diverfes Modulations n'y a-t-il que trois diverfes Notes fenfibles, chacune defquelles fe réfout par trois paffages différens : de forte qu'à bien prendre la chofe on ne trouve fur chaque Note fenfible que trois vrais paffages *Enharmoniques* poffibles ; tous les autres n'étant point réellement *Enharmoniques*, ou fe rapportant à quelqu'un des trois premiers. (V. *Pl. L. Fig. 4.* un exemple de tous ces paffages.)

A l'imitation des Modulations du Genre Diatonique, on a plufieurs fois effayé de faire des morceaux entiers dans le Genre *Enharmonique*, & pour donner une forte de règle aux marches fondamentales de ce Genre, on l'a divifé en *Diatonique-Enharmonique* qui procède par une fucceffion de femi-Tons majeurs, & en *Chromatique-Enharmonique* qui procède par une fucceffion de femi-Tons mineurs.

Le Chant de la première efpèce eft *Diatonique*, parce que les femi-Tons y font majeurs ; & il eft *Enharmonique*, parce que deux femi-Tons majeurs de fuite forment un *Ton* trop fort d'un Intervalle *Enharmonique*. Pour former cette efpèce de Chant, il faut faire une baffe qui defcende de Quarte & monte de Tierce

Dict. de Muf.

majeure alternativement. Une partie du Trio des Parques de l'Opéra d'Hyppolite, est dans ce Genre ; mais il n'a jamais pu être exécuté à l'Opéra de Paris, quoique M. Rameau assure qu'il l'avoit été ailleurs par des Musiciens de bonne volonté, & que l'effet en fut surprenant.

Le Chant de la seconde espèce est *Chromatique*, parce qu'il procède par semi-Tons mineurs ; il est *Enharmonique*, parce que les deux semi-Tons mineurs consécutifs forment un Ton trop foible d'un Intervalle *Enharmonique*. Pour former cette espèce de Chant, il faut faire une Basse-fondamentale qui descende de Tierce mineure & monte de Tierce majeure alternativement. M. Rameau nous apprend qu'il avoit fait dans ce Genre de Musique un tremblement de terre dans l'Opéra des Indes galantes ; mais qu'il fut si mal servi qu'il fut obligé de le changer en une Musique commune. (Voyez les Élémens de Musique de M. d'Alembert, pages 91, 92, 93 & 166.)

Malgré les exemples cités & l'autorité de M. Rameau, je crois devoir avertir les jeunes Artistes que l'*Enharmonique-Diatonique* & l'*Enharmonique-Chromatique* me paroissent tous deux à rejetter comme Genres, & je ne puis croire qu'une Musique modulée de cette manière, même avec la plus parfaite exécution, puisse jamais rien valoir. Mes raisons sont que les passages brusques d'une idée à une autre idée extrêmement éloignée, y sont si fréquens, qu'il n'est pas possible à l'esprit de suivre ces transitions avec autant de rapidité que la Musique les présente ; que l'oreille n'a pas le temps d'appercevoir le rapport très-secret & très-composé des Modulations, ni de sous-entendre les intervalles supposés ; qu'on ne trouve plus dans de pareilles successions ombre de Tons ni de Modes ; qu'il est également impossible de retenir celui d'où l'on sort, ni de prévoir celui où l'on va ; & qu'au milieu de tout cela, l'on ne sait plus du tout où l'on est. L'*Enharmonique* n'est qu'un passage inattendu dont l'étonnante impression se fait fortement & dure long-temps ; passage que par conséquent on ne doit pas trop brusquement ni trop souvent répéter, de peur que l'idée de la Modulation ne se trouble & ne se perde entiérement : car si-tôt qu'on n'entend que des Accords isolés qui n'ont plus de rapport sensible & de fondement commun, l'Harmonie n'a plus auſſi d'union ni de ſuite apparente, & l'effet qui en réſulte n'eſt qu'un vain bruit ſans liaiſon & ſans agrément. Si M. Rameau, moins occupé de calculs inutiles, eût mieux étudié la Métaphyſique de ſon Art, il eſt à croire que le feu naturel de ce ſavant Artiſte eût produit des prodiges, dont le germe étoit dans ſon génie, mais que ſes préjugés ont toujours étouffés.

Je ne crois pas même que les ſimples Tranſitions *Enharmoniques* puiſſent jamais bien réuſſir, ni dans les Chœurs ni dans les Airs, parce que chacun de ces morceaux forme un tout où doit régner l'unité, & dont les Parties doivent avoir entr'elles une liaiſon plus ſenſible que ce Genre ne peut la marquer.

Quel eſt donc le vrai lieu de l'*Enharmonique*? C'eſt, ſelon moi, le Récitatif obligé. C'eſt dans une ſcène ſublime & pathétique où la Voix doit multiplier & varier les inflexions Muſicales à l'imitation de l'accent grammatical, oratoire & ſouvent inappréciable; c'eſt, dis-je, dans une telle ſcène que les Tranſitions *Enharmoniques* ſont bien placées, quand on ſait les ménager pour les grandes expreſſions, & les affermir, pour ainſi dire, par des traits de ſymphonie qui ſuſpendent la parole & renforcent l'expreſſion. Les Italiens, qui font un uſage admirable de ce Genre, ne l'emploient que de cette manière. On peut voir dans le premier Récitatif de l'Orphée de Pergolèſe un exemple frappant & ſimple des effets que ce grand Muſicien ſut tirer de l'*Enharmonique*, & comment, loin de faire une Modulation dure, ces Tranſitions, devenues naturelles & faciles à entonner, donnent une douceur énergique à toute la déclamation.

J'ai déja dit que notre Genre *Enharmonique* eſt entièrement différent de celui des Anciens. J'ajouterai que, quoique nous n'ayons point comme eux d'Intervalles *Enharmoniques* à entonner, cela n'empêche pas que l'*Enharmonique* moderne ne ſoit d'une exécution plus difficile que le leur. Chez les Grecs les Intervalles *Enharmoniques*, purement Mélodieux, ne demandoient, ni dans le Chanteur ni dans l'écoutant, aucun changement d'idées, mais ſeulement une grande délicateſſe d'organe; au lieu qu'à cette même délicateſſe, il faut joindre encore dans notre Muſique, une connoiſſance exacte & un ſentiment exquis des métamorphoſes Harmoniques les plus bruſques & les moins naturelles: car ſi l'on n'entend pas la phrase, on ne sauroit donner aux mots le ton qui leur convient; ni chanter juste dans un système Harmonieux, si l'on ne sent l'Harmonie.

ENSEMBLE. *adv. souvent pris substantivement.* Je ne m'arrêterai pas à l'explication de ce mot, pris pour le rapport convenable de toutes les parties d'un Ouvrage entr'elles & avec le tout, parce que c'est un sens qu'on lui donne rarement en Musique. Ce n'est guères qu'à l'exécution que ce terme s'applique, lorsque les Concertans sont si parfaitement d'accord, soit pour l'Intonation, soit pour la Mesure, qu'ils semblent être tous animés d'un même esprit, & que l'exécution rend fidélement à l'oreille tout ce que l'œil voit sur la Partition.

L'*Ensemble* ne dépend pas seulement de l'habileté avec laquelle chacun lit sa Partie, mais de l'intelligence avec laquelle il en sent le caractère particulier, & la liaison avec le tout; soit pour phraser avec exactitude, soit pour suivre la précision des Mouvemens, soit pour saisir le moment & les nuances des *Fort* & des *Doux*; soit enfin pour ajouter aux ornemens marqués, ceux qui sont si nécessairement supposés par l'Auteur, qu'il n'est permis à personne de les omettre. Les Musiciens ont beau être habiles, il n'y a d'*Ensemble* qu'autant qu'ils ont l'intelligence de la Musique qu'ils exécutent, & qu'ils s'entendent entr'eux : car il seroit impossible de mettre un parfait *Ensemble* dans un Concert de sourds, ni dans une Musique dont le style seroit parfaitement étranger à ceux qui l'exécutent. Ce sont sur-tout les Maîtres de Musique, Conducteurs & Chefs d'Orchestre, qui doivent guider, ou retenir ou presser les Musiciens pour mettre par-tout l'*Ensemble*; & c'est ce que fait toujours un bon premier Violon par une certaine charge d'exécution qui en imprime fortement le caractère dans toutes les oreilles. La Voix récitante est assujettie à la Basse & à la Mesure; le premier Violon doit écouter & suivre la Voix; la Symphonie doit écouter & suivre le premier Violon : enfin le Clavecin qu'on suppose tenu par le Compositeur, doit être le véritable & premier guide de tout.

En général, plus le Style, les périodes, les phrases, la Mélodie & l'Harmonie ont de caractère, plus l'ensemble est facile à saisir; parce que la même idée imprimée vivement dans tous les esprits préside à toute l'exécution. Au contraire, quand la Musique ne dit rien, & qu'on n'y fent qu'une fuite de Notes fans liaifon, il n'y a point de tout auquel chacun rapporte fa Partie, & l'exécution va toujours mal. Voilà pourquoi la Mufique Françoife n'eft jamais *enfemble*.

ENTONNER. *v. a.* C'eft dans l'exécution d'un Chant, former avec juftefſe les Sons & les Intervalles qui font marqués. Ce qui ne peut guères fe faire qu'à l'aide d'une idée commune à laquelle doivent fe rapporter ces Sons & ces Intervalles; favoir, celle du Ton & du mode où ils font employés, d'où vient peut-être le mot *Entonner*. On peut aufſi l'attribuer à la marche Diatonique; marche qui paroît la plus commode & la plus naturelle à la Voix. Il y a plus de difficulté à *Entonner* des Intervalles plus grands ou plus petits, parce qu'alors la Glotte fe modifie par des rapports trop grands dans le premier cas, ou trop compofés dans le fecond.

Entonner eft encore commencer le Chant d'une Hymne, d'un Pfeaume, d'une Antienne, pour donner le Ton à tout le Chœur. Dans l'Églife Catholique, c'eft, par exemple, l'Officiant qui *entonne* le *Te Deum*; dans nos Temples, c'eft le Chantre qui *entonne* les Pfeaumes.

ENTR'ACTE. *f. m.* Efpace de temps qui s'écoule entre la fin d'un Acte d'Opéra & le commencement de l'Acte fuivant, & durant lequel la repréfentation eft fufpendue, tandis que l'action eft fuppofée fe continuer ailleurs. L'Orcheftre remplit cet efpace en France par l'exécution d'une Symphonie qui porte aufſi le nom d'*Entr'acte*.

Il ne paroît pas que les Grecs aient jamais divifé leurs Drames par Actes, ni par conféquent connu les *Entr'actes*. La repréfentation n'étoit point fufpendue fur leurs Théatres depuis le commencement de la Pièce jufqu'à la fin. Ce furent les Romains qui, moins épris du Spectacle, commencerent les premiers à le partager en plufieurs parties, dont les Intervalles offroient du relâche à l'attention des Spectateurs; & cet ufage s'eft continué parmi nous.

Puifque l'*Entr'acte* eft fait pour fufpendre l'attention & repofer l'efprit du Spectateur, le Théatre doit refter vide, & les Intermèdes, dont on le rempliffoit autrefois, formoient une interruption de très-mauvais goût, qui ne pouvoit manquer de nuire à la Pièce, en faifant perdre le fil de l'action. Cependant Molière lui-même ne vit point cette vérité si simple, & les *Entr'actes* de sa dernière Pièce étoient remplis par des Intermèdes. Les François, dont les Spectacles ont plus de raison que de chaleur, & qui n'aiment pas qu'on les tienne long-temps en silence, ont depuis lors réduit les *Entr'actes* à la simplicité qu'ils doivent avoir, & il est à desirer, pour la perfection des Théatres qu'en cela leur exemple soit suivi par-tout.

Les Italiens, qu'un sentiment exquis guide souvent mieux que le raisonnement, ont proscrit la Danse de l'action Dramatique; (Voyez OPÉRA.) Mais par une inconséquence qui naît de la trop grande durée qu'ils veulent donner au Spectacle, ils remplissent leurs *Entr'actes* des Ballets qu'ils bannissent de la Pièce, & s'ils évitent l'absurdité de la double imitation, ils donnent dans celle de la transposition de Scène, & promenant ainsi le Spectateur d'objet en objet, lui font oublier l'action principale, perdre l'intérêt, & pour lui donner le plaisir des yeux lui ôtoient celui du cœur. Ils commencent pourtant à sentir le défaut de ce monstrueux assemblage, & après avoir déja presque chassé les Intermèdes des *Entr'actes*: sans doute ils ne tarderont pas d'en chasser encore la Danse, & de la réserver, comme il convient, pour en faire un Spectacle brillant & isolé à la fin de la grande Pièce.

Mais quoique le Théatre reste vide dans l'*Entr'acte*, ce n'est pas à dire que la Musique doive être interrompue : car à l'Opéra où elle fait une partie de l'existence des choses, le sens de l'ouie doit avoir une telle liaison avec celui de la vue, que tant qu'on voit le lieu de la Scène on entende l'Harmonie qui en est supposée inséparable, afin que son concours ne paroisse ensuite étranger ni nouveau sous le chant des Acteurs.

La difficulté qui se présente à ce sujet est de savoir ce que le Musicien doit dicter à l'Orchestre quand il ne se passe plus rien sur la Scène : car si la Symphonie, ainsi que toute la Musique Dramatique, n'est qu'une imitation continuelle, que doit-elle dire quand personne ne parle ? Que doit-elle faire quand il n'y a plus d'action ? Je réponds à cela, que quoique le Théatre soit vide, le cœur des Spectateurs ne l'est pas ; il a dû leur rester une forte impression de ce qu'ils viennent de voir & d'entendre. C'est à l'Orchestre à nourrir & soutenir cette impression durant l'*Entr'acte*, afin que le Spectateur ne se trouve pas au début de l'Acte suivant, aussi froid qu'il l'étoit au commencement de la Pièce, & que l'intérêt soit, pour ainsi dire, lié dans son ame comme les événemens le sont dans l'action représentée. Voilà comment le Musicien ne cesse jamais d'avoir un objet d'imitation, ou dans la situation des personnages ou dans celle des Spectateurs. Ceux-ci n'entendant jamais sortir de l'Orchestre que l'expression des sentimens qu'ils éprouvent, s'identifient, pour ainsi dire, avec ce qu'ils entendent, & leur état est d'autant plus délicieux qu'il régne un accord plus parfait entre ce qui frappe leurs sens & ce qui touche leur cœur.

L'habile Musicien tire encore de son Orchestre un autre avantage pour donner à la représentation tout l'effet qu'elle peut avoir, en amenant par degrés le Spectateur oisif à la situation d'ame la plus favorable à l'effet des Scènes qu'il va voir dans l'Acte suivant.

La durée de l'*Entr'acte* n'a pas de mesure fixe; mais elle est supposée plus ou moins grande, à proportion du temps qu'exige la partie de l'action qui se passe derrière le Théatre. Cependant cette durée doit avoir des bornes de supposition, relativement à la durée hypothétique de l'action totale, & des bornes réelles, relatives à la durée de la représentation.

Ce n'est pas ici le lieu d'examiner si la règle des vingt-quatre heures a un fondement suffisant & s'il n'est jamais permis de l'enfreindre. Mais si l'on veut donner à la durée supposée d'un *Entr'acte* des bornes tirées de la nature des choses, je ne vois point qu'on en puisse trouver d'autres que celles du temps durant lequel il ne se fait aucun changement sensible & régulier dans la Nature, comme il ne s'en fait point d'apparent sur la Scène durant l'*Entr'acte*. Or, ce temps est dans sa plus grande étendue à peu-près de douze heures, qui font la durée moyenne d'un jour ou d'une nuit. Passé cet espace, il n'y a plus de possibilité ni d'illusion dans la durée supposée de l'*Entr'acte*.

Quant à la durée réelle, elle doit être, comme je l'ai dit, proportionnée & à la durée totale de la représentation, & à la durée partielle & relative de ce qui se passe derrière le Théatre. Mais il y a d'autres bornes tirées de la fin générale qu'on se propose, savoir, la mesure de l'attention, car on doit bien se garder de faire durer l'*Entr'acte* jusqu'à laisser le Spectateur tomber dans l'engourdiffement & approcher de l'ennui. Cette mefure n'a pas, au refte, une telle précifion par elle-même, que le Muficien qui a du feu, du génie & de l'ame, ne puiffe, à l'aide de fon Orcheftre, l'étendre beaucoup plus qu'un autre.

Je ne doute pas même qu'il n'y ait des moyens d'abufer le Spectateur fur la durée effective de l'*Entr'acte*, en la lui faifant eftimer plus ou moins grande par la manière d'entrelacer les caractères de la Symphonie ; mais il eft temps de finir cet article qui n'eft déja que trop long.

ENTRÉE. *f. f.* Air de Symphonie par lequel débute un Ballet.

Entrée fe dit encore à l'Opéra, d'un Acte entier, dans les Opéra-Ballets dont chaque Acte forme un fujet féparé. L'Entrée *de Vertumne dans les Elémens.* L'Entrée *des Incas dans les Indes Galantes.*

Enfin, *Entrée* fe dit auffi du moment où chaque Partie qui en fuit une autre commence à fe faire entendre.

ÉOLIEN. *adj.* Le Ton ou Mode *Eolien* étoit un des cinq Modes moyens ou principaux de la Mufique Grecque, & fa corde fondamentale étoit immédiatement au-deffus de celle du Mode Phrygien (Voyez MODE.)

Le Mode *Eolien* étoit grave, au rapport de Lafus. *Je chante,* dit-il, *Cérès & fa fille Mélibée, époufe de Pluton, fur le Mode* Éolien, *rempli de gravité.*

Le nom d'*Eolien* que portoit ce Mode ne lui venoit pas des Ifles Éoliennes, mais de l'Éolie, contrée de l'Afie mineure, où il fut premièrement en ufage.

ÉPAIS. *adj.* Genre *Épais*, denfe, ou ferré, πυκνός, eft, felon la définition d'Ariftoxène, celui où, dans chaque Tétracorde, la fomme des deux premiers Intervalles eft moindre que le troifième. Ainfi le Genre Enharmonique eft *épais*, parce que les deux premiers Intervalles,, qui font chacun d'un Quart-de-Ton, ne forment enfemble qu'un femi-Ton; fomme beaucoup moindre que le troifième Intervalle, qui eft une Tierce majeure. Le Chromatique eft auffi un Genre *Épais* ; car fes deux premiers Intervalles ne forment qu'un Ton, moindre encore que la Tierce mineure qui fuit. Mais le Genre Diatonique n'eft point *Épais*, puifque fes deux premiers Intervalles forment un Ton & demi, fomme plus grande de que le Ton qui fuit. (Voyez GENRE TÉTRACORDE.)

De ce mot κυκνός, comme radical, font compofés les termes *Apycni*, *Barypycni*, *Mefopycni*, *Oxipycni*, dont on trouvera les articles chacun à fa place.

Cette dénomination n'eft point en ufage dans la Mufique moderne.

ÉPIAULIE. Nom que donnoient les Grecs à la Chanfon des Meûniers; appellée autrement *Himée*. (Voyez CHANSON.)

Le mot burlefque *piauler* ne tireroit-il point d'ici fon étymologie? Le piaulement d'une femme ou d'un enfant, qui pleure & fe lamente long-temps fur le même ton, reffemble affez à la Chanfon d'un moulin, & par métaphore, à celle d'un Meûnier.

ÉPILENE. Chanfon des Vendangeurs, laquelle s'accompagnoit de la Flûte. Voyez Athénée, *Livre V*.

ÉPINICION. Chant de victoire, par lequel on célébroit chez les Grecs le triomphe des Vainqueurs.

ÉPISYNAPHE. *f. f.* C'eft, au rapport de Bacchius, la conjonction des trois Tétracordes confécutifs, comme font les Tétracordes *Aypaton*, *Mefon* & *Synnemenon*. (Voyez SYSTÊME, TÉTRACORDE.)

ÉPITHALAME. *f. m.* Chant nuptial qui fe chantoit autrefois à la porte des nouveaux Époux, pour leur fouhaiter une heureufe union. De telles Chanfons ne font guères en ufage parmi nous; car on fait bien que c'eft peine perdue. Quand on en fait pour fes amis & familiers, on fubftitue ordinairement à ces vœux honnêtes & fimples, quelques penfées équivoques & obfcènes, plus conformes au goût du fiècle.

ÉPITRITE. Nom d'un des Rythmes de la Mufique Grecque, duquel les Tems étoient en raifon fefquitierce ou de 3 à 4. Ce Rythme étoit repréfenté par le pied que les Poëtes Grammairiens appellent auffi *Épitrite*; pied compofé de quatre fyllabes, dons les deux premières font en effet aux deux dernières dans la riafon de 3 à 4. (Voyez RYTHME.)

ÉPODE. *f. f.* Chant du troifième Couplet, qui, dans les Odes, terminoit ce que les Grecs appelloient *la Période*, laquelle étoit compofée de trois Couplets; favoir, la *Strophe*, l'*Antiftrophe*, & l'*Épode*. On attribue à Archiloque l'invention de l'*Epode*.

Dict. de Muf.

EPTACORDE. *f. m.* Lyre ou Cythare à sept cordes, comme, au dire de plusieurs, étoit celle de Mercure.

Les Grecs donnoient aussi le nom d'*Eptacorde* à un système de Musique formé de sept Sons, tel, qu'est aujourd'hui notre Gamme. L'*Eptacorde* Synnemenon qu'on appelloit autrement *Lyre de Terpandre*, étoit composé des Sons exprimés par ces lettres de la Gamme, E, F, G, *a*, *b*, *c*, *d*. L'*Eptacorde* de Philolaüs substituoit le Béquarre au Bémol, & peut s'exprimer ainsi, E, F, G, *a*, ♮ *c*, *d*. Il en rapportoit chaque corde à une des Planetes, l'Hypate à Saturne, la Parhypate à Jupiter, & ainsi de suite.

ÉPTAMÉRIDES. *f. f.* Nom donné par M. Sauveur à l'un des Intervalles de son Système exposé dans les Mémoires de l'Académie, année 1701.

Cet Auteur divise d'abord l'Octave en 43 parties ou *Mérides*; puis chacune de celles-ci en 7 *Eptamérides*; de sorte que l'Octave entière comprend 301 *Eptamérides* qu'il subdivise encore. (Voyez DÉCAMÉRIDE.)

Ce mot est formé de ἑπτά, sept, & de μερίς, partie.

EPTAPHONE. *f. m.* Nom d'un Portique de la Ville d'Olympie, dans lequel on avoit ménagé un écho qui répétoit la Voix sept fois de suite. Il y a grande apparence que l'Écho se trouva-là par hasard, & qu'ensuite les Grecs, grands Charlatans, en firent honneur à l'Art de l'Architecte.

ÉQUISONNANCE. *f. f.* Nom par lequel les Anciens distinguoient des autres Consonnances celles de l'Octave & de la double Octave, les seules qui fassent Paraphonie. Comme on a aussi quelquefois besoin de la même distinction dans la Musique moderne, on peut l'employer avec d'autant moins de scrupule, que la sensation de l'Octave se confond très-souvent à l'oreille avec celle de l'Unisson.

ESPACE. *f. m.* Intervalle blanc, ou distance qui se trouve dans la Portée entre une ligne & celle qui la suit immédiatement au-dessus ou au-dessous. Il y a quatre *Espaces* dans les cinq Lignes, & il y a de plus deux *Espaces*, l'un au-dessus, l'autre au-dessous de la Portée entière; l'on borne, quand il le faut, ces deux *Espaces* indéfinis par des Lignes postiches ajoutées en haut ou en bas, lesquelles augmentent l'étendue de la Portée, & fournissent de nouveaux *Espaces*. Chacun de ces *Espaces* divise l'Intervalle des deux Lignes qui le terminent, en deux Degrés Diatoniques; savoir, un de la Ligne inférieure à l'*Espace*, & l'autre de l'*Espace* à la Ligne supérieure. (Voyez PORTÉE.)

ÉTENDUE. *s. f.* Différence de deux Sons donnés qui en ont d'intermédiaires, ou somme de tous les Intervalles compris entre les deux exrrêmes. Ainsi la plus grande *Étendue* possible, ou celle qui comprend toutes les autres, est celle du plus grave au plus aigu de tous les Sons sensibles ou appréciables. Selon les expériences de M. Euler, toute cette *Étendue* forme un Intervalle d'environ huit Octaves, entre un Son qui fait 30 vibrations par Seconde, & un autre qui en fait 7552 dans le même temps.

Il n'y a point d'*Étendue* en Musique entre les deux termes de laquelle on ne puisse inférer une infinité de Sons intermédiaires qui le partagent en une infinité d'intervalles, d'où il suit que l'*Étendue* sonore ou Musical est divisible à l'infini, comme celles du temps & du lieu. (Voyez INTERVALLE.)

EUDROMÉ. Nom de l'Air que jouoient les Hautbois aux Jeux Sthéniens, institués dans Argos en l'honneur de Jupiter. Hiérax, Argien, étoit l'inventeur de cet Air.

ÉVITER. *v. a.* *Éviter* une Cadence, c'est ajouter une Dissonnance à l'Accord final, pour changer le Mode ou prolonger la phrase. (Voyez CADENCE.)

ÉVITÉ. *participe.* Cadence *Évitée.* (Voyez CADENCE.)

ÉVOVAÉ. *s. m.* Mot barbare formé de six voyelles qui marquent les Syllabes des deux mots, *seculorum amen*: & qui n'est d'usage que dans le Plain-Chant. C'est sur les lettres de ce mot qu'on trouve indiquées dans les Pseautiers & Antiphonaires des Églises Catholiques les Notes par lesquelles, dans chaque Ton & dans les diverses modifications du Ton, il faut terminer les versets des Pseaumes ou des Cantiques.

L'*Évovaé* commence toujours par la Dominante du Ton de l'Antienne qui le précède, & finit toujours par la finale.

EUTHIA. *s. f.* Terme de la Musique Grecque, qui signifie une suite de Notes procédant du grave à l'aigu. L'*Euthia* étoit une des Parties de l'ancienne Mélopée.

EXACORDE. *f. m.* Inſtrument à ſix cordes, ou ſyſtême compoſé de ſix Sons, tel que l'*Exacorde* de Gui d'Arezzo.

EXÉCUTANT. *partic. pris ſubſt.* Muſicien qui exécute ſa Partie dans un Concert; c'eſt la même choſe que Concertant. (Voyez CONCERTANT.) Voyez auſſi les deux mots qui ſuivent.

EXÉCUTER. *v. a. Exécuter* une Pièce de Muſique, c'eſt chanter & jouer toutes les Parties qu'elle contient, tant vocales qu'inſtrumentales, dans l'Enſemble qu'elles doivent avoir, & la rendre telle qu'elle eſt notée ſur la Partition.

Comme la Muſique eſt faite pour être entendue, on n'en peut bien juger que par l'exécution. Telle Partition paroît admirable ſur le papier, qu'on ne peut entendre *Exécuter* ſans dégoût, & telle autre n'offre aux yeux qu'une apparence ſimple & commune, dont l'exécution ravit par des effets inattendus. Les petits Compoſiteurs, attentifs à donner de la ſymétrie & du jeu à toutes leurs Parties, paroiſſent ordinairement les plus habiles gens du monde, tant qu'on ne juge de leurs ouvrages que par les yeux. Auſſi ont-ils ſouvent l'adreſſe de mettre tant d'Inſtrumens divers, tant de Parties dans leur Muſique, qu'on ne puiſſe raſſembler que très-difficilement tous les Sujets néceſſaires pour l'*Exécuter*.

EXÉCUTION. *ſ. f.* L'Action d'exécuter une Pièce de Muſique.

Comme la Muſique eſt ordinairement compoſée de pluſieurs Parties, dont le rapport exact, ſoit pour l'intonation, ſoit pour la Meſure, eſt extrêmement difficile à obſerver, & dont l'eſprit dépend plus du goût que des ſignes, rien n'eſt ſi rare qu'une bonne *Exécution*. C'eſt peu de lire la Muſique exactement ſur la Note; il faut entrer dans toutes les idées du Compoſiteur, ſentir & rendre le feu de l'expreſſion, avoir ſur-tout l'oreille juſte & toujours attentive pour écouter & ſuivre l'Enſemble. Il faut, en particulier dans la Muſique Françoiſe, que la Partie principale ſache preſſer ou ralentir le mouvement, ſelon que l'exigent le goût du Chant, le volume de Voix & le développement des bras du Chanteur; il faut, par conſéquent, que toutes les autres Parties ſoient ſans relâche, attentives à bien ſuivre celle-là. Auſſi l'Enſemble de l'Opéra de Paris, où la Muſique n'a point d'autre Meſure que celle du geſte, ſeroit-il, à mon avis, ce qu'il y a de plus admirable en fait d'*Exécution*.

« Si les François, dit Saint-Evremont, par leur commerce avec
» les Italiens, sont parvenus à composer plus hardiment, les Ita-
» liens ont aussi gagné au commerce des François, en ce qu'ils
» ont appris d'eux à rendre leur *Exécution* plus agréable, plus
» touchante & plus parfaite «. Le Lecteur se passera bien, je crois,
de mon commentaire sur ce passage. Je dirai seulement que les
François croient toute la terre occupée de leur Musique, & qu'au
contraire dans les trois quarts de l'Italie, les Musiciens ne savent
pas même qu'il existe une Musique Françoise différente de la leur.

On appelle encore *Exécution* la facilité de lire & d'exécuter une
Partie Instrumentale, & l'on dit, par exemple, d'un Symphoniste,
qu'il a beaucoup d'*Exécution*, lorsqu'il exécute correctement, sans
hésiter & à la première vue, les choses les plus difficiles : l'*Exécution* prise en ce sens dépend sur-tout de deux choses : premiérement, d'une habitude parfaite de la touche & du doigter de
son Instrument ; en second lieu, d'une grande habitude de lire la
Musique & de phraser en la regardant : car tant qu'on ne voit
que des Notes isolées, on hésite toujours à les prononcer : on
n'acquiert la grande facilité de l'*Exécution*, qu'en les unissant par
le sens commun qu'elles doivent former, & en mettant la chose
à la place du signe. C'est ainsi que la mémoire du Lecteur ne
l'aide pas moins que ses yeux, & qu'il liroit avec peine une langue inconnue, quoiqu'écrite avec les mêmes caractères, & composée des mêmes mots qu'il lit couramment dans la sienne.

EXPRESSION. *s. f.* Qualité par laquelle le Musicien sent vivement
& rend avec énergie toutes les idées qu'il doit rendre, & tous
les sentimens qu'il doit exprimer. Il y a une *Expression* de Composition & une d'exécution, & c'est de leur concours que résulte
l'effet musical le plus puissant & le plus agréable.

Pour donner de l'*Expression* à ses ouvrages, le Compositeur
doit saisir & comparer tous les rapports qui peuvent se trouver
entre les traits de son objet & les productions de son Art ; il
doit connoître ou sentir l'effet de tous les caractères, afin de
porter exactement celui qu'il choisit au degré qui lui convient :
car comme un bon Peintre ne donne pas la même lumière à tous
ses objets, l'habile Musicien ne donnera pas non plus la même
énergie à tous ses sentimens, ni la même force à tous ses ta-

bleaux, & placera chaque Partie au lieu qui convient, moins pour la faire valoir seule que pour donner un plus grand effet au tout.

Après avoir bien vu ce qu'il doit dire, il cherche comment il le dira, & voici où commence l'application des préceptes de l'Art, qui est comme la langue particulière dans laquelle le Muſicien veut ſe faire entendre.

La Mélodie, l'Harmonie, le Mouvement, le choix des Inſtrumens & des Voix ſont les élémens du langage muſical, & la Mélodie, par ſon rapport immédiat avec l'Accent grammatical & oratoire, eſt celui qui donne le caractère à tous les autres. Ainſi c'eſt toujours du Chant que ſe doit tirer la principale *Expreſſion* tant dans la Muſique Inſtrumentale que dans la Vocale.

Ce qu'on cherche donc à rendre par la Mélodie, c'eſt le Ton dont s'expriment les ſentimens qu'on veut repréſenter, & l'on doit bien ſe garder d'imiter en cela la déclamation théatrale qui n'eſt elle-même qu'une imitation, mais la voix de la Nature parlant ſans affectation & ſans art. Ainſi le Muſicien cherchera d'abord un Genre de Mélodie qui lui fourniſſe les inflexions Muſicales les plus convenables au ſens des paroles, en ſubordonnant toujours l'*Expreſſion* des mots à celle de la penſée, & celle-ci même à la ſituation de l'ame de l'Interlocuteur; car quand on eſt fortement affecté, tous les diſcours que l'on tient prennent, pour ainſi dire, la teinte du ſentiment général qui domine en nous, & l'on ne querelle point ce qu'on aime du ton dont on querelle un indifférent.

La parole eſt diverſement accentuée ſelon les diverſes paſſions qui l'inſpirent, tantôt aiguë & véhémente, tantôt remiſſe & lâche, tantôt variée & impétueuſe, tantôt égale & tranquille dans ſes inflexions. De-là le Muſicien tire les différences des Modes de Chant qu'il emploie & des lieux divers dans leſquels il maintient la Voix, la faiſant procéder dans le bas par de petits Intervalles pour exprimer les langueurs de la triſteſſe & de l'abbattement, lui arrachant dans le haut les Sons aigus de l'emportement & de la douleur, & l'entraînant rapidement par tous les Intervalles de ſon Diapaſon dans l'agitation du déſeſpoir ou l'égarement des paſſions contraſtées. Sur-tout il faut bien obſerver que le charme de la Musique ne consiste pas seulement dans l'imitation, mais dans une imitation agréable ; & que la déclamation même, pour faire un grand effet, doit être subordonnée à la Mélodie : de sorte qu'on ne peut peindre le sentiment sans lui donner ce charme secret qui en est inséparable, ni toucher le cœur si l'on ne plaît à l'oreille. Et ceci est encore très-conforme à la Nature, qui donne au ton des personnes sensibles je ne sais quelles inflexions touchantes & délicieuses que n'eut jamais celui des gens qui ne sentent rien. N'allez donc pas prendre le baroque pour l'expressif, ni la dureté pour de l'énergie ; ni donner un tableau hideux des passions que vous voulez rendre, ni faire, en un mot, comme à l'Opéra François, où le ton passionné ressemble aux cris de la colique, bien plus qu'aux transports de l'amour.

Le plaisir physique qui résulte de l'Harmonie, augmente à son tour le plaisir moral de l'imitation, en joignant les sensations agréables des Accords à l'*Expression* de la Mélodie, par le même principe dont je viens de parler. Mais l'Harmonie fait plus encore ; elle renforce l'*Expression* même, en donnant plus de justesse & de précision aux Intervalles mélodieux ; elle anime leur caractère, & marquant exactement leur place dans l'ordre de la Modulation, elle rappelle ce qui précède, annonce ce qui doit suivre, & lie ainsi les phrases dans le Chant comme les idées se lient dans le discours. L'Harmonie, envisagée de cette manière, fournit au Compositeur de grands moyens d'*Expression*, qui lui échappent quand il ne cherche l'*Expression* que dans la seule Harmonie ; car alors, au lieu d'animer l'Accent, il l'étouffe par ses Accords, & tous les Intervalles, confondus dans un continuel remplissage, n'offrent à l'oreille qu'une suite de Sons fondamentaux qui n'ont rien de touchant ni d'agréable, & dont l'effet s'arrête au cerveau.

Que fera donc l'Harmoniste pour concourir à l'*Expression* de la Mélodie & lui donner plus d'effet ? Il évitera soigneusement de couvrir le Son principal dans la combinaison des Accords ; il subordonnera tous ses Accompagnemens à la Partie chantante ; il en aiguisera l'énergie par le concours des autres Parties ; il renforcera l'effet de certains passages par des Accords sensibles ; il en dérobera d'autres par supposition ou par suspension, en les comptant pour rien fur la Baſſe ; il fera fortir les *Expreſſions* fortes par des Diſſonnances majeures, il réſervera les mineures pour des ſentimens plus doux. Tantôt il liera toutes ſes Parties par des Sons continus & coulés ; tantôt il les fera contraſter ſur le Chant par des Notes piquées. Tantôt il frappera l'oreille par des Accords pleins ; tantôt il renforcera l'Accent par le choix d'un ſeul Intervalle. Par-tout il rendra préſent & ſenſible l'enchaînement des Modulations, & fera ſervir la Baſſe & ſon Harmonie à déterminer le lieu de chaque paſſage dans le Mode, afin qu'on n'entende jamais un Intervalle ou un trait de Chant, ſans ſentir en même temps ſon rapport avec le tout.

À l'égard du Rhythme, jadis ſi puiſſant pour donner de la force, de la variété, de l'agrément à l'Harmonie Poëtique ; ſi nos Langues, moins accentuées & moins proſodiques, ont perdu le charme qui en réſultoit, notre Muſique en ſubſtitue un autre plus indépendant du diſcours, dans l'égalité de la Meſure, & dans les diverſes combinaiſons de ſes temps, ſoit à la fois dans le tout, ſoit ſéparément dans chaque Partie. Les quantités de la Langue ſont preſque perdues ſous celles des Notes ; & la Muſique, au lieu de parler avec la parole, emprunte, en quelque ſorte de la Meſure, un langage à part. La force de l'*Expreſſion* conſiſte, en cette partie, à réunir ces deux langages le plus qu'il eſt poſſible, & à faire que, ſi la Meſure & le Rhythme ne parlent pas de la même manière, ils diſent au moins les mêmes choſes.

La gaieté qui donne de la vivacité à tous nos mouvemens, en doit donner de même à la Meſure ; la triſteſſe reſſerre le cœur, ralentit les mouvemens, & la même langueur ſe fait ſentir dans les Chants qu'elle inſpire : mais quand la douleur eſt vive ou qu'il ſe paſſe dans l'ame des grands combats, la parole eſt inégale ; elle marche alternativement avec la lenteur du Spondée & avec la rapidité du Pytrique, & ſouvent s'arrête tout court comme dans le Récitatif obligé : c'eſt pour cela que les Muſiques les plus expreſſives, ou du moins les plus paſſionnées, ſont communément celles où les Temps, quoiqu'égaux entr'eux, ſont le plus inégalement diviſés ; au lieu que l'image du ſommeil, du repos, de la paix de l'ame, ſe peint volontiers avec des Notes égales, qui ne marchent ni vîte ni lentement.

Une

Une observation que le Compositeur ne doit pas négliger, c'est que plus l'Harmonie est recherchée, moins le mouvement doit être vif, afin que l'esprit ait le temps de saisir la marche des Dissonnances & le rapide enchaînement des Modulations ; il n'y a que le dernier emportement des passions qui permette d'allier la rapidité de la Mesure & la dureté des Accords. Alors quand la tête est perdue & qu'à force d'agitation l'Acteur semble ne savoir plus ce qu'il dit, ce désordre énergique & terrible peut se porter ainsi jusqu'à l'ame du Spectateur & le mettre de même hors de lui. Mais si vous n'êtes bouillant & sublime, vous ne serez que baroque & froid; jettez vos Auditeurs dans le délire ou gardez-vous d'y tomber : car celui qui perd la raison n'est jamais qu'un insensé aux yeux de ceux qui la conservent, & les foux n'intéressent plus.

Quoique la plus grande force de l'*Expression* se tire de la combinaison des Sons, la qualité de leur timbre n'est pas indifférente, pour le même effet. Il y a des Voix fortes & Sonores qui en imposent par leur étoffe ; d'autres légères & flexibles, bonnes pour les choses d'exécution; d'autres sensibles & délicates qui vont au cœur par des Chants doux & pathétiques. En général les Dessus & toutes les Voix aigues sont plus propres pour exprimer la tendresse & la douceur, les Basses & Concordans pour l'emportement & la colère : mais les Italiens ont banni les Basses de leurs Tragédies, comme une Partie dont le Chant est trop rude pour le genre Héroïque, & leur ont substitué les Tailles ou Tenor, dont le Chant a le même caractère avec un effet plus agréable. Ils emploient ces mêmes Basses plus convenablement dans le Comique pour les rôles à manteaux, & généralement pour tous les caractères de charge.

Les Instrumens ont aussi des *Expressions* très-différentes selon que le Son en est fort ou foible; que le timbre en est aigre ou doux; que le Diapason en est grave ou aigu, & qu'on ne peut tirer des Sons en plus grande ou moindre quantité. La Flûte est tendre, le Hautbois gai, la Trompette guerrière, le Cor sonore, majestueux, propre aux grandes *Expressions*. Mais il n'y a point d'Instrument dont on tire une *Expression* plus variée & plus universelle que le Violon. Cet Instrument admirable fait le fond de tous les Orcheſtres, & ſuffit au grand Compoſiteur pour en tirer tous les effets que les mauvais Muſiciens cherchent inutilement dans l'alliage d'une multitude d'Inſtrumens divers. Le Compoſiteur doit connoître le manche du Violon pour doigter ſes Airs, pour diſpoſer ſes Arpèges, pour ſavoir l'effet des Cordes à vide, & pour employer & choiſir les Tons ſelon les divers caractères qu'ils ont ſur cet Inſtrument.

Vainement le Compoſiteur ſaura-t-il animer ſon Ouvrage, ſi la chaleur qui doit y regner ne paſſe à ceux qui l'exécutent. Le Chanteur qui ne voit que des Notes dans ſa Partie, n'eſt point en état de ſaiſir l'*Expreſſion* du Compoſiteur, ni d'en donner une à ce qu'il chante s'il n'en a bien ſaiſi le ſens. Il faut entendre ce ce qu'on lit pour le faire entendre aux autres, & il ne ſuffit pas d'être ſenſible en général, ſi l'on ne l'eſt en particulier à l'énergie de la Langue qu'on parle. Commencez donc par bien connoître le caractère du Chant que vous avez à rendre, ſon rapport au ſens des paroles, la diſtinction de ſes phraſes, l'Accent qu'il a par lui-même, celui qu'il ſuppoſe dans la voix de l'Exécutant, l'énergie que le Compoſiteur a donnée au Poëte, & celle que vous pouvez donner à votre tour au Compoſiteur : alors livrez vos organes à toute la chaleur que ces conſidérations vous auront inſpirée ; faites ce que vous feriez ſi vous étiez à la fois le Poëte, le Compoſiteur, l'Acteur & le Chanteur : & vous aurez toute l'*Expreſſion* qu'il vous eſt poſſible de donner à l'Ouvrage que vous avez à rendre. De cette manière, il arrivera naturellement que vous mettrez de la délicateſſe & des ornemens dans les Chants qui ne ſont qu'élégans & gracieux, du piquant & du feu dans ceux qui ſont animés & gais, des gémiſſemens & des plaintes dans ceux qui ſont tendres & pathétiques, & toute l'agitation du *Forte-piano* dans l'emportement des paſſions violentes. Par-tout où l'on réunira fortement l'Accent muſical à l'Accent oratoire ; par-tout où la Meſure ſe fera vivement ſentir, & ſervira de Guide aux Accens du Chant ; par-tout où l'Accompagnement & la Voix ſauront tellement accorder & unir leurs effets, il en réſultera une Mélodie, & l'Auditeur trompé attribuera à la Voix les paſſages dont l'Orcheſtre l'embellira ; enfin par-tout où les ornemens ſobrement ménagés porteront témoignage de la facilité du

Chanteur; fans couvrir & défigurer le Chant, l'*Expreffion* fera douce, agréable & forte, l'oreille fera charmée & le cœur ému; le phyfique & le moral concourront à la fois au plaifir des écoutans, & il regnera un tel Accord entre la parole & le Chant que le tout femblera n'être qu'une langue délicieufe qui fait tout dire & plaît toujours.

EXTENSION. *f. f.* eft, felon Ariftoxène, une des quatre parties de la Mélopée qui confifte à foutenir long-temps certains Sons & au-delà même de leur quantité grammaticale. Nous appellons aujourd'hui Tenues les Sons ainfi foutenus. (Voyez TENUE.)

F.

F *ut fa*, F *fa ut*, ou simplement F. Quatrième Son de la Gamme Diatonique & naturelle, lequel s'appelle autrement *Fa*. (Voyez GAMME.)

C'est aussi le nom de la plus basse des trois Clefs de la Musique. (Voyez CLEF.)

FACE. *s. f.* Combinaison, ou des Sons d'un Accord en commençant par un de ces Sons & prenant les autres selon leur suite naturelle, ou des touches du Clavier qui forment le même Accord. D'où il suit qu'un Accord peut avoir autant de *Faces* qu'il y a de Sons qui le composent; car chacun peut être le premier à son tour.

L'Accord parfait *ut mi sol* a trois *Faces*. Par la première, tous les doigts sont rangés par Tierces, & la Tonique est sous l'index : par la seconde *mi sol ut*, il y a une Quarte entre les deux derniers doigts, & la Tonique est sous le dernier : par la troisième *sol ut mi*, la Quarte est entre l'index & le quatrième, & la Tonique est sous celui-ci. (Voyez RENVERSEMENT.)

Comme les Accords Dissonnans ont ordinairement quatre Sons, ils ont aussi quatre *Faces*, qu'on peut trouver avec la même facilité. (Voyez DOIGTER.)

FACTEUR. *f. m.* Ouvrier qui fait des Orgues ou des Clavecins.

FANFARE. *s. f.* Sorte d'Air militaire, pour l'ordinaire court & brillant, qui s'exécute par des trompettes, & qu'on imite sur d'autres Instrumens. La *Fanfare* est communément à deux dessus de Trompettes accompagnées de Tymbales ; &, bien exécutée, elle a quelque chose de martial & de gai qui convient fort à son usage. De toutes les Troupes de l'Europe, les Allemandes sont celles qui ont les meilleurs Instrumens militaires; aussi leurs Marches & *Fanfares* font-elles un effet admirable. C'est une chose à remarquer que dans tout le Royaume de France il n'y a pas un seul Trompette qui sonne juste, & la Nation la plus guerrière de l'Europe a les Instrumens militaires les plus discordans; ce qui n'est pas sans inconvénient. Durant les dernières guerres, les Paysans de Bohême, d'Autriche & de Bavière, tous Muficiens nés, ne pouvant croire que des Troupes réglés euffent des Inftrumens fi faux & fi déteftables, prirent tous ces vieux Corps pour de nouvelles levées qu'ils commencerent à méprifer, & l'on ne fauroit dire à combien de braves gens des Tons faux ont coûté la vie. Tant il eft vrai que, dans l'appareil de la guerre, il ne faut rien négliger de ce qui frappe les fens!

FANTAISIE. *f. f.* Pièce de Mufique Inftrumentale qu'on exécute en la compofant. Il y a cette différence du *Caprice* à la *Fantaifie*, que le Caprice eft un recueil d'idées fingulières & difparates que raffemble une imagination échauffée, & qu'on peut même compofer à l'oifir; au lieu que la *Fantaifie* peut être une Pièce très-régulière, qui ne diffère des autres qu'en ce qu'on l'invente en l'exécutant, & qu'elle n'exifte plus fi-tôt qu'elle eft achevée. Ainfi le Caprice eft dans l'efpèce & l'affortiment des idées, & la *Fantaifie* dans leur promptitude à fe préfenter. Il fuit de-là qu'un Caprice peut fort bien s'écrire, mais jamais une *Fantaifie*; car fi-tôt qu'elle eft écrite ou répétée, ce n'eft plus une *Fantaifie*, c'eft Pièce ordinaire.

FAUCET. (Voyez FAUSSET.)

FAUSSE-QUARTE. (Voyez QUARTE.)

FAUSSE-QUINTE. *f. f.* Intervalle diffonnant appellé par les Grecs *hemi-Diapente*, dont les deux termes font diftans de quatre Degrés Diatoniques, ainfi que ceux de la Quinte jufte, mais dont l'Intervalle eft moindre d'un femi-Ton; celui de la Quinte étant de deux Tons majeurs, d'un Ton mineur & d'un femi-Ton majeur, & celui de la *Fauffe-Quinte* feulement d'un Ton majeur, d'un Ton mineur & de deux femi-Tons majeurs. Si, fur nos Claviers ordinaires, on divife l'Octave en deux parties égales, on aura d'un côté la *Fauffe-Quinte* comme *fi fa*, & de l'autre le Triton comme *fa fi* : mais ces deux Intervalles, égaux en ce fens, ne le font ni quant au nombre des Degrés, puifque le Triton n'en a que trois; ni dans la précifion des rapports, celui de la *Fauffe-Quinte* étant de 45 à 64, & celui du Triton de 32 à 45.

L'Accord de *Fauffe-Quinte* eft renverfé de l'Accord Dominant, en mettant la Note fenfible au grave. Voyez au mot ACCORD comment celui-là s'accompagne.

Il faut bien diftinguer la *Fauſſe-Quinte* Diſſonnance, de la *Quinte-Fauſſe*, réputée Conſonnance, & qui n'eſt altérée que par accident. (Voyez QUINTE.)

FAUSSE-RELATION. ſ. f. Intervalle diminué ou ſuperflu. (Voyez RELATION.)

FAUSSET. ſ. m. C'eſt cette eſpèce de voix par laquelle un homme, ſortant à l'aigu du Diapaſon de ſa voix naturelle, imite celle de la femme. Un homme fait, à-peu-près, quand il chante le *Fauſſet*, ce que fait un tuyau d'Orgue quand il octavie. (Voyez OCTAVIER.)

Si ce mot vient du François *faux* oppoſé à *juſte*, il faut l'écrire comme je fais ici, en ſuivant l'orthographe de l'Encyclopédie : mais s'il vient, comme je le crois, du Latin, *faux*, *faucis*, la gorge, il falloit, au lieu des deux *ss* qu'on a ſubſtituées, laiſſer le *c* que j'y avois mis : *Faucet*.

FAUX. adj. & adv. Ce mot eſt oppoſé à *juſte*. On chante *Faux* quand on n'entonne pas les Intervalles dans leur juſteſſe, qu'on forme des Sons trop hauts ou trop bas.

Il y a des Voix *Fauſſes*, des Cordes *Fauſſes*, des Inſtrumens *Faux*. Quant aux Voix, on prétend que le défaut eſt dans l'oreille & non dans la glotte. Cependant j'ai vu des gens qui chantoient très-*Faux* & qui accordoient un Inſtrument très-juſte. La Fauſſeté de leurs voix n'avoit donc pas ſa cauſe dans leur oreille. Pour les Inſtrumens, quand les Tons en ſont *Faux*, c'eſt que l'Inſtrument eſt mal conſtruit, que les tuyaux en ſont mal proportionnés, ou les cordes *Fauſſes*, ou qu'elles ne ſont pas d'accord ; que celui qui en joue touche *Faux*, ou qu'il modifie mal le vent ou les lèvres.

FAUX-ACCORD. Accord diſcordant, ſoit parce qu'il contient des Diſſonnances proprement dites, ſoit parce que les Conſonnances n'en ſont pas juſtes. (Voyez ACCORD FAUX.)

FAUX-BOURDON. ſ. m. Muſique à pluſieurs Parties, mais ſimple & ſans Meſure, dont les Notes ſont preſque toutes égales & dont l'Harmonie eſt toujours ſyllabique. C'eſt la Pſalmodie des Catholiques Romains chantée à pluſieurs Parties. Le Chant de nos Pſeaumes à quatre Parties, peut auſſi paſſer pour une eſpèce de *Faux-Bourdon*; mais qui procède avec beaucoup de lenteur & de gravité.

FEINTE. *s. f.* Altération d'une Note ou d'un Intervalle par un Dièse ou par un Bémol. C'est proprement le nom commun & générique du Dièse & du Bémol accidentels. Ce mot n'est plus en usage ; mais on ne lui en a point substitué. La crainte d'employer des tours surannés énerve tous les jours notre Langue, la crainte d'employer de vieux mots l'appauvrit tous les jours ; ses plus grands ennemis seront toujours les puristes.

On appelloit aussi *Feintes* les touches Chromatiques du Clavier, que nous appellons aujourd'hui touches blanches, & qu'autrefois on faisoit noires, parce que nos grossiers ancêtres n'avoit pas songé à faire le Clavier noir, pour donner de l'éclat à la main des femmes. On appelle encore aujourd'hui *Feintes coupées* celles de ces touches qui sont brisées pour suppléer au Ravalement.

FÊTE. *s. f.* Divertissement de Chant & de Danse qu'on introduit dans un Acte d'Opéra, & qui interrompt ou suspend toujours l'action.

Ces *Fêtes* ne sont amusantes qu'autant que l'Opéra même est ennuyeux. Dans un Drame intéressant & bien conduit il seroit impossible de les supporter.

La différence qu'on assigne à l'Opéra entre les mots de *Fête* & de *Divertissement*, est que le premier s'applique plus particulièrement aux Tragédies, & le second aux Ballets.

FI. Syllabe avec laquelle quelques Musiciens solfient le *fa* Dièse ; comme ils solfient par *ma* le *mi* Bémol ; ce qui paroît assez bien entendu. (Voyez SOLFIER.)

FIGURÉ. Cet adjectif s'applique aux Notes ou à l'Harmonie : aux Notes, comme dans ce mot, *Basse-Figurée*, pour exprimer une Basse dont les Notes portant Accord, sont subdivisées en plusieurs autres Notes de moindre valeur, (Voyez BASSE-FIGURÉE.) à l'Harmonie, quand on emploie par Supposition & dans une marche Diatonique d'autres Notes que celles qui forment l'Accord. (Voyez HARMONIE FIGURÉE, & SUPPOSITION.)

FIGURER. *v. a.* C'est passer plusieurs Notes pour une ; c'est faire des Doubles, des Variations ; c'est ajouter des Notes au Chant de quelque manière que ce soit : enfin c'est donner aux Sons harmonieux une Figure de Mélodie, en les liant par d'autres Sons intermédiaires. (Voyez DOUBLE, FLEURTIS, HARMONIE-FIGURÉE.)

FILER un Son, c'est en chantant ménager sa voix; en sorte qu'on puisse le prolonger long-temps sans reprendre haleine. Il y a deux manières de *Filer* un Son: la première en le soutenant toujours également; ce qui se fait pour l'ordinaire sur les Tenues où l'Accompagnement travaille: la seconde en le renforçant; ce qui est plus usité dans les Passages & Roulades. La première manière demande plus de justesse, & les Italiens la préferent; la seconde a plus d'éclat & plaît davantage aux François.

FIN. *s. f.* Ce mot se place quelquefois sur la Finale de la première partie d'un Rondeau, pour marquer qu'ayant repris cette première partie, c'est sur cette Finale qu'on doit s'arrêter & finir. (Voyez RONDEAU.)

On n'emploie plus guères ce mot à cet usage, les François lui ayant substitué le Point-Final à l'exemple des Italiens. (Voyez POINT-FINAL.)

FINALE. *s. f.* Principale Corde du Mode qu'on appelle aussi Tonique, & sur laquelle l'Air ou la Pièce doit finir. (Voyez MODE.)

Quand on compose à plusieurs Parties, & sur-tout des Chœurs, il faut toujours que la Basse tombe en finissant sur la Note même de la *Finale*. Les autres Parties peuvent s'arrêter sur la Tierce ou sur sa Quinte. Autrefois c'étoit une règle de donner toujours, à la fin d'une Pièce, la Tierce majeure à la *Finale*, même en Mode mineur; mais cet usage a été trouvé de mauvais goût & tout-à-fait abandonné.

FIXE. *adj.* Cordes ou Sons *Fixes* ou stables. (Voyez SON, STABLE.)

FLATTÉ. *s. m.* Agrément du Chant François, difficile à définir; mais dont on comprendra suffisamment l'effet par un exemple. (Voyez *Pl.* B. *Fig.* 13 au mot FLATTÉ.)

FLEURTIS. *s. m.* Sorte de Contrepoint figuré, lequel n'est point syllabique ou Note sur Note. C'est aussi l'assemblage des divers agrémens dont on orne un Chant trop simple. Ce mot est vieilli en tout sens. (Voyez BRODERIES, DOUBLES, VARIATIONS, PASSAGES.)

FOIBLE. *adj.* Temps *foible.* (Voyez TEMPS.)

FONDAMENTAL. *adj.* Son *fondamental* est celui qui sert de fondement à l'Accord (Voyez ACCORD.) ou au Ton; (Voyez Tonique.) Basse-*Fondamentale*, est celle qui sert de fondement à l'Harmonie.

l'Harmonie. (Voyez BASSE-FONDAMENTALE.) Accord *Fondamental* eſt celui dont la Baſſe eſt *Fondamentale*, & dont les Sons ſont arrangés ſelon l'ordre de leur génération : mais comme cet ordre écarte extrêmement les Parties, on les rapproche par des combinaiſons ou Renverſemens, & pourvu que la Baſſe reſte la même, l'Accord ne laiſſe pas pour cela de porter le nom de *Fondamental.* Tel eſt, par exemple, cet Accord *ut mi ſol*, renfermé dans un Intervalle de Quinte : au lieu que dans l'ordre de ſa génération *ut ſol mi*, il comprend un Dixième & même un Dix-Septième ; puiſque l'*ut fondamental* n'eſt pas la Quinte de *ſol*, mais l'Octave de cette Quinte.

FORCE. *ſ. f.* Qualité du Son appellée auſſi quelquefois *Intenſité*, qui le rend plus ſenſible & le fait entendre de plus loin. Les vibrations plus ou moins fréquentes du corps ſonore, ſont ce qui rend le Son aigu ou grave ; leur plus grand ou moindre écart de la ligne de repos, eſt ce qui le rend fort ou foible. Quand cet écart eſt trop grand & qu'on force l'Inſtrument ou la voix, (Voyez FORCER.) le Son devient bruit & ceſſe d'être appréciable.

FORCER la voix, c'eſt excéder en haut ou en bas ſon Diapaſon, ou ſon volume à force d'haleine ; c'eſt crier au lieu de chanter. Toute voix qu'on *force* perd ſa juſteſſe : cela arrive même aux Inſtrumens où l'on force l'archet ou le vent ; & voilà pourquoi les François chantent rarement juſte.

FORLANE. *ſ. f.* Air d'une Danſe de même nom commune à Veniſe, ſur-tout parmi les Gondoliers. Sa Meſure eſt à $\frac{6}{8}$; elle ſe bat gaiement, & la Danſe eſt auſſi fort gaie. On l'appelle *Forlane* parce qu'elle a pris naiſſance dans le Frioul, dont les habitans s'appellent *Forlans*.

FORT. *adv.* Ce mot s'écrit dans les Parties, pour marquer qu'il faut forcer le Son avec véhémence, mais ſans le hauſſer ; chanter à pleine voix ; tirer de l'Inſtrument beaucoup de Son : ou bien il s'emploie pour détruire l'effet du mot *Doux*, employé précédemment.

Les Italiens ont encore le ſuperlatif *Fortiſſimo*, dont on n'a guères beſoin dans la Muſique Françoiſe ; car on y chante ordinairement *très-fort*.

FORT. *adj.* Temps *fort.* (Voyez TEMPS.)

FORTE-PIANO. Substantif Italien composé, & que les Musiciens devroient francifer, comme les Peintres ont francifé celui de *Chiaro scuro*, en adoptant l'idée qu'il exprime. Le *Forte-piano* est l'art d'adoucir & renforcer les Sons dans la Mélodie imitative, comme on fait dans la parole qu'elle doit imiter. Non-feulement quand on parle avec chaleur on ne s'exprime point toujours fur le même Ton; mais on ne parle pas toujours avec le même degré de force. La Mufique, en imitant la variété des Accens & des Tons, doit donc imiter auffi les degrés intenfes ou remiffes de la parole, & parler tantôt doux, tantôt fort, tantôt à demi-voix; & voilà ce qu'indique en général le mot *Forte-piano*.

FRAGMENS. On appelle ainfi à l'Opéra de Paris le choix de trois ou quatre Actes de Ballet, qu'on tire de divers Opéra, & qu'on raffemble, quoiqu'ils n'ayent aucun rapport entr'eux, pour être repréfentés fucceffivement le même jour, & remplir, avec leurs Entr'Actes, la durée d'un Spectacle ordinaire. Il n'y a qu'un homme fans goût qui puiffe imaginer un pareil ramaffis, & qu'un Théatre fans intérêt où l'on puiffe le fupporter.

FRAPPÉ. *adj. pris fubft.* C'eft le Temps où l'on baiffe la main ou le pied, & où l'on frappe pour marquer la Mefure. (Voyez THÉSIS.) On ne frappe ordinairement du pied que le premier Temps de chaque Mefure; mais ceux qui coupent en deux la Mefure à quatre, frappent auffi le troifième. En battant de la main la Mefure, les François ne frappent jamais que le premier Temps & marquent les autres par divers mouvemens de main : mais les Italiens frappent les deux premiers de la Mefure à trois, & lèvent le troifième; ils frappent de même les deux premiers de la Mefure à quatre, & levent les deux autres. Ces mouvemens font plus fimples & femblent plus commodes.

FREDON. *f. m.* Vieux mot qui fignifie un paffage rapide & prefque toujours Diatonique de plufieurs Notes fur la même fyllabe; c'eft à-peu-près ce que l'on a depuis appellé *Roulade*, avec cette différence que la Roulade dure davantage & s'écrit, au lieu que le *Fredon* n'eft qu'une courte addition de goût; ou, comme on difoit autrefois, une *Diminution* que le Chanteur fait fur quelque Note.

FREDONNER. *v. n. & a.* Faire des *Fredons*. Ce mot est vieux & ne s'emploie plus qu'en dérision.

FUGUE. *s. f.* Pièce ou morceau de Musique où l'on traite, selon certaines règles d'Harmonie & de Modulation, un Chant appellé *sujet*, en le faisant passer successivement & alternativement d'une Partie à une autre.

Voici les principales règles de la *Fugue*, dont les unes lui sont propres, & les autres communes avec l'Imitation.

I. Le sujet procède de la Tonique à la Dominante ou de la Dominante à la Tonique, en montant ou en descendant.

II. Toute *Fugue* a sa réponse dans la Partie qui suit immédiatement celle qui a commencé.

III. Cette réponse doit rendre le sujet à la Quarte ou à la Quinte, & par mouvement semblable, le plus exactement qu'il est possible; procédant de la Dominante à la Tonique, quand le sujet s'est annoncé de la Tonique à la Dominante; & *vice versâ.* Une Partie peut aussi reprendre le même sujet à l'Octave ou à l'Unisson de la précédente: mais alors c'est répétition plutôt qu'une véritable réponse.

IV. Comme l'Octave se divise en deux parties inégales dont l'une comprend quatre Degrés en montant de la Tonique à la Dominante, & l'autre seulement trois en continuant de monter de la Dominante à la Tonique; cela oblige d'avoir égard à cette différence dans l'expression du sujet, & de faire quelque changement dans la réponse, pour ne pas quitter les Cordes essentielles du Mode. C'est autre chose quand on se propose de changer de Ton, alors l'exactitude même de la réponse prise sur une autre Corde, produit les altérations propres à ce changement.

V. Il faut que la *Fugue* soit dessinée de telle sorte que la réponse puisse entrer avant la fin du premier Chant, afin qu'on entende en partie l'une & l'autre à la fois, que par cette anticipation le sujet se lie, pour ainsi dire, à lui même, & que l'art du Compositeur se montre dans ce concours. C'est se moquer que de donner pour *Fugue* un Chant qu'on ne fait que promener d'une Partie à l'autre, sans autre gêne que de l'accompagner ensuite à sa volonté. Cela mérite tout au plus le nom d'Imitation. (Voyez IMITATION.)

Outre ces règles, qui font fondamentales, pour réussir dans ce genre de Composition, il y en a d'autres qui, pour n'être que de goût, n'en sont pas moins essentielles. Les *Fugues*, en général, rendent la Musique plus bruyante qu'agréable ; c'est pourquoi elles conviennent mieux dans les Chœurs que par-tout ailleurs. Or, comme leur principal mérite est de fixer toujours l'oreille sur le Chant principal ou sujet, qu'on fait pour cela passer incessamment de Partie en Partie, & de Modulation en Modulation ; le Compositeur doit mettre tous ses soins à rendre toujours ce Chant bien distinct, ou à empêcher qu'il ne soit étouffé ou confondu parmi les autres Parties. Il y a pour cela deux moyens ; l'un dans le mouvement qu'il faut sans cesse contraster ; de sorte que, si la marche de la *Fugue* est précipitée, les autres Parties procèdent posément par des Notes longues, & au contraire, si la *Fugue* marche gravement, que les Accompagnemens travaillent davantage. Le second moyen est d'écarter l'Harmonie, de peur que les autres Parties, s'approchant trop de celle qui Chante le sujet, ne se confondent avec elle, & ne l'empêchent de se faire entendre assez nettement, en sorte que ce qui seroit un vice par-tout ailleurs, devient ici une beauté.

Unité de Mélodie ; voilà la grande règle commune qu'il faut souvent pratiquer par des moyens différens. Il faut choisir les Accords, les Intervalles, afin qu'un certain Son, & non pas un autre, fasse l'effet principal ; *unité de Mélodie*. Il faut quelquefois mettre en jeu des Instrumens ou des Voix d'espèce différente, afin que la Partie qui doit dominer se distingue plus aisément ; *unité de Mélodie*. Une autre attention non moins nécessaire, est, dans les divers enchaînemens de Modulations qu'amène la marche & le progrès de la *Fugue*, de faire que toutes ces Modulations se correspondent à la fois dans toutes les Parties, de lier le tout dans son progrès par une exacte conformité de Ton ; de peur qu'une Partie étant dans un Ton & l'autre dans un autre, l'Harmonie entière ne soit dans aucun, & ne présente plus d'effet simple à l'oreille, ni d'idée simple à l'esprit ; *unité de Mélodie*. En un mot, dans toute *Fugue*, la confusion de Mélodie & de Modulation est en même temps ce qu'il y a de plus à craindre & de plus difficile à éviter ; & le plaisir que donne ce genre de Musique étant toujours médiocre, on peut dire qu'une belle *Fugue* est l'ingrat chef-d'œuvre d'un bon Harmoniste.

Il y a encore plusieurs autres manières de *Fugues*; comme les *Fugues perpétuelles* appellées *Canons*, les *doubles Fugues*, les *Contre Fugues*, ou *Fugues renversées*, qu'on peut voir chacune à son mot, & qui servent plus à étaler l'art des Compositeurs qu'à flatter l'oreille des Écoutans.

Fugue, du Latin *fuga*, *fuite*; parce que les Parties, partant ainsi successivement, semblent se fuir & se poursuivre l'une l'autre.

FUGUE RENVERSÉE. C'est une *Fugue* dont la réponse se fait par Mouvement contraire à celui du sujet. (Voyez CONTRE-FUGUE.)

FUSÉE. *f. f.* Trait rapide & continu qui monte ou descend pour joindre diatoniquement deux Notes à un grand Intervalle l'une de l'autre. (Voyez *Pl. C. Fig. 4.*) A moins que la *Fusée* ne soit Notée, il faut, pour l'exécuter, qu'une des deux Notes extrêmes ait une durée sur laquelle on puisse passer la *Fusée* sans altérer la Mesure.

G.

G *re fol*, G *fol re ut*, ou simplement G. Cinquième Son de la Gamme Diatonique, lequel s'appelle autrement *fol*. (V. GAMME.)
C'est aussi le nom de la plus haute des trois Clefs de la Musique. (Voyez CLEF.)

GAI. *adv.* Ce mot, écrit au-dessus d'un Air ou d'un morceau de Musique, indique un mouvement moyen entre le vite & le modéré : il répond au mot Italien *Allegro*, employé pour le même usage. (Voyez ALLEGRO.)

Ce mot peut s'entendre aussi du caractère d'une Musique, indépendamment du Mouvement.

GAILLARDE. *s. f.* Air à trois Temps gais d'une danse de même nom. On la nommoit autrefois *Romanesque*, parce qu'elle nous est, dit-on, venue de Rome, ou du moins d'Italie.

Cette Danse est hors d'usage depuis long-temps. Il en est resté seulement un Pas appellé *Pas de Gaillarde*.

GAMME, GAMM'UT, ou GAMMA-UT. Table ou Échelle inventée par Gui Arétin, sur laquelle on apprend à nommer & à entonner juste les Degrés de l'Octave par les six Notes de Musique, *ut re mi fa sol la*, suivant toutes les dispositions qu'on peut leur donner ; ce qui s'appelle *solfier*. Voyez ce mot.

La *Gamme* a aussi été nommée *Main harmonique*, parce que Gui employa d'abord la figure d'une main, sur les doigts de laquelle il rangea ses Notes, pour montrer les rapports de ses Hexacordes avec les cinq Tétracordes des Grecs. Cette main a été en usage pour apprendre à nommer les Notes jusqu'à l'invention du *si* qui a aboli chez nous les Muances, & par conséquent la *Main* harmonique qui sert à les expliquer.

Gui Aretin ayant, selon l'opinion commune, ajouté au Diagramme des Grecs un Tétracorde à l'aigu, & une Corde au grave, ou plutôt, selon Meibomius, ayant, par ces additions, rétabli ce Diagramme dans son ancienne étendue, il appella cette Corde *Hypoproslambanomenos*, & le marqua par le г des Grecs ; & comme cette lettre se trouva ainsi à la tête de l'Échelle, en plaçant dans le haut les Sons graves, selon la méthode des Anciens, elle a fait donner à cette Echelle le nom barbare de *Gamme.*

Cette *Gamme* donc, dans toute son étendue, étoit composée de vingt Cordes ou Notes; c'est-à-dire, de deux Octaves & d'un Sixte majeure. Ces Cordes étoient représentées par des lettres ou par des syllabes. Les lettres désignoient invariablement chacune une Corde déterminée de l'Échelle, comme elles font encore aujourd'hui; mais comme il n'y avoit d'abord que six lettres, enfin que sept, & qu'il falloit recommencer d'Octave en Octave, on distinguoit ces Octaves par les figures des lettres. La première Octave se marquoit par des lettres capitales de cette manière : г. A. B. &c. la seconde, par des caractères courans *g. a. b.*; & pour la Sixte surnuméraire, on employoit des lettres doubles, *gg*, *aa*, *bb*, &c.

Quant aux syllabes, elles ne représentoient que les noms qu'il falloit donner aux Notes en les chantant. Or, comme il n'y avoit que six noms pour sept Notes, c'étoit une nécessité qu'au moins un même nom fût donné à deux différentes Notes; ce qui se fit de manière que ces deux Notes *mi fa*, ou *fa la*, tombassent sur les semi-Tons. Par conséquent dès qu'il se présentoit un Dièse ou un Bémol qui amenoit un nouveau semi-Ton, c'étoient encore des noms à changer; ce qui faisoit donner le même nom à différentes Notes, & différens noms à la même Note, selon le progrès du Chant; & ces changemens de nom s'appelloient *Muances.*

On apprenoit donc ces Muances par la Gamme. A la gauche de chaque Degré on voyoit une lettre qui indiquoit la Corde précise appartenant à ce Degré. A la droite, dans les cases, on trouvoit les différens noms que cette même Note devoit porter en montant ou en descendant par Béquarre ou par Bémol, selon le progrès.

Les difficultés de cette méthode ont fait faire, en divers temps, plusieurs changemens à la *Gamme.* La *Figure* 20, *Planche* A, représente cette *Gamme*, telle qu'elle est actuellement usitée en Italie. C'est à-peu-près la même chose en Espagne & en Portugal, si ce n'est qu'on trouve quelquefois à la dernière place la colonne du Béquarre, qui est ici la première, ou quelque autre différence aussi peu importante.

Pour se servir de cette Échelle, si l'on veut chanter au naturel, on applique *ut* à r de la premiere colonne, le long de laquelle on monte jusqu'au *la*; après quoi, passant à droite dans la colonne du b naturel, on nomme *fa*; on monte au *la* de la même colonne, puis on retourne dans la précédente à *mi*, & ainsi de suite. Ou bien, on peut commencer par *ut* au C de la seconde colonne, arrivé au *la* passer à *mi* dans la premiere colonne, puis repasser dans l'autre colonne au *fa*. Par ce moyen l'une de ces transitions forme toujours un semi-Ton; savoir, *la fa*: & l'autre toujours un Ton; savoir, *la mi*. Par Bémol, on peut commencer à l'*ut* en c ou *f*, & faire les transitions de la même manière, &c.

En descendant par Béquarre on quitte l'*ut* de la colonne du milieu, pour passer au *mi* de celle par Béquarre, ou au *fa* de celle par Bémol; puis descendant jusqu'à l'*ut* de cette nouvelle colonne, on en sort par *fa* de gauche à droite, par *mi* de droite à gauche, &c.

Les Anglois n'emploient pas toutes ces syllabes, mais seulement les quatre premières *ut re mi fa*; changeant ainsi de colonne de quatre en quatre Notes, ou de trois en trois par une méthode semblable à celle que je viens d'expliquer, si ce n'est qu'au lieu de *la fa* & de *la mi*, il faut muer par *fa ut*, & par *mi ut*.

Les Allemands n'ont point d'autre *Gamme* que les lettres initiales qui marquent les Sons fixes dans les autres *Games*, & ils solfient même avec ces lettres de la manière qu'on pourra voir au mot SOLFIER.

La *Gamme Françoise*, autrement dite *Gamme* du *si*, lève les embarras de toutes ces transitions. Elle consiste en une simple Échelle de six Degrés sur deux colonnes, outre celle des lettres. (Voyez *Pl.* A. *Fig. 1 1.*) La première colonne à gauche est pour chanter par Bémol; c'est-à-dire, avec un Bémol à la Clef; la seconde, pour chanter au naturel. Voilà tout le mystère de la *Gamme* Françoise qui n'a guères plus de difficulté que d'utilité, attendu que toute autre altération qu'un Bémol la met à l'instant hors d'usage. Les autres *Gammes* n'ont par-dessus celle-là, que l'avantage d'avoir aussi une colonne pour le Béquarre; c'est-à-dire, pour un Dièse à la Clef; mais si-tôt qu'on y met plus d'un

Dièse

Dièse ou d'un Bémol, (ce qui ne se faisoit jamais autrefois,) toutes ces Gammes sont également inutiles.

Aujourd'hui que les Musiciens François chantent tout au naturel, ils n'ont que faire de Gamme C sol ut, ut, & C ne sont, pour eux, que la même chose. Mais dans le systême de Gui, ut est une chose, & C en est une autre fort différente; & quand il a donné à chaque Note une syllabe & une lettre, il n'a pas prétendu en faire des synonymes; ce qui eût été doubler inutilement les noms & les embarras.

GAVOTTE. *s. f.* Sorte de Danse dont l'Air est à deux Temps, & se coupe en deux reprises, dont chacune commence avec le second Temps & finit sur le premier. Le mouvement de la *Gavotte* est ordinairement gracieux, souvent gai, quelquefois aussi tendre & lent. Elle marque ses phrases & ses repos de deux en deux Mesures.

GÉNIE. *s. m.* Ne cherche point, jeune Artiste, ce que c'est que le *Génie*. En as-tu: tu le sens en toi-même. N'en as-tu pas : tu ne le connoîtras jamais. Le *Génie* du Musicien soumet l'Univers entier à son Art. Il peint tous les Tableaux par des Sons; il fait parler le silence même; il rend les idées par des sentimens, les sentimens par des accens; & les passions qu'il exprime, il les excite au fond des cœurs. La volupté, par lui, prend de nouveaux charmes; la douleur qu'il fait gémir arrache des cris; il brûle sans cesse & ne se consume jamais. Il exprime avec chaleur les frimats & les glaces; même en peignant les horreurs de la mort, il porte dans l'ame ce sentiment de vie qui ne l'abandonne point, & qu'il communique aux cœurs faits pour le sentir. Mais hélas! il ne fait rien dire à ceux où son germe n'est pas, & ses prodiges sont peu sensibles à qui ne peut les imiter. Veux-tu donc savoir si quelque étincelle de ce feu dévorant t'anime? Cours, vole à Naples écouter les chef-d'œuvres de *Leo*, de *Durante*, de *Jommelli*, de *Pergolèse*. Si tes yeux s'emplissent de larmes, si tu sens ton cœur palpiter, si des tressaillemens t'agitent, si l'oppression te suffoque dans tes transports, prend le Métastase & travaille; son *Génie* échauffera le tien; tu créeras à son exemple: c'est-là ce que fait le *Génie*, & d'autres yeux te rendront bientôt les pleurs que tes Maîtres t'ont fait verser. Mais si les charmes de ce grand Art te laiffent tranquille, fi tu n'as ni délire ni raviffement, fi tu ne trouves que beau ce qui tranfporte, ofes-tu demander ce que c'eft que le *Génie*? Homme vulgaire, ne profâne point ce nom fublime. Que t'importeroit de le connoître? tu ne faurois le fentir : fais de la Mufique Françoife.

GENRE. *f. m.* Divifion & difpofition du Tétracorde confidéré dans les Intervalles de quatre Sons qui le compofent. On conçoit que cette définition, qui eft celle d'Euclide, n'eft applicable qu'à la Mufique Grecque, dont j'ai à parler en premier lieu.

La bonne conftitution de l'Accord du Tétracorde, c'eft-à-dire, l'établiffement d'un *Genre* régulier, dépendoit des trois règles fuivantes que je tire d'Ariftoxène.

La première étoit que les deux cordes extrêmes du Tétracorde devoient toujours refter immobiles, afin que leur Intervalle fût toujours celui d'une Quarte jufte ou du Diateffaron. Quant aux deux Cordes moyennes, elles varioient à la vérité; mais l'Intervalle du Lichanos à la Mèfe ne devoit jamais paffer deux *Tons*, ni diminuer au-delà d'un *Ton*; de forte qu'on avoit précifément l'efpace d'un *Ton* pour varier l'Accord du Lichanos, & c'eft la feconde règle. La troifième étoit que l'Intervalle de la Parhypate ou feconde Corde à l'Hypate n'excédât jamais celui de la même Parhypate au Lichanos.

Comme en général cet Accord pouvoit fe diverfifier de trois façons, cela conftituoit trois principaux *Genres*; favoir le Diatonique, le Chromatique & l'Enharmonique. Ces deux derniers *Genres*, où les deux premiers Intervalles faifoient toujours enfemble une fomme moindre que le troifième Intervalle, s'appelloit à caufe de cela *Genres épais* ou *ferrés*. (Voyez ÉPAIS.)

Dans le Diatonique, la Modulation procédoit par un femi-Ton, un *Ton*, & un autre *Ton*, *fi ut re mi*; & comme on y paffoit par deux *Tons* confécutifs, de-là lui venoit le nom de *Diatonique*. Le Chromatique procédoit fucceffivement par deux femi-Tons & un hémi-Diton ou une Tierce mineure, *fi, ut, ut* Dièfe, *mi*; cette Modulation tenoit le milieu entre celles du Diatonique & de l'Enharmonique, y faifant, pour ainfi dire, fentir diverfes nuances de Sons, de même qu'entre deux couleurs principales on introduit plufieurs nuances intermédiaires, & de-là vient qu'on appelloit ce *Genre* Chromatique ou coloré. Dans l'Enharmonique, la Modulation procédoit par deux Quarts-de-*Ton*, en divifant, felon la Doctrine d'Ariftoxène, le femi-Ton majeur en deux parties égales, & un Diton ou une Tierce majeure, comme *fi*, *fi* Dièfe Enharmonique, *ut*, & *mi* : ou bien, felon les Pythagoriciens, en divifant le femi-Ton majeur en deux Intervalles inégaux, qui formoient, l'un le femi-Ton mineur, c'eft-à-dire, notre Dièfe ordinaire, & l'autre le complément de ce même femi-Ton mineur au femi-Ton majeur, & enfuite le Diton, comme ci-devant, *fi*, *fi* Dièfe ordinaire, *ut*, *mi*. Dans le premier cas, les deux Intervalles égaux du *fi* à l'*ut* étoient tous deux Enharmoniques ou d'un Quart-de-*Ton* ; dans le fecond cas, il n'y avoit d'Enharmonique que le paffage du *fi* Dièfe à l'*ut*, c'eft-à-dire, la différence du femi-Ton mineur au femi-Ton majeur, laquelle eft le Dièfe appelé *de Pythagore* & le véritable Intervalle Enharmonique donné par la Nature.

Comme donc cette Modulation, dit M. Burette, fe tenoit d'abord très-ferrée, ne parcourant que de petits Intervalles, des Intervalles prefque infenfibles, on la nommoit *Enharmonique*, comme qui diroit *bien jointe*, bien affemblée, *probè coagmentata*.

Outre ces *Genres* principaux, il y en avoit d'autres qui réfultoient tous des divers partages du Tétracorde, ou de façons de l'accorder différentes de celles dont je viens de parler. Ariftoxène fubdivife le *Genre* Diatonique en Syntonique & Diatonique mol ; (Voyez DIATONIQUE.) & le *Genre* Chromatique en mol, Hémolien, & Tonique : (Voyez CHROMATIQUE.) dont il donne les différences comme je les rapporte à leurs articles. Ariftide Quintilien fait mention de plufieurs autres *Genres* particuliers, & il en compte fix qu'il donne pour très-anciens ; favoir, le Lydien, le Dorien, le Phrygien, l'Ionien, le Mixolydien, & le Syntonolydien. Ces fix *Genres*, qu'il ne faut pas confondre avec les Tons ou Modes de mêmes noms, différoient par leurs Degrés ainfi que par leur Accord ; les uns n'arrivoient pas à l'Octave, les autres l'atteignoient, les autres la paffoient ; en forte qu'ils participoient à la fois du *Genre* & du Mode. On en peut voir le détail dans le *Muficien Grec*.

En général, le Diatonique fe divife en autant d'efpèces qu'on peut aſſigner d'Intervalles différens entre le ſemi-Ton & le *Ton*.

Le Chromatique en autant d'eſpèces qu'on peut aſſigner d'Intervalles entre le ſemi Ton & le Dièſe Enharmonique.

Quant à l'Enharmonique, il ne ſe ſubdiviſe point.

Indépendamment de toutes ces ſubdiviſions, il y avoit encore un *Genre* commun, dans lequel on n'employoit que des Sons ſtables qui appartiennent à tous les *Genres*, & un *Genre* mixte qui participoit du caractère de deux *Genres* ou de tous les trois. Or, il faut bien remarquer que dans ce mélange des *Genres*, qui étoit très-rare, on n'employoit pas pour cela plus de quatre Cordes ; mais on les tendoit ou relâchoit diverſement durant une même Pièce ; ce qui ne paroît pas trop facile à pratiquer. Je ſoupçonne que peut-être un Tétracorde étoit accordé dans un *Genre*, & un autre dans un autre ; mais les Auteurs ne s'expliquent pas clairement là-deſſus.

On lit dans Ariſtoxène, (*L. I. Part. II.*) que juſqu'au temps d'Alexandre le Diatonique & le Chromatique étoient négligés des anciens Muſiciens, & qu'ils ne s'exerçoient que dans le *Genre* Enharmonique, comme le ſeul digne de leur habileté ; mais ce *Genre* étoit entièrement abandonné du temps de Plutarque, & le Chromatique auſſi fut oublié, même avant Macrobe.

L'étude des écrits des Anciens, plus que le progrès de notre Muſique, nous a rendu ces idées, perdues chez leurs ſucceſſeurs. Nous avons comme eux le *Genre* Diatonique, le Chromatique, & l'Enharmonique, mais ſans aucunes diviſions ; & nous conſidérons ces *Genres* ſous des idées fort différentes de celles qu'ils en avoient. C'étoient pour eux autant de manières particulières de conduire le Chant ſur certaines Cordes preſcrites. Pour nous, ce ſont autant de manières de conduire le corps entier de l'Harmonie, qui forcent les parties à ſuivre les Intervalles preſcrits par ces *Genres* ; de ſorte que le *Genre* appartient encore plus à l'Harmonie qui l'engendre, qu'à la Mélodie qui le fait ſentir.

Il faut encore obſerver que, dans notre Muſique, les *Genres* ſont preſque toujours mixtes ; c'eſt-à-dire, que le Diatonique entre pour beaucoup dans le Chromatique & que l'un & l'autre ſont néceſſairement mêlés à l'Enharmonique. Une Pièce de Muſique toute entière dans un ſeul *Genre*, ſeroit très-difficile à conduire, & ne feroit pas fupportable ; car dans le Diatonique il feroit impoffible de changer de Ton, dans le Chromatique on feroit forcé de changer le Ton à chaque Note, & dans l'Enharmonique il n'y auroit abfolument aucune forte de liaifon. Tout cela vient encore des règles de l'Harmonie, qui affujettiffent la fucceffion des Accords à certaines règles incompatibles avec une continuelle fucceffion Enharmonique ou Chromatique ; & auffi de celles de la Mélodie, qui n'en fauroit tirer de beaux Chants. Il n'en étoit pas de même des *Genres* des Anciens. Comme les Tétracordes étoient également complets, quoique divifés différemment dans chacun des trois fyftêmes ; fi dans la Mélodie ordinaire un *Genre* eût emprunté d'un autre d'autres Sons que ceux qui fe trouvoient néceffairement communs entre eux, le Tétracorde auroit eu plus de quatre Cordes, & toutes les règles de leur Mufique auroient été confondues.

M. Serre de Genève a fait la diftinction d'un quatrième *Genre* duquel j'ai parlé dans fon article. (Voyez DIACOMMATIQUE.)

GIGUE. *f. f.* Air d'une Danfe de même nom, dont la Mefure eft à fix-huit & d'un mouvement affez gai. Les Opéra François contiennent beaucoup de *Gigues*, & les *Gigues* de Correlli ont été long-temps célèbres : mais ces Airs font entièrement paffés de Mode, on n'en fait plus du tout en Italie, & l'on n'en fait plus guères en France.

GOUT. *f. m.* De tous les dons naturels le *Goût* eft celui qui fe fent le mieux & qui s'explique le moins ; il ne feroit pas ce qu'il eft, fi l'on pouvoit le définir ; car il juge des objets fur lefquels le jugement n'a plus de prife, & fert, fi j'ofe parler ainfi, de lunettes à la raifon.

Il y a, dans la Mélodie, des Chants plus agréables que d'autres, quoiqu'également bien modulés ; il y a, dans l'Harmonie, des chofes d'effet & des chofes fans effet, toutes également régulières ; il y a, dans l'entrelacement des morceaux, un art exquis de faire valoir les uns par les autres, qui tient à quelque chofe de plus fin que la loi des contraftes. Il y a dans l'exécution du même morceau des manières différentes de le rendre, fans jamais fortir de fon caractère : de ces manières, les unes plaifent plus que les autres, & loin de les pouvoir foumettre aux règles, on ne peut pas même les déterminer. Lecteur, rendez-moi raison de ces différences, & je vous dirai ce que c'est que le *Goût*.

Chaque homme a un *Goût* particulier, par lequel il donne aux choses qu'il appelle belles & bonnes, un ordre qui n'appartient qu'à lui. L'un est plus touché des morceaux pathétiques, l'autre aime mieux les airs gais. Une Voix douce & flexible chargera ses Chants d'ornemens agréables; une Voix sensible & forte animera les siens des accens de la passion. L'un cherchera la simplicité dans la Mélodie: l'autre fera cas des traits recherchés: & tous deux appelleront élégance le *Goût* qu'ils auront préféré. Cette diversité vient tantôt de la différente disposition des organes, dont le *Goût* enseigne à tirer parti; tantôt du caractère particulier de chaque homme, qui le rend plus sensible à un plaisir ou à un défaut qu'à un autre; tantôt la diversité d'âge ou de sexe, qui tourne ses desirs vers des objets différens. Dans tous ces cas, chacun n'ayant que son *Goût* à opposer à celui d'un autre, il est évident qu'il n'en faut point disputer.

Mais il y a aussi un *Goût* général sur lequel tous les gens bien organisés s'accordent; & c'est celui-ci seulement auquel on peut donner absolument le nom de *Goût*. Faites entendre un Concert à des oreilles suffisamment exercées & à des hommes suffisamment instruits, le plus grand nombre s'accordera, pour l'ordinaire sur le jugement des morceaux & sur l'ordre de préférence qui leur convient. Demandez à chacun raison de son jugement, il y a des choses sur lesquelles ils la rendront d'un avis presque unanime: ces choses sont celles qui se trouvent soumises aux règles; & ce jugement commun est alors celui de l'Artiste ou du Connoisseur. Mais de ces choses qu'ils s'accordent à trouver bonnes ou mauvaises, il y en a sur lesquelles ils ne pourront autoriser leur jugement par aucune raison solide & commune à tous; & ce dernier jugement appartient à l'homme de *Goût*. Que si l'unanimité parfaite ne s'y trouve pas, c'est que tous ne sont pas également bien organisés, que tous ne sont pas gens de *Goût*, & que les préjugés de l'habitude ou de l'éducation changent souvent, par des conventions arbitraires, l'ordre des beautés naturelles. Quant à ce *Goût*, on en peut disputer, parce qu'il n'y en a qu'un qui soit le vrai: mais je ne vois guères d'autre moyen de terminer la dispute que celui de compter les voix, quand on ne convient pas même de celle de la Nature. Voilà donc ce qui doit décider de la préférence entre la Musique Françoise & l'Italienne.

Au reste, le Génie crée, mais le *Goût* choisit : & souvent un Génie trop abondant a besoin d'un Censeur sévère qui l'empêche d'abuser de ses richesses. Sans *Goût* on peut faire de grandes choses; mais c'est lui qui les rend intéressantes. C'est le *Goût* qui fait saisir au Compositeur les idées du Poëte; c'est le *Goût* qui fait saisir à l'Exécutant les idées du Compositeur; c'est le *Goût* qui fournit à l'un & à l'autre tout ce qui peut orner & faire valoir leur sujet; & c'est le *Goût* qui donne à l'Auditeur le sentiment de toutes ces convenances. Cependant le *Goût* n'est point la sensibilité. On peut avoir beaucoup de *Goût* avec une ame froide, tel homme transporté des choses vraiment passionnées est peu touché des gracieuses. Il semble que le *Goût* s'attache plus volontiers aux petites expressions, & la sensibilité aux grandes.

GOUT-DU-CHANT. C'est ainsi qu'on appelle en France l'Art de Chanter ou de jouer les Notes avec les agrémens qui leur conviennent, pour couvrir un peu la fadeur du Chant François. On trouve à Paris plusieurs Maîtres de *Goût-du-Chant*, & ce *Goût* a plusieurs termes qui lui sont propres; on trouvera les principaux au mot AGRÉMENS.

Le *Goût-du-Chant* consiste aussi beaucoup à donner artificiellement à la voix du Chanteur le tymbre, bon ou mauvais, de quelque Acteur ou Actrice à la mode. Tantôt il consiste à nazillonner, tantôt à canarder, tantôt à chevroter, tantôt à glapir: mais tout cela sont des graces passagères qui changent sans cesse avec leurs Auteurs.

GRAVE ou GRAVEMENT. Adverbe qui marque lenteur dans le mouvement, & de plus, une certaine gravité dans l'exécution.

GRAVE. *adj.* est opposé à *aigu*. Plus les vibrations du corps sonore sont lentes, plus le son est *Grave*. (Voyez SON, GRAVITÉ.)

GRAVITÉ. *s. f.* C'est cette modification du Son par laquelle on le considère comme *Grave* ou *Bas* par rapport à d'autres Sons qu'on appelle *Hauts* ou *Aigus*. Il n'y a point dans la Langue Françoise de corrélatif à ce mot; car celui d'*Acuité* n'a pû passer.

La *Gravité* des Sons dépend de la grosseur, longueur, tension des Cordes, de la longueur & du diamètre des tuyaux, & en général du volume & de la masse des corps sonores. Plus ils ont de tout cela, plus leur *Gravité* est grande; mais il n'y a point de *Gravité* absolue, & nul Son n'est grave ou aigu que par comparaison.

GROS-FA. Certaines vielles Musiques d'Eglise, en Notes Quarrées, Rondes ou Blanches, s'appelloient jadis du *Gros-fa*.

GROUPE. *s. m.* Selon l'Abbé Brossard, quatre Notes égales & Diatoniques, dont la première & la troisième sont sur le même Degré; forment un *Groupe*. Quand la deuxième descend & que la quatrième monte, c'est *Groupe ascendant*; quand la deuxième monte & que la quatrième descend, c'est *Groupe descendant*: & il ajoute que ce nom a été donné à ces Notes à cause de la figure qu'elles forment ensemble.

Je ne me souviens pas d'avoir jamais ouï employer ce mot en parlant, dans le sens que lui donne l'Abbé Brossard, ni même de l'avoir lû dans le même sens ailleurs que dans son Dictionnaire.

GUIDE. *s. f.* C'est la Partie qui entre la première dans une Fugue & annonce le sujet. (Voyez FUGUE.) Ce mot; commun en Italie, n'est pas usité en France dans le même sens.

GUIDON. *s. m.* Petit signe de Musique; lequel se met à l'extrémité de chaque Portée sur le Degré où sera placée la Note qui doit commencer la Portée suivante. Si cette première Note est accompagnée accidentellement d'un Dièse, d'un Bémol ou d'un Béquarre, il convient d'en accompagner aussi le *Guidon*.

On ne se sert plus de *Guidons* en Italie, sur-tout dans les Partitions où, chaque Portée ayant toujours dans l'Accolade sa place fixe, on ne sauroit guères se tromper en passant de l'une à l'autre. Mais les *Guidons* sont nécessaires dans les Partitions Françoises, parce que d'une ligne à l'autre, les Accolades, embrassent plus ou moins de Portées, vous laissent dans une continuelle incertitude de la Portée correspondante à celle que vous avez quittée.

GYMNOPÉDIE. *s. f.* Air ou Nome sur lequel dansoient à nud les jeunes Lacédémoniennes.

H.

H.

HARMATIAS. Nom d'un Nome dactylique de la Musique Grecque, inventé par le premier Olympe Phrygien.

HARMONIE. *s. f.* Le sens que donnoient les Grecs à ce mot, dans leur Musique, est d'autant moins facile à déterminer, qu'étant originairement un nom propre, il n'a point de racines par lesquelles on puisse le décomposer pour en tirer l'étymologie. Dans les anciens traités qui nous restent, l'*Harmonie* paroît être la Partie qui a pour objet la succession convenable des Sons, en tant qu'ils sont aigus ou graves, par opposition aux deux autres Parties appellées *Rhythmica* & *Metrica*, qui se rapportent au Temps & à la Mesure : ce qui laisse à cette convenance une idée vague & indéterminée qu'on ne peut fixer que par une étude expresse de toutes les règles de l'Art; & encore, après cela, l'*Harmonie* sera-t-elle fort difficile à distinguer de la Mélodie, à moins qu'on n'ajoute à cette dernière les idées de Rhythme & de Mesure, sans lesquelles, en effet, nulle Mélodie ne peut avoir un caractère déterminé, au lieu que l'*Harmonie* a le sien par elle-même, indépendamment de toute autre quantité. (Voyez MÉLODIE.)

On voit par un passage de Nicomaque & par d'autres, qu'ils donnoient aussi quelquefois le nom d'*Harmonie* à la Consonnance de l'Octave, & aux Concerts de Voix & d'Instrumens qui s'exécutoient à l'Octave, & qu'ils appelloient plus communément *Antiphonies*.

Harmonie, selon les Modernes, est une succession d'Accords selon les loix de la Modulation. Long-temps cette *Harmonie* n'eut d'autres principes que des règles presque arbitraires ou fondées uniquement sur l'approbation d'une oreille exercée qui jugeoit de la bonne ou mauvaise succession des Consonnances, & dont on mettoit ensuite les décisions en calcul. Mais le P. Mersenne & M. Sauveur ayant trouvé que tout Son, bien que simple en apparence, étoit toujours accompagné d'autres Sons moins sensibles qui formoient avec lui l'Accord parfait majeur, M. Rameau est parti de cette expérience, & en a fait la base de son

Dict. de Mus.   H h

système Harmonique dont il a rempli beaucoup de livres, & qu'enfin M. d'Alembert a pris la peine d'expliquer au Public.

M. Tartini, partant d'une autre expérience plus neuve, plus délicate & non moins certaine, eft parvenu à des conclufions affez femblables par un chemin tout oppofé. M. Rameau fait engendrer les Deffus par la Baffe ; M. Tartini fait engendrer la Baffe par les Deffus : celui-ci tire l'*Harmonie* de la Mélodie, & le premier fait tout le contraire. Pour décider de laquelle des deux Écoles doivent fortir les meilleurs ouvrages, il ne faut que favoir lequel doit être fait pour l'autre, du Chant ou de l'Accompagnement. On trouvera au mot *Système* un court expofé de celui de M. Tartini. Je continue à parler ici dans celui de M. Rameau, que j'ai fuivi dans tout cet ouvrage, comme le feul admis dans le pays où j'écris.

Je dois pourtant déclarer que ce Système, quelque ingénieux qu'il foit, n'eft rien moins que fondé fur la Nature, comme il le répète fans ceffe ; qu'il n'eft établi que fur des analogies & des convenances qu'un homme inventif peut renverfer demain par d'autres plus naturelles ; qu'enfin, des expériences dont il le déduit, l'une eft reconnue fauffe, & l'autre ne fournit point les conféquences qu'il en tire. En effet, quand cet auteur a voulu décorer du titre de *Démonftration* les raifonnemens fur lefquels il établit fa théorie, tout le monde s'eft moqué de lui ; l'Académie a hautement défapprouvé cette qualification obreptice, & M. Eftève, de la Société Royale de Montpellier, lui a fait voir qu'à commencer par cette propofition, que, dans la loi de la Nature, les Octaves des Sons les repréfentent & peuvent fe prendre pour eux, il n'y avoit rien du tout qui fût démontré, ni même folidement établi dans fa prétendue Démonftration. Je reviens à fon Système.

Le principe phyfique de la réfonnance nous offre les Accords ifolés & folitaires ; il n'en établit pas la fucceffion. Une fucceffion régulière eft pourtant néceffaire. Un Dictionnaire de mots choifis n'eft pas une harangue, ni un recueil de bons Accords une Pièce de Mufique : il faut un fens, il faut de la liaifon dans la Mufique ainfi que dans le langage ; il faut que quelque chofe de ce qui précède fe tranfmette à ce qui fuit, pour que le tout faſſe un enſemble, & puiſſe être appellé véritablement un.

Or, la ſenſation compoſée qui réſulte d'un Accord parfait, ſe réſout dans la ſenſation abſolue de chacun des Sons qui le compoſent, & dans la ſenſation comparée de chacun des Intervalles que ces mêmes Sons forment entr'eux ; il n'y a rien au-delà de ſenſible dans cet Accord ; d'où il ſuit que ce n'eſt que par le rapport des Sons & par l'analogie des Intervalles qu'on peut établir la liaiſon dont il s'agit, & c'eſt-là le vrai & l'unique principe d'où découlent toutes les loix de l'*Harmonie* & de la Modulation. Si donc toute l'*Harmonie* n'étoit formée que par une ſucceſſion d'Accords parfaits majeurs, il ſuffiroit d'y procéder par Intervalles ſemblables à ceux qui compoſent un tel Accord, car alors quelque Son de l'Accord précédent ſe prolongeant néceſſairement dans le ſuivant, tous les Accords ſe trouveroient ſuffiſamment liés & l'*Harmonie* ſeroit une, au moins en ce ſens.

Mais outre que de telles ſucceſſions excluroient toute Mélodie en excluant le Genre Diatonique qui en fait la baſe, elles n'iroient point au vrai but de l'Art, puiſque la Muſique, étant un Diſcours, doit avoir comme lui ſes périodes, ſes phraſes, ſes ſuſpenſions, ſes repos, ſa ponctuation de toute eſpèce, & que l'uniformité des marches Harmoniques, n'offriroit rien de tout cela. Les marches Diatoniques exigeoient que les Accords majeurs & mineurs fuſſent entremêlés, & l'on a ſenti la néceſſité des Diſſonnances pour marquer les phraſes & les repos. Or, la ſucceſſion liée des Accords parfaits majeurs ne donne ni l'Accord parfait mineur, ni la Diſſonnance, ni aucune eſpèce de phraſe, & la ponctuation s'y trouve tout-à-fait en défaut.

M. Rameau voulant abſolument, dans ſon Syſtême, tirer de la nature toute notre *Harmonie*, a eu recours, pour cet effet, à une autre expérience de ſon invention, de laquelle j'ai parlé ci-devant, & qui eſt renverſée de la première. Il a prétendu qu'un Son quelconque fourniſſoit dans ſes multiples un Accord parfait mineur au grave, dont il étoit la Dominante ou Quinte, comme il en fournit un majeur dans ſes aliquotes, dont il eſt la Tonique ou fondamentale. Il a avancé comme un fait aſſuré, qu'une Corde ſonore faiſoit vibrer dans leur totalité, ſans pourtant les faire réſonner, deux autres Cordes plus graves, l'une à ſa Douzième majeure, & l'autre à fa Dix-feptième, & de ce fait, joint au précédent, il a déduit fort ingénieufement, non-feulement l'introduction du Mode mineur & de la Diffonnance dans l'*Harmonie*, mais les règles de la phrafe harmonique & de toute la Modulation, telles qu'on les trouve aux mots ACCORD, ACCOMPAGNEMENT, BASSE-FONDAMENTALE, CADENCE, DISSONNANCE, MODULATION.

Mais premiérement, l'expérience eft fauffe. Il eft reconnu que les Cordes accordées au-deffous du Son fondamental, ne frémiffent point en entier à ce Son fondamental, mais qu'elles fe divifent pour en rendre feulement l'uniffon, lequel, conféquemment, n'a point d'Harmoniques en-deffous. Il eft reconnu de plus que la propriété qu'ont les Cordes de fe divifer, n'eft point particulière à celles qui font accordées à la Douzième & à la Dix-feptième en-deffous du Son principal; mais qu'elle eft commune à tous fes multiples. D'où il fuit que, les Intervalles de Douzième & de Dix-feptième en-deffous n'étant pas uniques en leur manière, on n'en peut rien conclure en faveur de l'Accord parfait mineur qu'ils repréfentent.

Quand on fuppoferoit la vérité de cette expérience, cela ne leveroit pas, à beaucoup près, les difficultés. Si, comme le prétend M. Rameau, toute l'*Harmonie* eft dérivée de la réfonnance du corps fonore, il n'en dérive donc point des feules vibrations du corps fonore qui ne réfonne pas. En effet, c'eft une étrange théorie de tirer de ce qui ne réfonne pas, les principes de l'*Harmonie*; & c'eft une étrange phyfique de faire vibrer & non réfonner le corps fonore, comme fi le Son lui-même étoit autre chofe que l'air ébranlé par ces vibrations. D'ailleurs, le corps fonore ne donne pas feulement, outre le Son principal, les Sons qui compofent avec lui l'Accord parfait, mais une infinité d'autres Sons, formés par toutes les aliquotes du corps fonore, lefquels n'entrent point dans cet Accord parfait. Pourquoi les premiers font-ils confonnans, & pourquoi les autres ne le font-ils pas, puifqu'ils font tous également donnés par la Nature?

Tout Son donne un Accord vraiment parfait, puifqu'il eft formé de tous fes Harmoniques, & que c'eft par eux qu'il eft un Son. Cependant ces Harmoniques ne s'entendent pas, & l'on ne distingue qu'un Son simple, à moins qu'il ne soit extrêmement fort; d'où il suit que la seule bonne *Harmonie* est l'Unisson, & qu'aussi-tôt qu'on distingue les Consonnances, la proportion naturelle étant altérée, l'*Harmonie* a perdu sa pureté.

Cette altération se fait alors de deux manières. Premièrement en faisant sonner certains Harmoniques, & non pas les autres, on change le rapport de force qui doit régner entr'eux tous, pour produire la sensation d'un Son unique, & l'unité de la Nature est détruite. On produit, en doublant ces Harmoniques, un effet semblable à celui qu'on produiroit en étouffant tous les autres; car alors il ne faut pas douter qu'avec le Son générateur, on n'entendît ceux des Harmoniques qu'on auroit laissés : au lieu qu'en les laissant tous, ils s'entre-détruisent & concourent ensemble à produire & renforcer la sensation unique du Son principal. C'est le même effet que donne le plein jeu de l'Orgue, lorsqu'ôtant successivement les registres, on laisse avec le principal la doublette & la Quinte : car alors cette Quinte & cette Tierce, qui restoient confondues, se distinguent séparément & désagréablement.

De plus, les Harmoniques qu'on fait sonner ont eux-mêmes d'autres Harmoniques, lesquels ne le sont pas du Son fondamental : c'est par ces Harmoniques ajoutés que celui qui les produit se distingue encore plus durement; & ces mêmes Harmoniques qui font ainsi sentir l'Accord n'entrent point dans son *Harmonie*. Voilà pourquoi les Consonnances les plus parfaites déplaisent naturellement aux oreilles peu faites à les entendre; & je ne doute pas que l'Octave elle-même ne déplût, comme les autres, si le mélange des voix d'hommes & de femmes n'en donnoit l'habitude dès l'enfance.

C'est encore pis dans la Dissonnance; puisque, non-seulement les Harmoniques du Son qui la donnent, mais ce Son lui-même n'entre point dans le système harmonieux du Son fondamental : ce qui fait que la Dissonnance se distingue toujours d'une manière choquante parmi tous les autres Sons.

Chaque touche d'un Orgue, dans le plein-jeu, donne un Accord parfait Tierce majeure qu'on ne distingue pas du Son fondamental, à moins qu'on ne soit d'une attention extrême & qu'on ne tire fucceffivement les jeux; mais ces Sons Harmoniques ne fe confondent avec le principal, qu'à la faveur d'un grand bruit & d'un arrangement de régiftres par lequel les tuyaux qui font réfonner le Son fondamental, couvrent de leur force ceux qui donnent fes Harmoniques. Or, on n'obferve point & l'on ne fauroit obferver cette proportion continuelle dans un Concert, puifqu'attendu le renverfement de l'*Harmonie*, il faudroit que cette plus grande force pafsât à chaque inftant d'une Partie à une autre ; ce qui n'eft pas praticable, & défigureroit toute la Mélodie.

Quand on joue de l'Orgue, chaque touche de la Baffe fait fonner l'Accord parfait majeur; mais parce que cette Baffe n'eft pas toujours fondamentale, & qu'on module fouvent en Accord parfait mineur, cet Accord parfait majeur eft rarement celui que frappe la main droite; de forte qu'on entend la Tierce mineure avec la majeure, la Quinte avec le Triton, la Septième fuperflue avec l'Octave, & mille autres cacophonies dont nos oreilles font peu choquées, parce que l'habitude les rend accommodantes; mais il n'eft point à préfumer qu'il en fût ainfi d'une oreille naturellement jufte, & qu'on mettroit, pour la première fois, à l'épreuve de cette *Harmonie*.

M. Rameau prétend que les Deffus d'une certaine fimplicité fuggèrent naturellement leur Baffe, & qu'un homme ayant l'oreille jufte & non exercée, entonnera naturellement cette Baffe. C'eft-là un préjugé de Muficien démenti par toute expérience: Non-feulement celui qui n'aura jamais entendu ni Baffe ni *Harmonie*, ne trouvera, de lui-même, ni cette *Harmonie* ni cette Baffe; mais elles lui déplairont fi on les lui fait entendre, & il aimera beaucoup mieux le fimple Uniffon.

Quand on fonge que, de tous les peuples de la terre, qui tous ont une Mufique & un Chant, les Européens font les feuls qui aient une *Harmonie*, des Accords, & qui trouvent ce mélange agréable; quand on fonge que le monde a duré tant de fiècles, fans que, de toutes les Nations qui ont cultivé les beaux Arts, aucune ait connu cette *Harmonie*; qu'aucun animal, qu'aucun oifeau, qu'aucun être dans la Nature ne produit d'autre Accord que l'Uniffon, ni d'autre Mufique que la Mélodie; que les langues orientales, fi fonores, fi muficales; que les oreilles Grecques, si délicates, si sensibles, exercées avec tant d'Art n'ont jamais guidé ces peuples voluptueux & passionnés vers notre *Harmonie*; que, sans elle, leur Musique avoit des effets si prodigieux; qu'avec elle la nôtre en a de si foibles; qu'enfin il étoit réservé à des Peuples du Nord, dont les organes durs & grossiers sont plus touchés de l'éclat & du bruit des Voix, que de la douceur des accens & de la Mélodie des inflexions, de faire cette grande découverte & de la donner pour principe à toutes les règles de l'Art; quand, dis-je, on fait attention à tout cela, il est bien difficile de ne pas soupçonner que toute notre *Harmonie* n'est qu'une invention Gothique & barbare, dont nous ne nous fussions jamais avisés, si nous eussions été plus sensibles aux véritables beautés de l'Art, & à la Musique vraiment naturelle.

M. Rameau prétend cependant, que l'*Harmonie* est la source des plus grandes beautés de la Musique; mais ce sentiment est contredit par les faits & par la raison. Par les faits, puisque tous les grands effets de la Musique ont cessé, & qu'elle a perdu son énergie & sa force depuis l'invention du Contre-point: à quoi j'ajoute que les beautés purement harmoniques sont des beautés savantes, qui ne transportent que des gens versés dans l'Art; au lieu que les véritables beautés de la Musique étant de la Nature, sont & doivent être également sensibles à tous les hommes savans & ignorans.

Par la raison, puisque l'*Harmonie* ne fournit aucun principe d'imitation par lequel la Musique formant des images ou exprimant des sentimens se puisse élever au genre Dramatique ou imitatif, qui est la partie de l'Art la plus noble, & la seule énergique; tout ce qui ne tient qu'au physique des Sons, étant très-borné dans le plaisir qu'il nous donne, & n'ayant que très-peu de pouvoir sur le cœur humain: (Voyez MÉLODIE.)

HARMONIE. Genre de Musique. Les Anciens ont souvent donné ce nom au Genre appellé plus communement *Genre Enharmonique*. (Voyez ENHARMONIQUE.)

HARMONIE DIRECTE, est celle où la Basse est fondamentale, & où les Parties supérieures conservent l'ordre direct entre elles & avec cette Basse. HARMONIE RENVERSÉE, est celle où le Son générateur ou fondamental est dans quelqu'une des Parties supérieures, & où quelqu'autre Son de l'Accord est transporté à la Basse au-dessous des autres. (Voyez DIRECT, RENVERSÉ.)

HARMONIE FIGURÉE, est celle où l'on fait passer plusieurs Notes sur un Accord. On *figure l'Harmonie* par Degrés conjoints ou disjoints. Lorsqu'on figure par Degrés conjoints, on emploie nécessairement d'autres Notes que celles qui forment l'Accord, des Notes qui ne sonnent point sur la Basse, & sont comptées pour rien dans l'*Harmonie* : ces Notes intermédiaires ne doivent pas se montrer au commencement des Temps, principalement des Temps forts, si ce n'est comme coulés, ports-de-voix, ou lorsqu'on fait la première Note du Temps brève pour appuyer la seconde. Mais quand on figure par Degrés disjoints, on ne peut absolument employer que les Notes qui forment l'Accord; soit consonnant, soit dissonant. L'*Harmonie* se *figure* encore par des Sons suspendus ou supposés. (Voyez SUPPOSITION, SUSPENSION.)

HARMONIEUX. adj. Tout ce qui fait de l'effet dans l'Harmonie, & même quelquefois tout ce qui est sonore & remplit l'oreille dans les Voix, dans les Instrumens, dans la simple Mélodie.

HARMONIQUES. adj. Ce qui appartient à l'Harmonie; comme les divisions *Harmoniques* du Monocorde, la Proportion *Harmonique*, le Canon *Harmonique*, &c.

HARMONIQUE. *s. des deux genres.* On appelle ainsi tous les Sons concomitans ou accessoires qui, par le principe de la résonnance, accompagnent un Son quelconque & le rendent appréciable. Ainsi toutes les aliquotes d'une Corde sonore en donnent les *Harmoniques.* Ce mot s'emploie au masculin quand on sous-entend le mot *Son*, & au féminin quand on sous-entend le mot *Corde*.

SONS HARMONIQUES. (Voyez SON.)

HARMONISTE. *s. m.* Musicien savant dans l'Harmonie. *C'est un bon* Harmoniste. *Durante est le plus grand* Harmoniste *de l'Italie, c'est-à-dire, du Monde.*

HARMONOMETRE. *s. m.* Instrument propre à mesurer les rapports Harmoniques. Si l'on pouvoit observer & suivre à l'oreille & à l'œil les ventres, les nœuds & toutes les divisions d'une Corde sonore en vibration, l'on auroit un *Harmonomètre* naturel très-exact; mais nos sens trop grossiers ne pouvant suffire à ces observations, on y supplée par un Monocorde que l'on divise à volonté par des chevalets mobiles, & c'est le meilleur *Harmonomètre* naturel

rel que l'on ait trouvé jufqu'ici. (Voyez MONOCORDE.)

HARPALICE. Sorte de Chanfon propre aux filles parmi les Anciens Grecs. (Voyez CHANSON.)

HAUT. *adj.* Ce mot fignifie la même chofe qu'*Aigu*, & ce terme eft oppofé à *bas*. C'eft ainfi qu'on dira que le Ton eft trop *Haut*, qu'il faut monter l'Inftrument plus *Haut*.

Haut s'employe auffi quelquefois improprement pour *Fort*. *Chantez plus* Haut; *on ne vous entend pas*.

Les Anciens donnoient à l'ordre des Sons une dénomination toute oppofée à la nôtre; ils plaçoient en *Haut* les Sons graves, & en bas les Sons aigus : ce qu'il importe de remarquer pour entendre plufieurs de leurs paffages.

Haut, eft encore, dans celles des quatre Parties de la Mufique qui fe fubdivifent, l'épithète qui diftingue la plus élevée ou la plus aiguë. HAUTE-CONTRE, HAUTE-TAILLE, HAUT-DESSUS. Voyez ces mots.

HAUT-DESSUS. *f. m.* C'eft quand les Deffus chantans fe fubdivifent, la Partie fupérieure. Dans les Parties inftrumentales on dit toujours *premier Deffus* & *fecond Deffus*; mais dans le vocal on dit quelquefois *Haut-deffus* & *Bas-deffus*.

HAUTRE-CONTRE, ALTUS ou CONTRA. Celle des quatre Parties de la Mufique qui appartient aux Voix d'hommes les plus aiguës ou les plus hautes; par oppofition à la *Baffe-contre* qui eft pour les plus graves ou les plus baffes. (Voyez PARTIES.)

Dans la Mufique Italienne, cette Partie, qu'ils appellent *Contr'alto*, & qui répond à la *Haute-contre* eft prefque toujours chantée par des *Bas-deffus*, foit femmes, foit *Caftrati*. En effet, la *Haute-contre* en Voix d'homme n'eft point naturelle; il faut la forcer pour la porter à ce Diapafon : quoiqu'on faffe, elle a toujours de l'aigreur, & rarement de la juftefle.

HAUTE-TAILLE, TENOR, eft cette Partie de la Mufique qu'on appelle auffi fimplement *Taille*. Quand la Taille fe fubdivife en deux autres Parties, l'inférieure prend le nom de *Baffe-taille* ou Concordant, & la fupérieure s'appelle *Haute-taille*.

HEMI. Mot Grec fort ufité dans la Mufique, & qui fignifie *Demi* ou *moitié*. (Voyez SEMI.)

HÉMIDITON. C'étoit, dans la Mufique Grecque, l'Intervalle de

Dict. de Muf. Ii

Tierce majeure, diminuée d'un femi-Ton; c'eft-à-dire, la Tierce mineure. L'*Hémiditon* n'eft point, comme on pourroit croire, la moitié du Diton ou le *Ton*: mais c'eft le Diton moins la moitié d'un *Ton*; ce qui eft tout différent.

HÉMIOLE. Mot Grec qui fignifie l'*entier & demi*, & qu'on a confacré en quelque forte à la Mufique. Il exprime le rapport de deux quantités dont l'une eft à l'autre comme 15 à 10, ou comme 3 à 2 : on l'appelle autrement *rapport fefquialtère*.

C'eft de ce rapport que naît la Confonnance appellée *Diepente* ou Quinte, & l'ancien Rhythme fefquialtère en naiffoit auffi.

Les anciens Auteurs Italiens donnent encore le nom d'*Hémiole* ou *Hémiolie* à cette efpèce de Mefure triple dont chaque Temps eft une Noire. Si cette Noire eft fans queue, la Mefure s'appelle *Hemiolia maggiore*, parce qu'elle fe bat plus lentement & qu'il faut deux Noires à queue pour chaque Temps. Si chaque Temps ne contient qu'une Noire à queue, la Mefure fe bat du double plus vite, & s'appelle *Hemiolia minore*.

HÉMIOLIEN. *adj.* C'eft le nom que donne Ariftoxène à l'une des trois efpèces du Genre Chromatique, dont il explique les divifions. Le Tétracorde 30 y eft partagé en trois Intervalles, dont les deux premiers, égaux entr'eux, font chacun la fixième partie, & dont le troifième eft les deux tiers. $5 + 5 + 20 = 30$.

HEPTACORDE, HEPTAMERIDE, HEPTAPHONE, HEXACORDE, &c. (Voyez EPTACORDE, EPTAMERIDE, EPTAPHONE, &c.)

HERMOSMENON. (Voyez MŒURS.)

HEXARMONIEN. *adj.* Nome, ou Chant d'une Mélodie effeminée & lâche, comme Ariftophane le reproche à Philoxène fon Auteur.

HOMOPHONIE. *f. f.* C'étoit dans la Mufique Grecque cette efpèce de Symphonie qui fe faifoit à l'Uniffon, par oppofition à l'Antiphonie qui s'exécutoit à l'Octave. Ce mot vient de ὁμός, pareil, & de φωνή, Son.

HYMÉE. Chanfon des Meuniers chez les anciens Grecs, autrement dite *Epiaulie*. Voyez ce mot.

HYMENÉE. Chanfon des noces chez les anciens Grecs, autrement dite *Epithalame*. (Voyez EPITHALAME.)

HYMNE. *f. f.* Chant en l'honneur des Dieux ou des Héros. Il y a cette différence entre l'*Hymne* & le Cantique, que celui-ci fe rapporte plus communément aux actions, & *l'Hymne* aux perfonnes. Les premiers Chants de toutes les Nations ont été des Cantiques ou des *Hymnes*. Orphée & Linus paffoient, chez les Grecs, pour Auteurs des premières *Hymnes*; & il nous refte parmi les Poéfies d'Homère un recueil d'Hymnes en l'honneur des Dieux.

HYPATE. *adj.* Épithète par laquelle les Grecs diftinguoient le Tétracorde le plus bas, & la plus baffe Corde de chacun des deux plus bas Tétracordes; ce qui, pour eux étoit tout le contraire : car ils fuivoient dans leur dénominations un ordre rétrograde au nôtre, & plaçoient en haut le grave que nous plaçons en bas. Ce choix eft arbitraire, puifque les idées attachées aux mots *Aigu* & *Grave*, n'ont aucune liaifon naturelle avec les idées attachés aux mots *Haut* & *bas*.

On appelloit donc *Tétracorde Hypaton*, ou des *Hypates*, celui qui étoit le plus grave de tous, & immédiatement au-deffus de la *Proflambanomène* ou plus baffe Corde du Mode; & la première Corde du Tétracorde qui fuivoit immédiatement celle-là s'appelloit *Hypate-Hypaton*; c'eft-à-dire, comme le traduifoient les Latins, la *Principale* du Tétracorde des *Principales*. Le Tétracorde immédiatement fuivant du grave à l'aigu s'appelloit *Tétracorde Méfon*, ou des moyennes; & la plus grave Corde s'appelloit *Hypate-Méfon*; c'eft-à-dire, la principale des moyennes.

Nicomaque le Gérafénien, prétend que ce mot d'*Hypate*, *Principale*, *Elevée* ou *Suprême*, a été donnée à la plus grave des Cordes du Diapafon, par allufion à Saturne, qui des fept Planettes eft la plus éloignée de nous. On fe doutera bien par-là que ce Nicomaque étoit Pythagoricien.

HYPATE-HYPATON. C'étoit la plus baffe Corde du plus bas Tétracorde des Grecs, & d'un Ton plus haut que la Proflambanomène. Voyez l'Article précédent.

HYPATE-MESON. C'étoit la plus baffe du fecond Tétracorde; laquelle étoit auffi la plus aiguë du premier, parce que ces deux Tétracordes étoient conjoints. (Voyez HYPATE.)

HYPATOIDES. Sons graves. (Voyez LEPSIS.)

HYPERBOLEIEN. *adj.* Nome ou Chant de même caractère que l'Hexarmonien. (Voyez HEXARMONIEN.)

HYPERBOLÉON. Le Tétracorde *Hyperboléon* étoit le plus aigu des cinq Tétracordes du Syftême des Grecs.

Ce mot eft le génitif du fubftantif pluriel ὑπερϐόλ, *Sommets, Extrémités* ; les Sons les plus aigus étant à l'extrémité des autres.

HYPER-DIAZEUXIS. Disjonction de deux Tétracordes féparés par l'Intervalle d'une Octave, comme étoient le Tétracorde des Hypates & celui des Hyperbolées.

HYPER DORIEN. Mode de la Mufique Grecque, autrement appellée *Myxo-Lydien*; duquel la Fondamentale ou Tonique étoit une Quarte au-deffus de celle du Mode Dorien. (Voyez MODE.)

On attribue à Pythoclide l'invention du Mode *Hyper-Dorien*.

HYPER-ÉOLIEN. Le pénultième à l'aigu des quinze Modes de la Mufique des Grecs, & duquel la Fondamentale ou Tonique étoit une Quarte au-deffus de celle du Mode Éolien. (Voyez MODE.)

Le Mode *Hyper-Éolien*, non plus que l'Hyper-Lydien qui le fuit, n'étoient pas fi anciens que les autres. Ariftoxène n'en fait aucune mention, & Ptolomée qui n'en admettoit que fept, n'y comprenoit pas ces deux-là.

HYPER-IASTIEN, ou *Mixo-Lydien aigu*. C'eft le nom qu'Euclide & plufieurs Anciens donnent au Mode appellé plus communément *Hyper-Ionien*.

HYPER-IONIEN. Mode de la Mufique Grecque, appellé auffi par quelques-uns Hyper-Iaftien, ou *Mixo-Lydien aigu*; lequel avoit fa fondamentale une Quarte au-deffus de celle du Mode Ionien. Le Mode Ionien eft le douzième en ordre du grave à l'aigu, felon le dénombrement d'Alypius. (Voyez MODE.)

HYPER-LYDIEN. Le plus aigu des quinze Modes de la Mufique des Grecs, duquel la fondamentale étoit une Quarte au-deffus de celle du Mode Lydien. Ce Mode, non plus que fon voifin l'Hyper-Éolien, n'étoit pas fi ancien que les treize autres ; & Ariftoxène qui les nomme tous, ne fait aucune mention de ces deux-là. (Voyez MODE.)

HYPER-MIXO-LYDIEN. Un des Modes de la Mufique Grecque, autrement appellé *Hyper-Phrygien*. Voyez ce mot.

HYPER-PHRYGIEN, appellé auffi par Euclide, *Hyper-Mixo-Lydien*, eft le plus aigu des treize Modes d'Ariftoxène, faifant le Diapafon ou l'Octave avec l'Hypo-Dorien le plus grave de tous. (Voyez MODE.)

H Y P.

HYPO-DIAZEUXIS, eſt, ſelon le vieux Bacchius, l'Intervalle de Quinte qui ſe trouve entre deux Tétracordes ſéparés par une disjonction, & de plus par une troiſième Tétracorde intermédiaire. Ainſi il y a *Hypo-Diazeuxis* entre les Tétracordes Hypaton & Diézeugménon; & entre les Tétracordes Synnéménon & Hyperboléon. (Voyez TÉTRACORDE.)

HYPO-DORIEN. Le plus grave de tous les Modes de l'ancienne Muſique. Euclide dit que c'eſt le plus élevé; mais le vrai ſens de cette expreſſion eſt expliqué au mot *Hypate*.

Le Mode *Hypo-Dorien* a ſa fondamentale une Quarte au-deſſous de celle du Mode Dorien. Il fut inventé, dit-on, par Philoxène; ce Mode eſt affectueux, mais gai, alliant la douceur à la majeſté.

HYPO-ÉOLIEN. Mode de l'ancienne Muſique, appellé auſſi par Euclide, *Hypo-Lydien grave*. Ce Mode a ſa fondamentale une Quarte au-deſſous de celle du Mode Éolien. (Voyez Mode.)

HYPO-IASTIEN. (Voyez HYPO-IONIEN.)

HYPO-IONIEN. Le ſecond des Modes de l'ancienne Muſique, en commençant par le grave. Euclide l'appelle auſſi *Hypo-Iaſtien & Hypo-Phrygien grave*. Sa Fondamentale eſt une Quarte au-deſſous de celle du Mode Ionien. (Voyez MODE.)

HYPO-LYDIEN. Le cinquième Mode de l'ancienne Muſique, en commençant par le grave. Euclide l'appelle auſſi *Hypo-Iaſtien & Hypo-Phrygien grave*. Sa fondamentale eſt une Quarte au-deſſous de celle du Mode Lydien. (Voyez MODE.)

Euclide diſtingue deux Modes *Hypo-Lydiens*; ſavoir, l'aigu qui eſt celui de cet Article, & le grave qui eſt le même que l'Hypo-Éolien.

Le Mode *Hypo-Lydien* étoit propre aux Chants funèbres, aux méditations ſublimes & divines: quelques-uns en attribuent l'invention à Polymneſte de Colophon, d'autres à Damon l'Athénien.

HYPO-MIXO-LYDIEN. Mode ajouté par Gui d'Arezzo à ceux de l'ancienne Muſique : c'eſt proprement le Plagal du Mode Mixo-Lydien, & ſa fondamentale eſt la même que celle du Mode Dorien. (Voyez MODE.)

HYPO-PHRYGIEN. Un des Modes de l'ancienne Muſique dérivé du Mode Phrygien dont la fondamentale étoit une Quarte au-deſſus de la ſienne.

Euclide parle encore d'un autre Mode Hypo-Phrygien au grave de celui-ci : c'eft celui qu'on appelle plus correctement Hypo-Ionien. Voyez ce mot.

Le caractère du Mode *Hypo-Phrygien* étoit calme, paifible & propre à tempérer la véhémence du Phrygien. Il fut inventé, dit-on, par Damon, l'ami de Pithias & l'élève de Socrate.

HYPO-PROSLAMBANOMÉNOS. Nom d'une Corde ajoutée, à ce qu'on prétend, par Gui d'Arezzo, un Ton plus bas que la Proflambanomène des Grecs; c'eft-à-dire, au-deffous de tout le fyftême. L'Auteur de cette nouvelle Corde l'exprima par la lettre Γ de l'Alphabet Grec, & de-là nous eft venu le nom de *Gamme*.

HYPORCHEMA. Sorte de Cantique fur lequel on danfoit aux fêtes des Dieux.

HYPO-SYNAPHE eft, dans la Mufique des Grecs, la disjonction de deux Tétracordes féparés par l'interpofition d'un troifième Tétracorde conjoint avec chacun des deux; en forte que les Cordes homologues de deux Tétracordes disjoints par *Hypo-Synaphe*, ont entre elles cinq Tons ou une Septième mineure d'Intervalle. Tels font les deux Tétracordes *Hypaton* & *Synneménon*.

I.

IALÈME. Sorte de Chant funèbre jadis en usage parmi les Grecs, comme le *Linos* chez le même Peuple, & le *Manéros* chez les Égyptiens. (Voyez CHANSON.)

IAMBIQUE. *adj.* Il y avoit dans la Musique des Anciens deux sortes de vers *Iambiques*, dont on ne faisoit que réciter les uns au son des Instrumens, au lieu que les autres se chantoient. On ne comprend pas bien quel effet devoit produire l'Accompagnement des Instrumens sur une simple récitation, & tout ce qu'on en peut conclure raisonnablement, c'est que la plus simple manière de prononcer la Poésie Grecque, ou du moins l'*Iambique*, se faisoit par des Sons appréciables, harmoniques, & tenoit encore beaucoup de l'intonation du Chant.

JASTIEN. Nom donné par Aristoxène & Alypius au Mode que les autres auteurs appellent plus communément *Ionien*. (V. MODE.)

JEU. *s. m.* L'action de jouer d'un Instrument. (Voyez JOUER.) On dit *Plein Jeu*, *Demi-Jeu*, selon la manière plus forte ou plus douce de tirer les Sons de l'Instrument.

IMITATION. *s. f.* La Musique dramatique ou théâtrale concourt à l'*Imitation* ainsi que la Poésie & la Peinture : c'est à ce principe commun que se rapportent tous les Beaux-Arts, comme l'a montré M. le Batteux. Mais cette *Imitation* n'a pas pour tous la même étendue. Tout ce que l'imagination peut se représenter est du ressort de la Poésie. La Peinture, qui n'offre point ses tableaux à l'imagination, mais au sens & à un seul sens, ne peint que les objets soumis à la vue. La Musique sembleroit avoir les mêmes bornes par rapport à l'ouïe; cependant elle peint tout, même les objets qui ne sont que visibles : par un prestige presque inconcevable, elle semble mettre l'œil dans l'oreille, & la plus grande merveille d'un Art qui n'agit que par le mouvement, est d'en pouvoir former jusqu'à l'image du repos. La nuit, le sommeil, la solitude & le silence entrent dans le nombre des grands tableaux de la Musique. On sait que le bruit peut produire l'effet du silence, & le silence l'effet du bruit; comme quand on s'endort à une lecture égale & monotone, & qu'on s'éveille à l'inſtant qu'elle ceſſe. Mais la Muſique agit plus intimement ſur nous en excitant, par un ſens, des affections ſemblables à celles qu'on peut exciter par un autre ; &, comme le rapport ne peut être ſenſible que l'impreſſion ne ſoit forte, la Peinture dénuée de cette force ne peut rendre à la Muſique les *Imitations* que celle-ci tire d'elle. Que toute la Nature ſoit endormie, celui qui la contemple ne dort pas, & l'art du Muſicien conſiſte à ſubſtituer à l'image inſenſible de l'objet celle des mouvemens que ſa préſence excite dans le cœur du Contemplateur. Non-ſeulement il agitera la mer, animera la flamme d'un incendie, fera couler les ruiſſeaux, tomber la pluie & groſſir les torrens ; mais il peindra l'horreur d'un déſert affreux, rembrunira les murs d'une priſon ſouterraine, calmera la tempête, rendra l'air tranquille & ſerein, & répandra de l'Orcheſtre une fraîcheur nouvelle ſur les boccages. Il ne repréſentera pas directement ces choſes, mais il excitera dans l'ame les mêmes mouvemens qu'on éprouve en les voyant.

J'ai dit au mot *Harmonie* qu'on ne tire d'elle aucun principe qui mène à l'*Imitation* muſicale, puiſqu'il n'y a aucun rapport entre des Accords & les objets qu'on veut peindre, ou les paſſions qu'on veut exprimer. Je ferai voir au mot MÉLODIE quel eſt ce principe que l'Harmonie ne fournit pas, & quels traits donnés par la Nature ſont employés par la Muſique pour repréſenter ces objets & ces paſſions.

IMITATION, dans ſon ſens technique, eſt l'emploi d'un même Chant, ou d'un Chant ſemblable, dans pluſieurs Parties qui le font entendre l'une après l'autre, à l'Uniſſon, à la Quinte, à la Quarte, à la Tierce, ou à quelqu'autre Intervalle que ce ſoit. L'*Imitation* eſt toujours bien priſe, même en changeant pluſieurs Notes ; pourvu que ce même Chant ſe reconnoiſſe toujours, & qu'on ne s'écarte point des loix d'une bonne Modulation. Souvent, pour rendre l'*Imitation* plus ſenſible, on la fait précéder de ſilences ou de Notes longues qui ſemblent laiſſer éteindre le Chant au moment que l'*Imitation* le ranime. On traite l'*Imitation* comme on veut ; on l'abandonne, on la reprend, on en commence une autre à volonté ; en un mot, les règles en ſont auſſi relâchées, que celles de la Fugue ſont ſévères : c'eſt pourquoi

quoi les grands Maîtres la dédaignent, & toute *Imitation* trop affectée décèle presque toujours un Écolier en composition.

IMPARFAIT. *adj.* Ce mot a plusieurs sens en Musique. Un Accord *Imparfait* est, par opposition à l'Accord parfait, celui qui porte une Sixte ou une Dissonnance, &, par opposition à l'Accord plein, c'est celui qui n'a pas tous les Sons qui lui conviennent & qui doivent le rendre complet. (Voyez ACCORD.)

Le Temps ou Mode *Imparfait* étoit, dans nos anciennes Musiques, celui de la division double. (Voyez MODE.)

Une Cadence *Imparfaite* est celle qu'on appelle autrement Cadence irrégulière. (Voyez CADENCE.)

Une Consonnance *Imparfaite* est celle qui peut être majeure ou mineure, comme la Tierce ou la Sixte. (Voyez CONSONNANCE.)

On appelle, dans le Plain-Chant, *Modes Imparfaits* ceux qui sont défectueux en haut ou en bas, & restent en-deçà d'un des deux termes qu'ils doivent atteindre.

IMPROVISER. *v. n.* C'est faire & chanter impromptu des Chansons, Airs & paroles, qu'on accompagne communément d'une Guitarre ou autre pareil Instrument. Il n'y a rien de plus commun en Italie, que de voir deux Masques se rencontrer, se défier, s'attaquer, se riposter ainsi par des couplets sur le même Air, avec une vivacité de Dialogue, de Chant, d'Accompagnement dont il faut avoir été témoin pour la comprendre.

Le mot *Improvisar* est purement Italien : mais comme il se rapporte à la Musique, j'ai été contraint de le franciser pour faire entendre ce qu'il signifie.

INCOMPOSÉ. *adj.* Un Intervalle *Incomposé* est celui qui ne peut se résoudre en Intervalles plus petits, & n'a point d'autre élément que lui-même ; tel, par exemple, que le Dièse Enharmonique, le Comma, le semi-Ton.

Chez les Grecs, les Intervalles *Incomposés* étoient différens dans les trois Genres, selon la manière d'accorder les Tétracordes. Dans le Diatonique le semi-Ton & chacun des deux Tons qui le suivent, étoient des Intervalles *Incomposés*. La Tierce mineure qui se trouve entre la troisième & la quatrième Corde dans le Genre Chromatique, & la Tierce majeure qui se trouve entre les mêmes Cordes dans le Genre Enharmonique, étoient aussi des

Dict. de Mus. K k

Intervalles *Incomposés*. En ce sens, il n'y a dans le syftême moderne qu'un feul Intervalle *Incompofé*; favoir, le femi-Ton. (Voyez SEMI-TON.)

INHARMONIQUE. *adj. Relation Inharmonique*, eft, felon M.' Savérien, un terme de Mufique; & il renvoie, pour l'expliquer, au mot *Relation*, auquel il n'en parle pas. Ce terme de Mufique ne m'eft point connu.

INSTRUMENT. *f. m.* Terme générique fous lequel on comprend tous les corps artificiels qui peuvent rendre & varier les Sons, à l'imitation de la Voix. Tous les corps capables d'agiter l'air par quelque choc, & d'exciter enfuite, par leurs vibrations, dans cet air agité, des ondulations affez fréquentes, peuvent donner du Son, & tous les corps capables d'accélérer ou retarder ces ondulations peuvent varier les Sons. (Voyez SON.)

Il y a trois manières de rendre des Sons fur des *Inftrumens*; favoir, par les vibrations des Cordes, par celles de certains corps élaftiques, & par la collifion de l'air enfermé dans des tuyaux. J'ai parlé au mot *Mufique*, de l'invention de ces *Inftrumens*.

Ils fe divifent généralement en *Inftrumens* à Cordes, *Inftrumens* à vent, *Inftrumens* de percuffion. Les *Inftrumens* à Cordes, chez les Anciens, étoient en grand nombre; les plus connus font les fuivans: *Lyra*, *Pfalterium*, *Trigonium*, *Sambuca*, *Cithara*, *Pectis*, *Magas*, *Barbiton*, *Teftudo*, *Epigonium*, *Simmicium*, *Epandoron*, &c. On touchoit tous ces *Inftrumens* avec les doigts ou avec le Plectrum, efpèce d'archet.

Pour leurs principaux *Inftrumens* à vent, ils avoient ceux appellés, *Tibia*, *Fiftula*, *Tuba*, *Cornu*, *Lituus*, &c.

Les *Inftrumens* de percuffion étoient ceux qu'ils nommoient, *Tympanum*, *Cymbalum*, *Crepitaculum*, *Tintinnabulum*, *Crotalum*, &c. Mais plufieurs de ceux-ci ne varioient pas les Sons.

On ne trouvera point ici des articles pour ces *Inftrumens* ni pour ceux de la Mufique moderne, dont le nombre eft exceffif. La Partie Inftrumentale, dont un autre s'étoit chargé, n'étant pas d'abord entré dans le Plan de mon travail pour l'Encyclopédie, m'a rebuté, par l'étendue des connoiffances qu'elle exige, de la remettre dans celui-ci.

INSTRUMENTAL. Qui appartient au jeu des Inftrumens. *Tour de Chant* Inftrumental; *Mufique* Inftrumentale.

INTENSE. *adj.* Les Sons *Intenses* sont ceux qui ont le plus de force, qui s'entendent de plus loin : ce sont aussi ceux qui, étant rendus par des Cordes fort tendues, vibrent par-là même plus fortement. Ce mot est Latin, ainsi que celui de *Remisse* qui lui est opposé : mais dans les écrits de Musique théorique on est obligé de franciser l'un & l'autre.

INTERCIDENCE. *s. f.* Terme de Plain-Chant. (Voyez DIAPTOSE.)

INTERMEDE. *s. f.* Pièce de Musique & de Danse qu'on insère à l'Opéra, & quelquefois à la Comédie, entre les Actes d'une grande Pièce, pour égayer & reposer en quelque sorte, l'esprit du Spectateur attristé par le tragique & tendu sur les grands intérêts.

Il y a des *Intermèdes* qui sont de véritables Drames comiques ou burlesques, lesquels, coupant ainsi l'intérêt par un intérêt tout différent, balottent & tiraillent, pour ainsi dire, l'attention du Spectateur en sens contraire, & d'une manière très-opposée au bon goût & à la raison. Comme la Danse, en Italie, n'entre point & ne doit point entrer dans la constitution du Drame Lyrique, on est forcé, pour l'admettre sur le Théatre, de l'employer hors d'œuvre & détachée de la Pièce. Ce n'est pas cela que je blâme ; au contraire, je pense qu'il convient d'effacer, par un Ballet agréable, les impressions tristes laissées par la représentation d'un grand Opéra, & j'approuve fort que ce Ballet fasse un sujet particulier qui n'appartienne point à la Pièce : mais ce que je n'approuve pas, c'est qu'on coupe les Actes par de semblables Ballets qui, divisant ainsi l'action & détruisant l'intérêt, font, pour ainsi dire, de chaque Acte une Pièce nouvelle.

INTERVALLE. *s. m.* Différence d'un Son à un autre entre le grave & l'aigu ; c'est tout l'espace que l'un des deux auroit à parcourir pour arriver à l'Unisson de l'autre. La différence qu'il y a de l'*Intervalle* à l'*Étendue*, est que l'*Intervalle* est considéré comme indivisé, & l'Étendue comme divisée. Dans l'*Intervalle*, on ne considère que les deux termes ; dans l'Étendue, on en suppose d'intermédiaires. L'Étendue forme un système, mais l'*Intervalle* peut être incomposé.

A prendre ce mot dans son sens le plus général, il est évident qu'il y a une infinité d'*Intervalles* : mais comme en Musique on borne le nombre des Sons à ceux qui compofent un certain fyftéme, on borne, auffi par-là le nombre des *Intervalles* à ceux que ces Sons peuvent former entr'eux. De forte qu'en combinant deux à deux tous les Sons d'un fyftême quelconque, on aura tous les *Intervalles* poffibles dans ce même fyftême; fur quoi il reftera à réduire fous la même efpèce tous ceux qui fe trouveront égaux.

Les Anciens divifoient les *Intervalles* de leur Mufique en *Intervalles* fimples ou incompofés, qu'ils appelloient *Diaftèmes*, & en *Intervalles* compofés, qu'ils appelloient *Syftêmes*. (Voyez ces mots.) Les *Intervalles*, dit Ariftoxène, différent entr'eux en cinq manières. 1°. En étendue; un grand *Intervalle* diffère d'un plus petit : 2°. En réfonnance ou en Accord; c'eft ainfi qu'un *Intervalle* confonnant diffère d'un diffonnant : 3°. En quantité; comme un *Intervalle* fimple diffère d'un *Intervalle* compofé : 4°. En Genre; c'eft ainfi que les *Intervalles* Diatoniques, Chromatiques, Enharmoniques diffèrent entr'eux : 5°. En nature de rapport; comme l'*Intervalle* dont la raifon peut s'exprimer en nombres, diffère d'un *Intervalle* irrationel. Difons quelques mots de toutes ces différences.

I. Le moindre de tous les *Intervalles*, felon Bacchius & Gaudence, eft le Dièfe Enharmonique. Le plus grand à le prendre à l'extrémité grave du Mode Hypo-Dorien, jufqu'à l'extrémité aiguë de l'Hypomixo-Lydien, feroit de trois Octaves complettes : mais comme il y a une Quinte à retrancher, ou même une Sixte, felon un paffage d'Adrafte cité pas Meibonius, refte la Quarte par-deffus le Dis-Diapafon; c'eft-à-dire la Dix-huitième, pour le plus grand *Intervalle* du Diagramme des Grecs.

II. Les Grecs divifoient comme nous les *Intervalles* en Confonnans & Diffonnans : mais leurs divifions n'étoient pas les mêmes que les nôtres. (Voyez CONSONNANCE.) Ils fubdivifoient encore les *Intervalles* confonnans en deux efpèces, fans y compter l'Uniffon, qu'ils appelloient *Homophonie*, ou parité de Sons, & dont l'*Intervalle* eft nul. La première efpèce étoit l'*Antiphonie*, ou oppofition des Sons, qui fe faifoit à l'Octave ou à la double Octave, & qui n'étoit proprement qu'une Réplique du même Son; mais pourtant avec oppofition du grave à l'aigu. La feconde efpèce étoit la *Paraphonie*, ou diftinction de Sons, fous laquelle on comprenoit toute Confonnance autre que l'Octave & fes Répliques; tous les *Intervalles*, dit Théon de Smyrne, qui ne font ni Diffonnans, ni Uniffon.

III. Quand les Grecs parlent de leurs Diaftèmes ou *Intervalles* fimples, il ne faut pas prendre ce terme à toute rigueur; car le Dièfis même n'étoit pas, felon eux, exempt de compofition; mais il faut toujours le rapporter au Genre auquel l'*Intervalle* s'applique. Par exemple, le femi-Ton eft un *Intervalle* fimple dans le Genre Chromatique & dans le Diatonique, compofé dans l'Enharmonique. Le *Ton* eft compofé dans le Chromatique, & fimple dans le Diatonique; & le Diton même, ou la Tierce majeure, qui eft un *Intervalle* compofé dans le Diatonique, eft incompofé dans l'Enharmonique. Ainfi, ce qui eft fyftème dans un Genre, peut être Diaftème dans un autre, & réciproquement.

IV. Sur les Genres, divifez fucceffivement le même Tétracorde, felon le Genre Diatonique, felon le Chromatique, & felon l'Enharmonique, vous aurez trois Accords différens, lefquels, comparés entre eux, au lieu de trois *Intervalles*, vous en donneront neuf, outre les combinaifons & compofitions qu'on en peut faire, & les différences de tous ces *Intervalles* qui en produiront des multitudes d'autres. Si vous comparez, par exemple, le premier *Intervalle* de chaque Tétracorde dans l'Enharmonique & dans le Chromatique mol d'Ariftoxène, vous aurez d'un côté un quart ou $\frac{3}{12}$ de Ton, de l'autre un tiers ou $\frac{4}{12}$ & les deux Cordes aiguës feront entr'elles un *Intervalle* qui fera la différence des deux précédens, ou la douzième partie d'un Ton.

V. Paffant maintenant aux rapports, cet Article me mène à une petite digreffion.

Les Ariftoxèniens prétendoient avoir bien fimplifié la Mufique par leurs divifions égales des *Intervales*, & fe moquoient fort de tous les calculs de Pythagore. Il me femble cependant que cette prétendue fimplicité n'étoit guères que dans les mots, & que fi les Pythagoriciens avoient un peu mieux entendu leur Maître & la Mufique, ils auroient bien-tôt fermé la bouche à leurs adverfaires.

Pythagore n'avoit pas imaginé le rapport des Sons qu'il calcula le premier. Guidé par l'expérience, il ne fit que prendre note de fes obfervations. Ariftoxène incommodé de tous ces calculs, bâtit dans fa tête un fyftême tout différent; & comme s'il eût pu changer la Nature à fon gré, pour avoir fimplifié les mots, il crut avoir fimplifié les chofes, au lieu qu'il fit réellement le contraire.

Comme les rapports des Confonnances étoient fimples & faciles à exprimer, ces deux Philofophes étoient d'accord là-deffus : ils l'étoient même fur les premières Diffonnances ; car ils convenoient également que le *Ton* étoit la différence de la Quarte à la Quinte ; mais comment déterminer déja cette différence autrement que par le calcul? Ariftoxène partoit pourtant de-là pour n'en point vouloir, & fur ce *Ton*, dont il fe vantoit d'ignorer le rapport, il bâtiffoit toute fa doctrine muficale. Qu'y avoit-il de plus aifé que de lui montrer la fauffeté de fes opérations & la jufteffe de celles de Pythagore ? Mais, auroit-il dit, je prends toujours des doubles, ou des moitiés, ou des tiers; cela eft plus fimple & plutôt fait que vos Comma, vos Limma, vos Apotomes. Je l'avoue, eût répondu Pythagore ; mais, dites-moi, je vous prie, comment vous les prenez, ces doubles, ces moitiés, ces tiers ? L'autre eût répliqué qu'il les entonnoit naturellement, ou qu'il les prenoit fur fon Monocorde. Eh bien! eût dit Pythagore, entonnez-moi jufte le quart d'un Ton. Si l'autre eût été affez charlatan pour le faire, Pythagore eût ajouté : mais eft-il bien divifé votre Monocorde ? Montrez-moi, je vous prie, de quelle méthode vous vous êtes fervi pour y prendre le quart ou le tiers d'un Ton ? Je ne faurois voir, en pareil cas, ce qu'Ariftoxène eût pu répondre. Car, de dire que l'Inftrument avoit été accordé fur la Voix, outre que ç'eut été tomber dans le cercle, cela ne pouvoit convenir aux Ariftoxéniens, puifqu'ils avouoient tous avec leur Chef, qu'il falloit exercer long-temps la Voix fur un Inftrument de la dernière jufteffe, pour venir à bout de bien entonner les *Intervalles* du Chromatique mol & du Genre Enharmonique.

Or, puifqu'il faut des calculs non moins compofés & même des opérations géométriques plus difficiles pour mefurer les tiers & les quarts de Ton d'Ariftoxène, que pour affigner les rapports de Pythagore, c'eft avec raifon que Nicomaque, Boëce & plufieurs autres Théoriciens préféroient les rapports juftes & harmoniques de leur Maître aux divifions du fyftème Ariftoxénien, qui n'étoient pas plus fimples, & qui ne donnoient aucun *Intervalle* dans la jufteffe de fa génération.

Il faut remarquer que ces raifonnemens qui convenoient à la Mufique des Grecs ne conviendroient pas également à la nôtre, parce que tous les Sons de notre Syftême s'accordent par des Confonnances ; ce qui ne pouvoit fe faire dans le leur que pour le feul Genre Diatonique.

Il s'enfuit de tout ceci, qu'Ariftoxène diftinguoit avec raifon les *Intervalles* en rationnels & irrationnels ; puifque, bien qu'ils fuffent tous rationnels dans le fyftême de Pythagore, la plupart des Diffonnances étoient irrationnelles dans le fien.

Dans la Mufique moderne on confidère auffi les *Intervalles* de plufieurs manières; favoir, ou généralement comme l'efpace ou la diftance quelconque de deux Sons donnés, ou feulement comme celles de ces diftances qui peuvent fe noter, ou enfin comme celles qui fe marquent fur des Degrés différens. Selon le premier Sens, toute raifon numérique, comme eft le Comma, ou fourde comme eft le Dièfe d'Ariftoxène, peut exprimer un *Intervalle*. Le fecond fens s'applique aux feuls *Intervalles* reçus dans le fyftême de notre Mufique, dont le moindre eft le femi-Ton mineur exprimé fur le même Degré par un Dièfe ou par un Bémol. (Voyez SEMI-TON.) La troifième acception fuppofe quelque différence de pofition : c'eft-à-dire un ou plufieurs Degrés entre les deux Sons qui forment l'*Intervalle*. C'eft à cette dernière acception que le mot eft fixé dans la pratique : de forte que deux *Intervalles* égaux, tels que font la fauffe-Quinte & le Triton, portent pourtant des noms différens, fi l'un a plus de Degrés que l'autre.

Nous divifons, comme faifoient les Anciens, les *Intervalles* en Confonnans & Diffonnans. Les Confonnances font parfaites ou imparfaites : (Voyez CONSONNANCE.) Les Diffonnances font telles par leur nature, ou le deviennent par accident. Il n'y a que deux *Intervalles* diffonnans par leur nature ; favoir, la feconde & la feptième en y comprenant leurs Octaves ou Répliques : encore ces deux peuvent-ils fe réduire à un feul ; mais toutes les Confonnances peuvent devenir diffonnantes par accident. (Voyez DISSONNANCE.)

De plus, tout *Intervalle* eſt ſimple ou redoublé. L'*Intervalle* ſimple eſt celui qui eſt contenu dans les bornes de l'Octave. Tout *Intervalle* qui excède cette étendue eſt redoublé; c'eſt-à-dire, compoſé d'une ou pluſieurs Octaves & de l'*Intervalle* ſimple dont il eſt la Réplique.

Les *Intervalles* ſimples ſe diviſent encore en directs & renverſés. Prenez pour direct un *Intervalle* ſimple quelconque : ſon complément à l'Octave eſt toujours renverſé de celui-là, & réciproquement.

Il n'y a que ſix eſpèces d'*Intervalles* ſimples, dont trois ſont complémens des trois autres à l'Octave, & par conſéquent auſſi leurs renverſés. Si vous prenez d'abord les moindres *Intervalles*, vous aurez pour directs, la Seconde, la Tierce & la Quarte; pour renverſés, la Septième, la Sixte & la Quinte. Que ceux-ci ſoient directs, les autres ſeront renverſés : tout eſt réciproque.

Pour trouver le nom d'un *Intervalle* quelconque, il ne faut qu'ajouter l'unité au nombre des Degrés qu'il contient. Ainſi l'*Intervalle* d'un Degré donnera la Seconde ; de deux, la Tierce ; de trois, la Quarte; de ſept, l'Octave; de neuf, la Dixième, &c. Mais ce n'eſt pas aſſez pour bien déterminer un *Intervalle* : car ſous le même nom il peut être majeur ou mineur, juſte ou faux, diminué ou ſuperflu.

Les Conſonnances imparfaites & les deux Diſſonnances naturelles peuvent être majeures ou mineures : ce qui, ſans changer le Degré, fait dans l'*Intervalle* la différence d'un ſemi-Ton. Que ſi d'un *Intervalle* mineur on ôte encore un ſemi-Ton, cet *Intervalle* devient diminué. Si l'on augmente d'un ſemi-Ton un *Intervalle* majeur, il devient ſuperflu.

Les Conſonnances parfaites ſont invariables par leur nature. Quand leur *Intervalle* eſt ce qu'il doit être, elles s'appellent *Juſtes*. Que ſi l'on altère cet *Intervalle* d'un ſemi-Ton, la Conſonnance s'appelle *Fauſſe* & devient Diſſonnance ; *ſuperflue*, ſi le ſemi-Ton eſt ajouté ; *diminuée*, s'il eſt retranché. On donne mal-à-propos le nom de fauſſe-Quinte à la Quinte diminuée ; c'eſt prendre le Genre pour l'eſpèce : la Quinte ſuperflue eſt tout auſſi fauſſe que la diminuée, & l'eſt même davantage à tous égards.

On trouvera, *Planche* C. *Fig*. II, une Table de tous les
Intervalles

Intervalles simples praticables dans la Musique, avec leurs noms, leurs Degrés, leurs valeurs, & leurs rapports.

Il faut remarquer sur cette Table que l'*Intervalle* appellé par les Harmonistes *Septième superflue*, n'est qu'une Septième majeure avec un Accompagnement particulier ; la véritable Septième superflue, telle qu'elle est marquée dans la Table, n'ayant pas lieu dans l'Harmonie, ou n'y ayant lieu que successivement, comme transition Enharmonique, jamais rigoureusement dans le même Accord.

On observera aussi que la plupart de ces rapports peuvent se déterminer de plusieurs manières, j'ai préféré la plus simple, & celle qui donne les moindres nombres.

Pour composer ou redoubler un de ces *Intervalles* simples, il suffit d'y ajouter l'Octave autant de fois que l'on veut, & pour avoir le nom de ce nouvel *Intervalle*, il faut, au nom de l'*Intervalle* simple, ajouter autant de fois sept qu'il contient d'Octaves. Réciproquement, pour connoître le simple d'un *Intervalle* redoublé dont on a le nom, il ne faut qu'en rejetter sept autant de fois qu'on le peut ; le reste donnera le nom de l'*Intervalle* simple qui l'a produit. Voulez-vous une Quinte redoublée ; c'est-à-dire, l'Octave de la Quinte, ou la Quinte de l'Octave ? A 5 ajoutez 7, vous aurez 12. La Quinte redoublée est donc une Douzième. Pour trouver le simple d'une Douzième, rejettez 7 du nombre 12 autant de fois que vous le pourrez, le reste 5 vous indique une Quinte. A l'égard du rapport, il ne faut que doubler le conséquent, ou prendre la moitié de l'antécédent de la raison simple autant de fois qu'on ajoute d'Octaves, & l'on aura la raison de l'*Intervalle* redoublé. Ainsi 2, 3, étant la raison de la Quinte, 1, 3, ou 2, 6, sera celle de la Douzième, &c. Sur quoi l'on observera qu'en termes de Musique, composer ou redoubler un *Intervalle*, ce n'est pas l'ajouter à lui-même, c'est y ajouter une Octave ; le tripler, c'est en ajouter deux, &c.

Je dois avertir ici que tous les *Intervalles* exprimés dans ce Dictionnaire par les noms des Notes, doivent toujours se compter du grave à l'aigu ; en sorte que cet *Intervalle*, *ut si*, n'est pas une Seconde, mais une Septième ; & *si ut*, n'est pas une Septième, mais une Seconde.

Dict. de Mus. Ll

INTONATION. *f. f.* Action d'entonner. (Voy. ENTONNER.) L'*Intonation* peut être juste ou fausse, trop haute ou trop basse, trop forte ou trop foible, & alors le mot *Intonation* accompagné d'une épithète, s'entend de la manière d'entonner.

INVERSE. (Voyez RENVERSÉ.)

IONIEN ou IONIQUE. *adj.* Le Mode *Ionien* étoit, en comptant du grave à l'aigu, le second des cinq Modes moyens de la Musique des Grecs. Ce Mode s'appelloit aussi *Iastien*, & Euclide l'appelle encore *Phrygien grave*. (Voyez MODE.)

JOUER des Instrumens, c'est exécuter sur ces Instrumens des Airs de Musique, sur-tout ceux qui leur font propres, ou les Chants Notés pour eux. On dit, *Jouer du Violon, de la Basse, du Hautbois, de la Flûte; toucher le Clavecin, l'Orgue; sonner de la Trompette; donner du Cor; pincer la Guitarre, &c.* Mais l'affectation de ces termes propres tient de la pédanterie. Le mot *Jouer* devient générique & gagne insensiblement pour toutes sortes d'Instrumens.

JOUR. *Corde à jour.* (Voyez VIDE.)

IRRÉGULIER. *adj.* On appelle dans le Plain-Chant Modes *Irréguliers* ceux dont l'étendue est trop grande, ou qui ont quelqu'autre irrégularité.

On nommoit autrefois Cadence *Irrégulière* celle qui ne tomboit pas sur une des Cordes essentielles du Ton; mais M. Rameau a donné ce nom à une cadence particulière, dans laquelle la Basse-fondamentale monte de Quinte ou descend de Quarte après un Accord de Sixte ajoutée. (Voyez CADENCE.)

ISON. Chant en *Ison*. (Voyez CHANT.)

JULE. *f. f.* Nom d'une sorte d'Hymne ou Chanson parmi les Grecs, en l'honneur de Cérès ou de Proserpine. (Voyez CHANSON.)

JUSTE. *adj.* Cette épithète se donne généralement aux Intervalles dont les Sons font exactement dans le rapport qu'ils doivent avoir, & aux Voix qui entonnent toujours ces Intervalles dans leur justesse : mais elle s'applique spécialement aux Consonnances parfaites. Les imparfaites peuvent être majeures ou mineures, les parfaites ne sont que justes. Dès qu'on les altère d'un semi-Ton elles deviennent fausses, & par conséquent Dissonnances. (Voyez INTERVALLE.)

JUSTE est aussi quelquefois adverbe. *Chanter* juste, *Jouer* juste.

L.

LA. Nom de la sixième Note de notre Gamme, inventée par Guy Arétin. (Voyez GAMME, SOLFIER.)

LARGE, adj. Nom d'une forte de Note dans nos vieilles Musiques, de laquelle on augmentoit la valeur en tirant plusieurs traits non-seulement par les côtés, mais par le milieu de la Note; ce que Muris blâme avec force comme une horrible innovation.

LARGHETTO. (Voyez LARGO.)

LARGO. adv. Ce mot écrit à la tête d'un Air indique un mouvement plus lent que l'*Adagio*, & le dernier de tous en lenteur. Il marque qu'il faut filer de longs Sons, étendre les Temps & la Mesure, &c.

Le diminutif *Larghetto* annonce un mouvement un peu moins lent que le *Largo*, plus que l'*Andante*, & très-approchant de l'*Andantino*.

LÉGÉREMENT. adv. Ce mot indique un mouvement encore plus vif que le *Gai*, un mouvement moyen entre le gai & le vîte. Il répond à-peu-près à l'Italien *Vivace*.

LEMME. *f. m.* Silence ou Pause d'un Temps bref dans le Rhythme Catalectique. (Voyez RHYTHME.)

LENTEMENT. adv. Ce mot répond à l'Italien *Largo* & marque un mouvement lent. Son superlatif, *très-Lentement*, marque le plus tardif de tous les mouvemens.

LEPSIS. Nom Grec d'une des trois parties de l'ancienne Mélopée, appellée aussi quelquefois *Euthia*, par laquelle le Compositeur discerne s'il doit placer son Chant dans le système des Sons bas qu'ils appellent *Hypatoïdes*; dans celui des Sons aigus, qu'ils appellent *Métoïdes*, ou dans celui des Sons moyens, qu'ils appellent *Mésoïdes*. (Voyez MÉLOPÉE.)

LEVE. adj. *pris substantivement*. C'est le Temps de la Mesure où on lève la main ou le pied; c'est un Temps qui suit & précède le frappé; c'est par conséquent toujours un Temps foible. Les Temps levés sont, à deux Temps, le second; à trois, le troisième; à quatre, le second & le quatrième. (Voyez ARSIS.)

LIAISON. *f. f.* Il y a *Liaison* d'Harmonie & *Liaison* de Chant.

La *Liaison* a lieu dans l'Harmonie, lorfque cette Harmonie procède par un tel progrès de Sons fondamentaux, que quelques-uns des Sons, qui accompagnoient celui qu'on quitte, demeure & accompagne encore celui où l'on paffe. Il y a *Liaison* dans les Accords de la Tonique & de la Dominante, puifque le même Son fait la Quinte de la première, & l'Octave de la feconde : Il y a *Liaison* dans les Accords de la Tonique & de la fous-Dominante, attendu que le même Son fert de Quinte à l'une & d'Octave à l'autre : enfin, il y a *Liaison* dans les Accords diffonnans toutes les fois que la Diffonnance eft préparée, puifque cette préparation elle-même n'eft autre chofe que la *Liaison*. (Voyez PRÉPARER.)

La *Liaison* dans le Chant a lieu toutes les fois qu'on paffe deux ou plufieurs Notes fous un feul coup d'archet ou de gofier, & fe marque par un trait recourbé dont on couvre les Notes qui doivent être liées enfemble.

Dans le Plain-Chant on appelle *Liaison* une fuite de plufieurs Notes paffées fur la même fyllabe, parce que fur le papier elles font ordinairement attachées ou liées enfemble.

Quelques-uns nomment aufli *Liaison* ce qu'on nomme plus proprement Syncope. (Voyez SYNCOPE.)

LICENCE. *f. f.* Liberté que prend le Compofiteur & qui femble contraire aux règles, quoiqu'elle foit dans le principe des règles ; car voilà ce qui diftingue les *Licences* des fautes. Par exemple, c'eft une Règle en Compofition de ne point monter de la Tierce mineure ou de la Sixte mineure à l'Octave. Cette règle dérive de la loi de la liaifon harmonique, & de celle de la Préparation. Quand donc on monte de la Tierce mineure ou de la Sixte mineure à l'Octave, en forte qu'il y ait pourtant liaifon entre les deux Accords, ou que la Diffonnance y foit préparée, on prend une *Licence*; mais s'il n'y a ni liaifon ni préparation, l'on fait une faute. De même c'eft une règle de ne pas faire deux Quintes juftes de fuite entre les mêmes Parties, fur-tout par mouvement femblable ; le principe de cette règle eft dans la loi de l'unité du Mode. Toutes les fois donc qu'on peut faire ces deux Quintes fans faire fentir deux Modes à la fois, il y a *Licence* : mais il n'y a point de faute. Cette explication étoit nécessaire, parce que les Musiciens n'ont aucune idée bien nette de ce mot de *Licence*.

Comme la plupart des règles de l'Harmonie sont fondées sur des principes arbitraires & changent par l'usage & le goût des Compositeurs, il arrive de-là que ces règles varient, sont sujettes à la Mode, & que ce qui est *Licence* en un Temps, ne l'est pas dans un autre. Il y a deux ou trois siècles qu'il n'étoit pas permis de faire deux Tierces de suite, sur-tout de la même espèce. Maintenant on fait des morceaux entiers tout par Tierce ; nos Anciens ne permettoient pas d'entonner diatoniquement trois Tons consécutifs. Aujourd'hui nous en entonnons, sans scrupule & sans peine, autant que la Modulation le permet. Il en est de même des fausses Relations, de l'Harmonie syncopée, & de mille autres accidens de composition, qui d'abord furent des fautes, puis des *Licences*, & n'ont plus rien d'irrégulier aujourd'hui.

LICHANOS. *s. m.* C'est le nom que portoit, parmi les Grecs, la troisième Corde de chacun de leurs deux premiers Tétracordes, parce que cette troisième Corde se touchoit de l'index, qu'ils appelloient *Lichanos*.

La troisième Corde à l'aigu du plus bas Tétracorde qui étoit celui des Hypates, s'appelloit autrefois *Lichanos-Hypaton*, quelquefois *Hypaton-Diatonos*, *Enharmonios* ou *Chromatiké*, selon le Genre. Celle du second Tétracorde ou du Tétracorde des moyennes, s'appelloit *Lichanos-Méson* ou *Méson-Diatonos*, &c.

LIÉES. *adj.* On appelle *Notes Liées* deux ou plusieurs Notes qu'on passe d'un seul coup d'archet sur le Violon & le Violoncelle, ou d'un seul coup de langue sur la Flûte & le Hautbois, en un mot, toutes les Notes qui sont sous une même liaison.

LIGATURE. *s. f.* C'étoit dans nos anciennes Musiques, l'union par un trait de deux ou plusieurs Notes passées, ou diatoniquement, ou par Degrés disjoints sur une même syllabe. La figure de ces Notes, qui étoit quarrée, donnoit beaucoup de facilité pour les lier ainsi ; ce qu'on ne sauroit faire aujourd'hui qu'au moyen du chapeau, à cause de la rondeur de nos Notes.

La valeur des Notes qui composoient la *Ligature* varioit beaucoup selon qu'elles montoient ou descendoient, selon qu'elles étoient différemment liées, selon qu'elles étoient à queue ou fans queue, felon que ces queues étoient placées à droite ou à gauche, afcendantes ou defcendantes; enfin, felon un nombre infini de règles fi parfaitement oubliées à préfent, qu'il n'y a peut-être pas en Europe un feul Muficien qui foit en état de déchiffrer des Mufiques de quelque antiquité.

LIGNE *f. f.* Les *Lignes* de Mufique font ces traits horifontaux & parallèles qui compofent la Portée, & fur lefquels, ou dans les efpaces qui les féparent, on place les Notes felon leurs Degrés. La Portée du Plain-Chant n'eft que de quatre *Lignes*, celle de la Mufique a cinq *Lignes* ftables & continues, outre les *Lignes* poftiches qu'on ajoute de temps en temps au-deffus ou au-deffous de la Portée pour les Notes qui paffent fon étendue.

Les *Lignes*, foit dans le Plain-Chant, foit dans la Mufique, fe comptent en commençant par la plus baffe. Cette plus baffe eft la première, la plus haute eft la quatrième dans le Plain-Chant, la cinquième dans la Mufique. (Voyez PORTÉE.)

LIMMA *f. m.* Intervalle de la Mufique Grecque, lequel eft moindre d'un Comma, que le femi-Ton majeur, &, retranché d'un Ton majeur, laiffe pour refte l'Apotome.

Le rapport du *Limma* eft de 243 à 256, & fa génération fe trouve, en commençant par *ut*, à la cinquième Quinte *fi* : car alors la quantité dont ce *fi* eft furpaffé par l'*ut* voifin, eft précifément dans le rapport que je viens d'établir.

Philolaüs & tous les Pythagoriciens faifoient du *Limma* un Intervalle Diatonique, qui répondoit à notre femi-Ton majeur. Car, mettant deux Tons majeurs conféсutifs, il ne leur reftoit que cet Intervalle pour achever la Quarte jufte ou le Tétracorde : en forte que, felon eux, l'Intervalle du *mi* au *fa* eût été moindre que celui du *fa* à fon Dièfe. Notre Échelle Chromatique donne tout le contraire.

LINOS. *f. m.* Sorte de Chant ruftique chez les anciens Grecs; ils avoient auffi un Chant funèbre du même nom, qui revient à ce que les Latins ont appellé *Nœnia*. Les uns difent que le *Linos* fut inventé en Égypte, d'autres en attribuoient l'invention à Linus Eubéen.

LIVRE OUVERT. A LIVRE OUVERT, ou A L'OUVERTURE DU LIVRE, *adv.* Chanter ou jouer *à Livre ouvert*, c'eft exécuter toute

Musique qu'on vous préfente, en jettant les yeux deſſus. Tous les Muſiciens ſe piquent d'exécuter *à Livre ouvert*; mais il y en a peu qui dans cette exécution prennent bien l'eſprit de l'ouvrage, & qui, s'ils ne font pas des fautes ſur la Note, ne faſſent pas du moins des contre-ſens dans l'expreſſion. (Voyez EXPRESSION.)

LONGUE. *ſ. f.* c'eſt dans nos anciennes Muſiques une Note quarrée avec une queue à droite, ainſi : ▣. Elle vaut ordinairement quatre Meſures à deux Temps, c'eſt-à-dire, deux brèves; quelquefois elle en vaut trois ſelon le Mode. (Voyez MODE.)

Muris & ſes contemporains avoient des *Longues* de trois eſpèces; ſavoir, la parfaite, l'imparfaite & la double. La *Longue parfaite* a, du côté droit, une queue deſcendante, ▣ ou ▣. Elle vaut trois Temps parfaits, & s'appelle parfaite elle-même, à cauſe, dit Muris, de ſon rapport numérique avec la Trinité. La *Longue imparfaite* ſe figure comme la parfaite, & ne ſe diſtingue que par le Mode : on l'appelle imparfaite, parce qu'elle ne peut marcher ſeule & qu'elle doit toujours être précédée ou ſuivie d'une Brève. La *Longue* double contient deux Temps égaux imparfaits: elle ſe figure comme la *Longue* ſimple, mais avec une double largeur, ▣. Muris cite Ariſtote pour prouver que cette Note n'eſt pas du Plain-Chant.

Aujourd'hui le mot *Longue* eſt le corrélatif du mot *Brève*. (Voy. BRÈVE.) Ainſi toute Note qui précède une Brève eſt une *Longue*.

LOURE. *ſ. f.* Sorte de Danſe dont l'Air eſt aſſez lent, & ſe marque ordinairement par la Meſure $\frac{6}{4}$. Quand chaque Temps porte trois Notes, on pointe la première, & l'on fait Brève celle du milieu. *Loure* eſt le nom d'un ancien Inſtrument ſemblable à une Muſette, ſur lequel on jouoit l'Air de la Danſe dont il s'agit.

LOURER. *v. a. & n.* C'eſt nourrir les Sons avec douceur, & marquer la première Note de chaque Temps plus ſenſiblement que la ſeconde, quoique de même valeur.

LUTHIER. *ſ. m.* Ouvrier qui fait des Violons, des Violoncelles, & autres Inſtrumens ſemblables. Ce nom, qui ſignifie *Facteur de Luths*, eſt demeuré par ſynecdoque à cette ſorte d'ouvriers; parce qu'autrefois le Luth étoit l'Inſtrument le plus commun & dont il ſe faiſoit le plus.

LUTRIN. *ſ. m.* Pupitre de Chœur ſur lequel on met les Livres de Chant dans les Égliſes Catholiques.

LYCHANOS. (Voyez LICHANOS.)

LYDIEN. *adj.* Nom d'un des Modes de la Musique des Grecs, lequel occupoit le milieu entre l'Éolien & l'Hyper-Dorien. On l'appelloit aussi quelquefois Mode Barbare, parce qu'il portoit le nom d'un Peuple Asiatique.

Euclide distingue deux Modes *Lydiens*. Celui-ci proprement dit, & un autre qu'il appelle *Lydien grave*, & qui est le même que le Mode Éolien, du moins quant à sa fondamentale. (Voyez MODE.)

Le caractère du Mode *Lydien* étoit animé, piquant, triste cependant, pathétique & propre à la mollesse ; c'est pourquoi Platon le bannit de sa République. C'est sur ce Mode qu'Orphée apprivoisoit, dit-on, les bêtes mêmes, & qu'Amphion bâtit les murs de Thèbes. Il fut inventé, les uns disent, par cet Amphion, fils de Jupiter & d'Antiope ; d'autres, par Olympe, Mysien, disciple de Marsias ; d'autres enfin, par Mélampides : & Pindare dit qu'il fut employé, pour la première fois aux Noces de Niobé.

LYRIQUE. *adj.* Qui appartient à la Lyre. Cette épithète se donnoit autrefois à la Poésie faite pour être chantée & accompagnée de la Lyre ou Cithare par le Chanteur, comme les Odes & autres Chansons, à la différence de la Poésie dramatique ou théatrale, qui s'accompagnoit avec des Flûtes par d'autres que le Chanteur ; mais aujourd'hui elle s'applique au contraire à la fade Poésie de nos Opéra, & par extension, à la Musique dramatique & imitative du Théatre. (Voyez IMITATION.)

LYTIERSE. Chanson des Moissonneurs chez les anciens Grecs. (Voyez CHANSON.)

M.

MA. Syllabe avec laquelle quelques Muficiens folfient le *mi* Bémol, comme ils folfient par *fi* le *fa* Dièfe. (Voyez SOLFIER.)

MACHICOTAGE, *f. m.* C'eft ainfi qu'on appelle, dans le Plain-Chant, certaines additions & compofitions de Notes qui rempliffent, par une marche diatonique, les Intervalles de Tierce & autres. Le nom de cette manière de Chant vient de celui des Eccléfiaftiques appellés *Machicots*, qui l'exécutoient autrefois après les Enfans de Chœur.

MADRIGAL. Sorte de Pièce de Mufique travaillée & favante, qui étoit fort à la mode en Italie au feizième fiècle, & même au commencement du précédent. Les *Madrigaux* fe compofoient ordinairement, pour la vocale, à cinq ou fix Parties, toutes obligées, à caufe des Fugues & Deffeins dont ces Pièces étoient remplies : mais les Organiftes compofoient & exécutoient auffi des *Madrigaux* fur l'Orgue, & l'on prétend même que ce fut fur cet Inftrument que le *Madrigal* fut inventé. Ce genre de Contrepoint qui étoit affujetti à des loix très-rigoureufes, portoit le nom de *ftyle Madrigalefque*. Plufieurs Auteurs, pour y avoir excellé, ont immortalifé leurs noms dans les faftes de l'Art. Tels furent, entre autres, *Luca Marentio*, *Luigi Preneftino*, *Pomponio Nenna*; *Tommafo Pecci*, & fur-tout le fameux Prince de *Venofa*, dont les *Madrigaux*, pleins de fcience & de goût, étoient admirés par tous les Maîtres, & chantés par toutes les Dames.

MAGADISER. *v. n.* C'étoit dans la Mufique Grecque, chanter à l'Octave, comme faifoient naturellement les voix de femmes & d'hommes mêlées enfemble; ainfi les Chants *Magadifés* étoient toujours des Antiphonies. Ce mot vient de *Magus*, Chevalet d'Inftrument, &, par extenfion, Inftrument à Cordes doubles, montées à l'Octave l'une de l'autre, au moyen d'un Chevalet, comme aujourd'hui nos Clavecins.

MAGASIN. Hôtel de la dépendance de l'Opéra de Paris, où logent les Directeurs & d'autres perfonnes attachées à l'Opéra, & dans lequel eft un petit Théatre appellé auffi *Magafin*, ou *Théatre du Dict. de Muf.*

Magasin, sur lequel se font les premières répétitions. C'est l'*Odeum* de la Musique Françoise. (Voyez ODEUM.)

MAJEUR. *adj.* Les Intervalles susceptibles de variation sont appellés *Majeurs*, quand ils sont aussi grands qu'ils peuvent l'être sans devenir faux.

Les intervalles appellés parfaits, tels que l'Octave, la Quinte & la Quarte, ne varient point & ne sont que *justes*; si-tôt qu'on les altère ils sont *faux*. Les autres Intervalles peuvent, sans changer de nom, & sans cesser d'être justes, varier d'une certaine différence: quand cette différence peut être ôtée, ils sont *Majeurs*; *Mineurs*, quand elle peut être ajoutée.

Ces Intervalles variables sont au nombre de cinq; savoir, le semi-Ton, le Ton, la Tierce, la Sixte & la Septième. A l'égard du Ton & du semi-Ton, leur différence du *Majeur* au Mineur ne sauroit s'exprimer en Notes, mais en nombre seulement. Le semi-Ton *Majeur* est l'Intervalle d'une Seconde mineure, comme de *si* à *ut*, ou de *mi* à *fa*, & son rapport est de 15 à 16. Le Ton *Majeur* est la différence de la Quarte à la Quinte, & son rapport est de 8 à 9.

Les trois autres Intervalles; savoir, la Tierce, la Sixte & la Septième, diffèrent toujours d'un semi-Ton du *Majeur* au mineur, & ces différences peuvent se noter. Ainsi la Tierce mineure a un Ton & demi, & la Tierce *Majeure* deux Tons.

Il y a quelques autres plus petits Intervalles, comme le Dièse & le Comma, qu'on distingue en Moindres, Mineurs, Moyens, *Majeurs* & Maximes; mais comme ces intervalles ne peuvent s'exprimer qu'en nombres, ces distinctions sont inutiles dans la pratique.

Majeur se dit aussi du Mode, lorsque la Tierce de la Tonique est *Majeure*, & alors souvent le mot *Mode* ne fait que se sous-entendre. *Préluder en* Majeur, *passer du* Majeur *au Mineur*, &c. (Voyez MODE.)

MAIN HARMONIQUE. C'est le nom que donna l'Arétin à la Gamme qu'il inventa pour montrer le rapport de ses Héxacordes, de ses six lettres & de ses six syllabes, avec les cinq Tétracordes des Grecs. Il repréfenta cette Gamme sous la figure d'une main gauche sur les doigts de laquelle étoient marqués tous les sons de la Gamme, tant par les lettres correspondantes, que par les syllabes qu'il y avoit jointes, en passant par la règle des Muances d'un Tétracorde ou d'un doigt à l'autre, selon le lieu où se trouvoient les deux semi-Tons de l'Octave par le Béquarre ou par le Bémol; c'est-à-dire, selon que les Tétracordes étoient conjoints ou disjoints. (Voyez GAMME, MUANCES, SOLFIER.)

MAITRE A CHANTER. Musicien qui enseigne à lire la Musique vocale, & à chanter sur la Note.

Les fonctions du *Maître à Chanter* se rapportent à deux objets principaux. Le premier, qui regarde la culture de la voix, est d'en tirer tout ce qu'elle peut donner en fait de Chant, soit par l'étendue, soit par la justesse, soit par le tymbre, soit par la légéreté, soit par l'art de renforcer & radoucir les Sons, & d'apprendre à les ménager & modifier avec tout l'art possible. (Voyez CHANT, VOIX.)

Le second objet regarde l'étude des signes; c'est-à-dire, l'art de lire la Note sur le papier & l'habitude de la déchiffrer avec tant de facilité, qu'à l'ouverture du livre on soit en état de chanter toute sorte de Musique. (Voyez NOTE, SOLFIER.)

Une troisième partie des fonctions du *Maître à Chanter* regarde la connoissance de la Langue, sur-tout des Accens, de la quantité & de la meilleure manière de prononcer; parce que les défauts de la prononciation sont beaucoup plus sensibles dans le Chant que dans la parole, & qu'une Vocale bien faite ne doit être qu'une manière plus énergique & plus agréable de marquer la Prosodie & les Accens. (Voyez ACCENT.)

MAITRE DE CHAPELLE. (Voyez MAITRE DE MUSIQUE.)

MAITRE DE MUSIQUE. Musicien gagé pour composer de la Musique & la faire exécuter. C'est le *Maître de Musique* qui bat la Mesure & dirige les Musiciens. Il doit savoir la composition, quoiqu'il ne compose pas toujours la Musique qu'il fait exécuter. A l'Opéra de Paris, par exemple, l'emploi de battre la Mesure est un office particulier; au lieu que la Musique des Opéra est composée par quiconque a le talent & la volonté. En Italie, celui qui a composé un Opéra en dirige toujours l'exécution, non en battant la Mesure, mais au Clavecin. Ainsi l'emploi de *Maître de Musique* n'a guères lieu que dans les Églises; aussi ne dit-on point en Italie, *Maître de Musique*, mais *Maître de Cha-*

pelle : dénomination qui commence à paffer auffi en France.

MARCHE. *f. f.* Air militaire qui fe joue par des Inftrumens de guerre & marque le Mètre & la cadence des Tambours, laquelle eft proprement la *Marche.*

Chardin dit qu'en Perfe, quand on veut abbattre des maifons, applanir un terrein, ou faire quelqu'autre ouvrage expéditif qui demande une multitude de bras, on affemble les habitans de tout un quartier ; qu'ils travaillent au fon des Inftrumens, & qu'ainfi l'ouvrage fe fait avec beaucoup plus de zèle & de promptitude que fi les Inftrumens n'y étoient pas.

Le Maréchal de Saxe a montré, dans fes Rêveries, que l'effet des Tambours ne fe bornoit pas non plus à un vain bruit fans utilité, mais que, felon que le mouvement en étoit plus vif ou plus lent, ils portoient naturellement le foldat à preffer ou ralentir fon pas : on peut dire auffi que les Airs des *Marches* doivent avoir différens caractères, felon les occafions où l'on les emploie ; & c'eft ce qu'on a dû fentir jufqu'à certain point, quand on les a diftingués & diverfifiés ; l'un pour la Générale, l'autre pour la *Marche,* l'autre pour la Charge, &c. Mais il s'en faut bien qu'on ait mis à profit ce principe autant qu'il auroit pû l'être. On s'eft borné jufqu'ici à compofer des Airs qui fiffent bien fentir le Mètre & la batterie des Tambours. Encore fort fouvent les Airs des *Marches* rempliffoient-ils affez mal cet objet. Les troupes Françoifes ayant peu d'Inftrumens militaires pour l'Infanterie, hors les Fifres & les Tambours, ont auffi fort peu de *Marches,* & la plupart très-mal faites ; mais il y en a d'admirables dans les troupes Allemandes.

Pour exemple de l'accord de l'Air & de la *Marche,* je donnerai, (*Pl.* C *fig.* 3.) la première partie de celle des Moufquetaires du Roi de France.

Il n'y a dans les troupes que l'Infanterie & la Cavalerie légère qui aient des *Marches.* Les Tymballes de la Cavalerie n'ont point de *Marche* réglée ; les Trompettes n'ont qu'un Ton prefque uniforme, & des Fanfares. (Voyez FANFARE.)

MARCHER. *v. n.* Ce terme s'emploie figurément en Mufique, & fe dit de la fucceffion des Sons ou des Accords qui fe fuivent dans certain ordre. *La Baffe & le Deffus* Marchent *par mouve-*

mens contraires. Marche *de Baſſe.* Marcher *à contre-temps.*

MARTELLEMENT, ſ. m. Sorte d'agrément du Chant François. Lorſque deſcendant diatoniquement d'une Note ſur une autre par un Trill, on appuie avec force le Son de la première Note ſur la ſeconde, tombant enſuite ſur cette ſeconde Note par un ſeul coup de goſier; on appelle cela faire un *Martellement.* (Voyez *Pl.* B, *Fig. 13.*)

MAXIME. adj. On appelle Intervalle *Maxime* celui qui eſt plus grand que le Majeur de la même eſpèce & qui ne peut ſe noter : car s'il pouvoit ſe noter, il ne s'appelleroit pas *Maxime*, mais *ſuperflu.*

Le ſemi-Ton *Maxime* fait la différence du ſemi-Ton mineur au Ton majeur, & ſon rapport eſt de 25 à 27. Il y auroit entre l'*ut* Dièſe & le *re* un ſemi-Ton de cette eſpèce, ſi tous les ſemi-Tons n'étoient pas rendus égaux ou ſuppoſés tels par le Tempérament.

Le Dièſe *Maxime* eſt la différence du Ton mineur au ſemi-Ton *Maxime*, en rapport de 243 à 250.

Enfin le Comma *Maxime* ou Comma de Pythagore, eſt la quantité dont différent entre eux les deux termes les plus voiſins d'une progreſſion par Quintes, & d'une progreſſion par Octaves; c'eſt-à-dire, l'excès de la douzième Quinte *ſi* Dièſe ſur la ſeptiéme Octave *ut;* & cet excès, dans le rapport de 524288 à 531441, eſt la différence que le Tempérament fait évanouir.

MAXIME. ſ. f. C'eſt une Note faite en quarré long horiſontal avec une queue au côté droit, de cette manière ▭|, laquelle vaut huit Meſures à deux Temps ; c'eſt-à-dire, deux longues, & quelquefois trois, ſelon le Mode. (Voyez MODE.) Cette ſorte de Note n'eſt plus d'uſage depuis qu'on ſépare les Meſures par des barres, & qu'on marque avec des liaiſons les tenues ou continuités des Sons. (Voyez BARRES, MESURE.)

MÉDIANTE. ſ. f. C'eſt la Corde ou la Note qui partage en deux Tierces l'Intervalle de Quinte qui ſe trouve entre la Tonique & la Dominante. L'une de ces Tierces eſt majeure, l'autre mineure, & c'eſt leur poſition relative qui détermine le Mode. Quand la Tierce majeure eſt au grave, c'eſt-à-dire, entre la *Médiante* & la Tonique, le Mode eſt majeur; quand la Tierce majeure eſt à l'aigu & la mineure au grave, le Mode eſt mineur. (Voyez MODE, TONIQUE, DOMINANTE.)

MÉDIATION. *f. f.* Partage de chaque verset d'un Pseaume en deux parties, l'une psalmodiée ou chantée par un côté du Chœur, & l'autre par l'autre, dans les Églises Catholiques.

MEDIUM. *f. m.* Lieu de la Voix également distant de ses deux extrémités au grave & à l'aigu. Le haut est plus éclatant; mais il est presque toujours forcé : le bas est grave & majestueux; mais il est plus sourd. Un beau *Medium*, auquel on suppose une certaine latitude, donne les Sons les mieux nourris, les plus mélodieux, & remplit le plus agréablement l'oreille. (Voyez Son.)

MÉLANGE. *f. m.* Une des parties de l'ancienne Mélopée, appellée *Agogé* par les Grecs, laquelle consiste à savoir entrelacer & mêler à propos les Modes & les Genres. (Voyez Mélopée.)

MÉLODIE. *f. f.* Succession de Sons tellement ordonnés selon les loix du Rhythme & de la Modulation, qu'elle forme un sens agréable à l'oreille; la Mélodie vocale s'appelle Chant, & l'Instrumentale, Symphonie.

L'idée du Rhythme entre nécessairement dans celle de la *Mélodie* : un Chant n'est un Chant qu'autant qu'il est mesuré ; la même succession de Sons peut recevoir autant de caractères autant de *Mélodies* différentes, qu'on peut le scander différemment ; & le seul changement de valeur des Notes peut défigurer cette même succession au point de la rendre méconnoissable. Ainsi la *Mélodie* n'est rien par elle-même; c'est la Mesure qui la détermine, & il n'y a point de Chant sans le Temps. On ne doit donc pas comparer la *Mélodie* avec l'Harmonie, abstraction faite de la Mesure dans toutes les deux : car elle est essentielle à l'une & non pas à l'autre.

La *Mélodie* se rapporte à deux principes différens, selon la manière dont on la considère. Prise par les rapports des Sons & par les règles du Mode, elle a son principe dans l'Harmonie; puisque c'est une analyse harmonique qui donne les Degrés de la Gamme, les Cordes du Mode, & les loix de la Modulation, uniques élémens du Chant. Selon ce principe, toute la force de la *Mélodie* se borne à flatter l'oreille par des Sons agréables, comme on peut flatter la vue par d'agréables accords de couleurs : mais prise pour un art d'imitation par lequel on peut affecter l'esprit de diverses images, émouvoir le cœur de divers sentimens, exciter & calmer les paſſions; opérer, en un mot, des effets moraux qui paſſe l'empire immédiat des ſens, il lui faut chercher un autre principe : car on ne voit aucune priſe par laquelle la ſeule Harmonie, & tout ce qui vient d'elle puiſſe nous affecter ainſi.

Quel eſt ce ſecond principe? Il eſt dans la Nature ainſi que le premier; mais pour l'y découvrir il faut une obſervation plus fine, quoique plus ſimple, & plus de ſenſibilité dans l'obſervateur. Ce principe eſt le même qui fait varier le Ton de la Voix, quand on parle, ſelon les choſes qu'on dit & les mouvemens qu'on éprouve en les diſant. C'eſt l'accent des Langues qui détermine la *Mélodie* de chaque Nation; c'eſt l'accent qui fait qu'on parle en chantant, & qu'on parle avec plus ou moins d'énergie, ſelon que la Langue a plus ou moins d'Accent. Celle dont l'Accent eſt plus marqué doit donner une *Mélodie* plus vive & plus paſſionée, celle qui n'a que peu ou point d'Accent ne peut avoir qu'une *Mélodie* languiſſante & froide, ſans caractère & ſans expreſſion. Voilà les vrais principes; tant qu'on en ſortira & qu'on voudra parler du pouvoir de la Muſique ſur le cœur humain, on parlera ſans s'entendre; on ne ſaura ce qu'on dira.

Si la Muſique ne peint que par la *Mélodie*, & tire d'elle toute ſa force, il s'enſuit que toute Muſique qui ne chante pas, quelque harmonieuſe qu'elle puiſſe être, n'eſt point une Muſique imitative, & ne pouvant ni toucher ni peindre avec ſes beaux Accords, laſſe bientôt les oreilles, & laiſſe toujours le cœur froid. Il ſuit encore que malgré la diverſité des Parties que l'Harmonie a introduites, & dont on abuſe tant aujourd'hui, ſi-tôt que deux *Mélodies* ſe font entendre à la fois, elles s'effacent l'une l'autre & demeurent de nul effet, quelques belles qu'elles puiſſent être chacune ſéparément : d'où l'on peut juger avec quel goût les Compoſiteurs François ont introduit à leur Opéra l'uſage de faire ſervir un Air d'Accompagnement à un Chœur ou à un autre Air; ce qui eſt comme ſi on s'aviſoit de réciter deux diſcours à la fois, pour donner plus de force à leur éloquence. (Voyez UNITÉ DE MÉLODIE.)

MÉLODIEUX. *adj*. Qui donne de la Mélodie. *Mélodieux*, dans l'uſage, ſe dit des Sons agréables, des Voix ſonores, des Chants doux & gracieux, &c.

MÉLOPÉE. *f. f.* C'étoit, dans l'ancienne Musique, l'usage régulier de toutes les Parties harmoniques ; c'est-à-dire, l'art ou les règles de la composition du Chant, desquelles la pratique & l'effet s'appelloit *Mélodie*.

Les Anciens avoient diverses règles pour la manière de conduire le Chant par Degrés conjoints, disjoints ou mêlés, en montant ou en descendant. On en trouve plusieurs dans Aristoxène, lesquelles dépendent toutes de ce principe ; que, dans tout système harmonique, le troisième ou le quatrième Son après le fondamental en doit toujours frapper la Quarte ou la Quinte, selon que les Tétracordes sont conjoints ou disjoints, différence qui rend un Mode authentique ou plagal, au gré du Compositeur. C'est le recueil de toutes ces règles qui s'appelle *Mélopée*.

La *Mélopée* est composée de trois Parties ; savoir, la *Prise*, *Lepsis*, qui enseigne au Musicien en quel lieu de la Voix il doit établir son Diapason ; le *Mélange*, *Mixis*, selon lequel il entrelace ou mêle à propos les Genres & les Modes ; & l'*Usage*, *Chresès*, qui se subdivise en trois autres Parties : la première appellée *Euthia*, guide la marche du Chant, laquelle est, ou directe du grave à l'aigu ; ou renversée de l'aigu au grave ; ou mixtes, c'est-à-dire, composée de l'une & de l'autre. La deuxième, appellée *Agogé*, marche alternativement par Degrés disjoints en montant & conjoints en descendant, ou au contraire. La troisième, appellée *Petteïa*, par laquelle il discerne & choisit les Sons qu'il faut rejetter, ceux qu'il faut admettre, & ceux qu'il faut employer le plus fréquemment.

Aristide Quintilien divise toute la *Mélopée* en trois espèces qui se rapportent à d'autant de Modes, en prenant ce dernier nom dans un nouveau sens. La première espèce étoit l'*Hypatoïde*, appellée ainsi de la Corde Hypate, la principale ou la plus basse, parce que le Chant régnant seulement sur les Sons graves ne s'éloignoit pas de cette Corde, & ce Chant étoit approprié au Mode tragique. La seconde espèce étoit la *Mésoïde* de *Mèse*, la Corde du milieu, parce que le Chant régnoit sur les Sons moyens, & celle-ci répondoit au Mode Nomique, consacré à Apollon. La troisième s'appelloit *Métoïde*, de *Nete*, la dernière Corde ou la plus haute ; son Chant ne s'étendoit que sur les Sons aigus &

constituoit

constituoit le Mode Dithyrambique ou Bachique. Ces Modes en avoient d'autres qui leur étoient subordonnés & varioient la *Mélopée*; tels que l'Érotique ou amoureux, le Comique & l'Encômiaque destiné aux louanges.

Tous ces Modes étant propres à exciter ou calmer certaines passions, influoit beaucoup sur les mœurs, & par rapport à cette influence, la *Mélopée* se partageoit encore en trois Genres; savoir: 1°. Le *Systaltique*, ou celui qui inspiroit les passions tendres & affectueuses; les passions tristes & capables de resserrer le cœur, suivant le sens du mot Grec: 2°. Le *Diastaltique*; ou celui qui étoit propre à l'épanouir, en excitant la joie, le courage, la magnanimité, les grands sentimens: 3°. L'*Euchastique* qui tenoit le milieu entre les deux autres, qui ramenoit l'ame à un état tranquille. La première espèce de *Mélopée* convenoit aux Poésies amoureuses, aux plaintes, aux regrets & autres expressions semblables. La seconde étoit propre aux Tragédies, aux Chants de guerre, aux sujets héroïques. La troisième aux Hymmes, aux louanges, aux instructions.

MÉLOS. *s. m.* Douceur du Chant. Il est difficile de distinguer dans les Auteurs Grecs le sens du mot *Mélos* du sens du mot *Mélodie*. Platon dans son Protagoras, met le *Mélos* dans le simple discours, & semble entendre par-là le Chant de la parole. Le *Mélos* paroît être ce par quoi la *Mélodie* est agréable. Ce mot vient de μέλι, miel.

MENUET *s. m.* Air d'une Danse de même nom que l'Abbé Brossard dit nous venir du Poitou. Selon lui cette Danse est fort gaie & son mouvement est fort vite. Mais au contraire le caractère du *Menuet* est une élégante & noble simplicité; le mouvement en est plus modéré que vite, & l'on peut dire que le moins gai de tous les Genres de Danses usités dans nos bals est le *Menuet*. C'est autre chose sur le Théatre.

La Mesure du *Menuet* est à trois Temps légers qu'on marque par le 3 simple, ou par le $\frac{3}{4}$, ou par le $\frac{3}{8}$. Le nombre des Mesures de l'air dans chacune de ses reprises, doit être quatre ou un multiple de quatre; parce qu'il en faut autant pour achever le pas du *Menuet*: & le soin du Musicien doit être de faire sentir cette division par des chûtes bien marquées, pour aider l'oreille du Danseur & le maintenir en cadence.

MÉSE. *ſ. f.* Nom de la Corde la plus aiguë du ſecond Tétracorde des Grecs. (Voyez MÉSON.)

Méſe ſignifie *Moyenne*, & ce nom fut donné à cette Corde, non, comme dit l'Abbé Broſſard, parce qu'elle eſt commune ou mitoyenne entre les deux Octaves de l'ancien ſyſtême; car elle portoit ce nom bien avant que le ſyſtême eût acquis cet étendue : Mais parce qu'elle formoit préciſément le milieu entre les deux premiers Tétracordes dont ce ſyſtême avoit d'abord été compoſé.

MÉSOIDE *ſ. f.* Sorte de Mélopée dont les Chants rouloient ſur les Cordes moyennes, leſquels s'appelloient auſſi *Méſoïdes* de la Méſe ou du Tétracorde Méſon.

MÉSOIDES. Sons moyens, ou pris dans le Medium du ſyſtême. (Voyez MÉLOPÉE.)

MÉSON. Nom donné par les Grecs à leur ſecond Tétracorde, en commençant à compter du grave; & c'eſt auſſi le nom par lequel on diſtingue chacune de ſes quatre Cordes, de celles qui leur correſpondent dans les autres Tétracordes. Ainſi, dans celui dont je parle, la première Corde s'appelle *Hypate-Méſon*; la ſeconde, *Parhypate-Méſon*; la troiſième, *Lichanos-Méſon* ou *Méſon-Diatonos*; & la quatrième, *Méſe*. (Voyez SYSTÊME.)

Méſon eſt le génitif pluriel de *Méſe*, *moyenne*, parce que le Tétracorde *Méſon* occupe le milieu entre le premier & le troiſième, ou plutôt parce que la Corde *Méſe* donne ſon nom à ce Tétracorde dont elle forme l'extrémité aiguë. (Voy. *Pl. H. fig.* 22.)

MÉSOPYCNI. *adj.* Les Anciens appelloient ainſi, dans les Genres épais, le ſecond Son de chaque Tétracorde. Ainſi les Sons *Méſopycni* étoient cinq en nombre. (Voyez SON, SYSTÊME, TÉTRACORDE.)

MESURE.. *ſ. f.* Diviſion de la durée ou du temps en pluſieurs parties égales, aſſez longues pour que l'oreille en puiſſe ſaiſir & ſubdiviſer la quantité, & aſſez courtes pour que l'idée de l'une ne s'efface pas avant le retour de l'autre, & qu'on en ſente l'égalité.

Chacune de ces parties égale s'appelle auſſi *Meſure*; elles ſe ſubdiviſent en d'autres aliquotes qu'on appelle Temps, & qui ſe marquent par des mouvemens égaux de la main ou du pied. (Voy.

BATTRE LA MESURE.) La durée égale de chaque Temps ou de chaque *Mesure* est remplie par plusieurs Notes qui passent plus ou moins vite en proportion de leur nombre, & auxquelles on donne diverses figures pour marquer leurs différentes durées. (Voyez VALEUR DES NOTES.)

Plusieurs, considérant le progrès de notre Musique, pensent que la *Mesure* est de nouvelle invention, parce qu'un temps elle a été négligée. Mais au contraire, non-seulement les Anciens pratiquoient la *Mesure*; ils lui avoient même donné des règles très-sévères & fondées sur des principes que la nôtre n'a plus. En effet, chanter sans *Mesure* n'est pas chanter; & le sentiment de la *Mesure* n'étant pas moins naturel que celui de l'Intonnation, l'invention de ces deux choses n'a pu se faire séparément.

La *Mesure* des Grecs tenoit à leur Langue; c'étoit la Poésie qui l'avoit donnée à la Musique; les *Mesures* de l'une répondoient aux pieds de l'autre : on n'auroit pas pu mesurer de la prose en Musique. Chez nous, c'est le contraire : le peu de prosodie de nos langues fait que dans nos Chants la valeur des Notes détermine la quantité des syllabes; c'est sur la Mélodie qu'on est forcé de scander le discours; on n'apperçoit pas même si ce qu'on chante est vers ou prose : nos poésies n'ayant plus de pieds, nos Vocales n'ont plus de *Mesures*; le Chant guide & la parole obéit.

La *Mesure* tomba dans l'oubli, quoique l'Intonation fût toujours cultivée, lorsqu'après les victoires des Barbares les Langues changerent de caractère & perdirent leurs Harmonies. Il n'est pas étonnant que le Mètre qui servoit à exprimer la *Mesure* de la Poésie, fût négligé dans des temps où on ne la sentoit plus, & où l'on chantoit moins de vers que de prose. Les Peuples ne connoissoient guères alors d'autre amusement que les cérémonies de l'Église, ni d'autre Musique que celle de l'Office, & comme cette Musique n'exigeoit pas la régularité du Rhythme, cette partie fut enfin tout-à-fait oubliée. Gui nota sa Musique avec des points qui n'exprimoient pas des quantités différentes, & l'invention des Notes fut certainement postérieure à cet Auteur.

On attribue communément cette invention des diverses valeurs des Notes à Jean de Muris, vers l'an 1330. Mais le P. Mersenne le nie avec raison, & il faut n'avoir jamais lû les écrits de ce Chanoine pour soutenir une opinion qu'ils démentent si clairement. Non-seulement il compare les valeurs que les Notes avoient avant lui à celles qu'on leur donnoit de son temps, & dont il ne se donne point pour l'Auteur ; mais même il parle de la Mesure, & dit que les modernes, c'est-à-dire, ses contemporains, la ralentissent beaucoup, & *moderni nunc morosâ multùm utuntur mensurâ* : ce qui suppose évidemment que la Mesure, & par conséquent les valeurs des Notes étoient connues & usitées avant lui. Ceux qui voudront rechercher plus en détail l'état où étoit cette partie de la Musique du temps de cet Auteur, pourront consulter son Traité manuscrit, intitulé : *Speculum Musicœ*, qui est à la Bibliotheque du Roi de France, numero 7207 page 280, & suivantes.

Les premiers qui donnerent aux Notes quelques règles de quantité, s'attacherent plus aux valeurs ou durées relatives de ces Notes qu'à la Mesure même ou au caractère du mouvement ; de sorte qu'avant la distinction des différentes Mesures, il y avoit des Notes au moins de cinq valeurs différentes ; savoir, la Maxime, la Longue, la Brève, la semi-Brève & la Minime, que l'on peut voir à leurs mots. Ce qu'il y a de certain, c'est qu'on trouve toutes ces différentes valeurs, & même davantage, dans les manuscrits de Machault, sans y trouver jamais aucun signe de Mesure.

Dans la suite les rapports en valeur d'une de ces Notes à l'autre dépendirent du Temps, de la Prolation, du Mode. Par le Mode on déterminoit le rapport de la Maxime à la Longue, ou de la Longue à la Brève ; par le Temps, celui de la Longue à la Brève, ou de la Brève à la semi-Brève ; & par la Prolation, celui de la Brève à la semi-Brève, ou de la semi-Brève à la Minime. (Voyez MODE, PROLATION, TEMPS.) En général, toutes ces différentes modifications se peuvent rapporter à la Mesure double ou à la Mesure triple ; c'est-à-dire, à la division de chaque valeur entière en deux ou en trois Temps égaux.

Cette manière d'exprimer le Temps ou la Mesure des Notes, changea entièrement durant le cours du dernier siècle. Dès qu'on eût pris l'habitude de renfermer chaque Mesure entre deux barres, il fallut nécessairement proscrire toutes les espèces de Notes qui renfermoient plusieurs Mesures. La Mesure en devint plus claire, les Partitions mieux ordonnées, & l'exécution plus facile ; ce qui

MES. 277

étoit fort nécessaire pour compenser les difficultés que la Musique acquéroit en devenant chaque jour plus composée. J'ai vu d'excellens Musiciens fort embarrassés d'exécuter bien en *Mesure* des Trio d'Orlande & de Claudin, Compositeurs du temps de Henri III.

Jusques-là la raison triple avoit passé pour la plus parfaite : mais la double prit enfin l'ascendant, & le C, ou la *Mesure* à quatre Temps, fut prise pour la base de toutes les autres. Or, la *Mesure* à quatre Temps se résoud toujours en *Mesure* à deux Temps ; ainsi c'est proprement à la *Mesure* double qu'on fait rapporter toutes les autres, du moins quant aux valeurs des Notes & aux signes des *Mesures*.

Au lieu donc des Maximes, Longues, Brèves, semi-Brèves, &c. On substitua les Rondes, Blanches, Noires, Croches, doubles & triples-Croches, &c. qui toutes furent prises en division sous-doubles. De sorte que chaque espèce de Note valoit précisément la moitié de la précédente Division manifestement insuffisante ; puisqu'ayant conservé la *Mesure* triple aussi-bien que la double ou quadruple, & chaque Temps pouvant être divisé comme chaque *Mesure* en raison sous-double ou sous-triple, à la volonté du Compositeur, il falloit assigner, ou plutôt conserver aux Notes des divisions répondantes à ces deux raisons.

Les Musiciens sentirent bien-tôt le défaut, mais au lieu d'établir une nouvelle division ils tâcherent de suppléer à cela par quelque signe étranger : ainsi ne pouvant diviser une Blanche en trois parties égales, ils se sont contentés d'écrire trois Noires, ajoutant le chiffre 3 sur celle du milieu. Ce chiffre même leur a enfin paru trop incommode, & pour tendre des pièges plus sûrs à ceux qui ont à lire leur Musique, ils prennent le parti de supprimer le 3 ou même le 6 ; en sorte que, pour savoir si la division est double ou triple, on n'a d'autre parti à prendre que celui de compter les Notes ou de deviner.

Quoiqu'il n'y ait dans notre Musique que deux sortes de *Mesures*, on y a fait tant de divisions, qu'on en peut compter au moins de seize espèces, dont voici les signes :

$$2 \text{ ou } \oplus, \frac{2}{4}, \frac{6}{4}, \frac{6}{8}, \frac{6}{16}, 3, \frac{3}{2}, \frac{3}{4}, \frac{9}{4}, \frac{3}{8}, \frac{9}{8}, \frac{3}{16}, C, \frac{12}{4}, \frac{12}{8}, \frac{12}{16}$$

(Voyez les exemples, *Planche* B. Fig. 1.)

De toutes ces *Mesures*, il y en a trois qu'on appelle simples, parce qu'elles n'ont qu'un seul chiffre ou signe ; savoir, le 2 ou ⊕, le 3, & le C ou quatre Temps. Toutes les autres qu'on appelle doubles, tirent leur dénomination & leurs signes de cette dernière, ou de la Note ronde qui la remplit : en voici la règle ;

Le chiffre inférieur marque un nombre de Notes de valeur égale, faisant ensemble la durée d'une ronde ou d'une *Mesure* à quatre Temps.

Le chiffre supérieur montre combien il faut de ces mêmes Notes pour remplir chaque *Mesure* de l'Air qu'on va noter.

Par cette règle on voit qu'il faut trois Blanches pour remplir une *Mesure* au signe $\frac{3}{2}$; deux Noires pour celle au signe $\frac{2}{4}$; trois Croches pour celle au signe $\frac{3}{8}$, &c. tout cet embarras de chiffres est mal entendu ; car pourquoi ce rapport de tant de différentes *Mesures* à celle de quatre Temps, qui leur est si peu semblable ? ou pourquoi ce rapport de tant de diverses Notes à une Ronde, dont la durée est si peu déterminée ? Si tous ces signes sont institués pour marquer autant de différentes sortes de *Mesures*, il y en a beaucoup trop ; & s'ils le sont pour exprimer les divers degrés de Mouvement, il n'y en a pas assez ; puisque, indépendamment de l'espèce de *Mesure* & de la division des Temps, on est presque toujours contraint d'ajouter un mot au commencement de l'Air pour déterminer le Temps.

Il n'y a réellement que deux sortes de *Mesures* dans notre Musique ; savoir à deux & trois Temps égaux. Mais comme chaque Temps, ainsi que chaque *Mesure*, peut se diviser en deux ou en trois parties égales, cela fait une subdivision qui donne quatre espèces de *Mesures* en tout ; nous n'en avons pas davantage.

On pourroit cependant en ajouter une cinquième, en combinant les deux premières en une *Mesure* à deux Temps inégaux, l'un composé de deux Notes & l'autre de trois. On peut trouver, dans cette *Mesure*, des Chants très-bien cadencés, qu'il seroit impossible de noter par les *Mesures* usitées. J'en donne un exemple dans la Planche B. Figure X. Le Sieur Adolphati fit à Gênes, en 1750, un essai de cette *Mesure* en grand Orchestre dans l'Air *se la sorte mi condanna* de son Opéra d'Ariane. Ce morceau fit de l'effet & fut applaudi. Malgré cela, je n'apprends pas que cet exemple ait été suivi.

MET. 279

MESURÉ. *part.* Ce mot répond à l'Italien *à Tempo* ou *à Batuta*, & s'emploie, fortant d'un Récitatif, pour marquer le lieu où l'on doit commencer à chanter en *Mefure*.

MÉTRIQUE. *adj.* La *Mufique Métrique*, felon Ariftide Quintilien, eft la partie de la Mufique en général qui a pour objet les Lettres, les Syllabes, les Pieds, les Vers, & le Poëme; & il y a cette différence entre la *Métrique* & la *Rhythmique*, que la première ne s'occupe que de la forme des Vers; & la féconde, de celles des pieds qui les compofent : ce qui peut même s'appliquer à la Profe. D'où il fuit que les Langues modernes peuvent encore avoir une *Mufique Métrique*, puifqu'elles ont une Poéfie; mais non pas une *Mufique Rhythmique*, puifque leur Poéfie n'a plus de Pieds. (Voyez RHYTHME.)

MEZZA-VOCE. (Voyez SOTTO-VOCE.)

MEZZO-VOCE. (Voyez SOTTO-VOCE.)

MI. La troifième des fix fyllabes inventées par Gui Arétin, pour nommer ou folfier les Notes, lorfqu'on ne joint pas la parole au Chant. (Voyez E SI MI, GAMME.)

MINEUR. *adj.* Nom que portent certains Intervalles, quand ils font auffi petits qu'ils peuvent l'être fans devenir faux. (Voyez MAJEUR, INTERVALLE.)

Mineur fe dit auffi du Mode, lorfque la Tierce de la Tonique eft *Mineure*. (Voyez MODE.)

MINIME. *adj.* On appelle Intervalle *Minime* ou *Moindre*, celui qui eft plus petit que le Mineur de même efpèce, & qui ne peut fe noter; car s'il pouvoit fe noter, il ne s'appelleroit pas *Minime* mais *Diminué*.

Le femi-Ton *Minime* eft la différence du femi-Ton Maxime, au femi-Ton moyen, dans le rapport de 125 à 128. (Voyez SEMI-TON.)

MINIME. *fubft. fém.* par rapport à la durée ou au Temps, eft dans nos anciennes Mufiques la Note qu'aujourd'hui nous appellons Blanche. (Voyez VALEUR DES NOTES.)

MIXIS. *f. f. Mélange.* Une des Parties de l'ancienne Mélopée, par laquelle le Compofiteur apprend à bien combiner les Intervalles & à bien diftribuer les Genres & les Modes felon le caractère du Chant qu'il s'eft propofé de faire. (Voyez MÉLOPÉE.)

MIXO-LYDIEN. *adj.* Nom d'un des Modes de l'ancienne Musique : appellé autrement *Hyper-Dorien*. (Voyez ce mot.) Le Mode *Mixo-Lydien* étoit le plus aigu des sept auxquels Ptolomée avoit réduit tous ceux de la Musique des Grecs. (Voyez MODE.)

Ce mode est affectueux, passionné, convenable aux grands mouvemens, & par cela même à la Tragédie. Aristoxène assure que Sapho en fut l'inventrice : mais Plutarque dit que d'anciennes Tables attribuent cette invention à Pytoclide ; il dit aussi que les Argiens mirent à l'amende le premier qui s'en étoit servi, & qui avoit introduit dans la Musique l'usage de sept Cordes ; c'est-à-dire une Tonique sur la septième Corde.

MIXTE. *adj.* On appelle *Mixtes* ou *Connexes* dans le Plain-Chant, les Chants dont l'étendue excède leur Octave & entre d'un Mode dans l'autre, participant ainsi de l'Autente & du Plagal. Ce mélange ne se fait que des Modes compairs, comme du premier Ton avec le second du troisième avec le quatrième ; en un mot, du Plagal avec son Authente, & réciproquement.

MOBILE. *adj.* On appelloit *Cordes Mobiles* ou *Sons Mobiles* dans la Musique Grecque les deux Cordes moyennes de chaque Tétracorde, parce qu'elles s'accordoient différemment selon les Genres, à la différence des deux Cordes extrêmes, qui, ne variant jamais, s'appelloient Cordes stables. (Voyez TÉTRACORDE, GENRE, SON.)

MODE *s. m.* Disposition régulière du Chant & de l'Accompagnement, relativement à certains Sons principaux sur lesquels une Pièce de Musique est constituée, & qui s'appellent les Cordes essentielles du *Mode*.

Le *Mode* diffère du Ton, en ce que celui-ci n'indique que la Corde ou le lieu du système qui doit servir de base au Chant, & le *Mode* détermine la Tierce & modifie toute l'Échelle sur ce Son fondamental.

Nos *Modes* ne sont fondées sur aucun caractère de sentiment comme ceux des Anciens, mais uniquement sur notre système Harmonique. Les Cordes essentielles au *Mode* sont au nombre de trois, & forment ensemble un Accord parfait. 1°. La Tonique, qui est la Corde fondamentale du Ton & du *Mode*. (Voyez TON & TONIQUE.) 2°. La Dominante à la Quinte

de

de la Tonique. (Voyez DOMINANTE.) 3°. Enfin la Médiante qui conftitue proprement le *Mode*, & qui eft à la Tierce de cette même Tonique. (Voyez MÉDIANTE.) Comme cette Tierce peut être de deux efpèces, il y a auffi deux *Modes* différens. Quand la Médiante fait Tierce majeure avec la Tonique, le *Mode* eft majeur; il eft mineur, quand la Tierce eft mineure.

Le *Mode* majeur eft engendré immédiatement par la réfonnance du corps fonore qui rend la Tierce majeure du Son fondamental : mais le *Mode* mineur n'eft point donné par la Nature; il ne fe trouve que par analogie & renverfement. Cela eft vrai dans le fyftême de M. Tartini, ainfi que dans celui de M. Rameau.

Ce dernier Auteur dans fes divers ouvrages fucceffifs a expliqué cette origine du *Mode* mineur de différentes manières dont aucune n'a contenté fon Interprète M. d'Alembert. C'eft pourquoi M. d'Alembert fonde cette même origine fur un autre principe que je ne puis mieux expofer qu'en tranfcrivant les propres termes de ce grand Géomètre.

» Dans le Chant *ut mi fol* qui conftitue le *Mode* majeur, les Sons *mi* & *fol* font tels que le Son principal *ut* les fait réfonner tous deux; mais le fecond Son *mi* ne fait point réfonner *fol* qui n'eft que fa Tierce mineure.»

» Or, imaginons qu'au lieu de ce Son *mi* on place entre les Sons *ut* & *fol* un autre Son qui ait, ainfi que le Son *ut*, la propriété de faire réfonner *fol*, & qui foit pourtant différent d'*ut*; ce Son qu'on cherche doit être tel qu'il ait pour Dix-feptième majeure le Son *fol* ou l'une des Octaves de *fol* : par conféquent le Son cherché doit être à la Dix-feptième majeure au-deffous de *fol*, ou, ce qui revient au même, à la Tierce majeure au-deffous de ce même Son *fol*. Or, le Son *mi* étant à la Tierce mineure au-deffous de *fol*, & la Tierce majeure étant d'un femi-Ton plus grande que la Tierce mineure, il s'enfuit que le Son qu'on cherche fera d'un femi-Ton plus bas que le *mi*, & fera par conféquent *mi* Bémol.»

» Ce nouvel arrangement, *ut, mi* Bémol, *fol*, dans lequel les Sons *ut* & *mi* Bémol font l'un & l'autre réfonner *fol* fans que *ut* faffe réfonner *mi* Bémol, n'eft pas, à la vérité, auffi parfait que le premier arrangement *ut, mi, fol*; parce que dans celui-ci les deux Sons *mi* & *sol* sont l'un & l'autre engendrés par le Son principal *ut*, au lieu que dans l'autre Son *mi* Bémol n'est pas engendré par le Son *ut* : mais cet arrangement *ut*, *mi* Bémol, *sol*, est aussi dicté par la Nature, quoique moins immédiatement que le premier; & en effet l'expérience prouve que l'oreille s'en accomode à-peu-près aussi bien.»

» Dans ce Chant *ut*, *mi* Bémol, *sol*, *ut* il est évident que la Tierce d'*ut* à *mi* Bémol est mineure; & telle est l'origine du genre ou *Mode* appellé *Mineur*.» (*Élémens de Musique*, pag 22.)

Le *Mode* une fois déterminé, tous les Sons de la Gamme prennent un nom relatif au fondamental, & propre à la place qu'ils occupent dans ce *Mode*-là. Voici les noms de toutes les Notes relativement à leur *Mode*, en prenant l'Octave d'*ut* pour exemple du *Mode* majeur, & celle de *la* pour exemple du *Mode* mineur.

Majeur.	Ut	Re	Mi	Fa	Sol	La	Si	Ut
Mineur.	La	Si	Ut	Re	Mi	Fa	Sol	La
	Tonique.	Seconde Note.	Médiante.	Quatrième Note, ou Sous-Dominante.	Dominante.	Sixième Note, ou Sus-Dominante.	Septième Note.	Octave.

Il faut remarquer que quand la septième Note n'est qu'à un semi-Ton de l'Octave, c'est-à-dire, quand elle fait la Tierce majeure de la Dominante, comme le *si* naturel en Majeur, ou le *sol* Dièse en mineur, alors cette septième Note s'appelle Note sensible, parce qu'elle annonce la Tonique & fait sentir le Ton.

Non-seulement chaque Degré prend le nom qui lui convient; mais chaque intervalle est déterminé relativement au *Mode*. Voici les règles établies pour cela.

1°. La seconde Note doit faire sur la Tonique une Seconde majeure, la quatrième & la Dominante une Quarte & une Quinte justes; & cela également dans les deux *Modes*.

2°. Dans le *Mode* majeur, la Médiante ou Tierce, la Sixte &

la Septième de la Tonique doivent toujours être majeures ; c'est le caractère du *Mode*. Par la même raison ces trois Intervalles doivent être mineurs dans le *Mode* mineur ; cependant, comme il faut qu'on y apperçoive aussi la Note sensible, ce qui ne peut se faire sans fausse relation, tandis que la sixième Note reste mineure ; cela cause des exceptions auxquelles on a égard dans le cours de l'Harmonie & du Chant : mais il faut toujours que la Clef avec ses transpositions donne tous les Intervalles déterminés par rapport à la Tonique selon l'espèce du *Mode* : on trouvera au mot *Clef* une règle générale pour cela.

Comme toutes les Cordes naturelles de l'Octave d'*ut* donnent relativement à cette Tonique tous les Intervalles prescrits pour le *Mode* majeur, & qu'il en est de même de l'Octave de *la* pour le *Mode* mineur ; l'exemple précédent, que je n'ai proposé que pour les noms des Notes, doit servir aussi de formule pour la règle des Intervalles dans chaque *Mode*.

Cette règle n'est point, comme on pourroit le croire, établie sur des principes purement arbitraires : elle a son fondement dans la génération harmonique, au moins jusqu'à certain point. Si vous donnez l'Accord parfait majeur à la Tonique, à la Dominante & à la sous-Dominante, vous aurez tous les Sons de l'Échelle Diatonique pour le *Mode* majeur : pour avoir celle du *Mode* mineur, laissant toujours la Tierce majeure à la Dominante, donnez la Tierce mineure aux deux Accords. Telle est l'analogie du Mode.

Comme ce mélange d'Accords majeurs & mineurs introduit en *Mode* mineur une fausse relation entre la sixième Note & la Note sensible, on donne quelquefois, pour éviter cette fausse relation, la Tierce majeure à la quatrième Note en montant, ou la Tierce mineure à la Dominante en descendant, sur-tout par renversement ; mais ce sont alors des exceptions.

Il n'y a proprement que deux *Modes*, comme on vient de le voir : mais il y a douze Sons fondamentaux qui donnent autant de Tons dans le système, & que chacun de ces Tons est susceptible du *Mode* majeur & du *Mode* mineur, on peut composer en vingt-quatre *Modes* ou manières ; *Maneries*, disoient nos vieux Auteurs en leur Latin. Il y en a même trente-quatre possibles dans la manière de Noter : mais dans la pratique on en exclud dix, qui ne font au fond que la répétition de dix autres, fous des relations beaucoup plus difficiles, où toutes les Cordes changeroient de noms, & où l'on auroit peine à se reconnoître. Tels font les *Modes* majeurs fur les Notes dièsées, & les *Modes* mineurs fur les Bémols. Ainsi, au lieu de composer en *sol* Dièse Tierce majeure, vous composerez en *la* Bémol qui donne les mêmes touches ; & au lieu de composer en *re* Bémol mineur, vous prendrez *ut* Dièse par la même raison ; savoir, pour éviter d'un côté un F double Dièse, qui deviendroit un G naturel ; & de l'autre, un B double Bémol, qui deviendroit un A naturel.

On ne reste pas toujours dans le Ton ni dans le *Mode* par lequel on a commencé un Air : mais, soit pour l'expression, soit pour la variété, on change de Ton & de *Mode*, selon l'analogie harmonique ; revenant pourtant toujours à celui qu'on a fait entendre le premier, ce qui s'appelle *Moduler*.

De-là naît une nouvelle distinction du *Mode* en *principal* & *relatif* ; le principal est celui par lequel commence & finit la Pièce ; les relatifs sont ceux qu'on entrelace avec le principal dans le courant de la Modulation. (Voyez MODULATION.)

Le Sieur Blainville, savant Musicien de Paris, proposa, en 1751, l'essai d'un troisième *Mode* qu'il appelle *Mode mixte*, parce qu'il participe à la Modulation des deux autres, ou plutôt qu'il en est composé ; mélange que l'Auteur ne regarde point comme un inconvénient, mais plutôt comme un avantage & une source de variété & de liberté dans les Chants & dans l'Harmonie.

Ce nouveau *Mode* n'étant point donné par l'analise de trois Accords comme les deux autres, ne se détermine pas comme eux par des Harmoniques essentiels au *Mode*, mais par une Gamme entière qui lui est propre, tant en montant qu'en descendant ; en sorte que dans nos deux *Modes* la Gamme est donnée par les Accords, & que dans le *Mode* mixte les Accords sont donnés par la Gamme.

La formule de cette Gamme est dans la succession ascendante & descendante des Notes suivantes :

Mi Fa Sol La Si Ut Re Mi ;

Dont la différence essentielle est, quant à la Mélodie, dans la position des deux semi-Tons, dont le premier se trouve entre la Tonique & la seconde Note, l'autre entre la cinquième & la sixième; &, quant à l'Harmonie, en ce qu'il porte sur sa Tonique la Tierce mineure, en commençant, & majeure en finissant, comme on peut le voir, (*Pl. L. Fig. 5.*) dans l'Accompagnement de cette Gamme, tant en montant qu'en descendant, tel qu'il a été donné par l'Auteur, & exécuté au Concert Spirituel le 30 Mai 1751.

On objecte au Sieur de Blainville que son *Mode* n'a ni Accord, ni Corde essentielle, ni Cadence qui lui soit propre, & le distingue suffisamment des *Modes* majeur ou mineur. Il répond à cela que la différence de son *Mode* est moins dans l'Harmonie que dans la Mélodie, & moins dans le *Mode* même que dans la Modulation; qu'il est distingué dans son commencement du *Mode* majeur, par sa Tierce mineure, & dans sa fin du *Mode* mineur par sa Cadence plagale. A quoi l'on réplique qu'une Modulation qui n'est pas exclusive ne suffit pas pour établir un *Mode*; que la sienne est inévitable dans les deux autres *Modes*, sur-tout dans le mineur; &, quant à sa Cadence plagale, qu'elle a lieu nécessairement dans le même *Mode* mineur toutes les fois qu'on passe de l'Accord de la Tonique à celui de la Dominante, comme cela se pratiquoit jadis, même sur les finales dans les *Modes* plagaux & dans le Ton du Quart. D'où l'on conclut que son *Mode* mixte est moins une espèce particulière qu'une dénomination nouvelle à des manières d'entrelacer & combiner les *Modes* majeur & mineur, aussi anciennes que l'Harmonie, pratiquées de tous les temps: & cela paroît si vrai que même en commençant sa Gamme, l'Auteur n'ose donner ni la Quinte ni la Sixte à sa Tonique, de peur de déterminer une Tonique en *Mode* mineur par la première, ou une Médiante en *Mode* majeur par la seconde. Il laisse l'équivoque en ne remplissant pas son Accord.

Mais quelque objection qu'on puisse faire contre le *Mode* mixte dont on rejette plutôt le nom que la pratique, cela n'empêchera pas que la manière dont l'Auteur l'établit & le traite, ne le fasse connoître pour un homme d'esprit & pour un Musicien très-versé dans les principes de son art.

Les Anciens diffèrent prodigieusement entr'eux sur les définitions, les divifions, & les noms de leurs Tons ou *Modes*. Obfcurs fur toutes les parties de leur Mufique, ils font prefque inintelligibles fur celle-ci. Tous conviennent à la vérité qu'un *Mode* eft un certain fyftême ou une conftitution de Sons, & il paroît que cette conftitution n'eft autre chofe en elle-même qu'une certaine Octave remplie de tous les Sons intermédiaires, felon le Genre. Euclide & Ptolomée femblent la faire confifter dans les diverfes pofitions des deux femi-Tons de l'Octave, relativement à la Corde principale du *Mode*, comme on le voit encore aujourd'hui dans les huit Tons du Plain-Chant : mais le plus grand nombre paroît mettre cette différence uniquement dans le lieu qu'occupe le Diapafon du *Mode* dans le fyftême général ; c'eft-à-dire, en ce que la Bafe ou Corde principale du *Mode* eft plus aiguë ou plus grave, étant prife en divers lieux du fyftême, toutes les Cordes de la Série gardant toujours un même rapport avec la fondamentale, & par conféquent changeant d'Accord à chaque *Mode* pour conferver l'analogie de ce rapport : telle eft la différence des Tons de notre Mufique.

Selon le premier fens, il n'y auroit que fept *Modes* poffibles dans le fyftême Diatonique ; & en effet, Ptolomée n'en admet pas davantage : car il n'y a que fept manières de varier la pofition des deux femi-Tons relativement au Son fondamental, en gardant toujours entre ces deux femi-Tons l'Intervalle prefcrit. Selon le fecond fens, il y auroit autant de *Modes poffibles* que de Sons, c'eft-à-dire une infinité ; mais fi l'on fe renferme de même dans le fyftême Diatonique, on n'y en trouvera non plus que fept, à moins qu'on ne veuille prendre pour de nouveaux *Modes* ceux qu'on établiroit à l'Octave des premiers.

En combinant enfemble ces deux manières, on n'a encore befoin que de fept *Modes*; car fi l'on prend ces *Modes* en divers lieux au fyftême, on trouve en même temps les Sons fondamentaux diftingués du grave à l'aigu, & les deux femi-Tons différemment fitués relativement au Son principal.

Mais outre ces *Modes* on en peut former plufieurs autres, en prenant dans la même Série & fur le même Son fondamental différens Sons pour les Cordes effentielles du *Mode* : par exemple, quand on prend pour Dominante la Quinte du Son principal, le *Mode* est Authentique : il est Plagal, si l'on choisit la Quarte ; & ce sont proprement deux *Modes* différens sur la même fondamentale. Or, comme pour constituer un *Mode* agréable, il faut, disent les Grecs, que la Quarte & la Quinte soient justes, ou du moins une des deux, il est évident qu'on n'a dans l'étendue de l'Octave que cinq Sons fondamentaux sur chacun desquels on puisse établir un *Mode* Authentique & un Plagal. Outre ces dix *Modes* on en trouve encore deux, l'un Authentique qui ne peut fournir de Plagal, parce que sa Quarte fait le Triton ; l'autre Plagal qui ne peut fournir d'Authentique, parce que sa Quinte est fausse. C'est peut-être ainsi qu'il faut entendre un passage de Plutarque où la Musique se plaint que Phyrnis l'a corrompue en voulant tirer de cinq Cordes ou plutôt de sept, douze Harmonies différentes.

Voilà donc douze *Modes* possibles dans l'étendue d'une Octave ou de deux Tétracordes disjoints : que si l'on vient à conjoindre les deux Tétracordes, c'est-à-dire, à donner un Bémol à la Septième en retranchant l'Octave ; ou si l'on divise les *Tons* entiers par les Intervalles Chromatiques, pour y introduire de nouveaux *Modes* intermédiaires ; ou si, ayant seulement égard aux différences du grave à l'aigu, on place d'autres *Modes* à l'Octave des précédens ; tout cela fournira divers moyens de multiplier le nombre des *Modes* beaucoup au-delà de douze. Et ce sont-là les seules manières d'expliquer les divers nombres de *Modes* admis ou rejettés par les Anciens en divers temps.

L'ancienne Musique ayant d'abord été renfermée dans les bornes étroites du Tétracorde, du Pentacorde, de l'Hexacorde, de l'Eptacorde & de l'Octacorde, on n'y admit premiérement que trois *Modes* dont les fondamentales étoient à un *Ton* de distance l'une de l'autre. Le plus grave des trois s'appelloit le *Dorien* ; le *Phrygien* tenoit le milieu ; le plus aigu étoit le *Lydien*. En partageant chacun de ces *Tons* en deux Intervalles, on fit place à deux autres *Modes*, l'Ionien & l'Éolien, dont le premier fut inféré entre le Dorien & le Phrygien, & le second entre le Phrygien & le Lydien.

Dans la suite le système s'étant étendu à l'aigu & au grave, les Musiciens établirent, de part & d'autre, de nouveaux *Modes* qui tiroient leur dénomination des cinq premiers, en y joignant la préposition *Hyper*, *sur*, pour ceux d'en-haut, & la préposition *Hypo*, *sous*, pour ceux d'en-bas. Ainsi le *Mode* Lydien étoit suivi de l'Hyper-Dorien, de l'Hyper-Ionien, de l'Hyper-Phrygien, de l'Hyper-Éolien, & de l'Hyper-Lydien en montant; & après le *Mode* Dorien venoient l'Hypo-Lydien, l'Hypo-Éolien, l'Hypo-Phrygien, l'Hypo-Ionien, & l'Hypo-Dorien en descendant. On trouve le dénombrement de ces quinze *Modes* dans Alypius, Auteur Grec. Voyez (*Planche* E.) leur ordre & leurs Intervalles exprimés par les noms des Notes de notre Musique. Mais il faut remarquer que l'Hypo-Dorien étoit le seul *Mode* qu'on exécutoit dans toute son étendue : à mesure que les autres s'élevoient, on en retranchoit des Sons à l'aigu pour ne pas excéder la portée de la Voix. Cette observation sert à l'intelligence de quelques passages des Anciens, par lesquels ils semblent dire que les *Modes* les plus graves avoient un chant plus aigu ; ce qui étoit vrai, en ce que ces Chants s'élevoient davantage au-dessus de la Tonique. Pour n'avoir pas connu cela, le *Doni* s'est furieusement embarrassé dans ces apparentes contradictions.

De tous ces *Modes*, Platon en rejettoit plusieurs, comme capables d'altérer les mœurs. Aristoxène, au rapport d'Euclide, en admettoit seulement treize, supprimant les deux plus élevés ; savoir, l'Hyper-Éolien & l'Hyper-Lydien. Mais dans l'ouvrage qui nous reste d'Aristoxène il en nomme seulement six, sur lesquels il rapporte les divers sentimens qui regnoient déja de son temps.

Enfin Ptolomée réduisoit le nombre de ces *Modes* à sept ; disant que les *Modes* n'étoient pas introduits dans le dessein de varier les Chants selon le grave & l'aigu ; car il est évident qu'on auroit pu les multiplier fort au-delà de quinze : mais plutôt afin de faciliter le passage d'un *Mode* à l'autre par des Intervalles consonnans & faciles à entonner.

Il renfermoit donc tous les *Modes* dans l'espace d'une Octave dont le *Mode* Dorien faisoit comme le centre : en sorte que le Mixo-Lydien étoit une Quarte au-dessus, & l'Hypo-Dorien une Quarte au-dessous ; le Phrygien, une Quinte au-dessus de l'Hypo-Dorien ; l'Hypo-Phrygien, une Quarte au-dessous du Phrygien ;

M O D.

& le Lydien, une Quinte au-deſſus de l'Hypo-Phrygien : d'où il paroît qu'à compter de l'Hypo-Dorien, qui eſt le *Mode* le plus bas, il y avoit juſqu'à l'Hypo-Phrygien l'Intervalle d'un *Ton*; de l'Hypo-Phrygien à l'Hypo-Lydien, un autre *Ton*; de l'Hypo-Lydien au Dorien, un ſemi-*Ton*; de celui-ci au Phrygien, un *Ton*; du Phrygien au Lydien encore un *Ton*; & du Lydien au Mixo-Lydien, un ſemi-*Ton* : ce qui fait l'étendue d'une Septième, en cet ordre :

1	2	3	4	5	6	7
Fa	Mi	Re	Ut	Si	La	Sol
Mixo-Lydien	Lydien	Phrygien	Dorien	Hypo-Lydien	Hypo-Phrygien	Hypo-Dorien

Ptolomée retranchoit tous les autres *Modes*, prétendant qu'on n'en pouvoit placer un plus grand nombre dans le ſyſtême diatonique d'une Octave, toutes les Cordes qui la compoſoient ſe trouvant employées. Ce ſont ces ſept *Modes* de Ptolomée, qui, en y joignant l'Hypo-mixo-Lydien, ajouté, dit-on, par l'Arétin, font aujourd'hui les huit Tons du Plain-Chant. (Voyez Tons de l'Égliſe.)

Telle eſt la notion la plus claire qu'on peut tirer des Tons ou *Modes* de l'ancienne Muſique, en tant qu'on les regardoit comme ne différant entre eux que du grave à l'aigu : mais ils avoient encore d'autres différences qui les caractériſoient plus particuliérement, quant à l'expreſſion. Elles ſe tiroient du genre de Poéſie qu'on mettoit en Muſique, de l'eſpèce d'Inſtrument qui devoit l'accompagner, du Rhythme ou de la Cadence qu'on y obſervoit, de l'uſage où étoient certains Chants parmi certains Peuples, & d'où ſont venus originairement les noms des principaux

Modes, le Dorien, le Phrygien, le Lydien, l'Ionien, l'Éolien.

Il y avoit encore d'autres fortes de *Modes* qu'on auroit pu mieux appeller *Styles* ou *genres* de composition : tels étoient le *Mode* tragique destiné pour le Théatre, le *Mode* Nomique consacré à Apollon, le Dithyrambique à Bacchus, &c. (Voyez STYLE & MÉLOPÉE.)

Dans nos anciennes Musiques, on appelloit aussi *Modes* par rapport à la Mesure ou au Temps certaines manières de fixer la valeur relative de toutes les Notes par un signe général ; le *Mode* étoit à-peu-près alors ce qu'est aujourd'hui la Mesure ; il se marquoit de même après la Clef, d'abord par des cercles ou demi-cercles ponctués ou sans points suivis des chiffres 2 ou 3 différemment combinés, à quoi l'on ajouta ou substitua dans la suite des lignes perpendiculaires différentes, selon le *Mode*, en nombre & en longueur ; & c'est de cet antique usage que nous est resté celui du C & du C barré. (Voyez PROLATION.)

Il y avoit en ce sens deux fortes de *Modes* : le majeur, qui se rapportoit à la Note Maxime ; & le mineur qui étoit pour la Longue. L'un & l'autre se divisoit en parfait & imparfait.

Le *Mode* majeur parfait se marquoit avec trois lignes ou bâtons qui remplissoient chacun trois espaces de la Portée, & trois autres qui n'en remplissoient que deux. Sous ce *Mode* la Maxime valoit trois longues. (Voyez *Pl. B. Fig. 2.*)

Le *Mode* majeur imparfait étoit marqué par deux lignes qui traversoient chacune trois espaces, & deux autres qui n'en traversoient que deux ; & alors la Maxime ne valoit que deux Longues. (*Fig. 3.*)

Le *Mode* mineur parfait étoit marqué par une seule ligne qui traversoit trois espaces ; & la Longue valoit trois Brèves. (*Fig. 4.*)

Le *Mode* mineur imparfait étoit marqué par une ligne qui ne traversoit que deux espaces ; & la Longue n'y valoit que deux Brèves. (*Fig. 5.*)

L'Abbé Brossard a mêlé mal-à-propos les Cercles & demi-Cercles avec les figures de ces *Modes*. Ces signes réunis n'avoient jamais lieu dans les Modes simples, mais seulement quand les Mesures étoient doubles ou conjointes.

Tout cela n'est plus en usage depuis long-temps ; mais il faut nécessairement entendre ces signes pour savoir déchiffrer les anciennes Muſiques, en quoi les plus ſavans Muſiciens ſont ſouvent fort embaraſſés.

MODÉRÉ. *adv.* Ce mot indique un mouvement moyen entre le lent & le gai; il répond à l'Italien *Andante.* (Voyez ANDANTE.)

MODULATION. *ſ. f.* C'eſt proprement la manière d'établir & traiter le Mode; mais ce mot ſe prend plus communément aujourd'hui pour l'art de conduire l'Harmonie & le Chant ſucceſſivement dans pluſieurs Modes d'une manière agréable à l'oreille & conforme aux règles.

Si le Mode eſt produit par l'Harmonie, c'eſt d'elle auſſi que naiſſent les loix de la *Modulation,* Ces loix ſont ſimples à concevoir, mais difficiles à bien obſerver. Voici en quoi elles conſiſtent.

Pour bien moduler dans un même Ton, il faut 1°. en parcourir tous les Sons avec un beau Chant, en rebattant plus ſouvent les Cordes eſſentielles & s'y appuyant davantage : c'eſt-à-dire, que l'Accord ſenſible, & l'Accord de la Tonique doivent s'y remonter fréquemment, mais ſous différentes faces & par différentes routes pour prévenir la monotonie. 2°. N'établir de Cadences ou de repos que ſur ces deux Accords, ou tout au plus ſur celui de la Sous-Dominante. 3°. Enfin n'altérer jamais aucun des Sons du Mode ; car on ne peut, ſans le quitter, faire entendre un Dièſe ou un Bémol qui ne lui appartienne pas, ou en retrancher quelqu'un qui lui appartienne.

Mais pour paſſer d'un Ton à un autre, il faut conſulter l'analogie, avoir égard au rapport des Toniques, & à la quantité des Cordes communes aux deux Tons.

Partons d'abord du Mode majeur. Soit que l'on conſidère la Quinte de la Tonique, comme ayant avec elle le plus ſimple de tous les rapports après celui de l'Octave, ſoit qu'on la conſidère comme le premier des Sons qui entrent dans la réſonnance de cette même Tonique, on trouvera toujours que cette Quinte, qui eſt la Dominante du Ton, eſt la Corde ſur laquelle on peut établir la Modulation la plus analogue à celle du Ton principal.

Cette Dominante, qui faiſoit partie de l'Accord parfait de cette première Tonique, fait auſſi partie du ſien propre, dont elle eſt le Son fondamental. Il y a donc liaiſon entre ces deux Accords. De plus, cette même Dominante portant, ainſi que la Tonique, un Accord parfait majeur par le principe de la réſonnance, ces deux Accords ne diffèrent entr'eux que par la Diſſonnance, qui de la Tonique paſſant à la Dominante eſt la Sixte ajoutée, & de la Dominante repaſſant à la Tonique eſt la Septième. Or, ces deux Accords ainſi diſtingués par la Diſſonnance qui convient à chacun, forment, par les ſons qui les compoſent rangés en ordre, préciſément l'Octave ou Échelle Diatonique que nous appellons Gamme, laquelle détermine le Ton.

Cette même Gamme de la Tonique, forme, altérée ſeulement par un Dièſe, la Gamme du Ton de la Dominante; ce qui montre la grande analogie de ces deux Tons, & donne la facilité de paſſer de l'un à l'autre au moyen d'une ſeule altération. Le Ton de la Dominante eſt donc le premier qui ſe préſente après celui de celui de la Tonique dans l'ordre des *Modulations*.

La même ſimplicité de rapports que nous trouvons entre une Tonique & ſa Dominante, ſe trouve auſſi entre la même Tonique & ſa ſous-Dominante; car la Quinte que la Dominante fait à l'aigu avec cette Tonique, la ſous-Dominante la fait au grave: mais cette ſous-Dominante n'eſt Quinte de la Tonique que par renverſement; elle eſt directement Quarte en plaçant cette Tonique au grave comme elle doit être; ce qui établit la gradation des rapports: car en ce ſens la Quarte, dont le rapport eſt de 3 à 4, ſuit immédiatement la Quinte, dont le rapport eſt de 2 à 3. Que ſi cette ſous-Dominante n'entre pas de même dans l'Accord de la Tonique, en revanche la Tonique entre dans le ſien. Car ſoit *ut mi ſol* l'Accord de la Tonique, celui de la ſous-Dominante ſera *fa la ut*; ainſi c'eſt l'*ut* qui fait ici liaiſon, & les deux autres Sons de ce nouvel Accord ſont préciſément les deux Diſſonnances des précédens. D'ailleurs, il ne faut pas altérer plus de Sons pour ce nouveau Ton que pour celui de la Dominante; ce ſont dans l'une & dans l'autre toutes les mêmes Cordes du Ton principal, à un près. Donnez un Bémol à la Note ſenſible *ſi*, & toutes les Notes du Ton d'*ut* ſerviront à celui de *fa*. Le Ton de la ſous-Dominante n'eſt donc guères moins analogue au Ton principal que celui de la Dominante.

On doit remarquer encore qu'après s'être ſervi de la première *Modulation* pour paſſer d'un Ton principal *ut* à celui de ſa Dominante *sol*, on est obligé d'employer la seconde pour revenir au Ton principal: car si *sol* est Dominante du Ton d'*ut*, *ut* est sous-Dominante du Ton de *sol*; ainsi l'une de ces *Modulations* n'est pas moins nécessaire que l'autre.

Le troisième Son qui entre dans l'Accord de la Tonique est celui de sa Tierce ou Médiante, & c'est aussi le plus simple des rapports après les deux précédens $\frac{2}{3}\frac{3}{4}\frac{4}{5}$. Voilà donc une nouvelle *Modulation* qui se présente & d'autant plus analogue que deux des Sons de la Tonique principale entrent aussi dans l'Accord mineur de sa Médiante; car le premier Accord étant *ut mi sol*, celui-ci sera *mi sol si*, où l'on voit que *mi* & *sol* sont communs.

Mais ce qui éloigne un peu cette *Modulation*, c'est la quantité de Sons qu'il y faut altérer, même pour le Mode mineur, qui convient le mieux à ce *mi*. J'ai donné ci-devant la formule de l'Échelle pour les deux Modes: or, appliquant cette formule à *mi* Mode mineur, on n'y trouve à la vérité que le quatrième Son *fa* altéré par un Dièse en descendant, mais, en montant, on en trouve encore deux autres; savoir, la principale Tonique *ut*, & sa seconde Note *re* qui devient ici Note sensible: il est certain que l'altération de tant de Sons, & sur-tout de la Tonique, éloigne le Mode & affoiblit l'analogie.

Si l'on renverse la Tierce comme on a renversé la Quinte, & qu'on prenne cette Tierce au-dessous de la Tonique sur la sixième Note *la*, qu'on devroit appeler aussi sous-Médiante ou Médiante en dessous, on formera sur ce *la* une *Modulation* plus analogue au Ton principal que n'étoit celle de *mi*; car l'Accord parfait de cette sous-Médiante étant *la ut mi*; on y retrouve, comme dans celui de la Médiante, deux des Sons qui entrent dans l'Accord de la Tonique; savoir, *ut* & *mi*; & de plus, l'Échelle de ce nouveau Ton étant composée, du moins en descendant, des mêmes Sons que celle du Ton principal; & n'ayant que deux Sons altérés en montant, c'est-à-dire, un de moins que l'Échelle de la Médiante, il s'ensuit que la *Modulation* de la sixième Note est préférable à celle de cette Médiante; d'autant plus que la Tonique principale y fait une des Cordes essentielles du Mode; ce qui est plus propre à rapprocher l'idée de la *Modulation*. Le *mi* peut venir ensuite.

Voilà donc quatre Cordes *mi fa sol la*, sur chacune desquelles on peut moduler en sortant du Ton majeur d'*ut*. Restent le *re* & le *si*, les deux Harmoniques de la Dominante. Ce dernier, comme Note sensible, ne peut devenir Tonique par aucune bonne *Modulation*, du moins immédiatement : ce seroit appliquer brusquement au même Son des idées trop opposées & lui donner une Harmonie trop éloignée de la principale. Pour la seconde Note *re*, on peut encore, à la faveur d'une marche consonnante de la Basse-fondamentale, y moduler en Tierce mineure, pourvu qu'on n'y reste qu'un instant, afin qu'on n'ait pas le temps d'oublier la *Modulation* de l'*ut* qui lui-même est altéré; autrement il faudroit, au lieu de revenir immédiatement en *ut*, passer par d'autres Tons intermédiaires, où il seroit dangereux de s'égarer.

En suivant les mêmes analogies, on modulera dans l'ordre suivant pour sortir d'un Ton mineur ; la Médiante premiérement, ensuite la Dominante, la sous-Dominante & la sous-Médiante ou sixième Note. Le Mode de chacun de ces Tons accessoires est déterminé par sa Médiante prise dans l'Échelle du Ton principal. Par exemple, sortant d'un Ton majeur *ut* pour moduler sur sa Médiante, on fait mineur le Mode de cette Médiante, parce que la Dominante *sol* du Ton principal fait Tierce mineure sur cette Médiante *mi*. Au contraire, sortant d'un Ton mineur *la*, on module sur sa Médiante *ut* en Mode majeur; parce que la Dominante *mi* du Ton d'où l'on sort fait Tierce majeure sur la Tonique de celui où l'on entre, &c.

Ces règles, renfermées dans une formule générale, sont, que les Modes de la Dominante & de la sous-Dominante soient semblables à celui de la Tonique, & que la Médiante & la sixième Note portent le Mode opposé. Il faut remarquer cependant qu'en vertu du droit qu'on a de passer du majeur au mineur, & réciproquement, dans un même Ton, on peut aussi changer l'ordre du Mode d'un Ton à l'autre; mais en s'éloignant ainsi de la *Modulation* naturelle, il faut songer au retour : car c'est une règle générale que tout morceau de Musique doit finir dans le Ton par lequel il a commencé.

J'ai rassemblé dans deux exemples fort courts tous les Tons dans lesquels on peut passer immédiatement ; le premier, en sortant du Mode majeur, & l'autre, en sortant du Mode mineur.

Chaque Note indique une *Modulation*, & la valeur des Notes dans chaque exemple indique aussi la durée relative convenable à chacun de ces Modes selon son rapport avec le Ton principal. (Voy. Pl. B. Fig. 6 & 7.)

Ces *Modulations* immédiates fournissent les moyens de passer par les mêmes règles dans des Tons plus éloignés, & de revenir ensuite au Ton principal qu'il ne faut jamais perdre de vue. Mais il ne suffit pas de connoître les routes qu'on doit suivre; il faut savoir aussi comment y entrer. Voici le sommaire des préceptes qu'on peut donner en cette Partie.

Dans la Mélodie, il ne faut, pour annoncer la *Modulation* qu'on a choisie, que faire entendre les altérations qu'elle produit dans les Sons du Ton d'où l'on sort, pour les rendre propres au Ton où l'on entre. Est-on en *ut* majeur? Il ne faut que sonner un *fa* Dièse pour annoncer le Ton de la Dominante, ou un *si* Bémol pour annoncer le Ton de la sous-Dominante. Parcourez ensuite les Cordes essentielles du Ton où vous entrez; s'il est bien choisi, votre *Modulation* sera toujours bonne & régulière.

Dans l'Harmonie, il y a un peu plus de difficulté: car comme il faut que le changement de Ton se fasse en même temps dans toutes les Parties, on doit prendre garde à l'Harmonie & au Chant pour éviter de suivre à la fois deux différentes *Modulations*. Huyghens a fort bien remarqué que la proscription de deux Quintes consécutives a cette règle pour principe: en effet on ne peut guères former entre deux Parties plusieurs Quintes justes de suite sans moduler en deux Tons différens.

Pour annoncer un Ton, plusieurs prétendent qu'il suffit de former l'Accord parfait de sa Tonique, & cela est indispensable pour donner le Mode; mais il est certain que le Ton ne peut être déterminé que par l'Accord ou dominant: il faut donc faire entendre cet Accord en commençant la nouvelle *Modulation*. La bonne règle seroit que la Septième ou Dissonnance mineure y fût toujours préparée, au moins la première fois qu'on la fait entendre; mais cette règle n'est pas praticable dans toutes les *Modulations* permises, & pourvu que la Basse-fondamentale marche par Intervalles consonnans, qu'on observe la liaison harmonique, l'analogie du Mode, & qu'on évite les fausses Relations, la *Modu-*

lation est toujours bonne. Les Compositeurs donnent pour une autre règle de ne changer de Ton qu'après une cadence parfaite; mais cette règle est inutile, & personne ne s'y assujettit.

Toutes les manières possibles de passer d'un Ton dans un autre se réduisent à cinq pour le Mode majeur, & à quatre pour le Mode mineur; lesquelles on trouvera énoncées par une Basse-fondamentale pour chaque *Modulation* dans la *Pl.* B. *Fig.* 8. S'il y a quelqu'autre *Modulation* qui ne revienne à aucune de ces neuf, à moins que cette *Modulation* ne soit Enharmonique, elle est mauvaise infailliblement. (Voyez ENHARMONIQUE.)

MODULER. *v. n.* C'est composer ou préluder soit par écrit, soit sur un Instrument, soit avec la Voix, en suivant les règles de la *Modulation*. (Voyez MODULATION.)

MŒURS. *s. f.* Partie considérable de la Musique des Grecs appellée par eux *Hermosmenou*, laquelle consistoit à connoître & choisir le bienséant en chaque Genre, & ne leur permettoit pas de donner à chaque sentiment, à chaque objet, à chaque caractère toutes les formes dont il étoit susceptible; mais les obligeoit de se borner à ce qui étoit convenable au sujet, à l'occasion, aux personnes, aux circonstances. Les *Mœurs* consistoient encore à tellement accorder & proportionner dans une Pièce toutes les Parties de la Musique, le Mode, le Temps, le Rhythme, la Mélodie, & même les changemens, qu'on sentît dans le tout une certaine conformité qui n'y laissât point de disparate, & le rendît parfaitement un, Cette seule Partie, dont l'idée n'est pas même connue dans notre Musique, montre à quel point de perfection devoit être porté un Art où l'on avoit même réduit en règles ce qui est honnête, convenable & bienséant.

MOINDRE. *adj.* (Voyez MINIME.)

MOL. *adj.* Épithète que donne Aristoxène & Ptolomée à une espèce du Genre Diatonique & à une espèce du Genre Chromatique dont j'ai parlé au mot GENRE.

Pour la Musique moderne, le mot *Mol* n'y est employé que dans la composition du mot *Bémol* ou B. *mol*, par opposition au mot *Béquarre*, qui jadis s'appelloit aussi B. *dur*.

Zarlin cependant appelle Diatonique *Mol* une espèce du Genre Diatonique dont j'ai parlé ci-devant. (Voyez DIATONIQUE.)

MONOCORDE.

MONOCORDE. *s. m.* Inftrument ayant une feule Corde qu'on divife à volonté par des Chevalets mobiles, lequel fert à trouver les rapports des Intervalles & toutes les divifions du Canon Harmonique. Comme la Partie des Inftrumens n'entre point dans mon plan, je ne parlerai pas plus long-temps de celui-ci.

MONODIE. *s. f.* Chant à voix feule, par oppofition à ce que les Anciens appelloient *Chorodies*, ou Mufiques exécutées par le Chœur.

MONOLOGUE. *s. m.* Scène d'Opéra où l'Acteur eft feul & ne parle qu'avec lui-même. C'eft dans les *Monologues* que fe déploient toutes les forces de la Mufique; le Muficien pouvant s'y livrer à toute l'ardeur de fon génie, fans être gêné dans la longueur de fes morceaux par la préfence d'un Interlocuteur. Ces Récitatifs obligés, qui font un fi grand effet dans les Opéra Italiens, n'ont lieu que dans les *Monologues*.

MONOTONIE. *s. f.* C'eft, au propre, une Pfalmodie ou un Chant qui marche toujours fur le même Ton; mais ce mot ne s'emploie guères que dans le figuré.

MONTER. *v. n.* C'eft faire fuccéder les Sons du bas en haut; c'eft-à-dire, du grave à l'aigu. Cela fe préfente à l'œil par notre manière de noter.

MOTIF. *s. m.* Ce mot francifé de l'Italien *motivo* n'eft guères employé dans le fens Technique que par les Compofiteurs. Il fignifie l'idée primitive & principale fur laquelle le Compofiteur détermine fon fujet & arrange fon deffein. C'eft le *Motif* qui, pour ainfi dire, lui met la plume à la main pour jetter fur le papier telle chofe & non pas telle autre. Dans ce fens le *Motif* principal doit être toujours préfent à l'efprit du Compofiteur, & il doit faire en forte qu'il le foit auffi toujours à l'efprit des Auditeurs. On dit qu'un Auteur bat la campagne lorfqu'il perd fon *Motif* de vue, & qu'il coud des Accords ou des Chants qu'aucun fens commun n'unit entre eux.

Outre ce *Motif*, qui n'eft que l'idée principale de la Pièce, il y a des *Motifs* particuliers, qui font les idées déterminantes de la Modulation, des entrelacemens, des textures harmoniques; & fur ces idées, que l'on preffent dans l'exécution, l'on juge fi l'Auteur a bien fuivi fes *Motifs*, ou s'il a pris le change, comme il

Dict. de Muf. Qq

arrive souvent à ceux qui procèdent Note après Note, & qui manquent de savoir ou d'invention. C'est dans cette acception qu'on dit *Motif* de Fugue, *Motif* de Cadence, *Motif* de changement de Mode, &c.

MOTTET. *s. m.* Ce mot signifioit anciennement une composition fort recherchée, enrichie de toutes les beautés de l'Art, & cela sur une période fort courte : d'où lui vient, selon quelques-uns, le nom de *Mottet* ; comme si ce n'étoit qu'un mot.

Aujourd'hui l'on donne le nom de *Mottet* à toute Pièce de Musique faite sur des paroles Latines à l'usage de l'Église Romaine, comme Pseaumes, Hymnes, Antiennes, Répons, &c. Et tout cela s'appelle, en général, Musique Latine.

Les François réussissent mieux dans ce genre de Musique que dans la Françoise, la langue étant moins défavorable ; mais ils y recherchent trop de travail, & comme le leur a reproché l'Abbé du Bos, ils jouent trop sur le mot. En général, la Musique Latine n'a pas assez de gravité pour l'usage auquel elle est destinée. On n'y doit point rechercher l'imitation comme dans la Musique théatrale : les Chants sacrés ne doivent point représenter le tumulte des passions humaines, mais seulement la Majesté de celui à qui ils s'adressent, & l'égalité d'ame de ceux qui les prononcent. Quoi que puissent dire les paroles, toute autre expression dans le Chant est un contre-sens. Il faut n'avoir, je ne dis pas aucune piété, mais je dis aucun goût, pour préférer dans les Églises la Musique au Plain-Chant.

Les Musiciens du treizième & du quatorzième siècle donnoient le nom de *Mottetus* à la Partie que nous nommons aujourd'hui *Haute-Contre*. Ce nom, & d'autres aussi étranges, causent souvent bien de l'embarras à ceux qui s'appliquent à déchiffrer les anciens manuscrits de Musique, laquelle ne s'écrivoit pas en Partition comme à présent.

MOUVEMENT. *s. m.* Degré de vitesse ou de lenteur que donne à la Mesure le caractère de la Pièce qu'on exécute. Chaque espèce de Mesure a un *Mouvement* qui lui est le plus propre, & qu'on désigne en Italien par ces mots, *Tempo giusto*. Mais outre celui-là il y a cinq principales modifications de *Mouvement* qui, dans l'ordre du lent au vite, s'expriment par les mots *Largo*, *Adagio*,

Andante, *Allegro*, *Presto*, & ces mots se rendent en François par les suivans, *Lent*, *Modéré*, *Gracieux*, *Gai*; *Vîte*. Il faut cependant observer que, le *Mouvement* ayant toujours beaucoup moins de précision dans la Musique Françoise, les mots qui le désignent y ont un sens beaucoup plus vague que dans la Musique Italienne.

Chacun de ces Degrés se subdivise & se modifie encore en d'autres, dans lesquels il faut distinguer ceux qui n'indiquent que le Degré de vîtesse ou de lenteur, comme *Larghetto*, *Andantino*, *Allegretto*, *Prestissimo*, & ceux qui marquent, de plus, le caractère & l'expression de l'Air, comme *Agitato*, *Vivace*, *Gustoso*, *Combrio*, &c. Les premiers peuvent être saisis & rendus par tous les Musiciens; mais il n'y a que ceux qui ont du sentiment & du goût qui sentent & rendent les autres.

Quoique généralement les *Mouvemens* lents conviennent aux passions tristes, & les *Mouvemens* animés aux passions gaies; il y a pourtant souvent des modifications par lesquelles une passion parle sur le ton d'une autre : il est vrai, toutefois, que la gaieté ne s'exprime guères avec lenteur; mais souvent les douleurs les plus vives ont le langage le plus emporté.

MOUVEMENT est encore la marche ou le progrès des Sons du grave à l'aigu, ou de l'aigu au grave : ainsi quand on dit qu'il faut, autant qu'on le peut, faire marcher la Basse & le Dessus par *Mouvemens contraires*, cela signifie que l'une des Parties doit monter, tandis que l'autre descend. *Mouvement semblable*, c'est quand les deux Parties marchent en même sens. Quelques-uns appellent *Mouvement oblique* celui où l'une des Parties reste en place, tandis que l'autre monte ou descend.

Le savant Jérôme Mei, à l'imitation d'Aristoxène, distingue généralement, dans la Voix humaine, deux sortes de *Mouvement*; savoir, celui de la Voix parlante, qu'il appelle *Mouvement continu*, & qui ne se fixe qu'au moment qu'on se tait, & celui de la Voix chantante qui marche par Intervalles déterminés, & qu'il appelle *Mouvement diastématique* ou *Intervallatif*.

MUANCES. *s. f.* On appelle ainsi les diverses manières d'appliquer aux Notes les syllabes de la Gamme, selon les diverses positions des deux semi-Tons de l'Octave, & selon les différentes routes pour y arriver. Comme l'Arétin n'inventa que six de ces syllabes, &

qu'il y a sept Notes à nommer dans une Octave, il falloit nécessairement répéter le nom de quelque Note; cela fit qu'on nomma toujours *mi fa* ou *fa la* les deux Notes entre lesquelles se trouvoit un des semi-Tons. Ces noms déterminoient en même temps ceux des Notes les plus voisines, soit en montant, soit en descendant. Or, comme les deux semi-Tons sont sujets à changer de place dans la Modulation, & qu'il y a dans la Musique une multitude de manières différentes de leur appliquer les six mêmes syllabes, ces manières s'appelloient *Muances*, parce que les mêmes Notes y changeoient incessamment de noms. (Voyez GAMME.)

Dans le siècle dernier on ajouta en France la syllabe *si* aux six premières de la Gamme de l'Arétin. Par ce moyen la septième Note de l'Échelle se trouvant nommée, les *Muances* devinrent inutiles, & furent proscrites de la Musique Françoise; mais chez toutes les autres Nations, où selon l'esprit du métier, les Musiciens prennent toujours leur vieille routine pour la perfection de l'Art, on n'a point adopté le *si*; & il y a apparence qu'en Italie, en Espagne, en Allemagne, en Angleterre, les *Muances* serviront long-temps encore à la désolation des commençans.

MUANCES, dans la Musique ancienne. (Voyez MUTATIONS.)

MUSETTE. *s. f.* Sorte d'Air convenable à l'Instrument de ce nom, dont la Mesure est à deux ou trois Temps, le caractère naïf & doux, le mouvement un peu lent, portant une Basse pour l'ordinaire en Tenue ou Point d'Orgue, telle que la peut faire une *Musette*, & qu'on appelle à cause de cela Basse de *Musette*. Sur ces Airs on forme des Danses d'un caractère convenable, & qui portent aussi le nom de *Musettes*.

MUSICAL. *adj.* Appartenant à la Musique. (Voyez MUSIQUE.)

MUSICALEMENT. *adv.* D'une manière Musicale, dans les règles de la Musique. (Voyez MUSIQUE.)

MUSICIEN. *s. m.* Ce nom se donne également à celui qui compose la Musique & à celui qui l'exécute. Le premier s'appelle aussi *Compositeur*. Voyez ce mot.

Les anciens Musiciens étoient des Poëtes, des Philosophes, des Orateurs du premier ordre. Tels étoient Orphée, Terpandre, Stésichore, &c. aussi Boëce ne veut-il pas honorer du nom de *Musicien* celui qui pratique seulement la Musique par le ministère servile des doigts & de la Voix ; mais celui qui possede cette science par le raisonnement & la spéculation. Et il semble, de plus, que pour s'élever aux grandes expressions de la Musique oratoire & imitative, il faudroit avoir fait une étude particulière des passions humaines & du langage de la Nature. Cependant les *Musiciens* de nos jours, bornés, pour la plupart, à la pratique des Notes & de quelques tours de Chant, ne seront guères offensés, je pense, quand on ne les tiendra pas pour de grands Philosophes.

MUSIQUE. *s. f.* Art de combiner les Sons d'une manière agréable à l'oreille. Cet Art devient une science & même très-profonde, quand on veut trouver les principes de ces combinaisons & les raisons des affections qu'elles nous causent. Aristide Quintilien définit la *Musique*, l'Art du beau & de la décence dans les Voix & dans les Mouvemens. Il n'est pas étonnant qu'avec des définitions si vagues & si générales les Anciens aient donné une étendue prodigieuse à l'Art qu'ils définissoient ainsi.

On suppose communément que le mot de *Musique* vient de *Musa*, parce qu'on croit que les Muses ont inventé cet Art ; mais Kircher, d'après Diodore, fait venir ce nom d'un mot Égyptien ; prétendant que c'est en Égypte que la *Musique* a commencé à se rétablir après le déluge, & qu'on en reçut la première idée du Son que rendoient les roseaux qui croissent sur les bords du Nil, quand le vent souffloit dans leurs tuyaux. Quoi qu'il en soit de l'étymologie du nom, l'origine de l'Art est certainement plus près de l'homme, & si la parole n'a pas commencé par du Chant, il est sûr, au moins, qu'on chante par-tout où l'on parle.

La *Musique* se divise naturellement en *Musique théorique* ou *spéculative*, & en *Musique pratique*.

La *Musique* spéculative est, si l'on peut parler ainsi, la connoissance de la matière musicale ; c'est-à-dire, des différens rapports du grave à l'aigu, du vite au lent, de l'aigre au doux, du fort au foible, dont les Sons sont susceptibles ; rapports qui, comprenant toutes les combinaisons possibles de la Musique & des Sons, semblent comprendre aussi toutes les causes des impressions que peut faire leur succession sur l'oreille & sur l'ame.

La *Musique* pratique est l'Art d'appliquer & mettre en usage les principes de la spéculative ; c'est-à-dire, de conduire & dispofer les Sons par rapport à la confonnance, à la durée, à la fucceffion, de telle forte que le tout produife fur l'oreille l'effet qu'on s'eft propofé : c'eft cet Art qu'on appélle *Compofition*. (Voyez ce mot.) A l'égard de la production actuelle des Sons par les Voix ou par les Inftrumens qu'on appelle *Exécution*, c'eft la partie purement méchanique & opérative, qui, fuppofant feulement la faculté d'entonner jufte les Intervalles, de marquer jufte les durées, de donner aux Sons le degré prefcrit dans le Ton, & la valeur prefcrite dans le Temps, ne demande en rigueur d'autre connoiffance que celle des caractères de la *Mufique*, & l'habitude de les exprimer.

La *Mufique* fpéculative fe divife en deux parties, favoir ; la connoiffance du rapport des Sons ou de leurs Intervalles, & celle de leurs durées relatives ; c'eft-à-dire, de la Mefure & du Temps.

La première eft proprement celle que les Anciens ont appellé *Mufique harmonique*. Elle enfeigne en quoi confifte la nature du Chant & marque ce qui eft confonnant, diffonnant, agréable ou déplaifant dans la Modulation. Elle fait connoître, en un mot, les diverfes manières dont les Sons affectent l'oreille par leur tymbre, par leur force, par leurs Intervalles ; ce qui s'applique également à leur Accord & à leur fucceffion.

La feconde a été appellée *Rhythmique*, parce qu'elle traite des Sons eu égard au Temps & à la quantité. Elle contient l'explication du *Rhythme*, du *Mètre*, des Mefures longues & courtes, vives & lentes, des Temps & des diverfes parties dans lefquelles on les divife, pour y appliquer la fucceffion des Sons.

La *Mufique* pratique fe divife auffi en deux Parties, qui répondent aux deux précédentes.

Celle qui répond à la *Mufique harmonique*, & que les Anciens appelloient *Mélopée*, contient les règles pour combiner & varier les Intervalles confonnans & diffonnans d'une manière agréable & harmonieufe. (Voyez MÉLOPÉE.)

La feconde, qui répond à la *Mufique Rhythmique*, & qu'ils appelloient *Rhythmopée*, contient les règles pour l'application des Temps, des Pieds, des Mefures ; en un mot, pour la pratique du Rhythme. (Voyez RHYTHME.)

Porphyre donne une autre divifion de la *Mufique*, en tant qu'elle a pour objet le Mouvement muet ou sonore, &, sans la distinguer en spéculative & pratique, il y trouve les six Parties suivantes : la *Rhythmique*, pour les mouvemens de la Danse ; la *Métrique*, pour la Cadence & le nombre des Vers ; l'*Organique*, pour la pratique des Instrumens ; la *Poétique*, pour les Tons & l'Accent de la Poésie ; l'*Hypocritique*, pour les attitudes des Pantomimes ; & l'*Harmonique*, pour le Chant.

La *Musique* se divise aujourd'hui plus simplement en *Mélodie* & en *Harmonie* ; car la Rhythmique n'est plus rien pour nous, & la Métrique est très-peu de chose, attendu que nos Vers, dans le Chant, prennent presque uniquement leur Mesure de la *Musique*, & perdent le peu qu'ils en ont par eux-mêmes.

Par la Mélodie, on dirige la succession des Sons de manière à produire des Chants agréables. (Voyez MÉLODIE, CHANT ; MODULATION.)

L'Harmonie consiste à unir à chacun des Sons d'une succession régulière, deux ou plusieurs autres Sons, qui frappant l'oreille en même temps, la flattent par leur concours. (Voyez HARMONIE.)

On pourroit & l'on devroit peut-être encore diviser la *Musique* en *naturelle* & *imitative*. La première, bornée au seul physique des Sons & n'agissant que sur le sens, ne porte point ses impressions jusqu'au cœur, & ne peut donner que des sensations plus ou moins agréables. Telle est la Musique des Chansons, des Hymnes, des Cantiques, de tous les Chants qui ne sont que des combinaisons de Sons Mélodieux, & en général toute Musique qui n'est qu'Harmonieuse.

La seconde, par des inflexions vives accentuées, & pour ainsi dire, parlantes, exprime toutes les passions, peint tous les tableaux, rend tous les objets, soumet la Nature entière à ses savantes imitations, & porte ainsi jusqu'au cœur de l'homme des sentimens propres à l'émouvoir. Cette Musique vraiment lyrique & théatrale étoit celle des anciens Poëmes, & c'est de nos jours celle qu'on s'efforce d'appliquer aux Drames qu'on exécute en Chant sur nos Théatres. Ce n'est que dans cette *Musique*, & non dans l'Harmonique ou naturelle, qu'on doit chercher la raison des effets prodigieux qu'elle a produits autrefois. Tant qu'on cherchera des effets moraux dans le seul physique des Sons, on ne les y trouvera point & l'on raisonnera sans s'entendre.

Les anciens Écrivains different beaucoup entr'eux fur la nature, l'objet, l'étendue & les parties de la *Mufique*. En général, ils donnoient à ce mot un fens beaucoup plus étendu que celui qui lui refte aujourd'hui. Non-feulement fous le nom de *Mufique* ils comprenoient, comme on vient de le voir, la Danfe, le Gefte, la Poéfie, mais même la collection de toutes les fciences. Hermès définit la *Mufique*, la connoiffance de l'ordre de toutes chofes. C'étoit auffi la doctrine de l'École de Pythagore & de celle de Platon, qui enfeignoient que tout dans l'Univers étoit *Mufique*. Selon Héfychius, les Athéniens donnoient à tous les Arts le nom de *Mufique*; & tout cela n'eft plus étonnant depuis qu'un Muficien moderne a trouvé dans la *Mufique* le principe de tous les rapports & le fondement de toutes les fciences.

De-là toutes ces *Mufiques* fublimes dont nous parlent les Philofophes: *Mufique* divine, *Mufique* des hommes, *Mufique* célefte, *Mufique* terreftre, *Mufique* active, *Mufique* contemplative, *Mufique* énonciative, intellective, oratoire, &c.

C'eft fous ces vaftes idées qu'il faut entendre plufieurs paffages des Anciens fur la *Mufique*, qui feroient inintelligibles dans le fens que nous donnons aujourd'hui à ce mot.

Il paroît que la *Mufique* a été l'un des premiers Arts: on le trouve mêlé parmi les plus anciens monumens du Genre Humain. Il eft très-vraifemblable auffi que la *Mufique* vocale a été trouvée avant l'Inftrumentale, fi même il y a jamais eu parmi les Anciens une *Mufique* vraiment Inftrumentale; c'eft-à-dire, faite uniquement pour les Inftrumens. Non-feulement les hommes, avant d'avoir trouvé aucun Inftrument, ont dû faire des obfervations fur les différens Tons de leur Voix; mais ils ont dû apprendre de bonne heure par le concert naturel des oifeaux, à modifier leur Voix & leur gofier d'une manière agréable & mélodieufe. Après cela, les Inftrumens à vent ont dû être les premiers inventés. Diodore & d'autres Auteurs en attribuent l'invention à l'obfervation du fifflement des vents dans les rofeaux ou autres tuyaux des plantes. C'eft auffi le fentiment de Lucrèce.

> *At liquidas avium voces imitarier ore*
> *Antè fuit multò, quàm levia carmina cantu*
> *Concelebrare*

Concelebrare homines poſſint, aureiſque juvare;
Et Zephyri cava per calamorum ſibila primùm
Agreſteis docuére cavas inflare cicutas.

A l'égard des autres fortes d'Inſtrumens, les Cordes ſonores ſont ſi communes que les hommes en ont dû obſerver de bonne heure les différens Tons ; ce qui a donné naiſſance aux Inſtrumens à Corde. (Voyez CORDE.)

Les Inſtrumens qu'on bat pour en tirer du Son, comme les Tambours & les Tymbales, doivent leur origine au bruit ſourd que rendent les corps creux quand on les frappe.

Il eſt difficile de ſortir de ces généralités pour conſtater quelque fait ſur l'invention de la *Muſique* réduite en Art. Sans remonter au-delà du déluge, pluſieurs Anciens attribuent cette invention à Mercure, auſſi-bien que celle de la Lyre. D'autres veulent que les Grecs en ſoient redevables à Cadmus, qui en ſe ſauvant de la Cour du Roi de Phénicie, amena en Grèce la Muſicienne Hermione ou Harmonie ; d'où il s'enſuivroit que cet Art étoit connu en Phénicie avant Cadmus. Dans un endroit du Dialogue de Plutarque ſur la *Muſique*, Lyſias dit que c'eſt Amphion qui l'a inventée ; dans un autre, Sotérique dit que c'eſt Apollon ; dans une autre encore, il ſemble en faire honneur à Olympe : on ne s'accorde guères ſur tout cela, & c'eſt ce qui n'importe pas beaucoup, non plus. A ces premiers inventeurs ſuccéderent Chiron, Démodocus, Hermès, Orphée, qui, ſelon quelques-uns, inventa la Lyre. Après ceux-là vint Phœmius, puis Terpandre, contemporain de Lycurgue, & qui donna des règles à la *Muſique*. Quelques perſonnes lui attribuent l'invention des premiers Modes. Enfin l'on ajoute Thalès, & Thamiris qu'on dit avoir été l'inventeur de la *Muſique inſtrumentale*.

Ces grands Muſiciens vivoient la plupart avant Homère. D'autres plus modernes ſont Laſus d'Hermione, Melnippides, Philoxène, Timothée, Phrynnis, Epigonius, Lyſandre, Simmicus & Diodore, qui tous ont conſidérablement perfectionné la *Muſique*.

Laſus eſt, à ce qu'on prétend, le premier qui ait écrit ſur cet Art, du temps de Darius Hyſtaſpes. Epigonius inventa l'Inſtrument de quarante Cordes qui portoit ſon nom. Simmicus in-

Dict. de Muſ.

venta auſſi un Inſtrument de trente-cinq Cordes, appellé *Simmicium*.

Diodore perfectionna la Flûte & y ajouta de nouveaux trous, & Timothée la Lyre, en y ajoutant une nouvelle Corde; ce qui le fit mettre à l'amende par les Lacédémoniens.

Comme les anciens Auteurs s'expliquent fort obſcurément ſur les inventeurs des Inſtrumens de *Muſique*, ils ſont auſſi fort obſcurs ſur les Inſtrumens mêmes. A peine en connoiſſons-nous autre choſe que les noms. (Voyez INSTRUMENT.)

La *Muſique* étoit dans la plus grande eſtime chez divers Peuples de l'Antiquité, & principalement chez les Grecs, & cette eſtime étoit proportionnée à la puiſſance & aux effets ſurprenans qu'ils attribuoient à cet Art. Leurs Auteurs ne croient pas nous en donner une trop grande idée, en nous diſant qu'elle étoit en uſage dans le Ciel, & qu'elle faiſoit l'amuſement principal des Dieux & des ames des Bienheureux. Platon ne craint pas de dire qu'on ne peut faire de changement dans la *Muſique* qui n'en ſoit un dans la conſtitution de l'État, & il prétend qu'on peut aſſigner les Sons capables de faire naître la baſſeſſe de l'ame, l'inſolence, & les vertus contraires. Ariſtote, qui ſemble n'avoir écrit ſa politique que pour oppoſer ſes ſentimens à ceux de Platon, eſt pourtant d'accord avec lui touchant la puiſſance de la *Muſique* ſur les mœurs. Le judicieux Polybe nous dit que la *Muſique* étoit néceſſaire pour adoucir les mœurs des Arcades qui habitoient un pays où l'air eſt triſte & froid; que ceux de Cynete, qui négligerent la *Muſique*, ſurpaſſerent en cruauté tous les Grecs, & qu'il n'y a point de Ville où l'on ait tant vu de crimes. Athénée nous aſſure qu'autrefois toutes les loix divines & humaines, les exhortations à la vertu, la connoiſſance de ce qui concernoit les Dieux & les Héros, les vies & les actions des hommes illuſtres étoient écrites en vers & chantées publiquement par des Chœurs au ſon des Inſtrumens, & nous voyons, par nos Livres ſacrés, que tels étoient, dès les premiers temps, les uſages des Iſraélites. On n'avoit point trouvé de moyen plus efficace pour graver dans l'eſprit des hommes les principes de la Morale & l'amour de la vertu; ou plutôt tout cela n'étoit point l'effet d'un moyen prémédité, mais de la grandeur des ſentimens, & de l'élévation des idées qui cherchoient par des accens proportionnés à se faire un langage digne d'elles.

La *Musique* faisoit partie de l'étude des anciens Pythagoriciens. Ils s'en servoient pour exciter le cœur à des actions louables, & pour s'enflammer de l'amour de la vertu. Selon ces Philosophes notre ame n'étoit, pour ainsi dire, formée que d'Harmonie, & ils croyent rétablir, par le moyen de l'Harmonie sensuelle, l'Harmonie intellectuelle & primitive des facultés de l'ame, c'est-à-dire, celle qui, selon eux, existoit en elle avant qu'elle animât nos corps, lorsqu'elle habitoit les Cieux.

La *Musique* est déchue aujourd'hui de ce degré de puissance & de majesté au point de nous faire douter de la vérité des merveilles qu'elle opéroit autrefois, quoiqu'attestées par les plus judicieux Historiens & par les plus graves Philosophes de l'Antiquité. Cependant on retrouve dans l'Histoire moderne quelques faits semblables. Si Timothée excitoit les fureurs d'Alexandre par le Mode Phrygien & les calmoit par le Mode Lydien, une *Musique* plus moderne renchérissoit encore en excitant, dit-on, dans Erric, Roi de Dannemarck, une telle fureur qu'il tuoit ses meilleurs domestiques. Sans doute ces malheureux étoient moins sensibles que leur Prince à la *Musique*; autrement il eût pu courir la moitié du danger. D'Aubigny rapporte une autre histoire toute pareille à celle de Timothée. Il dit que sous Henri III, le Musicien Claudin jouant aux noces du Duc de Joyeuse sur le Mode Phrygien, anima, non le Roi, mais un Courtisan qui s'oublia jusqu'à mettre la main aux armes en présence de son Souverain; mais le Musicien se hâta de le calmer en prenant le Mode Hypo-Phrygien. Cela est dit avec autant d'assurance que si le Musicien Claudin avoit pu savoir exactement en quoi consistoient le Mode-Phrygien & le Mode Hypo-Phrygien.

Si notre *Musique* a peu de pouvoir sur les affections de l'ame, en revanche elle est capable d'agir physiquement sur les corps, témoin l'histoire de la Tarentule, trop connue pour en parler ici; témoin ce Chevalier Gascon dont parle Boyle, lequel, au son d'une Cornemuse, ne pouvoit retenir son urine; à quoi il faut ajouter ce que raconte le même Auteur de ces femmes qui fondoient en larmes lorsqu'elles entendoient un certain Ton dont le reste des Auditeurs n'étoit point affecté : & je connois à Paris une femme de condition, laquelle ne peut écouter quelque *Musique* que ce soit sans être saisie d'un rire involontaire & convulsif. On lit aussi dans l'Histoire de l'Académie des Sciences de Paris qu'un Musicien fut guéri d'une violente fièvre par un Concert qu'on fit dans sa chambre.

Les Sons agissent même sur les corps inanimés, comme on le voit par le frémissement & la résonnance d'un corps sonore au son d'un autre avec lequel il est accordé dans certain rapport. Morhoff fait mention d'un certain Petter Hollandois, qui brisoit un verre au son de sa voix. Kircher parle d'une grande pierre qui frémissoit au son d'un certain tuyau d'Orgue. Le P. Mersenne parle aussi d'une sorte de carreau que le Jeu d'Orgue ébranloit comme auroit pu faire un tremblement de terre. Boyle ajoute que les stalles tremblent souvent au son des Orgues; qu'il les a senti frémir sous sa main au son de l'Orgue ou de la voix, & qu'on l'a assuré que celles qui étoient bien faites, trembloient toutes à quelque Ton déterminé. Tout le monde a oui parler du fameux pilier d'une Église de Rheims qui s'ébranle sensiblement au son d'une certaine cloche, tandis que les autres piliers restent immobiles; mais ce qui ravit au son l'honneur du merveilleux, est que ce même pilier s'ébranle également quand on a ôté le batail de la cloche.

Tous ces exemples, dont la plupart appartiennent plus au son qu'à la *Musique*, & dont la Physique peut donner quelque explication, ne nous rendent point plus intelligibles ni plus croyables les effets merveilleux & presque divins que les Anciens attribuent à la *Musique*. Plusieurs Auteurs se sont tourmentés pour tâcher d'en rendre raison. Wallis les attribue en partie à la nouveauté de l'Art, & les rejette en partie sur l'exagération des Auteurs. D'autres en font honneur seulement à la Poésie. D'autres supposent que les Grecs, plus sensibles que nous par la constitution de leur climat, ou par leur manière de vivre, pouvoient être émus de choses qui ne nous auroient nullement touchés. M. Burette, même en adoptant tous ces faits, prétend qu'ils ne prouvent point la perfection de la *Musique* qui les a produits : il n'y voit rien que de mauvais racleurs de village n'aient pu faire, selon lui, tout aussi bien que les premiers Musiciens du monde.

La plupart de ces fentimens font fondés fur la perfuafion où nous fommes de l'excellence de notre *Mufique*, & fur le mépris que nous avons pour celle des Anciens. Mais ce mépris eft-il lui-même auffi bien fondé que nous le prétendons ? C'eft ce qui a été examiné bien des fois, & qui, vu l'obfcurité de la matière & l'infuffifance des juges, auroit grand befoin de l'être mieux. De tous ceux qui fe font mêlés jufqu'ici de cet examen, Voffius, dans fon Traité *de viribus cantûs & rhithmi*, paroît être celui qui a le mieux difcuté la queftion & le plus approché de la vérité. J'ai jetté là-deffus quelques idées dans un autre écrit non public encore, où mes idées feront mieux placées que dans cet ouvrage, qui n'eft pas fait pour arrêter le Lecteur à difcuter mes opinions.

On a beaucoup fouhaité de voir quelques fragmens de *Mufique* ancienne. Le P. Kircher & M. Burette ont travaillé là-deffus à contenter la curiofité du Public. Pour le mettre plus à portée de profiter de leurs foins, j'ai tranfcris dans la Planche C deux morceaux de *Mufique* Grecque, traduits en Note moderne par ces Auteurs. Mais qui ofera juger de l'ancienne *Mufique* fur de tels échantillons? Je les fuppofe fidèles. Je veux même que ceux qui voudroient en juger connoiffent fuffifamment le génie & l'accent de la Langue Grecque : qu'ils réfléchiffent qu'un Italien eft juge incompétent d'un Air François, qu'un François n'entend rien du tout à la Mélodie Italienne ; puifqu'il compare les temps & les lieux, & qu'il prononce s'il l'ofe.

Pour mettre le Lecteur à portée de juger des divers Accens muficaux des Peuples, j'ai tranfcris auffi dans la Planche un Air Chinois tiré du P. du Halde, un Air Perfan tiré du Chevalier Chardin, & deux Chanfons des Sauvages de l'Amérique tirées du P. Merfenne. On trouvera dans tous ces morceaux une conformité de Modulation avec notre Mufique, qui pourra faire admirer aux uns la bonté & l'univerfalité de nos règles, & peut-être rendre fufpecte à d'autres l'intelligence ou la fidélité de ceux qui nous ont tranfmis ces Airs.

J'ai ajouté dans la même Planche le célèbre *Rans-des-Vaches*, cet Air fi chéri des Suiffes qu'il fut défendu fous peine de mort de le jouer dans leurs Troupes, parce qu'il faifoit fondre en larmes, déferter ou mourir ceux qui l'entendoient, tant il excitoit en eux l'ardent defir de revoir leur pays. On chercheroit en vain dans cet Air les accens énergiques capables de produire de fi étonnans effets. Ces effets, qui n'ont aucun lieu fur les étrangers, ne viennent que de l'habitude des fouvenirs, de mille circonftances qui, retracées par cet Air à ceux qui l'entendent, & leur rappellant leur pays, leurs anciens plaifirs, leur jeuneffe, & toutes leurs façons de vivre, excitent en eux une douleur amère d'avoir perdu tout cela. La *Mufique* alors n'agit point précifément comme *Mufique*, mais comme figne mémoratif. Cet Air, quoique toujours le même, ne produit plus aujourd'hui les mêmes effets qu'il produifoit ci-devant fur les Suiffes; parce qu'ayant perdu le goût de leur première fimplicité, ils ne la regrettent plus quand on la leur rappelle. Tant il eft vrai que ce n'eft pas dans leur action phyfique qu'il faut chercher les plus grands effets des Sons fur le cœur humain.

La manière dont les Anciens notoient leur *Mufique* étoit établie fur un fondement très-fimple, qui étoit le rapport des chiffres; c'eft-à-dire, par les lettres de leur Alphabet: mais au lieu de fe borner, fur cette idée, à un petit nombre de caractères faciles à retenir, ils fe perdirent dans des multitudes de fignes différens dont ils embrouillèrent gratuitement leur *Mufique*; en forte qu'ils avoient autant de manières de noter que de Genres & de Modes. Boëce prit dans l'alphabet Latin des caractères correfpondans à ceux des Grecs. Le Pape Grégoire perfectionna fa méthode. En 1024, Gui d'Arezzo, Bénédictin, introduifit l'ufage des Portées; (voyez PORTÉE.) fur les Lignes defquelles il marqua les Notes en forme de points; (voyez NOTES.) défignant par leur pofition, l'élévation ou l'abaiffement de la voix. Kircher, cependant, prétend que cette invention eft antérieure à Gui, & en effet, je n'ai pas vu dans les écrits de ce Moine qu'il fe l'attribue: mais il inventa la Gamme, & appliqua aux Notes de fon Hexacorde les noms tirés de l'Hymne de Saint Jean-Baptifte, qu'elles confervent encore aujourd'hui. (Voyez *Pl. G. Fig.* 2.) Enfin cet homme né pour la *Mufique* inventa différens Inftrumens appellés *Polyplectra*, tels que le Clavecin, l'Epinette, la Vielle, &c. (Voyez GAMME.)

Les caractères de la *Mufique* ont, felon l'opinion commune, reçu leur dernière augmentation confidérable en 1330; temps où l'on dit que Jean de Muris, appelié mal-à-propos par quelques-uns *Jean de Meurs* ou *de Muriâ*, Docteur de Paris, quoique Gefner le faffe Anglois, inventa les différentes figures des Notes qui défignent la durée ou la quantité, & que nous appellons aujourd'hui Rondes, Blanches, Noires, *&c.* Mais ce fentiment, bien que très-commun, me paroît peu fondé, à en juger par fon Traité de *Mufique*, intitulé: *Speculum Muficæ*, que j'ai eu le courage de lire prefque entier, pour y conftater l'invention que l'on attribue à cet Auteur. Au refte ce grand Muficien a eu, comme le Roi des Poëtes, l'honneur d'être réclamé par divers Peuples; car les Italiens le prétendent auffi de leur Nation, trompés apparemment par une fraude ou une erreur de Bontempi qui le dit *Perugino* au lieu de *Parigino*.

Lafus eft, ou paroît être, comme il eft dit ci-deffus, le premier qui ait écrit fur la *Mufique*: mais fon ouvrage eft perdu, auffi-bien que plufieurs autres livres des Grecs & des Romains fur la matière. Ariftoxène, difciple d'Ariftote & chef de fecte en *Mufique*, eft le plus ancien Auteur qui nous refte fur cette fcience. Après lui vient Euclide d'Alexandrie. Ariftide Quintilien écrivoit après Ciceron. Alypius vient enfuite; puis Gaudentius, Nicomaque & Bacchius.

Marc Meibomius nous a donné une belle édition de ces fept Auteurs Grecs avec la traduction Latine & des Notes.

Plutarque a écrit un Dialogue fur la *Mufique*. Ptolomée, célèbre Mathématicien, écrivit en Grec les principes de l'Harmonie vers le temps de l'Empereur Antonin. Cet Auteur garde un milieu entre les Pythagoriciens & les Ariftoxéniens. Long-temps après, Manuel Bryenius écrivit auffi fur le même fujet.

Parmi les Latins, Boëce a écrit du temps de Théodoric; & non loin du même temps, Martianus, Caffiodore & Saint Auguftin.

Les Modernes font en grand nombre. Les plus connus font, Zarlin, Salinas, Valgulio, Galilée, Mei, Doni, Kircher, Merfenne, Parran, Perrault, Wallis, Defcartes, Holder, Mengoli, Malcolm, Burette, Vallotti; enfin M. Tartini, dont le livre eft plein de profondeur, de génie, de longueurs & d'obfcurité; & M. Rameau, dont les écrits ont ceci de fingulier, qu'ils ont fait une grande fortune fans avoir été lus de perfonne. Cette lecture eft d'ailleurs devenue abfolument fuperflue depuis que M. d'Alembert a pris la peine d'expliquer au Public le fyftême de la Baffe-fondamentale, la feule chofe utile & intelligible qu'on trouve dans les écrits de ce Muficien.

MUTATIONS ou MUANCES. Μεταβολαι. On appelloit ainfi, dans la *Mufique* ancienne, généralement tous les paffages d'un ordre ou d'un fujet de Chant à un autre. Ariftoxène définit la *Mutation* une efpèce de paffion dans l'ordre de la Mélodie ; Bacchius, un changement de fujet, ou la tranfpofition du femblable dans un lieu diffemblable ; Ariftide Quintilien, une variation dans le fyftême propofé ; & dans le caractère de la voix ; Martianus Cappella, une tranfition de la voix dans un autre ordre de Sons.

Toutes ces définitions, obfcures & trop générales, ont befoin d'être éclaircies par les divifions ; mais les Auteurs ne s'accordent pas mieux fur ces divifions que fur la définition même. Cependant on recueille à-peu-près que toutes ces *Mutations* pouvoient fe réduire à cinq efpèces principales. 1°. *Mutation* dans le Genre, lorfque le Chant paffoit, par exemple, du Diatonique au Chromatique ou à l'Enharmonique, & réciproquement. 2°. Dans le fyftême, lorfque la Modulation uniffoit deux Tétracordes disjoints ou en féparoit deux conjoints ; ce qui revient au paffage du Béquarre au Bémol, & réciproquement. 3°. Dans le Mode, quand on paffoit, par exemple, du Dorien au Phrygien ou au Lydien ; & réciproquement. 4°. Dans le Rhythme, quand on paffoit du vite au lent, ou d'une Mefure à une autre. 5°. Enfin dans la Mélodie, lorfqu'on interrompoit un Chant grave, férieux, magnifique, par un Chant enjoué, gai, impétueux, &c.

N.

NATUREL. *adj.* Ce mot en Musique a plusieurs sens 1°. Musique *naturelle* est celle que forme la voix humaine par opposition à la Musique artificielle qui s'exécute avec des Instrumens. 2°. On dit qu'un Chant est *Naturel*, quand il est aisé, doux, gracieux, facile : qu'une Harmonie est naturelle, quand elle a peu de renversemens, de Dissonnances ; qu'elle est produite par les Cordes essentielles & *Naturelles* du Mode. 3°. *Naturel* se dit encore de tout Chant qui n'est ni forcé ni baroque, qui ne va ni trop haut, ni trop bas, ni trop vite, ni trop lentement. 4°. Enfin la signification la plus commune de ce mot, & la seule dont l'Abbé Brossard n'a point parlé, s'applique aux Tons ou Modes dont les Sons se tirent de la Gamme ordinaire sans aucune altération : de sorte qu'un Mode *Naturel* est celui ou l'on n'emploie ni Dièse ni Bémol. Dans le sens exact il n'y auroit qu'un seul Ton *Naturel*, qui seroit celui d'*ut* ou de *C* Tierce majeure ; mais on étend le nom de *Naturels* à tous les Tons dont les Cordes essentielles ne portant ni Dièses ni Bémols, permettent qu'on n'arme la Clef ni de l'un ni de l'autre : tel sont les Modes majeurs de *G* & de *F*, les Modes mineurs d'*A* & de *D*. &c. (Voyez CLEFS TRANSPOSÉES, MODES, TRANSPOSITIONS.)

Les Italiens notent toujours leur Récitatif au *Naturel*, les changemens de Tons y étant si fréquens & les Modulations si serrées que, de quelque manière qu'on armât la Clef pour un Mode, on n'épargneroit ni Dièses ni Bémols pour les autres, & l'on se jetteroit, pour la suite de la Modulation, dans des confusions de signes très-embarrassantes, lorsque les Notes altérées à la Clef par un signe se trouveroient altérées par le signe contraire accidentellement. (Voyez RÉCITATIF.)

Solfier au *Naturel*, c'est solfier par les noms *naturels* des Sons de la Gamme ordinaire, sans égard au Ton où l'on est. (Voyez SOLFIER.)

NETE *s. f.* C'étoit dans la Musique Grecque la quatrième Corde ou la plus aiguë de chacun des trois Tétracordes qui suivoient les deux premiers du grave à l'aigu.

Quand le troisième Tétracorde étoit conjoint avec le second, c'étoit le Tétracorde Synnéménon, & sa *Nete* s'appelloit *Nete-Synnéménon*.

Ce troisième Tétracorde portoit le nom de Diézeugménon quand il étoit disjoint ou séparé du second par l'Intervalle d'un *Ton*, & sa *Nete* s'appelloit *Nete-Diézeugménon*.

Enfin le quatrième Tétracorde portant toujours le nom d'Hyperboléon, sa *Nete* s'appelloit aussi toujours *Nete-Hyperbolïon*.

A l'égard des deux premiers Tétracordes, comme ils étoient toujours conjoints, ils n'avoient point de *Nete* ni l'un ni l'autre : la quatrième Corde du premier étant toujours la première du second, s'appelloit Hypate-Méson, & la quatrième Corde du second formant le milieu du système s'appelloit Mèse.

Nete, dit Boëce, *quasi neate, id est, inferior*; car les Anciens dans leurs Diagrammes mettoient en haut les Sons graves, & en bas les Sons aigus.

NÉOTIDES. Sons aigus. (Voyez LEPSIS.)

NEUME. *s. f.* Terme de Plain-Chant. La *Neume* est une espèce de courte récapitulation du Chant d'un Mode, laquelle se fait à la fin d'un Antienne par une simple variété de Sons & sans y joindre aucunes paroles. Les Catholiques autorisent ce singulier usage sur un passage de Saint Augustin, qui dit, que ne pouvant trouver des paroles dignes de plaire à Dieu, l'on fait bien de lui adresser des Chants confus de jubilation. » Car à qui convient une telle jubilation sans paroles, si ce n'est à l'Être ineffable ? & comment célébrer cet Être ineffable, lorsqu'on ne peut ni se taire, ni rien trouver dans ses transports qui les exprime, si ce n'est des Sons inarticulés ? "

NEUVIÈME. *s. f.* Octave de la Seconde. Cet Intervalle porte le nom de *Neuvième*, parce qu'il faut former neuf Sons consecutifs pour arriver Diatoniquement d'un de ses deux termes à l'autre. La *Neuvième* est majeure ou mineure, comme la Seconde dont elle est la Réplique. (Voyez SECONDE.)

Il y a un Accord par supposition qui s'appelle Accord de *Neuvième*, pour le distinguer de l'Accord de Seconde, qui se prépare, s'accompagne & fe fauve différemment. L'Accord de *Neuvième* eft formé par un Son mis à la Baffe, une Tierce au-deffous de l'Accord de feptième; ce qui fait que la feptième elle-même fait *Neuvième* fur ce nouveau Son. La *Neuvième* s'accompagne, par conféquent, de Tierce, de Quinte, & quelquefois de feptième. La quatrième Note du Ton eft généralement celle fur laquelle cet Accord convient le mieux; mais on la peut placer par-tout dans des entrelacemens Harmoniques. La Baffe doit toujours arriver en montant à la Note qui porte *Neuvième*; la Partie qui fait la *Neuvième* doit fyncoper, & fauve cette *Neuvième* comme une Septième en defcendant Diatoniquement d'un Degré fur l'Octave, fi la Baffe refte en place, ou fur la Tierce, fi la Baffe defcend de Tierce. (Voyez ACCORD, SUPPOSITION, SYNCOPE.)

En Mode mineur l'Accord fenfible fur la Médiante perd le nom d'Accord de *Neuvième* & prend celui de Quinte fuperflue. (Voyez QUINTE SUPERFLUE.)

NIGLARIEN. *adj*. Nom d'un Nome ou Chant d'une Mélodie efféminée & molle, comme Ariftophane le reproche à Philoxène fon Auteur.

NOELS. Sortes d'Airs deftinés à certains Cantiques que le peuple chante aux Fêtes de Noël. Les Airs des *Noëls* doivent avoir un caractère champêtre & paftoral convenable à la fimplicité des paroles, & à celle des Bergers qu'on fuppofe les avoir chantés en allant rendre hommage à l'Enfant Jéfus dans la Crèche.

NŒUDS. On appelle *Nœuds* les points fixes dans lefquels une Corde Sonore mife en vibration fe divife en aliquotes vibrantes, qui rendent un autre Son que celui de la Corde entière. Par exemple, fi de deux Cordes dont l'une fera triple de l'autre, on fait fonner la plus petite, la grande répondra, non par le Son qu'elle a comme Corde entière, mais par l'uniffon de la plus petite, parce qu'alors cette grande Corde, au lieu de vibrer dans fa totalité, fe divife, & ne vibre que par chacun de fes tiers. Les points immobiles qui font les divifions & qui tiennent en quelque forte lieu de Chevalets, font ce que M. Sauveur a nommé les *Nœuds*, & il a nommé *Ventres* les points milieux de chaque aliquote où la vibration eft la plus grande & où la Corde s'écarte le plus de la ligne de repos.

Si, au lieu de faire fonner une autre Corde plus petite, on

divise la grande au point d'une de ses aliquotes par un obstacle léger qui la gêne sans l'assujettir, le même cas arrivera encore en faisant sonner une des deux parties; car alors les deux résonneront à l'unisson de la petite, & l'on verra les mêmes *Nœuds* & les mêmes *Ventres* que ci-devant.

Si la petite partie n'est pas aliquote immédiate de la grande, mais qu'elles aient seulement une aliquote commune; alors elles se diviseront toutes deux selon cette aliquote commune, & l'on verra des *Nœuds* & des *Ventres*, même dans la petite partie.

Si les deux parties sont incommensurables, c'est-à-dire, qu'elles n'aient aucune aliquote commune; alors il n'y aura aucune résonnance, ou il n'y aura que celle de la petite partie, à moins qu'on ne frappe assez fort pour forcer l'obstacle, & faire résonner la Corde entière.

M. Sauveur trouva le moyen de montrer ces *Ventres* & ces *Nœuds* à l'Académie d'une manière très-sensible, en mettant sur la Corde des papiers de deux couleurs, l'une aux divisions des *Nœuds*, & l'autre au milieu des *Ventres*; car alors au Son de l'aliquote on voyoit toujours tomber les papiers des *Ventres* & ceux des *Nœuds* rester en place. (Voyez *Pl. M. fig. 6.*)

NOIRE. *s. f.* Note de Musique qui se fait ainsi -♩- ou ainsi ♩ & qui vaut deux croches ou la moitié d'une Blanche. Dans nos anciennes Musiques on se servoit de plusieurs sortes de *Noires*; *Noire* à queue, *Noire* quarrée, *Noire* en lozange. Ces deux dernières espèces sont demeurées dans le Plain-Chant; mais dans la Musique on ne se sert plus que de la *Noire* à queue. (Voyez Valeur des Notes.)

NOME. *s. m.* Tout Chant déterminé par des règles qu'il n'étoit pas permis d'enfreindre, portoit chez les Grecs le nom de *Nome*.

Les *Nomes* empruntoient leur dénomination : 1°. ou de certains peuples; *Nome* Éolien, *Nome* Lydien : 2°. ou de la nature du Rhythme; *Nome* Ortien, *Nome* Dactylique, *Nome* Trochaïque : 3°. ou de leurs inventeurs; *Nome* Hiéracien, *Nome* Polymnestan : 4°. ou de leurs sujets; *Nome* Pythien, *Nome* Comique : 5°. ou enfin de leur Mode; *Nome* Hypatoïde ou grave, *Nome* Nétoïque ou aigu, &c.

Il y avoit des *Nomes* Bipartites qui se chantoient sur deux Modes; il y avoit même un *Nome* appellé Tripartite, duquel Sacadas ou Clonas fut l'inventeur & qui se chantoit sur trois Modes, savoir le Dorien, le Phrygien & le Lydien. (Voyez CHANSON, MODE.)

NOMION. Sorte de Chanson d'amour chez les Grecs. (Voyez CHANSON.)

NOMIQUE. *adj.* Le Mode *Nomique* ou le genre de style Musical qui portoit ce nom, étoit consacré, chez les Grecs, à Apollon Dieu des Vers & des Chansons, & l'on tâchoit d'en rendre les Chants brillans & dignes du Dieu auquel ils étoient consacrés. (Voyez MODE, MÉLOPÉE, STYLE.)

NOMS des Notes. (Voyez SOLFIER.)

NOTES. *s. f.* Signes ou caractères dont on se sert pour noter, c'est-à-dire, pour écrire la Musique.

Les Grecs se servoient des lettres de leur Alphabet pour noter leur Musique. Or, comme ils avoient vingt-quatre lettres, & que leur plus grand système, qui dans un même Mode n'étoit que de deux Octaves, n'excédoit pas le nombre de seize Sons, il sembleroit que l'Alphabet devoit être plus que suffisant pour les exprimer; puisque leur Musique n'étant autre chose que leur Poésie notée, le Rhythme étoit suffisamment déterminé par le mètre, sans qu'il fût besoin pour cela de valeurs absolues & de signes propres à la Musique : car, bien que par surabondance ils eussent aussi des caractères pour marquer les divers pieds, il est certain que la Musique vocale n'en avoit aucun besoin, & la Musique instrumentale n'étant qu'une Musique vocale jouée par des Instrumens, n'en avoit pas besoin non plus, lorsque les paroles étoient écrites, ou que le Symphoniste les savoit par cœur.

Mais il faut remarquer, en premier lieu, que les deux mêmes Sons étant tantôt à l'extrémité & tantôt au milieu du troisième Tétracorde selon le lieu où se faisoit la disjonction, (Voyez ce mot) on donnoit à chacun de ces Sons des noms & des signes qui marquoient ces diverses situations ; secondement, que ces seize Sons n'étoient pas tous les mêmes dans les trois Genres, qu'il y en avoit de communs aux trois & de propres à chacun, & qu'il falloit, par conséquent, des *Notes* pour exprimer ces différences; troisièmement, que la Musique se notoit pour les Instrumens autrement que pour les Voix, comme nous avons encore aujourd'hui pour certains Instrumens à Cordes une Tablature qui ne ressemble en rien à celle de la Musique ordinaire; enfin que les Anciens ayant jusqu'à quinze Modes différens selon le dénombrement d'Alypius, (Voyez MODE) il fallut approprier des caractères à chaque Mode, comme on le voit dans les Tables du même auteur. Toutes ces modifications exigeoient des multitudes de signes auxquels les vingt-quatre lettres étoient bien éloignées de suffire. De-là la nécessité d'employer les mêmes lettres pour plusieurs sortes de *Notes*; ce qui les obligea de donner à ces lettres différentes situations, de les accoupler, de les mutiler, de les allonger en divers sens. Par exemple, la lettre *Pi* écrite de toutes ces manières, п, и, ⊏, г, т, exprimoit cinq différentes *Notes*. En combinant toutes les modifications qu'exigeoient ces diverses circonstances, on trouve jusqu'à 1620 différentes *Notes*: nombre prodigieux, qui devoit rendre l'étude de la Musique de la plus grande difficulté. Aussi l'étoit-elle selon Platon, qui veut que les jeunes gens se contentent de donner deux ou trois ans à la Musique, seulement pour en apprendre les rudimens. Cependant les Grecs n'avoient pas un si grand nombre de caractères, mais la même *Note* avoit quelquefois différentes significations selon les occasions: ainsi le même caractère qui marque la Proslambanomène du Mode Lydien, marque la Parhypate-Méson du Mode Hypo-Iastien, l'Hypate-Méson de l'Hypo-Phrygien, le Lychanos-Hypaton de l'Hypo-Lydien, la Parhypate-Hypaton de l'Iastien, & l'Hypate-Hypaton du Phrygien. Quelquefois aussi la *Note* change, quoique le Son reste le même; comme, par exemple, la Proslambanomène de l'Hypo-Phrygien, laquelle a un même signe dans les Modes Hyper-Phrygien, Hyper-Dorien, Phrygien, Dorien, Hypo-Phrygien, & Hypo-Dorien, & un autre même signe dans les Modes Lydien & Hypo-Lydien.

On trouvera (*Pl.* H. *Fig.* 1.) la Table des *Notes* du Genre Diatonique dans le Mode Lydien, qui étoit le plus usité; ces *Notes* ayant été préférés à celles des autres Modes par Bacchius, suffisent pour entendre tous les exemples qu'il donne dans son ouvrage, & la Musique des Grecs n'étant plus en usage, cette Table suffit aussi pour défabuser le Public, qui croit leur manière de noter tellement perdue que cette Musique nous feroit maintenant impossible à déchiffrer. Nous la pourrions déchiffrer tout aussi exactement que les Grecs mêmes auroient pu faire : mais la phraser, l'accentuer, l'entendre, la juger; voilà ce qui n'est plus possible à personne & qui ne le deviendra jamais. En toute Musique, ainsi qu'en toute Langue, déchiffrer & lire sont deux choses très-différentes.

Les Latins, qui, à l'imitation des Grecs, notèrent aussi la Musique avec les lettres de leur Alphabet, retranchèrent beaucoup de cette quantité de *Notes*, le Genre Enharmonique ayant tout-à-fait cessé d'être pratiqué, & plusieurs Modes n'étant plus en usage. Il paroît que Boëce établit l'usage de quinze lettres seulement, & Grégoire, Évêque de Rome, considérant que les rapports des Sons sont les mêmes dans chaque Octave, réduisit encore ces quinze *Notes* aux sept premières lettres de l'Alphabet, que l'on répétoit en diverses formes d'une Octave à l'autre.

Enfin dans l'onzième siècle un Bénédictin d'Arezzo nommé Gui, substitua à ces lettres des points posés sur différentes lignes parallèles, à chacune desquelles une lettre servoit de Clef. Dans la suite on grossit ces points, on s'avisa d'en poser aussi dans les espaces compris entre ces lignes, & l'on multiplia, selon le besoin, ces lignes & ces espaces. (Voyez PORTÉE.) A l'égard des noms donnés aux *Notes* (voyez SOLFIER.)

Les *Notes* n'eurent, durant un certain temps, d'autre usage que de marquer les Degrés & les différences de l'Intonation. Elles étoient toutes, quant à la durée, d'égale valeur, & ne recevoient à cet égard d'autres différences que celles des syllabes longues & brèves sur lesquelles on les chantoit : c'est à-peu-près dans cet état qu'est demeuré le Plain-Chant des Catholiques jusqu'à ce jour; & la Musique des Pseaumes, chez les Protestans, est plus imparfaite encore; puisqu'on n'y distingue pas même dans l'usage, les Longues des Brèves ou les Rondes des Blanches, quoiqu'on y ait conservé ces deux figures.

Cette indistinction de figures dura, selon l'opinion commune, jusqu'en 1330, que Jean de Muris, Docteur & Chanoine de Paris, donna, à ce qu'on prétend, différentes figures aux *Notes*, pour marquer les rapports de durée qu'elles devoient avoir entr'elles : il inventa auffi certains fignes de Mefure appellés Modes ou Prolations, pour déterminer, dans le cours d'un Chant, fi le rapport des Longues aux Brèves feroit double ou triple, &c. Plufieurs de ces figures ne fubfiftent plus ; on leur en a fubftitué d'autres en différens temps. (Voyez MESURE, TEMPS, VALEUR DES NOTES.) Voyez auffi au mot *Mufique*, ce que j'ai dit de cette opinion.

Pour lire la Mufique écrite par nos *Notes*, & la rendre exactement, il y a huit chofes à confidérer : favoir ; 1. La Clef & fa pofition. 2. Les Dièfes ou Bémols qui peuvent l'accompagner. 3. Le lieu ou la pofition de chaque *Note*. 4. Son Intervalle, c'eft-à-dire, fon rapport à celle qui précède, ou à la Tonique, ou à quelque *Note* fixe dont on ait le Ton. 5. Sa figure, qui détermine fa valeur. 6. Le Temps où elle fe trouve & la place qu'elle y occupe. 7. Le Dièfe, Bémol ou Béquarre accidentel qui peut la précéder. 8. L'efpèce de la Mefure & le caractère du Mouvement. Et tout cela, fans compter ni la parole ou la fyllabe à laquelle appartient chaque *Note*, ni l'Accent ou l'expreffion convenable au fentiment ou à la penfée. Une feule de ces huit obfervations omife peut faire détonner ou chanter hors de Mefure.

La Mufique a eu le fort des Arts qui ne fe perfectionnent que lentement. Les inventeurs des *Notes* n'ont fongé qu'à l'état où elle fe trouvoit de leur temps, fans fonger à celui où elle pouvoit parvenir, & dans la fuite leurs fignes fe font trouvés d'autant plus défectueux que l'Art s'eft plus perfectionné. A mefure qu'on avançoit, on établiffoit de nouvelles règles pour remédier aux inconvéniens préfens ; en multipliant les fignes, on a multiplié les difficultés, & à force d'additions & de chevilles, on a tiré d'un principe affez fimple un fyftême fort embrouillé & fort mal afforti.

On peut en réduire les défauts à trois principaux. Le premier eft dans la multitude des fignes & de leurs combinaifons, qui furchargent tellement l'efprit & la mémoire des commençans, que l'oreille eft formée, & les organes ont acquis l'habitude & la facilité néceffaires, long-temps avant qu'on foit en état de chanter

ter à Livre ouvert; d'où il fuit que la difficulté eſt toute dans l'attention aux règles & nullement dans l'exécution du Chant. Le ſecond eſt le peu d'évidence dans l'eſpèce des Intervalles, majeurs, mineurs, diminués, ſuperflus, tous indiſtinctement confondus dans les mêmes poſitions : défaut d'une telle influence, que non-ſeulement il eſt la principale cauſe de la lenteur du progrès des Écoliers; mais encore qu'il n'eſt aucun Muſicien formé, qui n'en ſoit incommodé dans l'exécution. Le troiſième eſt l'extrême diffuſion des caractères & le trop grand volume qu'ils occupent; ce qui, joint à ces Lignes, à ces Portées ſi incommodes à tracer, devient une ſource d'embarras de plus d'une eſpèce. Si le premier avantage des ſignes d'inſtitution eſt d'être clairs, le ſecond eſt d'être concis, quel jugement doit-on porter d'un ordre de ſignes à qui l'un & l'autre manquent?

Les Muſiciens, il eſt vrai, ne voient point tout cela. L'uſage habitue à tout. La Muſique pour eux n'eſt pas la ſcience des Sons; c'eſt celle des Noires, des Blanches, des Croches, &c. Dès que ces figures ceſſeroient de frapper leurs yeux, ils ne croiroient plus voir de la Muſique. D'ailleurs, ce qu'ils ont appris difficilement, pourquoi le rendroient-ils facile aux autres? Ce n'eſt donc pas le Muſicien qu'il faut conſulter ici, mais l'homme qui ſait la Muſique & qui a réfléchi ſur cet Art.

Il n'y a pas deux avis dans cette dernière Claſſe ſur les défauts de notre *Note*; mais ces défauts ſont plus aiſés à connoître qu'à corriger. Pluſieurs ont tenté juſqu'à préſent cette correction ſans ſuccès. Le Public, ſans diſcuter beaucoup l'avantage des ſignes qu'on lui propoſe, s'en tient à ceux qu'il trouve établis, & préférera toujours une mauvaiſe manière de ſavoir à une meilleure d'apprendre.

Ainſi de ce qu'un nouveau ſyſtême eſt rebuté, cela ne prouve autre choſe, ſinon que l'Auteur eſt venu trop tard; & l'on peut toujours diſcuter & comparer les deux ſyſtêmes, ſans égard en ce point au jugement du Public.

Toutes les manières de *Noter* qui n'ont pas eu pour première loi l'évidence des Intervalles, ne me paroiſſent pas valoir la peine d'être relevées. Je ne m'arrêterai donc point à celle de M. Sauveur qu'on peut voir dans les Mémoires de l'Académie des Scien-

Dict. de Muſ.   T t

ces, année 1721, ni à celle de M. Demaux donnée quelques années après. Dans ces deux systêmes, les Intervalles étant exprimés par des signes tout-à-fait arbitraires, & sans aucun vrai rapport à la chose représentée, échappent aux yeux les plus attentifs & ne peuvent se placer que dans la mémoire; car que font des têtes différemment figurées, & des queues différemment dirigées aux Intervalles qu'elles doivent exprimer ? De tels signes n'ont rien en eux qui doive les faire préférer à d'autres; la netteté de la figure & le peu de place qu'elle occupe sont des avantages qu'on peut trouver dans un systême tout différent; le hasard a pu donner les premiers signes, mais il faut un choix plus propre à la chose dans ceux qu'on leur veut substituer. Ceux qu'on a proposés en 1743 dans un petit ouvrage intitulé, *Dissertation sur la Musique moderne*, ayant cet avantage, leur simplicité m'invite à en exposer le systême abrégé dans cet article.

Les caractères de la Musique ont un double objet; savoir, de représenter les Sons. 1°. Selon leurs divers Intervalles du grave à l'aigu; ce qui constitue le Chant & l'Harmonie. 2°. Et selon leurs durées relatives du vite au lent; ce qui détermine le Temps & la Mesure.

Pour le premier point, de quelque manière que l'on retourne & combine la Musique écrite & régulière, on n'y trouvera jamais que des combinaisons des sept *Notes* de la Gamme portées à diverses Octaves ou transposées sur différens Degrés selon le Ton & le Mode qu'on aura choisi. L'Auteur exprime ces sept Sons par les sept premiers chiffres; de sorte que le chiffre 1 forme la *Note ut*, le 2 la *Note re*, le 3 la *Note mi*, &c. & il les traverse d'une ligne horisontale comme on voit dans la Planche F. *fig.* 1.

Il écrit au-dessus de la Ligne les *Notes* qui, continuant de monter, se trouveroient dans l'Octave supérieure : ainsi l'*ut* qui suivroit immédiatement le *si* en montant d'un semi-Ton doit être au-dessus de la Ligne de cette manière ; & de même, les *Notes* qui appartiennent à l'Octave aiguë dont cet *ut* est le commencement, doivent toujours être au-dessus de la même Ligne. Si l'on entroit dans une troisième Octave à l'aigu, il ne faudroit qu'en traverser les *Notes* par une seconde ligne accidentelle au-dessus de la première. Voulez-vous, au contraire, descendre dans

N O T.

les Octaves inférieures à celle de la ligne principale ? Écrivez immédiatement au-dessous de cette ligne les *Notes* de l'Octave qui la suit en descendant : si vous descendez encore d'une Octave, ajoutez une ligne au-dessous, comme vous en avez mis une au-dessus pour monter, &c. Au moyen de trois lignes seulement vous pouvez parcourir l'étendue de cinq Octaves : ce qu'on ne sauroit faire dans la Musique ordinaire à moins de 18 lignes.

On peut même se passer de tirer aucune ligne. On place toutes les *Notes* horisontalement sur le même rang. Si l'on trouve une *Note* qui passe, en montant, le *si* de l'Octave où l'on est ; c'est-à-dire, qui entre dans l'Octave supérieure, on met un point sur cette *Note*. Ce point suffit pour toutes les *Notes* suivantes qui demeurent sans interruption dans l'Octave où l'on est entré. Que si l'on redescend d'une Octave à l'autre, c'est l'affaire d'un autre point sous la *Note* par laquelle on y rentre, &c. On voit dans l'exemple suivant le progrès de deux Octaves tant en montant qu'en descendant, notées de cette manière.

1 2 3 4 5 6 7 i̇ 2̇ 3̇ 4̇ 5̇ 6̇ 7̇ i̇ 7̇ 6̇ 5̇ 4̇ 3̇ 2̇ i̇ 7 6 5 4 3 2 1.

La première manière de *Noter* avec des lignes convient pour les Musiques fort travaillées & fort difficiles pour les grandes Partitions, &c. La seconde avec des points est propre aux Musiques plus simples & aux petits Airs : mais rien n'empêche qu'on ne puisse à sa volonté l'employer à la place de l'autre, & l'Auteur s'en est servi pour transcrire la fameuse Ariette l'*Objet qui règne dans mon ame*, qu'on trouve Notée en Partition par les Chiffres de cet Auteur à la fin de son ouvrage.

Par cette méthode tous les Intervalles deviennent d'une évidence dont rien n'approche ; les Octaves portent toujours le même chiffre, les Intervalles simples se reconnoissent toujours dans leurs doubles ou composés : on reconnoît d'abord dans la dixième $\frac{3}{4}$ ou 1 3 que c'est l'Octave de la Tierce Majeure, les Intervalles majeurs ne peuvent jamais se confondre avec les mineurs ; 2 4 sera éternellement une Tierce mineure, 4 6 éternellement une Tierce majeure ; la position ne fait rien à cela.

Après avoir ainsi réduit toute l'étendue du Clavier sous un

Tt ij

beaucoup moindre volume avec des signes beaucoup plus clairs, on passe aux transpositions.

Il n'y a que deux Modes dans notre Musique. Qu'est-ce que chanter ou jouer en *re* majeur ? C'est transporter l'Échelle ou la Gamme d'*ut* un Ton plus haut, & la placer sur *re* comme Tonique ou Fondamentale. Tous les rapports qui appartenoient à l'*ut* passent au *re* par cette transposition. C'est pour exprimer ce système de rapports haussé ou baissé, qu'il a tant fallu d'altérations de Dièses ou de Bémols à la Clef. L'Auteur du nouveau système supprime tout d'un coup tous ces embarras : le seul mot *re* mis en tête & à la marge, avertit que la pièce est en *re* majeur, & comme alors le *re* prend tous les rapports qu'avoit l'*ut*, il en prend aussi le signe & le nom ; il se marque avec le chiffre 1, & toute son Octave suit par les chiffres 2, 3, 4 &c. comme ci-devant. Le *re* de la marge lui sert de Clef ; c'est la touche *re* ou D du Clavier naturel : mais ce même *re* devenu Tonique sous le nom d'*ut* devient aussi la fondamentale du Mode.

Mais cette Fondamentale, qui est Tonique dans les Tons majeurs, n'est que Médiante dans les Tons mineurs ; la Tonique, qui prend le nom de *la*, se trouvant alors une Tierce mineure au-dessous de cette Fondamentale. Cette distinction se fait par une petite ligne horisontale qu'on tire sous la Clef. Re sans cette ligne désigne le Mode majeur de *re* ; mais Re sousligné désigne le Mode mineur de *si* dont ce Re est Médiante. Au reste, cette distinction, qui ne sert qu'à déterminer nettement le Ton par la Clef, n'est pas plus nécessaire dans le nouveau système que dans la Note ordinaire où elle n'a pas lieu. Ainsi quand on n'y auroit aucun égard, on n'en solfiéroit pas moins exactement.

Au lieu des noms mêmes des Notes on pourroit se servir pour Clefs des lettres de la Gamme qui leur répondent ; C pour *ut*, D pour *re* &c. (Voyez GAMME.)

Les Musiciens affectent beaucoup de mépris pour la méthode des Transpositions, sans doute, parce qu'elle rend l'Art trop facile. L'Auteur fait voir que ce mépris est mal fondé ; que c'est leur méthode qu'il faut mépriser, puisqu'elle est pénible en pure perte ; & que les Transpositions, dont il montre les avantages, font, même sans qu'ils y songent, la véritable règle que suivent tous les grands Muficiens & les bons Compofiteurs. (Voyez TRANSPOSITION.)

Le Ton, le Mode & tous leurs rapports bien déterminés, il ne fuffit pas de faire connoître toutes les *Notes* de chaque Octave, ni le paffage d'une Octave à l'autre par des fignes précis & clairs; il faut encore indiquer le lieu du Clavier qu'occupent ces Octaves. Si j'ai d'abord un *fol* à entonner, il faut favoir lequel; car il y en a cinq dans le Clavier, les uns hauts, les autres moyens, les autres bas, felon les différentes Octaves. Ces Octaves ont chacune leur lettre, & l'une de ces lettres mife fur la ligne qui fert de Portée marque à quelle Octave appartient cette ligne, & conféquemment les Octaves qui font au-deffus & au-deffous. Il faut voir la figure qui eft à la fin du Livre & l'explication qu'en donne l'Auteur, pour fe mettre en cette partie au fait de fon fyftême, qui eft des plus fimples.

Il refte, pour l'expreffion de tous les Sons poffibles dans notre fyftême mufical, à rendre les altérations accidentelles amenées par la Modulation; ce qui fe fait bien aifément. Le Dièfe fe forme en traverfant la *Note* d'un trait montant de gauche à droite de cette manière: *fa* Dièfe 4 : *ut* Dièfe 1. On marque le Bémol par un femblable trait defcendant; *fi* Bémol, 1 : *mi* Bémol, 3. A l'égard du Béquarre, l'Auteur le fupprime, comme un figne inutile dans fon fyftême.

Cette partie ainfi remplie, il faut venir au Temps ou à la Mefure. D'abord l'Auteur fait main-baffe fur cette foule de différentes Mefures dont on a fi mal-à-propos chargé la Mufique. Il n'en connoît que deux, comme les Anciens; favoir, Mefure à deux Temps, & Mefure à trois Temps. Les Temps de chacune des ces Mefures peuvent, à leur tour, être divifés en deux parties égales ou en trois. De ces deux règles combinées il tire des expreffions exactes pour tous les Mouvemens poffibles.

On rapporte dans la Mufique ordinaire les diverfes valeurs des *Notes* à celle d'une *Note* particulière, qui eft la Ronde, ce qui fait que la valeur de cette Ronde variant continuellement, les *Notes* qu'on lui compare, n'ont point de valeur fixe. L'Auteur s'y prend autrement: il ne détermine les valeurs des *Notes* que fur la forte de Mefure dans laquelle elles font employées & fur le Temps qu'elles y occupent; ce qui le difpenfe d'avoir, pour ces valeurs, aucun figne particulier autre que la place qu'elles tiennent. Une *Note* feule entre deux barres remplit toute une mefure. Dans la Mefure à deux Temps, deux *Notes* rempliffant la Mefure forment chacune un Temps. Trois *Notes* font la même chofe dans la Mefure à trois Temps. S'il y a quatre *Notes* dans une Mufique à deux Temps, ou fix dans une Mefure à trois, c'eft que chaque Temps eft divifé en deux parties égales; on paffe donc deux *Notes* pour un Temps; on en paffe trois quand il y a fix *Notes* dans l'une & neuf dans l'autre. En un mot, quand il n'y a nul figne d'inégalité, les *Notes* font égales, leur nombre fe diftribue dans une Mefure felon le nombre des Temps & l'efpèce de la Mefure : pour rendre cette diftribution plus aifée, on fépare, fi l'on veut, les Temps par des virgules; de forte qu'en lifant la Mufique, on voit clairement la valeur des *Notes*, fans qu'il faille pour cela leur donner aucune figure particulière. (Voyez *Pl.* F. *Fig.* 2.)

Les divifions inégales fe marquent avec la même facilité. Ces inégalités ne font jamais que des fubdivifions qu'on ramène à l'égalité par un trait dont on couvre deux ou plufieurs *Notes*. Par exemple, fi un Temps contient une Croche & deux doubles-Croches, un trait en ligne droite au-deffus ou au-deffous de deux doubles-Croches montrera qu'elles ne font enfemble qu'une quantité égale à la précédente, & par conféquent qu'une Croche. Ainfi le temps entier fe retrouve divifé en deux parties égales; favoir, la *Note* feule & le trait qui en comprend deux. Il y a encore des fubdivifions d'inégalité qui peuvent exiger deux traits; comme, fi une Croche pointée étoit fuivie de deux triples-Croches, alors il faudroit premiérement un trait fur les deux *Notes* qui repréfentent les triples-Croches, ce qui les rendroit enfemble égales au Point; puis un fecond trait qui, couvrant le trait précédent & le Point, rendroit tout ce qu'il couvre égal à la Croche. Mais quelque vîteffe que puiffent avoir les *Notes*, ces traits ne font jamais néceffaires que quand les valeurs font inégales, & quelque inégalité qu'il puiffe y avoir, on n'aura jamais befoin de plus de deux traits, fur-tout en féparant les Temps par des virgules, comme on verra dans l'exemple ci-après.

L'Auteur du nouveau fyftême emploie auffi le Point, mais autrement que dans la Mufique ordinaire ; dans celle-ci, le Point vaut la moitié de la *Note* qui le précède ; dans la fienne, le Point qui marque auffi le prolongement de la *Note* précédente, n'a point d'autre valeur que celle de la place qu'il occupe : fi le Point remplit un Temps, il vaut un Temps ; s'il remplit une Mefure, il vaut une Mefure ; s'il eft dans un Temps avec une autre *Note*, il vaut la moitié de ce Temps. En un mot, le Point fe compte pour une *Note*, fe mefure comme les *Notes*, & pour marquer des Tenues ou des Syncopes on peut employer plufieurs Points de fuite de valeurs égales ou inégales, felon celles des Temps ou des Mefures que ces Points ont à remplir.

Tous les filences n'ont befoin que d'un feul caractère ; c'eft le Zéro. Le Zéro s'emploie comme les *Notes*, & comme le Point ; le Point fe marque après un Zéro pour prolonger un filence, comme après une *Note* pour prolonger un Son. Voyez un exemple de tout cela, (*Pl. F. Fig. 3.*)

Tel eft le précis de ce nouveau fyftême. Nous ne fuivrons point l'Auteur dans le détail de fes règles ni dans la comparaifon qu'il fait des caractères en ufage avec les fiens ; on s'attend bien qu'il met tout l'avantage de fon côté ; mais ce préjugé ne détournera point tout Lecteur impartial d'examiner les raifons de cet Auteur dans fon livre même : comme cet Auteur eft celui de ce Dictionnaire, il n'en peut dire davantage dans cet article fans s'écarter de la fonction qu'il doit faire ici. Voyez (*Pl. F. Fig. 4.*) un Air noté par ces nouveaux caractères : mais il fera difficile de tout déchiffrer bien exactement fans recourir au livre même, parce qu'un article de ce Dictionnaire ne doit pas être un livre, & que dans l'explication des caractères d'un Art auffi compliqué, il eft impoffible de tout dire en peu de mots.

NOTE SENSIBLE, eft celle qui eft une Tierce majeure au-deffus de la Dominante, ou un femi-Ton au-deffous de la Tonique. Le *fi* eft *Note fenfible* dans le Ton d'*ut*, le *fol* Dièfe dans le Ton de *la*.

On l'appelle *Note fenfible*, parce qu'elle fait fentir le Ton & la Tonique, fur laquelle, après l'Accord dominant, la *Note fenfible* prenant le chemin le plus court eft obligée de monter : ce qui fait que quelques-unes traitent cette *Note sensible* de Dissonnance majeure, faute de voir que la Dissonnance, étant un rapport, ne peut être constituée que par deux *Notes*.

Je ne dis pas que la *Note sensible* est la septième *Note* du Ton; parce qu'en Mode mineur cette Septième *Note* n'est *Note sensible* qu'en montant; car en descendant elle est à un Ton de la Tonique & à une Tierce mineure de la Dominante. (Voyez MODE, TONIQUE, DOMINANTE.)

NOTES DE GOUT. Il y en a de deux espèces; les unes qui appartiennent à la Mélodie, mais non pas à l'Harmonie; en sorte que, quoiqu'elles entrent dans la Mesure, elles n'entrent pas dans l'Accord : celles-là se notent en plein. Les autres *Notes de goût*, n'entrant ni dans l'Harmonie ni dans la Mélodie, se marquent seulement avec de petites *Notes* qui ne se comptent pas dans la Mesure, & dont la durée très-rapide se prend sur la *Note* qui précède ou sur celle qui suit. Voyez dans la *Pl.* F. *Fig.* 5. un exemple des *Notes de goût* des deux espèces.

NOTER. *v. a.* C'est écrire de la Musique avec les caractères destinés à cet usage, & appellés *Notes*. (Voyez NOTES.)

Il y a dans la manière de *Noter* la Musique une élégance de copie, qui consiste moins dans la beauté de la Note, que dans une certaine exactitude à placer convenablement tous les signes, & qui rend la Musique ainsi *notée* bien plus facile à exécuter; c'est ce qui a été expliqué au mot COPISTE.

NOURRIR les Sons, c'est non-seulement donner du tymbre sur l'Instrument, mais aussi les soutenir exactement durant toute leur valeur, au lieu de les laisser éteindre avant que cette valeur soit écoulée, comme on fait souvent. Il y a des Musiques qui veulent des Sons *Nourris*, d'autres les veulent détachés, & marqués seulement du bout de l'Archet.

NUNNIE. *s. f.* C'étoit chez les Grecs la Chanson particulière aux Nourrices. (Voyez CHANSON.)

O.

O.

O. Cette lettre capitale formée en cercle ou double CƆ eft, dans nos Mufiques anciennes, le figne de ce qu'on appelloit Temps parfait; c'eft-à-dire, de la Mefure triple ou à trois Temps, à la différence du Temps imparfait ou de la Mefure double, qu'on marquoit par un C fimple, ou un O tronqué à droite ou à gauche, C ou Ɔ.

Le Temps parfait fe marquoit quelquefois par un O fimple, quelquefois par un O pointé en dedans de cette manière ⊙, ou par un O barré, ainfi ⌽. (Voyez TEMPS.)

OBLIGÉ. *adj.* On appelle *Partie obligée*, celle qui récite quelquefois, celle qu'on ne fauroit retrancher fans gâter l'Harmonie ou le Chant; ce qui la diftingue des Parties de Rempliffage, qui ne font ajoutées que pour une plus grande perfection d'Harmonie, mais par le retranchement defquelles la Pièce n'eft point mutilée. Ceux qui font aux Parties de Rempliffage peuvent s'arrêter quand ils veulent, & la Mufique n'en va pas moins; mais celui qui eft chargé d'une *Partie Obligée* ne peut la quitter un moment fans faire manquer l'exécution.

Broffard dit qu'*Obligé* fe prend auffi pour contraint ou affujetti. Je ne fache pas que ce mot ait aujourd'hui un pareil fens en Mufique. (Voyez CONTRAINT.)

OCTACORDE. *f. m.* Inftrument où fyftême de Mufique compofé de huit Sons ou de fept Degrés. L'*Octacorde* ou la Lyre de Pythagore comprenoit les huit Sons exprimés par ces lettres *E. F. G. a. ♮. c. d. e*; c'eft-à-dire, deux Tétracordes disjoints.

OCTAVE. *f. f.* La première des Confonnances dans l'ordre de leur génération. L'*Octave* eft la plus parfaite des Confonnances; elle eft, après l'Uniffon, celui de tous les Accords dont le rapport eft le plus fimple: l'Uniffon eft en raifon d'égalité; c'eft-à-dire, comme 1 eft à 1: l'*Octave* eft en raifon double, c'eft-à-dire, comme 1 eft à 2; les Harmoniques des deux Sons dans l'un & dans l'autre s'accordent tous fans exception; ce qui n'a lieu dans aucun autre Intervalle. Enfin ces deux Accords ont tant de conformité qu'ils se confondent souvent dans la Mélodie, & que dans l'Harmonie même on les prend presque indifféremment l'un pour l'autre.

Cet Intervalle s'appelle *Octave*, parce que, pour marcher diatoniquement d'un de ces termes à l'autre, il faut passer par sept Degrés, & faire entendre huit Sons différens.

Voici les propriétés qui distinguent si singuliérement l'*Octave* de tous les autres Intervalles.

I. L'*Octave* renferme entre ses bornes tous les Sons primitifs & originaux ; ainsi après avoir établi un système ou une suite de Sons dans l'étendue d'une *Octave*, si l'on veut prolonger cette suite, il faut nécessairement reprendre le même ordre dans une seconde *Octave* par une série semblable, & de même pour une troisième & pour une quatrième *Octave*, où l'on ne trouvera jamais aucun Son qui ne soit la Réplique de quelqu'un des premiers. Une telle série est appellée Échelle de Musique dans sa première *Octave*, & Réplique dans toutes les autres. (Voyez ÉCHELLE, RÉPLIQUE.) C'est en vertu de cette propriété de l'*Octave* qu'elle a été appellée *Diapason* par les Grecs. (Voyez DIAPASON.)

II. L'*Octave* embrasse encore toutes les Consonnance & toutes leurs différences, c'est-à-dire, tous les Intervalles simples tant Consonnans que Dissonnans, & par conséquent toute l'Harmonie. Établissons toutes les Consonnances sur un même Son fondamental : nous aurons la Table suivante.

$$\frac{120}{120} \cdot \frac{100}{120} \cdot \frac{96}{120} \cdot \frac{90}{120} \cdot \frac{80}{120} \cdot \frac{75}{120} \cdot \frac{72}{120} \cdot \frac{60}{120} \cdot ;$$

Qui revient à celle-ci :

$$1 \cdot \frac{5}{6} \cdot \frac{4}{5} \cdot \frac{3}{4} \cdot \frac{2}{3} \cdot \frac{5}{8} \cdot \frac{3}{5} \cdot \frac{1}{2} \cdot ;$$

Où l'on trouve toutes les Consonnances dans cet ordre : la Tierce mineure, la Tierce majeure, la Quarte, la Quinte, la Sixte mineure, la Sixte majeure, & enfin l'*Octave*. Par cette Table on voit que les Consonnances simples sont toutes contenues entre l'Octave & l'Unisson. Elles peuvent même être entendues toutes à la fois dans l'étendue d'une *Octave* sans mélange de Disfonnances. Frappez à la fois ces quatre Sons *ut mi fol ut*, en montant du premier *ut* à son *Octave*; ils formeront entr'eux toutes les Consonnances, excepté la Sixte majeure, qui est composée; & ne formeront nul autre Intervalle. Prenez deux de ces même Sons comme il vous plaira, l'Intervalle en sera toujours consonnant. C'est de cet union de toutes les Consonnances que l'Accord qui les produit s'appelle *Accord parfait*.

L'*Octave* donnant toutes les Consonnances donne par conséquent aussi toutes leurs différences, & par elles tous les Intervalles simples de notre système musical, lesquels ne sont que ces différences mêmes. La différence de la Tierce majeure à la Tierce mineure donne le semi-Ton mineur; la différence de la Tierce majeure à la Quarte donne le semi-Ton majeur; la différence de la Quarte à la Quinte donne le Ton majeur; & la différence de la Quinte à la Sixte majeure donne le Ton mineur. Or, le semi-Ton mineur, le semi-Ton majeur, le Ton mineur, & le Ton majeur sont les seuls élémens de tous les Intervalles de notre Musique.

III. Tout Son consonnant avec un des termes de l'*Octave* consonne aussi avec l'autre; par conséquent tout Son qui dissonne avec l'un dissonne avec l'autre.

IV. Enfin l'*Octave* a encore cette propriété, la plus singulière de toutes, de pouvoir être ajoutée à elle-même, triplée & multipliée à volonté, sans changer de nature, & sans que le produit cesse d'être une Consonnance.

Cette multiplication de l'*Octave*, de même que sa division, est cependant bornée à notre égard par la capacité de l'organe auditif; & un Intervalle de huit *Octaves* excède déja cette capacité. (Voyez ÉTENDUE.) Les *Octaves* mêmes perdent quelque chose de leur Harmonie en se multipliant; &, passé une certaine mesure, tous les Intervalles deviennent pour l'oreille moins faciles à saisir : une double *Octave* commence déja d'être moins agréable qu'une *Octave* simple; une triple qu'une double; enfin à la cinquième *Octave* l'extrême distance des Sons ôte presque à la Consonnance tout son agrément.

C'est de l'*Octave* qu'on tire la génération ordonnée de tous les Intervalles par des divisions & subdivisions Harmoniques. Divifez harmoniquement l'*Octave* 3. 6. par le nombre 4. vous aurez d'un côté la Quarte 3. 4. & de l'autre la Quinte 4. 6.

Divisez de même la Quinte 10. 15. harmoniquement par le nombre 12. vous aurez la Tierce mineure 10. 12. & la Tierce majeure 12. 15. Enfin divisez la Tierce majeure 72, 90. encore harmoniquement par le nombre 80., vous aurez le ton mineur 72. 80. ou 9. 10. & le ton majeur 80. 90. ou 8. 9. &c.

Il faut remarquer que ces divisions Harmoniques donnent toujours deux Intervalles inégaux, dont le moindre est au grave & le grand à l'aigu. Que si l'on fait les mêmes divisions selon la proportion Arithmétique, on aura le moindre Intervalle à l'aigu & le plus grand au grave. Ainsi l'*Octave* 2. 4. partagé arithmétiquement, donnera d'abord la Quinte 2. 3. au grave, puis la Quarte 3. 4. à l'aigu. La Quinte 4. 6. donnera premièrement la Tierce majeure 4. 5. puis la Tierce mineure 5. 6. & ainsi des autres. On auroit les mêmes rapports en sens contraires, si, au lieu de les prendre comme je fais ici par les vibrations, on les prenoit par les longueurs des Cordes. Ces connoissances, au reste, sont peu utiles en elles-mêmes, mais elles sont nécessaires pour entendre les vieux Auteurs.

Le système complet & rigoureux de l'*Octave* est composé de trois *Tons* majeurs, deux *Tons* mineurs, & deux semi-*Tons* majeurs. Le système tempéré est de cinq *Tons* égaux & deux semi-Tons formant entr'eux autant de Degrés Diatoniques sur les sept Sons de la Gamme jusqu'à l'Octave du premier. Mais comme chaque *Ton* peut se partager en deux semi-Tons, la même Octave se divise aussi chromatiquement en douze Intervalles d'un semi-Ton chacun, dont les sept précédens gardent leur nom, & les cinq autres prennent chacun le nom du Son Diatonique le plus voisin, au-dessous par Dièse & au-dessus par Bémol. (Voyez ÉCHELLE.)

Je ne parle point ici des *Octaves* diminuées ou superflues, parce que cet Intervalle ne s'altère guères dans la Mélodie, & jamais dans l'Harmonie.

Il est défendu en composition de faire deux *Octaves* de suite, entre différentes Parties, sur-tout par Mouvement semblable: mais cela est permis, & même élégant, fait à dessein & à propos dans toute la fuite d'un Air ou d'une Période : c'eſt ainſi que dans pluſieurs *Concerto* toutes les Parties reprennent par Intervalles le Ripiéno à l'*Octave* ou à l'Uniſſon.

Sur la Règle de l'*Octave*, voyez REGLE.

OCTAVIER *v. n.* Quand on force le vent dans un Inſtrument à vent, le Son monte auſſi-tôt à l'Octave : c'eſt ce qu'on appelle *Octavier*. En renforçant ainſi l'inſpiration, l'air renfermé dans le tuyau & contraint par l'air extérieur, eſt obligé, pour céder à la vîteſſe des oſcillations, de ſe partager en deux colonnes égales, ayant chacune la moitié de la longueur du tuyau ; & c'eſt ainſi que chacune de ces moitiés ſonne l'Octave du tout. Une Corde de Violoncelle *Octavie* par un principe ſemblable, quand le coup d'Archet eſt trop bruſque ou trop voiſin du chevalet. C'eſt un défaut dans l'Orgue quand un tuyau *Octavie* ; cela vient de ce qu'il prend trop de vent.

ODE. *ſ. f.* Mot Grec qui ſignifie *Chant* ou *Chanſon*.

ODÉUM. *ſ. m.* C'étoit, chez les Anciens, un lieu deſtiné à la répétition de la Muſique qui devoit être chantée ſur le Théatre, comme eſt, à l'Opéra de Paris, le petit Théatre du Magaſin. (Voyez MAGASIN.)

On donnoit quelquefois le nom d'*Odéum* à des bâtimens qui n'avoient point de rapport au Théatre. On lit dans Vitruve que Périclès fit bâtir à Athènes un *Odéum* où l'on diſputoit des prix de Muſique, & dans Pauſanias qu'Hérode l'Athénien fit conſtruire un magnifique *Odéum* pour le tombeau de ſa femme.

Les Écrivains Eccléſiaſtiques déſignent auſſi quelquefois le Chœur d'une Égliſe par le mot *Odéum*.

ŒUVRE. Ce mot eſt maſculin pour déſigner un des Ouvrages de Muſique d'un Auteur. On dit le troiſième Œuvre de Corelli, le cinquième Œuvre de Vivaldi, &c. Mais ces titres ne ſont plus guères en uſage. A meſure que la Muſique ſe perfectionne, elle perd ces noms pompeux par leſquels nos Anciens s'imaginoient la glorifier.

ONZIÈME. *ſ. f.* Réplique ou Octave de la Quarte. Cet Intervalle s'appelle *Onzième*, parce qu'il faut former *Onze* Sons Diatoniques pour paſſer de l'un de ces termes à l'autre.

M. Rameau a voulu donner le nom d'*Onzième* à l'Accord qu'on appelle ordinairement Quarte; mais comme cette dénomination n'est pas suivie, & que M. Rameau lui-même a continué de chiffrer le même Accord d'un 4 & non pas d'un 11, il faut se conformer à l'usage. (Voyez ACCORD, QUARTE, SUPPOSITION.)

OPÉRA. *s. m.* Spectacle dramatique & lyrique où l'on s'efforce de réunir tous les charmes des beaux Arts, dans la représentation d'une action passionnée, pour exciter, à l'aide des sensations agréables, l'intérêt & l'illusion.

Les parties constitutives d'un *Opéra* sont, le Poëme, la Musique, & la Décoration. Par la Poésie on parle à l'esprit, par la Musique à l'oreille, par la Peinture aux yeux; & le tout doit se réunir pour émouvoir le cœur & y porter à la fois la même impression par divers organes. De ces trois parties, mon sujet ne me permet de considérer la première & la dernière que par le rapport qu'elles peuvent avoir avec la seconde; ainsi je passe immédiatement à celle-ci.

L'Art de combiner agréablement les Sons peut être envisagé sous deux aspects très-différens. Considérée comme une institution de la Nature, la Musique borne son effet à la sensation & au plaisir physique qui résulte de la Mélodie, de l'Harmonie, & du Rhythme: telle est ordinairement la Musique d'Eglise; tels sont les Airs à danser, & ceux des Chansons. Mais comme partie essentielle de la Scène lyrique, dont l'objet principal est l'imitation, la Musique devient un des beaux Arts, capables de peindre tous les Tableaux, d'exciter tous les sentimens, de lutter avec la Poésie, de lui donner une force nouvelle, de l'embellir de nouveaux charmes, & d'en triompher en la couronnant.

Les Sons de la voix parlante n'étant ni soutenus ni Harmoniques sont inappréciables, & ne peuvent, par conséquent, s'allier agréablement avec ceux de la voix chantante & des Instrumens, au moins dans nos Langues, trop éloignées du caractère musical; car on ne sauroit entendre les passages des Grecs sur leur manière de réciter, qu'en supposant leur Langue tellement accentuée que les inflexions du discours dans la déclamation soutenue, formassent entr'elles des Intervalles musicaux & appréciables: ainsi l'on peut dire que leurs Pièces de Théatre étoient des espèces d'*Opéra*; & c'est pour cela même qu'il ne pouvoit y avoir d'*Opéra* proprement dit parmi eux.

Par la difficulté d'unir le Chant aux discours dans nos langues, il est aisé de sentir que l'intervention de la Musique comme partie essentielle doit donner au Poëme lyrique un caractère différent de celui de la Tragédie & de la Comédie, & en faire une troisième espèce de Drame, qui a ses règles particulières : mais ces différences ne peuvent se déterminer sans une parfaite connoissance de la partie ajoutée; des moyens de l'unir à la parole, & de ses relations naturelles avec le cœur humain : détails qui appartiennent moins à l'Artiste qu'au Philosophe, & qu'il faut laisser à une plume faite pour éclairer tous les Arts, pour montrer à ceux qui les professent les principes de leurs règles, & aux hommes de goût les sources de leurs plaisirs.

En me bornant donc, sur ce sujet, à quelques observations plus historiques que raisonnées, je remarquerai d'abord que les Grecs n'avoient pas au Théatre un genre lyrique ainsi que nous, & que ce qu'ils appelloient de ce nom ne ressembloit point au nôtre : comme ils avoient beaucoup d'accent dans leur langue & peu de fracas dans leurs Concerts, toute leur Poésie étoit Musicale & toute leur Musique déclamatoire : de sorte que leur Chant n'étoit presque qu'un discours soutenu, & qu'ils chantoient réellement leurs vers, comme ils l'annoncent à la tête de leurs Poëmes; ce qui par imitation a donné aux Latins, puis à nous, le ridicule usage de dire *je chante*, quand on ne chante point. Quant à ce qu'ils appelloient genre lyrique en particulier, c'étoit une Poésie héroïque dont le style étoit pompeux & figuré, laquelle s'accompagnoit de la Lyre ou Cithare préférablement à tout autre Instrument. Il est certain que les Tragédies Grecques se récitoient d'une manière très-semblable au Chant, qu'elles s'accompagnoient d'Instrumens & qu'il y entroit des Chœurs.

Mais si l'on veut pour cela que ce fussent des *Opéra* semblables aux nôtres, il faut donc imaginer des *Opéra* sans Airs : car il me paroît prouvé que la Musique Grecque, sans en excepter même l'Instrumentale, n'étoit qu'un véritable Récitatif. Il est vrai que ce Récitatif, qui réunissoit le charme des Sons Musicaux à toute l'Harmonie de la Poésie & à toute la force de la déclamation, devoit avoir beaucoup plus d'énergie que le Récitatif moderne, qui ne peut guères ménager un de ces avantages qu'aux dépens des autres. Dans nos langues vivantes, qui se reffentent, pour la plupart, de la rudeffe du climat dont elles font originaires, l'application de la Mufique à la parole eft beaucoup moins naturelle. Une profodie incertaine s'accorde mal avec la régularité de la Mefure; des fyllabes muettes & fourdes, des articulations dures, des Sons peu éclatans & moins variés fe prêtent difficilement à la Mélodie; & une Poéfie cadencée uniquement par le nombre des fyllabes prend une Harmonie peu fenfible dans le Rhythme mufical, & s'oppofe fans ceffe à la diverfité des valeurs & des mouvemens. Voilà des difficultés qu'il fallut vaincre ou éluder dans l'invention du Poëme lyrique. On tâcha donc, par un choix de mots, de tours & de vers, de fe faire une langue propre; & cette langue, qu'on appella lyrique, fut riche ou pauvre, à proportion de la douceur ou de la rudeffe de celle dont elle étoit tirée.

Ayant, en quelque forte, préparé la parole pour la Mufique, il fut enfuite queftion d'appliquer la Mufique à la parole, & de la lui rendre tellement propre fur la Scène lyrique, que le tout pût être pris pour un feule & même idiôme; ce qui produifit la néceffité de chanter toujours, pour paroître toujours parler; néceffité qui croît en raifon de ce qu'une langue eft peu muficale; car moins la langue a de douceur & d'accent, plus le paffage alternatif de la parole au Chant & du Chant à la parole, y devient dur & choquant pour l'oreille. De-là le befoin de fubftituer au difcours en récit un difcours en Chant, qui pût l'imiter de fi près qu'il n'y eût que la jufteffe des Accords qui le diftinguât de la parole. (Voyez RÉCITATIF.)

Cette manière d'unir au Théatre la Mufique à la Poéfie, qui, chez les Grecs, fuffifoit pour l'intérêt & l'illufion, parce qu'elle étoit naturelle, par la raifon contraire, ne pouvoit fuffire chez nous pour la même fin. En écoutant un langage hypothétique & contraint, nous avons peine à concevoir ce qu'on veut nous dire; avec beaucoup de bruit on nous donne peu d'émotion: de-là naît la néceffité d'amener le plaifir phyfique au fecours du moral, & de fuppléer par l'attrait de l'Harmonie à l'énergie de l'expreffion. Ainfi moins on fait toucher le cœur, plus il faut favoir flatter l'oreille, & nous fommes forcés de chercher dans la fenfation le plaifir que le fentiment nous refufe. Voilà l'origine des Airs, des

Chœurs,

Chœurs, de la Symphonie, & de cette Mélodie enchantereſſe dont la Muſique moderne s'embellit ſouvent aux dépens de la Poéſie, mais que l'homme de goût rebute au Théatre, quand on le flatte ſans l'émouvoir.

A la naiſſance de l'*Opéra*, ſes inventeurs voulant éluder ce qu'avoit de peu naturel l'union de la Muſique au diſcours dans l'imitation de la vie humaine, s'aviſèrent de tranſporter la Scène aux Cieux & dans les Enfers, & faute de ſavoir faire parler les hommes ils aimèrent mieux faire chanter les Dieux & les Diables, que les Héros & les Bergers. Bientôt la magie & le merveilleux devinrent le fondement du Théatre lyrique, & content de s'enrichir d'un nouveau genre on ne ſongea pas même à rechercher ſi c'étoit bien celui-là qu'on avoit dû choiſir. Pour ſoutenir une ſi forte illuſion, il fallut épuiſer tout ce que l'art humain pouvoit imaginer de plus ſéduiſant chez un Peuple où le goût du plaiſir & celui des beaux Arts régnoit à l'envi. Cette Nation célèbre à laquelle il ne reſte de ſon ancienne grandeur que celle des idées dans les beaux Arts, prodigua ſon goût, ſes lumières pour donner à ce nouveau Spectacle, tout l'éclat dont il avoit beſoin. On vit s'élever par toute l'Italie des Théatres égaux en étendue aux Palais des Rois, & en élégance aux monumens de l'Antiquité dont elle étoit remplie. On inventa, pour les orner, l'Art de la Perſpective & de la Décoration. Les Artiſtes dans chaque genre y firent à l'envi briller leurs talens. Les machines les plus ingénieuſes, les vols les plus hardis, les tempêtes, la foudre, l'éclair, & tous les preſtiges de la baguette furent employés à faſciner les yeux, tandis que des multitudes d'Inſtrumens & de voix étonnoient les oreilles.

Avec tout cela l'action reſtoit toujours froide & toutes les ſituations manquoient d'intérêt. Comme il n'y avoit point d'intrigue qu'on ne dénouât facilement à l'aide de quelque Dieu, le Spectateur, qui connoiſſoit tout le pouvoir du Poëte, ſe repoſoit tranquillement ſur lui du ſoin de tirer ſes Héros des plus grands dangers. Ainſi l'appareil étoit immenſe & produiſoit peu d'effet, parce que l'imitation étoit toujours imparfaite & groſſière, que l'action priſe hors de la Nature étoit ſans intérêt pour nous, & que les ſens ſe prêtent mal à l'illuſion quand le cœur ne s'en mêle pas ; de forte qu'à tout compter il eût été difficile d'ennuyer une assemblée à plus grands frais.

Ce Spectacle, tout imparfait qu'il étoit, fit long-temps l'admiration des contemporains, qui n'en connoissoient point de meilleur. Ils se félicitoient même de la découverte d'un si beau genre : voilà, disoient-ils, un nouveau principe joint à ceux d'Aristote ; voilà l'admiration ajoutée à la terreur & à la pitié. Ils ne voyoient pas que cette richesse apparente n'étoit au fond qu'un signe de stérilité, comme les fleurs qui couvrent les champs avant la moisson. C'étoit faute de savoir toucher qu'ils vouloient surprendre, & cette admiration prétendue n'étoit en effet qu'un étonnement puérile dont ils auroient dû rougir. Un faux air de magnificence, de féerie & d'enchantement, leur en imposoit au point qu'ils ne parloient qu'avec enthousiasme & respect d'un Théatre qui ne méritoit que des huées ; ils avoient de la meilleure foi du monde autant de vénération pour la Scène même que pour les chimériques objets qu'on tâchoit d'y représenter : comme s'il y avoit plus de mérite à faire parler platement le Roi des Dieux que le dernier des mortels, & que les Valets de Molière ne fussent pas préférables aux Héros de Pradon.

Quoique les Auteurs de ces premiers *Opéra* n'eussent guères d'autre but que d'éblouir les yeux & d'étourdir les oreilles, il étoit difficile que le Musicien ne fût jamais tenté de chercher à tirer de son Art l'expression des sentimens répandus dans le Poëme. Les Chansons des Nymphes, les Hymnes des Prêtres, les cris des Guerriers, les hurlemens infernaux ne remplissoient pas tellement ces Drames grossiers qu'il ne s'y trouvât quelqu'un de ces instans d'intérêt & de situation où le Spectateur ne demande qu'à s'attendrir. Bientôt on commença de sentir qu'indépendamment de la déclamation musicale, que souvent la langue comportoit mal, le choix du mouvement, de l'Harmonie & des Chants n'étoit pas indifférent aux choses qu'on avoit à dire, & que par conséquent, l'effet de la seule Musique borné jusqu'alors au sens, pouvoit aller jusqu'au cœur. La Mélodie qui ne s'étoit d'abord séparée de la Poésie que par nécessité, tira parti de cette indépendance pour se donner des beautés absolues & purement musicales : l'Harmonie découverte ou perfectionnée lui ouvrit de nouvelles routes pour plaire & pour émouvoir; & la Mesure, affranchie de la gêne du Rhythme poétique, acquit aussi une sorte de cadence à part, qu'elle ne tenoit que d'elle seule.

La Musique, étant ainsi devenue un troisième Art d'imitation, eut bien-tôt son langage, son expression, ses tableaux, tout-à-fait indépendans de la Poésie. La Symphonie même apprit à parler sans le secours des paroles, & souvent il ne sortoit pas des sentimens moins vives de l'Orchestre que de la bouche des Acteurs. C'est alors que, commençant à se dégoûter de tout le clinquant de la féerie, du puérile fracas des machines, & de la fantasque image des choses qu'on n'a jamais vues, on chercha dans l'imitation de la Nature des tableaux plus intéressans & plus vrais. Jusques-là l'*Opéra* avoit été constitué comme il pouvoit l'être; car quel meilleur usage pouvoit-on faire au Théatre d'une Musique qui ne savoit rien peindre, que de l'employer à la représentation des choses qui ne pouvoient exister, & sur lesquelles personne n'étoit en état de comparer l'image à l'objet? Il est impossible de savoir si l'on est affecté par la peinture du merveilleux comme on le seroit par sa présence; au lieu que tout homme peut juger par lui-même si l'Artiste a bien su faire parler aux passions leur langage, & si les objets de la Nature sont bien imités. Aussi dès que la Musique eut appris à peindre & à parler, les charmes du sentiment firent-ils bien-tôt négliger ceux de la baguette, le Théatre fut purgé du jargon de la Mythologie, l'intérêt fut substitué au merveilleux, les machines des Poëtes & des Charpentiers furent détruites, & le Drame lyrique prit une forme plus noble & moins gigantesque. Tout ce qui pouvoit émouvoir le cœur y fut employé avec succès, on n'eut plus besoin d'en imposer par des êtres de raison, ou plutôt de folie, & les Dieux furent chassés de la Scène quand on y sut représenter des hommes. Cette forme plus sage & plus régulière se trouva encore la plus propre à l'illusion; l'on sentit que le chef-d'œuvre de la Musique étoit de se faire oublier elle-même, qu'en jettant le désordre & le trouble dans l'ame du Spectateur, elle l'empêchoit de distinguer les Chants tendres & pathétiques d'une Héroïne gémissante, des vrais accens de la douleur; & qu'Achille en fureur pouvoit nous glacer d'effroi avec le même langage qui nous eût choqués dans sa bouche en tout autre temps.

Ces obfervations donnerent lieu à une feconde réforme non moins importante que la première. On fentit qu'il ne falloit à l'*Opéra* rien de froid & de raifonné, rien que le Spectateur pût écouter affez tranquillement pour réfléchir fur l'abfurdité de ce qu'il entendoit; & c'eft en cela, fur-tout que confifte la différence effentielle du Drame lyrique à la fimple Tragédie. Toutes les délibérations politiques, tous les projets de confpiration, les expofitions, les récits, les maximes fentencieufes, en un mot, tout ce qui ne parle qu'à la raifon fut banni du langage du cœur, avec les jeux d'efprit, les Madrigaux & tout ce qui n'eft que des penfées. Le ton même de la fimple galanterie, qui quadre mal avec les grandes paffions, fut à peine admis dans le rempliffage des fituations tragiques, dont il gâte prefque toujours l'effet: car jamais on ne fent mieux que l'Acteur chante, que lorfqu'il dit une Chanfon.

L'énergie de tous les fentimens, la violence de toutes les paffions font donc l'objet principal du Drame lyrique; & l'illufion qui en fait le charme, eft toujours détruite auffi-tôt que l'Auteur & l'Acteur laiffent un moment le Spectateur à lui-même. Tels font les principes fur lefquels l'*Opéra* moderne eft établi. Apoftolo-Zéno, le Corneille de l'Italie, fon tendre élève qui en eft le Racine, ont ouvert & perfectionné cette nouvelle carrière. Ils ont ofé mettre les Héros de l'Hiftoire fur un Théatre qui fembloit ne convenir qu'aux phantômes de la Fable, Cyrus, Céfar, Caton même, ont paru fur la Scène avec fuccès, & les Spectateurs les plus révoltés d'entendre chanter de tels hommes, ont bien-tôt oublié qu'ils chantoient, fubjugués & ravis par l'éclat d'une Mufique auffi pleine de nobleffe & de dignité que d'enthoufiafme & de feu. L'on fuppofe aifément que des fentimens fi différens des nôtres doivent s'exprimer auffi fur un autre ton.

Ces nouveaux Poëmes que le génie avoit créés, & que lui-feul pouvoit foutenir, écarterent fans effort les mauvais Muficiens qui n'avoient que la méchanique de leur Art, &, privés du feu de l'invention & du don de l'imitation, faifoient des *Opéra* comme ils auroient fait des fabots. A peine les cris des Bacchantes, les conjurations des Sorciers & tous les Chants qui n'étoient qu'un vain bruit, furent-ils bannis du Théatre; à peine eut-on tenté de substituer à ce barbare fracas les accens de la colère, de la douceur, des menaces, de la tendresse, des pleurs, des gémissemens, & tous les mouvemens d'une ame agitée, que, forcés de donner des sentimens aux Héros & un langage au cœur humain, les Vinci, les Léo, les Pergolèse, dédaignant la servile imitation de leurs prédécesseurs, & s'ouvrant une nouvelle carrière, la franchirent sur l'aîle du Génie, & se trouverent au but presque dès les premiers pas. Mais on ne peut marcher long-temps dans la route du bon goût sans monter ou descendre, & la perfection est un point ou il est difficile de maintenir. Après avoir essayé & senti ses forces, la Musique en état de marcher seule, commence à dédaigner la Poésie qu'elle doit accompagner, & croit en valoir mieux en tirant d'elle-même les beautés qu'elle partageoit avec sa compagne. Elle se propose encore, il est vrai, de rendre les idées & les sentimens du Poëte; mais elle prend, en quelque sorte, un autre langage, &, quoique l'objet soit le même, le Poëte & le Musicien, trop séparés dans leur travail, en offrent à la fois deux images ressemblantes, mais distinctes, qui se nuisent mutuellement. L'esprit forcé de se partager, choisit & se fixe à une image plutôt qu'à l'autre. Alors le Musicien, s'il a plus d'art que le Poëte, l'efface & le fait oublier: l'Acteur voyant que le Spectateur sacrifie les paroles à la Musique, sacrifie à son tour le geste & l'action théatrale au Chant & au brillant de la voix; ce qui fait tout-à-fait oublier la Pièce, & change le Spectacle en un véritable Concert. Que si l'avantage, au contraire, se trouve du côté du Poëte, la Musique, à son tour, deviendra presque indifférente, & le Spectateur, trompé par le bruit, pourra prendre le change au point d'attribuer à un mauvais Musicien le mérite d'un excellent Poëte, & de croire admirer des chef-d'œuvres d'Harmonie, en admirant des Poëmes bien composés.

Tels sont les défauts que la perfection absolue de la Musique & son défaut d'application à la Langue peuvent introduire dans les *Opéra* à proportion du concours de ces deux causes. Sur quoi l'on doit remarquer que les Langues les plus propres à fléchir sous les loix de la Mesure & de la Mélodie sont celles où la duplicité dont je viens de parler est le moins apparente, parce que la Musique se prêtant seulement aux idées de la Poésie, celle-ci se prête à son tour aux inflexions de la Mélodie ; & que, quand la Musique cesse d'observer le Rhythme, l'accent & l'Harmonie du vers, le vers se plie & s'asservit à la cadence de la Mesure & à l'accent musical. Mais lorsque la Langue n'a ni douceur ni flexibilité, l'âpreté de la Poésie l'empêche de s'asservir au Chant, la douceur même de la Mélodie l'empêche de se prêter à la bonne récitation des vers, & l'on sent dans l'union forcée de ses deux Arts une contrainte perpétuelle qui choque l'oreille & détruit à la fois l'attrait de la Mélodie & l'effet de la Déclamation. Ce défaut est sans remède, & vouloir à toute force appliquer la Musique à une Langue qui n'est pas musicale, c'est lui donner plus de rudesse qu'elle n'en auroit sans cela.

Par ce que j'ai dit jusqu'ici, l'on a pû voir qu'il y a plus de rapport entre l'appareil des yeux ou la décoration, & la Musique ou l'appareil des oreilles, qu'il n'en paroit entre deux sens qui semblent n'avoir rien de commun ; & qu'à certains égards l'*Opéra*, constitué comme il est, n'est pas un tout aussi monstrueux qu'il paroit l'être. Nous avons vu que, voulant offrir aux regards l'intérêt & les mouvemens qui manquoient à la Musique, on avoit imaginé les grossiers prestiges des machines & des vols, & que jusqu'à ce qu'on sût nous émouvoir, on s'étoit contenté de nous surprendre. Il est donc très-naturel que la Musique, devenue passionnée & pathétique, ait renvoyé sur les Théatres des Foires ces mauvais supplémens dont elle n'avoit plus besoin sur le sien. Alors l'*Opéra* purgé de tout ce merveilleux qui l'avilissoit, devint un Spectacle également touchant & majestueux, digne de plaire aux gens de goût & d'intéresser les cœurs sensibles.

Il est certain qu'on auroit pu retrancher de la pompe du Spectacle autant qu'on ajoutoit à l'intérêt de l'action ; car plus on s'occupe des personnages, moins on est occupé des objets qui les entourent : mais il faut, cependant, que le lieu de la Scène soit convenable aux Acteurs qu'on y fait parler ; & l'imitation de la Nature, souvent plus difficile & toujours plus agréable que celle des êtres imaginaires, n'en devint que plus intéressante en devenant plus vraisemblable. Un beau Palais, des Jardins délicieux, de savantes ruines plaisent encore plus à l'œil que le fantasque image du Tartare, de l'Olympe, du Char du Soleil ; image d'autant plus inférieure à celle que chacun se trace en lui-même, que dans les objets chimériques il n'en coûte rien à l'esprit d'aller au-delà du possible, & de se faire des modèles au-dessus de toute imitation. De-là vient que le merveilleux, quoique déplacé dans la Tragédie, ne l'est pas dans le Poëme épique où l'imagination toujours industrieuse & dépensière se charge de l'exécution, & en tire un tout autre parti que ne peut faire sur nos Théatres le talent du meilleur Machiniste, & la magnificence du plus puissant Roi.

Quoique la Musique prise pour un Art d'imitation ait encore plus de rapport à la Poésie qu'à la Peinture, celle-ci, de la manière qu'on l'employe au Théatre, n'est pas aussi sujette que la Poésie à faire avec la Musique une double représentation du même objet; parce que l'une rend les sentimens des hommes, & l'autre seulement l'image du lieu où ils se trouvent, image qui renforce l'illusion & transporte le Spectateur par-tout où l'Acteur est supposé être. Mais ce transport d'un lieu à un autre doit avoir des règles & des bornes : il n'est permis de se prévaloir à cet égard de l'agilité de l'imagination qu'en consultant la loi de la vraisemblance, &, quoique le Spectateur ne cherche qu'à se prêter à des fictions dont il tire tout son plaisir, il ne faut pas abuser de sa crédulité au point de lui en faire honte. En un mot, on doit songer qu'on parle à des cœurs sensibles sans oublier qu'on parle à des gens raisonnables. Ce n'est pas que je voulusse transporter à l'*Opéra* cette rigoureuse unité de lieu qu'on exige dans la Tragédie, & à laquelle on ne peut gueres s'asservir qu'aux dépens de l'action, de sorte qu'on n'est exact à quelque égard que pour être absurde à mille autres. Ce seroit d'ailleurs s'ôter l'avantage des changemens de Scènes, lesquelles se font valoir mutuellement : ce seroit s'exposer par une vicieuse uniformité à des oppositions mal conçues entre la Scène qui reste toujours & les situations qui changent ; ce seroit gâter l'un par l'autre l'effet de la Musique & celui de la décoration, comme de faire entendre des Symphonies voluptueuses parmi des rochers, ou des airs gais dans les Palais des Rois.

C'est donc avec raison qu'on a laissé subsister d'Acte en Acte les changemens de Scène, & pour qu'ils soient réguliers & admissibles, il suffit qu'on ait pu naturellement se rendre du lieu d'où l'on fort au lieu où l'on paſſe, dans l'Intervalle de temps qui s'écoule, ou que l'action ſuppoſe entre les deux Actes : de ſorte que, comme l'unité de temps doit ſe renfermer à-peu-près dans la durée de vingt-quatre heures, l'unité de lieu doit ſe renfermer à-peu-près dans l'eſpace d'une journée de chemin. A l'égard des changemens de Scène pratiqués quelquefois dans un même Acte, ils me paroiſſent également contraires à l'illuſion & à la raiſon, & devoir être abſolument proſcrits du Théatre.

Voilà comment le concours de l'Acouſtique & de la Perſpective peut perfectionner l'illuſion, flatter les ſens par des impreſſions diverſes, mais analogues, & porter à l'ame un même intérêt avec un double plaiſir. Ainſi ce ſeroit une grande erreur de penſer que l'ordonnance du Théatre n'a rien de commun avec celle de la Muſique, ſi ce n'eſt la convenance générale qu'elles tirent du Poëme. C'eſt à l'imagination des deux Artiſtes à déterminer entr'eux ce que celle du Poëte a laiſſé à leur diſpoſition, & à s'accorder ſi bien en cela que le Spectateur ſente toujours l'accord parfait de ce qu'il voit & de ce qu'il entend. Mais il faut avouer que la tâche du Muſicien eſt la plus grande. L'imitation de la peinture eſt toujours froide, parce qu'elle manque de cette ſucceſſion d'idées & d'impreſſions qui échauffe l'ame par degrés, & que tout eſt dit au premier coup d'œil. La puiſſance imitative de cet Art, avec beaucoup d'objets apparens, ſe borne en effet à de très-foibles repréſentations. C'eſt un des grands avantages du Muſicien de pouvoir joindre les choſes qu'on ne ſauroit entendre, tandis qu'il eſt impoſſible au Peintre de peindre celles qu'on ne ſauroit voir; & le plus grand prodige d'un Art qui n'a d'activité que par ſes mouvemens, eſt d'en pouvoir former juſqu'à l'image du repos. Le ſommeil, le calme de la nuit, la ſolitude & le ſilence même entrent dans le nombre des tableaux de la Muſique. Quelquefois le bruit produit l'effet du ſilence, & le ſilence l'effet du bruit; comme quand un homme s'endort à une lecture égale & monotone, & s'éveille à l'inſtant qu'on ſe tait; & il en eſt de même pour d'autres effets. Mais l'Art a des ſubſtitutions plus fertiles & bien plus fines que celles-ci; il ſait exciter par un ſens des émotions ſemblables à celles qu'on peut exciter par un autre, &, comme le rapport ne peut être ſenſible que l'impreſſion ne

ſoit

foit forte, la peinture, dénuée de cette force, rend difficilement à la Musique les imitations que celle-ci tire d'elle. Que toute la Nature soit endormie, celui qui la contemple ne dort pas, & l'art du Musicien consiste à substituer à l'image insensible de l'objet, celle des Mouvemens que sa présence excite dans l'esprit du Spectateur : il ne représente pas directement la chose, mais il réveille dans notre ame le même sentiment qu'on éprouve en la voyant.

Ainsi, bien que le Peintre n'ait rien à tirer de la Partition du Musicien, l'habile Musicien ne sortira point sans fruit de l'attelier du Peintre. Non-seulement il agitera la mer à son gré, excitera les flammes d'un incendie, fera couler les ruisseaux, tomber la pluie & grossir les torrens; mais il augmentera l'horreur d'un désert affreux, rembrunira les murs d'une prison souterraine, calmera l'orage, rendra l'air tranquille, le Ciel serein, & répandra de l'Orchestre une fraicheur nouvelle sur les boccages.

Nous venons de voir comment l'union des trois Arts qui constituent la Scène lyrique, forme entr'eux un tout très-bien lié. On a tenté d'y en introduire un quatrième, dont il me reste à parler.

Tous les mouvemens du corps ordonnés selon certaines loix pour affecter les regards par quelque action, prennent en général le nom de gestes. Le geste se divise en deux espèces, dont l'une sert d'accompagnement à la parole, & l'autre de supplément. Le premier, naturel à tout homme qui parle, se modifie différemment, selon les hommes, les Langues & les caractères. Le second est l'Art de parler aux yeux sans le secours de l'écriture, par des mouvemens du corps devenus signes de convention. Comme ce geste est plus pénible, moins naturel pour nous que l'usage de la parole, & qu'elle le rend inutile, il l'exclud, & même en suppose la privation; c'est ce qu'on appelle Art des Pantomimes. A cet Art ajoutez un choix d'attitudes agréables & de mouvemens cadencés, vous aurez ce que nous appellons la Danse, qui ne mérite guères le nom d'Art quand elle ne dit rien à l'esprit.

Ceci posé, il s'agit de savoir si, la Danse étant un langage, & par conséquent pouvant être un Art d'imitation, peut entrer avec les trois autres dans la marche de l'action lyrique, ou bien

Dict. de Mus.

si elle peut interrompre & suspendre cette action sans gâter l'effet & l'unité de la Pièce.

Or, je ne vois pas que ce dernier cas puisse même faire une question. Car chacun sent que tout l'intérêt d'une action suivie dépend de l'impression continue & redoublée que sa représentation fait sur nous ; que tous les objets qui suspendent ou partagent l'attention sont autant de contre-charmes qui détruisent celui de l'intérêt ; qu'en coupant le Spectacle par d'autres Spectacles qui lui sont étrangers, on divise le sujet principal en parties indépendantes qui n'ont rien de commun entre elles que le rapport général de la matière qui les compose ; & qu'enfin plus les Spectacles insérés seroient agréables, plus la mutilation du tout seroit difforme. De sorte qu'en supposant un *Opéra* coupé par quelques Divertissemens qu'on pût imaginer, s'ils laissoient oublier le sujet principal, le Spectateur, à la fin de chaque Fête, se trouveroit aussi peu ému qu'au commencement de la Pièce ; & pour l'émouvoir de nouveau & ranimer l'intérêt, ce seroit toujours à recommencer. Voilà pourquoi les Italiens ont enfin banni des Entr'actes de leur *Opéra* ces Intermèdes comiques qu'ils y avoient insérés ; genre de Spectacle agréable, piquant & bien pris dans la nature, mais si déplacé dans le milieu d'une action tragique, que les deux Pièces se nuisoient mutuellement, & que l'une des deux ne pouvoit jamais intéresser qu'aux dépens de l'autre.

Reste donc à voir si, la Danse ne pouvant entrer dans la composition du genre lyrique comme ornement étranger, on ne l'y pourroit pas faire entrer comme partie constitutive, & faire concourir à l'action un Art qui ne doit pas la suspendre. Mais comment admettre à la fois deux langages qui s'excluent mutuellement, & joindre l'Art Pantomime à la parole qui le rend superflu ? Le langage du geste étant la ressource des muets ou des gens qui ne peuvent s'entendre, devient ridicule entre ceux qui parlent. On ne répond point à des mots par des Gambades, ni au geste par des discours ; autrement je ne vois point pourquoi celui qui entend le langage de l'autre ne lui répond pas sur le même ton. Supprimez donc la parole, si vous voulez employer la Danse : si-tôt que vous introduisez la Pantomime dans l'*Opéra*, vous en devez bannir la Poésie ; parce que de toutes les unités la plus nécessaire est celle du langage, & qu'il eft abfurde & ridicule de dire à la fois la même chofe à la même perfonne, & de bouche & par écrit.

Les deux raifons que je viens d'alléguer fe réuniffent dans toute leur force pour bannir du Drame lyrique les Fêtes & les Divertiffemens qui non-feulement en fufpendent l'action, mais, ou ne difent rien, ou fubftituent brufquement au langage adopté un autre langage oppofé, dont le contrafte détruit la vraifemblance, affoiblit l'intérêt, & foit dans la même action pourfuivie, foit dans un épifode inféré, bleffe également la raifon. Ce feroit bien pis, fi ces Fêtes n'offroient au Spectateur que des fauts fans liaifons & des Danfes fans objet, tiffu gothique & barbare dans un genre d'ouvrage où tout doit être peinture & imitation.

Il faut avouer cependant que la Danfe eft avantageufement placée au Théâtre, que ce feroit le priver d'un de fes plus grands agrémens que de l'en retrancher tout-à-fait. Auffi, quoiqu'on ne doive point avilir une action tragique par des fauts & des entrechats, c'eft terminer très-agréablement le Spectacle, que de donner un Ballet après l'*Opéra*, comme une petite Pièce après la Tragédie. Dans ce nouveau Spectacle, qui ne tient point au précédent, on peut auffi faire choix d'une autre Langue; c'eft une autre Nation qui paroît fur la Scène. L'Art Pantomime ou la Danfe devenant alors la Langue de convention, la parole en doit être bannie à fon tour, & la Mufique, reftant le moyen de liaifon, s'applique à la Danfe dans la petite Pièce, comme elle s'appliquoit dans la grande à la Poéfie. Mais avant d'employer cette Langue nouvelle, il faut la créer. Commencer par donner des Ballets en action, fans avoir préalablement établi la convention des geftes, c'eft parler une Langue à gens qui n'en ont pas le Dictionnaire, & qui par conféquent, ne l'entendent point.

OPÉRA. *f. m.* Eft auffi un mot confacré pour diftinguer les différens ouvrages d'un même Auteur, felon l'ordre dans lequel ils ont été imprimés ou gravés, & qu'il marque ordinairement lui-même fur les titres par des chiffres. (Voyez Œuvre.) Ces deux mots font principalement en ufage pour les compofitions de fymphonie.

ORATOIRE. De l'Italien *Oratorio*. Efpèce de Drame en Latin ou en Langue vulgaire, divifé par Scènes, à l'imitation des Pièces de Théâtre, mais qui roule toujours fur des fujets facrés & qu'on met en Musique pour être exécuté dans quelque Église durant le Carême ou en d'autres temps. Cet usage, assez commun en Italie, n'est point admis en France. La Musique Françoise est si peu propre au genre Dramatique, que c'est bien assez qu'elle y montre son insuffisance au Théatre, sans l'y montrer encore à l'Église.

ORCHESTRE. *f. m.* On prononce *Orquestre.* C'étoit, chez les Grecs, la partie inférieure du Théatre ; elle étoit faite en demi-cercle & garnie de sièges tout autour. On l'appelloit *Orchestre*, parce que c'étoit-là que s'exécutoient les Danses.

Chez eux l'*Orchestre* faisant une partie du Théatre ; à Rome il en étoit séparé & rempli de sièges destinés pour les Sénateurs, les Magistrats, les Vestales, & les autres personnes de distinction. A Paris l'*Orchestre* des Comédies Françoises & Italiennes, ce qu'on appelle ailleurs le *Parquet*, est destiné en partie à un usage semblable.

Aujourd'hui ce mot s'applique plus particuliérement à la Musique & s'entend, tantôt du lieu où se tiennent ceux qui jouent des Instrumens, comme l'*Orchestre* de l'Opéra, tantôt du lieu où se tiennent tous les Musiciens en général, comme l'*Orchestre* du Concert Spirituel au Château des Tuileries, & tantôt de la collection de tous les Symphonistes : c'est dans ce dernier sens que l'on dit de l'exécution de Musique que l'*Orchestre* étoit bon ou mauvais, pour dire que les Instrumens étoient bien ou mal joués.

Dans les Musiques nombreuses en Symphonistes, telles que celle d'un Opéra, c'est un soin qui n'est pas à négliger que la bonne distribution de l'*Orchestre*. On doit en grande partie à ce soin l'effet étonnant de la Symphonie dans les Opéra d'Italie. On porte la première attention sur la fabrique même de l'*Orchestre*, c'est-à-dire, de l'enceinte qui le contient. On lui donne les proportions convenables pour que les Symphonistes y soient le plus rassemblés & le mieux distribués qu'il est possible. On a soin d'en faire la caisse d'un bois léger & résonnant comme le sapin, de l'établir sur un vide avec des arcs-boutans, d'en écarter les Spectateurs par un rateau placé dans le Parterre à un pied ou deux de distance. De sorte que le corps même de l'*Orchestre* portant, pour ainsi dire, en l'air, & ne touchant presque à rien, vibre & résonne sans obstacle, & forme comme un grand Instrument qui répond à tous les autres & en augmente l'effet.

O R C.   349

A l'égard de la distribution intérieure, on a soin : 1°. que le nombre de chaque espèce d'Instrument se proportionne à l'effet qu'ils doivent produire tous ensemble ; que, par exemple, les Basses n'étouffent pas les Dessus & n'en soient pas étouffées; que les Hautbois ne dominent pas sur les Violons, ni les seconds sur les premiers : 2°. que les Instrumens de chaque espèce, excepté les Basses, soient rassemblés entre eux, pour qu'ils s'accordent mieux & marchent ensemble avec plus d'exactitude : 3°. que les Basses soient dispersées autour des deux Clavecins & par tout l'*Orchestre*, parce que c'est la Basse qui doit régler & soutenir toutes les autres Parties, & que tous les Musiciens doivent l'entendre également : 4°. que tous les Symphonistes aient l'œil sur le maître à son Clavecin, & le maître sur chacun d'eux ; que de même chaque Violon soit vu de son premier & le voye : c'est pourquoi cet Instrument étant & devant être le plus nombreux doit être distribué sur deux lignes qui se regardent; savoir, les premiers assis en face du Théatre le dos tourné vers les Spectateurs, & les seconds vis-à-vis d'eux le dos tourné vers le Théatre, &c.

Le premier *Orchestre* de l'Europe pour le nombre & l'intelligence des Symphonistes est celui de Naples : mais celui qui est le mieux distribué & forme l'ensemble le plus parfait, est l'*Orchestre* de l'Opéra du Roi de Pologne à Dresde, dirigé par l'illustre Hasse. (*Ceci s'écrivoit en 1754*) (Voyez *Pl. G. fig. 1.*) la représentation de cet *Orchestre*, où, sans s'attacher aux mesures, qu'on n'a pas prises sur les lieux, on pourra mieux juger à l'œil de la distribution totale qu'on ne pourroit faire sur une longue description.

On a remarqué que de tous les *Orchestres* de l'Europe, celui de l'Opéra de Paris, quoiqu'un des plus nombreux, étoit celui qui faisoit le moins d'effet. Les raisons en sont faciles à comprendre. Premiérement la mauvaise construction de l'*Orchestre*, enfoncé dans la terre, & clos d'une enceinte de bois lourd, massif & chargé de fer, étouffe toute résonnance : 2°. le mauvais choix des Symphonistes, dont le plus grand nombre reçu par faveur, fait à peine la Musique, & n'a nulle intelligence de l'ensemble : 3°. leur assomante habitude de racler, s'accorder, préluder continuellement à grand bruit, sans jamais pouvoir être d'accord :

4°. le génie François, qui est en général de négliger & dédaigner tout ce qui devient devoir journalier : 5°. les mauvais Instrumens des Symphonistes, lesquels restant sur le lieu, sont toujours des Instrumens de rebut, destinés à mugir durant les représentations, & à pourrir dans les Intervalles : 6°. le mauvais emplacement du maître qui, sur le devant du Théatre & tout occupé des Acteurs, ne peut veiller suffisamment sur son *Orchestre* & l'a derrière lui, au lieu de l'avoir sous ses yeux : 7°. le bruit insupportable de son bâton qui couvre & amortit tout l'effet de la Symphonie : 8°. la mauvaise Harmonie de leurs compositions, qui, n'étant jamais pure & choisie, ne fait entendre, au lieu de choses d'effet, qu'un remplissage sourd & confus : 9°. pas assez de Contrebasses & trop de Violoncelles, dont les Sons, traînés à leur manière, étouffent la Mélodie & assomment le Spectateur : 10°. enfin le défaut de Mesure, & le caractère indéterminé de la Musique Françoise, où c'est toujours l'Acteur qui règle l'*Orchestre*, au lieu que l'*Orchestre* doit régler l'Acteur, & où les Dessus menent la Basse, au lieu que la Basse doit mener les Dessus.

OREILLE. *s. f.* Ce mot s'emploie figurément en terme de Musique. Avoir de l'*Oreille*, c'est avoir l'ouïe sensible, fine & juste ; en sorte que, soit pour l'intonation, soit pour la Mesure, on soit choqué du moindre défaut, & qu'aussi l'on soit frappé des beautés de l'Art, quand on les entend. On a l'*Oreille* fausse lorsqu'on chante constamment faux, lorsqu'on ne distingue point les Intonations fausses des Intonations justes, ou lorsqu'on n'est point sensible à la précision de la Mesure, qu'on la bat inégale ou à contretemps. Ainsi le mot *Oreille* se prend toujours pour la finesse de la sensation ou pour le jugement du sens. Dans cette acception le mot *Oreille* ne se prend jamais qu'au singulier & avec l'article partitif. *Avoir de l'Oreille* ; *il a peu d'Oreille*.

ORGANIQUE. *adj. pris subst. au fémin.* C'étoit chez les Grecs cette partie de la Musique qui s'exécutoit sur les Instrumens, & cette partie avoit ses caractères, ses Notes particulières, comme on le voit dans les Tables de Bacchius & d'Alypius. (Voyez MUSIQUE, NOTES.)

ORGANISER le Chant. *v. a.* C'étoit dans le commencement de

l'invention du Contrepoint, inférer quelques Tierces dans une suite de Plain-Chant à l'unisson : de sorte, par exemple, qu'une partie de Chœur chantant ces quatre Notes, *ut re si ut*, l'autre partie chantoit en même temps ces quatre-ci, *ut re re ut*. Il paroît par les exemples cités par l'Abbé le Bœuf & par d'autres, que l'*Organisation* ne se pratiquoit guères que sur la Note sensible à l'approche de la finale; d'où il suit qu'on n'*organisoit* presque jamais que par une Tierce mineure. Pour un Accord si facile & si peu varié, les Chantres qui *Organisoient* ne laissoient pas d'être payés plus cher que les autres.

À l'égard de l'*Organum triplum*, ou *quadruplum*, qui s'appelloit aussi *Triplum* ou *Quadruplum* tout simplement, ce n'étoit autre chose que le même Chant des Parties *organisantes* entonné par des Hautes-Contres à l'Octave des Basses, & par des Dessus à l'Octave des Tailles.

ORTHIEN. adj. Le *Nome Orthien* dans la Musique Grecque étoit un Nome Dactylique, inventé, selon les uns, par l'ancien Olympus de Phrygien, & selon d'autres par le Mysien. C'est sur le Nome *Orthien*, disent Hérodote & Aulugelle, que chantoit Arion quand il se précipita dans la mer.

OUVERTURE. s. f. Pièce de Symphonie qu'on s'efforce de rendre éclatante, imposante, harmonieuse, & qui sert de début aux Opéra & autres Drames lyriques d'une certaine étendue.

Les *Ouvertures* des Opéra François sont presque toutes calquées sur celles de Lulli. Elles sont composées d'un morceau traînant appellé grave qu'on joue ordinairement deux fois, & d'une Reprise sautillante appellée gaie, laquelle est communément fuguée : plusieurs de ces Reprises rentrent encore dans le grave en finissant.

Il a été un temps où les *Ouvertures* Françoises servoient de modèle dans toute l'Europe. Il n'y a pas soixante ans qu'on faisoit venir en Italie des *Ouvertures* de France pour mettre à la tête des Opéra. J'ai vu même plusieurs anciens Opéra Italiens notés avec une *Ouverture* de Lulli à la tête. C'est de quoi les Italiens ne conviennent pas aujourd'hui que tout a si fort changé; mais le fait ne laisse pas d'être très-certain.

La Musique instrumentale ayant fait un progrès étonnant depuis une quarantaine d'années, les vieilles ouvertures faites pour des

Symphonistes qui savoient peu tirer parti de leurs Instrumens, ont bien-tôt été laissées aux François, & l'on s'est d'abord contenté d'en garder à-peu-près la disposition. Les Italiens n'ont pas même tardé de s'affranchir de cette gêne, & ils distribuent aujourd'hui leurs *Ouvertures* d'une autre manière. Ils débutent par un morceau saillant & vif, à deux ou quatre temps; puis ils donnent une *Andante* à demi-jeu, dans lequel ils tâchent de déployer toutes les graces du beau Chant, & ils finissent par un brillant *Allegro*, ordinairement à trois Temps.

La raison qu'ils donnent de cette distribution est, que dans un Spectacle nombreux où les Spectateurs font beaucoup de bruit, il faut d'abord les porter au silence & fixer leur attention par un début éclatant qui les frappe. Ils disent que le grave de nos *Ouvertures* n'est entendu ni écouté de personne, & que notre premier coup d'archet, que nous vantons avec tant d'emphase, moins bruyant que l'Accord des Instrumens qui le précède, & avec lequel il se confond, est plus propre à préparer l'Auditeur à l'ennui qu'à l'attention. Ils ajoutent qu'après avoir rendu le Spectateur attentif, il convient de l'intéresser avec moins de bruit par un Chant agréable & flatteur qui le dispose à l'attendrissement qu'on tâchera bien-tôt de lui inspirer; & de déterminer enfin l'*Ouverture* par un morceau d'un autre caractère, qui, tranchant avec le commencement du Drame, marque, en finissant avec bruit, le silence que l'Acteur arrivé sur la Scène exige du Spectateur.

Notre vieille routine d'*Ouvertures* a fait naître en France une plaisante idée. Plusieurs se sont imaginés qu'il y avoit une telle convenance entre la forme des *Ouvertures* de Lulli, & un Opéra quelconque qu'on ne sauroit la changer sans rompre l'Accord du tout: de sorte que, d'un début de Symphonie qui seroit dans un autre goût, tel, par exemple, qu'une *Ouverture* Italienne, ils diront avec mépris, que c'est une Sonate, & non pas une *Ouverture*; comme si toute *Ouverture* n'étoit pas une Sonate.

Je sais bien qu'il seroit à desirer qu'il y eût un rapport propre & sensible entre le caractère d'une *Ouverture* & celui de l'ouvrage qu'elle annonce; mais au lieu de dire que toutes les *Ouvertures* doivent être jettées au même moule, cela dit précisément le contraire. D'ailleurs, si nos Musiciens manquent si souvent de saisir le

vrai

vrai rapport de la Mufique aux paroles dans chaque morceau, comment faifiront-ils les rapports plus éloignés & plus fins entre l'ordonnance d'une *Ouverture*, & celle du corps entier de l'ouvrage? Quelques Muficiens fe font imaginés bien faifir ces rapports en raffemblant d'avance dans l'*Ouverture* tous les caractères exprimés dans la Piéce, comme s'ils vouloient exprimer deux fois la même action, & que ce qui eft à venir fût déja paffé. Ce n'eft pas cela. L'*Ouverture* la mieux entendue eft celle qui difpofe tellement les cœurs des Spectateurs, qu'ils s'ouvrent fans effort à l'intérêt qu'on veut leur donner dès le commencement de la Piéce. Voilà le véritable effet que doit produire une bonne *Ouverture*: voilà le plan fur lequel il la faut traiter.

OUVERTURE DU LIVRE, A L'OUVERTURE DU LIVRE. (Voyez LIVRE.)

OXIPYCNI. *adj. plur.* C'eft le nom que donnoient les Anciens dans le Genre épais au troifième Son en montant de chaque Tétracorde. Ainfi les Sons *Oxipycni* étoient cinq en nombre. (Voyez APYENI, ÉPAIS, SYSTÈME, TÉTRACORDE.)

P.

P. Par abbréviation, signifie, *Piano*, c'est-à-dire, *Doux*. (Voyez Doux.) Le double PP. signifie, *Pianissimo*, c'est-à-dire, *très-Doux*.

PANTOMIME. *s. f.* Air sur lequel deux ou plusieurs Danseurs exécutent en Danse une Action qui porte aussi le nom de *Pantomime*. Les Airs des *Pantomimes* ont pour l'ordinaire un couplet principal qui revient souvent dans le cours de la Pièce, & qui doit être simple, par la raison dite au mot *Contre-Danse* : mais ce couplet est entremêlé d'autres plus saillans, qui parlent, pour ainsi dire, & font image, dans les situations où le Danseur doit mettre une expression déterminée.

PAPIER RÉGLÉ. On appelle ainsi le papier préparé avec les Portées toutes tracées, pour y noter la Musique. (Voyez PORTÉE.)

Il y a du *Papier réglé* de deux espèces, savoir celui dont le format est plus long que large, tel qu'on l'emploie communément en France, & celui dont le format est plus large que long; ce dernier est le seul dont on se serve en Italie. Cependant, par une bisarrerie dont j'ignore la cause, les Papetiers de Paris appellent *Papier réglé à la Françoise*, celui dont on se sert en Italie, & *Papier réglé à l'Italienne*, celui qu'on préfère en France.

Le format plus large que long paroît plus commode, soit parce qu'un livre de cette forme se tient mieux ouvert sur un pupître, soit parce que les Portées étant plus longues on en change moins fréquemment : or, c'est dans ces changemens que les Musiciens sont sujets à prendre une Portée pour l'autre, sur-tout dans les Partitions. (Voyez PARTITION.)

Le *Papier réglé* en usage en Italie est toujours de dix Portées, ni plus ni moins; & cela fait juste deux Lignes ou Accolades dans les Partitions ordinaires, où l'on a toujours cinq Parties; savoir, deux Dessus de Violons, la *Viola*, la Partie chantante, & la Basse. Cette division étant toujours la même, & chacun trouvant dans toutes les Partitions sa Partie semblablement placée, passe toujours d'une Accolade à l'autre sans embarras & sans risque de se méprendre. Mais dans les Partitions Françoises où le nombre des Portées n'est fixe & déterminé, ni dans les Pages ni dans les Accolades, il faut toujours héfiter à la fin de chaque Portée pour trouver, dans l'Accolade qui fuit, la Portée correspondante à celle où l'on eft; ce qui rend le Muficien moins sûr, & l'exécution plus fujette à manquer.

PARADIAZEUXIS, ou DISJONCTION PROCHAINE. *f. f.* C'étoit, dans la Mufique Grecque, au rapport du vieux Bacchius, l'Intervalle d'un *Ton* feulement entre les Cordes de deux Tétracordes, & telle eft l'efpèce de disjonction qui règne entre le Trétracorde Synnéménon, & le Tétracorde Diézeugménon. (*Voyez ces mots.*)

PARAMÈSE. *f. f.* C'étoit, dans la Mufique Grecque, le nom de la première Corde du Tétracorde Diézeugménon. Il faut fe fouvenir que le troifième Tétracorde pouvoit être conjoint avec le fecond; alors fa première Corde étoit la Méfe ou la quatrième Corde du fecond; c'eft-à-dire, que cette Méfe étoit commune aux deux.

Mais quand ce troifième Tétracorde étoit disjoint, il commençoit par la Corde appellée *Paramèfe,* laquelle, au lieu de fe confondre avec la Méfe, fe trouvoit alors un *Ton* plus haut, & ce *Ton* faifoit la disjonction ou diftance entre la quatrième Corde ou la plus aiguë du Tétracorde Méfon, & la première ou la plus grave du Tétracorde Diézeugménon. (Voyez SYSTÊME, TÉTRACORDE.)

Paramèfe fignifie profe de la Méfe; parce qu'en effet la *Paramèfe* n'en étoit qu'à un *Ton* de diftance, quoiqu'il y eût quelquefois une Corde entre deux. (Voyez TRITE.)

PARANETE. *f. f.* C'eft dans la Mufique ancienne, le nom donné par plufieurs Auteurs à la troifieme Corde de chacun des trois Tétracordes Synnéménon, Diézeugménon, & Hyperboléon; Corde que quelques-uns ne diftinguoient que par le nom du Genre où ces Tétracordes étoient employés. Ainfi la troifième Corde du Tétracorde Hyperboléon, laquelle eft appellée Hyperboléon-Diatonos par Ariftoxène & Alypius, eft appellée *Paranète*-Hyperboléon par Euclide, &c.

PARAPHONIE. *f. f.* C'eft, dans la Mufique ancienne, cette efpèce de Confonnance qui ne réfulte pas des mêmes Sons, comme l'Uniffon qu'on appelle *Homophonie*; ni de la Réplique des mêmes Sons, comme l'Octave qu'on appelle *Antiphonie*; mais des Sons réellement différens, comme la Quinte & la Quarte, feules *Paraphonies* admifes dans cette Mufique : car pour la Sixte & la Tierce, les Grecs ne les mettoient pas au rang des *Paraphonies*, ne les admettant pas même pour Consonnances.

PARFAIT. *adj.* Ce mot dans la Musique, a plusieurs sens. Joint au mot *Accord*, il signifie un Accord qui comprend toutes les Consonnances sans aucune Dissonnance ; joint au mot *Cadence*, il exprime celle qui porte la Note sensible, & de la Dominante tombe sur la Finale ; joint au mot *Consonnance*, il exprime un Intervalle juste & déterminé, qui ne peut être ni majeur ni mineur : ainsi l'Octave, la Quinte & la Quarte sont des Consonnances parfaites, & ce sont les seules ; joint au mot *Mode*, il s'applique à la mesure par une acception qui n'est plus connue & qu'il faut expliquer pour l'intelligence des anciens Auteurs.

Ils divisoient le Temps ou le Mode, par rapport à la Mesure, en *Parfait* ou *Imparfait*, & prétendant que le nombre ternaire étoit plus parfait que le binaire, ce qu'ils prouvoient par la Trinité, ils appelloient Temps ou Mode *Parfait*, celui dont la Mesure étoit à trois Temps, & ils le marquoient par un O ou cercle, quelquefois seul, & quelquefois barré ⊕. Le Temps ou Mode *Imparfait* formoit une Mesure à deux Temps, & se marquoit par un O tronqué ou un C, tantôt seul & tantôt barré ⊕. (Voyez MESURE, MODE, PROLATION, TEMPS.)

PARHYPATE. *s. f.* Nom de la Corde qui suit immédiatement l'Hypate du grave à l'aigu. Il y avoit deux *Parhypates* dans le Diagramme des Grecs ; savoir, la *Parhypate-Hypaton*, & la *Parhypate-Méson*. Ce mot *Parhypate* signifie *sous-principale* ou *proche la principale*. (Voyez HYPATE.)

PARODIE. *s. f.* Air de Symphonie dont on fait un Air chantant en y ajustant des paroles. Dans une Musique bien faite, le Chant est fait sur les paroles, & dans la *Parodie* les paroles sont faites sur le Chant : tous les couplets d'une Chanson, excepté le premier, sont des espèces de *Parodies* ; & c'est, pour l'ordinaire, ce que l'on ne sent que trop à la manière dont la Prosodie y est estropiée. (Voyez CHANSON.)

PAROLES. *s. f. plur.* C'est le nom qu'on donne au Poëme que le Compositeur met en Musique ; soit que ce Poëme soit petit ou grand, soit que ce soit un Drame ou une Chanson. La mode est de dire d'un nouvel Opéra que la Musique en est passable ou bonne, mais que les *Paroles* en sont détestables : on pourroit dire le contraire des vieux Opéra de Lulli.

PARTIE. *s. f.* C'est le nom de chaque Voix ou Mélodie séparée, dont la réunion forme le Concert. Pour constituer un Accord, il faut que deux Sons au moins se fassent entendre à la fois; ce qu'une seule Voix ne sauroit faire. Pour former, en chantant, une Harmonie ou une suite d'Accords, il faut donc plusieurs Voix : le Chant qui appartient à chacune de ces Voix s'appelle *Partie*, & la collection de toutes les *Parties* d'un même ouvrage, écrites l'une au-dessous de l'autre, s'appelle Partition. (Voy. PARTITION.)

Comme un Accord complet est composé de quatre Sons, il y a aussi, dans la Musique, quatre *Parties* principales dont la plus aiguë s'appelle *Dessus*, & se chante par des Voix de femmes, d'enfans ou de *Musici* : les trois autres sont, la *Haute-Contre*, la *Taille* & la *Basse*, qui toutes appartiennent à des Voix d'hommes. On peut voir, (*Pl. F. Fig. 6.*) l'étendue de Voix de chacune de ces *Parties*, & la Clef qui lui appartient. Les Notes blanches montrent les Sons pleins où chaque *Partie* peut arriver tant en haut qu'en bas, & les Croches qui suivent montrent les Sons où la Voix commenceroit à se forcer, & qu'elle ne doit former qu'en passant. Les Voix Italiennes excèdent presque toujours cette étendue dans le haut, sur-tout les Dessus, mais la Voix devient alors une espèce de *Faucet*, & avec quelque art que ce défaut se déguise, c'en est certainement un.

Quelqu'une ou chacune de ces *Parties* se subdivise quand on compose à plus de quatre *Parties*. (Voyez DESSUS, TAILLE, BASSE.)

Dans la première invention du Contrepoint, il n'eut d'abord que deux *Parties*, dont l'une s'appelloit *Tenor*, & l'autre *Discant*. Ensuite on en ajouta une troisième qui prit le nom de *Triplum* ; & enfin une quatrième, qu'on appella quelquefois *Quadruplum*, & plus communément *Mottetus*. Ces *Parties* se confondoient & enjamboient très-fréquemment les unes sur les autres : ce n'est que peu-à-peu qu'en s'étendant à l'aigu & au grave, elles ont pris, avec des Diapasons plus séparés & plus fixes, les noms qu'elles ont aujourd'hui.

Il y a aussi des *Parties* instrumentales. Il y a même des Instrumens comme l'Orgue, le Clavecin, la Viole, qui peuvent faire plufieurs *Parties* à la fois. On divife auffi la Mufique Inftrumentale en quatre *Parties*, qui répondent à celles de la Mufique Vocale, & qui s'appellent *Deſſus*, *Quinte*, *Taille*, & *Baſſe*; mais ordinairement le Deffus fe fépare en deux, & la Quinte s'unit avec la Taille, fous le nom commun de *Viole*. On trouvera auffi (*Pl. F. Fig. 7.*) les Clefs & l'étendue des quatre *Parties* Inftrumentales : mais il faut remarquer que la plupart des Inftrumens n'ont pas dans le haut des bornes précifes, & qu'on les peut faire démancher autant qu'on veut aux dépens des oreilles des Auditeurs; au lieu que dans le bas ils ont un terme fixe qu'ils ne fauroient paffer : ce terme eft à la Note que j'ai marquée; mais je n'ai marqué dans le haut que celle où l'on peut atteindre fans démancher.

Il y a des *Parties* qui ne doivent être chantées que par une feule Voix, ou jouées que par un feul Inftrument, & celles-là s'appellent *Parties récitantes*. D'autres *Parties* s'exécutent par plufieurs perfonnes chantant ou jouant à l'Uniffon, & on les appelle *Parties concertantes* ou *Parties de Chœur*.

On appelle encore *Partie*, le papier de Mufique fur lequel eft écrite la *Partie* féparée de chaque Muficien ; quelquefois plufieurs chantent ou jouent fur le même papier : mais quand ils ont chacun le leur, comme cela fe pratique ordinairement dans les grandes Mufiques; alors, quoiqu'en ce fens chaque Concertant ait fa *Partie*, ce n'eft pas à dire dans l'autre fens qu'il y ait autant de *Parties* de Concertans, attendu que la même *Partie* eft fouvent doublée, triplée & multipliée à proportion du nombre total des exécutans.

PARTITION. *f. f.* Collection de toutes les Parties d'une Piece de Mufique, où l'on voit, par la réunion des Portées correfpondantes, l'Harmonie qu'elles forment entre elles. On écrit pour cela toutes les Parties Portée à Portée, l'une au-deffous de l'autre avec la Clef qui convient à chacune, commençant par les plus aiguës, & plaçant la Baffe au-deffous de tout ; on les arrange, comme j'ai dit au mot COPISTE, de manière que chaque Mefure d'une Portée foit placée perpendiculairement au-deffus ou au-deffous de la Mefure correfpondante des autres Parties, & enfermée dans les mêmes barres prolongées de l'une à l'autre, afin que l'on puiſſe voir d'un coup d'œil tout ce qui doit s'entendre à la fois.

Comme dans cette difpofition une feule ligne de Mufique comprend autant de Portées qu'il y a de Parties, on embraſſe toutes ces Portées par un trait de plume qu'on appelle *Accolade*, & qui fe tire à la marge au commencement de cette ligne ainfi compofée; puis on recommence, pour une nouvelle ligne, à tracer une nouvelle Accolade qu'on remplit de la fuite des mêmes Portées écrites dans le même ordre.

Ainfi, quand on veut fuivre une Partie, après avoir parcouru la Portée jufqu'au bout, on ne paſſe pas à celle qui eſt immédiatement au-deſſous : mais on regarde quel rang la Portée que l'on quitte occupe dans fon Accolade, on va chercher dans l'Accolade qui fuit la Portée correfpondante, & l'on y trouve la fuite de la même Partie.

L'ufage des *Partitions* eſt indifpenfable pour compofer. Il faut auſſi que celui qui conduit un Concert ait la *Partition* fous les yeux pour voir fi chacun fuit fa Partie, & remettre ceux qui peuvent manquer : elle eſt même utile à l'Accompagnateur pour bien fuivre l'Harmonie ; mais quant aux autres Muficiens, on donne ordinairement à chacun fa Partie féparée, étant inutile pour lui de voir celle qu'il n'exécute pas.

Il y a pourtant quelques cas où l'on joint dans une Partie féparée d'autres Parties en *Partition* partielle, pour la commodité des exécutans. 1°. Dans les Parties vocales, on note ordinairement la Baſſe continue en *Partition* avec chaque Partie récitante, foit pour éviter au Chanteur la peine de compter fes paufes en fuivant la Baſſe, foit pour qu'il fe puiſſe accompagner lui-même en répétant ou récitant fa Partie. 2°. Les deux Parties d'un Duo chantant fe notent en *Partition* dans chaque Partie féparée, afin que chaque Chanteur, ayant fous les yeux tout le Dialogue, en faifiſſe mieux l'efprit, & s'accorde plus aifément avec fa contre-Partie. 3°. Dans les Parties Inſtrumentales, on a foin, pour les Récitatifs obligés, de noter toujours la Partie chantante en *Partition* avec celle de l'Inſtrument, afin que dans ces alternatives de Chant non mefuré & de Symphonie mefurée, le Symphoniſte prenne jufte le temps des Ritournelles fans enjamber & fans retarder.

PARTITION est encore, chez les Facteurs d'Orgue & de Clavecin, une règle pour accorder l'Instrument, en commençant par une Corde ou un Tuyau de chaque Touche dans l'étendue d'une Octave ou un peu plus, prise vers le milieu du Clavier; & sur cette Octave ou *Partition* l'on accorde, après, tout le reste. Voici comment on s'y prend pour former la *Partition*.

Sur un Son donné par un Instrument dont je parlerai au mot *Ton*, l'on accorde à l'Unisson ou à l'Octave le *C sol ut* qui appartient à la Clef de ce nom, & qui se trouve au milieu du Clavier ou à-peu-près. On accorde ensuite le *sol*, Quinte aiguë de cet *ut*; puis le *re*, Quinte aiguë de ce *sol*; après quoi l'on redescend à l'Octave de ce *re*, à côté du premier *ut*. On remonte à la Quinte *la*, puis encore à la Quinte *mi*. On redescend à l'Octave de ce *mi*, & l'on continue de même, montant de Quinte en Quinte, & redescendant à l'Octave lorsqu'on avance trop à l'aigu. Quand on est parvenu au *sol* Dièse, on s'arrête.

Alors on reprend le premier *ut*, & l'on accorde son Octave aiguë; puis la Quinte grave de cette Octave *fa*; l'Octave aiguë de ce *fa*; ensuite le *si* Bémol, Quinte de cette Octave; enfin le *mi* Bémol, Quinte grave de ce *si* Bémol : l'Octave aiguë duquel *mi* Bémol doit faire Quinte juste à-peu-près avec le *la* Bémol ou *sol* Dièse précédemment accordé. Quand cela arrive, la Partition est juste; autrement elle est fausse, & cela vient de n'avoir pas bien suivi les règles expliquées au mot *Tempérament*. (Voyez *Pl. F. Fig. 8.*) la succession d'Accords qui forme la *Partition*.

La *Partition* bien faite, l'accord du reste est très-facile, puisqu'il n'est plus question que d'Unissons & d'Octaves pour achever d'accorder tout le Clavier.

PASSACAILLE. *s. f.* Espèce de Chaconne dont le Chant est plus tendre & le mouvement plus lent que dans les Chaconnes ordinaires. (Voyez CHACONNE.) Les *Passacailles* d'Armide & d'Issé sont célèbres dans l'Opéra François.

PASSAGE. *s. m.* Ornement dont on charge un trait de Chant, pour l'ordinaire assez court; lequel est composé de plusieurs Notes ou Diminutions qui se chantent ou se jouent très-légérement. C'est ce que les Italiens appellent aussi *Passo*. Mais tout Chanteur

en

en Italie est obligé de savoir composer des *Passi*, au lieu que la plupart des Chanteurs François ne s'écartent jamais de la Note, & ne font de *Passages* que ceux qui sont écrits.

PASSE-PIED. *s. m.* Air d'une Danse de même nom, fort commune, dont la mesure est triple, se marque ¾, & se bat à un Temps. Le mouvement en est plus vif que celui du Menuet, le caractère de l'Air à-peu-près semblable; excepté que le *Passe-pied* admet la syncope, & que le Menuet ne l'admet pas. Les Mesures de chaque Reprise y doivent entrer de même en nombre pairement pair. Mais l'Air du *Passe-pied*, au lieu de commencer sur le *Frappé* de la Mesure, doit, dans chaque Reprise, commencer sur la croche qui le précède.

PASTORALE. *s. f.* Opéra champêtre dont les Personnages sont des Bergers, & dont la Musique doit être assortie à la simplicité de goût & de mœurs qu'on leur suppose.

Une *Pastorale* est aussi une Pièce de Musique faite sur des paroles relatives à l'état *Pastoral*, ou un Chant qui imite celui des Bergers, qui en a la douceur, la tendresse & le naturel; l'Air d'une Danse composée dans le même caractère s'appelle aussi *Pastorale*.

PASTORELLE. *s. f.* Air Italien dans le genre Pastoral. Les Airs François appellés Pastorales, sont ordinairement à deux Temps, & dans le caractère de Musette. Les *Pastorelles* Italiennes ont plus d'accent, plus de grace, autant de douceur & moins de fadeur. Leur Mesure est toujours le six-huit.

PATHÉTIQUE. *adj.* Genre de Musique dramatique & théâtral, qui tend à peindre & à émouvoir les grandes passions, & plus particuliérement la douleur & la tristesse. Toute l'expression de la Musique Françoise, dans le genre *Pathétique*, consiste dans les Sons traînés, renforcés, glapissans, & dans une telle lenteur de mouvement, que tout sentiment de la Mesure y soit effacé. De-là vient que les François croient que tout ce qui est lent est *Pathétique*, & que tout ce qui est *Pathétique* doit être lent. Ils ont même des Airs qui deviennent gais & badins, ou tendres & *Pathétiques*, selon qu'on les chante vîte ou lentement. Tel est un Air si connu dans tout Paris, auquel on donne le premier caractère sur ces paroles: *Il y a trente ans que mon cotillon traîne*, &c. & le second sur celles-ci: *Quoi: vous partez sans que rien vous ar-*

rête, &c. C'eſt l'avantage de la Mélodie Françoiſe ; elle ſert à tout ce qu'on veut. *Fiet avis, &, cum volet, arbor.*

Mais la Muſique Italienne n'a pas le même avantage : chaque Chant, chaque Mélodie a ſon caractère tellement propre, qu'il eſt impoſſible de l'en dépouiller. Son *Pathétique* d'Accent & de Mélodie ſe fait ſentir en toute ſorte de Meſure, & même dans les Mouvemens les plus vifs. Les Airs François changent de caractère ſelon qu'on preſſe ou qu'on ralentit le mouvement : chaque Air Italien a ſon Mouvement tellement déterminé, qu'on ne peut l'altérer ſans anéantir la Mélodie. L'Air ainſi défiguré ne change pas ſon caractère, il le perd ; ce n'eſt plus du Chant, ce n'eſt rien.

Si le caractère du *Pathétique* n'eſt pas dans le mouvement, on ne peut pas dire non plus qu'il ſoit dans le Genre, ni dans le Mode, ni dans l'Harmonie ; puiſqu'il y a des morceaux également *Pathétiques* dans les trois Genres, dans les deux Modes, & dans toutes les Harmonies imaginables. Le vrai *Pathétique* eſt dans l'Accent paſſionné, qui ne ſe détermine point par les règles ; mais que le génie trouve & que le cœur ſent, ſans que l'Art puiſſe, en aucune manière, en donner la loi.

PATTE A RÉGLER. *ſ. f.* On appelle ainſi un petit inſtrument de cuivre, compoſé de cinq petites rainures également eſpacées, attachées à un manche commun, par leſquelles on trace à la fois ſur le papier, & le long d'une règle, cinq lignes parallèles qui forment une Portée. (Voyez PORTÉE.)

PAVANE. *ſ. f.* Air d'une Danſe ancienne du même nom, laquelle depuis long-temps n'eſt plus en uſage. Ce nom de *Pavane* lui fut donné parce que les figurans faiſoient, en ſe regardant, une eſpèce de roue à la manière des Paons. L'Homme ſe ſervoit, pour cette roue, de ſa cape & de ſon épée qu'il gardoit dans cette Danſe, & c'eſt par alluſion à la vanité de cette attitude qu'on a fait le verbe réciproque *ſe pavaner*.

PAUSE. *ſ. f.* Intervalle de temps qui, dans l'exécution, doit ſe paſſer en ſilence par la Partie où la *Pauſe* eſt marquée. (Voyez TACET, SILENCE.)

Le nom de *Pauſe* peut s'appliquer à des Silences de différentes durées, mais communément il s'entend d'une meſure pleine. Cette *Pauſe* ſe marque par un demi-Bâton qui, partant d'une des lignes intérieures de la Portée, descend jusqu'à la moitié de l'espace compris entre cette ligne & la ligne qui est immédiatement au-dessous. Quand on a plusieurs *Pauses* à marquer, alors on doit se servir des figures dont j'ai parlé au mot Bâton, & qu'on trouve marquées *Pl. D. Fig. 9*.

A l'égard de la *demi-Pause*, qui vaut une Blanche, ou la moitié d'une Mesure à quatre Temps, elle se marque comme la *Pause* entière, avec cette différence que la *Pause* tient à une ligne par le haut, que la *demi-Pause* y tient par le bas. Voyez, dans la même Figure 9, la distinction de l'une & de l'autre.

Il faut remarquer que la *Pause* vaut toujours une Mesure juste, dans quelque espèce de Mesure qu'on soit; au lieu que la *demi-Pause* a une valeur fixe & invariable : de sorte que, dans toute Mesure, qui vaut plus ou moins d'une Ronde ou de deux Blanches, on ne doit point se servir de la *demi-Pause* pour marquer une demi-Mesure, mais des autres silences qui en expriment la juste valeur.

Quant à cette autre espèce de *Pause* connue dans nos anciennes Musiques sous le nom de *Pauses initiales*, parce qu'elles se plaçoient après la Clef, & qui servoient, non à exprimer des Silences, mais à déterminer le Mode ; ce nom de *Pauses* ne leur fut donné qu'abusivement : c'est pourquoi je renvoie sur cet article aux mots *Bâtons* & *Mode*.

PAUSER. *v. n.* Appuyer sur une syllabe en chantant. On ne doit *Pauser* que sur les syllabes longues, & l'on ne *Pause* jamais sur les e muets.

PÉAN. *s. m.* Chant de victoire parmi les Grecs, en l'honneur des Dieux, & sur-tout d'Apollon.

PENTACORDE. *s. m.* C'étoit chez les Grecs tantôt un Instrument à cinq cordes, & tantôt un ordre ou système formé de cinq Sons : c'est en ce dernier sens que la Quinte ou Diapente s'appelloit quelquefois *Pentacorde*.

PENTATONON. *s. m.* C'étoit dans la Musique ancienne le nom d'un Intervalle que nous appellons aujourd'hui Sixte-superflue. (Voyez SIXTE.) Il est composé de quatre Tons, d'un semi-Ton majeur & d'un semi-Ton mineur, d'où lui vient le nom de *Pentatonon*, qui signifie *cinq tons*.

PERFIDIE. *f. f.* Terme emprunté de la Musique Italienne, & qui signifie une certaine affectation de faire toujours la même chose, de pourfuivre toujours le même deffein, de conferver le même Mouvement, le même caractère de Chant, les mêmes Paffages, les mêmes figures de Notes. (Voyez DESSEIN, CHANT, MOUVEMENT.) Telles font les Baffes-contraintes ; comme celles des anciennes Chaconnes, & une infinité de manières d'Accompagnement contraint ou *Perfidié*, *Perfidiato*, qui dépendent du caprice des Compofiteurs.

Ce terme n'eft point ufité en France, & je ne fais s'il a jamais été écrit en ce fens ailleurs que dans le Dictionnaire de Broffard.

PÉRIÉLÈSE. *f. f.* Terme de Plain-Chant. C'eft l'interpofition d'une ou plufieurs Notes dans l'intonation de certaines pièces de Chant, pour en affurer la Finale, & avertir le Chœur que c'eft à lui de reprendre & pourfuivre ce qui fuit.

La *Périeléfe* s'appelle autrement *Cadence* ou *petite Neume*, & fe fait de trois manières ; favoir, 1°. Par *Circonvolution*. 2°. Par *Intercidence* ou *Diaptofe*. 3°. Ou par fimple *Duplication*. Voyez ces mots.

PERIPHERÈS. *f. f.* Terme de la Mufique Grecque, qui fignifie une fuite de Notes tant afcendantes que defcendantes, & qui reviennent, pour ainfi dire, fur elles-mêmes. La *Peripherès* étoit formée de l'*Anacamptos* & de l'*Euthia*.

PETTEIA. *f. f.* Mot Grec qui n'a point de correfpondant dans notre langue, & qui eft le nom de la dernière des trois parties dans lefquelles on fubdivife la Mélopée. (Voyez MÉLOPÉE.)

La *Petteia* eft, felon Ariftide Quintilien, l'art de difcerner les Sons dont on doit faire ou ne pas faire ufage, ceux qui doivent être plus ou moins fréquens, ceux par où l'on doit commencer & ceux par où l'on doit finir.

C'eft la *Petteia* qui conftitue les Modes de la Mufique ; elle détermine le Compofiteur dans le choix du genre de Mélodie relatif au mouvement qu'il veut peindre ou exciter dans l'ame, felon les perfonnes & felon les occafions. En un mot la *Petteia*, partie de l'Hermofménon qui regarde la Mélodie, eft à cet égard ce que les Mœurs font en Poéfie.

On ne voit pas ce qui a porté les anciens à lui donner ce nom, à moins qu'ils ne l'aient pris de πετλία leur jeu d'Échecs; la *Petteia* dans la Musique étant une règle pour combiner & arranger les Sons comme le jeu d'Échecs en est une autre pour arranger les Pièces appellées πέσσα, *Calculi*.

PHILÉLIE. *s. f.* C'étoit chez les Grecs une sorte d'Hymne ou de Chanson en l'honneur d'Apollon. (Voyez CHANSON.)

PHONIQUE. *s. f.* Art de traiter & combiner les Sons sur les principes de l'Acoustique. (Voyez ACOUSTIQUE.)

PHRASE. *s. f.* Suite de Chant ou d'Harmonie qui forme sans interruption un sens plus ou moins achevé, & qui se termine sur un repos par une Cadence plus ou moins parfaite.

Il y a deux espèces de *Phrases* musicales. En Mélodie la *Phrase* est constituée par le Chant, c'est-à-dire, par une suite de Sons tellement disposés, soit par rapport au Ton, soit par rapport au Mouvement, qu'ils fassent un tout bien lié, lequel aille se résoudre sur une Corde essentielle du mode où l'on est.

Dans l'Harmonie, la *Phrase* est une suite régulière d'Accords tous liés entr'eux par des Dissonnances exprimées ou sous-entendues; laquelle se résout sur une Cadence absolue, & selon l'espèce de cette Cadence : selon que le sens en est plus ou moins achevé, le repos est aussi plus ou moins parfait.

C'est dans l'invention des *Phrases* musicales, dans leurs proportions, dans leur entrelacement, que consistent les véritables beautés de la Musique. Un Compositeur qui ponctue & phrase bien, est un homme d'esprit : un Chanteur qui sent, marque bien ses *Phrases* & leur accent, est un homme de goût : mais celui qui ne fait voir & rendre que les Notes, les Tons, les Temps, les Intervalles, sans entrer dans le sens des *Phrases*, quelque sûr, quelque exact d'ailleurs qu'il puisse être, n'est qu'un Croque-sol.

PHRYGIEN. *adj.* Le Mode *Phrygien* est un des quatre principaux & plus anciens Modes de la Musique des Grecs. Le caractère en étoit ardent, fier, impétueux, véhément, terrible. Aussi étoit-ce, selon Athénée, sur le Ton ou Mode *Phrygien* que l'on sonnoit les Trompettes & autres Instrumens militaires.

Ce Mode inventé, dit-on, par Marsias Phrygien, occupe le milieu entre le Lydien & le Dorien; & sa Finale est à un *Ton* de distance de celles de l'un & de l'autre.

PIÈCE. *f. f.* Ouvrage de Muſique d'une certaine étendue, quelquefois d'un ſeul morceau & quelquefois de pluſieurs, formant un enſemble & un tout fait pour être exécuté de ſuite. Ainſi une Ouverture eſt une *Pièce*, quoique compoſée de trois morceaux, & un Opéra même eſt une *Pièce*, quoique diviſé par Actes. Mais outre cette acception générique, le mot *Pièce* en a une plus particulière dans la Muſique Inſtrumentale, & ſeulement pour certains Inſtrumens, tels que la Viole & le Clavecin. Par exemple, on ne dit point une *Pièce de Violon*; l'on dit *une Sonate* : & l'on ne dit guères une Sonate de Clavecin; l'on dit *une Pièce*.

PIED. *f. m.* Meſure de Temps ou de quantité, diſtribuée en deux ou pluſieurs valeurs égales ou inégales. Il y avoit dans l'ancienne Muſique cette différence des Temps aux *Pieds*, que les Temps étoient comme les Points ou élémens indiviſibles, & les *Pieds* les premiers compoſés de ces élémens. Les *Pieds*, à leur tour, étoient les élémens du Mètre ou du Rhythme.

Il y avoit des *Pieds* ſimples, qui pouvoient ſeulement ſe diviſer en Temps, & de compoſés, qui pouvoient ſe diviſer en d'autres *Pieds*, comme le Choriambé, qui pouvoit ſe réſoudre en un Trochée & un Iambe. L'Ionique en un Pyrrique & un Spondée, &c.

Il y avoit des *Pieds* Rhythmiques, dont les quantités relatives & déterminées étoient propres à établir des rapports agréables, comme égales, doubles, ſeſquialtères, ſeſquitierces, &c. & de non Rhythmiques, entre leſquels les rapports étoient vagues, incertains, peu ſenſibles; tels, par exemple, qu'on en pourroit former de mots François, qui, pour quelques ſyllabes brèves ou longues, en ont une infinité d'autres ſans valeur indéterminée, ou qui, brèves ou longues ſeulement dans les règles des Grammairiens, ne ſont ſenties comme telles, ni par l'oreille des Poëtes, ni dans la pratique du Peuple.

PINCÉ. *f. m.* Sorte d'agrément propre à certains Inſtrumens, & ſur-tout au Clavecin : il ſe fait, en battant alternativement le Son de la Note écrite avec le Son de la Note inférieure, & obſervant de commencer & finir par la Note qui porte le *Pincé*. Il y a cette différence du *Pincé* au Tremblement ou Trille que celui-ci ſe bat avec la Note ſupérieure, & le *Pincé* avec la Note inférieure. Ainſi le Trille ſur *ut* ſe bat ſur l'*ut* & ſur le *re*, & le

Pincé fur le même *ut*, fe bat fur l'*ut* & fur le *fi*. Le *Pincé* eft marqué, dans les Pièces de Couperin, avec une petite croix fort femblable à celle avec laquelle on marque le Trille dans la Mufique ordinaire. Voyez les fignes de l'un & de l'autre à la tête des Pièces de cet Auteur.

PINCER. *v. a.* C'eft employer les doigts au lieu de l'Archet pour faire fonner les Cordes d'un Inftrument. Il y a des Inftrumens à Cordes qui n'ont point d'Archet, & dont on ne joue qu'en les *pinçant*; tels font le Siftre, le Luth, la Guittarre : mais on pince auffi quelquefois ceux où l'on fe fert ordinairement de l'Archet, comme le Violon & le Violoncelle; & cette manière de jouer, prefque inconnue dans la Mufique Françoife, fe marque dans l'Italienne par le mot *Pizzicato*.

PIQUÉ. *adj. pris adverbialement.* Manière de jouer en pointant les Notes, & marquant fortement le Pointé.

Notes *piquées* font des fuites de Notes montant ou defcendant diatoniquement, ou rebattues fur le même Degré, fur chacune defquelles on met un Point, quelquefois un peu allongé pour indiquer qu'elles doivent être marquées égales par des coups de langue ou d'Archet fecs & détachés, fans retirer ou repouffer l'Archet, mais en le faifant paffer en frappant & fautant fur la Corde autant de fois qu'il y a de Notes, dans le même fens qu'on a commencé.

PIZZICATO. Ce mot écrit dans les Mufiques Italiennes avertit qu'il faut *Pincer*. (Voyez PINCER.)

PLAGAL. *adj.* Ton ou Mode *Plagal*. Quand l'Octave fe trouve divifée arithmétiquement, fuivant le langage ordinaire; c'eft-à-dire, quand la Quarte eft au grave & la Quinte à l'aigu, on dit que le Ton eft *Plagal*, pour le diftinguer de l'Authentique où la Quinte eft au grave & la Quarte à l'aigu.

Suppofons l'Octave *A a* divifée en deux parties par la Dominante *E*, fi vous modulez entre les deux *la* dans l'efpace d'une Octave, & que vous faffiez votre Finale fur l'un de ces *la*, votre Mode eft *Authentique*. Mais fi, modulant de même entre ces deux *la*, vous faites votre Finale fur la Dominante *mi*, qui eft intermédiaire, ou que modulant de la Dominante à fon Octave, vous faffiez la Finale fur la Tonique intermédiaire, dans ces deux cas le Mode eft *Plagal*.

Voilà toute la différence, par laquelle on voit que tous les Tons font réellement authentiques, & que la diſtinction n'eſt que dans le Diapaſon du Chant & dans le choix de la Note ſur laquelle on s'arrête, qui eſt toujours la Tonique dans l'Authentique, & le plus ſouvent la Dominante dans le *Plagal.*

L'étendue des Voix, & la diviſion des Parties a fait diſparoître ces diſtinctions dans la Muſique; & on ne les connoît plus que dans le Plain-Chant. On y compte quatre Tons *Plagaux* ou Collatéraux; ſavoir, le ſecond, le quatrième, le ſixième & le huitième; tous ceux dont le nombre eſt pair. (Voyez Tons de l'Égliſe.)

PLAIN-CHANT. *ſ. m.* C'eſt le nom qu'on donne dans l'Égliſe Romaine au Chant Eccléſiaſtique. Ce Chant, tel qu'il ſubſiſte encore aujourd'hui, eſt un reſte bien défiguré, mais bien précieux, de l'ancienne Muſique Grecque, laquelle, après avoir paſſé par les mains des barbares, n'a pu perdre encore toutes ſes premières beautés. Il lui en reſte aſſez pour être de beaucoup préférable, même dans l'état où il eſt actuellement, & pour l'uſage auquel il eſt deſtiné, à ces Muſiques efféminées & théatrales, ou mauſſades & plattes, qu'on y ſubſtitue en quelques Égliſes, ſans gravité, ſans goût, ſans convenance, & ſans reſpect pour le lieu qu'on oſe ainſi profaner.

Le temps où les Chrétiens commencerent d'avoir des Égliſes & d'y chanter des Pſeaumes & d'autres Hymnes, fut celui où la Muſique avoit déja perdu preſque toute ſon ancienne énergie par un progrès dont j'ai expoſé ailleurs les cauſes. Les Chrétiens s'étant ſaiſis de la Muſique dans l'état où ils la trouverent, lui ôterent encore la plus grande force qui lui étoit reſtée; ſavoir, celle du Rhythme & du Mètre, lorſque, des vers auxquels elle avoit toujours été appliquée, ils la tranſporterent à la proſe des Livres Sacrés, ou à je ne ſais quelle barbare Poéſie, pire pour la Muſique que la proſe même. Alors l'une des deux parties conſtitutives s'évanouit, & le Chant ſe traînant, uniformement & ſans aucune eſpèce de Meſure, de Notes en Notes preſque égales, perdit avec ſa marche rhythmique & cadencée toute l'énergie qu'il en recevoit. Il n'y eut plus que quelques Hymnes dans leſquelles, avec la Proſodie & la quantité des Pieds, conſervés, on ſentit tît encore un peu la cadence du vers; mais ce ne fut plus là le caractère général du *Plain-Chant*, dégénéré le plus souvent en une Psalmodie toujours monotone & quelquefois ridicule, sur une Langue telle que la Latine, beaucoup moins harmonieuse & accentuée que la Langue Grecque.

Malgré ces pertes si grandes, si essentielles, le *Plain-Chant* conservé d'ailleurs par les Prêtres dans son caractère primitif, ainsi que tout ce qui est extérieur & cérémonie dans leur Eglise, offre encore aux connoisseurs de précieux fragmens de l'ancienne Mélodie & de ses divers Modes, autant qu'elle peut se faire sentir sans Mesure & sans rhythme, & dans le seul Genre Diatonique qu'on peut dire n'être, dans sa pureté, que le *Plain-Chant*. Les divers Modes y conservent leurs deux distinctions principales; l'une par la différence des Fondamentales ou Toniques, & l'autre par la différente position des deux semi-Tons, selon le Degré du système Diatonique naturel où se trouve la Fondamentale, & selon que le Mode Authentique ou Plagal représente les deux Tétracordes conjoints ou disjoints. (Voyez SYSTÈMES, TÉTRACORDES, TONS DE L'ÉGLISE.)

Ces Modes, tels qu'ils nous ont été transmis dans les anciens Chants Ecclésiastiques, y conservent une beauté de caractère & une variété d'affections bien sensibles aux connoisseurs non prévenus, & qui ont conservé quelque jugement d'oreille pour les systêmes mélodieux établis sur des principes différens des nôtres: mais on peut dire qu'il n'y a rien de plus ridicule & de plus plat que ces *Plains-Chants* accommodés à la moderne, prétintaillés des ornemens de notre Musique, & modulés sur les Cordes de nos Modes: comme si l'on pouvoit jamais marier notre systême harmonique avec celui des Modes anciens, qui est établi sur des principes tout différens. On doit savoir gré aux Évêques, Prévôts & Chantres qui s'opposent à ce barbare mélange, & desirer, pour le progrès & la perfection d'un Art; qui n'est pas, à beaucoup près, au point où l'on croit l'avoir mis, que ces précieux restes de l'antiquité soient fidélement transmis à ceux qui auront assez de talent & d'autorité pour en enrichir le systême moderne. Loin qu'on doive porter notre Musique dans le *Plain-Chant*, je suis persuadé qu'on gagneroit à transporter le *Plain-Chant* dans notre Musique; mais il faudroit avoir pour cela beaucoup de goût, encore plus de savoir, & sur-tout être exempt de préjugés.

Le *Plain-Chant* ne se note que sur quatre lignes, & l'on n'y emploie que deux Clefs; savoir la Clef d'*ut* & la Clef de *fa*; qu'une seule Transposition, savoir un Bémol; & que deux figures de Notes, savoir la Longue ou Quarrée, à laquelle on ajoute quelquefois une queue, & la Brève qui est en losange.

Ambroise, Archevêque de Milan, fut, à ce qu'on prétend, l'inventeur du *Plain-Chant*; c'est-à-dire, qu'il donna le premier une forme & des règles au Chant Ecclésiastique pour l'approprier mieux à son objet, & le garantir de la barbarie & du dépérissement où tomboit de son temps la Musique. Grégoire, Pape, le perfectionna & lui donna la forme qu'il conserve encore aujourd'hui à Rome & dans les autres Églises où se pratique le Chant Romain. L'Église Gallicane n'admit qu'en partie avec beaucoup de peine & presque par force le Chant Grégorien. L'extrait suivant d'un Ouvrage du Temps même, imprimé à Francfort en 1594, contient le détail d'une ancienne querelle sur le *Plain-Chant*, qui s'est renouvellée de nos jours sur la Musique, mais qui n'a pas eu la même issue. Dieu fasse paix au grand Charlemagne.

» Le très-pieux Roi Charles étant retourné célébrer la Pâque à Rome avec le Seigneur Apostolique, il s'émut, durant les fêtes, une querelle entre les Chantres Romains & les Chantres François. Les François prétendoient chanter mieux & plus agréablement que les Romains. Les Romains, se disant les plus savans dans le Chant ecclésiastique, qu'ils avoient appris du Pape Saint Grégoire, accusoient les François de corrompre, écorcher & défigurer le vrai Chant. La dispute ayant été portée devant le Seigneur Roi, les François qui se tenoient forts de son appui, insultoient aux Chantres Romains. Les Romains, fiers de leur grand savoir, & comparant la Doctrine de Saint Grégoire à la rusticité des autres, les traitoient d'ignorans, de rustres, de sots, & de grosses bêtes. Comme cette altercation ne finissoit point, le très-pieux Roi Charles dit à ses Chanteurs: déclarez-nous quelle est l'eau la plus pure & la meilleure, celle qu'on prend à la source vive d'une fontaine, ou celle des rigoles qui n'en découlent que de bien loin ? Ils dirent tous que l'eau de la source étoit la plus pure & celle des rigoles d'autant plus altérée & sale qu'elle venoit de plus loin. Remontez donc, reprit le Seigneur Roi Charles, à la fontaine de Saint Grégoire dont vous avez évidemment corrompu le Chant. Ensuite le Seigneur Roi demanda au Pape Adrien des Chantres pour corriger le Chant François, & le Pape lui donna Théodore & Benoît, deux Chantres très-savans & instruits par Saint Grégoire même : il lui donna aussi des Antiphoniers de Saint Grégoire qu'il avoit notés lui-même en Note Romaine. De ces deux Chantres, le Seigneur Roi Charles, de retour en France, en envoya un à Metz & l'autre à Soissons, ordonnant à tous les Maîtres de Chant des Villes de France de leur donner à corriger les Antiphoniers, & d'apprendre d'eux à Chanter. Ainsi furent corrigés les Antiphoniers François que chacun avoit altérés par des additions & retranchemens à sa mode, & tous les Chantres de France apprirent le Chant Romain, qu'ils appellent maintenant Chant François ; mais quant aux Sons tremblans, flattés, battus, coupés dans le Chant, les François ne purent jamais bien le rendre, faisant plutôt des chevrottemens que des roulemens, à cause de la rudesse naturelle & barbare de leur gosier. Du reste, la principale école de Chant demeura toujours à Metz, & autant le Chant Romain surpasse celui de Metz, autant le Chant de Metz surpasse celui des autres écoles Françoises. Les Chantres Romains apprirent de même aux Chantres François à s'accompagner des Instrumens ; & le Seigneur Roi Charles, ayant derechef amené avec soi en France des Maîtres de Grammaire & de calcul, ordonna qu'on établit par-tout l'étude des Lettres ; car avant ledit Seigneur Roi l'on n'avoit en France aucune connoissance des Arts libéraux. "

Ce passage est si curieux que les Lecteurs me sauront gré, sans doute, d'en transcrire ici l'original.

Et reversus est Rex piissimus Carolus, & celebravit Romæ Pascha cum Domino Apostolico. Ecce orta est contentio per dies festos Paschæ inter Cantores Romanorum & Gallorum. Dicebant se Galli melius cantare & pulchriùs quàm Romani. Dicebant se Romani doctissimè cantilenas ecclesiasticas proferre, sicut Docti fuerant à Sancto Gregorio Papâ, Gallos corruptè cantare, & cantilenam sanam destruendo dilacerare. Quæ contentio ante Dominum Regem

Carolum pervenit. Galli verò propter securitatem Domini Regis Caroli valdè exprobrabant Cantoribus Romanis, Romani verò propter authoritatem magnæ doctrinæ eos stultos, rusticos & indoctos velut bruta animalia affirmabant, & doctrinam Sancti Gregorii præferebant rusticitati eorum : & cum altercatio de neutrâ parte finiret, ait Domus piissimus Rex Carolus ad suos Cantores : Dicite palàm quis purior est, & quis melior, aut fons vivus, aut rivuli ejus longe decurrentes? Responderunt omnes unâ voce, fontem, velut caput & originem, puriorem esse; rivulos autem ejus quantò longiùs à fonte recesserint, tantò turbulentos & sordibus ac immunditiis corruptos; & ait Domnus Rex Carolus : Revertimini vos ad fontem Sancti Gregorii, quia manifestè corrupistis cantilenam ecclesiasticam. Mox petiit Domnus Rex Carolus ab Adriano Papâ Cantores qui Franciam corrigerent de Cantu. At ille dedit ei Theodorum & Benedictum doctissimos Cantores qui à Sancto Gregorio eruditi fuerant, tribuitque Antiphonarios Sancti Gregorii, quos ipse notaverat notâ Romanâ : Domnus verò Rex Carolus revertens in Franciam misit unum Cantorem in Metis Civitate, alterum in Suessonis Civitate, præcipiens de omnibus Civitatibus Franciæ Magistros scholæ Antiphonarios eis ad corrigendum tradere, & ab eis discere cantare. Correcti sunt ergò Antiphonarii Francorum, quos unusquisque pro suo arbitrio vitiaverat, addens vel minuens; & omnes Franciæ Cantores didicerunt notam Romanam quam nunc vocant notam Franciscam : excepto quòd tremulas vel vinnulas, sive collisibiles vel secabiles voces in Cantu non poterant perfectè exprimere Franci, naturali voce barbaricâ frangentes in gutture voces, quàm potiùs exprimentes. Majus autem Magisterium Cantandi in Metis remansit; quantùmque Magisterium Romanum superat Metense in arte Cantandi, tantò superat Metensis Cantilena cæteras scholas Gallorum. Similiter erudierunt Romani Cantores supradictos Cantores Francorum in arte organandi; & Domnus Rex Carolus iterùm à Româ artis grammaticæ & computatoriæ Magistros secum adduxit in Franciam, & ubique studium litterarum expandere jussit. Ante ipsum enim Domnum Regem Carolum in Galliâ nullum studium fuerat liberalium Artium. Vide Annal. & Hist. Francor. ab an. 708. ad an. 990. Scriptores coœtaneos. impr. Francofurti 1594. sub vitâ Caroli magni.

PLAINTE. *s. f.* (Voyez ACCENT.)

P L E. 373

PLEINT-CHANT. (Voyez PLAINT-CHANT.)

PLEIN-JEU, se dit du Jeu de l'Orgue, lorsqu'on a mis tous les registres, & aussi lorsqu'on remplit toute l'Harmonie ; il se dit encore des Instrumens d'archet, lorsqu'on en tire tout le Son qu'ils peuvent donner.

PLIQUE. *s. f. Plica*, sorte de Ligature dans nos anciennes Musiques. La *Plique* étoit un signe de retardement ou de lenteur (*signum morositatis*, dit Muris.) Elle se faisoit en passant d'un Son à un autre, depuis le semi-Ton jusqu'à la Quinte, soit en montant, soit en descendant ; & il y en avoit de quatre sortes. 1. La *Plique* longue ascendante est une figure quadrangulaire avec un seul trait ascendant à droite, ou avec deux traits dont celui de la droite est le plus grand ▨. 2. La *Plique* longue descendante a deux traits descendans dont celui de la droite est le plus grand ▨. 3. La *Plique* brève ascendante a le trait montant de la gauche plus long que celui de la droite ▨. 4. Et la descendante a le trait descendant de la gauche plus grand que celui de la droite ▨.

POINCT ou **POINT.** *s. m.* Ce mot en Musique signifie plusieurs choses différentes.

Il y a dans nos vieilles Musiques six sortes de *Points*, savoir ; *Point* de perfection, *Point* d'impression, *Point* d'accroissement, *Point* de division, *Point* de translation, & *Point* d'altération.

I. Le *Point* de perfection appartient à la division ternaire. Il rend parfaite toute Note suivie d'une autre Note moindre de la moitié par sa figure : alors, par la force du *Point* intermédiaire, la Note précédente vaut le triple au lieu du double de celle qui suit.

II. Le *Point* d'imperfection placé à la gauche de la Longue, diminue sa valeur, quelquefois d'une Ronde ou semi-Brève, quelquefois de deux. Dans le premier cas, on met une Ronde entre la Longue & le *Point* ; dans le second, on met deux Rondes à la droite de la Longue.

III. Le *Point* d'accroissement appartient à la division binaire, & entre deux Notes égales, il fait valoir celle qui précède le double de celle qui suit.

IV. Le *Point* de division se met avant une semi-Brève suivie d'une Brève dans le Temps parfait. Il ôte un Temps à cette Brève, & fait qu'elle ne vaut plus que deux Rondes au lieu de trois.

V. Si une Ronde entre deux *Points* se trouve suivie de deux ou plusieurs Brèves en Temps imparfait, le second point transfère la signification à la dernière de ces Brèves, la rend parfaite & la fait valoir trois Temps. C'est le *Point* de translation.

VI. Un *Point* entre deux Rondes, placées elles-mêmes entre deux Brèves ou Quarrées dans le Temps parfait, ôte un Temps à chacune de ces deux Brèves; de sorte que chaque Brève ne vaut plus que deux Rondes, au lieu de trois. C'est le *Point* d'altération.

Ce même *Point* devant une Ronde suivie de deux autres Rondes entre deux Brèves ou Quarrées double la valeur de la dernière de ces Rondes.

Comme ces anciennes divisions du Temps en parfait & imparfait ne sont plus d'usage dans la Musique, toutes ces significations du *Point*, qui, à dire vrai, sont fort embrouillées, se sont abolies depuis long-temps.

Aujourd'hui le *Point*, pris comme valeur de Note, vaut toujours la moitié de celle qui le précède. Ainsi après la Ronde le *Point* vaut une Blanche, après la Blanche une Noire, après la Noire une Croche, &c. Mais cette manière de fixer la valeur du *Point* n'est sûrement pas la meilleure qu'on eût pu imaginer, & cause souvent bien des embarras inutiles.

POINT-D'ORGUE ou POINT-DE-REPOS, est une autre espèce de *Point* dont j'ai parlé au mot *Couronne*. C'est relativement à cette espèce de point qu'on appelle généralement *Points d'Orgue* ces sortes de Chants, mesurés ou non mesurés, écrits ou non écrits, & toutes ces successions harmoniques qu'on fait passer sur une seule Note de Basse toujours prolongée. (Voyez CADENZA.)

Quand ce même Point surmonté d'une Couronne s'écrit sur la dernière Note d'un Air ou d'un morceau de Musique, il s'appelle alors *Point final*.

Enfin il y a encore une autre espèce de *Points*, appellés *Points détachés*, lesquels se placent immédiatement au-dessus ou au-dessous de la tête des Notes; on en met presque toujours plusieurs de fuite, & cela avertit que les Notes ainfi ponctuées doivent être marquées par des coups de langue ou d'archet égaux, fecs & détachés.

POINTER. v. a. C'eft, au moyen du Point, rendre alternativement longues & brèves des fuites de Notes naturellement égales, telles, par exemple, qu'une fuite de Croches. Pour les *Pointer* fur la Note, on ajoute un Point après la première, une double-Croche fur la feconde, un Point après la troifième, puis une double-Croche, & ainfi de fuite. De cette manière elles gardent de deux en deux la même valeur qu'elles avoient auparavant; mais cette valeur fe diftribue inégalement entre les deux Croches; de forte que la première ou Longue en a les trois quarts, & la feconde ou Brève l'autre quart. Pour les *Pointer* dans l'exécution, on les paffe inégales felon ces mêmes proportions, quand même elles feroient notées égales.

Dans la Mufique Italienne toutes les Croches font toujours égales, à moins qu'elles ne foient marquées *Pointées*. Mais dans la Mufique Françoife on ne fait les Croches exactement égales que dans la Mefure à quatre Temps; dans toutes les autres, on les pointe toujours un peu, à moins qu'il ne foit écrit *Croches égales*.

POLYCÉPHALE. adj. Sorte de Nome pour les flûtes en l'honneur d'Apollon. Le Nome *Polycéphale* fut inventé, felon les uns, par le fecond Olympe-Phrygien, defcendant du fils de Marfias, & felon d'autres, par Cratès, difciple de ce même Olympe.

POLYMNASTIE, ou POLYMNASTIQUE. adj. Nome pour les Flûtes, inventé, felon les uns, par une femme nommée Polymnefte, & felon d'autres, par Polymneftus, fils de Mélès Colophonien.

PONCTUER. v. a. C'eft, en terme de compofition, marquer les repos plus ou moins parfaits, & divifer tellement les phrafes qu'on fente par la Modulation & par les Cadences leurs commencemens, leurs chûtes, & leurs liaifons plus ou moins grandes, comme on fent tout cela dans le difcours à l'aide de la ponctuation.

PORT-DE-VOIX. f. m. Agrément du Chant, lequel fe marque par une petite Note appellée en Italien *Appoggiatura*, & fe pratique en montant diatoniquement d'une note à celle qui la fuit, par un coup de gofier dont l'effet eft marqué dans la *Planche B. Fig. 13*.

PORT-DE-VOIX JETTÉ, se fait, lorsque, montant diatoniquement d'une Note à sa Tierce, on appuie la troisième Note sur le son de la seconde, pour faire sentir seulement cette troisième Note par un coup de gosier redoublé, tel qu'il est marqué *Pl. B. Fig. 13.*

PORTÉE. *s. f.* La *Portée* ou Ligne de Musique est composée de cinq lignes parallèles, sur lesquelles ou entre lesquelles les diverses Positions des Notes en marquent les Intervalles ou Degrés. La *Portée* du Plain-Chant n'a que quatre Lignes : elle en avoit d'abord huit, selon Kircher, marquées chacune d'une lettre de la Gamme, de sorte qu'il n'y avoit qu'un Degré conjoint d'une Ligne à l'autre. Lorsqu'on doubla les Degrés en plaçant aussi des Notes dans les Intervalles, la *Portée* de huit Lignes, réduite à quatre, se trouva de la même étendue qu'auparavant.

A ce nombre de cinq Lignes dans la Musique, & de quatre dans le Plain-Chant, on en ajoute de postiches ou accidentelles quand cela est nécessaire & que les Notes passent en haut ou en bas l'étendue de la *Portée.* Cette étendue, dans une *Portée* de Musique, est en tout d'onze Notes formant dix Degrés diatoniques ; & dans le Plain-Chant, de neuf Notes formant huit Degrés. (Voyez CLEF, NOTES, LIGNES.)

POSITION. *s. f.* Lieu de la Portée où est placée une Note pour fixer le Degré d'élévation du Son qu'elle représente.

Les Notes n'ont, par rapport aux Lignes, que deux différentes *Positions*; savoir, sur une Ligne ou dans un espace, & ces *Positions* sont toujours alternatives lorsqu'on marche diatoniquement. C'est ensuite le lieu qu'occupe la Ligne même ou l'espace dans la Portée & par rapport à la Clef qui détermine la véritable *Position* de la Note dans le Clavier général.

On appelle aussi *Position* dans la Mesure le Temps qui se marque en frappant, en baissant ou posant la main, & qu'on nomme plus communément le *Frappé.* (Voyez THESIS.)

Enfin l'on appelle *Position* dans le jeu des Instrumens à manche, le lieu où la main se pose sur le manche, selon le Ton dans lequel on veut jouer. Quand on a la main tout au haut du manche contre le sillet, en sorte que l'index pose à un Ton de la Corde-à-jour, c'est la *Position* naturelle. Quand on démanche on
compte

compte les *Positions* par les Degrés diatoniques dont la main s'éloigne du sillet.

PRÉLUDE. *s. m.* Morceau de Symphonie qui sert d'introduction & de préparation à une Pièce de Musique. Ainsi les Ouvertures d'Opéra sont des *Préludes*; comme aussi les Ritournelles qui sont assez souvent au commencement des Scenes & Monologues.

Prélude est encore un trait de Chant qui passe par les principales Cordes du Ton, pour l'annoncer, pour vérifier si l'Instrument est d'accord, &c. Voyez l'Article suivant.

PRÉLUDER. *v. n.* C'est en général chanter ou jouer quelques traits de fantaisie irréguliers & assez courts, mais passant par les Cordes essentielles du Ton, soit pour l'établir, soit pour disposer sa Voix ou bien poser sa main sur un Instrument, avant de commencer une Pièce de Musique.

Mais sur l'Orgue & sur le Clavecin l'Art de *Préluder* est plus considérable. C'est composer & jouer impromptu des Pièces chargées de tout ce que la Composition a de plus savant en Dessein, en Fugue, en Imitation, en Modulation & en Harmonie. C'est sur-tout en *Préludant* que les grands Musiciens, exempts de cet extrême asservissement aux règles que l'œil des critiques leur impose sur le papier, font briller ces Transitions savantes qui ravissent les Auditeurs. C'est-là qu'il ne suffit pas d'être bon Compositeur, ni de bien posséder son Clavier, ni d'avoir la main bonne & bien exercée, mais qu'il faut encore abonder de ce feu de génie & de cet esprit inventif qui font trouver & traiter sur le champ les sujets les plus favorables à l'Harmonie & les plus flatteurs à l'oreille. C'est par ce grand Art de *Préluder* que brillent en France les excellens Organistes, tels que sont maintenant les Sieurs Calvière & Daquin, surpassés toutefois l'un & l'autre par M. le Prince d'Ardore, Ambassadeur de Naples, lequel, pour la vivacité de l'invention & la force de l'exécution, efface les plus illustres Artistes & fait à Paris l'admiration des connoisseurs.

PRÉPARATION. *s. f.* Acte de préparer la Dissonnance. (Voyez PRÉPARER.)

PRÉPARER. *v. a. Préparer* la Dissonnance, c'est la traiter dans l'Harmonie de manière qu'à la faveur de ce qui précède, elle soit moins dure à l'oreille qu'elle ne feroit fans cette précaution; felon cette définition toute Diffonnance veut être préparée. Mais lorfque pour *Préparer* une Diffonnance, on exige que le Son qui la forme ait fait confonnance auparavant, alors il n'y a fondamentalement qu'une feule Diffonnance qui fe *Prépare*, favoir la Septième; encore cette Préparation n'eft-elle point néceffaire dans l'Accord fenfible, parce qu'alors la Diffonnance étant caractériftique, & dans l'Accord & dans le Mode, eft fuffifamment annoncée; que l'oreille s'y attend, la reconnoît, & ne fe trompe ni fur l'Accord ni fur fon progrès naturel. Mais lorfque la Septième fe fait entendre fur un Son fondamental qui n'eft pas effentiel au Mode, on doit la *Préparer* pour prévenir toute équivoque, pour empêcher que l'oreille de l'écoutant ne s'égare; & comme cet Accord de Septième fe renverfe & fe combine de plufieurs manières, de-là naiffent auffi diverfes manières apparentes de *Préparer*, qui, dans le fond, reviennent pourtant toujours à la même.

Il faut confidérer trois chofes dans la pratique des Diffonnances; favoir, l'Accord qui précède la Diffonnance, celui où elle fe trouve, & celui qui la fuit. La Préparation ne regarde que les deux premiers; pour le troifième, voyez *Sauver*.

Quand on veut *Préparer* reguliérement une Diffonnance, il faut choifir, pour arriver à fon Accord, une telle marche de Baffe-fondamentale, que le Son qui forme la Diffonnance, foit un prolongement dans le Temps fort d'une Confonnance frappée fur le Temps foible dans l'Accord précédent; c'eft ce qu'on appelle *Syncoper*. (Voyez SYNCOPE.)

De cette Préparation réfultent deux avantages; favoir, 1. Qu'il y a néceffairement liaifon harmonique entre les deux Accords, puifque la Diffonnance elle-même forme cette liaifon; & 2. Que cette Diffonnance, n'étant que le prolongement d'un Son confonnant, devient beaucoup moins dure à l'oreille qu'elle ne le feroit fur un Son nouvellement frappé. Or c'eft-là tout ce qu'on cherche dans la Préparation. (Voyez CADENCE, DISSONNANCE, HARMONIE.)

On voit par ce que je viens de dire, qu'il n'y a aucune Partie deftinée fpécialement à *Préparer* la Diffonnance, que celle même qui la fait entendre : de forte que fi le Deffus fonne la Diffonnance, c'eft à lui de fyncoper ; mais fi la Diffonnance eft à la Baffe, il faut que la Baffe fyncope. Quoiqu'il n'y ait rien là que de très-fimple, les Maîtres de Compofition ont furieufement embrouillé tout cela.

Il y a des Diffonnances qui ne fe *préparent* jamais ; telle eft la Sixte ajoutée : d'autres qui fe *préparent* fort rarement ; telle eft la Septième diminuée.

PRESTO. *adv.* Ce mot, écrit à la tête d'un morceau de Mufique, indique le plus prompt & le plus animé des cinq principaux Mouvemens établis dans la Mufique Italienne. *Prefto* fignifie *Vite*. Quelquefois on marque un mouvement encore plus preffé par le fuperlatif *Preftiffimo*.

PRIMA INTENZIONE. Mot technique Italien, qui n'a point de correfpondant en François, & qui n'en a pas befoin, puifque l'idée que ce mot exprime n'eft pas connue dans la Mufique Françoife. Un Air, un morceau *di prima intenzione*, eft celui qui s'eft formé tout d'un coup tout entier & avec toutes fes Parties dans l'efprit du Compofiteur, comme Pallas fortit toute armée du cerveau de Jupiter. Les morceaux *di prima intenzione* font de ces rares coups de génie, dont toutes les idées font fi étroitement liées qu'elles n'en font, pour ainfi dire, qu'une feule, & n'ont pu fe préfenter à l'efprit l'une fans l'autre. Ils font femblables à ces périodes de Cicéron longues, mais éloquentes, dont le fens, fufpendu pendant toute leur durée, n'eft déterminé qu'au dernier mot, & qui, par conféquent, n'ont formé qu'une feule penfée dans l'efprit de l'Auteur. Il y a dans les Arts des inventions produites par de pareils efforts de génie, & dont tous les raifonnemens, intimement unis l'un à l'autre, n'ont pu fe faire fucceffivement, mais fe font néceffairement offerts à l'efprit tout à la fois, puifque le premier fans le dernier n'auroit eu aucun fens. Tel eft, par exemple, l'invention de cette prodigieufe machine du Métier à bas, qu'on peut regarder, dit le philofophe qui l'a décrite dans l'Encyclopédie, comme un feul & unique raifonnement dont la fabrication de l'ouvrage eft la conclufion. Ces fortes d'opérations de l'entendement, qu'on explique à peine, même par l'analyfe, font des prodiges pour la raifon, & ne fe conçoivent que par les génies capables de les produire : l'effet en est toujours proportionné à l'effort de tête qu'ils ont coûté, & dans la Musique les morceaux *di prima intenzione* sont les seuls qui puissent causer ces extases, ces ravissemens, ces élans de l'ame qui transportent les Auditeurs hors d'eux-mêmes. On les sent, on les devine à l'instant, les connoisseurs ne s'y trompent jamais. A la suite d'un de ces morceaux sublimes, faites passer un de ces Airs décousus, dont toutes les phrases ont été composées l'une après l'autre, ou ne sont qu'une même phrase promenée en différens Tons, & dont l'Accompagnement n'est qu'un Remplissage fait après coup ; avec quelque goût que ce dernier morceau soit composé, si le souvenir de l'autre vous laisse quelque attention à lui donner, ce ne sera que pour en être glacés, transis, impatientés. Après un Air *di prima intenzione*, toute autre Musique est sans effet.

PRISE. *Lepsis*. Une des parties de l'ancienne Mélopée. (Voyez MÉLOPÉE.)

PROGRESSION. *s. f.* Proportion continue, prolongée au-delà de trois termes. (Voyez PROPORTION.) Les suites d'Intervalles égaux sont toutes en *Progressions*, & c'est en identifiant les termes voisins de différentes *Progressions*, qu'on parvient à completter l'Échelle Diatonique & Chromatique, au moyen du Tempérament. (Voyez TEMPÉRAMENT.)

PROLATION. *s. f.* C'est dans nos anciennes Musiques une manière de terminer la valeur des Notes semi-Brèves sur celle de la Brève, ou des Minimes sur celle de la semi-Brève. Cette *Prolation* se marquoit après la Clef, & quelquefois après le signe du Mode par un cercle ou demi-cercle, ponctué ou non ponctué, selon les règles suivantes.

Considérant toujours la division sous-triple comme la plus excellente, ils divisoient la *Prolation* en parfaite & imparfaite, & l'une & l'autre en majeure & mineure, de même que pour le Mode.

La *Prolation* parfaite étoit pour la mesure ternaire, & se marquoit par un Point dans le cercle quand elle étoit majeure ; c'est-à-dire, quand elle indiquoit le rapport de la Brève à la semi-Brève : ou par un Point dans un demi-cercle quand elle étoit mineure ; c'est-à-dire, quand elle indiquoit le rapport de la semi-Brève à la Minime. (Voyez *Pl. B. Fig. 9 & 11.*)

La *Prolation* imparfaite étoit pour la Mesure binaire, & se marquoit comme le Temps par un simple cercle quand elle étoit majeure; ou par un demi-cercle quand elle étoit mineure; *même Pl. Fig. 10 & 12.*

Depuis on ajouta quelques autres signes à la *Prolation* parfaite : outre le cercle & le demi-cercle on se servit du Chiffre $\frac{3}{1}$ pour exprimer la valeur de trois Rondes ou semi-Brèves, pour celle de la Brève ou Quarrée; & du Chiffre $\frac{3}{2}$ pour exprimer la valeur de trois Minimes ou Blanches pour la Ronde ou semi-Brève.

Aujourd'hui toutes les *Prolations* sont abolies ; la division sous-double l'a emporté sur la sous ternaire; & il faut avoir recours à des exceptions & à des signes particuliers, pour exprimer le partage d'une Note quelconque en trois autres Notes égales. (Voyez VALEUR DES NOTES.)

On lit dans le Dictionnaire de l'Académie que *Prolation* signifie *Roulement.* Je n'ai point lu ailleurs ni ouï dire que ce mot ait jamais eu ce sens-là.

PROLOGUE. *s. m.* Sorte de petit Opéra qui précède le grand, l'annonce & lui sert d'introduction. Comme le sujet des *Prologues* est ordinairement élevé, merveilleux, ampoulé, magnifique & plein de louanges, la Musique en doit être brillante, harmonieuse, & plus imposante que tendre & pathétique. On ne doit point épuiser sur le *Prologue* les grands mouvemens qu'on veut exciter dans la Pièce, & il faut que le Musicien, sans être maussade & plat dans le début, sache pourtant s'y ménager de manière à se montrer encore intéressant & neuf dans le corps de l'ouvrage. Cette gradation n'est ni sentie, ni rendue par la plupart des Compositeurs ; mais elle est pourtant nécessaire, quoique difficile. Le mieux seroit de n'en avoir pas besoin, & de supprimer tout-à-fait les *Prologues* qui ne font guères qu'ennuyer & impatienter les Spectateurs, ou nuire à l'intérêt de la Pièce, en usant d'avance les moyens de plaire & d'intéresser. Aussi les Opéra François sont-ils les seuls où l'on ait conservé des *Prologues*; encore ne les y souffre-t-on que parce qu'on n'ose murmurer contre les fadeurs dont ils sont pleins.

PROPORTION. *s. f.* Égalité entre deux rapports. Il y a quatre sortes de *Proportions*; savoir la *Proportion* Arithmétique, la Géométrique, l'Harmonique, & la Contre-Harmonique. Il faut avoir l'idée de ces diverses *Proportions*, pour entendre les calculs dont les Auteurs ont chargé la théorie de la Musique.

Soient quatre termes ou quantités *a b c d* ; si la différence du premier terme *a* au second *b* est égale à la différence du troisième *c* au quatrième *d*, ces quatre termes sont en *Proportion* Arithmétique. Tels sont, par exemple, les nombres suivans, 2, 4 : 8, 10.

Que si, au lieu d'avoir égard à la différence, on compare ces termes par la manière de contenir ou d'être contenus; si, par exemple, le premier *a* est au second *b* comme le troisième *c* est au quatrième *d*, la *Proportion* est Géométrique. Telle est celle que forment ces quatre nombres 2, 4 : : 8, 16.

Dans le premier exemple, l'excès dont le premier terme 2 est surpassé par le second 4 est 2; & l'excès dont le troisième 8 est surpassé par le quatrième 10 est aussi 2. Ces quatre termes sont donc en *Proportion* Arithmétique.

Dans le second exemple, le premier terme 2 est la moitié du second 4; & le troisième terme 8 est aussi la moitié du quatrième 16. Ces quatre termes sont donc en *Proportion* Géométrique.

Une *Proportion*, soit Arithmétique, soit Géométrique, est dite inverse ou réciproque, lorsqu'après avoir comparé le premier terme au second, l'on compare non le troisième au quatrième, comme dans la *Proportion* directe, mais à rebours le quatrième au troisième, & que les rapports ainsi pris se trouvent égaux. Ces quatre nombres 2, 4 : 8, 6, sont en *Proportion* Arithmétique réciproque; & ces quatre 2, 4 : : 6, 3, sont en *Proportion* Géométrique réciproque.

Lorsque, dans une proportion directe, le second terme ou le conséquent du premier rapport est égal au premier terme ou à l'antécédent du second rapport; ces deux termes étant égaux, sont pris pour le même, & ne s'écrivent qu'une fois au lieu de deux. Ainsi dans cette *Proportion* Arithmétique 2, 4 : 4, 6 ; au lieu d'écrire deux fois le nombre 4 ; on ne l'écrit qu'une fois ; & la *Proportion* se pose ainsi $\div$ 2, 4, 6.

De même, dans cette *Proportion* Géométrique 2, 4 : : 4, 8, au lieu d'écrire 4 deux fois, on ne l'écrit qu'une, de cette manière $\div$ 2, 4, 8.

Lorsque le conséquent du premier rapport sert ainsi d'antécédent au second rapport, & que la *Proportion* se pose avec trois termes, cette *Proportion* s'appelle continue, parce qu'il n'y a plus, entre les deux rapports qui la forment, l'interruption qui s'y trouve quand on la pose en quatre termes.

Ces trois termes ÷ 2, 4, 6, sont donc en *Proportion* Arithmétique continue, & ces trois ci, ÷ 2, 4, 8, sont en *Proportion* Géométrique continue.

Lorsqu'une *Proportion* continue se prolonge; c'est-à-dire, lorsqu'elle a plus de trois termes, ou de deux rapports égaux, elle s'appelle *Progression*.

Ainsi ces quatre termes 2, 4, 6, 8, forment une Progression Arithmétique, qu'on peut prolonger autant qu'on veut en ajoutant la différence au dernier terme.

Et ces quatre termes, 2, 4, 8, 16, forment une Progression Géométrique, qu'on peut de même prolonger autant qu'on veut en doublant le dernier terme, ou en général, en le multipliant par le quotient du second terme divisé par le premier, lequel quotient s'appelle l'*Exposant* du rapport, ou de la Progression.

Lorsque trois termes sont tels que le premier est au troisième comme la différence du premier au second est à la différence du second au troisième, ces trois termes forment une sorte de *Proportion* appellée *Harmonique*. Tels sont, par exemple, ces trois nombres 3, 4, 6 : car comme le premier 3 est la moitié du troisième 6, de même l'excès 1 du second sur le premier, est la moitié de l'excès 2 du troisième sur le second.

Enfin, lorsque trois termes sont tels que la différence du premier au second est la différence du second au troisième, non comme le premier est au troisième, ainsi que dans la *Proportion* Harmonique; mais au contraire comme le troisième est au premier, alors ces trois termes forment entr'eux une sorte de *Proportion* appellée *Proportion Contre-Harmonique*. Ainsi ces trois nombres 3, 5, 6, sont en *Proportion* Contre-Harmonique.

L'expérience a fait connoître que les rapports de trois Cordes sonnant ensemble l'Accord parfait Tierce majeure, formoient entr'elles la sorte de *Proportion*, qu'à cause de cela on a nommé Harmonique : mais c'est-là une pure propriété de nombres qui n'a nulle affinité avec les Sons, ni avec leur effet fur l'organe auditif; ainfi la *Proportion* Harmonique & la *Proportion* Contre-Harmonique n'appartiennent pas plus à l'Art que la *Proportion* Arithmétique & la *Proportion* Géométrique, qui même y font beaucoup plus utiles. Il faut toujours penfer que les propriétés des quantités abftraires ne font point des propriétées des Sons, & ne pas chercher, à l'exemple des Pythagoriciens, je ne fais quelles chimériques analogies entre chofes de différente nature, qui n'ont entr'elles que des rapports de convention.

PROPREMENT. *adv.* Chanter ou jouer *Proprement*, c'eft exécuter la Mélodie Françoife avec les ornemens qui lui conviennent. Cette Mélodie n'étant rien par la feule force des Sons, & n'ayant par elle-même aucun caractère, n'en prend un, que par les tournures affectées qu'on lui donne en l'exécutant. Ces tournures enfeignées par les Maîtres de *Goût du Chant*, font ce qu'on appelle les agrémens du Chant François. (Voyez AGRÉMENT.)

PROPRETÉ. *f. f.* Exécution du Chant François avec les ornemens qui lui font propres, & qu'on appelle agrémens du Chant. (Voyez AGRÉMENT.)

PROSLAMBANOMENOS. C'étoit, dans la Mufique ancienne, le Son le plus grave de tout le fyftême, un Ton au-deffus de l'Hypate-Hypaton.

Son nom fignifie *Surnuméraire*, *Acquife*, ou *Ajoutée*, parce que la corde qui rend ce Son-là, fut ajoutée au-deffous de tous les Tétracordes pour achever le Diapafon ou l'Octave avec la Mèfe; & le Diapafon ou la double Octave avec la Nete-hyperboléon, qui étoit la corde la plus aiguë de tout le Syftême. (Voyez SYSTÊME.)

PROSODIAQUE. *adj.* Le Nome *Profodiaque* fe chantoit en l'honneur de Mars, & fut, dit-on, inventé par Olympus.

PROSODIE. *f. f.* Sorte de Nome pour les Flûtes & propre aux Cantiques que l'on chantoit chez les Grecs, à l'entrée des facrifices. Plutarque attribue l'invention des *Profodies* à Clonas, de Tégée felon les Arcadiens, & de Thèbes felon les Béotiens.

PROTESIS. *f. f.* Paufe d'un Temps long dans la Mufique ancienne, à la différence du *Lemme*, qui étoit la Paufe d'un temps bref.

PSALMODIER. *v. n.* C'eft chez les Catholiques Chanter ou réciter les Pfeaumes & l'Office d'une manière particulière, qui tient

le

le milieu entre le Chant & la parole : c'eſt du Chant, parce que la voix eſt ſoutenue ; c'eſt de la parole, parce qu'on garde preſque toujours le même Ton.

PYCNI, PYCNOI. (Voyez ÉPAIS.)

PYTHAGORICIENS. *ſub. maſ. pluriel.* Nom d'un des deux Sectes dans leſquelles ſe diviſoient les Théoriciens dans la Muſique Grecque ; elle portoit le nom de Pythagore, ſon chef comme l'autre Secte portoit le nom d'Ariſtoxène. (Voyez ARISTOXÉNIENS.)

Les *Pythagoriciens* fixoient tous les Intervalles tant Conſonnans que Diſſonnans par le Calcul des rapports. Les Ariſtoxéniens, au contraire, diſoient s'en tenir au jugement de l'oreille. Mais au fond, leur diſpute n'étoit qu'une diſpute de mots, & ſous des dénominations plus ſimples ; les moitiés ou les quarts-de-*Ton* des Ariſtoxéniens, ou ne ſignifioient rien, ou n'exigeoient point des calculs moins compoſés que ceux des Limma, des Comma, des Apotomes fixés par les *Pythagoriciens.* En propoſant, par exemple, de prendre la moitié d'un *Ton*, que propoſoit un Ariſtoxénien ? Rien ſur quoi l'oreille pût porter un jugement fixe ; ou il ne ſavoit ce qu'il vouloit dire, ou il propoſoit de trouver une moyenne proportionnelle entre 8 & 9. Or, cette moyenne proportionnelle eſt la racine quarrée de 72, & cette racine quarrée eſt un nombre irrationnel : il n'y avoit aucun autre moyen poſſible d'aſſigner cette moitié-de-*Ton* que par la Géométrie, & cette méthode Géométrique n'étoit pas plus ſimple que les rapports de nombre à nombre calculés par les *Pythagoriciens*. La ſimplicité des Ariſtoxéniens n'étoit donc qu'apparente ; c'étoit une ſimplicité ſemblable à celle du Syſtême de M. Boiſgelou, dont il ſera parlé ci-après. (Voyez INTERVALLE, SYSTÊME.)

Q.

QUADRUPLE-CROCHE. *f. f.* Note de Musique valant le quart d'une Croche, ou la moitié d'une double-Croche. Il faut Soixante-quatre *Quadruples-Croches* pour une Mesure à quatre Temps; mais on remplit rarement une Mesure, & même un Temps, de cette espèce de Notes. (Voyez VALEUR DES NOTES.)

La *Quadruple-Croche* est presque toujours liée avec d'autres Notes de pareille ou de différente valeur, & se figure ainsi ou . Elle tire son nom des quatre traits ou Crochets qu'elle porte.

QUANTITÉ. Ce mot, en Musique de même qu'en Prosodie, ne signifie pas le nombre des Notes ou des Syllabes, mais la durée rélative qu'elles doivent avoir. La *Quantité* produit le Rhythme, comme l'Accent produit l'Intonation. Du Rhythme & de l'Intonation résulte la Mélodie. (Voyez MÉLODIE.)

QUARRÉ. *adj.* On appelloit autrefois B *Quarré* ou B *Dur*, le signe qu'on appelle aujourd'hui *Béquarre*. (Voyez B.)

QUARRÉE. ou BRÈVE. *adj. pris subſtantiv.* Sorte de Note faite ainsi ■, & qui tire son nom de sa figure. Dans nos anciennes Musiques, elle valoit tantôt trois Rondes ou semi-Brèves, & tantôt deux, selon que la Prolation étoit parfaite ou imparfaite. (Voyez PROLATION.)

Maintenant la *Quarrée* vaut toujours deux Rondes, mais on l'emploie assez rarement.

QUART-DE-SOUPIR. *f. m.* Valeur de silence qui, dans la Musique Italienne, se figure ainsi ϒ; dans la Françoise ainsi ⇁, & qui marque, comme le porte son nom, la quatrième partie d'un soupir; c'est-à-dire, l'équivalent d'une double-Croche. (Voyez SOUPIR, VALEUR DES NOTES.)

QUART-DE-TON. *f. m.* Intervalle introduit dans le Genre Enharmonique par Aristoxène, & duquel la raison est sourde. (Voyez ÉCHELLE, ENHARMONIQUE, INTERVALLE, PYTHAGORICIEN.)

Nous n'avons, ni dans l'oreille, ni dans les calculs Harmoniques, aucun principe qui nous puisse fournir l'Intervalle exact d'un

Quart-de-Ton; & quand on confidère quelles opérations géométriques font néceffaires pour le déterminer fur le Monocorde, on eft bien tenté de foupçonner qu'on n'a peut-être jamais entonné & qu'on n'entonnera peut-être jamais de *Quart-de-Ton* jufte, ni par la Voix, ni fur aucun Inftrument.

Les Muficiens appellent auffi *Quart-de-Ton* l'Intervalle qui, de deux Notes à un Ton l'une de l'autre, fe trouve entre le Bémol de la fupérieure & le Dièfe de l'inférieure; Intervalle que le Tempérament fait évanouir, mais que le calcul peut déterminer.

Ce *Quart-de-Ton* eft de deux efpèces, favoir, l'Enharmonique majeur, dans le rapport de 576 à 625 : qui eft le complément de deux femi-Tons mineurs au *Ton* majeur; & l'Enharmonique mineur, dans la raifon de 125 à 128, qui eft le complément des deux mêmes femi-Tons mineurs au *Ton* mineur.

QUARTE. *f. f.* La troifième des Confonnances dans l'ordre de leur génération. La *Quarte* eft une Confonnance parfaite; fon rapport eft de 3 à 4; elle eft compofée de trois Degrés diatoniques formés par quatre Sons; d'où lui vient le nom de *Quarte*. Son Intervalle eft de deux *Tons* & demi; favoir, un *Ton* majeur, un *Ton* mineur, & un femi-Ton majeur.

La *Quarte* peut s'altérer de deux manières; favoir, en diminuant fon Intervalle d'un femi-Ton, & alors elle s'appelle *Quarte diminuée* ou *fauffe-Quarte*; ou en augmentant d'un femi-Ton ce même Intervalle, & alors elle s'appelle *Quarte fuperflue* ou *Triton*, parce que l'Intervalle en eft de trois Tons pleins : il n'eft que de deux *Tons*, c'eft-à-dire, d'un *Ton*, & deux femi-Tons dans la *Quarte diminuée*; mais ce dernier Intervalle eft banni de l'Harmonie, & pratiqué feulement dans le Chant.

Il y a un Accord qui porte le nom de *Quarte*, ou *Quarte & Quinte*. Quelques-uns l'appellent Accord de Onzième : c'eft celui où fous un Accord de Septième on fuppofe à la Baffe un cinquième Son, une Quinte au-deffous du Fondamental : car alors ce Fondamental fait Quinte, & fa Septième fait Onzième avec le Son fuppofé. (Voyez SUPPOSITION.)

Un autre Accord s'appelle *Quarte fuperflue* ou *Triton*. C'eft un Accord fenfible dont la diffonnance eft portée à la Baffe : car alors la Note fenfible fait Triton fur cette diffonnance. (Voyez ACCORD.)

Deux *Quartes* juftes de fuite font permifes en compofition, même par Mouvement femblable, pourvu qu'on y ajoute la Sixte : mais ce font des paffages dont on ne doit pas abufer, & que la Baffe-fondamentale n'autorife pas extrêmement.

QUARTER. *v. n.* C'étoit, chez nos anciens Muficiens, une manière de procéder dans le Déchant ou Contrepoint plutôt par Quartes que par Quintes : c'étoit ce qu'ils appelloient auffi par un mot Latin plus barbare encore que le François, *Diateſſeronare.*

QUATORZIÈME *f. f.* Réplique ou Octave de la Septième. Cet Intervalle s'appelle *Quatorzième*, parce qu'il faut former quatorze Sons pour paffer diatoniquement d'un de fes termes à l'autre.

QUATUOR. *f. m.* C'eſt le nom qu'on donne aux morceaux de Mufique vocale ou inſtrumentale qui font à quatre Parties récitantes. (Voyez PARTIES.) Il n'y a point de vrais *Quatuor*, ou ils ne valent rien. Il faut que dans un bon *Quatuor* les Parties foient preſque toujours alternatives, parce que dans tout Accord il n'y a que deux Parties tout au plus qui faffent Chant & que l'oreille puiffe diſtinguer à la fois ; les deux autres ne font qu'un pur rempliſſage, & l'on ne doit point mettre de rempliſſage dans un *Quatuor.*

QUEUE *f. m.* On diſtingue dans les Notes la tête & la *Queue*. La tête eſt le corps même de la Note ; la *Queue* eſt ce trait perpendiculaire qui tient à la tête & qui monte ou defcend indifféremment à travers la Portée. Dans le Plain-Chant la plupart des Notes n'ont pas de *Queue*; mais dans la Muſique il n'y a que la Ronde qui n'en ait point. Autrefois la Brève ou Quarrée n'en avoit pas non plus ; mais les différentes pofitions de la *Queue* fervoient à diſtinguer les valeurs des autres Notes, & fur-tout de la Plique. (Voyez PLIQUE.)

Aujourd'hui la *Queue* ajoutée aux Notes du Plain-Chant prolonge leur durée ; elle l'abrége, au contraire, dans la Mufique, puifqu'une Blanche ne vaut que la moitié d'une Ronde.

QUINQUE. *f. m.* Nom qu'on donne aux morceaux de Mufique vocale ou inſtrumentale qui font à cinq Parties récitantes. Puifqu'il n'y a pas de vrai *Quatuor*, à plus forte raifon n'y a-t-il pas de *Quinque*. L'un & l'autre de ces mots, quoique paffés de la Langue Latine dans la Françoife, fe prononcent comme en Latin.

QUINTE. *f. f.* La feconde des Confonnances dans l'ordre de leur génération. La *Quinte* eſt une Conſonnance parfaite. (Voyez CONSONNANCE.) Son rapport eſt de 2 à 3. Elle eſt compoſée de quatre Degrés diatoniques, arrivant au cinquième Son, d'où lui vient le nom de *Quinte.* Son Intervalle eſt de trois *Tons* & demi; ſavoir, deux *Tons* majeurs, un *Ton* mineur, & un ſemi-Ton majeur.

La *Quinte* peut s'altérer de deux manières; ſavoir, en diminuant ſon Intervalle d'un ſemi-Ton, & alors elle s'appelle *Fauſſe-Quinte*, & devroit s'appeller *Quinte-diminuée*; ou en augmentant d'un ſemi-Ton le même Intervalle, & alors elle s'appelle *Quinte ſuperflue.* De ſorte que la *Quinte-ſuperflue* a quatre *Tons*, & la *Fauſſe-Quinte* trois ſeulement, comme le Triton, dont elle ne diffère dans nos ſyſtêmes que par le nombre des Degrés. (Voyez FAUSSE-QUINTE.)

Il y a deux Accords qui portent le nom de *Quinte*; ſavoir, l'Accord de *Quinte & Sixte*, qu'on appelle auſſi *grande-Sixte* ou *Sixte-ajoutée*, & l'Accord de *Quinte-ſuperflue.*

Le premier de ces deux Accords ſe conſidère en deux manières; ſavoir, comme un Renverſement de l'Accord de Septième, la Tierce du Son Fondamental étant portée au grave, c'eſt l'Accord de *grande-Sixte*; (Voyez SIXTE.) ou bien comme un Accord direct dont le Son Fondamental eſt au grave, & c'eſt alors l'Accord de *Sixte-ajoutée*. (Voyez DOUBLE-EMPLOI.)

Le ſecond ſe conſidère auſſi de deux manières, l'une par les François, l'autre par les Italiens. Dans l'Harmonie Françoiſe la *Quinte-ſuperflue* eſt l'Accord dominant en Mode mineur, au-deſſous duquel on fait entendre la Médiante qui fait *Quinte-ſuperflue* avec la Note ſenſible. Dans l'Harmonie Italienne, la *Quinte-ſuperflue* ne ſe pratique que ſur la Tonique en mode majeur, lorſque, par accident, ſa *Quinte* eſt dièſée, faiſant alors Tierce majeure ſur la Médiante, & par conſéquent *Quinte-ſuperflue* ſur la Tonique. Le principe de cet Accord, qui paroît ſortir du Mode, ſe trouvera dans l'expoſition du Syſtême de M. Tartini. (Voyez SYSTÊME.)

Il eſt défendu, en compoſition, de faire deux *Quintes* de ſuite par mouvement ſemblable entre les mêmes Parties : cela choqueroit l'oreille en formant une double Modulation.

M. Rameau prétend rendre raison de cette règle par le défaut de liaison entre les Accords. Il se trompe. Premièrement on peut former ces deux *Quintes* & conserver la liaison harmonique. Secondement, avec cette liaison, les deux *Quintes* sont encore mauvaises. Troisièmement, il faudroit, par le même principe, étendre, comme autrefois, la règle aux Tierces majeures; ce qui n'est pas & ne doit pas être. Il n'appartient pas à nos hypothèses de contrarier le jugement de l'oreille, mais seulement d'en rendre raison.

Quinte-fausse, est une *Quinte* réputée juste dans l'Harmonie, mais qui, par la force de la Modulation, se trouve affoiblie d'un semi-Ton : telle est ordinairement la *Quinte* de l'Accord de Septième sur la seconde Note du Ton en Mode mineur.

La *fausse-Quinte* est une dissonnance qu'il faut sauver : mais la *Quinte-fausse* peut passer pour Consonnance & être traitée comme telle quand on compose à quatre Parties. (Voyez FAUSSE-QUINTE.)

QUINTE, est aussi le nom qu'on donne en France à cette Partie instrumentale de remplissage qu'en Italie on appelle *Viola*. Le nom de cette Partie a passé à l'Instrument qui la joue.

QUINTER. v. n. C'étoit, chez nos anciens Musiciens, une manière de procéder dans le Déchant ou Contrepoint plutôt par *Quintes* que par Quartes. C'est ce qu'ils appelloient aussi dans leur Latin, *Diapentissare*. Muris s'étend fort au long sur les règles convenables pour *Quinter* ou Quarter à propos.

QUINZIEME. s. f. Intervalle de deux Octaves. (Voyez DOUBLE-OCTAVE.)

R.

RANZ-DES-VACHES. Air célèbre parmi les Suisses, & que leurs jeunes Bouviers jouent sur la Cornemuse en gardant le bétail dans les montagnes. Voyez l'Air noté *Pl. N.* Voyez aussi l'article MUSIQUE où il est fait mention des étranges effets de cet Air.

RAVALEMENT. Le Clavier ou Système à *Ravalement*, est celui qui, au lieu de se borner à Quatre Octaves comme le Clavier ordinaire, s'étend à cinq, ajoutant une Quinte au-dessous de l'*ut* d'en bas, & une Quarte au-dessus de l'*ut* d'en haut, & embrassant ainsi cinq Octaves entre deux *fa*. Le mot *Ravalement* vient des Facteurs d'Orgue & de Clavecin, & il n'y a guères que ces Instrumens sur lesquels on puisse embrasser cinq Octaves. Les Instrumens aigus passent même rarement l'*ut* d'en haut sans jouer faux, & l'Accord des Basses ne leur permet point de passer l'*ut* d'en bas.

RE. Syllabe par laquelle on solfie la seconde Note de la Gamme. Cette Note, au naturel, s'exprime par la lettre D. (Voyez D. & GAMME.)

RECHERCHE. *s. f.* Espèce de Prélude ou de Fantaisie sur l'Orgue ou sur le Clavecin, dans laquelle le Musicien affecte de rechercher & de rassembler les principaux traits d'Harmonie & de Chant qui viennent d'être exécutés, ou qui vont l'être dans un Concert. Cela se fait ordinairement sur le Champ sans préparation, & demande, par conséquent, beaucoup d'habileté.

Les Italiens appellent encore *Recherches*, ou *Cadences*, ces *Arbitrii* ou Points d'Orgue que le Chanteur se donne la liberté de faire sur certaines Notes de sa Partie, suspendant la Mesure, parcourant les diverses Cordes du Mode, & même en sortant quelquefois, selon les idées de son génie & les routes de son gosier, tandis que tout l'Accompagnement s'arrête jusqu'à ce qu'il lui plaise de finir.

RÉCIT. *s. m.* Nom générique de tout ce qui se chante à Voix seule. On dit, un *Récit* de Basse, un *Récit* de Haute-Contre. Ce mot s'applique même en ce sens aux Instrumens. On dit un *Récit* de Violon, de Flûte, de Hautbois. En un mot *Réciter* c'est chanter ou jouer seul une partie quelconque, par opposition au Chœur & à la Symphonie en général, où plusieurs chantent ou jouent la même Partie à l'unisson.

On peut encore appeller *Récit* la Partie où règne le Sujet principal, & dont tous les autres ne font que l'Accompagnement. On a mis dans le Dictionnaire de l'Académie Françoise, *les Récits ne sont point assujettis à la Mesure comme les Airs*. Un *Récit* est souvent un Air, & par conséquent Mesuré. L'Académie auroit-elle confondu le *Récit* avec le *Récitatif*?

RÉCITANT. *Partic.* Partie *Récitante* est celle qui se chante par une seule Voix, ou se joue par un seul Instrument, par opposition aux Parties de Symphonie & de Chœur qui sont exécutées à l'Unisson par plusieurs Concertans. (Voyez RÉCIT.)

RÉCITATION. *s. f.* Action de Réciter la Musique. (Voyez RÉCITER.)

RÉCITATIF. *s. m.* Discours récité d'un Ton musical & harmonieux. C'est une manière de Chant qui approche beaucoup de la parole, une déclamation en Musique, dans laquelle le Musicien doit imiter, autant qu'il est possible, les inflexions de voix du Déclamateur. Ce Chant est nommé *Récitatif*, parce qu'il s'applique à la narration, au récit, & qu'on s'en sert dans le Dialogue dramatique. On a mis dans le Dictionaire de l'Académie, que le *Récitatif* doit être débité : il y a des *Récitatifs* qui doivent être débités, d'autres qui doivent être soutenus.

La perfection du *Récitatif* dépend beaucoup du caractère de la Langue; plus la Langue est accentuée & mélodieuse, plus le *Récitatif* est naturel, & approche du vrai discours : il n'est que l'Accent noté dans une Langue vraiment musicale; mais dans une Langue pesante, sourde & sans accent, le *Récitatif* n'est que du chant, des cris, de la Psalmodie; on n'y reconnoît plus la parole. Ainsi le meilleur *Récitatif* est celui où l'on chante le moins. Voilà, ce me semble, le seul vrai principe tiré de la nature de la chose, sur lequel on doive se fonder pour juger du *Récitatif*, & comparer celui d'une Langue à celui d'une autre.

Chez les Grecs, toute la Poésie étoit en *Récitatif*, parce que la Langue étant mélodieuse, il suffisoit d'y ajouter la Cadence du Mètre

Mètre & la Récitation soutenue, pour rendre cette récitation tout-à-fait muficale; d'où vient que ceux qui verfifioient appelloient cela *chanter*. Cet ufage, paffé ridiculement dans les autres Langues, fait dire encore aux Poëtes, *je chante*, lorfqu'ils ne font aucune forte de Chant. Les Grecs pouvoient chanter en parlant; mais chez nous il faut parler ou chanter; on ne fauroit faire à la fois l'un & l'autre. C'eft cette diftinction même qui nous a rendu le *Récitatif* néceffaire. La Mufique domine trop dans nos Airs, la Poéfie y eft prefque oubliée. Nos Drames lyriques font trop chantés pour pouvoir l'être toujours. Un Opéra qui ne feroit qu'une fuite d'Airs ennuyeroit prefque autant qu'un feul Air de la même étendue. Il faut couper & féparer les Chants par de la parole; mais il faut que cette parole foit modifiée par la Mufique. Les idées doivent changer, mais la Langue doit refter la même. Cette Langue une fois donnée, en changer dans le cours d'une Pièce, feroit vouloir parler moitié François, moitié Allemand. Le paffage du difcours au Chant, & réciproquement, eft trop difparat; il choque à la fois l'oreille & la vraifemblance : deux interlocuteurs doivent parler ou chanter; ils ne fauroient faire alternativement l'un & l'autre. Or, le *Récitatif* eft le moyen d'union du Chant & de la parole; c'eft lui qui fépare & diftingue les Airs; qui repofe l'oreille étonnée de celui qui précède & la difpofe à goûter celui qui fuit : enfin c'eft à l'aide du *Récitatif* que ce qui n'eft que dialogue, récit, narration dans le Drame, peut fe rendre fans fortir de la Langue donnée, & fans déplacer l'éloquence des Airs.

On ne mefure point le *Récitatif* en chantant. Cette Mefure, qui caractérife les Airs, gâteroit la déclamation récitative. C'eft l'Accent, foit grammatical, foit oratoire, qui doit feul diriger la lenteur ou la rapidité des Sons, de même que leur élévation ou leur abbaiffement. Le Compofiteur, en notant le *Récitatif*, fur quelque Mefure déterminée, n'a en vue que de fixer la correfpondance de la Baffe-continue & du Chant, & indiquer, à-peu-près, comment on doit marquer la quantité des fyllabes, cadencer & fcander les vers. Les Italiens ne fe fervent jamais pour leur *Récitatif* que de la Mefure à quatre Temps; mais les François entremêlent le leur de toutes fortes de Mefures.

Ces derniers arment aussi la Clef de toutes sortes de Transpositions, tant pour le *Récitatif* que pour les Airs, ce que ne font pas les Italiens; mais ils notent toujours le *Récitatif* au naturel: la quantité de Modulations dont ils le chargent, & la promptitude des Transitions, faisant que la Transposition convenable à un Ton ne l'est plus à ceux dans lesquels on passe, multiplieroit trop les Accidens sur les mêmes Notes, & rendroit le *Récitatif* presque impossible à suivre, & très-difficile à noter.

En effet, c'est dans le *Récitatif* qu'on doit faire usage des transitions harmoniques les plus recherchées, & des plus savantes Modulations. Les Airs n'offrant qu'un sentiment, qu'une image; renfermés enfin dans quelque unité d'expression, ne permettent guères au Compositeur de s'éloigner du Ton principal; & s'il vouloit moduler beaucoup dans un si court espace, il n'offriroit que des Phrases étranglées, entassées, & qui n'auroient ni liaison, ni goût, ni Chant. Défaut très-ordinaire dans la Musique Françoise, & même dans l'Allemande.

Mais dans le *Récitatif*, où les expressions, les sentimens, les idées varient à chaque instant, on doit employer des Modulations également variées qui puissent représenter, par leurs contextures, les successions exprimées par le discours du Récitant. Les inflexions de la Voix parlante ne sont pas bornées aux Intervalles musicaux; elles sont infinies, & impossibles à déterminer. Ne pouvant donc les fixer avec une certaine précision, le Musicien, pour suivre la parole, doit au moins les imiter le plus qu'il est possible, & afin de porter dans l'esprit des Auditeurs l'idée des Intervalles & des Accens qu'il ne peut exprimer en Notes; il a recours à des Transitions qui les supposent, si, par exemple, l'Intervalle du semi-Ton majeur au mineur lui est nécessaire, il ne le notera pas, il ne le sauroit; mais il vous en donnera l'idée à l'aide d'un passage Enharmonique. Une marche de Basse suffit souvent pour changer toutes les idées & donner au *Récitatif* l'Accent & l'inflexion que l'Acteur ne peut exécuter.

Au reste, comme il importe que l'Auditeur soit attentif au *Récitatif*, & non pas à la Basse, qui doit faire son effet sans être écoutée; il suit de-là que la Basse doit rester sur la même Note autant qu'il est possible; car c'est au moment qu'elle change de

Note & frappe une autre Corde, qu'elle se fait écouter. Ces momens étant rares & bien choisis, n'usent point les grands effets; ils distraisent moins fréquemment le Spectateur & le laissent plus aisément dans la persuasion qu'il n'entend que parler, quoique l'Harmonie agisse continuellement sur son oreille. Rien ne marque un plus mauvais *Récitatif* que ces Basses perpétuellement sautillantes, qui courent de Croche en Croche après la succession Harmonique, & font, sous la Mélodie de la Voix, une autre manière de Mélodie fort plate & fort ennuyeuse. Le Compositeur doit savoir prolonger & varier ses Accords sur la même Note de Basse, & n'en changer qu'au moment où l'inflexion du *Récitatif* devenant plus vive, reçoit plus d'effet par ce changement de Basse, & empêche l'Auditeur de le remarquer.

Le *Récitatif* ne doit servir qu'à lier la contexture du Drame, à séparer & faire valoir les Airs, à prévenir l'étourdissement que donneroit la continuité du grand bruit; mais quelqu'éloquent que soit le Dialogue, quelqu'énergique & savant que puisse être le *Récitatif*, il ne doit durer qu'autant qu'il est nécessaire à son objet; parce que ce n'est point dans le *Récitatif* qu'agit le charme de la Musique, & que ce n'est cependant que pour déployer ce charme qu'est institué l'Opéra. Or, c'est en ceci qu'est le tort des Italiens, qui, par l'extrême longeur de leurs scènes, abusent du *Récitatif*. Quelque beau qu'il soit en lui-même, il ennuye, parce qu'il dure trop, & que ce n'est pas pour entendre du *Récitatif* que l'on va à l'Opéra. Démosthène parlant tout le jour ennuieroit à la fin; mais il ne s'ensuivroit pas de-là que Démosthène fût un Orateur ennuyeux. Ceux qui disent que les Italiens eux-mêmes trouvent leur *Récitatif* mauvais, le disent bien gratuitement; puisqu'au contraire il n'y a point de partie dans la Musique dont les Connoisseurs fassent tant de cas & sur laquelle ils soient aussi difficiles. Il suffit même d'exceller dans cette seule partie, fût-on médiocre dans toutes les autres, pour s'élever chez eux au rang des plus illustres Artistes, & le célèbre *Porpora* ne s'est immortalisé que par-là.

J'ajoute que, quoiqu'on ne cherche pas communément dans le *Récitatif* la même énergie d'expression que dans les Airs, elle s'y trouve pourtant quelquefois; & quand elle s'y trouve, elle y fait plus d'effet que dans les Airs mêmes. Il y a peu de bons Opéra, où quelque grand morceau de *Récitatif* n'excite l'admiration des Connoisseurs, & l'intérêt dans tout le Spectacle; l'effet de ces morceaux montre assez que le défaut qu'on impute au genre n'est que dans la manière de le traiter.

M. Tartini rapporte avoir entendu en 1714, à l'Opéra d'Ancône, un morceau de *Récitatif* d'une seule ligne, & sans autre Accompagnement que la Basse, faire un effet prodigieux non-seulement sur les Professeurs de l'Art, mais sur tous les Spectateurs. » C'étoit, dit-il, au commencement du troisième Acte. A chaque représentation un silence profond dans tout le Spectacle annonçoit les approches de ce terrible morceau. On voyoit les visages pâlir; on se sentoit frissonner, & l'on se regardoit l'un l'autre avec une sorte d'effroi: car ce n'étoit ni des pleurs, ni des plaintes; c'étoit un certain sentiment de rigueur âpre & dédaigneux qui troubloit l'ame, serroit le cœur & glaçoit le sang «. Il faut transcrire le passage original; ces effets sont si peu connus sur nos Théatres, que notre Langue est peu exercée à les exprimer.

L'anno quatordecimo del secolo presente nel Dramma che si rapresentava in Ancona, v'era su'l principio dell' Atto terzo una riga di Recitativo non accompagnato de altri stromenti che dal Basso; per cui, tanto in novi professori, quanto negli ascoltanti, si destava una tal e tanto commozione di animo, che tutti si guardavano in faccia l'un l'altro per la evidente mutatione di colore che si facea in ciascheduno di noi. L'effetto non era di pianto (mi ricordo benissimo che le parole erano di sdegno) ma di un certo rigore e freddo nel sangue, che di fatto turbava l'animo. Tredeci volte si recitò il Dramma, e sempre seguì l'effetto stesso universalmente; di che era segno palpabile il sommo previo silenzio, con cui l'Uditorio tutto si apparecchiava à goderne l'effetto.

RÉCITATIF ACCOMPAGNÉ est celui auquel, outre la Basse-continue, on ajoute un Accompagnement de Violons. Cet Accompagnement, qui ne peut guères être syllabique, vu la rapidité du débit, est ordinairement formé de longues Notes soutenues sur des Mesures entières, & l'on écrit pour cela sur toutes les Parties de Symphonie le mot *Sostenuto*, principalement à la Basse qui, sans cela, ne frapperoit que des coups secs & détachés à chaque changement de Note, comme dans le *Récitatif* ordinaire ; au lieu qu'il faut alors filer & soutenir les Sons selon toute la valeur des Notes. Quand l'Accompagnement est mesuré, cela force de mesurer aussi le *Récitatif*, lequel alors suit & accompagne en quelque sorte l'Accompagnement.

RÉCITATIF MESURÉ. Ces deux mots sont contradictoires. Tout *Récitatif* où l'on sent quelqu'autre Mesure que celle des vers n'est plus du *Récitatif*. Mais souvent un *Récitatif* ordinaire se change tout-d'un-coup en Chant, & prend de la Mesure & de la Mélodie ; ce qui se marque en écrivant sur les Parties *à Tempo* ou *à Battuta*. Ce contraste, ce changement bien ménagé produit des effets surprenans. Dans le cours d'un *Récitatif* débité, une réflexion tendre & plaintive prend l'Accent musical & se développe à l'instant par les plus douces inflexions du Chant ; puis, coupée de la même manière par quelqu'autre réflexion vive & impétueuse, elle s'interrompt brusquement pour reprendre à l'instant tout le débit de la parole. Ces morceaux courts & mesurés, accompagnés, pour l'ordinaire, de Flûtes & de Cors de chasse, ne sont pas rares dans les grands *Récitatifs* Italiens.

On mesure encore le *Récitatif*, lorsque l'Accompagnement dont on le charge étant chantant & mesuré lui-même, oblige le *Récitant* d'y conformer son débit. C'est moins alors un *Récitatif mesuré* que, comme je l'ai dit plus haut, un *Récitatif* accompagnant l'Accompagnement.

RÉCITATIF OBLIGÉ. C'est celui qui, entremêlé de Ritournelles & de traits de Symphonie, *oblige*, pour ainsi dire, le Récitant & l'Orchestre l'un envers l'autre, en sorte qu'ils doivent être attentifs & s'attendre mutuellement. Ces passages alternatifs de Récitatif & de Mélodie revêtue de tout l'éclat de l'Orchestre, sont ce qu'il y a de plus touchant, de plus ravissant, de plus énergique dans toute la Musique moderne. L'Acteur agité, transporté d'une passion qui ne lui permet pas de tout dire, s'interrompt, s'arrête, fait des réticenses, durant lesquelles l'Orchestre parle pour lui ; & ces silences, ainsi remplis, affectent infiniment plus l'Auditeur que si l'Acteur disoit lui-même tout ce que la Musique fait entendre. Jusqu'ici la Musique Françoise n'a sû faire aucun usage du *Récitatif obligé*. L'on a tâché d'en donner quelque idée dans une fcène du *Devin du Village*, & il paroît que le Public a trouvé qu'une fituation vive, ainfi traitée, en devenoit plus intéreffante. Que ne feroit point le *Récitatif obligé* dans des fcènes grandes & pathétiques, fi l'on en peut tirer ce parti dans un genre ruftique & badin ?

RÉCITER. *v. a. & n.* C'eft chanter ou jouer feul dans une Mufique, c'eft exécuter un *Récit*. (Voyez RÉCIT.)

RÉCLAME. *f. f.* C'eft dans le Plain-Chant la partie du Répons que l'on reprend après le verfet. (Voyez RÉPONS.)

REDOUBLÉ. *adj.* On appelle *Intervalle redoublé* tout Intervalle fimple porté à fon Octave. Ainfi la Treizième, compofée d'une Sixte & de l'Octave, eft une *Sixte redoublée*, & la quinzième, qui eft une Octave ajoutée à l'Octave, eft une Octave *redoublée*. Quand, au lieu d'une Octave, on en ajoute deux, l'Intervalle eft triplé; quadruplé, quand on ajoute trois Octaves.

Tout Intervalle dont le nom paffe fept en nombre, eft tout au moins *redoublé*. Pour trouver le fimple d'un intervalle *redoublé* quelconque, rejettez fept autant de fois que vous le pourrez du nom de cet Intervalle, & le refte fera le nom de l'Intervalle fimple : de treize rejettez fept, il refte fix; ainfi la Treizième eft une Sixte *redoublée*. De quinze ôtez deux fois fept ou quatorze, il refte un : ainfi la quinzième eft un Uniffon triplé, ou une Octave *redoublée*.

Réciproquement, pour *redoubler* un Intervalle fimple quelconque, ajoutez-y fept, & vous aurez le nom du même Intervalle *redoublé*. Pour tripler un Intervalle fimple, ajoutez-y quatorze, &c. (Voyez INTERVALLE.)

RÉDUCTION. *f. f.* Suite de Notes defcendant diatoniquement. Ce terme, non plus que fon oppofé, *Déduction*, n'eft guères en ufage que dans le Plain-Chant.

REFRAIN. Terminaifon de tous les Couplets d'une Chanfon par les mêmes paroles & par le même Chant, qui fe dit ordinairement deux fois.

RÈGLE DE L'OCTAVE. Formule harmonique publiée la première fois par le fieur Delaire en 1700, laquelle détermine, fur la marche diatonique de la Baffe, l'Accord convenable à chaque degré du Ton, tant en Mode majeur qu'en Mode mineur, & tant en montant qu'en defcendant.

On trouve, *Pl. L. Fig. 6*, cette formule chiffrée fur l'Octave du Mode majeur, & *Fig. 7.* fur l'Octave du Mode mineur.

Pourvu que le Ton foit bien déterminé, on ne fe trompera pas en accompagnant fur cette *Règle*, tant que l'Auteur fera refté dans l'Harmonie fimple & naturelle que comporte le Mode. S'il fort de cette fimplicité par des Accords par fuppofition ou d'autres licences, c'eft à lui d'en avertir par des Chiffres convenables; ce qu'il doit faire auffi à chaque changement de Ton : mais tout ce qui n'eft point chiffré doit s'accompagner felon la *Règle de l'Octave*, & cette *Règle* doit s'étudier fur la Baffe-fondamentale pour en bien comprendre le fens.

Il eft cependant fâcheux qu'une formule deftinée à la pratique des *Règles* élémentaires de l'Harmonie, contienne une faute contre ces mêmes *Règles*; c'eft apprendre de bonne heure aux commençans à tranfgreffer les loix qu'on leur donne. Cette faute eft dans l'Accompagnement de la fixième Note dont l'Accord chiffré d'un *6*, pèche contre les règles; car il ne s'y trouve aucune liaifon, & la Baffe-fondamentale defcend diatoniquement d'un Accord parfait fur un autre Accord parfait; licence trop grande pour pouvoir faire *Règle*.

On pourroit faire qu'il y eût liaifon, en ajoutant une Septième à l'Accord parfait de la Dominante; mais alors cette Septième, devenue Octave fur la Note fuivante, ne feroit point fauvée, & la Baffe-fondamentale, defcendant diatoniquement fur un Accord parfait, après un Accord de Septième, feroit une marche entièrement intolérable.

On pourroit auffi donner à cette fixième Note l'Accord de petite Sixte, dont la Quarte feroit liaifon; mais ce feroit fondamentalement un Accord de Septième avec Tierce mineure, où la Diffonnance ne feroit pas préparée; ce qui eft encore contre les *Règles*. (Voyez PRÉPARER.)

On pourroit chiffrer Sixte-Quarte fur cette fixième Note, & ce feroit alors l'Accord parfait de la Seconde; mais je doute que les Muficiens approuvaffent un Renverfement auffi mal entendu que celui-là; Renverfement que l'oreille n'adopte point, & fur un Accord qui éloigne trop l'idée de la Modulation principale.

On pourroit changer l'Accord de la Dominante, en lui donnant la Sixte-Quarte au lieu de la Septième, & alors la Sixte simple iroit très-bien sur la sixième Note qui suit; mais la Sixte-Quarrée iroit très-mal sur la Dominante, à moins qu'elle n'y fût suivie de l'Accord parfait ou de la Septième; ce qui rameneroit la difficulté. Une *Régle* qui sert non-seulement dans la pratique, mais de modèle pour la pratique, ne doit point se tirer de ces combinaisons théoriques rejettées par l'oreille; & chaque Note, sur-tout la Dominante, y doit porter son Accord propre, lorsqu'elle peut en avoir un.

Je tiens donc pour une chose certaine, que nos *Régles* sont mauvaises, ou que l'Accord de Sixte, dont on Accompagne la sixième Note en montant, est une faute qu'on doit corriger, & que pour Accompagner réguliérement cette Note, comme il convient dans une formule, il n'y a qu'un seul Accord à lui donner, savoir celui de Septième; non une Septième fondamentale, qui, ne pouvant dans cette marche se sauver que d'une autre Septième, seroit une faute; mais une Septième renversée d'un Accord de Sixte-ajoutée sur la Tonique. Il est clair que l'Accord de la Tonique est le seul qu'on puisse inférer réguliérement entre l'Accord parfait ou de Septième sur la Dominante, & le même Accord sur la Note sensible qui suit immédiatement. Je souhaite que les gens de l'Art trouvent cette correction bonne; je suis sûr au moins qu'ils la trouveront régulière.

RÉGLER LE PAPIER. C'est marquer sur un papier blanc les Portées pour y noter la Musique. (Voyez PAPIER RÉGLÉ.)

RÉGLEUR. *s. m.* Ouvrier qui fait profession de régler les papiers de Musique. (Voyez COPISTE.)

RÉGLURE. *s. f.* Manière dont est réglé le papier. *Cette Réglure est trop noire. Il y a plaisir de Noter sur une Réglure bien nette.* (Voyez PAPIER RÉGLÉ.)

RELATION. *s. f.* Rapport qu'ont entr'eux les deux Sons qui forment un Intervalle, considéré par le genre de cet Intervalle. La *Relation* est *juste*, quand l'Intervalle est juste; majeur ou mineur; elle est *fausse*, quand il est superflu ou diminué. (Voyez INTERVALLE.)

Parmi les *fausses Relations*, on ne considere comme telles dans l'Harmonie l'Harmonie, que celles dont les deux Sons ne peuvent entrer dans le même Mode. Ainsi le Triton, qui dans la Mélodie est une *fausse Relation*, n'en est une dans l'Harmonie que lorsqu'un des deux Sons qui le forment, est une corde étrangère au Mode. La Quarte diminuée, quoique bannie de l'Harmonie, n'est pas toujours une *fausse Relation*. Les Octaves diminuée & superflue étant non-seulement des Intervalles bannis de l'Harmonie, mais impraticables dans le même Mode, sont toujours de *fausses Relations*. Il en est de même des Tierces & des Sixtes diminuées & superflues, quoique la dernière soit admise aujourd'hui.

Autrefois les *fausses Relations* étoient toutes défendues. A présent elles sont presque toutes permises dans la Mélodie, mais non dans l'Harmonie. On peut pourtant les y faire entendre, pouvu qu'un des deux Sons qui forme la *fausse Relation*, ne soit admis que comme Note de goût, & non comme partie constitutive de l'Accord.

On appelle encore *Relation enharmonique*, entre deux Cordes qui sont à un Ton d'Intervalle, le rapport qui se trouve entre le Dièse de l'inférieure & le Bémol de la Supérieure. C'est, par le Tempérament, la même touche sur l'Orgue & sur le Clavecin ; mais en rigueur ce n'est pas le même Son, & il y a entr'eux un Intervalle enharmonique. (Voyez ENHARMONIQUE.)

REMISSE. *adj.* Les Sons *Remisses* sont ceux qui ont peu de force, ceux qui étant fort graves ne peuvent être rendus que par des Cordes extrêmement lâches, ni entendus que de fort près. *Remisse* est l'opposé d'*Intense*, & il y a cette différence entre *Remisse* & *bas* ou *foible*, de même qu'entre *Intense* & *haut* ou *fort*, que *bas* & *haut* se disent de la sensation que le Son porte à l'oreille ; au lieu qu'*Intense* & *Remisse* se rapportent plutôt à la cause qui le produit.

RENFORCER. *v. a. pris en sens neutre.* C'est passer du *Doux* au *Fort*, ou du *Fort* au très-*Fort*, non tout d'un coup, mais par une gradation continue en renflant & augmentant les Sons, soit sur Tenue, soit sur une suite de Notes, jusqu'à ce qu'ayant atteint celle qui sert de terme au *Renforcé*, l'on reprenne ensuite le jeu ordinaire. Les Italiens indiquent le *Renforcé* dans leur Musique par le mot *Crescendo*, ou par le mot *Rinforzando* indifféremment.

Dict. de Mus.

RENTRÉE. *f. f.* Retour du sujet, sur-tout après quelques Pauses de silence, dans une Fugue, une Imitation, ou dans quelque autre Dessein.

RENVERSÉ. En fait d'Intervalles, *Renversé* est opposé à *Direct*. (Voyez DIRECT.) Et en fait d'Accords, il est opposé à *Fondamental*. (Voyez FONDAMENTAL.)

RENVERSEMENT. *f. m.* Changement d'ordre dans les Sons qui composent les Accords, & dans les Parties qui composent l'Harmonie : ce qui se fait en substituant à la Basse, par des Octaves, les Sons qui doivent être au Dessus, ou aux extrémités ceux qui doivent occuper le milieu ; & réciproquement.

Il est certain que dans tout Accord il y a un ordre fondamental & naturel, qui est celui de la génération de l'Accord même : mais les circonstances d'une succession, le goût, l'expression, le beau Chant, la variété, le rapprochement de l'Harmonie, obligent souvent le Compositeur de changer cet ordre en renversant les Accords, & par conséquent la disposition des Parties.

Comme trois choses peuvent être ordonnées en six manières, & quatre choses en vingt-quatre manières, il semble d'abord qu'un Accord parfait devroit être susceptible de six *Renversemens*, & un Accord dissonnant de vingt-quatre; puisque celui-ci est composé de quatre Sons, l'autre de trois, & que le *Renversement* ne consiste qu'en des transpositions d'Octaves. Mais il faut observer que dans l'Harmonie on ne compte point pour des *Renversemens* toutes les dispositions différentes des Sons supérieurs, tant que le même Son demeure au grave. Ainsi ces deux ordres de l'Accord parfait *ut mi sol*, & *ut sol mi*, ne sont pris que pour un même *Renversement*, & ne portent qu'un même nom ; ce qui réduit à trois tous les *Renversemens* de l'Accord parfait, & à quatre tous ceux de l'Accord dissonnant ; c'est-à-dire, à autant de *Renversemens* qu'il entre de différens Sons dans l'Accord : car les Répliques des mêmes Sons ne sont ici comptées pour rien.

Toutes les fois donc que la Basse-fondamentale se fait entendre dans la Partie la plus grave, ou, si la Basse-fondamentale est retranchée, toutes les fois que l'ordre naturel est gardé dans les Accords, l'Harmonie est directe. Dès que cet ordre est changé, ou que les Sons fondamentaux, sans être au grave, se font entendre dans quelque autre Partie, l'Harmonie est *Renversée*. *Renversement* de l'Accord, quand le Son fondamental est transposé; *Renversement* de l'Harmonie, quand le Dessus ou quelqu'autre Partie marche comme devroit faire la Basse.

Par-tout où un Accord direct sera bien placé, ses *Renversemens* seront bien placés aussi, quant à l'Harmonie; car c'est toujours la même succession fondamentale, ainsi à chaque note de Basse-fondamentale on est maître de disposer l'Accord à sa volonté, & par conséquent de faire à tout moment des *Renversemens* différens; pourvu qu'on ne change point la succession regulière & fondamentale, que les Dissonnances soient toujours préparées & sauvées par les Parties qui les font entendre, que la Note sensible monte toujours, & qu'on évite les fausses Relations trop dures dans une même Partie. Voilà la Clef de ces différences mystérieuses que mettent les Compositeurs entre les Accords où le Dessus syncope, & ceux où la Basse doit syncoper; comme, par exemple entre la Neuvième & la Seconde : c'est que dans les premiers l'Accord est direct & la Dissonnance dans le Dessus; dans les autres l'Accord est *renversé*, & la Dissonnance est à la Basse.

A l'égard des Accords par supposition, il faut plus de précautions pour les *Renverser*. Comme le Son qu'on ajoute à la Basse est entièrement étranger à l'Harmonie, souvent il n'y est souffert qu'à cause de son grand éloignement des autres Sons, qui rend la Dissonnance moins dure. Que si ce Son ajouté vient à être transposé dans les Parties supérieures, comme il l'est quelquefois; si cette transposition n'est faite avec beaucoup d'art, elle y peut produire un très-mauvais effet, & jamais cela ne sauroit se pratiquer heureusement sans retrancher quelque autre Son de l'Accord. Voyez au mot *Accord* les cas & le choix de ces retranchemens.

L'intelligence parfaite du *Renversement* ne dépend que de l'étude & de l'art : le choix est autre chose, il faut de l'oreille & du goût ; il y faut de l'expérience des effets divers, & quoique le choix du *Renversement* soit indifférent pour le fond de l'Harmonie, il ne l'est pas pour l'effet & l'expression. Il est certain que la Basse-fondamentale est faite pour soutenir l'Harmonie & règner au-dessous d'elle. Toutes les fois donc qu'on change l'ordre

& qu'on *renverse* l'Harmonie, on doit avoir de bonnes raisons pour cela ; sans quoi, l'on tombera dans le défaut de nos Musiques récentes, où les Dessus chantent quelquefois comme des Basses, & les Basses toujours comme des Dessus, où tout est confus, *renversé*, mal ordonné, sans autre raison que de pervertir l'ordre établi & de gâter l'Harmonie.

Sur l'Orgue & le Clavecin les divers *Renversemens* d'un Accord, autant qu'une seule main peut les faire, s'appellent *faces*. (Voyez FACE.)

RENVOI. *s. m.* Signe figuré à volonté, placé communément au-dessus de la Portée, lequel correspondant à un autre signe semblable, marque qu'il faut, d'où est le second, retourner où est le premier, & de-là suivre jusqu'à ce qu'on trouve le Point final. (Voyez POINT.)

RÉPERCUSSION. *s. f.* Répétition fréquente des mêmes Sons. C'est ce qui arrive dans toute Modulation bien déterminée, où les Cordes essentielles du Mode, celles qui composent la Triade harmonique, doivent être rebattues plus souvent qu'aucune des autres. Entre les trois Cordes de cette Triade, les deux extrêmes c'est-à-dire, la Finale & la Dominante, qui sont proprement la répercussion du Ton, doivent être plus souvent rebattues que celle du milieu qui n'est que la répercussion du Mode. (Voyez TON & MODE.)

RÉPÉTITION. *s. f.* Essai que l'on fait en particulier d'une Pièce de Musique que l'on veut exécuter en public. Les *Répétitions* sont nécessaires pour s'assurer que les copies sont exactes, pour que les Acteurs puissent prévoir leurs Parties, pour qu'ils se concertent & s'accordent bien ensemble, pour qu'ils saisissent l'esprit de l'ouvrage & rendent fidèlement ce qu'ils ont à exprimer. Les *Répétitions* servent au Compositeur même pour juger de l'effet de sa Pièce, & faire les changemens dont elle peut avoir besoin.

RÉPLIQUE. *s. f.* Ce terme, en Musique, signifie la même chose qu'*Octave*. (Voyez OCTAVE.) Quelquefois en composition l'on appelle aussi *Réplique* l'Unisson de la même Note dans deux Parties différentes. Il y a nécessairement des *Répliques* à chaque Accord dans toute Musique à plus de quatre Parties. (Voyez UNISSON.)

RÉPONS. *s. m.* Espèce d'Antienne redoublée qu'on chante dans

l'Eglife Romaine après les leçons de Matines ou les Capitules, &
qui finit en manière de Rondeau par une Reprife appellée *Réclame*.

Le Chant du *Répons* doit être plus orné que celui d'une Antienne ordinaire, fans fortir pourtant d'une Mélodie mâle & grave,
ni de celle qu'exige le Mode qu'on a choifi. Il n'eft cependant pas
néceffaire que le Verfet d'un *Répons* fe termine par la Note finale du Mode; il fuffit que cette Finale termine le *Répons* même.

RÉPONSE. *f. f.* C'eft, dans une Fugue, la rentrée du fujet par
une autre Partie, après que la premiére l'a fait entendre; mais
c'eft fur-tout dans une Contre-Fugue, la rentrée du fujet renverfé
de celui qu'on vient d'entendre. (Voyez FUGUE, CONTRE-
FUGUE.)

REPOS. *f. m.* C'eft la terminaifon de la phrafe, fur laquelle terminaifon le Chant fe repofe plus ou moins parfaitement. Le *Repos*
ne peut s'établir que par une Cadence pleine : fi la Cadence eft
évitée, il ne peut y avoir de vrai *Repos*; car il eft impoffible à
l'oreille de fe repofer fur une Diffonnance. On voit par-là qu'il
y a précifément autant d'efpèces de *Repos* que de fortes de Cadences pleines; (Voyez CADENCE.) & ces différens *Repos* produifent dans la Mufique l'effet de la ponctuation dans le difcours.

Quelques-uns confondent mal-à-propos les *Repos* avec les filences, quoique ces chofes foient fort différentes. (Voyez SILENCE.)

REPRISE. *f. f.* Toute Partie d'un Air, laquelle fe répète deux fois,
fans être écrite deux fois, s'appelle *Reprife*. C'eft en ce fens qu'on
dit que la première *Reprife* d'une Ouverture eft grave, & la feconde gaie. Quelquefois auffi l'on n'entend par *Reprife* que la
feconde Partie d'un Air. On dit ainfi que la *Reprife* du joli Menuet de Dardanus ne vaut rien du tout. Enfin *Reprife* eft encore
chacune des Parties d'un Rondeau qui fouvent en a trois, &
quelquefois davantage, dont on ne répète que la première.

Dans la Note on appelle *Reprife* un figne qui marque que l'on
doit répéter la Partie de l'Air qui le précède; ce qui évite la peine de la noter deux fois. En ce fens on diftingue deux *Reprifes*,
la grande & la petite. La grande *Reprife* fe figure à l'Italienne
par une double barre perpendiculaire avec deux points en dehors
de chaque côté, ou à la Françoife par deux barres perpendiculaires un peu plus écartées, qui traverfent toute la Portée, &

entre lesquelles on insere un point dans chaque espace : mais cette seconde manière s'abolit peu-à-peu ; car ne pouvant imiter tout-à-fait la Musique Italienne, nous en prenons du moins les mots & les signes ; comme ces jeunes gens qui croient prendre le style de M. de Voltaire en suivant son orthographe.

Cette *Reprise*, ainsi ponctuée à droite & à gauche, marque ordinairement qu'il faut recommencer deux fois, tant la Partie qui précède que celle qui suit ; c'est pourquoi on la trouve ordinairement vers le milieu des Passe-pieds, Menuets, Gavottes, &c.

Lorsque la *Reprise* a seulement des points à sa gauche, c'est pour la répétition de ce qui précède, & lorsqu'elle a des points à sa droite, c'est pour la répétition de ce qui suit. Il seroit du moins à souhaiter que cette convention, adoptée par quelques-uns, fût tout-à-fait établie ; car elle me paroît fort commode. Voyez (*Pl.* L. *Fig. 8.*) la figure de ces différentes *Reprises*.

La petite *Reprise* est, lorsqu'après une grande *Reprise* on recommence encore quelques-unes des dernières Mesures avant de finir. Il n'y a point de signes particuliers pour la petite *Reprise*, mais on se sert ordinairement de quelque signe de Renvoi figuré au-dessus de la Portée. (Voyez RENVOI.)

Il faut observer que ceux qui notent correctement ont toujours soin que la dernière Note d'une *Reprise* se rapporte exactement pour la Mesure, & à celle qui commence la même *Reprise*, & à celle qui commence la *Reprise* qui suit, quand il y en a une. Que si le rapport de ces Notes ne remplit pas exactement la Mesure ; après la Note qui termine une *Reprise*, on ajoute deux ou trois Notes de ce qui doit être recommencé, jusqu'à ce qu'on ait suffisamment indiqué comment il faut remplir la Mesure. Or, comme à la fin d'une première Partie on a premièrement la première Partie à reprendre, puis la seconde Partie à commencer, & que cela ne se fait pas toujours dans des Temps ou parties de Temps semblables ; on est souvent obligé de noter deux fois la Finale de la première *Reprise* ; l'une avant le signe de *Reprise* avec les premières Notes de la première Partie ; l'autre après le même signe pour commencer la seconde Partie. Alors on trace un demi-cercle ou chapeau depuis cette première Finale jusqu'à sa répétition, pour marquer qu'à la seconde fois il faut paſſer, comme nul, tout ce qui eſt compris ſous le demi-cercle. Il m'eſt impoſſible de rendre cette explication plus courte, plus claire, ni plus exacte; mais la figure 9 de la Planche L. ſuffira pour la faire entendre parfaitement.

RÉSONNANCE. *ſ. f.* Prolongement ou réflexion du Son, ſoit par les vibrations continuées des Cordes d'un Inſtrument, ſoit par les parois d'un corps ſonore, ſoit par la colliſion de l'air renfermé dans un Inſtrument à vent. (Voyez SON, MUSIQUE, INSTRUMENT.)

Les voûtes elliptiques & paraboliques réſonnent, c'eſt-à-dire, refléchiſſent le Son. (Voyez ÉCHO.)

Selon M. Dodart, le nez, la bouche, ni ſes parties, comme le palais, la langue, les dents, les lèvres ne contribuent en rien au Ton de la Voix; mais leur effet eſt bien grand pour la *réſonnance*. (Voyez VOIX.) Un exemple bien ſenſible de cela ſe tire d'un Inſtrument d'acier appellé Trompe de Bearn ou Guimbarde; lequel, ſi on le tient avec les doigts & qu'on frappe ſur la languette, ne rendra aucun Son; mais ſi le tenant entre les dents on frappe de même, il rendra un Son qu'on varie en ſerrant plus ou moins, & qu'on entend d'aſſez loin, ſur-tout dans le bas.

Dans les Inſtrumens à Cordes, tels que le Clavecin, le Violon, le Violoncelle, le Son vient uniquement de la Corde; mais la *Réſonnance* dépend de la caiſſe de l'Inſtrument.

RESSERRER L'HARMONIE. C'eſt rapprocher les Parties les unes des autres dans leſ moindres Intervalles qu'il eſt poſſible. Ainſi pour reſſerrer cet Accord *ut ſol mi*, qui comprend une Dixième, il faut renverſer ainſi *ut mi ſol*, & alors il ne comprend qu'une Quinte. (Voyez ACCORD, RENVERSEMENT.)

RESTER. *v. n. Reſter* ſur une ſyllabe, c'eſt la prolonger plus que n'exige la Proſodie, comme on fait ſous les Roulades; & *Reſter* ſur une Note, c'eſt y faire une Tenue, ou la prolonger juſqu'à ce que le ſentiment de la Meſure ſoit oublié.

RHYTHME. *ſ. m.* C'eſt, dans ſa définition la plus générale, la proportion qu'ont entr'elles les parties d'un même tout. C'eſt en Muſique, la différence du mouvement qui réſulte de la vîteſſe ou de la lenteur, de la longeur ou de la briéveté des Temps.

Ariſtide Quintilien diviſe le *Rhythme* en trois eſpèces; ſavoir, le *Rhythme* des corps immobiles, lequel réſulte de la juſte proportion de leurs Parties, comme dans une statue bien faite ; le *Rhythme* du Mouvement local, comme dans la Danse, la démarche bien composée, les attitudes des Pantomimes, & le *Rhythme* des Mouvemens de la Voix ou de la durée relative des Sons, dans une telle proportion, que, soit qu'on frappe toujours la même Corde, soit qu'on varie les Sons du grave à l'aigu, l'on fasse toujours résulter de leur succession des effets agréables par la durée & la quantité. Cette dernière espèce de *Rhythme* est la seule dont j'ai à parler ici.

Le *Rhythme* appliqué à la Voix peut encore s'entendre de la parole ou du Chant. Dans le premier sens, c'est du *Rhythme* que naissent le nombre & l'Harmonie dans l'Éloquence; la Mesure & la cadence dans la Poésie : dans le second, le *Rhythme* s'applique proprement à la valeur des Notes, & s'appelle aujourd'hui *Mesure*. (Voyez MESURE.) C'est encore à cette seconde acception que doit se borner ce que j'ai à dire ici sur le *Rhythme* des Anciens.

Comme les syllabes de la Langue Grecque avoient une quantité & des valeurs plus sensibles, plus déterminées que celles de notre Langue, & que les vers qu'on chantoit étoient composés d'un certain nombre de pieds que formoient ces syllabes, longues ou brèves, différemment combinées, le *Rhythme* du Chant suivoit régulièrement la marche de ces pieds & n'en étoit proprement que l'expression. Il se divisoit, ainsi qu'eux, en deux Temps, l'un frappé, l'autre levé; l'on en comptoit trois Genres, même quatre & plus, selon les divers rapports de ces Temps. Ces Genres étoient l'*Egal*, qu'ils appelloient aussi Dactylique, où le *Rhythme* étoit divisé en deux Temps égaux ; le *Double*, Trochaïque ou Iambique, dans lequel la durée de l'un des deux Temps étoit double de celle de l'autre; le *Sesqui altère*, qu'ils appelloient aussi *Péonique*, dont la durée de l'un des deux Temps étoit à celle de l'autre en rapport de 3 à 2; & enfin l'*Epitrite*, moins usité, où le rapport des deux Temps étoit de 3 à 4.

Les Temps de ces *Rhythmes* étoient susceptibles de plus ou moins de lenteur par un plus grand ou moindre nombre de syllabes ou de Notes longues ou brèves, selon le Mouvement; & dans ce sens, un Temps pouvoit recevoir jusqu'à huit degrés différens de Mouvement par le nombre des syllabes qui le composoient foient : mais les deux Temps confervoient toujours entr'eux le rapport déterminé par le Genre du *Rhythme*.

Outre cela, le Mouvement & la marche des fyllabes, & par conféquent des Temps & du *Rhythme* qui en réfultoit, étoit fufceptible d'accélération & de ralentiffement, à la volonté du Poëte, felon l'expreffion des paroles & le caractère des paffions qu'il falloit exprimer. Ainfi de ces deux moyens combinés naiffoient des foules de modifications poffibles dans le mouvement d'un même *Rhythme*; qui n'avoient d'autres bornes que celles au-deçà ou au-delà defquelles l'oreille n'eft plus à portée d'appercevoir les proportions.

Le *Rhythme*, par rapport aux pieds qui entroient dans la Poëfie, fe partageoit en trois autres Genres. Le *Simple*, qui n'admettoit qu'une forte de pieds; le *Compofé*, qui réfultoit de deux ou plufieurs efpèces de pieds; & le *Mixte*, qui pouvoit fe réfoudre en deux ou plufieurs *Rhythmes*, égaux ou inégaux, felon les diverfes combinaifons dont il étoit fufceptible.

Une autre fource de variété dans le *Rhythme* étoit la différence des marches ou fucceffions de ce même *Rhythme*, felon l'entrelacement des différens vers. Le *Rhythme* pouvoit être toujours uniforme; c'eft-à-dire, fe battre à deux Temps toujours égaux, comme dans les vers Héxamètres, Pentamètres, Adoniens, Anapeftiques, &c. ou toujours inégaux, comme dans les vers purs Iambiques : ou diverfifié, c'eft-à-dire, mêlé de pieds égaux & d'inégaux, comme dans les Scazons, les Choriambiques, &c. Mais dans tous ces cas les *Rhythmes*, même femblables ou égaux, pouvoient, comme je l'ai dit, être fort différens en viteffe felon la nature des pieds. Ainfi de deux *Rhythmes* de même Genre, réfultans l'un de deux Spondées, l'autre de deux Pyrriques, le premier auroit été double de l'autre en durée.

Les filences fe trouvoient auffi dans le *Rhythme* ancien; non pas, à la vérité, comme les nôtres, pour faire taire feulement quelqu'une des Parties, ou pour donner certains caractères au Chant : mais feulement pour remplir la mefure de ces vers appellés Catalectiques, qui manquoient d'une fyllabe : ainfi le filence ne pouvoit jamais fe trouver qu'à la fin du vers pour fuppléer à cette fyllabe.

Dict. de Muf.   Ggg

A l'égard des Tenues, ils les connoissoient sans doute, puisqu'ils avoient un mot pour les exprimer. La pratique en devoit cependant être fort rare parmi eux; du moins cela peut-il s'inférer de la nature de leur *Rhythme*, qui n'étoit que l'expression de la Mesure & de l'Harmonie des vers. Il ne paroit pas non plus qu'ils pratiquassent les Roulades, les Syncopes, ni les Points, à moins que les Instrumens ne fissent quelque chose de semblable en accompagnant la Voix; de quoi nous n'avons nul indice.

Vossius dans son Livre *de Poëmatum cantu, & viribus Rhythmi*, releve beaucoup le *Rhythme* ancien, & il lui attribue toute la force de l'ancienne Musique. Il dit qu'un *Rhythme* détaché comme le nôtre, qui ne représente aucune image des choses, ne peut avoir aucun effet, & que les anciens nombres poétiques n'avoient été inventés que pour cette fin que nous négligeons. Il ajoute que le langage & la Poésie modernes sont peu propres pour la Musique, & que nous n'aurons jamais de bonne Musique vocale jusqu'à ce que nous fassions des vers favorables pour le Chant; c'est-à-dire, jusqu'à ce que nous réformions notre langage, & que nous lui donnions, à l'exemple des Anciens, la quantité & les Pieds mesurés, en proscrivant pour jamais l'invention barbare de la rime.

Nos vers, dit-il, sont précisément comme s'ils n'avoient qu'un seul Pied: de sorte que nous n'avons dans notre Poésie aucun *Rhythme* véritable, & qu'en fabriquant nos vers nous ne pensons qu'à y faire entrer un certain nombre de syllabes, sans presque nous embarrasser de quelle nature elles sont. Ce n'est sûrement pas-là de l'étoffe pour la Musique.

Le *Rhythme* est une partie essentielle de la Musique, & surtout de l'imitative. Sans lui la Mélodie n'est rien, & par lui-même il est quelque chose, comme on le sent par l'effet des tambours. Mais d'où vient l'impression que font sur nous la Mesure & la Cadence? Quel est le principe par lequel ces retours tantôt égaux & tantôt variés affectent nos ames, & peuvent y porter le sentiment des passions? Demandez-le au Métaphysicien. Tout ce que nous pouvons dire ici est que, comme la Mélodie tire son caractère des Accens de la Langue, le *Rhythme* tire le sien du caractère de la Prosodie; & alors il agit comme image de la parole: à quoi nous ajouterons que certaines passions ont dans la nature un caractère rhythmique aussi-bien qu'un caractère mélodieux, absolu & indépendant de la Langue; comme la tristesse, qui marche par Temps égaux & lents, de même que par Tons rémisses & bas; la joie par Temps sautillans & vîtes, de même que par Tons aigus & intenses : d'où je présume qu'on pourroit observer dans toutes les autres passions un caractère propre, mais plus difficile à saisir, à cause que la plupart de ces autres passions étant composées, participent, plus ou moins, tant des précédentes que l'une de l'autre.

RHYTHMIQUE. *s. f.* Partie de l'Art musical qui enseignoit à pratiquer les règles du Mouvement & du *Rhythme*, selon les loix de la Rhythmopée.

La *Rhythmique*, pour le dire un peu plus en détail, consistoit à savoir choisir, entre les trois Modes établis par la Rhythmopée, le plus propre au caractère dont il s'agissoit, à connoître & posséder à fond toutes les sortes de Rhythmes, à discerner & employer les plus convenables en chaque occasion, à les entrelacer de la manière à la fois la plus expressive & la plus agréable, & enfin à distinguer l'*Arsis* & la *Thésis*, par la marche la plus sensible & la mieux Cadencée.

RHYTHMOPÉE. ῥυθμοποιΐα. *s. f.* Partie de la Science Musicale qui prescrivoit à l'Art Rhythmique les loix du Rhythme & de tout ce qui lui appartient. (Voyez RHYTHME.) La *Rhythmopée* étoit à la Rhythmique, ce qu'étoit la Mélopée à la Mélodie.

La *Rhythmopée* avoit pour objet le Mouvement ou le Temps, dont elle marquoit la mesure, les divisions l'ordre & le mélange, soit pour émouvoir les passions, soit pour les changer, soit pour les calmer. Elle renfermoit aussi la science des Mouvemens muets, appellés *Orchesis*, & en général tous les Mouvemens réguliers. Mais elle se rapportoit principalement à la Poésie; parce qu'alors la Poésie régloit seule les Mouvemens de la Musique, & qu'il n'y avoit point de Musique purement instrumentale, qui eût un Rhythme indépendant.

On sait que la *Rhythmopée* se partageoit en trois Modes ou Tropes principaux, l'un bas & serré, un autre élevé & grand, & le moyen paisible & tranquille; mais du reste les Anciens ne nous ont laissés que des préceptes fort généraux sur cette partie de leur Mufique, & ce qu'ils en ont dit fe rapporte toujours aux vers ou aux paroles deftinées pour le Chant.

RIGAUDON. *f. m.* Sorte de Danfe dont l'Air fe bat à deux Temps, d'un Mouvement gai, & fe divife ordinairement en deux Reprifes phrafées de quatre en quatre Mefures, & commençant par la dernière Note du fecond Temps.

On trouve *Rigodon* dans le Dictionnaire de l'Académie; mais cette orthographe n'eft pas ufitée. J'ai ouï dire à un Maître à Danfer, que le nom de cette Danfe venoit de celui de l'inventeur, lequel s'appelloit *Rigaud*.

RIPPIENO. *f. m.* Mot Italien qui fe trouve affez fréquemment dans les Mufiques d'Églife, & qui équivaut au mot *Chœur* ou *Tous*.

RITOURNELLE. *f. f.* Trait de Symphonie qui s'emploie en manière de Prélude à la tête d'un Air, dont ordinairement il annonce le Chant; ou à la fin, pour imiter & affurer la fin du même Chant; ou dans le milieu, pour repofer la Voix, pour renforcer l'expreffion, ou fimplement pour embellir la Pièce.

Dans les Recueils ou Partitions de vieille Mufique Italienne, les *Ritournelles* font fouvent défignées par les mots *fi fuona*, qui fignifient que l'Inftrument qui accompagne doit répéter ce que la voix a chanté.

Ritournelle, vient de l'Italien *Ritornello*, & fignifie *petit retour*. Aujourd'hui que la Symphonie a pris un caractère plus brillant, & prefque indépendant de la vocale, on ne s'en tient plus guères à de fimples répétitions; auffi le mot *Ritournelle* a-t-il vieilli.

ROLLE. *f. m.* Le papier féparé qui contient la Mufique que doit exécuter un Concertant, ce qui s'appelle *Partie* dans un Concert, s'appelle *Rolle* à l'Opéra. Ainfi l'on doit diftribuer une *Partie* à chaque Muficien, & un *Rolle* à chaque Acteur.

ROMANCE. *f. f.* Air fur lequel on chante un petit Poëme du même nom, divifé par couplets, duquel le fujet eft pour l'ordinaire quelque hiftoire amoureufe & fouvent tragique. Comme la *Romance* doit être écrite d'un ftyle fimple, touchant, & d'un goût un peu antique, l'Air doit répondre au caractère des paroles; point d'ornemens, rien de maniéré, une mélodie douce, naturelle, champêtre, & qui produife fon effet par elle-même, indépendamment de la manière de la Chanter. Il n'eft pas néceffaire que le Chant soit piquant, il suffit qu'il soit naïf; qu'il n'offusque point la parole; qu'il la fasse bien entendre, & qu'il n'exige pas une grande étendue de voix. Une *Romance* bien faite n'ayant rien de saillant, n'affecte pas d'abord; mais chaque couplet ajoute quelque chose à l'effet des précédens, l'intérêt augmente insensiblement, & quelquefois on se trouve attendri jusqu'aux larmes sans pouvoir dire où est le charme qui a produit cet effet. C'est une expérience certaine que tout accompagnement d'Instrument affoiblit cette impression. Il ne faut, pour le Chant de la *Romance*, qu'une Voix juste, nette, qui prononce bien, & qui chante simplement.

ROMANESQUE. *s. f.* Air à danser. (Voyez GAILLARDE.)

RONDE. *adj. pris subst.* Note blanche & ronde, sans queue, laquelle vaut une Mesure entière à quatre Temps, c'est-à-dire deux Blanches ou quatre Noires. La *Ronde* est de toutes les Notes restées en usage celle qui a le plus de valeur. Autrefois, au contraire, elle étoit celle qui en avoit le moins, & elle s'appelloit semi-Brève. (Voyez SEMI-BRÈVE, & VALEUR DES NOTES.)

RONDE DE TABLE. Sorte de Chanson à boire & pour l'ordinaire mêlée de galanterie, composée de divers couplets qu'on chante à table chacun à son tour, & sur lesquels tous les Convives font Chorus en reprenant le Refrain.

RONDEAU. *s. m.* Sorte d'Air à deux ou plusieurs Reprises, & dont la forme est telle qu'après avoir fini la seconde Reprise on reprend la première, & ainsi de suite, revenant toujours & finissant par cette même première Reprise par laquelle on a commencé. Pour cela, on doit tellement conduire la Modulation, que la fin de la première Reprise convienne au commencement de toutes les autres; & que la fin de toutes les autres convienne au commencement de la première.

Les grands Airs Italiens & toutes nos Ariettes sont en *Rondeau*, de même que la plus grande partie des Pièces de Clavecin Françoises.

Les routines sont des magasins de contre-sens pour ceux qui les suivent sans réflexion. Telle est pour les Musiciens celle des *Rondeaux*. Il faut bien du discernement pour faire un choix de paroles qui leur soient propres. Il est ridicule de mettre en *Ron-*

deau une pensée complette divisée en deux membres, en reprenant la première incise & finissant par-là. Il est ridicule de mettre en *Rondeau* une comparaison dont l'application ne se fait que dans le second membre, en reprenant le premier & finissant par-là. Enfin il est ridicule de mettre en *Rondeau* une pensée générale limitée par une exception relative à l'état de celui qui parle; en sorte qu'oubliant derechef l'exception qui se rapporte à lui, il finisse en reprenant la pensée générale.

Mais toutes les fois qu'un sentiment exprimé dans le premier membre, amene une réflexion qui le renforce & l'appuie dans le second; toutes les fois qu'une description de l'état de celui qui parle, emplissant le premier membre, éclaircit une comparaison dans le second; toutes les fois qu'une affirmation dans le premier membre contient sa preuve & sa confirmation dans le second; toutes les fois, enfin, que le premier membre contient la proposition de faire une chose, & le second la raison de la proposition; dans ces divers cas, & dans les semblables, le *Rondeau* est toujours bien placé.

ROULADE. *s. f.* Passage dans le Chant de plusieurs Notes sur une même syllabe.

La *Roulade* n'est qu'une imitation de la Mélodie instrumentale dans les occasions où, soit pour les graces du Chant, soit pour la vérité de l'image, soit pour la force de l'expression, il est à propos de suspendre le discours & de prolonger la Mélodie : mais il faut, de plus, que la syllabe soit longue, que la voix en soit éclatante & propre à laisser au gosier la facilité d'entonner nettement & légérement les Notes de la *Roulade* sans fatiguer l'organe du Chanteur, ni, par conséquent, l'oreille des écoutans.

Les voyelles les plus favorables pour faire sortir la voix, sont les *a*; ensuite les *o*, les *è* ouverts : l'*i* & l'*u* sont peu sonores; encore moins les diphtongues. Quant aux voyelles nazales, on n'y doit jamais faire de *Roulades*. La Langue Italienne pleine d'*o* & d'*a* est beaucoup plus propre pour les inflexions de voix que n'est la Françoise; aussi les Musiciens Italiens ne les épargnent-ils pas. Au contraire, les François obligés de composer presque toute leur Musique syllabique à cause des voyelles peu favorables, sont contraints de donner aux Notes une marche lente & posée, ou de faire heurter les confonnes en faifant courir les fyllabes ; ce qui rend néceffairement le Chant languiffant ou dur. Je ne vois pas comment la Mufique Françoife pourroit jamais furmonter cet inconvénient.

C'eft un préjugé populaire de penfer qu'une *Roulade* foit toujours hors de place dans un Chant trifte & pathétique. Au contraire, quand le cœur eft le plus vivement ému, la voix trouve plus aifément des Accens que l'efprit ne peut trouver des paroles, & de-là vient l'ufage des Interjections dans toutes les Langues. (Voyez NEUME.) Ce n'eft pas une moindre erreur de croire qu'une *Roulade* eft toujours bien placée fur une fyllabe ou dans un mot qui la comporte, fans confidérer fi la fituation du Chanteur, fi le fentiment qu'il doit éprouver la comporte auffi.

La *Roulade* eft une invention de la Mufique moderne. Il ne paroît pas que les Anciens en aient fait aucun ufage, ni jamais battu plus de deux Notes fur la même fyllabe. Cette différence eft un effet de celle des deux Mufiques, dont l'une étoit affervie à la Langue, & dont l'autre lui donne la loi.

ROULEMENT. *f. m.* (Voyez ROULADE.)

S.

S. Cette lettre écrite seule dans la Partie récitante d'un Concerto signifie *Solo*; & alors elle est alternative avec le T, qui signifie *Tutti*.

SARABANDE. *s. f.* Air d'une Danse grave, portant le même nom; laquelle paroît nous être venue d'Espagne, & se dansoit autrefois avec des Castagnettes. Cette Danse n'est plus en usage, si ce n'est dans quelques vieux Opéra François. L'Air de la Sarabande est à trois Temps lents.

SAUT. *s. m.* Tout passage d'un Son à un autre par Degré disjoint est un *Saut*. Il y a *Saut régulier* qui se fait toujours sur un Intervalle consonnant, & *Saut irrégulier*, qui se fait sur un Intervalle dissonnant. Cette distinction vient de ce que toutes les Dissonnances, excepté la Seconde qui n'est pas un *Saut*, sont plus difficiles à entonner que les Consonnances. Observation nécessaire dans la Mélodie pour composer des Chants faciles & agréables.

SAUTER. *v. n.* On fait *Sauter* le Ton, lorsque donnant trop de vent dans une Flûte, ou dans un tuyau d'un Instrument à vent, on force l'air à se diviser & à faire résonner, au lieu du Ton plein de la Flûte ou du tuyau, quelqu'un seulement de ses harmoniques. Quand le *Saut* est d'une Octave entière, cela s'appelle *Octavier*. (Voyez OCTAVIER.) Il est clair que pour varier les Sons de la Trompette & du Cor de chasse, il faut nécessairement *Sauter*, & ce n'est encore qu'en *Sautant* qu'on fait des Octaves sur la Flûte.

SAUVER. *v. a. Sauver* une Dissonnance, c'est la résoudre selon les règles, sur une Consonnance de l'Accord suivant. Il y a sur cela une marche prescrite, & à la Basse-fondamentale de l'Accord dissonnant, & à la Partie qui forme la Dissonnance.

Il n'y a aucune manière de *Sauver* qui ne dérive d'un Acte de Cadence : c'est donc par l'espèce de la Cadence qu'on veut faire, qu'est déterminé le Mouvement de la Basse-fondamentale. (Voyez CADENCE.) A l'égard de la Partie qui forme la Dissonnance, elle ne doit, ni rester en place, ni marcher par Degrés disjoints; mais elle doit monter ou descendre diatoniquement selon la nature

de

de la Diffonnance. Les Maîtres difent que les Diffonnances majeures doivent monter, & les mineures defcendre ; ce qui n'eft pas fans exception, puifque dans certaines Cordes d'Harmonie, une Septième, bien que majeure, ne doit pas monter, mais defcendre, fi ce n'eft dans l'Accord appellé, fort incorrectement, Accord de Septième fuperflue. Il vaut donc mieux dire que la Septième, & toute Diffonnance qui en dérive, doit defcendre ; & que la Sixte ajoutée, & toute Diffonnance qui en dérive, doit monter. C'eft-là une règle vraiment générale & fans autre exception. Il en eft de même de la loi de *Sauver* la Diffonnance. Il y a des Diffonnances qu'on ne peut préparer ; mais il n'y en a aucune qu'on ne doit *Sauver*.

A l'égard de la Note fenfible appellée improprement Diffonnance majeure, fi elle doit monter, c'eft moins par la règle de *Sauver* la Diffonnance, que par celle de la marche Diatonique, & de préférer le plus court chemin ; & en effet il y a des cas, comme celui de la Cadence interrompue, où cette Note fenfible ne monte point.

Dans les Accords par fuppofition, un même Accord fournit fouvent deux Diffonnances, comme la Septième & la Neuvième, la Neuvième & la Quarte, &c. Alors ces Diffonnances ont dû fe préparer & doivent fe *Sauver* toutes deux : c'eft qu'il faut avoir égard à tout ce qui diffonne, non-feulement fur la Baffe-fondamentale, mais auffi fur la Baffe-continue.

SCÈNE. *f. f.* On diftingue en Mufique lyrique la *Scène* du Monologue, en ce qu'il n'y a qu'un feul Acteur dans le Monologue, & qu'il y a dans la *Scène* au moins deux Interlocuteurs. Par conféquent dans le Monologue le caractère du Chant doit être un, du moins quant à la perfonne ; mais dans les *Scènes* le Chant doit avoir autant de caractères différens qu'il y a d'Interlocuteurs. En effet, comme en parlant chacun garde toujours la même voix, le même accent, le même tymbre, & communément le même ftyle, dans toutes les chofes qu'il dit ; chaque Acteur dans les diverfes paffions qu'il exprime doit toujours garder un caractère qui lui foit propre & qui le diftingue d'un autre Acteur. La douleur d'un vieillard n'a pas le même ton que celle d'un jeune homme, la colère d'une femme a d'autres Accens que celle d'un guerrier; un barbare ne dira point *je vous aime*, comme un galant de profession. Il faut donc rendre dans les *Scènes*, non-feulement le caractère de la paffion qu'on veut peindre, mais celui de la perfonne qu'on fait parler. Ce caractère s'indique en partie par la forte de voix qu'on appropre à chaque rôle; car le tour de Chant d'une Haute-Contre eft différent de celui d'une baffe-Taille; on met plus de gravité dans les Chants des Bas-Deffus, & plus de légéreté dans ceux des Voix plus aiguës. Mais outre ces différences, l'habile Compofiteur en trouve d'individuelles qui caractérifent fes perfonnages; en forte qu'on connoîtra bien-tôt à l'Accent particulier du Récitatif & du Chant, fi c'eft Mandane ou Émire, fi c'eft Olinte ou Alcefte qu'on entend. Je conviens qu'il n'y a que les hommes de génie qui fentent & marquent ces différences; mais je dis cependant que ce n'eft qu'en les obfervant, & d'autres femblables, qu'on parvient à produire l'illufion.

SCHISMA. *f. m.* Petit Intervalle qui vaut la moitié du Comma, & dont, par conféquent, la raifon eft fourde, puifque pour l'exprimer en nombres, il faudroit trouver une moyenne proportionnelle entre 80 & 81.

SCHOENION. Sorte de Nome pour les Flûtes dans l'ancienne Mufique des Grecs.

SCHOLIE ou SCOLIE. *f. f.* Sorte de Chanfons chez les anciens Grecs, dont les caractères étoient extrêmement diverfifiés felon les fujets & les perfonnes. (Voyez CHANSON.)

SECONDE. *adj. pris fubft.* Intervalle d'un Degré conjoint. Ainfi les marches diatoniques fe font toutes fur des Intervalles de *Seconde*.

Il y a quatres fortes de *Secondes*. La première appellée *Seconde diminuée*, fe fait fur un Ton majeur, dont la Note inférieure eft rapprochée par un Dièfe, & la fupérieure par un Bémol. Tel eft, par exemple, l'Intervalle du *re* Bémol à l'*ut* Dièfe. Le rapport de cette *Seconde* eft de 375 à 384. Mais elle n'eft d'aucun ufage, fi ce n'eft dans le genre enharmonique; encore l'Intervalle s'y trouve-t-il nul en vertu du Tempérament. A l'égard de l'Intervalle d'une Note à fon Dièfe, que Broffard appelle *Seconde diminuée*, ce n'eft pas une *Seconde*; c'eft un Uniffon *altéré*.

La deuxième, qu'on appelle *feconde mineure*, eft conftituée par le femi-Ton majeur, comme du *fi* à l'*ut* ou du *mi* au *fa*. Son rapport eft de 15 à 16.

La troifième eft la *Seconde majeure*, laquelle forme l'Intervalle d'un *Ton*. Comme ce *Ton* peut être majeur ou mineur, le rapport de cette feconde, eft de 8 à 9 dans le premier cas, & de 9 à 10 dans le fecond : mais cette différence s'évanouit dans notre Mufique.

Enfin la quatrième eft la *Seconde fuperflue*, compofée d'un *Ton* majeur & d'un femi-Ton mineur, comme du *fa* au *fol* Dièfe : fon rapport eft de 64 à 75.

Il y a dans l'Harmonie deux Accords qui portent le nom de *Seconde*. Le premier s'appelle fimplement Accord de *Seconde* : c'eft un Accord de Septième renverfé, dont la Diffonnance eft à la Baffe; d'où il s'en fuit bien clairement qu'il faut que la Baffe fyncope pour la préparer. (Voyez PRÉPARER.) Quand l'Accord de Septième eft dominant; c'eft-à-dire, quand la Tierce eft majeure, l'Accord de *Seconde* s'appelle Accord de Triton, & la fyncope n'eft pas néceffaire, parce que la Préparation ne l'eft pas.

L'autre s'appelle Accord de *Seconde fuperflue* ; c'eft un Accord renverfé de celui de Septième diminuée, dont la Septième elle-même eft portée à la Baffe. Cet Accord eft également bon avec ou fans fyncope. (Voyez SYNCOPE.)

SEMI. Mot emprunté du Latin & qui fignifie *Demi*. On s'en fert en Mufique au lieu du *Hémi* des Grecs, pour compofer très-barbarement plufieurs mots techniques, moitié Grecs & moitié Latins.

Ce mot, au-devant du nom Grec de quelque Intervalle que ce foit, fignifie toujours une diminution, non pas de la moitié de cet Intervalle, mais feulement d'un *Semi-ton* mineur : Ainfi *Semi-Diton* eft la Tierce mineure, *Semi-Diapente* eft la Fauffe-Quinte, *Semi-Diateffaron* la Quarte diminuée, &c.

SEMI-BRÈVE. *f. f.* C'eft, dans nos anciennes Mufiques, une valeur de Note ou une Mefure de Temps qui comprend l'efpace de deux Minimes ou Blanches ; c'eft-à-dire, la Moitié d'une Brève. La *Semi-Brève* s'appelle maintenant Ronde, parce qu'elle a cette figure : mais autrefois elle étoit en lozange.

Anciennement la *Semi-Brève* fe divifoit en majeure & mineure.

La majeure vaut deux tiers de la Brève parfaite, & la mineure vaut l'autre tiers de la même Brève : ainsi la *Semi-Brève* majeure en contient deux mineures.

La *Semi-Brève*, avant qu'on eût inventé la Minime, étant la Note de moindre valeur, ne se subdivisoit plus. Cette indivisibilité, disoit-on, est, en quelque manière, indiquée par sa figure en lozange terminée en haut, en bas & des deux côtés par des Points. Or, Muris prouve, par l'autorité d'Aristote & d'Euclide, que le Point est indivisible ; d'où il conclud que la *Semi-Brève* enfermée entre quatre Points, est indivisible comme eux.

SEMI-TON. *s. m.* C'est le moindre de tous les Intervalles admis dans la Musique moderne ; il vaut à-peu-près la moitié d'un *Ton*.

Il y a plusieurs espèces de *Semi-Tons*. On en peut distinguer deux dans la pratique ; le *Semi-Ton* majeur & le *Semi-Ton* mineur. Trois autres sont connus dans les calculs harmoniques ; savoir, le *Semi-Ton* maxime, le minime & le moyen.

Le *Semi-Ton* majeur est la différence de la Tierce majeure à la Quarte, comme *mi fa*. Son rapport est de 15 à 16, & il forme le plus petit de tous les Intervalles diatoniques.

Le *Semi-Ton* mineur est la différence de la Tierce majeure à la Tierce mineure : il se marque sur le même Degré par un Dièse ou par un Bémol. Il ne forme qu'un Intervalle chromatique, & son rapport est de 24 à 25.

Quoiqu'on mette de la différence entre ces deux *Semi-Tons* par la manière de les noter, il n'y en a pourtant aucune sur l'Orgue & le Clavecin, & le même *Semi-Ton* est tantôt majeur & tantôt mineur, tantôt diatonique & tantôt chromatique, selon le Mode où l'on est. Cependant on appelle, dans la pratique, *Semi-Tons* mineurs, ceux qui se marquant par Bémol ou par Dièse, ne changent point le Degré ; & *Semi-Tons* majeurs, ceux qui forment un Intervalle de Seconde.

Quant aux trois autres *Semi-Tons* admis seulement dans la théorie, le *Semi-Ton* maxime est la différence du *Ton* majeur au *Semi-Ton* mineur, & son rapport est de 25 à 27. Le *Semi-Ton* moyen est la différence du *Semi-Ton* majeur au *Ton* majeur, & son rapport est de 128 à 135. Enfin le *Semi-Ton* minime est la différence du *Semi-Ton* maxime au *Semi-Ton* moyen, & son rapport est de 125 à 128.

De tous ces Intervalles il n'y a que le *Semi-Ton* majeur qui, en qualité de Seconde, soit quelquefois admis dans l'Harmonie.

SEMI-TONIQUE. *adj.* Échelle *Semi-Tonique* ou *Chromatique*. (Voyez ÉCHELLE.)

SENSIBILITÉ. *f. f.* Disposition de l'ame qui inspire au Compositeur les idées vives dont il a besoin, à l'Exécutant la vive expression de ces mêmes idées, & à l'auditeur la vive impression des beautés & des défauts de la Musique qu'on lui fait entendre. (Voyez GOUT.)

SENSIBLE. *adj. Accord Sensible* est celui qu'on appelle autrement *Accord Dominant*. (Voyez ACCORD.) Il se pratique uniquement sur la Dominante du Ton; de-là lui vient le nom d'*Accord dominant*, & il porte toujours la Note *Sensible* pour tierce de cette Dominante; d'où lui vient le nom d'*Accord Sensible*. (Voyez ACCORD.) A l'égard de la Note *Sensible*, voyez NOTE.

SEPTIÈME. *adj. pris subst.* Intervalle dissonnant renversé de la Seconde, & appellé, par les Grecs, *Heptachordon*, parce qu'il est formé de sept Sons ou de six Degrés diatoniques. Il y en a de quatre sortes.

La première est la *Septiéme* mineure, composée de quatre *Tons*, trois majeurs & un mineur, & de deux semi-Tons majeurs, comme de *mi* à *re*; & chromatiquement de dix semi-Tons, dont six majeurs & quatre mineurs. Son rapport est de 5 à 9.

La deuxième est la *Septiéme majeure*, composée diatoniquement de cinq *Tons*, trois majeurs & deux mineurs, & d'un semi-Ton majeur; de sorte qu'il ne faut plus qu'un semi-Ton majeur pour faire une Octave; comme d'*ut* à *si*; & chromatiquement d'onze semi-Tons, dont six majeurs & cinq mineurs. Son rapport est de 8 à 15.

La troisième, est la *Septiéme diminuée* : elle est composée de trois *Tons*, deux mineurs & un majeur, & de trois semi-Tons majeurs, comme de l'*ut* Dièse au *si* Bémol. Son rapport est de 75 à 128.

La quatrième, est la *Septiéme superflue*. Elle est composée de cinq *Tons*, trois mineurs & deux majeurs, un semi-Ton majeur & un semi-Ton mineur, comme du *si* Bémol à *la* Dièse; de sorte qu'il ne lui manque qu'un Comma pour faire une Octave.

Son rapport est de 81 à 160. Mais cette dernière espèce n'est point usitée en Musique, si ce n'est dans quelques transitions enharmoniques.

Il y a trois Accords de *Septiéme*.

Le premier est fondamental, & porte simplement le nom de *Septième* : mais quand la Tierce est majeure & la *Septième* mineure, il s'appelle Accord Sensible ou Dominant. Il se compose de la Tierce, de la Quinte & de la *Septième*.

Le second est encore fondamental & s'appelle Accord de *Septième diminuée*. Il est composé de la Tierce mineure, de la fausse-Quinte & de la *Septième diminuée* dont il prend le nom; c'est-à-dire, de trois Tierces mineures consécutives, & c'est le seul Accord qui soit ainsi formé d'Intervalles égaux; il ne se fait que sur la Note sensible. (Voyez ENHARMONIQUE.)

Le troisième s'appelle Accord de *Septième superflue*. C'est un Accord par supposition formé par l'Accord dominant, au-dessous duquel la Basse fait entendre la Tonique.

Il y a encore un Accord de *Septième & Sixte*, qui n'est qu'un renversement de l'Accord de Neuvième. Il ne se pratique guères que dans les Points d'Orgue à cause de sa dureté. (Voyez ACCORD.)

SÉRÉNADE. *s. f.* Concert qui se donne la nuit sous les fenêtres de quelqu'un. Il n'est ordinairement composé que de Musique Instrumentale; quelquefois cependant on y ajoute des Voix. On appelle aussi *Sérénades* les Pieces que l'on compose ou que l'on exécute dans ces occasions. La mode des *Sérénades* est passée depuis long-temps, ou ne dure plus que parmi le Peuple, & c'est grand dommage. Le silence de la nuit, qui bannit toute distraction, fait mieux valoir la Musique & la rend plus délicieuse.

Ce mot, Italien d'origine, vient sans doute de *Sereno*, ou du Latin *Serum*, le soir. Quand le Concert se fait sur le matin, ou à l'aube du jour, il s'appelle *Aubade*.

SERRÉ. *adj.* Les Intervalles *Serrés* dans les Genres épais de la Musique Grecque sont le premier & le second de chaque Tétracorde. (Voyez ÉPAIS.)

SESQUI. Particule souvent employée par nos anciens Musiciens dans la composition des mots servans à exprimer différentes sortes de Mesures.

S E X.   423

Ils appelloient donc *Sesqui-altères* les Mesures dont la principale Note valoit une moitié en sus de plus que sa valeur ordinaire ; c'est-à-dire, trois des Notes dont elle n'auroit autrement valu que deux ; ce qui avoit lieu dans toutes les Mesures triples, soit dans les majeures, où la Brève, même sans Point, valoit trois semi-Brèves ; soit dans les mineures, où la semi-Brève valoit trois Minimes, &c.

Ils appelloient encore *Sesqui-Octave* le Triple, marqué par ce signe $C\frac{9}{8}$.

Double *Sesqui-Quarte*, le Triple marqué $C\frac{9}{4}$, & ainsi des autres.

Sesqui-Diton ou *Hémi-Diton*, dans la Musique Grecque est l'Intervalle d'une Tierce majeure diminuée d'un Semi-Ton ; c'est-à-dire, une Tierce mineure.

SEXTUPLE. adj. Nom donné assez improprement aux Mesures à deux Temps, composées de six Notes égales, trois pour chaque Temps. Ces sortes de Mesures ont été appellées encore plus mal-à-propos par quelques-uns, *Mesures à six Temps*.

On peut compter cinq espèces de ces Mesures *Sextuples*; c'est-à-dire, autant qu'il y a de différentes valeurs de Notes, depuis celle qui est composée de six Rondes ou semi-Brèves, appellée en France *Triple de six pour un*, & qui s'exprime par ce chiffre $\frac{6}{1}$, jusqu'à celle appellée *Triple de six pour seize*, composée de six doubles-Croches seulement, & qui se marque ainsi : $\frac{6}{16}$.

La plupart de ces distinctions sont abolies, & en effet elles sont assez inutiles, puisque toutes ces différentes figures de Notes font moins des Mesures différentes que des modifications de Mouvemens dans la même espèce de Mesure ; ce qui se marque encore mieux avec un seul mot écrit à la tête de l'Air, qu'avec tout ce fatras de chiffres & de Notes qui ne servent qu'à embrouiller un Art déja assez difficile en lui-même. (Voyez DOUBLE, TRIPLE, TEMPS, MESURE, VALEUR DES NOTES.)

SI. Une des sept syllabes dont on se sert en France pour solfier les Notes. Guy Arétin, en composant sa Gamme, n'inventa que six de ces syllabes, parce qu'il ne fit que changer en Héxacordes les Tétracordes des Grecs, quoiqu'au fond sa Gamme fût, ainsi que la nôtre, composée de sept Notes. Il arriva de-là que, pour nommer la septième, il falloit à chaque instant changer les noms des autres & les nommer de diverses manières : embarras que nous n'avons plus depuis l'invention du *Si*, sur la Gamme duquel un Musicien nommé *de Nivers* fit, au commencement du siècle, un ouvrage exprès.

Brossard, & ceux qui l'ont suivi, attribuent l'invention du *Si* à un autre Musicien nommé *Le Maire*, entre le milieu & la fin du dernier siècle : d'autres en font honneur à un certain *Vander-Putten*; d'autres remontent jusqu'à Jean de Muris, vers l'an 1330; & le Cardinal Bona dit que dès l'onzième siècle, qui étoit celui de l'Arétin, Ericius Dupuis ajouta une Note aux six de Guy, pour éviter les difficultés des Muances & faciliter l'étude du Chant.

Mais, sans s'arrêter à l'invention d'Ericius Dupuis, morte sans doute avec lui, ou sur laquelle Bona, plus récent de cinq siècles, a pu se tromper; il est même aisé de prouver que l'invention du *Si* est de beaucoup postérieure à Jean de Muris, dans les écrits duquel on ne voit rien de semblable. A l'égard de Vander-Putten, je n'en puis rien dire, parce que je ne le connois point. Reste le Maire, en faveur duquel les voix semblent se réunir. Si l'invention consiste à avoir introduit dans la pratique l'usage de cette syllabe *Si*, je ne vois pas beaucoup de raisons pour lui en disputer l'honneur. Mais si le véritable inventeur est celui qui a vu le premier la nécessité d'une septième syllabe, & qui en a ajouté une en conséquence, il ne faut pas avoir fait beaucoup de recherches pour voir que Le Maire ne mérite nullement ce titre : car on trouve en plusieurs endroits des écrits du P. Mersenne la nécessité de cette septième syllabe, pour éviter les Muances; & il témoigne que plusieurs avoient inventé ou mis en pratique cette septième syllabe à-peu-près dans le même temps, & entr'autres Gilles Grand-Jean, Maître Écrivain de Sens; mais que les uns nommoient cette syllabe *Ci*, d'autres *Di*, d'autres *Ni*, d'autres *Si*, d'autres *Za*, &c. Même avant le P. Mersenne, on trouve, dans un ouvrage de Banchiéri, Moine Olivétan, imprimé en 1614, & intitulé, *Cartella Di Musica*, l'addition de la même septième syllabe; il l'appelle *Bi* par Béquarre, *Ba* par Bémol, & il assure que cette addition a été fort approuvée à Rome. De sorte que toute la prétendue invention de Le Maire consiste, tout au plus, à avoir écrit ou prononcé

Si,

S I C.

Si, au lieu d'écrire ou prononcer *Bi* ou *Ba*, *Ni* ou *Di*; & voilà avec quoi un homme eſt immortaliſé. Du reſte, l'uſage du *Si* n'eſt connu qu'en France, & malgré ce qu'en dit le Moine Banchiéri, il ne s'eſt pas même conſervé en Italie.

SICILIENNE. *ſ. f.* Sorte d'Air à danſer, dans la Meſure à ſix-quatre ou ſix-huit, d'un Mouvement beaucoup plus lent, mais encore plus marqué que celui de la Gigue.

SIGNES. *ſ. m.* Ce ſont en général tous les divers caractères dont on ſe ſert pour noter la Muſique. Mais ce mot s'entend plus particulièrement des Dièſes, Bémols, Béquarres, Points, Repriſes, Pauſes, Guidons & autres petits caractères détachés, qui, ſans être des véritables Notes, ſont des modifications des Notes & de la manière de les exécuter.

SILENCES. *ſ. m.* Signes répondans aux diverſes valeurs des Notes, leſquels, mis à la place de ces Notes, marquent que tout le temps de leur valeur doit être paſſé en ſilence.

Quoiqu'il y ait dix valeurs de Notes différentes, depuis la Maxime juſqu'à la Quadruple-Croche, il n'y a cependant que neuf caractères différens pour les *Silences*; car celui qui doit correſpondre à la Maxime a toujours manqué, & pour en exprimer la durée, on double le Bâton de quatre Meſures équivalant à la Longue.

Ces divers *Silences* ſont donc : 1. Le Bâton de quatre Meſures qui vaut une Longue : 2. le Bâton de deux Meſures, qui vaut une Brève ou Quarrée : 3. la Pauſe, qui vaut une ſemi-Brève ou Ronde : 4. la demi-Pauſe, qui vaut une Minime ou Blanche : 5. le Soupir, qui vaut une Noire : 6. le demi-Soupir, qui vaut une Croche : 7. le quart-de-Soupir, qui vaut une double-Croche : 8. le demi-quart-de-Soupir, qui vaut une triple-Croche : 9. & enfin le ſeizième-de-Soupir, qui vaut une quadruple-Croche. Voyez les figures de tous ces *Silences Pl. D. Fig. 9.*

Il faut remarquer que le Point n'a pas lieu parmi les *Silences* comme parmi les Notes; car bien qu'une Noire & un Soupir ſoient d'égale valeur, il n'eſt pas d'uſage de pointer le Soupir pour exprimer la valeur d'une Noire pointée; mais on doit, après le Soupir, écrire encore un demi-ſoupir. Cependant, com-

Dict. de Muſ.

me quelques-uns pointent auſſi les *Silences*, il faut que l'exécutant ſoit prêt à tout.

SIMPLE. ſ. f. Dans les Doubles & dans les variations, le premier Couplet ou l'Air original, tel qu'il eſt d'abord noté, s'appelle le *Simple*. (Voyez DOUBLE, VARIATIONS.)

SIXTE. ſ. f. La ſeconde des deux Conſonnances imparfaites, appellées, par les Grecs, *Hexacorde*, parce que ſon intervalle eſt formé de ſix Sons ou de cinq Degrés diatoniques. La *Sixte* eſt bien une Conſonnance naturelle, mais ſeulement par combinaiſon; car il n'y a point dans l'ordre des Conſonnances de *Sixte* ſimple & directe.

A ne conſidérer les *Sixtes* que par leurs intervalles, on en trouve de quatre ſortes, deux conſonnantes & deux diſſonnantes.

Les Conſonnantes ſont : 1. la *Sixte mineure*, compoſée de trois Tons & deux ſemi-Tons majeurs, comme *mi ut* : ſon rapport eſt de 5 à 8. 2. La *Sixte majeure*, compoſée de quatre Tons & un ſemi-Ton majeur, comme *ſol mi* : ſon rapport eſt de 3 à 5.

Les *Sixtes* diſſonnantes ſont, 1°. La *Sixte diminuée*, compoſée de deux Tons & trois ſemi-Tons majeurs ; comme *ut* Dièſe, *la* Bémol, & dont le rapport eſt de 125 à 192. 2°. La *Sixte ſuperflue*, compoſée de quatre *Tons*, un ſemi-Ton majeur & un ſemi-Ton mineur, comme *ſi* Bémol & *ſol* Dièſe. Le rapport de cette *Sixte* eſt de 72 à 125.

Ces deux derniers Intervalles ne s'employent jamais dans la Mélodie, & la *Sixte diminuée* ne s'emploie point non plus dans l'Harmonie.

Il y a ſept Accords qui portent le nom de *Sixte*. Le premier s'appelle ſimplement Accord de *Sixte*. C'eſt l'Accord parfait dont la Tierce eſt portée à la baſſe. Sa place eſt ſur la Médiante du Ton ou ſur la Note ſenſible, ou ſur la ſixième Note.

Le ſecond s'appelle Accord de *Sixte-Quarte*. C'eſt encore l'Accord parfait dont la Quinte eſt portée à la Baſſe : il ne ſe fait guères que ſur la dominante ou ſur la Tonique.

Le troiſième eſt appellé Accord de *petite-Sixte*. C'eſt un Accord de Septième, dont la Quinte eſt portée à la Baſſe. La *petite-Sixte* ſe met ordinairement ſur la ſeconde Note du Ton ou ſur la ſixième.

Le quatrième est l'Accord de *Sixte & Quinte* ou *grande-Sixte*. C'est encore un Accord de Septième, mais dont la tierce est portée à la Basse. Si l'Accord fondamental est dominant, alors l'Accord de *grande-Sixte* perd ce nom & s'appelle Accord de *Fausse-Quinte*. (Voyez FAUSSE-QUINTE.) La *grande Sixte* ne se met communément que sur la quatrième Note du Ton.

Le cinquième est l'Accord de *Sixte ajoutée* : Accord fondamental, composé, ainsi que celui de *grande Sixte*, de Tierce, de Quinte, *Sixte* majeure, & qui se place de même sur la Tonique ou sur la quatrième Note. On ne peut donc distinguer ces deux Accords que par la manière de les sauver ; car si la Quinte descend & que la *Sixte* reste, c'est l'Accord de *grande-Sixte*, & la Basse fait une cadence parfaite ; mais si la Quinte reste & que la *Sixte* monte, c'est l'Accord de *Sixte ajoutée*, & la Basse-fondamentale fait une cadence irrégulière. Or, comme, après avoir frappé cet Accord, on est maître de le sauver de l'une de ces deux manières, cela tient l'Auditeur en suspens sur le vrai fondement de l'Accord, jusqu'à ce que la suite l'ait déterminé ; & c'est cette liberté de choisir que M. Rameau appelle *Double-emploi* (Voyez DOUBLE-EMPLOI.)

Le sixième Accord est celui de *Sixte-majeure & Fausse-Quinte*, lequel n'est autre chose qu'un Accord de *petite-Sixte* en Mode mineur, dans lequel la *Fausse-Quinte* est substituée à la Quarte : c'est, pour m'exprimer autrement, un Accord de *Septième diminuée*, dans lequel la Tierce est portée à la Basse. Il ne se place que sur la seconde Note du Ton.

Enfin, le septième Accord de *Sixte* est celui de *Sixte superflue*. C'est une espèce de *petite-Sixte* qui ne se pratique jamais que sur la sixième Note d'un Ton mineur descendant sur la Dominante ; comme alors la *Sixte* de cette sixième Note est naturellement majeure, on la rend quelquefois superflue en y ajoutant encore un Dièse. Alors cette *Sixte superflue* devient un Accord original, lequel ne se renverse point. (Voyez ACCORD.)

SOL. La cinquième des six syllabes inventées par l'Arétin, pour prononcer les Notes de la Gamme. Le *Sol* naturel répond à la lettre G. (Voyez GAMME.)

SOLFIER. *v. n.* C'est, en entonnant des Sons, prononcer en même temps les syllabes de la Gamme qui leur correspondent. Cet exercice est celui par lequel on fait toujours commencer ceux qui apprennent la Musique, afin que l'idée de ces différentes syllabes s'unissant dans leur esprit à celle des Intervalles qui s'y rapportent, ces syllabes leur aident à se rappeler ces Intervalles.

Aristide Quintilien nous apprend que les Grecs avoient pour *Solfier* quatre syllabes ou dénominations des Notes qu'ils répétoient à chaque Tétracorde, comme nous en répétons sept à chaque Octave. Ces quatre syllabes étoient les suivantes : *Te, Ta, Thê, Tho*. La première répondoit au premier Son ou à l'Hypate du premier Tétracorde & des suivans ; la seconde, à la Parhypate ; la troisième, au Lichanos ; la quatrième, à la Nète ; & ainsi de suite en recommençant : manière de *solfier* qui, nous montrant clairement que leur modulation étoit renfermée dans l'étendue du Tétracorde, & que les Sons homologues, gardant & les mêmes rapports & les mêmes noms d'un Tétracorde à l'autre, étoient censés répétés de Quarte en Quarte, comme chez nous d'Octave en Octave, prouve en même temps que leur génération harmonique n'avoit aucun rapport à la nôtre, & s'établissoit sur des principes tout différens.

Guy d'Arezzo ayant substitué son Héxacorde au Tétracorde ancien, substitua aussi, pour le *solfier*, six autres syllabes aux quatre que les Grecs employoient autrefois. Ces six syllabes sont les suivantes : *ut re mi fa sol la*, tirées, comme chacun sait de l'Hymne de Saint Jean-Baptiste. Mais chacun ne sait pas que l'Air de cette Hymne tel qu'on le chante aujourd'hui dans l'Église Romaine, n'est pas exactement celui dont Arétin tira ses syllabes, puisque les Sons qui les portent dans cette Hymne ne sont pas ceux qui les portent dans sa Gamme. On trouve dans un ancien manuscrit conservé dans la Bibliothèque du Chapitre de Sens, cette Hymne, telle, probablement qu'on la chantoit du temps de l'Arétin, & dans laquelle chacune des six syllabes est exactement appliquée au Son correspondant de la Gamme, comme on peut le voir (*Pl. G. Fig. 2.*) où j'ai transcrit cette Hymne en Note de Plain-Chant.

Il paroit que l'usage des six syllabes de Guy ne s'étendit pas bien promptement hors de l'Italie, puisque Muris témoigne avoir entendu employer dans Paris les syllabes *Pro to do no tu a*, au lieu de celles-là. Mais enfin celles de Guy l'emportèrent & furent admises généralement en France comme dans le reste de l'Europe. Il n'y a plus aujourd'hui que l'Allemagne où l'on *solfie* seulement par les lettres de la Gamme, & non par les syllabes : en sorte que la Note qu'en *solfiant* nous appellons *la*, ils l'appellent A ; celle que nous appellons *ut*, ils l'appellent C. Pour les Notes dièsées ils ajoutent un *s* à la lettre & prononcent cet *s*, *is* ; en sorte, par exemple, que pour *solfier re* Dièse, ils prononcent *Dis*. Ils ont aussi ajouté la lettre H pour ôter l'équivoque du *si*, qui n'est B qu'étant Bémol ; lorsqu'il est Béquarre, il est H : ils ne connoissent, en *solfiant*, de Bémol que celui-là seul ; au lieu du Bémol de toute autre Note, ils prennent le Dièse de celle qui est au-dessous ; ainsi pour *la* Bémol ils *solfient* G*s*, pour *mi* Bémol D*s*, &c. Cette manière de *solfier* est si dure & si embrouillée, qu'il faut être Allemand pour s'en servir, & devenir toutefois grand Musicien.

Depuis l'établissement de la Gamme de l'Arétin, on a essayé en différens temps de substituer d'autres syllabes aux siennes. Comme la voix des trois premières est assez sourde, M. Sauveur, en changeant la manière de noter, avoit aussi changé celle de *solfier*, & il nommoit les huit Notes de l'Octave par les huit syllabes suivantes : *Pa ra ga da so bo lo do*. Ces noms n'ont pas plus passé que les Notes ; mais pour la syllabe *do*, elle étoit antérieure à M. Sauveur : les Italiens l'ont toujours employée au lieu d'*ut* pour *solfier*, quoiqu'ils nomment *ut* & non pas *do*, dans la Gamme. Quant à l'addition du *si*, (Voyez SI.)

A l'égard des Notes altérées par Dièse ou par Bémol, elles portent le nom de la Note au naturel, & cela cause, dans la manière de *solfier*, bien des embarras auxquels M. de Boisgelou s'est proposé de remédier en ajoutant cinq Notes pour completter le système chromatique & donnant un nom particulier à chaque Note. Ces noms avec les anciens sont, en tout, au nombre de douze, autant qu'il y a de Cordes dans ce système ; savoir, *ut de re ma mi fa si sol be la sa si*. Au moyen de ces cinq Notes ajoutées, & des noms qu'elles portent, tous les Bémols & les Dièses sont anéantis, comme on le pourra voir au mot *Système* dans l'exposition de celui de M. de Boisgelou.

Il y a diverses manières de *solfier*; savoir, par Muances, par transposition & au naturel. (Voyez MUANCES, NATUREL & TRANSPOSITION.) La première méthode est la plus ancienne, la seconde est la meilleure, la troisième est la plus commune en France. Plusieurs Nations ont gardé dans les Muances l'ancienne nomenclature des six syllabes de l'Arétin. D'autres en ont encore retranché, comme les Anglois, qui *solfient* sur ces quatres syllabes seulement, *mi fa sol la*. Les François au contraire, ont ajouté une syllabe pour renfermer sous des noms différens tous les sept Sons diatoniques de l'Octave.

Les inconvéniens de la Méthode de l'Arétin sont considérables ; car faute d'avoir rendu complette la Gamme de l'Octave, les syllabes de cette Gamme ne signifient ni des touches fixes du Clavier, ni des Degrés du Ton, ni même des Intervalles déterminés. Par les Muances *la fa* peut former un Intervalle de Tierce majeure en descendant, ou de Tierce mineure en montant, ou d'un semi-Ton encore en montant, comme il est aisé de voir par la Gamme, &c. (Voyez GAMME, MUANCES.) C'est encore pis par la méthode Angloise : on trouve à chaque instant différens Intervalles qu'on ne peut exprimer que par les mêmes syllabes, & les mêmes noms de Notes y reviennent à toutes les Quartes, comme parmi les Grecs ; au lieu de n'y revenir qu'à toutes les Octaves, selon le système moderne.

La manière de *solfier* établie en France par l'addition du *si*, vaut assurément mieux que tout cela ; car la Gamme se trouvant complette, les Muances deviennent inutiles, & l'analogie des Octaves est parfaitement observée. Mais les Musiciens ont encore gâté cette méthode par la bizarre imagination de rendre les noms des Notes toujours fixes & déterminés sur les touches du Clavier; en sorte que ces touches ont toutes un double nom, tandis que les Degrés d'un Ton transposé n'en ont point. Défaut qui charge inutilement la mémoire de tous les Dièses ou Bémols de la Clef, qui ôte aux noms des Notes l'expression des Intervalles qui leur sont propres, & qui efface enfin, autant qu'il est possible, toutes les traces de la modulation.

Ut ou *re* ne sont point ou ne doivent point être telle ou telle touche du Clavier ; mais telle ou telle Corde du Ton. Quant aux

SOL. 431

touches fixes, c'eſt par des lettres de l'Alphabet qu'elles s'expriment. La touche que vous appellez *ut*, je l'appelle C; celle que vous appellez *re*, je l'appelle D. Ce ne font pas des ſignes que j'invente, ce font des ſignes tout établis, par leſquels je détermine très-nettement la Fondamentale d'un Ton. Mais ce Ton une fois déterminé, dites-moi de grace à votre tour, comment vous nommez la Tonique que je nomme *ut*, & la ſeconde Note que je nomme *re*, & la Médiante que je nomme *mi*? Car ces noms relatifs au Ton & au Mode font eſſentiels pour la détermination des idées & pour la juſteſſe des Intonations. Qu'on y réfléchiſſe bien, & l'on trouvera que ce que les Muſiciens appellent *ſolfier au naturel* eſt tout-à-fait hors de la nature. Cette méthode eſt inconnue chez toute autre Nation, & ſûrement ne fera jamais fortune dans aucune : chacun doit ſentir, au contraire, que rien n'eſt plus naturel, que de *ſolfier* par tranſpoſition lorſque le Mode eſt tranſpoſé.

On a, en Italie, un Recueil de leçons à *ſolfier*, appellées *Solfeggi*. Ce Recueil, compoſé par le célèbre Léo, pour l'uſage des commençans, eſt très-eſtimé.

SOLO. *adj. pris ſubſt.* Ce mot Italien s'eſt franciſé dans la Muſique, & s'applique à une Pièce ou à un morceau qui ſe chante à Voix ſeule, ou qui ſe joue ſur un ſeul Inſtrument avec un ſimple Accompagnement de Baſſe ou de Clavecin ; & c'eſt ce qui diſtingue le *Solo* du *Récit*, qui peut être accompagné de tout l'Orcheſtre. Dans les Pièces appellées *Concerto*, on écrit toujours le mot *Solo* ſur la Partie principale, quand elle récite.

SON. *ſ. m.* Quand l'agitation communiquée à l'air, par la colliſion d'un corps frappé par un autre, parvient juſqu'à l'organe auditif, elle y produit une ſenſation qu'on appelle *Bruit*. (Voyez BRUIT.) Mais il y a un Bruit réſonnant & appréciable qu'on appelle *Son*. Les recherches ſur le *Son* abſolu appartiennent au Phyſicien. Le Muſicien n'examine que le *Son* relatif; il l'examine ſeulement par ſes modifications ſenſibles; & c'eſt ſelon cette dernière idée, que nous l'enviſageons dans cet Article.

Il y a trois objets principaux à conſidérer dans le *Son* ; le Ton, la force & le tymbre. Sous chacun de ces rapports le *Son* ſe conçoit comme modifiable : 1°. du grave à l'aigu : 2°. du fort au foible : 3°. de l'aigre au doux, ou du ſourd à l'éclatant, & réciproquement.

Je suppose d'abord, quelle que soit la nature du *Son*, que son véhicule n'est autre chose que l'air même : premièrement, parce que l'air est le seul corps intermédiaire de l'existence duquel on soit parfaitement assuré, entre le corps sonore & l'organe auditif; qu'il ne faut pas multiplier les êtres sans nécessité ; que l'air suffit pour expliquer la formation du *Son*; &, de plus, parce que l'expérience nous apprend qu'un corps sonore ne rend pas de *Son* dans un lieu tout-à-fait privé d'air. Si l'on veut imaginer un autre fluide, on peut aisément lui appliquer tout ce que je dis de l'air dans cet Article.

La résonnance du *Son*, ou, pour mieux dire, sa permanence & son prolongement ne peut naître que de la durée de l'agitation de l'air. Tant que cette agitation dure, l'air ébranlé vient sans cesse frapper l'organe auditif & prolonge ainsi la sensation du *Son*. Mais il n'y a point de manière plus simple de concevoir cette durée, qu'en supposant dans l'air des vibrations qui se succèdent, & qui renouvellent ainsi à chaque instant l'impression. De plus, cette agitation de l'air, de quelque espèce qu'elle soit, ne peut être produite que par une agitation semblable dans les parties du corps sonore : or, c'est un fait certain que les parties du corps sonore éprouvent de telles vibrations. Si l'on touche le corps d'un Violoncelle dans le temps qu'on en tire du *Son*, on le sent frémir sous la main & l'on voit bien sensiblement durer les vibrations de la Corde jusqu'à ce que le *Son* s'éteigne. Il en est de même d'une cloche qu'on fait sonner en la frappant du batail; on la sent, on la voit même frémir, & l'on voit sautiller les grains de sable qu'on jette sur la surface. Si la Corde se détend, ou que la cloche se fende, plus de frémissement, plus de *Son*. Si donc cette cloche ni cette Corde ne peuvent communiquer à l'air que les mouvemens qu'elles ont elles-mêmes, on ne sauroit douter que le *Son* produit par les vibrations du corps sonore, ne se propage par des vibrations semblales que ce corps communique à l'air.

Tout ceci supposé, examinons premièrement ce qui constitue le rapport des *Sons* du grave à l'aigu.

I. Théon de Smyrne dit que Lasus d'Hermione, de même que le Pythagoricien Hyppase de Métapont, pour calculer les rapports

des

des Confonnances, s'étoient fervis de deux vafes femblables & réfonnans à l'Uniffon; que laiffant vide l'un des deux, & rempliffant l'autre jufqu'au quart, la percuffion de l'un & de l'autre avoit fait entendre la Confonnance de la Quarte; que, rempliffant enfuite le fecond jufqu'au tiers, puis jufqu'à la moitié, la percuffion des deux avoit produit la Confonnance de la Quinte, puis de l'Octave.

Pythagore, au rapport de Nicomaque & de Cenforin, s'y étoit pris d'une autre manière pour calculer les mêmes rapports. Il fufpendit, difent-ils, aux mêmes Cordes fonores différens poids, & détermina les rapports des divers *Sons* fur ceux qu'il trouva entre les poids tendans : mais les calculs de Pythagore font trop juftes pour avoir été faits de cette manière; puifque chacun fait aujourd'hui, fur les expériences de Vincent Galilée, que les *Sons* font entr'eux, non comme les poids tendans, mais en raifon fousdouble de ces mêmes poids.

Enfin l'on inventa le Monocorde, appellé par les Anciens, *Canon harmonicus*, parce qu'il donnoit la règle des divifions harmoniques. Il faut en expliquer le principe.

Deux Cordes de même métal égales & également tendues forment un Uniffon parfait en tout fens : fi les longueurs font inégales, la plus courte donnera un *Son* plus aigu, & fera auffi plus de vibrations dans un temps donné; d'où l'on conclud que la différence des *Sons* du grave à l'aigu ne procède que de celle des vibrations faites dans un même efpace de temps par les Cordes ou corps fonores qui les font entendre; ainfi l'on exprime les rapports des *Sons* par les nombres des vibrations qui les donnent.

On fait encore, par des expériences non moins certaines, que les vibrations des Cordes, toutes chofes d'ailleurs égales, font toujours réciproques aux longueurs. Ainfi, une Corde double d'une autre ne fera, dans le même temps, que la moitié du nombre des vibrations de celle-ci, & le rapport des *Sons* qu'elles feront entendre, s'appelle *Octave*. Si les Cordes font comme 3 & 2, les vibrations feront comme 2 & 3, & le rapport des *Sons* s'appellera *Quinte*, &c. (Voyez INTERVALLE.)

On voit par-là qu'avec des Chevalets mobiles, il eft aifé de former fur une feule Corde des divifions qui donnent des *Sons* dans tous les rapports poffibles, foit entr'eux, foit avec la Corde entière. C'eft le Monocorde dont je viens de parler. (Voyez MONOCORDE.)

On peut rendre des *Sons* aigus ou graves par d'autres moyens. Deux Cordes de longueurs égales ne forment pas toujours l'Uniffon : car fi l'une eft plus groffe ou moins tendue que l'autre, elle fera moins des vibrations en temps égaux, & conféquemment donnera un *Son* plus grave. (Voyez CORDE.)

Il eft aifé d'expliquer fur ces principes la conftruction des Inftrumens à Cordes, tels que le Clavecin, le Tympanon, & le jeu des Violons & Baffes, qui, par différens accourciffemens des Cordes fous les doigts ou chevalets mobiles, produit la diverfité des *Sons* qu'on tire de ces Inftrumens. Il faut raifonner de même pour les Inftrumens à vent : les plus longs forment des *Sons* plus graves, fi le vent eft égal. Les trous, comme dans les Flûtes & Hautbois, fervent à les raccourcir pour rendre les *Sons* plus aigus. En donnant plus de vent on les fait octavier, & les *Sons* deviennent plus aigus encore. La colonne d'air forme alors le corps fonore, & les divers Tons de la Trompette & du Cor-de-chaffe ont les mêmes principes que les *Sons* harmoniques du Violoncelle & du Violon, &c. (Voyez SONS, HARMONIQUES.)

Si l'on fait réfonner avec quelque force une des groffes Cordes d'une Viole ou d'un Violoncelle, en paffant l'archet un peu plus près du chevalet qu'à l'ordinaire, on entendra diftinctement, pour peu qu'on ait l'oreille exercée & attentive, outre le *Son* de la Corde entière, au moins celui de fon Octave, celui de l'Octave de fa Quinte, & celui de la double-Octave de fa Tierce : on verra même frémir & l'on entendra réfonner toutes les Cordes montées à l'Uniffon de ces *Sons*-là. Ces *Sons* acceffoires accompagnent toujours un *Son* principal quelconque, mais quand ce *Son* principal eft aigu, les autres y font moins fenfibles. On appelle ceux-ci les Harmoniques du *Son* principal : c'eft par eux, felon M. Rameau, que tout *Son* eft appréciable, & c'eft en eux que lui & M. Tartini ont cherché le principe de toute Harmonie, mais par des routes directement contraires. (Voyez HARMONIE, SYSTÊME.)

SON. 435

Une difficulté qui reste à expliquer dans la théorie du *Son*, est de savoir comment deux ou plusieurs *Sons* peuvent se faire entendre à la fois. Lorsqu'on entend, par exeemple, les deux *Sons* de la Quinte dont l'un fait deux vibrations, tandis que l'autre en fait trois, on ne conçoit pas bien comment la même masse d'air peut fournir dans un même temps ces différens nombres de vibrations distincts l'un de l'autre, & bien moins encore lorsqu'il se fait ensemble plus de deux *Sons* & qu'ils sont tous dissonnans entr'eux. Mengoli & les autres se tirent d'affaire par des comparaisons. Il en est, disent-ils, comme de deux pierres qu'on jette à la fois dans l'eau, & dont les différens cercles qu'elles produisent se croisent sans se confondre. M. de Mairan donne une explication plus philosophique. L'air, selon lui, est divisé en particules de divers grandeurs, dont chacune est capable d'un Ton particulier & n'est susceptible d'aucun autre: de sorte qu'à chaque *Son* qui se forme, les particules d'air qui lui sont analogues s'ébranlent seules, elles & leurs Harmoniques, tandis que toutes les autres restent tranquilles jusqu'à ce qu'elles soient émues à leur tour par les *Sons* qui leur correspondent : de sorte qu'on entend à la fois deux Sons, comme on voit à la fois deux couleurs, parce qu'étant produits par différentes parties ils affectent l'organe en différens points.

Ce système est ingénieux, mais l'imagination se prête avec peine à l'infinité des particules d'air différentes en grandeur & en mobilité, qui devroient être répandues dans chaque point de l'espace, pour être toujours prêtes, au besoin, à rendre en tout lieu l'infinité de tous les *Sons* possibles. Quand elles sont une fois arrivées au tympan de l'oreille, on conçoit encore moins comment, en le frappant, plusieurs ensemble, elles peuvent y produire un ébranlement capable d'envoyer au cerveau la sensation de chacune en particulier. Il semble qu'on a éloigné la difficulté plutôt que de la résoudre : on allègue en vain l'exemple de la lumière, dont les rayons se croisent dans un point sans confondre les objets : car, outre qu'une difficulté n'en résout pas une autre, la parité n'est pas exacte, puisque l'objet est vu sans exciter dans l'air un mouvement semblable à celui qu'y doit exciter le corps sonore pour être ouï. Mengoli sembloit vouloir prévenir cette objection, en disant que les masses d'air chargées, pour ainsi dire, de différens *Sons*, ne frappent le tympan que succeſſivement, alternativement, & chacune à ſon tour; ſans trop ſonger à quoi il occuperoit celles qui ſont obligées d'attendre que les premières aient achevé leur office, ou ſans expliquer comment l'oreille, frappée de tant de coups ſucceſſifs, peut diſtinguer ceux qui appartiennent à chaque *Son*.

A l'égard des Harmoniques qui accompagnent un *Son* quelconque, ils offrent moins une nouvelle difficulté qu'un nouveau cas de la précédente; car ſitôt qu'on expliquera comment pluſieurs *Sons* peuvent être entendus à la fois, on expliquera facilement le phénomène des Harmoniques. En effet, ſuppoſons qu'un *Son* mette en mouvement les particules d'air ſuſceptibles du même *Son*, & les particules ſuſceptibles de *Sons* plus aigus à l'infini; de ces diverſes particules, il y en aura dont les vibrations commençant & finiſſant exactement avec celles du corps ſonore, ſeront ſans ceſſe aidées & renouvellées par les ſiennes : ces particules ſeront celles qui donneront l'uniſſon. Vient enſuite l'Octave, dont deux vibrations s'accordant avec une du *Son* principal, en ſont aidées & renforcées ſeulement de deux en deux; par conſéquent l'Octave ſera ſenſible, mais moins que l'Uniſſon : vient enſuite la Douzième ou l'Octave de la Quinte, qui fait trois vibrations préciſes pendant que le *Son* fondamental en fait une; ainſi ne recevant un nouveau coup qu'à chaque troiſième vibration, la Douzième ſera moins ſenſible que l'Octave, qui reçoit ce nouveau coup dès la ſeconde. En ſuivant cette même gradation, l'on trouve le concours des vibrations plus tardif, les coups moins renouvellés, & par conſéquent les Harmoniques toujours moins ſenſibles; juſqu'à ce que les rapports ſe compoſent au point que l'idée du concours trop rare s'efface, & que les vibrations ayant le temps de s'éteindre avant d'être renouvellées, l'Harmonique ne s'entend plus du tout. Enfin quand le rapport ceſſe d'être rationel, les vibrations ne concourent jamais; celles du *Son* plus aigu, toujours contrariées, ſont bientôt étouffées par celles de la Corde, & ce *Son* aigu eſt abſolument diſſonnant & nul. Telle eſt la raiſon pourquoi les premiers Harmoniques s'entendent, & pourquoi tous les autres *Sons* ne s'entendent pas. Mais en voilà trop ſur la première qualité du *Son*; paſſons aux deux autres.

II. La force du *Son* dépend de celle des vibrations du corps sonore; plus ces vibrations sont grandes & fortes, plus le *Son* est fort & vigoureux & s'entend de loin. Quand la Corde est assez tendue, & qu'on ne force pas trop la voix ou l'Instrument, les vibrations restent toujours isochrones; &, par conséquent, le Ton demeure le même; soit qu'on renfle ou qu'on affoiblisse le *Son* : mais en raclant trop fort de l'archet, en relâchant trop la Corde, en soufflant ou criant trop, on peut faire perdre aux vibrations l'isochronisme nécessaire pour l'identité du Ton; & c'est une des raisons pourquoi, dans la Musique Françoise où le premier mérite est de bien crier, on est plus sujet à chanter faux que dans l'Italienne, où la voix se modère avec plus de douceur.

La vîtesse du *Son* qui sembleroit dépendre de sa force, n'en dépend point. Cette vîtesse est toujours égale & constante, si elle n'est accélérée ou retardée par le vent : c'est-à-dire, que le *Son*, fort ou foible, s'étendra toujours uniformément, & qu'il fera toujours dans deux secondes le double du chemin qu'il aura fait dans une. Au rapport de Halley & de Flamsteade, le *Son* parcourt en Angleterre 1070 pieds de France en une seconde, & au Pérou 174 toises, selon M. de la Condamine. Le P. Mersenne & Gassendi ont assuré que le vent favorable ou contraire n'accéléroit ni ne retardoit le *Son* : depuis les expériences que Derham & l'Académie des Sciences ont faites sur ce sujet, cela passe pour une erreur.

Sans ralentir sa marche le *Son* s'affoiblit en s'étendant, & cet affoiblissement, si la propagation est libre, qu'elle ne soit gênée par aucun obstacle ni ralentie par le vent, suit ordinairement la raison du quarré des distances.

III. Quant à la différence qui se trouve encore entre les *Sons* par la qualité du Tymbre, il est évident qu'elle ne tient ni au degré d'élévation, ni même à celui de force. Un Hautbois aura beau se mettre à l'Unisson d'une Flûte, il aura beau radoucir le *Son* au même degré; le *Son* de la Flûte aura toujours je ne sais quoi de moëlleux & de doux; celui du Hautbois aura toujours je ne sais quoi de rude & d'aigre, qui empêchera que l'oreille ne les confonde; sans parler de la diversité du Tymbre des voix. (Voyez Voix.) Il n'y a pas un Instrument qui n'ait le sien particulier, qui n'eſt point celui de l'autre, & l'Orgue ſeul a une vingtaine de jeux tous de Tymbre différent. Cependant perſonne que je ſache n'a examiné le *Son* dans cette partie; laquelle, auſſi bien que les autres, ſe trouvera peut-être avoir ſes difficultés : car la qualité du Tymbre ne peut dépendre, ni du nombre des vibrations, qui fait le degré du grave à l'aigu, ni de la grandeur ou de la force de ces mêmes vibrations, qui fait le degré du fort au foible. Il faudra donc trouver dans le corps ſonore une troiſième cauſe différente de ces deux, pour expliquer cette troiſième qualité du *Son* & ſes différences; ce qui, peut-être, n'eſt pas trop aiſé.

Les trois qualités principales dont je viens de parler entrent toutes, quoiqu'en différentes proportions, dans l'objet de la Muſique, qui eſt le *Son* en général.

En effet, le Compoſiteur ne conſidère pas ſeulement ſi les Sons qu'il emploie doivent être hauts ou bas, graves ou aigus; mais s'ils doivent être forts ou foibles, aigres ou doux, ſourds ou éclatans; & il les diſtribue à différens Inſtrumens, à diverſes Voix, en Récits ou en Chœurs, aux extrémités ou dans le *Medium* des Inſtrumens ou des Voix, avec des *Doux* ou des *Forts*, ſelon les convenances de tout cela.

Mais il eſt vrai que c'eſt uniquement dans la comparaiſon des *Sons* du grave à l'aigu que conſiſte toute la ſcience Harmonique : de ſorte que, comme le nombre des *Sons* eſt infini, l'on peut dire dans le même ſens que cette ſcience eſt infinie dans ſon objet. On ne conçoit point de bornes préciſes à l'étendue des *Sons* du grave à l'aigu, & quelque petit que puiſſe être l'Intervalle qui eſt entre deux *Sons*, on le concevra toujours diviſible par un troiſième *Son* : mais la nature & l'art ont limité cette infinité dans la pratique de la Muſique. On trouve bientôt dans les Inſtrumens les bornes des *Sons* praticables, tant au grave qu'à l'aigu. Allongez ou racourciſſez juſqu'à un certain point une Corde ſonore, elle n'aura plus de *Son*. L'on ne peut pas non plus augmenter ou diminuer à volonté la capacité d'une Flûte ou d'un tuyau d'Orgue ni ſa longueur; il y a des bornes, paſſé leſquelles, ni l'un ni l'autre ne réſonne plus. L'inſpiration a auſſi ſa meſure & ſes loix. Trop foible elle ne rend point de *Son*; trop forte elle ne produit qu'un cri perçant qu'il est impossible d'apprécier. Enfin il est constaté par mille expériences que tous les *Sons* sensibles sont renfermés dans une certaine latitude, passé laquelle, ou trop graves ou trop aigus, ils ne sont plus apperçus ou deviennent inappréciables à l'oreille. M. Euler en a même en quelque sorte fixé les limites, & selon ses observations rapportées par M. Diderot dans ses principes d'acoustique, tous les *Sons* sensibles sont compris entre les nombres 30 & 7552 : c'est-à-dire que, selon ce grand Géomètre, le *Son* le plus grave appréciable à notre oreille, fait 30 vibrations par seconde, & le plus aigu 7552 vibrations dans le même temps; Intervalle qui renferme à-peu-près 8 Octaves.

D'un autre côté l'on voit, par la génération harmonique des *Sons*, qu'il n'y en a dans leur infinité possible qu'un très-petit nombre qui puissent être admis dans le système harmonieux. Car tous ceux qui ne forment pas des Consonnances avec les *Sons* fondamentaux, ou qui ne naissent pas, médiatement ou immédiatement, des différences de ces Consonnances, doivent être proscrits du système. Voilà pourquoi, quelque parfait qu'on suppose aujourd'hui le nôtre, il est pourtant borné à douze *Sons* seulement dans l'étendue d'une Octave, desquels douze toutes les autres Octaves ne contiennent que des répliques. Que si l'on veut compter toutes ces répliques pour autant de *Sons* différens; en les multipliant par le nombre des Octaves auquel est bornée l'étendue des *Sons* appréciables, on trouvera 96 en tout pour le plus grand nombre de *Sons* praticables dans notre Musique sur un même *Son* fondamental.

On ne pourroit pas évaluer avec la même précision le nombre des *Sons* praticables dans l'ancienne Musique. Car les Grecs formoient, pour ainsi dire, autant de systêmes de Musique, qu'ils avoient de manières différentes d'accorder leurs Tétracordes. Il paroît, par la lecture de leurs traités de Musique, que le nombre de ces manières étoit grand & peut-être indéterminé. Or, chaque Accord particulier changeoit les *Sons* de la moitié du systême, c'est-à-dire, des deux Cordes mobiles de chaque Tétracorde. Ainsi, l'on voit bien ce qu'ils avoient de *Sons* dans une seule manière d'Accord; mais on ne peut calculer au juste combien ce nombre se multiplioit dans tous les changemens de Genre & de Mode qui introduisent des nouveaux *Sons*.

Par rapport à leurs Tétracordes, ils distinguoient les *Sons* en deux classes générales; savoir, les *Sons* stables & fixes dont l'Accord ne changeoit jamais, & les *Sons* mobiles dont l'Accord changeoit avec l'espèce du Genre. Les premiers étoient huit en tout, savoir les deux extrêmes de chaque Tétracorde & la Corde Proslambanomène; les seconds étoient aussi tout au moins au nombre de huit, quelquefois de neuf ou de dix, parce que deux *Sons* voisins quelquefois se confondent en un, & quelquefois se séparoient.

Ils divisoient derechef, dans les Genres épais, les *Sons* stables en deux espèces, dont l'une contenoit trois *Sons* appellés *Apycni* ou *nonserrés*, parce qu'ils ne formoient au grave ni semi-Tons ni moindres Intervalles; ces trois *Sons Apycni* étoient la Proslambanomène, la Nète-Synnéménon, & la Nète-Hyperboléon. L'autre espèce portoit le nom de *Sons Bayrpycni* ou *sous-serrés*, parce qu'ils formoient le grave des petits Intervalles : les *Sons Barypicni* étoient au nombre de cinq, savoir, l'Hypate-Hypaton, l'Hypate-Méson, la Mèse, la Paramèse & la Nète-Diézeugménon.

Les *Sons* mobiles se subdivisoient pareillement en *Sons Mésopycni* ou moyens dans le serré, lesquels étoient aussi cinq en nombre, savoir le second en montant de chaque Tétracorde; & en cinq autres *Sons* appellés *Oxypycni* ou sur-aigus, qui étoient le troisième en montant de chaque Tétracorde. (Voyez TÉTRACORDE.)

A l'égard des douze *Sons* du système moderne l'Accord n'en change jamais & ils sont tous immobiles. Brossard prétend qu'ils sont tous mobiles; fondé sur ce qu'ils peuvent être altérés par Dièse ou par Bémol : mais autre chose est de changer de Corde, & autre chose de changer l'Accord d'une Corde.

SON FIXE. *s. m.* Pour avoir ce qu'on appelle un *Son fixe*, il faudroit s'assurer que ce *Son* seroit toujours le même dans tous les temps & dans tous les lieux. Or, il ne faut pas croire qu'il suffise pour cela d'avoir un tuyau, par exemple, d'une longeur déterminée : car premièrement, le tuyau restant toujours le même, la pesanteur de l'air ne restera pas pour cela toujours la même; le *Son* changera & deviendra plus grave ou plus aigu, selon que l'air deviendra plus léger ou plus pefant. Par la même raifon le *Son* du même tuyau changera encore avec la colonne de l'atmofphère, felon que ce même tuyau fera porté plus haut ou plus bas, dans les montagnes ou dans les vallées.

En fecond lieu, ce même tuyau, quelle qu'en foit la matière, fera fujet aux variations que le chaud ou le froid caufe dans les dimenfions de tous les corps : le tuyau fe raccourciffant ou s'allongeant deviendra proportionnellement plus aigu ou plus grave; & de ces deux caufes combinées, vient la difficulté d'avoir un *Son fixe*, & prefque l'impoffibilité de s'affurer du même *Son* dans deux lieux en même temps, ni dans deux temps en même lieu.

Si l'on pouvoit compter exaêtement les vibrations que fait un *Son* dans un temps donné, l'on pourroit, par le même nombre de vibrations, s'affurer de l'identité du *Son*; mais ce calcul étant impoffible, on ne peut s'affurer de cette identité du *Son* que par celle des Inftrumens qui le donnent; favoir le tuyau, quant à fes dimenfions, & l'air, quant à fa pefanteur. M. Sauveur propofa pour cela des moyens qui ne réuffirent pas à l'expérience. M. Diderot en a propofé depuis de plus praticables, & qui confiftent à graduer un tuyau d'une longueur fuffifante pour que les divifions y foient juftes & fenfibles, en le compofant de deux parties mobiles par lefquelles on puiffe l'allonger & l'accourcir felon les dimenfions proportionnelles aux altérations de l'air, indiquées par le Thermomètre, quant à la température, & par le Baromètre quant à la pefanteur. Voyez là-deffus les principes d'Acouftique de cet Auteur.

SON FONDAMENTAL. (Voyez FONDAMENTAL.)

SONS FLUTÉS. (Voyez SONS HARMONIQUES.)

SONS HARMONIQUES ou SONS FLUTÉS. Efpèce fingulière de *Sons* qu'on tire de certains Inftrumens, tels que le Violon & le Violoncelle, par un mouvement particulier de l'archet, qu'on approche davantage du Chevalet, & en pofant légèrement le doigt fur certaines divifions de la Corde. Ces *Sons* font fort différens pour le Tymbre & pour le Ton de ce qu'ils feroient, fi l'on appuyoit tout-à-fait le doigt. Quant au Ton, par exemple, ils donneront la Quinte quand ils donneroient la Tierce, la Tierce quand ils donneroient la Sixte, &c. Quant au Tymbre, ils font

Dict. de Muf.

beaucoup plus doux que ceux qu'on tire pleins de la même division, en faisant porter la Corde fur le manche ; & c'eſt à cauſe de cette douceur qu'on les appelle *Sons flûtés*. Il faut, pour en bien juger, avoir entendu M. Mondonville tirer fur fon Violon, ou M. Bertaud fur fon Violoncelle des fuites de ces beaux *Sons*. En gliſſant légérement le doigt de l'aigu au grave depuis le milieu d'une Corde qu'on touche en même temps de l'archet en la manière fufdite, on entend diſtinctement une fucceſſion de *Sons harmoniques* du grave à l'aigu, qui étonne fort ceux qui n'en connoiſſent pas la Théorie.

Le principe fur lequel cette Théorie eſt fondée, eſt qu'une Corde étant divifée en deux parties commenfurables entr'elles, & par conféquent avec la Corde entière, fi l'obſtacle qu'on met au point de divifion n'empêche qu'imparfaitement la communication des vibrations d'une partie à l'autre, toutes les fois qu'on fera fonner la Corde dans cet état, elle rendra non le fon de la Corde entière, ni celui de fa grande partie, mais celui de la plus petite partie fi elle mefure exactement l'autre ; ou, fi elle ne la mefure pas, le Son de la plus grande aliquote commune à ces deux parties.

Qu'on divife une Corde 6 en deux parties 4 & 2 ; le *Son harmonique* réfonnera par la longueur de la petite partie 2, qui eſt aliquote de la grande partie 4 : mais fi la Corde 5 eſt divifée par 2 & 3 ; alors, comme la petite partie ne mefure pas la grande, le *Son harmonique* ne réfonnera que felon la moitié 1 de cette même petite partie, laquelle moitié eſt la plus grande commune mefure des deux parties 3 & 2, & de toute la Corde 5.

Au moyen de cette loi tirée de l'obfervation, & conforme aux expériences faites par M. Sauveur à l'Académie des Sciences, tout le merveilleux difparoît ; avec un calcul très-fimple on affigne pour chaque Degré le *Son harmonique* qui lui répond. Quant au doigt gliſſé le long de la Corde, il ne donne qu'une fuite de *Sons harmoniques* qui fe fuccèdent rapidement dans l'ordre qu'ils doivent avoir felon celui des divifions fur lefquelles on paſſe fucceſſivement le doigt, & les points qui ne forment pas des divifions exactes, ou qui en forment de trop compofées, ne donnent aucun Son fenfible ou appréciable.

On trouvera, *Pl. G. Fig. 3.* une Table des *Sons harmoniques*, qui peut en faciliter la recherche à ceux qui desirent de les pratiquer. La première colonne indique les *Sons* que rendroient les divisions de l'Instrument touchées en plein, & la seconde colonne montre les *Sons flûtés* correspondans, quand la Corde est touchée harmoniquement.

Après la première Octave, c'est-à-dire, depuis le milieu de la Corde en avançant vers le Chevalet, on retrouve les mêmes *Sons harmoniques* dans le même ordre, sur les mêmes divisions de l'Octave aiguë ; c'est-à-dire, la Dix-neuvième sur la Dixième mineure, la Dix-septième sur la Dixième majeure, &c.

Je n'ai fait, dans cette Table, aucune mention des *Sons harmoniques* relatifs à la Seconde & à la Septième : premièrement, parce que les divisions qui les forment n'ayant entr'elles que des aliquotes fort petites, en rendroient les *Sons* trop aigus pour être agréables, & trop difficiles à tirer par le coup d'archet, & de plus, parce qu'il faudroit entrer dans des sous-divisions trop étendues, qui ne peuvent s'admettre dans la pratique : car le *Son harmonique* du *Ton* majeur seroit la vingt-troisième, ou la triple Octave de la Seconde, & l'Harmonique du *Ton* mineur seroit la vingt-quatrième, ou la triple Octave de la Tierce mineure : mais quelle est l'oreille assez fine & la main assez juste pour distinguer & toucher à sa volonté un *Ton* majeur ou un *Ton* mineur ?

Tout le jeu de la Trompette marine est en *Sons harmoniques* ; ce qui fait qu'on n'en tire pas aisément toute sorte de *Sons*.

SONATE. *s. f.* Pièce de Musique instrumentale composée de trois ou quatre morceaux consécutifs de caractères différens. La *Sonate* est à-peu-près pour les Instrumens ce qu'est la Cantate pour les Voix.

La *Sonate* est faite ordinairement pour un seul Instrument qui récite accompagné d'une Basse-continue ; & dans une telle composition l'on s'attache à tout ce qu'il y a de plus favorable pour faire briller l'Instrument pour lequel on travaille, soit par le tour des chants, soit par le choix des Sons qui conviennent le mieux à cette espèce d'Instrument, soit par la hardiesse de l'exécution. Il y a aussi des *Sonates* en Trio, que les Italiens appellent plus communément *Sinfonie* ; mais quand elles passent trois Parties ou qu'il y en a quelqu'une récitante, elles prennent le nom de Concerto. (Voyez CONCERTO.)

Il y a plusieurs sortes de *Sonates*. Les Italiens les réduisent à deux espèces principales. L'une qu'ils appellent *Sonate da* Camera, *Sonates* de Chambre, lesquelles sont composées de plusieurs Airs familiers ou à danser, tels à-peu-près que ces recueils qu'on appelle en France des *Suites*. L'autre espèce est appellée *Sonate da Chiesa*, *Sonates* d'Église, dans la composition desquelles il doit entrer plus de recherche, de travail, d'Harmonie, & des Chants plus convenables à la dignité du lieu. De quelque espèce que soient les *Sonates*, elles commencent d'ordinaire par un Adagio, &, après avoir passé par deux ou trois mouvemens différens, finissent par un Allegro ou un Presto.

Aujourd'hui que les Instrumens font la partie la plus importante de la Musique, les *Sonates* sont extrêmement à la mode, de même que toute espèce de Symphonie; le Vocal n'en est guères que l'accessoire, & le Chant accompagne l'accompagnement. Nous tenons ce mauvais goût de ceux qui, voulant introduire le tour de la Musique Italienne dans une Langue qui n'en est pas susceptible, nous ont obligés de chercher à faire avec les Instrumens ce qu'il nous est impossible de faire avec nos voix. J'ose prédire qu'un goût si peu naturel ne durera pas. La Musique purement Harmonique est peu de chose; pour plaire constamment, & prévenir l'ennui, elle doit s'élever au rang des Arts d'imitation; mais son imitation n'est pas toujours immédiate comme celles de la Poésie & de la Peinture; la parole est le moyen par lequel la Musique détermine le plus souvent l'objet dont elle nous offre l'image, & c'est par les Sons touchans de la voix humaine que cette image éveille au fond du cœur le sentiment qu'elle y doit produire. Qui ne sent combien la pure Symphonie dans laquelle on ne cherche qu'à faire briller l'Instrument, est loin de cette énergie? Toutes les folies du Violon de M. Mondonville m'attendriront-elles comme deux Sons de la voix de Mademoiselle le Maure. La Symphonie anime le Chant, & ajoute à son expression, mais elle n'y supplée pas. Pour savoir ce que veulent dire tous ces fatras de *Sonates* dont on est accablé, il faudroit faire comme ce Peintre grossier qui étoit obligé d'écrire au-dessous de ses figures; *c'est un arbre, c'est un homme, c'est un cheval.* Je n'oublierai jamais la saillie du célèbre Fontenelle, qui se trouvant excédé de ces éternelles Symphonies, s'écria tout haut dans un transport d'impatience : *Sonate, que me veux-tu ?*

SONNER. *v. a. & n.* On dit en composition qu'une Note *Sonne* sur la Basse, lorsqu'elle entre dans l'Accord & fait Harmonie ; à la différence des Notes qui ne sont que de goût, & ne servent qu'à figurer, lesquelles ne *Sonnent* point. On dit aussi *Sonner* une Note, un Accord, pour dire, frapper ou faire entendre le Son, l'Harmonie de cette Note ou de cet Accord.

SONORE. *adj.* qui rend du Son. *Un métal Sonore.* De-là *Corps sonore.* (Voyez CORPS SONORE.)

Sonore se dit particulièrement & par excellence de tout ce qui rend des Sons moëlleux, forts, nets, justes, & bien tymbrés. *Une Cloche Sonore : une Voix Sonore*, &c.

SOTTO-VOCE. *adv.* Ce mot Italien marque, dans les lieux où il est écrit, qu'il ne faut chanter qu'à demi-voix, ou jouer qu'à demi-jeu. *Mezzo-Forte* & *Mezza-Voce* signifient la même chose.

SOUPIR. Silence équivalant à une Noire, & qui se marque par un trait courbe approchant de la figure du 7 chiffre, mais tourné en sens contraire, en cette sorte ɿ. (Voyez SILENCE, NOTES.)

SOURDINE. *s. f.* Petit Instrument de cuivre ou d'argent, qu'on applique au chevalet du Violon ou du Violoncelle, pour rendre les Sons plus sourds & plus foibles, en interceptant & gênant les vibrations du corps entier de l'Instrument. La *Sourdine*, en affoiblissant les Sons, change leur tymbre & leur donne un caractère extrêmement attendrissant & triste. Les Musiciens François, qui pensent qu'un jeu doux produit le même effet que la *Sourdine*, & qui n'aiment pas l'embarras de la placer & déplacer, ne s'en servent point. Mais on en fait usage avec un grand effet dans tous les Orchestres d'Italie, & c'est parce qu'on trouve souvent ce mot *Sordini* écrit dans les Symphonies, que j'en ai dû faire un article.

Il y a des *Sourdines* aussi pour les Cors-de-chasse, pour le Clavecin, &c.

SOUS-DOMINANTE ou SOUDOMINANTE. Nom donné par M. Rameau à la quatrième Note du Ton, laquelle est par conséquent, au même Intervalle de la Tonique en descendant, qu'est la Dominante en montant. Cette dénomination vient de l'affinité que cet Auteur trouve par renversement entre le Mode mineur de la

Sous-Dominante, & le Mode majeur de la Tonique. (Voyez HARMONIE.) Voyez aussi l'Article qui suit.

SOUS-MÉDIANTE ou SOUMÉDIANTE. C'est aussi, dans le Vocabulaire de M. Rameau, le nom de la sixième Note du Ton. Mais cette *Sous-Médiante* devant être au même Intervalle de la Tonique en dessous, qu'en est la Médiante en-dessus, doit faire Tierce majeure sous cette Tonique, & par conséquent Tierce mineure sur la sous-Dominante ; & c'est sur cette analogie que le même M. Rameau établit le principe du Mode mineur ; mais il s'en suivroit de-là que le Mode majeur d'une Tonique, & le Mode mineur de sa sous-Dominante devroient avoir une grande affinité ; ce qui n'est pas : puisqu'au contraire il est très-rare qu'on passe d'un de ces deux Modes à l'autre, & que l'Échelle presque entière est altérée par une telle Modulation.

Je puis me tromper dans l'acception des deux mots précédens, n'ayant pas sous les yeux, en écrivant cet Article, les écrits de M. Rameau. Peut-être entend-il simplement, par *Sous-Dominante*, la Note qui est un Degré au-dessous de la Dominante ; &, par *Sous-Médiante*, la Note qui est un Degré au-dessous de la Médiante. Ce qui me tient en suspens entre ces deux sens, est que, dans l'un & dans l'autre, la sous-Dominante est la même Note *fa* pour le Ton d'*ut* : mais il n'en seroit pas ainsi de la *Sous-Médiante* ; elle seroit *la* dans le premier sens, & *re* dans le second. Le Lecteur pourra vérifier lequel des deux est celui de M. Rameau ; ce qu'il y a de sûr est que celui que je donne est préférable pour l'usage de la composition.

SOUTENIR. *v. a pris en sens neut.* C'est faire exactement durer les Sons toute leur valeur sans les laisser éteindre avant la fin, comme font très-souvent les Musiciens, & sur-tout les Symphonistes.

SPICCATO. *adj.* Mot Italien, lequel, écrit sur la Musique, indique des Sons secs & bien détachés.

SPONDAULA. *f. m.* C'étoit, chez les Anciens, un Joueur de Flûte ou autre semblable Instrument, qui, pendant qu'on offroit le sacrifice, jouoit à l'oreille du Prêtre quelque Air convenable pour l'empêcher de rien écouter qui pût le distraire.

Ce mot est formé du Grec σπονδὴ, *Libation*, & αὐλὸς, *Flûte*.

SPONDÉASME. *f. m.* C'étoit, dans les plus anciennes Musiques

Grecques, une altération dans le Genre harmonique, lorsqu'une Corde étoit accidentellement élévée de trois Dièfes au-deſſus de ſon Accord ordinaire; de ſorte que le *Spondéaſme* étoit préciſément le contraire de l'*Eclyſe*.

STABLES. adj. Sons ou Cordes *ſtables* : c'étoient, outre la Corde Proſlambanomène, les deux extrêmes de chaque Tétracorde, deſquelles extrêmes ſonnant enſemble le Diateſſaron ou la Quarte, l'Accord ne changeoit jamais, comme faiſoit celui des Cordes du milieu, qu'on tendoit ou relâchoit ſuivant les Genres, & qu'on appelloit pour cela *Sons* ou *Cordes mobiles*.

STYLE. ſ. m. Caractère diſtinctif de compoſition ou d'exécution. Ce caractère varie beaucoup ſelon les pays, le goût des Peuples, le génie des Auteurs; ſelon les matières, les lieux, les temps, le ſujets, les expreſſions, &c.

On dit en France le *Style* de Lully, de Rameau, de Mondonville, &c. En Allemagne, on dit le *Style* de Haſſe, de Gluck, de Graun. En Italie, on dit le *Style* de Léo, de Pergolèſe, de Jomelli, de Buranello. Le *Style* des Muſiques d'Égliſe n'eſt pas le même que celui des Muſiques pour le Théatre ou pour la Chambre. Le *Style* des Compoſitions Allemandes eſt ſautillant, coupé, mais harmonieux. Le *Style* des compoſitions Françoiſes eſt fade, plat ou dur, mal cadencé, monotone; celui des compoſitions Italiennes eſt fleuri, piquant, énergique.

Style dramatique ou imitatif, eſt un *Style* propre à exciter ou peindre les paſſions. *Style* d'Égliſe, eſt un *Style* ſérieux, majeſtueux, grave, *Style* de Mottet, où l'Artiſte affecte de ſe montrer tel, eſt plutôt claſſique & ſavant qu'énergique ou affectueux. *Style* Hyporchématique, propre à la joie, au plaiſir, à la danſe, & plein de mouvemens vifs, gais & bien marqués. *Style* ſymphonique ou inſtrumental. Comme chaque Inſtrument a ſa touche, ſon doigter, ſon caractère particulier, il a auſſi ſon *Style*. *Style* Méliſmatique ou naturel, & qui ſe préſente le premier aux gens qui n'ont point appris. *Style* de Fantaiſie, peu lié, plein d'idées, libre de toute contrainte. *Style* Choraïque ou danſant, lequel ſe diviſe en autant de branches différentes qu'il y a de caractères dans la danſe, &c.

Les Anciens avoient auſſi leurs *Styles* différens. (Voyez MODE & MELOPÉE.

SUJET. *f. m.* Terme de composition : c'est la partie principale du Dessein, l'idée qui sert de fondement à toutes les autres. (Voyez DESSEIN.) Toutes les autres parties ne demandent que de l'art & du travail; celle-ci seule dépend du génie, & c'est en elle que consiste l'invention. Les principaux *Sujets* en Musique produisent des Rondeaux, des Imitations, des Fugues, &c. Voyez ces mots. Un Compositeur stérile & froid, après avoir avec peine trouvé quelque mince *Sujet*, ne fait que le retourner, & le promener de Modulation en Modulation; mais l'Artiste qui a de la chaleur & de l'imagination, fait, sans laisser oublier son *Sujet*, lui donner un air neuf chaque fois qu'il le représente.

SUITE. *f. f.* (Voyez SONATE.)

SUPER-SUS. *f. m.* Nom qu'on donnoit jadis aux dessus quand ils étoient très-aigus.

SUPPOSITION. *f. f.* Ce mot a deux sens en Musique.

1°. Lorsque plusieurs Notes montent ou descendent diatoniquement dans une partie sur une même Note d'une autre Partie; alors ces Notes diatoniques ne sauroient toutes faire Harmonie, ni entrer à la fois dans le même Accord : il y en a donc qu'on y compte pour rien, & ce sont ces Notes étrangères à l'Harmonie, qu'on appelle Notes *par supposition*.

La règle générale est, quand les Notes sont égales, que toutes celles qui frappent sur le Temps fort portent Harmonie; celles qui passent sur le Temps foible sont des Notes de *Supposition* qui ne sont mises que pour le Chant & pour former des Degrés conjoints. Remarquez que par *Temps fort* & *Temps foible*, j'entends moins ici les principaux Temps de la Mesure que les Parties mêmes de chaque Temps. Ainsi, s'il y a deux Notes égales dans un même Temps, c'est la première qui porte Harmonie; la seconde est de *Supposition*. Si le Temps est composé de quatre Notes égales, la première & la troisième portent Harmonie, la seconde & la quatrième sont les Notes de *Supposition*, &c.

Quelquefois on pervertit cet ordre; on passe la première Note par *Supposition*, & l'on fait porter la seconde; mais alors la valeur de cette seconde Note est ordinairement augmentée par un point aux dépens de la première.

Tout ceci suppose toujours une marche diatonique par Degrés conjoints :

conjoints : car quand les Degrés font disjoints, il n'y a point de *Suppofition*, & toutes les Notes doivent entrer dans l'Accord.

2°. On appelle Accords par *Suppofition* ceux où la Baffe-continue ajoute ou fuppofe un nouveau Son au-deffous de la Baffe-fondamentale ; ce qui fait que de tels Accords excèdent toujours l'étendue de l'Octave.

Les Diffonnances des Accords par *Suppofition* doivent toujours être préparées par des fyncopes, & fauvées en defcendant diatoniquement fur des Sons d'un Accord fous lequel la même Baffe *fuppofée* puiffe tenir comme Baffe-fondamentale, ou du moins comme Baffe-continue. C'eft ce qui fait que les Accords par *Suppofition*, bien examinés, peuvent tous paffer pour de pures fufpenfions. (Voyez SUSPENSION.)

Il y a trois fortes d'Accords par *Suppofition* ; tous font des Accords de Septième. La première, quand le Son ajouté eft une Tierce au-deffous du Son fondamental ; tel eft l'Accord de Neuvième ; fi l'Accord de Neuvième eft formé par la Médiante ajoutée au-deffous de l'Accord fenfible en Mode mineur, alors l'Accord prend le nom de Quinte fuperflue. La feconde efpèce eft quand le Son fuppofé eft une Quinte au-deffous du fondamental, comme dans l'Accord de Quarte ou onzième ; fi l'Accord eft fenfible & qu'on fuppofe la Tonique, l'Accord prend le nom de Septième fuperflue. La troifième efpèce eft celle où le Son fuppofé eft au-deffous d'un Accord de Septième diminuée ; s'il eft une Tierce au-deffous, c'eft-à-dire, que le Son fuppofé foit la Dominante, l'Accord s'appelle Accord de Seconde mineure & Tierce majeure ; il eft fort peu ufité : fi le Son ajouté eft une Quinte au-deffous, ou que ce Son foit la Médiante, l'Accord s'appelle Accord de Quarte & Quinte fuperflue, & s'il eft une Septième au-deffous, c'eft-à-dire, la Tonique elle-même, l'Accord prend le nom de Sixte mineure & Septième fuperflue. A l'égard des renverfemens de ces divers Accords, où le Son fuppofé fe tranfporte dans les Parties fupérieures ; n'étant admis que par licence, ils ne doivent être pratiqués qu'avec choix & circonfpection. L'on trouvera au mot *Accord* tout ceux qui peuvent fe tolérer.

SURAIGUES. Tétracorde des *Suraiguës* ajouté par l'Arétin. (Voyez SYSTÊME.)

SURNUMÉRAIRE ou AJOUTÉE. *s. f.* C'étoit le nom de la plus baſſe Corde du Syſtême des Grecs ; ils l'appelloient en leur langue, Proſlambanoménos. Voyez ce mot.

SUSPENSION. *s. f.* Il y a *Suspension* dans tout Accord ſur la Baſſe duquel on ſoutient un ou pluſieurs Sons de l'Accord précédent, avant que de paſſer à ceux qui lui appartiennent : comme ſi, la Baſſe paſſant de la Tonique à la Dominante, je prolonge encore quelques inſtans ſur cette Dominante l'Accord de la Tonique qui la précède avant de le réſoudre ſur le ſien, c'eſt une *Suspension*.

Il y a des *Suspensions* qui ſe chiffrent & entrent dans l'Harmonie. Quand elles ſont Diſſonnantes, ce ſont toujours des Accords par ſuppoſition. (Voyez SUPPOSITION.) D'autres *Suspensions* ne ſont que de goût ; mais de quelque nature qu'elles ſoient, on doit toujours les aſſujettir aux trois règles ſuivantes.

I. La *Suspension* doit toujours ſe faire ſur le frappé de la Meſure, ou du moins ſur un Temps fort.

II. Elle doit toujours ſe réſoudre diatoniquement, ſoit en montant, ſoit en deſcendant ; c'eſt-à-dire, que chaque Partie qui a ſuſpendu, ne doit enſuite monter ou deſcendre que d'un Degré pour arriver à l'Accord naturel de la Note de Baſſe qui a porté la *Suspension*.

III. Toute *Suspension* chiffrée doit ſe ſauver en deſcendant, excepté la ſeule Note ſenſible qui ſe ſauve en montant.

Moyennant ces précautions il n'y a point de *Suspension* qu'on ne puiſſe pratiquer avec ſuccès, parce qu'alors l'oreille, preſſentant ſur la Baſſe de la marche des Parties, ſuppoſe d'avance l'Accord qui ſuit. Mais c'eſt au goût ſeul qu'il appartient de choiſir & diſtribuer à propos les *Suspensions* dans le Chant & dans l'Harmonie.

SYLLABE. *s. f.* Ce nom a été donné par quelques Anciens, & entr'autres par Nicomaque, à la conſonnance de la Quarte qu'ils appelloient communément Diateſſaron. Ce qui prouve encore par l'étymologie, qu'ils regardoient le Tétracorde, ainſi que nous regardons l'Octave, comme comprenant tous les Sons radicaux ou compoſans.

SYMPHONIASTE. *s. m.* Compoſiteur de Plaint-Chant. Ce terme eſt devenu technique depuis qu'il a été employé par M. l'Abbé le Beuf.

SYMPHONIE. *s. f.* Ce mot, formé du Grec σὺν, avec & φωνὴ, Son, signifie, dans la Musique ancienne, cette union des Sons qui forme un Concert. C'est un sentiment reçu, & je crois, démontré, que les Grecs ne connoissoient pas l'Harmonie dans le sens que nous donnons aujourd'hui à ce mot. Ainsi, leur *Symphonie* ne formoit pas des Accords, mais elle résultoit du concours de plusieurs Voix ou de plusieurs Instrumens, ou d'Instrumens mêlés aux Voix chantant ou jouant la même Partie. Cela se faisoit de deux manières : où tout concertoit à l'unisson, & alors la Symphonie s'appelloit plus particulièrement *Homophonie*; ou la moitié des Concertans étoit à l'Octave ou même à la double Octave de l'autre, & cela se nommoit *Antiphonie*. On trouve la preuve de ces distinctions dans les Problêmes d'Aristote, Section 19.

Aujourd'hui le mot de *Symphonie* s'applique à toute Musique Instrumentale, tant de Pièces qui ne sont destinées que pour les Instrumens, comme les Sonates & les Concerto, que de celles où les Instrumens se trouvent mêlés avec les Voix, comme dans nos Opéra & dans plusieurs autres sortes de Musiques. On distingue la Musique vocale en Musique sans *Symphonie*, qui n'a d'autre accompagnement que la Basse-continue; & Musique avec *Symphonie*, qui a au moins un Dessus d'Instrumens, Violons, Flûtes ou Hautbois. On dit d'une Pièce qu'elle est en grande *Symphonie*, quand, outre la Basse & les Dessus, elle a encore deux autres Parties Instrumentales; savoir, Taille & Quinte de Violon. La Musique de la Chapelle du Roi, celle de plusieurs Églises, & celle des Opéra sont presque toujours en grande *Symphonie*.

SYNAPHE. *s. f.* Conjonction de deux Tétracordes, où, plus précisément, résonnance de Quarte ou Diatessaron, qui se fait entre les Cordes homologues de deux Tétracordes conjoints. Ainsi, il y a trois *Synaphes* dans le Système des Grecs : l'une entre le Tétracorde des Hypates & celui des Mèses; l'autre, entre le Tétracorde des Mèses & celui des Conjointes; & la troisième, entre le Tétracorde des Disjointes & celui des Hyperbolées. (Voyez SYSTÊME, TÉTRACORDE.)

SYNAULIE. *s. f.* Concert de plusieurs Musiciens, qui, dans la Mufique ancienne, jouoient & fe répondoient alternativement fur des Flûtes, fans aucun mélange de Voix.

M. Macolm, qui doute que les Anciens euffent une Mufique compofée uniquement pour les Inftrumens, ne laiffe pas de citer cette *Synaulie* après Athénée, & il a raifon : car les *Synaulies* n'étoient autre chofe qu'une Mufique vocale jouée par des Inftrumens.

SYNCOPE. *f. f.* Prolongement fur le Temps fort d'un Son commencé fur le Temps foible; ainfi, toute Note *fyncopée* eft à contre-temps, & toute fuite de Notes fyncopées eft une marche à contre-temps.

Il faut remarquer que la *Syncope* n'exifte pas moins dans l'Harmonie, quoique le Son qui la forme, au lieu d'être continu, foit refrappé par deux ou plufieurs Notes, pourvu que la difpofition de ces Notes qui répetent le même Son, foit conforme à la définition.

La *Syncope* a fes ufages dans la Mélodie pour l'expreffion & le goût du Chant; mais fa principale utilité eft dans l'Harmonie pour la pratique des Diffonnances. La première partie de la *Syncope* fert à la préparation : la Diffonnance fe frappe fur la Seconde; & dans une fucceffion de Diffonnances, la première partie de la *Syncope* fuivante fert en même temps à fauver la Diffonnance qui précede, & à préparer celle qui fuit.

Syncope, de σύν, avec, & de κόπτω, je coupe, je bats, parce que la *Syncope* retranche de chaque Temps, heurtant, pour ainfi dire, l'un avec l'autre. M. Rameau veut que ce mot vienne du choc des Sons qui s'entre-heurtent en quelque forte dans la Diffonnance; mais les *Syncopes* font antérieures à notre Harmonie, & il y a fouvent des *Syncopes* fans Diffonnances.

SYNNÉMÉNON. *gén. plur. fém.* Tétracorde *Synnéménon* ou des Conjointes. C'eft le nom que donnoient les Grecs à leur troifième Tétracorde, quand il étoit conjoint avec le fecond, & divifé d'avec le quatrième. Quand au contraire il étoit conjoint au quatrième & divifé du fecond, ce même Tétracorde prenoit le nom de *Diézeugménon* ou des Divifées. Voyez ce mot. (Voyez auffi TÉTRACORDE, SYSTÈME.)

SYNNÉMÉNON DIATONOS étoit, dans l'ancienne Mufique, la

troisième Corde du Tétracorde *Synnéménon* dans le genre Diatonique, & comme cette troisième Corde étoit la même que la seconde Corde du Tétracorde des Disjointes, elle portoit aussi dans ce Tétracorde le nom de *Trite Diézeugménon*. (Voyez TRITE, SYSTÈME, TÉTRACORDE.)

Cette même Corde, dans les deux autres Genres, portoit le nom du Genre où elle étoit employée; mais alors elle ne se confondoit pas avec la Trite Diézeugménon. (Voyez GENRE.)

SYNTONIQUE ou DUR. *adj.* C'étoit l'épithète par laquelle Aristoxène distingue celle des deux espèces du Genre Diatonique ordinaire, dont le Tétracorde est divisé en un semi-*Ton* & deux *Tons* égaux: au lieu que dans le Diatonique mol, après le semi-*Ton*, le premier Intervalle est de trois quarts de *Ton*, & le second de cinq. (Voyez GENRES, TÉTRACORDE.)

Outre le Genre *Syntonique* d'Aristoxène, appellé aussi *Diatono-Diatonique*, Ptolomée en établit un autre par lequel il divise le Tétracorde en trois Intervalles: le premier, d'un semi-*Ton* majeur; le second, d'un *Ton* majeur; & le troisième, d'un *Ton* mineur. Ce Diatonique dur ou *Syntonique* de Ptolomée nous est resté, c'est aussi le Diatonique unique de Dydime; à cette différence près, que, Dydime ayant mis ce *Ton* mineur au grave, & le *Ton* majeur à l'aigu. Ptolomée renversa cet ordre.

On verra d'un coup d'œil la différence de ces deux Genres Syntoniques par les rapports des Intervalles qui composent le Tétracorde dans l'un & dans l'autre.

Syntonique d'Aristoxène, $\dfrac{3}{20} + \dfrac{6}{20} + \dfrac{6}{20} \longrightarrow \dfrac{3}{4}$.

Syntonique de Ptolomée, $\dfrac{15}{16} + \dfrac{8}{9} + \dfrac{9}{10} \longrightarrow \dfrac{3}{4}$.

Il y avoit d'autres *Syntoniques* encore, & l'on en comptoit quatre espèces principales, savoir l'Ancien, le Réformé, le Tempéré, & l'Égal. Mais c'est perdre son temps, & abuser de celui du Lecteur, que de le promener par toutes ces divisions.

SYNTONO-LYDIEN. *adj.* nom d'un des Modes de l'ancienne

Mufique. Platon dit que les Modes Mixo-Lydien, & Syntono-Lydien font propres aux larmes.

On voit dans le premier livre d'Ariftide Quintilien une lifte des divers Modes qu'il ne faut pas confondre avec les Tons qui portent le même nom, & dont j'ai parlé fous le mot *Mode* pour me conformer à l'ufage moderne introduit fort mal-à-propos par Glaréan. Les Modes étoient des manières différentes de varier l'ordre des Intervalles. Les Tons différoient, comme aujourd'hui, par leurs Cordes fondamentales. C'eft dans le premier fens qu'il faut entendre le Mode Syntono-Lydien dont parle Platon, & duquel nous n'avons, au refte, aucune explication.

SYSTÊME. *f. m.* Ce mot ayant plufieurs acceptions dont je ne puis parler que fucceffivement, me forcera d'en faire un très-long article.

Pour commencer par le fens propre & technique, je dirai d'abord qu'on donne le nom de *Syftême* à tout Intervalle compofé ou conçu comme compofé d'autres Intervalles plus petits, lefquels, confidérés comme les élémens du *Syftême*, s'appellent *Diaftême*. (Voyez DIASTÊME.)

Il y a une infinité d'Intervalles différens, & par conféquent auffi une infinité de *Syftêmes* poffibles. Pour me borner ici à quelque chofe de réel, je parlerai feulement des *Syftêmes* harmoniques, c'eft-à-dire, de ceux dont les élémens font ou des confonnances, ou des différences des Confonnances, ou des différences de ces différences. (Voyez INTERVALLE.)

Les Anciens divifoient les *Syftêmes* en généraux & particuliers. Ils appelloient *Syftême particulier* tout compofé d'au moins deux Intervalles; tels que font ou peuvent être conçues l'Octave, la Quinte, la Quarte, la Sixte, & même la Tierce. J'ai parlé des *Syftêmes* particuliers au mot *Intervalle*.

Les *Syftêmes* généraux, qu'ils appelloient plus communément *Diagrammes*, étoient formés par la fomme de tous les *Syftêmes* particuliers, & comprenoient, par conféquent, tous les Sons employés dans la Mufique. Je me borne ici à l'examen de leur *Syftême* dans le Genre Diatonique; les différences du Chromatique & de l'Enharmonique étant fuffifamment expliquées à leurs mots.

On doit juger de l'état & des progrès de l'ancien *Syftême* par ceux des Inftrumens deftinés à l'exécution : car ces Inftrumens accompagnant à l'uniffon les Voix, & jouant tout ce qu'elles chantoient, devoient former autant de Sons différens qu'il en entroit dans le *Syftême*. Or, les Cordes de ces premiers Inftrumens fe touchoient toujours à vide; il y falloit donc autant de Cordes que le *Syftême* renfermoit de Sons; & c'eft ainfi que, dès l'origine de la Mufique, on peut, fur le nombre des Cordes de l'Inftrument, déterminer le nombre des Sons du *Syftême*.

Tout le *Syftême* des Grecs ne fut donc d'abord compofé que de quatre Sons tout au plus, qui formoient l'Accord de leur Lyre ou Cythare. Ces quatre Sons, felon quelques-uns, étoient par Degrés conjoints; felon d'autres ils n'étoient pas Diatoniques: mais les deux extrêmes fonnoient l'Octave, & les deux moyens la partageoient en une Quarte de chaque côté, & un *Ton* dans le milieu; de la manière fuivante.

Ut —— Trite Diézeugménon.
Sol —— Lichanos Méfon.
Fa —— Parhypate Méfon.
Ut —— Parhypate - Hypaton.

C'eft ce que Boëce appelle le Tétracorde de Mercure, quoique Diodore avance que la Lyre de Mercure n'avoit que trois Cordes. Ce *Syftême* ne demeura pas long-temps borné à fi peu de Sons : Chorebe, fils d'Athis Roi de Lydie, y ajouta une cinquième Corde; Hyagnis, une fixième; Terpandre, une feptième pour égaler le nombre des planettes; & enfin Lychaon de Samos, la huitième.

Voilà ce que dit Boëce : mais Pline dit que Terpandre, ayant ajouté trois Cordes aux quatre anciennes, joua le premier de la Cythare à fept Cordes; que Simonide y en joignit une huitième, & Timothée une neuvième. Nicomaque le Gerafénien attribue cette huitième Corde à Pythagore, la neuvième à Théophrafte de Piérie, puis une dixième à Hyftiée de Colophon, & une onzième à Timothée de Milet. Phérécrate dans Plutarque fait faire au *Syftême* un progrès plus rapide; il donne douze Cordes à la Cythare de Ménalippide, & autant à celle de Timothée. Et comme Phérécrate étoit contemporain de ces Muficiens, en fuppofant qu'il a dit en effet ce que Plutarque lui fait dire, son témoignage est d'un grand poids sur un fait qu'il avoit sous les yeux.

Mais comment s'assurer de la vérité parmi tant de contradictions, soit dans la doctrine des Auteurs, soit dans l'ordre des faits qu'ils rapportent? Par exemple, le Tétracorde de Mercure donne évidemment l'Octave ou le Diapason. Comment donc s'est-il pu faire qu'après l'addition de trois Cordes, tout le Diagramme se soit trouvé diminué d'un Degré & réduit à un Intervalle de Septième? C'est pourtant ce que font entendre la plupart des Auteurs, & entr'autres Nicomaque, qui dit que Pythagore trouvant tout le *Systême* composé seulement de deux Tétracordes conjoints, qui formoient entre leurs extrémités un Intervalle dissonnant, il le rendit consonnant en divisant ces deux Tétracordes par l'Intervalle d'un *Ton*, ce qui produisit l'Octave.

Quoi qu'il en soit, c'est du moins une chose certaine que le *Systême* des Grecs s'étendit insensiblement tant en haut qu'en bas, & qu'il atteignit & passa même l'étendue du Dis-Diapason ou de la double Octave: étendue qu'ils appellèrent *Systema perfectum, maximum, immutatum*; le grand *Systême*, le *Systême* parfait, immuable par excellence: à cause qu'entre ses extrémités, qui formoient entr'elles une Consonnance parfaite, étoient contenues toutes les Consonnances simples, doubles, directes & renversées, tous les *Systêmes* particuliers, & selon eux, les plus grands Intervalles qui puissent avoir lieu dans la Mélodie.

Ce *Systême* entier étoit composé de quatre Tétracordes; trois conjoints & un disjoint, & d'un *Ton* de plus, qui fut ajouté au-dessous du tout pour achever la double Octave; d'où la Corde qui le formoit prit le nom de *Proslambanomène* ou d'*Ajoutée*. Cela n'auroit dû, ce semble, produire que quinze Sons dans le Genre Diatonique: il y en avoit pourtant seize. C'est que la disjonction se faisant sentir, tantôt entre le second & le troisième Tétracorde; tantôt entre le troisième & le quatrième, il arrivoit, dans le premier cas, qu'après le Son *la*, le plus aigu du second Tétracorde, suivoit en montant le *si* naturel qui commençoit le troisième Tétracorde; ou bien, dans le second cas, que ce même Son *la* commençant lui-même le troisième Tétracorde, étoit immédiatement suivi du *si* Bémol: car le premier Degré de chaque

Tétracorde

Tétracorde dans le Genre Diatonique, étoit toujours d'un semi-Ton. Cette différence produisoit donc un seizième Son à cause du *si* qu'on avoit naturel d'un côté & Bémol de l'autre. Les seize Sons étoient représentés par dix-huit noms, c'est-à-dire, que l'*ut* & le *re* étant ou les Sons aigus ou les Sons moyens du troisième Tétracorde, selon ces deux cas de disjonction, l'on donnoit à chacun de ces deux Sons un nom qui déterminoit sa position.

Mais comme le Son fondamental varioit selon le Mode, il s'en-suivoit pour le lieu qu'occupoit chaque Mode dans le *Système* total une différence du grave à l'aigu qui multiplioit beaucoup les Sons; car si les divers Modes avoient plusieurs Sons communs, ils en avoient aussi de particuliers à chacun ou à quelques-uns seulement. Ainsi, dans le seul Genre Diatonique, l'étendue de tous les Sons admis dans les quinze Modes dénombrés par Alipius, est de trois Octaves; &, comme la différence du Son fondamental de chaque Mode à celui de son voisin étoit seulement d'un semi-Ton, il est évident que tout cet espace gradué de semi-Ton en semi-Ton produisoit, dans le Diagramme général, la quantité de 34 Sons pratiqués dans la Musique ancienne. Que si, déduisant toutes les répliques des mêmes Sons, on se renferme dans les bornes d'une Octave, on la trouvera divisée chromatiquement en douze Sons différens, comme dans la Musique moderne. Ce qui est manifeste par l'inspection des Tables mises par Meibomius à la tête de l'ouvrage d'Alipius. Ces remarques sont nécessaires pour guérir l'erreur de ceux qui croient, sur la foi de quelques Modernes, que la Musique ancienne n'étoit composée en tout que de seize Sons.

On trouvera (*Pl.* H. *fig.* 2) une Table du *Système* général des Grecs pris dans un seul Mode & dans le Genre Diatonique. A l'égard des Genres Enharmonique & Chromatique, les Tétracordes s'y trouvoient bien divisés selon d'autres proportions; mais comme ils contenoient toujours également quatre Sons & trois Intervalles consécutifs, de même que le Genre Diatonique; ces Sons portoient chacun dans leur Genre le même nom qui leur correspondoit dans celui-ci: c'est pourquoi je ne donne point de Tables particulières pour chacun de ces Genres. Les curieux pourront consulter celles que Meibomius a mises à la tête de l'ouvrage d'Ariftoxène. On y en trouvera fix; une pour le Genre Enharmonique, trois pour le Chromatique, & deux pour le Diatonique, felon les difpofitions de chacun de ces Genres dans le *Syftême* Ariftoxénien.

Tel fut, dans fa perfection, le *Syftême* général des Grecs; lequel demeura à-peu-près dans cet état jufqu'à l'onzième fiècle; temps où Guy d'Arezzo y fit des changemens confidérables. Il ajouta dans le bas une nouvelle Corde qu'il appella *Hypoprof-lambanomène*, ou *fous-Ajoutée*, & dans le haut un cinquième Tétracorde, qu'il appella le Tétracorde des Suraiguës. Outre cela, il inventa, dit-on, le Bémol, néceffaire pour diftinguer la deuxième Corde d'un Tétracorde conjoint d'avec la première Corde du même Tétracorde disjoint : c'eft-à-dire, qu'il fixa cette double fignification de la lettre B, que faint Grégoire, avant lui, avoit déja affigné à la Note *fi*. Car puifqu'il eft certain que les Grecs avoient depuis long-temps ces mêmes conjonctions & disjonctions de Tétracordes, &, par conféquent, des fignes pour en exprimer chaque Degré dans ces deux différens cas, il s'enfuit que ce n'étoit pas un nouveau Son introduit dans le *Syftême* par Guy, mais feulement un nouveau nom qu'il donnoit à ce Son, réduifant ainfi à un même Degré ce qui en faifoit deux chez les Grecs. Il faut dire auffi de fes Hexacordes fubftitués à leurs Tétracordes que ce fut moins un changement au *Syftême* qu'à la méthode, & que tout celui qui en réfultoit, étoit une autre manière de folfier les mêmes Sons. (Voyez GAMME, MUANCES, SOLFIER.)

On conçoit aifément que l'invention du Contrepoint, à quelque Auteur qu'elle foit due, dut bientôt reculer encore les bornes de ce *Syftême*. Quatre Parties doivent avoir plus d'étendue qu'une feule. Le *Syftême* fut fixé à quatre Octaves, & c'eft l'étendue du Clavier de toutes les anciennes Orgues. Mais on s'eft enfin trouvé gêné par des limites, quelque efpace qu'elles puiffent contenir; on les a franchies, on s'eft étendu en haut & en bas; on a fait des Claviers à ravalement; on a démanché fans ceffe; on a forcé les Voix, & enfin l'on s'eft tant donné de carrière à cet égard, que le *Syftême* moderne n'a plus d'autres bornes dans le haut que le chevalet du Violon. Comme on ne peut pas de même démancher pour defcendre, la plus baſſe Corde des Baſſes ordinaires ne paſſe pas encore le C *ſol ut* : mais on trouvera également le moyen de gagner de ce côté-là en baiſſant le Ton du *Syſtéme* général : c'eſt même ce qu'on a déja commencé de faire, & je tiens pour certain qu'en France le Ton de l'Opéra eſt plus bas aujourd'hui qu'il ne l'étoit du temps de Lully. Au contraire, celui de la Muſique inſtrumentale eſt monté comme en Italie, & ces différences commencent même à devenir aſſez ſenſibles pour qu'on s'en apperçoive même dans la pratique.

Voyez (*Planche* I. *Fig. 1.*) une Table générale du grand Clavier a ravalement, & de tous les Sons qui y ſont contenus dans l'étendue de cinq Octaves.

SYSTÊME eſt encore, ou une méthode de calcul pour déterminer les rapports des Sons admis dans la Muſique, ou un ordre de ſignes établis pour les exprimer. C'eſt dans le premier ſens que les Anciens diſtinguoient le *Syſtéme* Pythagoricien & le *Syſtéme* Ariſtoxénien. (Voyez ces mots.) C'eſt dans le ſecond que nous diſtinguons aujourd'hui le *Syſtéme* de Guy, le *Syſtéme* de Sauveur, de Démos, du P. Souhaitti, &c. deſquels il a été parlé au mot *Note*.

Il faut remarquer que quelques-uns de ces *Syſtêmes* portent ce nom dans l'une & dans l'autre acception : comme celui de M. Sauveur, qui donne à la fois des règles pour déterminer les rapports des Sons, & des Notes pour les exprimer ; comme on peut le voir dans les Mémoires de cet Auteur, répandus dans ceux de l'Académie des Sciences. (Voyez auſſi les mots Méride, Eptaméride, Décaméride.)

Tel eſt encore un autre *Syſtéme* plus nouveau, lequel étant demeuré manuſcrit, & deſtiné peut-être à n'être jamais vu du public en entier, vaut la peine que nous en donnions ici l'extrait qui nous a été communiqué par l'Auteur M. Roualle de Boiſgelou, Conſeiller au Grand Conſeil, déja cité dans quelques articles de ce Dictionnaire.

Il s'agit premiérement de déterminer le rapport exact des Sons dans le Genre Diatonique & dans le Chromatique ; ce qui ſe faifant d'une manière uniforme pour tous les Tons, fait par conséquent évanouir le Tempérament.

Tout le *Système* de M. de Boisgelou est sommairement renfermé dans les quatres formules que je vais transcrire, après avoir rappellé au Lecteur les règles établies en divers endroits de ce Dictionnaire sur la manière de comparer & composer les Intervalles ou les rapports qui les expriment. On se souviendra donc:

1. Que pour ajouter un Intervalle à un autre, il faut en composer les rapports. Ainsi, par exemple, ajoutant la Quinte $\frac{2}{3}$, à la Quarte $\frac{3}{4}$, on a $\frac{6}{12}$, ou $\frac{1}{2}$; savoir l'Octave.

2. Que pour ajouter un Intervalle à lui-même, il ne faut qu'en doubler le rapport. Ainsi, pour ajouter une Quinte à une autre Quinte, il ne faut qu'élever le rapport de la Quinte à sa seconde puissance $\frac{2^2}{3^2} = \frac{4}{9}$.

3. Que pour rapprocher ou simplifier un Intervalle redoublé tel que celui-ci $\frac{4}{9}$, il suffit d'ajouter le petit nombre à lui-même une ou plusieurs fois; c'est-à-dire, d'abaisser les Octaves jusqu'à ce que les deux termes, étant aussi rapprochés qu'il est possible, donnent une Intervalle simple. Ainsi de $\frac{4}{9}$ faisant $\frac{8}{9}$, on a pour le produit de la Quinte redoublée le rapport du *Ton* majeur.

J'ajouterai que dans ce Dictionnaire j'ai toujours exprimé les rapports des Intervalles par ceux des vibrations, au lieu que M. de Boisgelou les exprime par les longueurs des Cordes, ce qui rend ses expressions inverses des miennes. Ainsi, le rapport de la Quinte par les vibrations étant $\frac{2}{3}$, est $\frac{3}{2}$ par les longueurs des Cordes. Mais on va voir que ce rapport n'est qu'approché dans le *Système* de M. de Boisgelou.

Voici maintenant les quatres formules de cet Auteur avec leur explication.

FORMULES.

$$A. \quad 12f - 7r \pm t = 0.$$
$$B. \quad 12x - 5t \pm r = 0.$$

$$C. \quad 7f - 4r \pm x = 0.$$
$$D. \quad 7x - 4t \pm f = 0.$$

EXPLICATION.

Rapport de l'Octave . . . 2 : 1.
Rapport de la Quinte . . . n : 1.
Rapport de la Quarte . . . 2 : n.

Rapport de l'Intervalle qui vient de Quinte. n^r. 2^s.
Rapport de l'Intervalle qui vient de Quarte. 2^s. n^r.

r. Nombre de Quintes ou de Quartes de l'Intervalle.
f. Nombre d'Octaves combinées de l'Intervalle.
t. Nombre de femi-Tons de l'Intervalle.
x. Gradation diatonique de l'Intervalle ; c'eft-à-dire, nombre des Secondes diatoniques majeures & mineures de l'Intervalle.
x. + 1. Gradation des termes d'où l'Intervalle tire son nom.

Le premier cas de chaque formule a lieu, lorfque l'Intervalle vient de Quintes.

Le fecond cas de chaque formule a lieu, lorfque l'Intervalle vient de Quartes.

Pour rendre ceci plus clair par des exemples, commençons par donner des noms à chacune des douze touches du Clavier.

Ces noms, dans l'arrangement du Clavier propofé par M. de Boifgelou, (*Pl. I. Fig. 3.*) font les fuivans.

Ut de re ma mi fa fi fol be la fa fi.

Tout Intervalle eft formé par la progreffion de Quintes ou par celle de Quartes, ramenées à l'Octave. Par exemple, l'Intervalle *fi ut* eft formé par cette progreffion de 5 Quartes *fi mi la re fol ut*, ou par cette progreffion de 7 Quintes *fi fi de be ma fa fa ut.*

De même l'Intervalle *fa la* eft formé par cette progreffion de 4 Quintes *fa ut fol re la*, ou par cette progreffion de 8 Quartes *fa fa ma be de fi fi mi la.*

De ce que le rapport de tout Intervalle qui vient de Quintes est $n^r.\ 2^s.$, & que celui qui vient de Quartes est $2^s : n^r.$, il s'ensuit qu'on a pour le rapport de l'Intervalle *si ut*, quand il vient de Quartes, cette proportion $2^s. : n^r :: 2^3 : n^5$. Et si l'Intervalle *si ut* vient de Quintes, on a cette proportion $n^r : 2^s :: n^7 : 2^4$. Voici comment on prouve cette analogie.

Le nombre de Quartes, d'où vient l'Intervalle *si ut*, étant de 5, le rapport de cet Intervalle est de $2^5 : n^5.$, puisque le rapport de la Quarte est $2 : n$.

Mais ce rapport $2^5 : n^5$. désigneroit un Intervalle de 2^5 semi-Tons, puisque chaque Quarte a 5 semi-Tons, & que cet Intervalle a 5 Quartes. Ainsi, l'Octave n'ayant que 12 semi-Tons, l'Intervalle *si ut* passeroit deux Octaves.

Donc pour que l'Intervalle *si ut* soit moindre que l'Octave, il faut diminuer ce rapport $2^5 : n^5$, de deux Octaves; c'est-à-dire, du rapport de $2^2 : 1$. Ce qui se fait par un rapport composé du rapport direct $2^5 n^5$, & du rapport $1 : 2^2$ inverse de celui $2^2 : 1$, en cette sorte : $2^5 \times 1 : n^5 \times 2^2 :: 2^5 : 2^2 n^5 :: 2^3 : n^5$.

Or, l'Intervalle *si ut* venant de Quartes, son rapport, comme il a été dit ci-devant, est $2^s : n^r$. Donc $2^s : n^r. :: 2^3 : n^5$. Donc $s = 3$, & $r = 5$.

Ainsi, réduisant les lettres du second cas de chaque formule aux nombres correspondans, on a pour C, $7s$ —— $4r$ —— $x = 21$ —— 20 —— $1 = 0$, & pour D, $7x$ —— $4t$ —— s $= 7$ —— 4 —— $3 = 0$.

Lorsque le même Intervalle *si ut* vient de Quintes, il donne cette proportion $n^r : 2^s :: n^7 : 2^4$. Ainsi, l'on a $r = 7, s = 4$, & par conséquent, pour A de la première formule, 12^s —— $7r$ —— $t = 48$ —— $49 + 1 = 0$; & pour B, $12x$ —— $5t \pm r$ $= 12$ —— 5 —— $7 = 0$.

De même l'Intervalle *fa la* venant de Quintes donne cette proportion $n^r : 2^s :: n^4 : 2^2$, & par conséquent on a $r = 4$ & $s = 2$. Le même Intervalle venant de Quartes donne cette proportion $2^s : n^r :: 2^5 : n^8$, &c. Il seroit trop long d'expliquer ici comment on peut trouver les rapports & tout ce qui regarde les Intervalles par le moyen des formules. Ce sera mettre un Lecteur attentif sur la route que de lui donner les valeurs de *n* & de ses puissances,

S Y S.

Valeurs des Puissances de n.

$n^4 = 5$, c'est un fait d'expérience.
Donc $n^8 = 25$. $n^{12} = 125$. &c.

Valeurs précises des trois premières Puissances de n.

$n = \sqrt[4]{5}, \overset{2}{n} = \sqrt[2]{5}, \overset{3}{n} = \sqrt[4]{125}.$

Valeurs approchées des trois premières Puissances de n.

$m = \frac{3}{2}, m^2 = \frac{3^2}{2^2}, m^3 = \frac{3^3}{2^3}.$

Donc le rapport $\frac{3}{2}$, qu'on a cru jusqu'ici être celui de la Quinte juste, n'est qu'un rapport d'approximation, & donne une Quinte trop forte, & de-là le véritable principe du Tempérament qu'on ne peut appeller ainsi que par abus, puisque la Quinte doit être foible pour être juste.

REMARQUES SUR LES INTERVALLES.

Un Intervalle d'un nombre donné de semi-Tons, a toujours deux rapports différens; l'un comme venant de Quintes, & l'autre comme venant de Quartes. La somme des deux valeurs de r dans ces deux rapports égale 12, & la somme des deux valeurs de s égale 7. Celui des deux rapports de Quintes ou de Quartes dans lequel r est le plus petit, est l'Intervalle diatonique, l'autre est l'Intervalle chromatique. Ainsi, l'Intervalle *si ut*, qui a ces deux rapports, $2^3 : n^5$ & $n^7 : 2^4$, est un Intervalle diatonique comme venant de Quartes, & son rapport est $2^3 : n^5$; mais ce même Intervalle *si ut* est chromatique comme venant de Quintes, & son rapport est $n^7 : 2^4$. parce que dans le premier cas $r = 5$ est moindre que $r = 7$ du second cas.

Au contraire l'Intervalle *fa la* qui a ces deux rapports $n^4 : 2^2$ & $2^5 : n^3$, est diatonique dans le premier cas où il vient de Quintes, & chromatique dans le second où il vient de Quartes.

L'Intervalle *si ut*, diatonique, est une seconde mineure: l'Intervalle *si ut*, chromatique, ou plutôt l'Intervalle *si si* Dièse (car alors *ut* est pris pour *si* Dièse) est un Unisson superflu.

L'Intervalle *fa la*, diatonique, eſt une Tierce majeure; l'Intervalle *fa la*, chromatique, ou plutôt l'Intervalle *mi* Dièſe *la*, (car alors *fa* eſt pris comme *mi* Dièſe) eſt une Quarte diminuée. Ainſi des autres.

Il eſt évident, 1°. Qu'à chaque Intervalle diatonique correſpond un Intervalle chromatique d'un même nombre de ſemi-Tons & *vice verſâ*. Ces deux Intervalles de même nombre de ſemi-Tons, l'un diatonique & l'autre chromatique, ſont appellés Intervalles correſpondans.

2°. Que quand la valeur de *r* eſt égal à un de ces nombres 0, 1, 2, 3, 4, 5, 6, l'Intervalle eſt diatonique, ſoit que cet Intervalle vienne de Quintes ou de Quartes; mais que ſi *r* eſt égal à un de ces nombres, 6, 7, 8, 9, 10, 11, 12, l'Intervalle eſt chromatique.

3°. Que lorſqu'$r = 6$, l'Intervalle eſt en même temps diatonique & chromatique, ſoit qu'il vienne de Quintes ou de Quartes : tels ſont les deux Intervalles *fa ſi*, appellé Triton, & *ſi fa*, appellé Fauſſe-Quinte; le Triton *fa ſi* eſt dans le rapport $n^6 : 2^3$. & vient de ſix Quintes; la Fauſſe-Quinte *ſi fa* eſt dans le rapport $2^4 : n^6$ & vient de ſix Quartes : où l'on voit que dans les deux cas on a $r = 6$. Ainſi le Triton, comme Intervalle diatonique, eſt une Quarte majeure; &, comme Intervalle chromatique, une Quarte ſuperflue : la Fauſſe-Quinte *ſi fa*, comme Intervalle diatonique, eſt une Quinte mineure; comme Intervalle chromatique, une Quinte diminuée. Il n'y a que ces deux intervalles & leurs Répliques qui ſoient dans le cas d'être en même temps diatoniques & chromatiques.

Les Intervalles diatoniques de même nom, & conſéquemment de même gradation, ſe diviſent en majeurs & mineurs. Les Intervalles chromatiques ſe diviſent en diminués & ſuperflus. A chaque Intervalle diatonique mineur correſpond un Intervalle chromatique ſuperflu, & à chaque Intervalle diatonique majeur, correſpond un Intervalle chromatique diminué.

Tout Intervalle en montant, qui vient de Quintes, eſt majeur ou diminué, ſelon que cet Intervalle eſt diatonique ou chromatique; & réciproquement tout Intervalle majeur ou diminué vient de Quintes.

Tout

S Y S.

Tout Intervalle en montant, qui vient de Quartes, est mineur ou superflu, selon que cet Intervalle est diatonique ou chromatique ; & *vice versâ* tout Intervalle mineur ou superflu vient de Quarte.

Ce seroit le contraire si l'Intervalle étoit pris en descendant.

De deux Intervalles correspondans, c'est-à-dire, l'un diatonique & l'autre chromatique, & qui, par conséquent, viennent l'un de Quintes & l'autre de Quartes, le plus grand est celui qui vient de Quartes, & il surpasse celui qui vient de Quintes, quant à la gradation, d'une unité ; &, quant à l'intonation, d'un Intervalle, dont le rapport est $2^7 : n^{12}$; c'est-à-dire, 128, 125. Cet Intervalle est la seconde diminuée, appellée communément grand Comma ou quart-de-Ton ; & voilà la porte ouverte au Genre Enharmonique.

Pour achever de mettre les Lecteurs sur la voie des formules propres à perfectionner la théorie de la Musique, je transcrirai, (*Pl. I. Fig. 4.*) les deux Tables de progressions dressées par M. de Boisgelou, par lesquelles on voit d'un coup d'œil les rapports de chaque Intervalle & les puissances des termes de ces rapports selon le nombre des Quartes ou des Quintes qui les composent.

On voit, dans ces formules, que les semi-Tons sont réellement les Intervalles primitifs & élémentaires qui composent tous les autres ; ce qui a engagé l'Auteur à faire, pour ce même *Système*, un changement considérable dans les caractères, en divisant chromatiquement la Portée par Intervalles ou Degrés égaux & tous d'un semi-Ton, au lieu que dans la Musique ordinaire chacun de ces Degrés est tantôt un Comma, tantôt un semi-Ton, tantôt un Ton, & tantôt un Ton & demi ; ce qui laisse à l'œil l'équivoque, & à l'esprit le doute de l'Intervalle, puisque les Degrés étant les mêmes, les Intervalles sont tantôt les mêmes & tantôt différens.

Pour cette réforme il suffit de faire la Portée de dix Lignes au lieu de cinq, & d'assigner à chaque Position une des douze Notes du Clavier chromatique, ci-devant indiqué, selon l'ordre de ces Notes, lesquelles restant ainsi toujours les mêmes, déterminent leurs Intervalles avec la dernière précision, & rendent absolument inutiles tous les Dièses, Bémols ou Béquarres, dans quel-

Dict. de Muſ.   O o o

que Ton qu'on puiſſe être, & tant à la Clef qu'accidentellement. Voyez la Planche I, où vous trouverez, Figure 6, l'Échelle chromatique ſans Dièſe ni Bémol; &, Figure 7, l'Échelle diatonique. Pour peu qu'on s'exerce ſur cette nouvelle manière de noter & de lire la Muſique, on ſera ſurpris de la netteté, de la ſimplicité qu'elle donne à la Note, & de la facilité qu'elle apporte dans l'exécution, ſans qu'il ſoit poſſible d'y voir aucun autre inconvénient que de remplir un peu plus d'eſpace ſur le papier, & peut-être de papilloter un peu aux yeux dans les viteſſes par la multitude des Lignes, ſur-tout dans la Symphonie.

Mais comme ce Syſtême de Notes eſt abſolument chromatique, il me paroît que c'eſt un inconvénient d'y laiſſer ſubſiſter les dénominations des Degrés diatoniques; & que, ſelon M. de Boiſgelou, *ut re* ne devroit pas être une Seconde, mais une Tierce; ni *ut mi* une Tierce, mais une Quinte; ni *ut ut* une Octave, mais une douzième: puiſque chaque ſemi-Ton formant réellement un Degré ſur la Note, devroit en prendre auſſi la dénomination; alors $x + 1$ étant toujours égal à t dans les formules de cet Auteur, ces formules ſe trouveroient extrêmement ſimplifiées. Du reſte, ce Syſtême me paroît également profond & avantageux: il ſeroit à deſirer qu'il fût développé & publié par l'Auteur: ou par quelque habile Théoricien.

SYSTÊME, enfin, eſt l'aſſemblage des règles de l'Harmonie, tirées de quelques principes communs qui les raſſemblent, qui forment leur liaiſon, deſquels elles découlent, & par leſquels on en rend raiſon.

Juſqu'à notre ſiecle l'Harmonie, née ſucceſſivement & comme par haſard, n'a eu que des règles éparſes, établies par l'oreille, confirmées par l'uſage, & qui paroiſſoient abſolument arbitraires. M. Rameau eſt le premier qui, par le *Syſtême* de la Baſſe-fondamentale, a donné des principes à ces règles. Son *Syſtême*, ſur lequel ce Dictionnaire a été compoſé, s'y trouvant ſuffiſamment développé dans les principaux articles, ne ſera point expoſé dans celui-ci, qui n'eſt déja que trop long, & que ces répétitions ſuperflues allongeroient encore à l'excès. D'ailleurs, l'objet de cet ouvrage ne m'oblige pas d'expoſer tous les *Syſtêmes*, mais ſeulement de bien expliquer ce que c'eſt qu'un *Syſtême*, & d'éclaircir au besoin cette explication par des exemples. Ceux qui voudront voir le *Systême* de M. Rameau, si obscur, si diffus dans ses écrits, exposé avec une clarté dont on ne l'auroit pas cru susceptible, pourront recourir aux élémens de Musique de M. d'Alembert.

M. Serre de Genève, ayant trouvé les principes de M. Rameau insuffisans à bien des égards, imagina un autre *Systême* sur le sien, dans lequel il prétend montrer que toute l'Harmonie porte sur une double Basse-fondamentale; &, comme cet Auteur, ayant voyagé en Italie, n'ignoroit pas les expériences de M. Tartini, il en composa, en les joignant avec celles de M. Rameau, un *Systême* mixte, qu'il fit imprimer à Paris en 1753, sous ce titre: *Essais sur les Principes de l'Harmonie*, &c. la facilité que chacun a de consulter cet ouvrage, & l'avantage qu'on trouve à le lire en entier, me dispensent aussi d'en rendre compte au public.

Il n'en est pas de même de celui de l'illustre M. Tartini dont il me reste à parler; lequel étant écrit en langue étrangère, souvent profond & toujours diffus, n'est à portée d'être consulté que de peu de gens, dont même la plupart sont rebutés par l'obscurité du Livre, avant d'en pouvoir sentir les beautés. Je ferai, le plus brièvement qu'il me sera possible, l'extrait de ce nouveau *Systême*, qui, s'il n'est pas celui de la Nature, est au moins, de tous ceux qu'on a publiés jusqu'ici, celui dont le principe est le plus simple, & duquel toutes les loix de l'Harmonie paroissent naître le moins arbitrairement.

SYSTÊME DE M. TARTINI.

Il y a trois manières de calculer les rapports des Sons.

I. En coupant sur le Monocorde la Corde entière en ses parties par des chevalets mobiles, les vibrations où les Sons seront en raison inverse des longueurs de la Corde & de ses parties.

II. En tendant, par des poids inégaux, des Cordes égales, les Sons seront comme les racines quarrées des poids.

III. En tendant, par des poids égaux, des Cordes égales en grosseur & inégales en longueur, ou égales en longueur & inégales en grosseur, les Sons seront en raison inverse des racines quarrées de la dimenſion où ſe trouve la différence.

En général les Sons ſont toujours entr'eux en raiſon inverſe des racines cubiques des corps ſonores. Or, les Sons des Cordes s'altèrent de trois manières : ſavoir, en altérant, ou la groſſeur, c'eſt-à-dire, le diamètre de la groſſeur; ou la longueur; ou la tenſion. Si tout cela eſt égal, les Cordes ſont à l'Uniſſon. Si l'une de ces choſes ſeulement eſt altérée, les Sons ſuivent, en raiſon inverſe, les rapports des altérations. Si deux ou toutes les trois ſont altérées, les Sons ſont, en raiſon inverſe, comme les racines des rapports, compoſés des altérations. Tels ſont les principes de tous les phénomènes qu'on obſerve en comparant les rapports des Sons & ceux des dimenſions des corps ſonores.

Ceci compris; ayant mis les regîtres convenables, touchez ſur l'Orgue la pédale qui rend la plus baſſe Note marquée dans la Planche I. Figure 7, toutes les autres Notes marquées au-deſſus réſonneront en même temps, & cependant vous n'entendrez que le Son le plus grave.

Les Sons de cette Série confondus dans le Son grave, formeront dans leurs rapports la ſuite naturelle des fractions $\frac{1}{1} \frac{1}{2} \frac{1}{3} \frac{1}{4} \frac{1}{5} \frac{1}{6}$, &c. laquelle ſuite eſt en progreſſion harmonique.

Cette même Série ſera celle des Cordes égales tendues par des poids qui ſeroient comme les quarrés $\frac{1}{1} \frac{1}{4} \frac{1}{9} \frac{1}{16} \frac{1}{25} \frac{1}{36}$, &c. des mêmes fractions ſuſdites.

Et les Sons que rendroient ces Cordes ſont les mêmes exprimées en Notes dans l'exemple.

Ainſi donc, tous les Sons qui ſont en progreſſion harmonique depuis l'unité, ſe réuniſſent pour n'en former qu'un ſenſible à l'oreille, & tout le *Syſtême* harmonique ſe trouve dans l'unité.

Il n'y a, dans un Son quelconque, que ſes aliquotes qu'il faſſe réſonner, parce que dans toute autre fraction, comme ſeroit celle-ci $\frac{2}{5}$, il ſe trouve, après la diviſion de la Corde en parties égales, un reſte dont les vibrations heurtent, arrêtent les vibrations des parties égales, & en ſont réciproquement heurtées; de ſorte que des deux Sons qui en réſulteroient, le plus foible eſt détruit par le choc de tous les autres.

Or, les aliquotes étant toutes compriſes dans la Série des fractions $\frac{1}{1} \frac{1}{2} \frac{1}{3} \frac{1}{4}$, &c. ci-devant donnée, chacune de ces aliquotes eft ce que M. Tartini appelle Unité ou Monade harmonique, du concours defquelles réfulte un Son. Ainfi, toute l'Harmonie étant néceffairement comprife entre la Monade ou l'unité compofante & le Son plein ou l'unité compofée, il s'enfuit que l'Harmonie a, des deux côtés, l'unité pour terme, & confifte effentiellement dans l'unité.

L'expérience fuivante, qui fert de principe à toute l'Harmonie artificielle, met encore cette vérité dans un plus grand jour.

Toutes les fois que deux Sons forts, juftes & foutenus, fe font entendre au même inftant, il réfulte de leur choc un troifième Son, plus ou moins fenfible, à proportion de la fimplicité du rapport des deux premiers & de la fineffe d'oreille des écoutans.

Pour rendre cette expérience auffi fenfible qu'il eft poffible, il faut placer deux Hautbois bien d'accord à quelques pas d'Intervalle, & fe mettre entre deux, à égale diftance de l'un & de l'autre. A défaut de Hautbois, on peut prendre deux Violons, qui, bien que le Son en foit moins fort, peuvent, en touchant avec force & jufteffe, fuffire pour faire diftinguer le troifième Son.

La production de ce troifième Son, par chacune de nos Confonnances, eft telle que la montre la Table, (*Pl*. I. *Fig*. 8.) & l'on peut la pourfuivre au-delà des Confonnances, par tous les Intervalles repréfentés par les aliquotes de l'unité.

L'Octave n'en donne aucun, & c'eft le feul Intervalle excepté.

La Quinte donne l'Uniffon du Son grave, Uniffon qu'avec de l'attention l'on ne laiffe pas de diftinguer.

Les troifièmes Sons produits par les autres Intervalles, font tous au grave.

La Quarte donne l'Octave du Son aigu.

La Tierce majeure donne l'Octave du Son grave, & la Sixte mineure, qui en eft renverfée, donne la double Octave du Son aigu.

La Tierce mineure donne la Dixième majeure du Son grave; mais la Sixte majeure, qui en eft renverfée, ne donne que la Dixième majeur du Son aigu.

Le *Ton* majeur donne la Quinzième ou double-Octave du Son grave.

Le *Ton* mineur donne la Dix-feptième, ou la double-Octave de la Tierce majeure du Son aigu.

Le femi-Ton majeur donne la Vingt-deuxième, ou triple-Octave du Son aigu.

Enfin, le femi-Ton mineur donne la Vingt-fixième du Son grave.

On voit, par la comparaifon des quatre derniers Intervalles, qu'un changement peu fenfible dans l'Intervalle change très-fenfiblement le Son produit ou fondamental. Ainfi, dans le *Ton* majeur rapprochez l'Intervalle en abaiffant le Son fupérieur ou élevant l'inférieur feulement d'un $\frac{80}{81}$: auffi-tôt le Son produit montera d'un *Ton*. Faites la même opération fur le femi-Ton majeur, & le Son produit defcendra d'une Quinte.

Quoique la production du troifième Son ne fe borne pas à ces Intervalles, nos Notes n'en pouvant exprimer de plus compofé, il eft, pour le préfent, inutile d'aller au-delà de ceux-ci.

On voit dans la fuite régulière des Confonnances qui compofent cette Table, qu'elles fe rapportent toutes à une bafe commune & produifent toutes exactement le même troifième Son.

Voilà donc, par ce nouveau phénomène, une démonftration phyfique de l'Unité du principe de l'Harmonie.

Dans les fciences Phyfico-Mathématiques, telles que la Mufique, les démonftrations doivent bien être géométriques; mais déduites phyfiquement de la chofe démontrée. C'eft alors feulement que l'union du calcul à la Phyfique fournit, dans les vérités établies fur l'expérience & démontrées géométriquement, les vrais principes de l'Art. Autrement la Géométrie feule donnera des Théorèmes certains, mais fans ufage dans la pratique ; la Phyfique donnera des faits particuliers, mais ifolés fans liaifon entr'eux & fans aucune loi générale.

Le principe phyfique de l'Harmonie eft un, comme nous venons de le voir, & fe réfout dans la proportion harmonique. Or, ces deux propriétés conviennent au cercle; car nous verrons bientôt qu'on y retrouve les deux unités extrêmes de la Monade & du Son ; &, quant à la proportion harmonique, elle s'y trouve auffi; puifque dans quelque point C, (*Pl.* I. *Fig.* 9.) que l'on coupe inégalement le Diamètre AB, le quarré de l'Ordonnée CD fera moyen proportionnel harmonique entre les deux rectangles des parties AC & CB du Diamètre par le rayon : propriété qui suffit pour établir la nature harmonique du Cercle. Car, bien que les Ordonnées soient moyennes géométriques entre les parties du Diamètre, les quarrés de ces Ordonnées étant moyens harmoniques entre les rectangles, leurs rapports représentent d'autant plus exactement ceux des Cordes sonores, que les rapports de ces Cordes ou des poids tendans sont aussi comme les quarrés, tandis que les Sons sont comme les racines.

Maintenant du Diamètre AB, (*Pl. I. Fig. 10.*) divisé selon la Série des fractions $\frac{1}{2} \frac{1}{3} \frac{1}{4} \frac{1}{5} \frac{1}{6}$, lesquelles sont en progression harmonique, soient tirées les Ordonnées C, CC; G, GG; c, cc; e, ee; & g, gg.

Le Diamètre représente une Corde Sonore, qui, divisée en mêmes raisons, donne des Sons indiqués dans l'exemple O de la même Planche, Figure 11.

Pour éviter les fractions, donnons 60 parties au Diamètre; les Sections contiendront ces nombres entiers BC $= \frac{1}{2} = 30$; BG $= \frac{1}{3} = 20$; Bc $= \frac{1}{4} = 15$; Be $= \frac{1}{5} = 12$; Bg $= \frac{1}{6} = 10$.

Des points où les Ordonnées coupent le Cercle, tirons de part & d'autre des Cordes aux deux extrémités du Diamètre. La somme du quarré de chaque Corde & du quarré de la Corde correspondante, que j'appelle son complément, sera toujours égale au quarré du Diamètre. Les quarrés des Cordes seront entre eux comme les Abscisses correspondantes, par conséquent aussi en progression harmonique, & représenteront de même l'exemple O, à l'exception du premier Son.

Les quarrés des complémens de ces mêmes Cordes seront entre eux comme les complémens des Abscisses au Diamètre, par conséquent dans les raisons suivantes :

$$\overline{AC}^2 = \tfrac{1}{2} = 30.$$
$$\overline{AG}^2 = \tfrac{2}{3} = 40.$$
$$\overline{Ac}^2 = \tfrac{3}{4} = 45.$$
$$\overline{Ae}^2 = \tfrac{4}{5} = 48.$$
$$\overline{Ag}^2 = \tfrac{5}{6} = 50.$$

& représenteront les Sons de l'exemple P; sur lequel on doit remarquer en passant, que cet exemple, comparé au suivant Q, & au précédent O, donne le fondement naturel de la règle des mouvemens contraires.

Les quarrés des Ordonnées seront au quarré 3600 du Diamètre dans les raisons suivantes:

$\overline{AB}^2 = 1 = 3600.$

$\overline{C, CC}^2 = \frac{1}{4} = 900.$

$\overline{G, GG}^2 = \frac{2}{9} = 800.$

$\overline{c, cc}^2 = \frac{3}{16} = 675.$

$\overline{e, ee}^2 = \frac{4}{25} = 576.$

$\overline{g, gg}^2 = \frac{5}{36} = 500.$

& représenteront les Sons de l'exemple Q.

Or, cette dernière Série, qui n'a point d'homologue dans les divisions du Diamètre, & sans laquelle on ne sauroit pourtant completter le *Systême* harmonique, montre la nécessité de chercher, dans les propriétés du Cercle, les vrais fondemens du *Systême*, qu'on ne peut trouver, ni dans la ligne droite, ni dans les seuls nombres abstraits.

Je passe à dessein toutes les autres propositions de M. Tartini sur la nature arithmétique, harmonique & géométrique du Cercle, de même que sur les bornes de la Série harmonique donnée par la raison sextuple; parce que ses preuves, énoncées seulement en chiffres, n'établissent aucune démonstration générale; que, de plus, comparant souvent des grandeurs hétérogènes, il trouve des proportions où l'on ne sauroit même voir de rapport. Ainsi, quand il croit prouver que le quarré d'une ligne est moyen proportionnel d'une telle raison, il ne prouve autre chose, sinon que tel nombre est moyen proportionnel entre deux tels autres nombres: car les surfaces & les nombres abstraits n'étant point de même nature, ne peuvent se comparer. M. Tartini sent cette

difficulté

SYS. 473

difficulté, & s'efforce de la prévenir; on peut voir ses raisonnemens dans son Livre.

Cette théorie établie, il s'agit maintenant d'en déduire les faits donnés, & les règles de l'Art Harmonique.

L'Octave, qui n'engendre aucun Son fondamental, n'étant point essentielle à l'Harmonie, peut être retranchée des parties constitutives de l'Accord. Ainsi l'Accord, réduit à sa plus grande simplicité, doit être considéré sans elle. Alors il est composé seulement de ces trois termes $1 \; \frac{1}{3} \; \frac{1}{5}$, lesquels sont en proportion harmonique, & où les deux Monades $\frac{1}{3} \; \frac{1}{5}$ sont les seuls vrais élémens de l'Unité sonore, qui porte le nom d'Accord parfait : car, la fraction $\frac{1}{4}$ est élément de l'Octave $\frac{1}{2}$, & la fraction $\frac{1}{6}$ est Octave de la Monade $\frac{1}{3}$.

Cet Accord parfait, $1 \; \frac{1}{3} \; \frac{1}{5}$, produit par une seule Corde & dont les termes sont en proportion harmonique, est la loi générale de la Nature, qui sert de base à toute la science des Sons : loi que la Physique peut tenter d'expliquer, mais dont l'explication est inutile aux règles de l'Harmonie.

Les calculs des Cordes & des poids tendans, servent à donner en nombre les rapports des Sons qu'on ne peut considérer comme des quantités, qu'à la faveur de ces calculs.

Le troisième Son, engendré par le concours de deux autres, est comme le produit de leurs quantités ; & quand, dans une cathégorie commune, ce troisième Son se trouve toujours le même, quoiqu'engendré par des Intervalles différens, c'est que les produits des générateurs sont égaux entre eux.

Ceci se déduit manifestement des propositions précédentes.

Quel est, par exemple, le troisième Son qui résulte de CB & de GB ? (*Pl. I. Fig. 10.*) C'est l'Unisson de CB. Pourquoi ? Parce que, dans les deux proportions harmoniques dont les quarrés des deux Ordonnées C, CC, & G, GG, sont moyens proportionnels, les sommes des extrêmes sont égales entre elles, & par conséquent produisent le même Son commun CB ou C, CC.

En effet, la somme des deux rectangles de BC par C, CC, & de AC par C, CC, est égale à la somme des deux rectangles de BG par C, CC, & de GA par C, CC : car chacune de ces deux sommes est égale à deux fois le quarré du rayon.

Dict. de Mus.

D'où il fuit que le Son C, CC ou CB, doit être commun aux deux Cordes: or, ce Son est précisément la Note Q de l'exemple O.

Quelques Ordonnées que vous puissiez prendre dans le Cercle pour les comparer deux à deux, ou même trois à trois, elles engendreront toujours le même troisième Son représenté par la Note Q; parce que les rectangles des deux parties du Diamètre par le rayon, donneront toujours des sommes égales.

Mais l'Octave X Q n'engendre que des Harmoniques à l'aigu, & point de Son fondamental, parce qu'on ne peut élever d'Ordonnée sur l'extrémité du Diamètre, & que par conséquent le Diamètre & le rayon ne sauroient, dans leurs proportions harmoniques, avoir aucun produit commun.

Au lieu de diviser harmoniquement le Diamètre par les fractions $\frac{1}{2} \frac{1}{3} \frac{1}{4} \frac{1}{5} \frac{1}{6}$, qui donnent le *Système* naturel de l'Accord majeur, si on le divise arithmétiquement en six parties égales, on aura le *Système* de l'Accord majeur renversé, & ce renversement donne exactement l'Accord mineur: car (*Pl.* I. *Fig.* 12.) une de ces parties donnera la Dix-neuvième, c'est-à-dire la double Octave de la Quinte; deux donneront la Douzième, ou l'Octave de la Quinte; trois donneront l'Octave, quatre la Quinte, & cinq la Tierce mineure.

Mais si-tôt qu'unissant deux de ces Sons, on cherchera le troisième Son qu'ils engendrent, ces deux Sons simultanés, au lieu du Son C, (Figure 13.) ne produiront jamais pour Fondamental, que le Son E♭; ce qui prouve que, ni l'Accord mineur, ni son Mode, ne sont donnés par la Nature. Que si l'on fait consonner deux ou plusieurs Intervalles de l'Accord mineur, les Sons fondamentaux se multiplieront; &, relativement à ces Sons, on entendra plusieurs Accords majeurs à la fois, sans aucun Accord mineur.

Ainsi, par expérience faite en présence de huit célèbres Professeurs de Musique, deux Hautbois & un Violon, sonnant ensemble les Notes blanches marquées dans la Portée A; (*Pl.* G. *Fig.* 5.) on entendoit distinctement les Sons marqués en noir dans la même Figure; savoir, ceux qui sont marqués à part dans la Portée B pour les Intervalles qui sont au-dessus, & ceux marqués dans la Portée C, auſſi pour les Intervalles qui ſont au-deſſus.

En jugeant de l'horrible cacophonie qui devoit réſulter de cet enſemble, on doit conclure que toute Muſique en Mode mineur ſeroit inſupportable à l'oreille, ſi les Intervalles étoient aſſez juſtes & les Inſtrumens aſſez forts pour rendre les Sons engendrés auſſi ſenſibles que les générateurs.

On me permettra de remarquer en paſſant, que l'inverſe de deux Modes, marquée dans la Figure 13, ne ſe borne pas à l'Accord fondamental qui les conſtitue, mais qu'on peut l'étendre à toute la ſuite d'un Chant & d'une Harmonie qui, notée en ſens direct dans le Mode majeur, lorſqu'on renverſe le papier & qu'on met des Clefs à la fin des Lignes devenues le commencement, préſente à rebours une autre ſuite de Chant & d'Harmonie en Mode mineur, exactement inverſe de la première où les Baſſes deviennent les Deſſus, & vice versâ. C'eſt ici la Clef de la manière de compoſer ces doubles Canons dont j'ai parlé au mot *Canon*. M. Serre, ci-devant cité, lequel a très-bien expoſé dans ſon Livre cette curioſité harmonique, annonce une Symphonie de cette eſpèce, compoſée par M. de Morambert, qui avoit dû la faire graver : c'étoit mieux fait aſſûrément que de la faire exécuter. Une compoſition de cette nature doit être meilleure à ſe préſenter aux yeux qu'aux oreilles.

Nous venons de voir que de la diviſion harmonique du Diamètre réſulte le Mode majeur, & de la diviſion arithmétique le Mode mineur. C'eſt d'ailleurs un fait connu de tous les Théoriciens, que les rapports de l'Accord mineur ſe trouvent dans la diviſion arithmétique de la Quinte. Pour trouver le premier fondement du Mode mineur dans le *Syſtême* harmonique, il ſuffit donc de montrer dans ce *Syſtême* la diviſion arithmétique de la Quinte.

Tout le *Syſtême* harmonique eſt fondé ſur la raiſon double, rapport de la Corde entière à ſon Octave, ou du Diamètre au rayon; & ſur la raiſon ſeſquialtère qui donne le premier Son harmonique ou fondamental auquel ſe rapportent tous les autres.

Or, ſi, (*Pl.* I. *Fig.* 11.) dans la raiſon double on compare ſucceſſivement la deuxième Note G, & la troiſième F de la Série P au Son fondamental Q, & à ſon Octave grave qui eſt la Corde entière, on trouvera que la première eſt moyenne harmonique,

& la seconde moyenne arithmétique entre ces deux termes.

De même, si dans la raison sesquialtère on compare successivement la quatrième Note *e*, & la cinquième *e b* de la même Série à la Corde entière & à sa Quinte G, on trouvera que la quatrième *e* est moyenne harmonique, la cinquième *e b* moyenne arithmétique entre les deux termes de cette Quinte. Donc le Mode mineur étant fondé sur la division arithmétique de la Quinte, & la Note *e b* prise dans la Série des Complémens du *Système* harmonique donnant cette division, le Mode mineur est fondé sur cette Note dans le *Système* harmonique.

Après avoir trouvé toutes les Consonnances dans la division harmonique du Diamètre donnée par l'exemple O, le Mode majeur dans l'ordre direct de ces Consonnances, le Mode mineur dans leur ordre rétrograde, & dans leurs Complémens représentés par l'exemple P, il nous reste à examiner le troisième exemple Q, qui exprime en Notes les rapports des quarrés des Ordonnées, & qui donne le *Système* des Dissonnances.

Si l'on joint, par Accords simultanés, c'est-à-dire, par Consonnances, les Intervalles successifs de l'exemple O, comme on a fait dans la Figure 8. même Planche, l'on trouvera que quarrer les Ordonnées, c'est doubler l'Intervalle qu'elles représentent. Aussi, ajoutant un troisième Son qui représente le quarré, ce Son ajouté doublera toujours l'Intervalle de la Consonnance, comme on le voit Figure 4. de la Planche G.

Ainsi, (*Pl*. I. *Fig*. 11.) la première Note K de l'exemple Q double l'Octave, premier Intervalle de l'exemple O ; la deuxième Note L double la Quinte, second Intervalle ; la troisième Note M double la Quarte, troisième Intervalle, &c. & c'est ce doublement d'Intervalles qu'exprime la Figure 4. de la Planche G.

Laissant à part l'Octave du premier Intervalle, qui, n'engendrant aucun Son fondamental, ne doit point passer pour harmonique, la Note ajoutée L forme, avec les deux qui sont au-dessous d'elle, une proportion continue géométrique en raison sesquialtère ; &, les suivantes, doublant toujours les Intervalles, forment aussi toujours des proportions géométriques.

Mais les proportions & progressions harmonique & arithmétique qui constituent le *Système* consonnant majeur & mineur font oppofées, par leur nature, à la progreffion géométrique ; puifque celle-ci réfulte effentiellement des mêmes rapports, & les autres de rapports toujours différens. Donc, fi les deux proportions harmonique & arithmétique font confonnantes, la proportion géométrique fera diffonnante néceffairement, &, par conféquent, le *Syftéme* qui réfulte de l'exemple Q, fera le *Syftéme* des Diffonnances. Mais ce *Syftéme* tiré des quarrés des Ordonnées eft lié aux deux précédens tirés des quarrés des Cordes. Donc le *Syftéme* diffonnant eft lié de même au *Syftéme* univerfel harmonique.

Il fuit de-là : 1°. Que tout Accord fera diffonnant lorfqu'il contiendra deux Intervalles femblables, autres que l'Octave ; foit que ces deux Intervalles fe trouvent conjoints ou féparés dans l'Accord. 2°. Que de ces deux Intervalles, celui qui appartiendra au *Syftéme* harmonique ou arithmétique fera confonnant & l'autre diffonnant. Ainfi, dans les deux exemples S. T. d'Accords diffonnans, (*Pl. G. Fig. 6.*) les Intervalles GC & *c e* font confonnans, & les Intervalles CF & *eg* diffonnans.

En rapportant maintenant chaque terme de la Série diffonnante au Son fondamental ou engendré C de la Série harmonique, on trouvera que les Diffonnances qui réfulteront de ce rapport feront les fuivantes, & les feules directes qu'on puiffe établir fur le *Syftéme* harmonique.

I. La première eft la Neuvième ou double Quinte L. (*Fig. 4*)

II. La feconde eft l'Onzième qu'il ne faut pas confondre avec la fimple Quarte, attendu que la première Quarte ou Quarte fimple GC étant dans le *Syftéme* harmonique particulier eft confonnante, ce que n'eft pas la deuxième Quarte ou Onzième CM, étrangère à ce même *Syftéme*.

III. La troifième eft la Douzième ou Quinte fuperflue que M. Tartini appelle *Accord de nouvelle invention*, où parce qu'il en a le premier trouvé le principe, ou parce que l'Accord fenfible fur la Médiante en Mode mineur, que nous appellons Quinte fuperflue, n'a jamais été admis en Italie à caufe de fon horrible dureté. Voyez (*Pl. K. Fig. 3.*) la pratique de cet Accord à la Françoife, & (*Figure 5.*) la pratique du même Accord à l'Italienne.

Avant que d'achever l'énumération commencée, je dois remarquer que la même distinction des deux Quartes, consonnante & dissonnante, que j'ai faite ci-devant, se doit entendre de même des deux Tierces majeures de cet Accord & des deux Tierces mineures de l'Accord suivant.

IV. La quatrième & dernière Dissonnance donnée par la Série est la Quatorzième H. (*Pl. G. Fig. 4.*) c'est-à-dire, l'Octave de la Septième; Quatorzième qu'on ne réduit au simple que par licence & selon le droit qu'on s'est attribué dans l'usage de confondre indifféremment les Octaves.

Si le *Systême* dissonnant se déduit du *Systême* harmonique, les règles de préparer & sauver les Dissonnances ne s'en déduisent pas moins, & l'on voit, dans la Série harmonique & consonnante, la préparation de tous les Sons de la Série arithmétique. En effet, comparant les trois Séries O. P. Q. on trouve toujours dans la progression successive des Sons de la Série O, non-seulement, comme on vient de voir, les raisons simples qui, doublées, donnent les Sons de la Série Q, mais encore les mêmes Intervalles que forment entr'eux les Sons des deux P & Q. De sorte que la Série O prépare toujours antérieurement ce que donnent ensuite les deux Séries P & Q.

Ainsi, le premier Intervalle de la Série O, est celui de la Corde à vide à son Octave, & l'Octave est aussi l'Intervalle ou Accord que donne le premier Son de la Série Q comparé au premier Son de la Série P.

De même, le second Intervalle de la Série O, (comptant toujours de la Corde entière) est une Douzième; l'Intervalle ou Accord du second Son de la Série Q, comparé au second Son de la Série P. est aussi une Douzième. Le troisième, de part & d'autre, est une double Octave, & ainsi de suite.

De plus, si l'on compare la Série P à la Corde entière, (*Pl. K. Fig. 6.*) on trouvera exactement les mêmes Intervalles que donne antérieurement la Série O, savoir Octave, Quinte, Quarte, Tierce majeure, & Tierce mineure.

D'où il suit que la Série harmonique particulière donne avec précision, non-seulement l'exemplaire & le modèle des deux Séries, arithmétique & géométrique, qu'elle engendre, & qui complettent avec elle le Syſtême harmonique univerſel ; mais auſſi preſcrit à l'une l'ordre de ſes Sons, & prépare à l'autre l'emploi de ſes Diſſonnances.

Cette préparation, donnée par la Série harmonique, eſt exactement la même qui eſt établie dans la pratique : car la Neuvième, doublée de la Quinte, ſe prépare auſſi par un mouvement de Quinte ; l'Onzième, doublée de la Quarte, ſe prépare par un mouvement de Quarte ; la Douzième ou Quinte ſuperflue, doublée de la Tierce majeure, ſe prépare par un mouvement de Tierce majeure ; enfin la Quatorzième ou la Fauſſe-Quinte, doublée de la Tierce mineure, ſe prépare auſſi par un mouvement de Tierce mineure.

Il eſt vrai qu'il ne faut pas chercher ces préparations dans des marches appellées fondamentales dans le Syſtême de M. Rameau, mais qui ne ſont pas telles dans celui de M. Tartini ; & il eſt vrai encore qu'on prépare les mêmes Diſſonnances de beaucoup d'autres manières, ſoit par des renverſemens d'Harmonie, ſoit par des Baſſes ſubſtituées ; mais tout découle toujours du même principe, & ce n'eſt pas ici le lieu d'entrer dans le détail des règles.

Celle de réſoudre & ſauver les Diſſonnances naît du même principe que leur préparation : car comme chaque Diſſonnance eſt préparée par le rapport antécédent du *Syſtême* harmonique, de même elle eſt ſauvée par le rapport conſéquent du même *Syſtême*.

Ainſi, dans la Série harmonique le rapport $\frac{2}{3}$ ou le progrès de Quinte étant celui dont la Neuvième eſt préparée & doublée, le rapport ſuivant $\frac{3}{4}$ ou progrès de Quarte, eſt celui dont cette même Neuvième doit être ſauvée : la Neuvième doit donc deſcendre d'un Degré pour venir chercher dans la Série harmonique l'Uniſſon de ce deuxième progrès, & par conſéquent l'Octave du Son fondamental, *Pl. G. Fig. 7.*

En ſuivant la même méthode, on trouvera que l'Onzième F doit deſcendre de même d'un Degré ſur l'Uniſſon E de la Série harmonique ſelon le rapport correſpondant $\frac{4}{5}$, que la Douzième ou Quinte ſuperflue G Dièſe doit redeſcendre ſur le même G naturel ſelon le rapport $\frac{5}{6}$; où l'on voit la raiſon juſqu'ici tout-à-fait ignorée, pourquoi la Baſſe doit monter pour préparer les Diſfonnances, & pourquoi le Deffus doit defcendre pour les fauver. On peut remarquer aufsi que la Septième qui, dans le Syftême de M. Rameau, eft la première & prefque l'unique Diffonnance, eft la dernière en rang dans celui de M. Tartini; tant il faut que ces deux Auteurs foient oppofés en toute chofe!

Si l'on a bien compris les générations & analogies des trois Ordres ou Syftêmes, tous fondés fur le premier, donnés par la Nature, & tous repréfentés par les parties du Cercle ou par leurs puiffances, on trouvera 1°. Que le *Syftême* harmonique particulier, qui donne le Mode majeur, eft produit par la divifion fextuple en progreffion harmonique du Diamètre ou de la Corde entière, confidérée comme l'unité. 2°. Que le *Syftême* arithmétique, d'où réfulte le Mode mineur, eft produit par la Série arithmétique des Complémens, prenant le moindre terme pour l'unité, & l'élevant de terme en terme jufqu'à la raifon fextuple, qui donne enfin le Diamètre ou la Corde entière. 3°. Que le *Syftême* géométrique ou diffonnant eft auffi tiré du *Syftême* harmonique particulier, en doublant la raifon de chaque Intervalle; d'où il fuit que le *Syftême* harmonique du Mode majeur, le feul immédiatement donné par la Nature, fert de principe & de fondement aux deux autres.

Par ce qui a été dit jufqu'ici, on voit que le *Syftême* harmonique n'eft point compofé de parties qui fe réuniffent pour former un tout; mais qu'au contraire, c'eft de la divifion du tout ou de l'unité intégrale que fe tirent les parties; que l'Accord ne fe forme point des Sons, mais qu'il les donne; & qu'enfin par-tout où le Syftême harmonique a lieu, l'Harmonie ne dérive point de la Mélodie, mais la Mélodie de l'Harmonie.

Les élémens de la Mélodie diatonique font contenus dans les Degrés fucceffifs de l'Échelle ou Octave commune du Mode majeur commençant par C, de laquelle fe tire auffi l'Échelle du Mode mineur commençant par A.

Cette Échelle n'étant pas exactement dans l'ordre des aliquotes, n'eft pas non plus celle que donnent les divifions naturelles des Cors, Trompettes Marines & autres Inftrumens femblables; comme on peut le voir dans la Figure 1. de la Planche K, par la comparaifon de ces deux Échelles, comparaifon qui montre

tre en même temps la cause des Tons faux donnés par ces Instrumens. Cependant l'Échelle commune, pour n'être pas d'accord avec la Série des aliquotes, n'en a pas moins une origine physique & naturelle qu'il faut développer.

La portion de la première Série O, (*Pl*. I. *Fig. 20.*) qui détermine le *Syſtême* harmonique, est la sesquialtère ou Quinte C G ; c'est-à-dire, l'Octave harmoniquement divisée. Or, les deux termes qui correspondent à ceux-là dans la Série P. des Complémens, (*Fig. 11.*) sont les Notes G F. Ces deux Cordes sont moyennes, l'une harmonique, & l'autre arithmétique entre la Corde entière & sa moitié, ou entre le Diamètre & le rayon, & ces deux moyennes G & F se rapportant toutes deux à la même Fondamentale, déterminent le Ton & même le Mode ; puisque la proportion harmonique y domine & qu'elles paroissent avant la génération du Mode mineur : n'ayant donc d'autre loi que celle qui est déterminée par la Série harmonique dont elles dérivent, elles doivent en porter l'une & l'autre le caractère ; savoir, l'Accord parfait majeur composé de Tierce majeure & de Quinte.

Si donc on rapporte & range successivement, selon l'ordre le plus rapproché, les Notes qui constituent ces trois Accords, on aura très-exactement, tant en Notes musicales qu'en rapports numériques, l'Octave ou Échelle diatonique ordinaire rigoureusement établie.

En Notes, la chose est évidente par la seule opération.

En rapports numériques, cela se prouve presqu'aussi facilement : car supposant 360 pour la longueur de la Corde entière ; ces trois Notes C, G, F, seront comme 180, 240, 270 ; leurs Accords seront comme dans la Figure 8. Planche G, & l'Échelle entière qui s'en déduit, sera dans les rapports marqués Planche K. Figure 2 ; où l'on voit que tous les Intervalles sont justes, excepté l'Accord parfait D F A, dans lequel la Quinte D A est foible d'un Comma, de même que la Tierce mineure D F, à cause du *Ton* mineur D E ; mais dans tout *Syſtême* ce défaut ou l'équivalant est inévitable.

Quant aux autres altérations que la nécessité d'employer les mêmes touches en divers Tons introduit dans notre Échelle, voyez TEMPÉRAMENT.

L'Échelle une fois établie, le principal usage des trois Notes C, G, F, dont elle est tirée, est la formation des Cadences qui, donnant un progrès de Notes fondamentales de l'une à l'autre, font la base de toute la Modulation. G, étant moyen harmonique, & F moyen arithmétique entre les deux termes de l'Octave, le passage du moyen à l'extrême forme une Cadence qui tire son nom du moyen qui la produit. G C est donc une Cadence harmonique, F C une Cadence arithmétique, & l'on appelle Cadence mixte celle qui, du moyen arithmétique passant au moyen harmonique, se compose des deux avant de se résoudre sur l'extrême. (*Pl. K. Fig. 4.*)

De ces trois Cadences, l'harmonique est la principale & la première en ordre : son effet est d'une Harmonie mâle, forte & terminant un sens absolu. L'arithmétique est foible, douce, & laisse encore quelque chose à desirer. La Cadence mixte suspend le sens, & produit à-peu-près l'effet du point interrogatif & admiratif.

De la succession naturelle de ces trois Cadences telle qu'on la voit même Planche, Figure 7, résulte exactement la Basse-fondamentale de l'Échelle ; & de leurs divers entrelacemens se tire la manière de traiter un Ton quelconque, & d'y moduler une suite de Chants ; car chaque Note de la Cadence est supposée porter l'Accord parfait, comme il a été dit ci-devant.

A l'égard de ce qu'on appelle *la Règle de l'Octave*, (voyez ce mot.) Il est évident que, quand même on admettroit l'Harmonie qu'elle indique pour pure & régulière, comme on ne la trouve qu'à force d'art & de déductions, elle ne peut jamais être proposée en qualité de principe & de loi générale.

Les Compositeurs du quinzième siècle, excellens Harmonistes pour la plupart, employoient toute l'Échelle comme Basse-fondamentale d'autant d'Accords parfaits qu'elle avoit de Notes, excepté la Septième, à cause de Quinte fausse ; & cette Harmonie bien conduite eût fait un fort grand effet, si l'Accord parfait sur la Médiante n'eût été rendu trop dur par ses deux fausses Relations avec l'Accord qui le précède & avec celui qui le suit.

Pour rendre cette fuite d'Accords parfaits auffi pure & douce qu'il eft poffible, il faut la réduire à cette autre Baffe-fondamentale, (*Fig. 8.*) qui fournit, avec la précédente, une nouvelle fource de variétés.

Comme on trouve dans cette formule deux Accords parfaits en Tierce mineure, favoir, D & A, il eft bon de chercher l'analogie que doivent avoir entre eux les Tons majeurs & mineurs dans une Modulation régulière.

Confidérons (*Pl.* I. *Fig.* 11.) la Note *e b* de l'exemple P unie aux deux Notes correfpondantes des exemples O & Q : prife pour fondamantale, elle fe trouve ainfi bafe ou fondement d'un Accord en Tierce majeure ; mais prife pour moyen arithmétique entre la Corde entière & fa Quinte, comme dans l'exemple X, (*Fig. 13*) elle fe trouve alors Médiante ou feconde bafe du Mode mineur ; ainfi cette même note confidérée fous deux rapports différens, & tous deux déduits du *Syftême*, donne deux Harmonies : d'où il fuit que l'Échelle du Mode majeur eft d'une Tierce mineure au-deffus de l'Échelle analogue du Mode mineur. Ainfi le Mode mineur analogue à l'Échelle d'*ut* eft celui de *la*, & le Mode mineur analogue à celui de *fa* eft celui de *re*. Or, *la* & *re* donnent exactement, dans la Baffe-fondamentale de l'Échelle diatonique, les deux Accords mineurs analogues aux deux Tons d'*ut* & de *fa* déterminés par les deux Cadences harmoniques d'*ut* à *fa* & de *fol* à *ut*. La Baffe-fondamentale où l'on fait entrer ces deux Accords eft donc auffi régulière & plus variée que la précédente, qui ne renferme que l'Harmonie du Mode majeur.

A l'égard des deux dernières diffonnances N & R de l'exemple Q, comme elles fortent du Genre Diatonique, nous n'en parlerons que ci-après.

L'origine de la Mefure, des Périodes, des Phrafes & de tout Rhythme mufical, fe trouve auffi dans la génération des Cadences, dans leur fuite naturelle, & dans leurs diverfes combinaifons. Premiérement, le moyen étant homogène à fon extrême, les deux membres d'une Cadence doivent, dans leur première fimplicité, être de même nature & de valeurs égales : par conféquent les huit Notes que forment les quatre Cadences, Baffe-fondamentale de l'Échelle, font égales entre elles; & formant aussi quatre Mesures égales, une pour chaque Cadence, le tout donne un sens complet & une période harmonique. De plus, comme tout le *Systéme* harmonique est fondé sur la raison double & sur la sesquialtère, qui, à cause de l'Octave, se confond avec la raison triple; de même toute Mesure bonne & sensible se résout en celle à deux Temps ou en celle à trois: tout ce qui est au-delà, souvent tenté & toujours sans succès, ne pouvant produire aucun bon effet.

Des divers fondemens d'Harmonie donnés par les trois sortes de Cadences, & des diverses manières de les entrelacer, naît la variété des sens, des phrases & de toute la Mélodie dont l'habile Musicien exprime toute celle des phrases du discours, & ponctue les Sons aussi correctement que le Grammairien les paroles. De la Mesure donnée par les Cadences résulte aussi l'exacte expression de la Prosodie & du Rhythme: car, comme la syllabe brève s'appuye sur la longue, de même la Note qui prépare la Cadence en levant, s'appuye & pose sur la Note qui la résout en frappant; ce qui divise les Temps en forts & en foibles, comme les syllabes en longues & en brèves: cela montre comment on peut, même en observant les quantités, renverser la prosodie & tout mesurer à contretemps, lorsqu'on frappe les syllabes brèves & qu'on lève les longues, quoiqu'on croye observer leurs durées relatives & leurs valeurs musicales.

L'usage des Notes dissonnantes par Degrés conjoints dans les Temps foibles de la Mesure, se déduit aussi des principes établis ci-dessus: car supposons l'Échelle diatonique & mesurée, marquée *Fig. 9. Pl. K.* il est évident que la Note soutenue ou rebattue dans la Basse X, au lieu des Notes de la Basse Z, n'est ainsi tolérée que parce que, revenant toujours dans les Temps forts, elle échappe aisément à notre attention dans les Temps foibles, & que les Cadences dont elle tient lieu n'en sont pas moins supposées, ce qui ne pourroit être si les Notes dissonnantes changeoient de lieu & se frappoient sur les Temps forts.

Voyons maintenant quels Sons peuvent être ajoutés ou substitués à ceux de l'Echelle diatonique, pour la formation des Genres **Chromatique & Enharmonique.**

En inférant dans leur ordre naturel les Sons donnés par la Série des Dissonnances, on aura premièrement la Note *sol* Dièse N. (*Pl*. I. *Fig*. 11.) qui donne le Genre Chromatique & le passage régulier du Ton majeur d'*ut* à son mineur correspondant *la*. (Voyez *Pl*. K. *Fig*. 10.)

Puis on a la Note R ou *si* Bémol, laquelle, avec celle dont je viens de parler, donne le Genre Enharmonique. (*Fig*. 11.)

Quoique, eu égard au Diatonique, tout le *Système* harmonique soit, comme on a vu, renfermé dans la raison sextuple ; cependant les divisions ne sont pas tellement bornées à cette étendue qu'entre la Dix-neuvième ou triple Quinte $\frac{1}{6}$, & la Vingt-deuxième ou quadruple Octave $\frac{1}{8}$, on ne puisse encore inférer une moyenne harmonique $\frac{1}{7}$ prise dans l'ordre des aliquotes, donnée d'ailleurs par la Nature dans les Cors de chasse & Trompettes marines, & d'une intonation très-facile sur le Violon.

Ce terme $\frac{1}{7}$, qui divise harmoniquement l'Intervalle de la Quarte *sol ut* ou $\frac{6}{8}$, ne forme pas avec le *sol* une Tierce mineure juste, dont le rapport seroit $\frac{5}{6}$, mais un Intervalle un peu moindre, dont le rapport est $\frac{6}{7}$; de sorte qu'on ne sauroit exactement l'exprimer en Note ; car le *la* Dièse est déja trop fort : nous le représenterons par la Note *si* précédée du signe |♭, un peu différent du Bémol ordinaire.

L'Échelle augmentée, ou, comme disoient les Grecs, le Genre épaissi de ces trois nouveaux Sons placés dans leur rang, sera donc comme l'exemple 12, Pl. K. Le tout pour le même Ton, ou du moins pour les Tons naturellement analogues.

De ces trois Sons ajoutés, dont, comme le fait voir M. Tartini, le premier constitue le Genre Chromatique, & le troisième l'enharmonique, le *sol* Dièse & le *si* Bémol sont dans l'ordre des Dissonnances : mais le *si* |♭ ne laisse pas d'être consonnant, quoiqu'il n'appartienne pas au Genre Diatonique, étant hors de la progression sextuple qui renferme & détermine ce Genre : car puisqu'il est immédiatement donné par la Série harmonique des aliquotes, puisqu'il est moyen harmonique entre la Quinte & l'Octave du Son fondamental, il s'ensuit qu'il est Consonnant comme eux, & n'a besoin d'être ni préparé ni sauvé ; c'est aussi ce que l'oreille confirme parfaitement dans l'emploi régulier de cette espèce de Septième.

A l'aide de ce nouveau Son, la Basse de l'Échelle diatonique tourne exactement sur elle-même, en descendant, selon la nature du cercle qui la représente ; & la Quatorzième ou Septième redoublée se trouve alors sauvée régulièrement par cette Note sur la Basse-tonique ou fondamentale, comme toutes les autres Dissonnances.

Voulez-vous, des principes ci-devant posés, déduire les règles de la Modulation, prenez les trois Tons majeurs relatifs, *ut*, *sol*, *fa*, & leurs trois Tons mineurs analogues, *la*, *mi*, *re* ; vous aurez six Toniques, & ce sont les seules sur lesquelles on puisse moduler en sortant du Ton principal ; Modulations qu'on entrelace à son choix, selon le caractère du Chant & l'expression des paroles : non, cependant, qu'entre ces Modulations il n'y en ait de préférables à d'autres ; même ces préférences, trouvées d'abord par le sentiment, ont aussi leurs raisons dans les principes, & leurs exceptions, soit dans les impressions diverses que veut faire le Compositeur, soit dans la liaison plus ou moins grande qu'il veut donner à ses phrases. Par exemple, la plus naturelle & la plus agréable de toutes les Modulations en Mode majeur, est celle qui passe de la Tonique *ut* au Ton de sa Dominante *sol* ; parce que le Mode majeur étant fondé sur des divisions harmoniques, & la Dominante divisant l'Octave harmoniquement, le passage du premier terme au moyen est le plus naturel. Au contraire, dans le Mode mineur *la*, fondé sur la proportion arithmétique, le passage au Ton de la quatrième Note *re*, qui divise l'Octave arithmétiquement, est beaucoup plus naturel que le passage au Ton *mi* de la Dominante, qui divise harmoniquement la même Octave ; & si l'on y regarde attentivement, on trouvera que les Modulations, plus ou moins agréables, dépendent toutes des plus grands ou moindres rapports établis dans ce *Système*.

Examinons maintenant les Accords ou Intervalles particuliers au Mode mineur, qui se déduisent des Sons ajoutés à l'Échelle. (*Pl*. I. *Fig*. 12.)

L'analogie entre les deux Modes, donne les trois Accords marqués *Fig*. 14. de la Planche K. dont tous les Sons ont été trouvés consonnans dans l'établissement du Mode majeur. Il n'y a que le Son ajouté *g*× dont la Consonnance puisse être disputée.

Il faut remarquer d'abord que cet Accord ne se résout point en l'Accord dissonnant de Septième diminuée qui auroit *sol* Dièse pour Basse, parce qu'outre la Septième diminuée *sol* Dièse & *fa* naturel, il s'y trouve encore une Tierce diminuée *sol* Dièse & *si* Bémol, qui rompt toute proportion ; ce que l'expérience confirme par l'insurmontable rudesse de cet Accord. Au contraire, outre que cet arrangement de Sixte superflue plaît à l'oreille & se résoud très-harmonieusement, M. Tartini prétend que l'Intervalle est réellement bon, régulier & même consonnant. 1°. Parce que cette Sixte est à très-peu près Quatrième harmonique aux trois Notes B *b*, *d*, *f*, représentées par les fractions $\frac{1}{4} \frac{1}{5} \frac{1}{6}$, dont $\frac{1}{7}$ est la Quatrième proportionnelle harmonique exacte. 2°. Parce que cette même Sixte est à très-peu près moyenne harmonique de la Quarte *fa*, *si* Bémol, formée par la Quinte du Son fondamental & par son Octave. Que si l'on emploie en cette occasion la Note marquée *sol* Dièse plutôt que la Note marquée *la* Bémol, qui semble être le vrai moyen harmonique ; c'est non-seulement que cette division nous rejetteroit fort loin du Mode, mais encore que cette même Note *la* Bémol n'est moyenne harmonique qu'en apparence ; attendu que la Quarte *fa*, *si* Bémol, est altérée & trop foible d'un Comma ; de sorte que le *sol* Dièse, qui a un moindre rapport à *fa*, approche plus du vrai moyen harmonique que *la* Bémol, qui a un plus grand rapport au même *fa*.

Au reste, on doit observer que tous les Sons de cet Accord qui se réunissent ainsi en une Harmonie régulière & simultanée, sont exactement les quatre mêmes Sons fournis ci-devant dans la Série dissonnante Q par les complémens des divisions de la Sextuple harmonique : ce qui ferme, en quelque manière, le cercle harmonieux, & confirme la liaison de toutes les parties du *Système*.

A l'aide de cette Sixte de tous les autres Sons que la proportion harmonique & l'analogie fournissent dans le Mode mineur, on a un moyen facile de prolonger & varier assez long-temps l'Harmonie sans sortir du Mode, ni même employer aucune véritable Diſſonnance; comme on peut le voir dans l'exemple de Contrepoint donné par M. Tartini & dans lequel il prétend n'avoir employé aucune Diſſonnance, ſi ce n'eſt la Quarte-&-Quinte finale.

Cette même Sixte ſuperflue a encore des uſages plus importans & plus fins dans les Modulations détournées par des paſſages enharmoniques, en ce qu'elle peut ſe prendre indifféremment dans la pratique pour la Septième bémoliſée par le ſigne ♮, de laquelle cette Sixte dièſée diffère très-peu dans le calcul & point du tout ſur le Clavier. Alors cette Septième ou cette Sixte, toujours conſonnante, mais marquée tantôt par Dièſe & tantôt par Bémol, ſelon le Ton d'où l'on ſort, & celui où l'on entre, produit dans l'Harmonie d'apparentes & ſubites métamorphoſes, dont, quoique régulières dans ce *Syſtême*, le Compoſiteur auroit bien de la peine à rendre raiſon dans tout autre; comme on peut le voir dans les exemples I, II, III, de la Planche M. ſur-tout dans celui marqué ✠, où le *fa* pris pour naturel, & formant une Septième apparente qu'on ne ſauve point, n'eſt au fond qu'une Sixte ſuperflue, formée par un *mi* Dièſe ſur le *ſol* de la Baſſe; ce qui rentre dans la rigueur des règles. Mais il eſt ſuperflu de s'étendre ſur ces fineſſes de l'Art, qui n'échappent pas aux grands Harmoniſtes, & dont les autres ne feroient qu'abuſer en les employant mal-à-propos. Il ſuffit d'avoir montré que tout ſe tient par quelque côté, & que le vrai *Syſtême* de la Nature mène aux plus cachés détours de l'Art.

T.

T. Cette lettre s'écrit quelquefois dans les Partitions pour désigner la partie de la Taille, lorsque cette Taille prend la place de la Basse, & qu'elle est écrite sur la même Portée, la Basse gardant le Tacet.

Quelquefois dans les Parties de Symphonies le T signifie *Tous* ou *Tutti*, & est opposé à la Lettre S, ou au mot *Seul* ou *Solo*, qui alors doit nécessairement avoir été écrit auparavant dans la même Partie.

TA, l'une des quatre syllabes avec lesquelles les Grecs solfioient la Musique. (Voyez SOLFIER.)

TABLATURE. Ce mot signifioit autrefois la totalité des signes de la Musique; de sorte que, qui connoissoit bien la Note & pouvoit chanter à livre ouvert, étoit dit savoir la *Tablature*.

Aujourd'hui le mot *Tablature* se restreint à une certaine manière de noter par lettres, qu'on emploie pour les Instrumens à Cordes, qui se touchent avec les doigts, tels que le Luth, la Guitarre, le Cistre, & autrefois le Théorbe & la Viole.

Pour noter en *Tablature*, on tire autant de lignes parallèles que l'Instrument a de Cordes. On écrit ensuite sur ces lignes des lettres de l'alphabet, qui indiquent les diverses positions des doigts sur la Corde de semi-Ton en semi-Ton. La lettre *a* indique la Corde à vide, *b* indique la première position, *c* la seconde, *d* la troisième, &c.

A l'égard des valeurs des Notes, on les marque par des Notes ordinaires de valeurs semblables, toutes placées sur une même ligne, parce que ces Notes ne servent qu'à marquer la valeur & non le Degré. Quand les valeurs sont toujours semblables; c'est-à-dire, que la manière de scander les Notes est la même dans toutes les Mesures, on se contente de la marquer dans la première, & l'on suit.

Voilà tout le mystère de la *Tablature*, lequel achevera de s'éclaircir par l'inspection de la Fig. 4. Pl. M. où j'ai noté le premier Couplet des *Folies d'Espagne* en *Tablature* pour la Guitarre.

Comme les Instrumens pour lesquels on employoit la *Tabla-*

ture font la plupart hors d'ufage, & que, pour ceux dont on joue encore, on a trouvé la Note ordinaire plus commode, la *Tablature* eft prefqu'entiérement abandonnée, ou ne fert qu'aux premières leçons des écoliers.

TABLEAU. Ce mot s'emploie fouvent en Mufique pour défigner la réunion de plufieurs objets formant un tout peint par la Mufique imitative. *Le Tableau de cet Air eft bien deffiné; ce Chœur fait Tableau; cet Opéra eft plein de Tableaux admirables.*

TACET. Mot latin qu'on emploie dans la Mufique pour indiquer le filence d'une Partie. Quand dans le cours d'un morceau de Mufique, on veut marquer un filence d'un certain temps, on l'écrit avec des *Bâtons* ou des *Paufes* : (Voyez ces mots.) Mais quand quelque Partie doit garder le filence durant un morceau entier, on exprime cela par le mot *Tacet* écrit dans cette Partie au-deffous du nom de l'Air ou des premières Notes du Chant.

TAILLE, anciennement TENOR. La feconde des quatre Parties de la Mufique, en comptant du grave à l'aigu. C'eft la Partie qui convient le mieux à la voix d'homme la plus commune; ce qui fait qu'on l'appelle aufli *Voix humaine* par excellence.

La *Taille* fe divife quelquefois en deux autres Parties, l'une plus élevée, qu'on appelle *première* ou *haute-Taille*, l'autre plus baffe, qu'on appelle *Seconde* ou *baffe-Taille*. Cette dernière eft en quelque manière une Partie mitoyenne ou commune entre la *Taille* & la Baffe, & s'appelle aufli, à caufe de cela, *Concordant*. (Voyez PARTIES.)

On n'emploie prefque aucun rôle de *Taille* dans les Opéra François : au contraire les Italiens préférent dans les leurs le *Tenor* à la Baffe, comme une Voix plus flexible, aufli fonore, & beaucoup moins dure.

TAMBOURIN. Sorte de Danfe fort à la mode aujourd'hui fur les Théatres François. L'Air en eft très-gai & fe bat à deux Temps vifs. Il doit être fautillant & bien cadencé, à l'imitation du Flutet des Provençaux; & la Baffe doit refrapper la même Note, à l'imitation du *Tambourin* ou *Galoubé*, dont celui qui joue du Flutet s'accompagne ordinairement.

TASTO SOLO. Ces deux mots Italiens, écrits dans une Baffe-continue, & d'ordinaire fous quelque Point-d'Orgue, marquent que l'Accompagnateur ne doit faire aucun Accord de la main droite; mais seulement frapper de la gauche la Note marquée, & tout au plus son Octave, sans y rien ajouter, attendu qu'il lui seroit presque impossible de deviner & suivre la tournure d'Harmonie ou les Notes de goût que le Compositeur fait passer sur la Basse pendant ce temps-là.

TÉ. L'une des quatre syllabes par lesquelles les Grecs solfioient la Musique. (Voyez SOLFIER.)

TEMPÉRAMENT. Opération par laquelle, au moyen d'une légère altération dans les Intervalles, faisant évanouir la différence de deux Sons voisins, on les confond en un, qui, sans choquer l'oreille, forme les Intervalles respectifs de l'un & de l'autre. Par cette opération, l'on simplifie l'Échelle en diminuant le nombre des Sons nécessaires. Sans le *Tempérament*, au lieu de douze Sons seulement que contient l'Octave, il en faudroit plus de soixante pour moduler dans tous les Tons.

Sur l'Orgue, sur le Clavecin, sur tout autre Instrument à Clavier, il n'y a; & il ne peut guères y avoir d'Intervalle parfaitement d'Accord que la seule Octave. La raison en est que trois Tierces majeures ou quatre Tierces mineures devant faire une Octave juste, celles-ci la passent & les autres n'y arrivent pas. Car $\frac{5}{4} \times \frac{5}{4} \times \frac{5}{4} = \frac{125}{64} < \frac{125}{64} = \frac{2}{1}$; & $\frac{6}{5} \times \frac{6}{5} \times \frac{6}{5} \times \frac{6}{5} = \frac{1296}{625} > \frac{1296}{628} = \frac{2}{1}$. Ainsi l'on est contraint de renforcer les Tierces majeures & d'affoiblir les mineures, pour que les Octaves & tous les autres Intervalles se correspondent exactement, & que les mêmes touches puissent être employées sous leurs divers rapports. Dans un moment je dirai comment cela se fait.

Cette nécessité ne se fit pas sentir tout d'un coup, on ne la reconnut qu'en perfectionnant le système musical. Pythagore, qui trouva le premier les rapports des Intervalles harmoniques, prétendoit que ces rapports fussent observés dans toute la rigueur mathématique, sans rien accorder à la tolérance de l'oreille. Cette sévérité pouvoit être bonne pour son temps, où toute l'étendue du système se bornoit encore à un si petit nombre de Cordes. Mais comme la plupart des Instrumens des Anciens étoient composés de Cordes qui se touchoient à vide, & qu'il leur falloit par conséquent, une Corde pour chaque Son, à mesure que le systême s'étendit, ils s'apperçurent que la règle de Pithagore, en trop multipliant les Cordes, empêchoit d'en tirer les ufages convenables.

Ariftoxene, difciple d'Ariftote, voyant combien l'exactitude des calculs nuifoit aux progrès de la Mufique & à la facilité de l'exécution, prit tout-d'un-coup l'autre extrémité; abandonnant prefque entiérement le calcul, il s'en remit au feul jugement de l'oreille, & rejetta comme inutile tout ce que Pythagore avoit établi.

Cela forma dans la Mufique deux fectes qui ont long-temps divifé les Grecs, l'un des Ariftoxéniens, qui étoient les Muficiens de pratique; l'autre des Pythagoriciens, qui étoient les Philofophes. (Voyez ARISTOXÉNIENS & PYTHAGORICIENS.)

Dans la fuite, Ptolomée & Didyme, trouvant, avec raifon, que Pythagore & Ariftoxene avoient donné dans deux excès également vicieux, & confultant à la fois les fens & la raifon, travaillerent chacun de leur côté à la réforme de l'ancien fyftême diatonique. Mais comme ils ne s'éloignerent pas des principes établis pour la divifion du Tétracorde, & que reconnoiffant enfin la différence du *Ton* majeur au *Ton* mineur, ils n'oferent toucher à celui-ci pour le partager comme l'autre par une Corde chromatique en deux Parties réputées égales; le fyftême demeura encore long-temps dans un état d'imperfection qui ne permettoit pas d'appercevoir le vrai principe du *Tempérament*.

Enfin vint Guy d'Arezzo qui refondit en quelque manière la Mufique, & inventa, dit-on, le Clavecin. Or, il eft certain que cet Inftrument n'a pu exifter non plus que l'Orgue, que l'on n'ait en même temps trouvé le *Tempérament*, fans lequel il eft impoffible de les accorder, & il eft impoffible au moins que la première invention ait de beaucoup précédé la feconde, c'eft à peu-près tout ce que nous en favons.

Mais quoique la néceffité du *Tempérament* foit connue depuis long-temps; il n'en eft pas de même de la meilleure règle à fuivre pour le déterminer. Le fiècle dernier, qui fut le fiècle des découvertes en tout genre, eft le premier qui nous ait donné des lumières bien nettes fur ce chapitre. Le P. Merfenne & M. Loulié ont fait des calculs; M. Sauveur a trouvé des divifions qui fourniffent tous les *Tempéramens* poffibles; enfin, M. Rameau, après tous les autres, a cru développer le premier la véritable théorie du *Tempérament*, & a même prétendu, fur cette théorie, établir comme neuve une pratique très-ancienne dont je parlerai dans un moment.

J'ai dit qu'il s'agiffoit, pour tempérer les Sons du Clavier, de renforcer les Tierces majeures, d'affoiblir les mineures, & de diftribuer ces altérations de manière à les rendre moins fenfibles qu'il étoit poffible. Il faut pour cela répartir fur l'Accord de l'Inftrument, & cet Accord fe fait ordinairement par Quintes ; c'eft donc par fon effet fur les Quintes que nous avons à confidérer le *Tempérament*.

Si l'on accorde bien jufte quatre Quintes de fuite, comme *ut fol re la mi*, on trouvera que cette quatrième Quinte *mi* fera, avec l'*ut* d'où l'on eft parti, une Tierce majeure difcordante, & de beaucoup trop forte ; & en effet ce *mi*, produit comme Quinte de *la*, n'eft pas le même Son qui doit faire la Tierce majeure d'*ut*. En voici la preuve.

Le rapport de la Quinte eft $\frac{2}{3}$ ou $\frac{4}{3}$, à caufe des Octaves 1 & 2 prifes l'une pour l'autre indifféremment. Ainfi la fucceffion des Quintes formant un progreffion triple, donnera *ut* 1, *fol* 3, *re* 9, *la* 27, & *mi* 81.

Confidérons à préfent ce *mi* comme Tierce majeure d'*ut*; fon rapport eft $\frac{4}{5}$ ou $\frac{1}{5}$, 4 n'étant que la double Octave d'1. Si d'Octave en Octave nous rapprochons ce *mi* du précédent, nous trouverons *mi* 5, *mi* 10, *mi* 20, *mi* 40, & *mi* 80. Ainfi la Quinte de *la* étant *mi* 81, & la Tierce majeure d'*ut* étant *mi* 80 ; ces deux *mi* ne font pas le même, & leur rapport eft $\frac{80}{81}$, qui fait précifément le Comma majeur.

Que fi nous pourfuivons la progreffion des Quintes jufqu'à la douzième puiffance qui arrive au *fi* Dièfe, nous trouverons que ce *fi* excède l'*ut* dont il devroit faire l'uniffon, & qu'il eft avec lui dans le rapport de 531441 à 524288, rapport qui donne le Comma de Pythagore. De forte que par le calcul précédent le *fi* Dièfe devroit excéder l'*ut* de trois Comma majeurs ; & par celui-ci il l'excède feulement du Comma de Pythagore.

Mais il faut que le même Son *mi*, qui fait la Quinte de *la*, ferve encore à faire la Tierce majeure d'*ut*; il faut que le même *fi* Dièſe, qui forme la douzième Quinte de ce même *ut*, en faſſe auſſi l'Octave, & il faut enfin que ces différens Accords concourent à conſtituer le ſyſtême général ſans multiplier les Cordes. Voilà ce qui s'exécute au moyen du *Tempérament*.

Pour cela 1°. on commence par l'*ut* du milieu du Clavier, & l'on affoiblit les quatre premières Quintes en montant, juſqu'à ce que la quatrième *mi* faſſe la Tierce majeure bien juſte avec le premier Son *ut*; ce qu'on appelle la première preuve. 2°. En continuant d'accorder par Quintes, dès qu'on eſt arrivé ſur les Dièſes, on renforce un peu les Quintes, quoique les Tierces en ſouffrent, & quand on eſt arrivé au *ſol* Dièſe, on s'arrête. Ce *ſol* Dièſe doit faire, avec le *mi*, une Tierce majeure juſte ou du moins ſouffrable; c'eſt la ſeconde preuve. 3°. On reprend l'*ut* & l'on accorde les Quintes au grave; ſavoir, *fa*, *ſi* Bémol, &c. foibles d'abord, puis les renforçant par Degrés, c'eſt-à-dire, affoibliſſant les Sons juſqu'à ce qu'on ſoit parvenu au *re* Bémol, lequel, pris comme *ut* Dièſe, doit ſe trouver d'accord & faire Quinte avec le *ſol* Dièſe, auquel on s'étoit ci-devant arrêté; c'eſt la troiſième preuve. Les dernières Quintes ſe trouveront un peu fortes, de même que les Tierces majeures; c'eſt ce qui rend les Tons majeurs de *ſi* Bémol & de *mi* Bémol ſombres & même un peu durs. Mais cette dureté ſera ſupportable ſi la Partition eſt bien faite, & d'ailleurs ces Tierces, par leur ſituation, ſont moins employées que les premières, & ne doivent l'être que par choix.

Les Organiſtes & les Facteurs regardent ce *Tempérament* comme le plus parfait que l'on puiſſe employer. En effet, les Tons naturels jouiſſent par cette méthode de toute la pureté de l'Harmonie, & les Tons tranſpoſés, qui forment des modulations moins fréquentes, offrent de grandes reſſources au Muſicien quand il a beſoin d'expreſſions plus marquées : car il eſt bon d'obſerver, dit M. Rameau, que nous recevons des impreſſions différentes des Intervalles à proportion de leurs différentes altérations. Par exemple, la Tierce majeure, qui nous excite naturellement à la joie, nous imprime juſqu'à des idées de fureur quand elle eſt trop forte; & la Tierce mineure, qui nous porte à la tendreſſe & à la douceur, nous attriſte lorſqu'elle eſt trop foible.

Les habiles Muſiciens, continue le même Auteur, ſavent profiter à propos de ces différens effets des Intervalles, & font valoir, par l'expression qu'ils en tirent, l'altération qu'on y pourroit condamner.

Mais, dans sa *Génération harmonique*, le même M. Rameau tient un tout autre langage. Il se reproche sa condescendance pour l'usage actuel, & détruisant tout ce qu'il avoit établi auparavant, il donne une formule d'onze moyennes proportionnelles entre les deux termes de l'Octave, sur laquelle formule, il veut qu'on règle toute la succession du système chromatique ; de sorte que ce système résultant de douze semi-Tons parfaitement égaux, c'est une nécessité que tous les Intervalles semblables qui en seront formés soient aussi parfaitement égaux entr'eux.

Pour la pratique prenez, dit-il, telle touche du Clavecin qu'il vous plaira ; accordez-en d'abord la Quinte juste, puis diminuez-la si peu que rien : procédez ainsi d'une Quinte à l'autre, toujours en montant, c'est-à-dire, du grave à l'aigu, jusqu'à la dernière dont le Son aigu aura été le grave de la première ; vous pouvez être certain que le Clavecin sera bien d'accord.

Cette méthode que nous propose aujourd'hui M. Rameau, avoit déja été proposée & abandonnée par le fameux Couperin. On la trouve aussi tout au long dans le P. Mersenne, qui en fait Auteur un nommé Gallé, & qui a même pris la peine de calculer les onze moyennes proportionnelles dont M. Rameau nous donne la formule algébrique.

Malgré l'air scientifique de cette formule, il ne paroît pas que la pratique qui en résulte ait été jusqu'ici goûtée des Musiciens ni des Facteurs. Les premiers ne peuvent se résoudre à se priver de l'énergique variété qu'ils trouvent dans les diverses affections des Tons qu'occasionne le *Tempérament* établi. M. Rameau leur dit en vain qu'ils se trompent, que la variété se trouve dans l'entrelacement des Modes ou dans les divers Degrés des Toniques, & nullement dans l'altération des Intervalles ; le Musicien répond que l'un n'exclud pas l'autre, qu'il ne se tient pas convaincu par une assertion, & que les diverses affections des Tons ne sont nullement proportionnelles aux différens Degrés de leurs finales. Car, disent-ils, quoiqu'il n'y ait qu'un semi-Ton de distance entre la finale de *ré* & celle de *mi* Bémol, comme entre la finale de *la*

& celle de *si* Bémol; cependant la même Musique nous affectera très-différemment en A *la mi re* qu'en B *fa*, & en D *sol re* qu'en E *la fa*; & l'oreille attentive du Musicien ne s'y trompera jamais, quand même le Ton général seroit hauffé ou baiffé d'un femi-Ton & plus; preuve évidente que la variété vient d'ailleurs que de la simple différente élévation de la Tonique.

A l'égard des Facteurs, ils trouvent qu'un Clavecin accordé de cette manière n'eft point auffi bien d'accord que l'affure M. Rameau. Les Tierces majeures leur paroiffent dures & choquantes, & quand on leur dit qu'ils n'ont qu'à fe faire à l'altération des Tierces comme ils s'étoient faits ci-devant à celle des Quintes, ils répliquent qu'ils ne conçoivent pas comment l'Orgue pourra fe faire à fupprimer les battemens qu'on y entend par cette manière de l'accorder, ou comment l'oreille ceffera d'en être offenfée. Puifque par la nature des Confonnances la Quinte peut être plus altérée que la Tierce fans choquer l'oreille & fans faire des battemens, n'eft-il pas convenable de jetter l'altération du côté où elle eft le moins choquante, & de laiffer plus juftes, par préférence, les Intervalles qu'on ne peut altérer fans les rendre difcordans?

Le P. Merfenne affuroit qu'on difoit de fon temps que les premiers qui pratiquerent fur le Clavier les femi-Tons, qu'il appelle *feintes*, accorderent d'abord toutes les Quintes à-peu-près felon l'Accord égal propofé par M. Rameau; mais que leur oreille ne pouvant fouffrir la difcordance des Tierces majeures néceffairement trop fortes, ils tempérerent l'Accord en affoibliffant les premières Quintes pour baiffer les Tierces majeures. Il paroît donc que s'accoutumer à cette manière d'Accord n'eft pas, pour une oreille exercée & fenfible, une habitude aifée à prendre.

Au refte, je ne puis m'empêcher de rappeller ici ce que j'ai dit au mot CONSONNANCE, fur la raifon du plaifir que les Confonnances font à l'oreille, tirée de la fimplicité des rapports. Le rapport d'une Quinte tempérée felon la méthode de M. Rameau eft celui-ci $\frac{\sqrt[4]{80} \times \sqrt[4]{81}}{120}$. Ce rapport cependant plaît à l'oreille; je demande fi c'eft par fa fimplicité?

TEMPS. Mefure du Son, quant a la durée.

Une fucceffion de Sons, quelque bien dirigée qu'elle puiffe être

être dans sa marche, dans ses Degrés du grave à l'aigu ou de l'aigu au grave, ne produit, pour ainsi dire, que des effets indéterminés. Ce sont les durées relatives & proportionnelles de ces mêmes Sons qui fixent le vrai caractère d'une Musique, & lui donne sa plus grande énergie. Le *Temps* est l'ame du Chant; les Airs dont la mesure est lente, nous attristent naturellement; mais un Air gai, vif & bien cadencé nous excite à la joie & à la peine les pieds peuvent-ils se retenir de danser. Otez la Mesure, détruisez la proportion du *Temps*, les mêmes Airs que cette proportion vous rendoit agréables, restés sans charme & sans force, deviendront incapables de plaire & d'intéresser. Le *Temps*, au contraire, a sa force en lui-même; elle dépend de lui seul, & peut subsister sans la diversité des Sons. Le Tambour nous en offre un exemple, grossier toutefois & très-imparfait, parce que le Son ne s'y peut soutenir.

On considère le *Temps* en Musique, ou par rapport au mouvement général d'un Air, &, dans ce sens, on dit qu'il est lent ou vîte; (voyez MESURE, MOUVEMENT.) ou selon les parties aliquotes de chaque Mesure, parties qui se marquent par des mouvemens de la main ou du pied, & qu'on appelle particuliérement des *Temps*; ou enfin la valeur propre de chaque Note. (Voyez VALEUR DES NOTES.)

J'ai suffisamment parlé, au mot *Rhythme*, des *Temps* de la Musique Grécque; il me reste à parler ici des *Temps* de la Musique Moderne.

Nos anciens Musiciens ne reconnoissoient que deux espèces de Mesures ou de *Temps*; l'une à trois *Temps*, qu'ils appelloient Mesure parfaite; l'autre à deux, qu'ils traitoient de Mesure imparfaite, & ils appelloient *Temps*, *Modes* ou *Prolations*, les signes qu'ils ajoutoient à la Clef pour déterminer l'une ou l'autre de ces Mesures. Ces signes ne servoient pas à cet unique usage comme ils font aujourd'hui; mais ils fixoient aussi la valeur relative des Notes, comme on a déja pu voir aux mots *Mode* & *Prolation*, par rapport à la Maxime, à la Longue & à la semi-Brève. A l'égard de la Brève, la manière de la diviser étoit ce qu'ils appelloient plus précisément *Temps*, & ce *Temps* étoit parfait ou imparfait.

Dict. de Muf.   S ss

Quand le *Temps* étoient parfait, la Brève ou Quarrée valoit trois Rondes ou semi-Brèves ; & ils indiquoit cela par un cercle entier, barré ou non barré, & quelquefois encore par ce chiffre composé ⅔.

Quand le *Temps* étoit imparfait, la Brève ne valoit que deux Rondes ; & cela se marquoit par un demi-cercle ou C. Quelquefois ils tournoient le C à rebours ; & cela marquoit une diminution de moitié sur la valeur de chaque Note. Nous indiquons aujourd'hui la même chose en barrant le C, ⊕. Quelques-uns ont aussi appellé *Temps mineur* cette Mesure de C barré où les Notes ne durent que la moitié de leur ordinaire, & *Temps majeur* celle du C plein ou de la Mesure ordinaire à quatre *Temps*.

Nous avons bien retenu la Mesure triple des anciens de même que la double ; mais par la plus étrange bizarrerie de leurs deux manières de diviser les Notes, nous n'avons retenu que la sousdouble, quoique nous n'ayons pas moins besoin de l'autre ; de sorte que, pour diviser une Mesure ou un *Temps* en trois parties égales, les signes nous manquent, & à peine sait-on comment s'y prendre. Il faut recourir au chiffre 3 & à d'autres expédiens qui montrent l'insuffisance des signes. (Voyez TRIPLE.)

Nous avons ajouté aux anciennes Musiques une combinaison de *Temps*, qui est la Mesure à quatre ; mais comme elle se peut toujours résoudre en deux Mesures à deux, on peut dire que nous n'avons absolument que deux *Temps* & trois *Temps* pour parties aliquotes de toutes nos différentes Mesures.

Il y a autant de différentes valeurs de *Temps* qu'il y a de sortes de Mesures & de modifications de Mouvement. Mais quand une fois la Mesure & le Mouvement sont déterminés, toutes les Mesures doivent être parfaitement égales, & tous les *Temps* de chaque Mesure parfaitement égaux entr'eux. Or, pour rendre sensible cette égalité, on frappe chaque Mesure & l'on marque chaque *Temps* par un mouvement de la main ou du pied, & sur ces mouvemens on règle exactement les différentes valeurs des Notes, selon le caractère de la Mesure. C'est une chose étonnante de voir avec quelle précision l'on vient à bout, à l'aide d'un peu d'habitude, de marquer & de suivre tous les *Temps* avec une si parfaite égalité, qu'il n'y a point de pendule qui surpasse en justeffe la main ou le pied d'un bon Muficien, & qu'enfin le fentiment feul de cette égalité fuffit pour le guider & fupplée à tout mouvement fenfible; en forte que dans le Concert chacun fuit la même Mefure avec la dernière précifion, fans qu'un autre la marque & fans la marquer foi-même.

Des divers *Temps* d'une Mefure, il y en a de plus fenfibles, de plus marqués que d'autres, quoique de valeurs égales. Le *Temps* qui marque davantage s'appelle *Temps fort*; celui qui marque moins s'appelle *Temps foible* : c'eft ce que M. Rameau, dans fon *Traité d'Harmonie*, appelle *Temps bon* & *Temps mauvais*. Les *Temps* forts font, le premier dans la Mefure à deux *Temps*; le premier & le troifième, dans les Mefures à trois & quatre. A l'égard du fecond *Temps*, il eft toujours foible dans toutes les Mefures, & il en eft de même du quatrième dans la Mefure à quatre *Temps*.

Si l'on fubdivife chaque *Temps* en deux autres parties égales, qu'on peut encore appeller *Temps* ou *demi Temps*, on aura derechef *Temps fort* pour la première moitié, *Temps foible* pour la feconde, & il n'y a point de partie d'un *Temps* qu'on ne pût fubdivifer de la même manière. Toute Note qui commence fur le *Temps foible* & finit fur le *Temps fort* eft une Note à *contre-Temps*; & parce qu'elle heurte & choque en quelque façon la Mefure, on l'appelle Syncope. (Voyez SYNCOPE.)

Ces obfervations font néceffaires pour apprendre à bien traiter les Diffonnances. Car toute Diffonnance bien préparée doit l'être fur le *Temps* foible, & frappé fur le *Temps* fort; excepté cependant dans des fuites de Cadences évitées où cette règle, quoiqu'applicable à la première Diffonnance, ne l'eft pas également aux autres. (Voyez DISSONNANCE, PRÉPARER.)

TENDREMENT. Cet adverbe écrit à la tête d'un Air, indique un Mouvement lent & doux, des Sons filés gracieufement & animés d'une expreffion tendre & touchante. Les Italiens fe fervent du mot *Amorofo* pour exprimer à-peu-près la même chofe : mais le caractère de l'*Amorofo* a plus d'accent, & refpire je ne fais quoi de moins fade & de plus paffionné.

TENEDIUS. Sorte de Nome pour les Flûtes dans l'ancienne Mufique des Grecs.

TENEUR. *f. f.* Terme de Plain-Chant qui marque dans la Pfalmodie de la partie qui règne depuis la fin de l'Intonation jufqu'à la Médiation, & depuis la Médiation jufqu'à la Terminaifon. Cette *Teneur*, qu'on peut appeller la Dominante de la Pfalmodie, eft prefque toujours fur le même Ton.

TENOR. (Voyez TAILLE.) Dans les commencemens du Contrepoint, on donnoit le nom de *Tenor* à la Partie la plus baffe.

TENUE. *f. f.* Son foutenu par une Partie durant deux ou plufieurs Mefures, tandis que d'autres Parties travaillent. (Voyez MESURE, TRAVAILLER.) Il arrive quelquefois, mais rarement, que toutes les Parties font des *Tenues* à la fois; & alors il ne faut pas que la *Tenue* foit fi longue que le fentiment de la Mefure s'y laiffe oublier.

TÊTE. La *Tête* ou le corps d'une Note eft cette partie qui en détermine la pofition, & à laquelle tient la Queue quand elle en a une. (Voyez QUEUE.)

Avant l'invention de l'imprimerie les Notes n'avoient que des *Têtes* noires: car la plupart des Notes étant quarrées, il eût été trop long de les faire blanches en écrivant. Dans l'impreffion l'on forma des *Têtes* de Notes blanches, c'eft-à-dire, vide dans le milieu. Aujourd'hui les unes & les autres font en ufage, & tout le refte égal; une *Tête* blanche marque toujours une valeur double de celle d'une *Tête* noire. (Voyez NOTES, VALEUR DES NOTES.)

TÉTRACORDE. *f. m.* C'étoit, dans la Mufique ancienne, un ordre ou fyftême particulier de Sons dont les Cordes extrêmes fonnoient la Quarte. Ce fyftême s'appelloit *Tétracorde*, parce que les Sons qui le compofoient, étoient ordinairement au nombre de quatre; ce qui pourtant n'étoit pas toujours vrai.

Nicomaque, au rapport de Boece, dit que la Mufique dans fa première fimplicité n'avoit que quatre Sons ou Cordes dont les deux extrêmes fonnoient le Diapafon entr'elles, tandis que les deux moyennes diftantes d'un *Ton* l'un de l'autre, fonnoient chacune la Quarte avec l'extrême dont elle étoit la plus proche, & la Quinte avec celle dont elle étoit la plus éloignée. Il appelle cela le *Tétracorde* de Mercure, du nom de celui qu'on en difoit l'inventeur.

Boece dit encore qu'après l'addition des trois Cordes faites par différens Auteurs, Lychaon Samien en ajouta une huitième qu'il plaça entre la Trite & la Paramèfe, qui étoient auparavant la même Corde ; ce qui rendit l'Octacorde complet & composé de deux *Tétracordes* disjoints, de conjoints qu'ils étoient auparavant dans l'Eptacorde.

J'ai consulté l'ouvrage de Nicomaque, & il me semble qu'il ne dit point cela. Il dit au contraire que Pythagore ayant remarqué que bien que le Son moyen des deux *Tétracordes* conjoints sonnât la Consonance de la Quarte avec chacun des extrêmes, ces extrêmes comparés entr'eux étoient toutefois dissonnans : il inféra entre les deux *Tétracordes* une huitième Corde, qui, les divisant par un *Ton* d'Intervalle, substitua le Diapason ou l'Octave à la Septième entre leurs extrêmes & produisit encore une nouvelle Consonnance entre chacune des deux Cordes moyennes & l'extrême qui lui étoit opposée.

Sur la manière dont se fit cette addition, Nicomaque & Boece sont tous deux également embrouillés, & non contens de se contredire entr'eux, chacun d'eux se contredit encore lui-même. (Voyez Système, Trite, Paramèse.)

Si l'on avoit égard à ce que disent Boece & d'autres plus anciens écrivains, on ne pourroit donner de bornes fixes à l'étendue du *Tétracorde* : mais soit que l'on compte ou que l'on pèse les voix, on trouvera que la définition la plus exacte est celle du vieux Bacchius, & c'est aussi celle que j'ai préférée.

En effet, cet Intervalle de Quarte est essentiel au *Tétracorde*; c'est pourquoi les Sons extrêmes qui forment cet Intervalle sont appellés *immuables* ou *fixes* par les Anciens, au lieu qu'ils appellent *mobiles* ou *changeans* les Sons moyens, parce qu'ils peuvent s'accorder de plusieurs manières.

Au contraire le nombre de quatre Cordes d'où le *Tétracorde* pris son nom, lui est si essentiel, qu'on voit, dans l'ancienne Musique, des *Tétracordes* qui n'en avoient que trois. Tels furent, durant un temps, les *Tétracordes* enharmoniques. Tel étoit, selon Meibomius, le second *Tétracorde* du système ancien, avant qu'on y eût inféré une nouvelle Corde.

Quant au premier *Tétracorde*, il étoit certainement complet avant Pythagore, ainfi qu'on le voit dans le Pythagoricien Nicomaque; ce qui n'empêche pas M. Rameau d'affirmer que, felon le rapport unanime, Pythagore trouva le Ton, le Diton, le femi-Ton, & que du tout il forma le *Tétracorde* diatonique; (notez que cela feroit un Pentacorde:) au lieu de dire que Pythagore trouva feulement les raifons de ces Intervalles, lefquels, felon un rapport plus unanime, étoient connus long-temps avant lui.

Les *Tetracordes* ne refterent pas long-temps bornés au nombre de deux; il s'en forma bientôt un troifième, puis un quatrième; nombre auquel le fyftême des Grecs demeura fixé.

Tous ces *Tétracordes* étoient conjoints; c'eft-à-dire, que la dernière Corde du premier fervoit toujours de première Corde au fecond, & ainfi de fuite, excepté un feul lieu à l'aigu ou au grave du troifième *Tétracorde*, où il y avoit *Disjonction*, laquelle (voyez ce mot.) mettoit un Ton d'Intervalle entre la plus haute Corde du *Tétracorde* inférieur & la plus baffe du *Tétracorde* fupérieur. (Voyez SYNAPHE, DIAZEUXIS.) Or, comme cette disjonction du troifième *Tétracorde* fe faifoit tantôt avec le fecond, tantôt avec le quatrième, cela fit approprier à ce troifième *Tétracorde* un nom particulier pour chacun de ces deux cas. De forte que, quoiqu'il n'y eût proprement que quatre *Tétracordes*, il y avoit pourtant cinq dénominations. (Voyez *Pl*. H. *Fig*. 2.)

Voici les noms de ces *Tétracordes*. Le plus grave des quatre, & qui fe trouvoit placé un Ton au-deffus de la Corde Proflambanomène, s'appelloit le *Tétracorde-Hypaton*, ou des principales; le fecond en montant, lequel étoit toujours conjoint au premier, s'appelloit le *Tétracorde-Méfon*, ou des moyennes; le troifième, quand il étoit conjoint au fecond & féparé du quatrième, s'appelloit le *Tétracorde-Synnéménon*, ou des Conjointes; mais quand il étoit féparé du fecond & conjoint au quatrième, alors ce troifième *Tétracorde* prenoit le nom de *Diézeugménon*, ou des Divifées. Enfin, le quatrième s'appelloit le *Tétracorde Hyperboléon*, ou des excellentes. L'Arétin ajouta à ce fyftême un cinquième *Tétracorde* que Meibomius prétend qu'il ne fit que rétablir. Quoi qu'il en foit, les fyftêmes particuliers des *Tétracordes* firent place à celui de l'Octave qui les fournit tous.

Les deux Cordes extrêmes de chacun de ces *Tétracordes* étoient appellées *immuables*, parce que leur Accord ne changeoit jamais; mais ils contenoient aussi chacun deux Cordes moyennes, qui, bien qu'accordées semblablement dans tous les *Tétracordes*, étoient pourtant sujettes, comme je l'ai dit, à être haussées ou baissées, selon le Genre & même selon l'espèce du Genre; ce qui se faisoit dans tous les *Tétracordes* également : c'est pour cela que ces Cordes étoient appellées *mobiles*.

Il y avoit six espèces principales d'Accords, selon les Aristoxéniens; savoir, deux pour le Genre diatonique; trois pour le Chromatique, & une seulement pour l'Enharmonique. (Voyez ces mots) Ptolomée réduit ces six espèces à cinq. (Voyez *Pl*. M. *Fig.* 5.)

Ces diverses espèces ramenées à la pratique la plus commune, n'en formoient que trois, une par Genre.

I. L'Accord diatonique ordinaire du *Tétracorde* formoit trois Intervalles, dont le premier étoit toujours d'un semi-Ton, & les deux autres d'un Ton chacun, de cette manière : *mi*, *fa*, *sol*, *la*.

Pour le Genre Chromatique, il falloit baisser d'un semi-Ton la troisième Corde, & l'on avoit deux semi-Tons consécutifs, puis une Tierce mineure : *mi*, *fa*, *fa* Dièse, *la*.

Enfin, pour le Genre Enharmonique, il falloit baisser les deux Cordes au milieu, jusqu'à ce qu'on eût deux quarts de Ton consécutifs, puis une Tierce majeure : *Mi*, *mi* demi Dièse, *fa*, *la*; ce qui donnoit entre le *mi* Dièse & le *fa* un véritable Intervalle enharmonique.

Les Cordes semblables, quoiqu'elles se solfiassent par les mêmes syllabes, ne portoient pas les mêmes noms dans tous les *Tétracordes*, mais elles avoient dans les *Tétracordes* graves des dénominations différentes de celles qu'elles avoient dans les *Tétracordes* aigus. On trouvera toutes ces différentes dénominations dans la Figure 2 de la Planche H.

Les Cordes homologues, considérées comme telles, portoient des noms génériques qui exprimoient le rapport de leur position dans leurs *Tétracordes* respectifs : ainsi l'on donnoit le nom de *Barypycni* aux premiers Sons de l'Intervalle serré; c'est-à-dire, au Son le plus grave de chaque *Tétracorde*, de *Mésopycni* aux seconds ou moyens, d'*Oxypycni* aux troisièmes ou aigus, & d'*Apycni* à ceux qui ne touchoient d'aucun côté aux Intervalles ferrés. (Voyez Système.)

Cette division du syftême des Grecs par *Tétracordes* femblables, comme nous divifons le nôtre par Octaves femblablement divifées, prouve, ce me femble, que ce syftême n'avoit été produit par aucun fentiment d'Harmonie, mais qu'ils avoient tâché d'y rendre par des Intervalles plus ferrés les inflexions de voix que leur langue fonore & harmonieufe donnoit à leur récitation foutenue, & fur-tout à celle de leur Poéfie, qui d'abord fut un véritable Chant; de forte que la Mufique n'étoit alors que l'Accent de la parole & ne devint un Art féparé qu'après un long trait de temps. Quoi qu'il en foit, il eft certain qu'ils bornoient leurs divifions primitives à quatre Cordes, dont toutes les autres n'étoient que de Répliques, & qu'ils ne regardoient tous les autres *Tétracordes* que comme autant de répétitions du premier. D'où je conclus qu'il n'y a pas plus d'analogie entre leur fyftême & le nôtre qu'entre un *Tétracorde* & une Octave, & que la marche fondamentale à notre mode, que nous donnons pour bafe à leur fyftême, ne s'y rapporte en aucune façon.

1. Parce qu'un *Tétracorde* formoit pour eux un tout auffi complet que le forme pour nous une Octave.

2. Parce qu'ils n'avoient que quatre fyllabes pour folfier, au lieu que nous en avons fept.

3. Parce que leurs *Tétracordes* étoient conjoints ou disjoints à volonté : ce qui marquoit leur entière indépendance refpective.

4. Enfin, parce que les divifions y étoient exactement femblables dans chaque Genre, & fe pratiquoient dans le même Mode ; ce qui ne pouvoit fe faire dans nos idées par aucune Modulation véritablement harmonique.

TÉTRADIAPASON. C'eft le nom Grec de la quadruple Octave, qu'on appelle auffi Vingt-neuvieme. Les Grecs ne connoiffoient que le nom de cet Intervalle ; car leur fyftême de Mufique n'y arrivoit pas. [Voyez Système.]

TÉTRATONON. C'eft le nom Grec d'un Intervalle de quatre Tons, qu'on appelle aujourd'hui *Quinte-fuperflue*. (Voyez Quinte.)

TEXTE. C'eft le Poëme, ou ce font les paroles qu'on met en Mufique

T H E.

fique. Mais ce mot est vieilli dans ce sens, & l'on ne dit plus le *Texte* chez les Musiciens ; on dit les paroles. [Voyez PAROLES.]

THÈ. L'une des quatre syllabes dont les Grecs se servoient pour solfier. [Voyez SOLFIER.]

THÉSIS. *s. f.* Abbaissement ou position. C'est ainsi qu'on appelloit autrefois le Temps fort ou le frappé de la Mesure.

THO. L'une des quatre syllabes dont les Grecs se servoient pour solfier. (Voyez SOLFIER.)

TIERCE. La dernière des Consonnances simples & directes dans l'ordre de leur génération, & la premiere des deux Consonnances imparfaites. (Voyez CONSONNANCE.) Comme les Grecs ne l'admettoient pas pour Consonnante, elle n'avoit point, parmi eux, de nom générique ; mais elle prenoit seulement le nom de l'Intervalle plus ou moins grand, dont elle étoit formée. Nous l'appellons *Tierce*, parce que son Intervalle est toujours composé de deux Degrés ou de trois Sons diatoniques. A ne considérer les *Tierces* que dans ce dernier sens, c'est-à-dire, par leurs Degrés on en trouve de quatre sortes ; deux Consonnantes & deux Dissonnantes.

Les Consonnantes sont : 1º. La *Tierce majeure*, que les Grecs appelloient *Diton*, composée de deux Tons, comme d'*ut* à *mi*. Son rapport est de 4 à 5. 2º. La *Tierce mineure* appellée par les Grecs *Hémiditon*, & composée d'un Ton & demi, comme *mi sol*. Son rapport est de 5 à 6.

Les *Tierces* dissonnantes sont : 1º. La *Tierce* diminuée, composée de deux semi-Tons majeurs, comme *si re* Bémol, dont le rapport est de 125 à 144. 2º : La *Tierce* superflue, composée de deux Tons & demi, comme *fa la* Dièse : son rapport est de 96 à 125.

Ce dernier Intervalle ne pouvant avoir lieu dans un même Mode, ne s'emploie jamais, ni dans la Harmonie, ni dans la Mélodie. Les Italiens pratiquent quelquefois, dans le Chant, la *Tierce* diminuée, mais elle n'a lieu dans aucune Harmonie ; & voilà pourquoi l'Accord de Sixte superflue ne se renverse pas.

Les *Tierces* consonnantes sont l'ame de l'Harmonie, sur-tout la *Tierce* majeure, qui est sonore & brillante : la *Tierce* mineure est plus tendre & plus triste ; elle a beaucoup de douceur quand

Dict. de Mus.   Ttt

l'Intervalle en est redoublé; c'est-à-dire, qu'elle fait la Dixième. En général les *Tierces* veulent être portées dans le haut; dans le bas elles sont sourdes & peu harmonieuses : c'est pourquoi jamais Duo de Basses n'a fait un bon effet.

Nos anciens Musiciens avoient, sur les *Tierces*, des loix presqu'aussi sévères que sur les Quintes. Il étoit défendu d'en faire deux de suite, même d'espèces différentes, sur-tout par mouvemens semblables. Aujourd'hui qu'on a généralisé par les bonnes loix du Mode les règles particulières des Accords, on fait sans faute, par mouvemens semblables ou contraires par Degrés conjoints ou disjoints, autant de *Tierces* majeures ou mineures consécutives que la Modulation en peut comporter, & l'on a des Duo fort agréables qui, du commencement à la fin, ne procedent que par *Tierces*.

Quoique la *Tierce* entre dans la plupart des Accords, elle ne donne son nom à aucun, si ce n'est à celui que quelques-uns appellent Accord de *Tierce-Quarte*, & que nous connoissons plus communément sous le nom de Petite-Sixte. (Voyez ACCORD, SIXTE.)

TIERCE *de Picardie*. Les Musiciens appellent ainsi, par plaisanterie, la *Tierce* majeure donnée, au lieu de la mineure, à la finale d'un morceau composé en Mode mineur. Comme l'Accord parfait majeur est plus harmonieux que le mineur, on se faisoit autrefois une loi de finir toujours sur ce premier; mais cette finale, bien qu'harmonieuse, avoit quelque chose de niais & de mal-chantant qui l'a fait abandonner. On finit toujours aujourd'hui par l'Accord qui convient au Mode de la pièce, si ce n'est lorsqu'on veut passer du mineur au majeur; car alors la finale du premier Mode porte élégamment la *Tierce* majeure pour annoncer le second.

Tierce de Picardie; parce que l'usage de cette finale est resté plus long-temps dans la Musique d'Église, &, par conséquent en Picardie, où il y a Musique dans un grand nombre de Cathédrales, & d'autres Églises.

TIRADE. *s. f.* Lorsque deux Notes sont séparées par un Intervalle disjoint, & qu'on remplit cet Intervalle de toutes ses Notes diatoniques, cela s'appelle une *Tirade*. La *Tirade* differe de la Fusée, en ce que les Sons intermédiaires qui lient les deux extrémités de la Fusée sont très-rapides, & ne sont pas sensibles dans la Mesure au lieu que ceux de la *Tirade*, ayant une valeur sensible, peuvent être lents & même inégaux.

Les Anciens nommoient en Grec ἀγωγὴ, & en latin *ductus* ce que nous appellons aujourd'hui *Tirade*; & ils en distinguoient de trois sortes. 1°. Si les Sons se suivoient en montant, ils appelloient cela εὐθεῖα, *ductus rectus*. 2°. S'ils se suivoient en descendant, c'étoit ἀνακάμπτουσα, *ductus revertens*. 3°. Que si, après avoir monté par Bémol, ils redescendoient par Béquarre, ou réciproquement; cela s'appelloit περιφερὴς, *ductus circumcurrens*. (Voyez EUTHIA, ANACAMPTOS, PÉRIPHÈRES.)

On auroit beaucoup à faire aujourd'hui que la Musique est si travaillée, si l'on vouloit donner des noms à tous ses différens passages.

TON. Ce mot a plusieurs sens en Musique.

1°. Il se prend d'abord pour un Intervalle qui caractérise le systéme & le Genre Diatonique. Dans cette acception il y deux sortes de *Tons*; savoir, le *Ton majeur*, dont le rapport est de 8 à 9, & qui résulte de la différence de la Quarte à la Quinte ; & le *Ton mineur*, dont le rapport est de 9 à 10, & qui résulte de la différence de la Tierce mineure à la Quarte.

La génération du *Ton* majeur & celle du *Ton* mineur se trouvent également à la deuxième Quinte *re* commençant par *ut*: car la quantité dont ce *re* surpasse l'Octave du premier *ut* est justement dans de rapport 8 à 9, & celle dont ce même *re*, est surpassé par *mi*, Tierce majeure de cette Octave, est dans le rapport de 9 à 10.

2°. On appelle *Ton* le degré d'élévation que prennent les Voix ou sur lequel sont montés les Instrumens, pour exécuter la Musique. C'est en ce sens qu'on dit, dans un Concert, que le *Ton* est trop haut ou trop bas. Dans les Églises il y a le *Ton* du Chœur pour le Plain-Chant. Il y a, pour la Musique, *Ton* de Chapelle & *Ton* d'Opéra. Ce dernier n'a rien de fixe ; mais en France il est ordinairement plus bas que l'autre.

3°. On donne encore le même nom à un Instrument qui sert à donner le *Ton* de l'Accord à tout un Orchestre. Cet Instrument, que quelques-uns appellent aussi Choriste, est un sifflet, qui, au moyen d'une espèce de piston gradué, par lequel on allonge ou raccourcit le tuyau à volonté, donne toujours à-peu-près le même Son sous la même division. Mais cet à-peu-près, qui dépend des variations de l'air, empêche qu'on ne puisse s'assurer d'un Son fixe qui soit toujours exactement le même. Peut-être, depuis qu'il existe de la Musique, n'a-t on jamais concerté deux fois sur le même *Ton*. M. Diderot a donné, dans ses principes d'Acoustique, les moyens de fixer le *Ton* avec beaucoup plus de précision, en remédiant aux effets des variations de l'air.

4°. Enfin, *Ton* se prend pour une règle de Modulation relative à une Note ou Corde principale qu'on appelle *Tonique*. (Voyez TONIQUE.)

Sur les *Tons* des anciens. (Voyez MODE.)

Comme notre Systême moderne est composé de douze Cordes ou Sons différens, chacun de ces Sons peut servir de fondement à un *Ton*, c'est-à-dire, en être la Tonique. Ce sont déja douze *Tons*; & comme le Mode majeur & le Mode mineur sont applicables à chaque *Ton*, ce sont vingt - quatre Modulations dont notre Musique est susceptible sur ces douze *Tons*. (Voyez MODULATION.)

Ces *Tons* diffèrent entr'eux par les divers degrés d'élévation entre le grave & l'aigu qu'occupent les Toniques. Ils diffèrent encore par les diverses altérations des Sons & des Intervalles produites en chaque *Ton* par le Tempérament; de sorte que, sur un Clavecin bien d'accord, une oreille exercée reconnoît sans peine un *Ton* quelconque dont on lui fait entendre la Modulation ; & ces *Tons* se reconnoissent également sur des Clavecins accordés plus haut ou plus bas les uns que les autres : ce qui montre que cette connoissance vient du moins autant des diverses modifications que chaque *Ton* reçoit de l'Accord total, que du degré d'élévation que la Tonique occupe dans le Clavier.

De-là naît une source de variétés & de beautés dans la Modulation. De-là naît une diversité & une énergie admirable dans l'expression. De-là naît enfin la faculté d'exciter des sentimens différens avec des Accords semblables frappés en différens *Tons*. Faut-il du majestueux, du grave? L'F *ut fa*, & les *Tons* majeurs par Bémol l'exprimeront noblement. Faut-il du gai, du brillant? Prenez A *mi la*, D *la re*, les *Tons* majeurs par Dièses. Faut-il du touchant, du tendre? Prenez les *Tons* mineurs par Bémol. C *ſol ut* mineur porte la tendreſſe dans l'ame ; F *ut fa* mineur va juſqu'au lugubre & à la douleur. En un mot, chaque *Ton*, chaque Mode a ſon expreſſion propre qu'il faut ſavoir connoître, & c'eſt-là un des moyens qui rendent un habile Compoſiteur maître, en quelque manière, des affections de ceux qui l'écoutent : c'eſt une eſpèce d'équivalent aux Modes anciens, quoique fort éloigné de leur variété & de leur énergie.

C'eſt pourtant de cette agréable & riche diverſité que M. Rameau voudroit priver la Muſique en ramenant une égalité & une monotonie entière dans l'Harmonie de chaque Mode, par ſa règle ou Tempérament ; règle déja ſi ſouvent propoſée & abandonnée avant lui. Selon cet Auteur, toute l'Harmonie en ſeroit plus parfaite. Il eſt certain, cependant, qu'on ne peut rien gagner en ceci d'un côté, qu'on ne perde autant de l'autre ; & quand on ſuppoſeroit, (ce qui n'eſt pas,) que l'Harmonie en général en ſeroit plus pure ; cela dédommageroit-il de ce qu'on y perdroit du côté de l'expreſſion ? (Voyez TEMPÉRAMENT.)

TON DU QUART. C'eſt ainſi que les Organiſtes & Muſiciens d'Égliſe ont appellé le Plagal du Mode mineur qui s'arrête & finit ſur la Dominante au lieu de tomber ſur la Tonique. Ce nom de *Ton du Quart* lui vient de ce que telle eſt ſpécialement la Modulation du quatrième *Ton* dans le Plain-Chant.

TONS DE L'ÉGLISE. Ce ſont des manières de Moduler le Plain-Chant ſur telle ou telle finale priſe dans le nombre preſcrit, en ſuivant certaines règles admiſes dans toutes les Égliſes où l'on pratique le Chant Grégorien.

On compte huit *Tons* réguliers, dont quatre authentiques ou principaux, & quatre Plagaux ou Collatéraux. On appelle *Tons* authentiques ceux où la Tonique occupe à-peu-près le plus bas Degré du Chant ; mais ſi le Chant deſcend juſqu'à trois Degrés plus bas que la Tonique, alors le *Ton* eſt Plagal.

Les quatre *Tons* authentiques ont leurs finales à un Degré l'une de l'autre ſelon l'ordre de ces quatre Notes, *re mi fa ſol*. Ainſi le premier de ces *Tons* répondant au Mode Dorien des Grecs, le ſecond répond au Phrygien, le troiſième à l'Éolien, (& non pas au Lydien, comme diſent les Symphoniaſtes.) & le dernier au Mixolydien. C'eſt Saint Miroclet, Évêque de Milan, ou, ſelon d'autres, Saint Ambroife, qui, vers l'an 370, choifit ces quatre *Tons* pour en compofer le Chant de l'Églife de Milan ; & c'eft, à ce qu'on dit, le choix & l'approbation de ces deux Évêques, qui ont fait donner à ces quatre *Tons* le nom d'Authentiques.

Comme les Sons, employés dans ces quatre *Tons*, n'occupoient pas tout le Difdiapafon ou les quinze Cordes de l'ancien Syftême, Saint Grégoire forma le projet de les employer tous par l'addition de quatre nouveaux *Tons* qu'on appelle Plagaux, lefquels ayant les mêmes Diapafons que les précédens, mais leur finale plus élevée d'une Quarte, reviennent proprement à l'Hyper-Dorien, à l'Hyper-Phrygien, à l'Hyper-Éolien, & à l'Hyper-Mixolydien. D'autres attribuent à Gui d'Arezzo l'invention de ce dernier.

C'eft de-là que les quatre *Tons* Authentiques ont chacun un Plagal pour collatéral ou fupplément ; de forte qu'après le premier *Ton*, qui eft Authentique, vient le fecond *Ton*, qui eft un Plagal ; le troifième Authentique, le quatrième Plagal, & ainfi de fuite. Ce qui fait que les Modes ou *Tons* Authentiques s'appellent auffi impairs, & les Plagaux pairs, eu égard à leur place dans l'ordre des *Tons*.

Le difcernement des *Tons* Authentiques ou Plagaux eft indifpenfable à celui qui donne le *Ton* du Chœur ; car fi le Chant eft dans un *Ton* Plagal, il doit prendre la finale à-peu-près dans le *medium* de la Voix ; & fi le *Ton* eft Authentique, il doit la prendre dans le bas. Faute de cette obfervation, l'on expofe les Voix à fe forcer ou à n'être pas entendues.

Il y a encore des *Tons* qu'on appelle *mixtes*, c'eft-à-dire, mêlés de l'Authente & du Plagal, ou qui font en partie principaux, & en partie collatéraux ; on les appelle auffi *Tons* ou Modes communs. En ces cas, le nom numéral ou la dénomination du *Ton* fe prend de celui des deux qui domine, ou qui fe fait fentir le plus, fur-tout à la fin de la Pièce.

Quelquefois on fait dans un *Ton* des tranfpofitions à la Quinte : ainfi, au lieu de *re* dans le premier *Ton*, l'on aura *la* pour la finale, *fi* pour *mi*, *ut* pour *fa*, & ainfi de fuite. Mais fi l'ordre & la Modulation ne change pas, le *Ton* ne change pas non plus, quoique, pour la commodité des Voix, la finale foit tranfpofée. Ce font des obfervations à faire pour le Chantre ou l'Organifte qui donne l'Intonation.

TON.

Pour approprier, autant qu'il est possible, l'étendue de tous ces *Tons* à celle d'une seule Voix, les Organistes ont cherché les *Tons* de la Musique les plus correspondans à ceux-là. Voici ceux qu'ils ont établis.

Premier Ton.	*Re* mineur.
Second Ton.	*Sol* mineur.
Troisième Ton.	*La* mineur ou *Sol*.
Quatrième Ton.	*La* mineur, finissant sur la Dominante.
Cinquième Ton.	*Ut* majeur ou *Re*.
Sixième Ton.	*Fa* majeur.
Septième Ton.	*Re* majeur.
Huitième Ton.	*Sol* majeur, en faisant sentir le Ton d'*Ut*.

On auroit pu réduire ces huit *Tons* encore à une moindre étendue, en mettant à l'Unisson la plus haute Note de chaque *Ton*, ou, si l'on veut, celle qu'on rebat le plus, & qui s'appelle, en terme de Plain-Chant, *Dominante* : mais comme on n'a pas trouvé que l'étendue de tous ces *Tons* ainsi réglé excédât celle de la voix humaine, on n'a pas jugé à propos de diminuer encore cette étendue par des Transpositions plus difficiles & moins harmonieuses que celles qui sont en usage.

Au reste, les *Tons de l'Église* ne sont point asservis aux loix des *Tons* de la Musique ; il n'y est point question de Médiante ni de Note sensible, le Mode y est peu déterminé, & on y laisse les semi-Tons où ils se trouvent dans l'ordre naturel de l'Échelle ; pourvu seulement qu'ils ne produisent ni Triton, ni Fausse-Quinte sur la Tonique.

TONIQUE. *s. f.* Nom de la Corde principale sur laquelle le Ton est établi. Tous les Airs finissent communément par cette Note, sur-tout à la Basse. C'est l'espèce de Tierce que porte la *Tonique*, qui détermine le Mode. Ainsi l'on peut composer dans les deux Modes sur la même *Tonique*. Enfin, les Musiciens reconnoissent cette propriété dans la *Tonique*, que l'Accord parfait n'appartient rigoureusement qu'à elle seule lorsqu'on frappe cet

Accord fur une autre Note, ou quelque Diſſonnance eſt ſous-entendue, ou cette Note devient *Tonique* pour le moment.

Par la méthode des tranſpoſitions, la *Tonique* porte le nom d'*ut* en Mode majeur, & de *la* en Mode mineur. (Voyez TON, MODE, GAMME, SOLFIER, TRANSPOSITION, CLEFS TRANSPOSÉES.)

Tonique eſt auſſi le nom donné par Ariſtoxene à l'une des trois eſpèces de Genre Chromatique dont il explique les diviſions, & qui eſt le Chromatique ordinaire des Grecs, procédant par deux ſemi-Tons conſécutifs, puis une Tierce mineure. (Voy. GENRES.)

Tonique eſt quelquefois adjectif. On dit Corde *tonique*, Note *tonique*, Accord *tonique*, Écho *tonique*, &c.

TOUS, & en Italiens TUTTI. Ce mot s'écrit ſouvent dans les Parties de Symphonie d'un Concerto, après cet autre mot *Seul*, ou *Solo*, qui marque un Récit. Le mot *Tous* indique le lieu où finit ce Récit, & où reprend tout l'Orcheſtre.

TRAIT. Terme de Plain-Chant, marquant la Pſalmodie d'un Pſeaume ou de quelques verſets de Pſeaume, traînée ou allongée ſur un Air lugubre qu'on ſubſtitue en quelques occaſions aux Chants joyeux de l'*Alleluia* & des proſes. Le Chant des *Traits* doit être compoſé dans le ſecond ou dans le huitième Ton; les autres n'y ſont pas propres.

TRAIT, *tractus*, eſt auſſi le nom d'une ancienne figure de Note appellée autrement *Plique*. (Voyez PLIQUE.)

TRANSITION. ſ. f. C'eſt, dans le Chant, une manière d'adoucir le ſaut d'un Intervalle disjoint en inférant des Sons diatoniques entre ceux qui forment cet Intervalle. La *Tranſition* eſt proprement une Tirade non notée : quelquefois auſſi elle n'eſt qu'un Port-de-Voix, quand il s'agit ſeulement de rendre plus doux le paſſage d'un Degré diatonique. Ainſi, pour paſſer de l'*ut* au *re* avec plus de douceur, la *Tranſition* ſe prend ſur l'*ut*.

Tranſition, dans l'Harmonie, eſt une marche fondamentale propre à changer de Genre ou de Ton d'une manière ſenſible, régulière, & quelquefois par des intermédiaires. Ainſi, dans le Genre diatonique, quand la Baſſe marche de manière à exiger, dans les Parties, le paſſage d'un ſemi-Ton mineur, c'eſt une *Tranſition* chromatique. (Voyez CHROMATIQUE.) Que ſi l'on paſſe d'un Ton

Ton dans un autre à la faveur d'un Accord de Septième diminué, c'eſt une *Tranſition* enharmonique. (Voyez ENHARMONIQUE.)

TRANSLATION. C'eſt, dans nos vieilles Muſiques, le tranſport de la ſignification d'un Point à une Note ſéparée par d'autres Notes de ce même Point. (Voyez POINT.)

TRANSPOSER. *v. a. & n.* Ce mot a pluſieurs ſens en Muſique.

On *Tranſpoſe* en exécutant, lorſqu'on tranſpoſe une Pièce de Muſique dans un autre Ton que celui où elle eſt écrite. (Voyez TRANSPOSITION.)

On *Tranſpoſe* en écrivant, lorſqu'on Note une Pièce de Muſique dans un autre Ton que celui où elle a été compoſée. Ce qui oblige non-ſeulement à changer la Poſition de toutes les Notes dans le même rapport, mais encore à armer la Clef différemment ſelon les règles preſcrites à l'article *Clef tranſpoſée*.

Enfin l'on *tranſpoſe* en ſolfiant, lorſque, ſans avoir égard au nom naturel des Notes, on leur en donne de relatifs au Ton, au Mode dans lequel on chante. (Voyez SOLFIER.)

TRANSPOSITION. Changement par lequel on tranſporte un Air ou une Pièce de Muſique d'un Ton à un autre.

Comme il n'y a que deux Modes dans notre Muſique, compoſer en tel ou tel Ton, n'eſt autre choſe que fixer ſur telle ou telle Tonique, celui de ces deux Modes qu'on a choiſi. Mais comme l'ordre des Sons ne ſe trouve pas naturellement diſpoſé ſur toutes les Toniques, comme il devroit l'être pour y pouvoir établir un même Mode, on corrige ces différences par le moyen des Dièſes ou des Bémols dont on arme la Clef, & qui tranſporte les deux ſemi-Tons de la place où ils étoient, à celle où ils doivent être pour le Mode & le Ton dont il s'agit. (Voyez CLEF TRANSPOSÉE.)

Quand on veut donc tranſpoſer dans un Ton un Air compoſé dans un autre, il s'agit premiérement d'en élever ou abaiſſer la Tonique & toutes les Notes d'un ou de pluſieurs Degrés, ſelon le Ton que l'on a choiſi, puis d'armer la Clef comme l'exige l'analogie de ce nouveau Ton. Tout cela eſt égal pour les Voix: car en appellant toujours *ut* la Tonique du Mode majeur, & le *la* celle du Mode mineur, elles ſuivent toutes les affections du Mode, ſans même y ſonger. [Voyez SOLFIER.] Mais ce n'eſt pas pour un Symphoniste une attention légère de jouer dans un Ton ce qui est noté dans un autre ; car, quoiqu'il se guide par les Notes qu'il a sous les yeux, il faut que ses doigts en sonnent de toutes différentes, & qu'il les altère tout différemment selon la différente manière dont la Clef doit être armée pour le Ton noté, & pour le Ton transposé ; de sorte que souvent il doit faire des Dièses où il voit des Bémols, & *vice versâ*, &c.

C'est, ce me semble, un grand avantage du Systême de l'Auteur de ce Dictionnaire de rendre la Musique notée également propre à tous les Tons en changeant une seule lettre. Cela fait qu'en quelque Ton qu'on transpose, les Instrumens qui exécutent, n'ont d'autre difficulté que celle de jouer la Note, sans avoir jamais l'embarras de la *Transposition*. (Voyez NOTES.)

TRAVAILLER. *v. n.* On dit qu'une Partie *travaille* quand elle fait beaucoup de Notes & de Diminutions, tandis que d'autres Parties font des Tenues & marchent plus posément.

TREIZIÈME. Intervalle qui forme l'Octave de la Sixte ou la Sixte de l'Octave. Cet Intervalle s'appelle *Treizième*, parce qu'il est formé de douze Degrés diatoniques, c'est-à-dire, de treize Sons.

TREMBLEMENT. *s. m.* Agrément du Chant que les Italiens appellent *Trillo*, & qu'on désigne plus souvent en François par le mot *Cadence*. [Voyez CADENCE.]

On employoit aussi jadis le terme de *Tremblement*, en Italien *Tremolo*, pour avertir ceux qui jouoient des Instrumens à Archet, de battre plusieurs fois la Note du même coup d'Archet, comme pour imiter le *Tremblant* de l'Orgue. Le nom ni la chose ne sont plus en usage aujourd'hui.

TRIADE HARMONIQUE. *s. f.* Ce terme en Musique a deux sens différens. Dans le calcul, c'est la proportion harmonique ; dans la pratique, c'est l'Accord parfait majeur qui résulte de cette même proportion, & qui est composée d'un Son fondamental, de sa Tierce majeure, & de sa Quinte.

Triade, parce qu'elle est composée de trois termes.

Harmonique, parce qu'elle est dans la proportion harmonique, & qu'elle est la source de toute Harmonie.

TRIHEMITON. C'est le nom que donnoient les Grecs à l'Intervalle que nous appellons Tierce mineure; ils l'appelloient aussi quelquefois *Hémiditon*. [Voyez HEMI ou SEMI.]

TRILL ou Tremblement. [Voyez CADENCE.]

TRIMELES. Sorte de Nome pour les Flûtes dans l'ancienne Musique des Grecs.

TRIMERES. Nome qui s'exécutoit en trois Modes consécutifs; savoir; le Phrygien, le Dorien, & le Lydien. Les uns attribuent l'invention de ce Nome composé à Sacadas Argien, & d'autres à Clonas Thégéate.

TRIO. En Italien *Terzetto*. Musique à trois Parties principales ou récitantes. Cette espèce de composition passe pour la plus excellente, & doit être aussi la plus régulière de toutes. Outre les règles générales du Contre-point, il y en a pour le *Trio* de plus rigoureuses dont la parfaite observation tend à produire la plus agréable de toutes les Harmonies. Ces règles découlent toutes de ce principe, que l'Accord parfait étant composé de trois Sons différens, il faut dans chaque Accord, pour remplir l'Harmonie, distribuer ces trois Sons, autant qu'il se peut, aux trois Parties du *Trio*. A l'égard des Dissonnances, comme on ne les doit jamais doubler, & que leur Accord est composé de plus de trois Sons; c'est encore une plus grande nécessité de les diversifier, & de bien choisir, outre la Dissonnance, les Sons qui doivent, par préférence, l'accompagner.

De-là, ces diverses règles, de ne passer aucun Accord sans y faire entendre la Tierce ou la Sixte, par conséquent d'éviter de frapper à la fois la Quinte & l'Octave, ou la Quarte & la Quinte; de ne pratiquer l'Octave qu'avec beaucoup de précaution, & de n'en jamais sonner deux de suite, même entre différentes Parties; d'éviter la Quarte autant qu'il se peut : car toutes les Parties d'un *Trio*, prises deux à deux, doivent former des Duo parfaits. De-là, en un mot, toutes ces petites règles de détail qu'on pratique même sans les avoir apprises, quand on en sait bien le principe.

Comme toutes ces règles sont incompatibles avec l'unité de Mélodie, & qu'on n'entendit jamais *Trio* régulier & harmonieux avoir un Chant déterminé & sensible dans l'exécution, il s'ensuit que le *Trio* rigoureux est un mauvais genre de Musique. Aussi ces règles si sévères sont-elles depuis long-temps abolies en Italie, où l'on ne reconnoît jamais pour bonne une Musique qui ne chante point, quelque harmonieuse d'ailleurs qu'elle puisse être, & quelque peine qu'elle ait coûté à composer.

On doit se rappeller ce que j'ai dit au mot *Duo*. Ces termes *Duo* & *Trio* s'entendent seulement des Parties principales & obligées, & l'on n'y comprend ni les Accompagnemens, ni les remplissages. De sorte qu'une Musique à quatre ou cinq Parties, peut n'être pourtant qu'un *Trio*.

Les François, qui aiment beaucoup la multiplication des Parties, attendu qu'ils trouvent plus aisément des Accords que des Chants, non contens des difficultés du *Trio* ordinaire, ont encore imaginé ce qu'ils appellent *Double Trio*, dont les Parties sont doublées & toutes obligées; ils ont un *Double-Trio* du Sieur Duché, qui passe pour un Chef-d'œuvre d'Harmonie.

TRIPLE. adj. Genre de Mesure dans laquelle les Mesures, les Temps, ou les aliquotes des Temps se divisent en trois parties égales.

On peut réduire à deux classes générales ce nombre infini de Mesures *Triples*; dont Bononcini, Lorenzo Penna, & Brossard après eux, ont surchargé, l'un son *Musico pratico*, l'autre ses *Alberi Musicali*, & le troisième son Dictionnaire. Ces deux Classes sont la Mesure ternaire ou à trois Temps, & la Mesure binaire dont les Temps sont divisés en raison sous-triple.

Nos anciens Musiciens regardoient la Mesure à trois Temps comme beaucoup plus excellente que la binaire, & lui donnoient, à cause de cela, le nom de *Mode parfait*. Nous avons expliqué aux mots *Mode*, *Temps*, *Prolation*, les différens signes dont ils se servoient pour indiquer ces Mesures, selon les diverses valeurs des Notes qui les remplissoient; mais quelles que fussent ces Notes, dès que la Mesure étoit *Triple* ou parfaite, il y avoit toujours une espèce de Note qui, même sans Point, remplissoit exactement une Mesure, & se subdivisoit en trois autres Notes égales, une pour chaque Temps. Ainsi dans la *Triple parfaite*, la Brève ou Quarrée valoit, non deux, mais trois semi-Brèves ou Rondes; & ainsi des autres espèces de Mesures *Triples*. Il y avoit pourtant un cas d'exception; c'étoit lorsque cette Brève étoit immédiatement précédée ou suivie d'une semi-Brève; car alors les deux enfemble ne faifant qu'une Mefure jufte, dont la femi-Brève valoit un Temps, c'étoit une néceffité que la Brève n'en valût que deux ; & ainfi des autres Mefures.

C'eft ainfi que fe formoient les Temps de la Mefure *Triple* : mais quant aux fubdivifions de ces mêmes Temps, elles fe faifoient toujours felon la raifon fous-double, & je ne connois point d'ancienne Mufique où les Temps foient divifés en raifon *foustriple*.

Les Modernes ont auffi plufieurs Mefures à trois Temps, de différentes valeurs, dont la plus fimple fe marque par un trois, & fe remplit d'une Blanche pointée, faifant une Noire pour chaque Temps. Toutes les autres font des Mefures appellées doubles, à caufe que leur figne eft compofé de deux Chiffres (Voyez MESURE.)

La feconde efpèce de *Triple* eft celle qui fe rapporte, non au nombre des Temps de la Mefure, mais à la divifion de chaque Temps en raifon fous-triple. Cette Mefure eft, comme je viens de le dire, de moderne invention & fe fubdivife en deux efpèces, Mefure à deux Temps & Mefure à trois Temps, dont celles-ci peuvent être confidérées comme des Mefures doublement *Triples*; favoir, 1°. par les trois Temps de la Mefure, & 2°. par les trois parties égales de chaque Temps. Les *Triples* de cette derniere efpèce s'expriment toutes en Mefures doubles.

Voici une récapitulation de toutes les Mefures *Triples* en ufage aujourd'hui. Celles que j'ai marquées d'une étoile ne font plus guères ufitées.

I. *Triples* de la première efpèce ; c'eft-à-dire, dont la Mefure eft à trois Temps, & chaque Temps divifé en raifon fous-double.

$$*3. \quad \begin{array}{ccccc} *3 & 3 & 3 & 3 & *3 \\ 1 & 2 & 4 & 8 & 16 \end{array}$$

II *Triples* de la deuxième efpèce ; c'eft-à-dire, dont la Mefure eft à deux Temps, & chaque Temps divifé en raifon fous-*triple*.

$$\begin{array}{ccccc} *6 & 6 & 6 & 12 & *12 \\ 2 & 4 & 8 & 8 & 16 \end{array}$$

Ces deux dernières Mefures fe battent à quatre Temps.

III. *Triples* compofées ; c'eft-à-dire, dont la Mefure eft à trois Temps, & chaque Temps encore divifé en trois parties égales.

$$\frac{^*9}{4} \qquad \frac{9}{8} \qquad \frac{^*9}{16}$$

Toutes ces Mefures *Triples* fe réduifent encore plus fimplement à trois efpèces, en ne comptant pour telles que celles qui fe battent à trois Temps ; favoir, la *Triple* de Blanches, qui contient une Blanche par Temps & fe marque ainfi .

La *Triple* de Noires, qui contient une Noire par Temps, & fe marque ainfi $\frac{3}{4}$.

Et la *Triple* de Croches, qui contient une Croche par Temps ou une Noire pointée par Mefure, & fe marque ainfi $\frac{3}{8}$.

Voyez au commencement de la Planche B des exemples de ces diverfes Mefures *Triples*.

TRIPLÉ. adj. Un Intervalle *Triplé* eft celui qui eft porté à la triple-Octave. (Voyez INTERVALLE.)

TRIPLUM. C'eft le nom qu'on donnoit à la Partie la plus aiguë dans les commencemens du Contre-Point.

TRITE. f. f. C'étoit, en comptant de l'aigu au grave, comme faifoient les Anciens, la troifième Corde du Tétracorde, c'eft-à-dire, la feconde, en comptant du grave à l'aigu. Comme il y avoit cinq différens Tétracordes, il auroit dû y avoir autant de *Trites* ; mais ce nom n'étoit en ufage que dans les trois Tétracordes aigus. Pour les deux graves, (Voyez PARHYPATE.)

Ainfi il y avoit *Trite* Hyperboléon, *Trite* Diézeugménon, & *Trite* Synnéménon. (Voyez SYSTÈME, TÉTRACORDE.)

Boece dit que, le fyftême n'étant encore compofé que de deux Tétracordes conjoints, on donna le nom de *Trite* à la cinquième Corde qu'on appelloit auffi *Paramèfe* ; c'eft-à-dire, à la feconde Corde en montant du fecond Tétracorde ; mais que Lychaon Samien ayant inféré une nouvelle Corde entre la Sixième ou *Paranete*, & la *Trite*, celle-ci garda le feul nom de *Trite* & perdit celui de *Paramèfe*, qui fut donné à cette nouvelle Corde. Ce n'eft pas-là tout-à-fait ce que dit Boece ; mais c'eft ainfi qu'il faut l'expliquer pour l'entendre.

TRITON. Intervalle diffonnant compofé de trois Tons, deux majeurs & un mineur, & qu'on peut appeller *Quarte fuperflue.* (Voyez QUARTE.) Cet Intervalle eft égal, fur le Clavier, à celui de la fauffe-Quinte : cependant les rapports numériques n'en font pas égaux, celui du *Triton* n'étant que de 32 à 45 ; ce qui vient de ce qu'aux Intervalles égaux, de part & d'autre, le *Triton* n'a de plus qu'un *Ton* majeur, au lieu de deux femi-Tons majeurs qu'a la fauffe-Quinte. (Voyez FAUSSE-QUINTE.)

Mais la plus confidérable différence de la fauffe-Quinte & du *Triton* eft que celui-ci eft une Diffonnance majeure que les Parties fauvent, en s'éloignant; & l'autre une Diffonnance mineure que les Parties fauvent, en s'approchant.

L'Accord du *Triton* n'eft qu'un renverfement de l'Accord fenfible dont la Diffonnance eft portée à la Baffe. D'où il fuit que cet Accord ne doit fe placer que fur la quatrième Note du Ton, qu'il doit s'accompagner de Seconde & de Sixte, & fe fauver de la Sixte. (Voyez SAUVER.)

TYMBRE. On appelle ainfi, par métaphore, cette qualité du Son par laquelle il eft aigre ou doux, fourd ou éclatant, fec ou moëlleux. Les Sons doux ont ordinairement peu d'éclat, comme ceux de la Flûte & du Luth ; les Sons éclatans font fujets à l'aigreur, comme ceux de la Vielle ou du Hautbois. Il y a même des Inftrumens, tels que le Clavecin, qui font à la fois fourds & aigres ; & c'eft le plus mauvais *Tymbre*. Le beau *Tymbre* eft celui qui réunit la douceur à l'éclat. Tel eft le *Tymbre* du Violon. (Voyez SON.)

V.

V. Cette lettre majufcule fert à indiquer les Parties du Violon, & quand elle eft double VV, elle marque que le premier & le fecond font à l'Uniffon.

VALEUR DES NOTES. Outre la pofition des Notes, qui en marque le Ton, elles ont toutes quelque figure déterminée qui en marque la durée ou le Temps, c'eft-à-dire, qui détermine la *Valeur* de la Note.

C'eft à Jean de Muris qu'on attribue l'invention de ces figures vers l'an 1330 : car les Grecs n'avoient point d'autre *Valeur de Notes* que la quantité des fyllabes, ce qui feul prouveroit qu'ils n'avoient pas de Mufique purement inftrumentale. Cependant le P. Merfenne, qui avoit lu les ouvrages de Muris, affure n'y avoir rien vu qui pût confirmer cette opinion, &, après en avoir lu moi-même la plus grande partie, je n'ai pas été plus heureux que lui. De plus, l'examen des manufcrits du quatorzième fiècle, qui font à la Bibliothèque du Roi, ne porte point à juger que les diverfes figures de Notes qu'on y trouve, fuffent de fi nouvelle inftitution. Enfin, c'eft une chofe difficile à croire, que durant trois cens ans & plus, qui fe font écoulés entre Guy Aretin & Jean de Muris, la Mufique ait été totalement privée du Rhythme & de la Mefure, qui en font l'ame & le principal agrément.

Quoi qu'il en foit, il eft certain que les différentes *Valeur des Notes* font de fort ancienne invention. J'en trouve, dès les premiers temps, de cinq fortes de figures, fans compter la Ligature & le Point. Ces cinq font, la Maxime, la Longue, la Brève, la femi-Brève, & la Minime. [*Pl. D. Fig. 8.*] Toutes ces différentes Notes font noires dans le manufcrit de Guillaume de Machault ; ce n'eft que depuis l'invention de l'Imprimerie qu'on s'eft avifé de les faire blanches, &, ajoutant de nouvelles Notes, de diftinguer les *Valeurs*, par la couleur auffi-bien que par la figure.

Les Notes, quoique figurées de même, n'avoient pas toujours la même *Valeur*. Quelquefois la Maxime valoit deux Longues,

V A L.

ou la Longue deux Brèves; quelquefois elle en valoit trois : cela dépendoit du Mode; [Voyez MODE.] Il en étoit de même de la Brève, par rapport à la femi-brève, & cela dépendoit du Temps; [Voyez TEMPS.] de même enfin de la femi-Brève, par rapport à la Minime; & cela dépendoit de la Prolation. (Voyez PROLATION.)

Il y avoit donc Longue double, Longue parfaite; Longue imparfaite, Brève parfaite, Brève altérée, femi-Brève majeure, & femi-Brève mineure : fept différentes *Valeurs* auxquelles répondent quatre figures feulement, fans compter la Maxime ni la Minime, Notes de plus moderne invention. (*Voyez ces divers mots.*) Il y avoit encore beaucoup d'autres manières de modifier les différentes *Valeurs de ces Notes*, par le Point, par la Ligature, & par la pofition de la Queue. (Voyez LIGATURE, PLIQUE, POINT.)

Les figures qu'on ajouta dans la fuite à ces cinq ou fix premières, furent la Noire, la Croche, la double-Croche, la triple & même la quadruple-Croche; ce qui feroit onze figures en tout : mais dès qu'on eût pris l'ufage de féparer les Mefures par des barres, on abandonna toutes les figures de Notes qui valoient plufieurs Mefures, comme la Maxime, qui en valoit huit; la longue, qui en valoit quatre; & la Brève ou quarrée, qui en valoit deux.

La femi-Brève ou Ronde, qui vaut une Mefure entière, eft la plus longue *Valeur de Notes* demeurée en ufage, & fur laquelle on a déterminé les *Valeurs* de toutes les autres Notes, & comme la mefure binaire, qui avoit paffé long-temps pour moins parfaite que la ternaire, prit enfin le deffus & fervit de bafe à toutes les autres Mefures; de même la divifion fous-double l'emporta fur la fous-triple qui avoit auffi paffé pour plus parfaite; la Ronde ne valut plus quelquefois trois Blanches, mais deux feulement; la Blanche deux Noires, la Noire deux Croches, & ainfi de fuite jufqu'à la quadruple-Croche, fi ce n'eft dans les cas d'exception où la divifion fous-triple fut confervée, & indiquée par le chiffre 3 placé au-deffus ou au-deffous des Notes. (Voy. *Pl. F. Fig. 8. & 9.* les Valeurs & *les figures de toutes ces différentes efpèces de Notes.*)

Dict. de Muf.

Les Ligatures furent aussi abolies en même temps, du moins quant aux changemens qu'elles produisoient dans les *Valeurs des Notes*. Les Queues, de quelque manière qu'elles fussent placées, n'eurent plus qu'un sens fixe & toujours le même; & enfin la signification du Point fut aussi toujours bornée à la moitié de la Note qui est immédiatement avant lui. Tel est l'état où les figures des Notes ont été mises, quant à la *Valeur*, & où elles sont actuellement. Les silences équivalens sont expliqués à l'article Silence.

L'Auteur de la Dissertation sur la Musique moderne trouve tout cela fort mal imaginé. J'ai dit au mot Note, quelques-unes des raisons qu'il allegue.

VARIATIONS. On entend sous ce nom toutes les manières de broder & doubler un Air, soit par des Diminutions, soit par des passages ou autres agrémens qui ornent & figurent cet Air. A quelque degré qu'on multiplie & charge les *Variations*, il faut toujours qu'à travers ces broderies on reconnoisse le fond de l'Air que l'on appelle *le simple*, & il faut en même temps que le caractère de chaque *Variation* soit marqué par des différences qui soutiennent l'attention & préviennent l'ennui.

Les Symphonistes font souvent des *Variations* impromptu ou supposées telles; mais plus souvent on les note. Les divers couplets des Folies d'Espagne, sont autant de *Variations* notées; on en trouve souvent dans les Chaconnes Françoises, & dans de petits Airs Italiens pour le Violon ou le Violoncelle. Tout Paris est allé admirer, au Concert spirituel, les *Variations* des Sieurs Guignons & Mondonville, & plus récemment des Sieurs Guignon & Gaviniès, sur des Airs du Pont-Neuf qui n'avoient d'autre mérite que d'être ainsi *variés* par les plus habiles Violons de France.

VAUDEVILLE. Sorte de Chanson à couplets, qui roule ordinairement sur des sujets badins ou satyriques. On fait remonter l'origine de ce petit Poëme jusqu'au règne de Charlemagne : mais, selon la plus commune opinion, il fut inventé par un certain Basselin, Foulon de Vire en Normandie; & comme, pour danser sur ces Chants, on s'assembloit dans le Val de Vire, ils furent appellés, dit-on, Vaux-de-Vire, puis par corruption *Vaudevilles*.

L'Air des *Vaudevilles* est communément peu musical. Comme

on n'y fait attention qu'aux paroles, l'Air ne sert qu'à rendre la récitation un peu plus appuyée; du reste on n'y sent pour l'ordinaire ni goût, ni Chant, ni Mesure. Le *Vaudeville* appartient exclusivement aux François, & ils en ont de très-piquans & de très-plaisans.

VENTRE. Point du milieu de la vibration d'une Corde sonore, où, par cette vibration, elle s'écarte le plus de la ligne de repos. (Voyez Nœud.)

VIBRATION. *s. f.* Le corps sonore en action sort de son état de repos, par des ébranlemens légers; mais sensibles, fréquens & successifs, dont chacun s'appelle une *Vibration*. Ces *Vibrations*, communiquées à l'Air, portent à l'oreille, par ce véhicule, la sensation du Son; & ce Son est grave ou aigu, selon que les *Vibrations* sont plus ou moins fréquentes dans le même temps. (Voyez Son.)

VICARIER. *v. n.* Mot familier par lequel les Musiciens d'Église expriment ce que font ceux d'entre eux qui courent de Ville en Ville, & de Cathédrale en Cathédrale, pour attraper quelques rétributions, & vivre aux dépens des Maîtres de Musique qui sont sur leur route.

VIDE. Corde à *vide*, ou Corde à *jour*; c'est sur les Instrumens à manche, tels que la Viole ou le Violon, le son qu'on tire de la Corde dans toute sa longueur, depuis le sillet jusqu'au chevalet, sans y placer aucun doigt.

Le Son des *Cordes à vide* est non-seulement plus grave, mais plus résonnant & plus plein que quand on y pose quelque doigt; ce qui vient de la mollesse du doigt qui gêne & intercepte le jeu des vibrations. Cette différence fait que les bons Joueurs de Violon évitent de toucher les *Cordes à vide* pour ôter cette inégalité du Tymbre qui fait un mauvais effet, quand elle n'est pas dispensée à propos. Cette manière d'exécuter exige des positions recherchées, qui augmentent la difficulté du jeu. Mais aussi quand on en a une fois acquis l'habitude, on est vraiment maître de son Instrument, & dans les Tons les plus difficiles, l'exécution marche alors comme dans les plus aisés.

VIF, *vivement*. En Italien *Vivace*: ce mot marque un Mouvement gai, prompt, animé; une exécution hardie & pleine de feu.

VILLANELLE. *s. f.* Sorte de Danse rustique dont l'Air doit être gai, marqué, d'une Mesure très-sensible. Le fond de cet Air est ordinairement un Couplet assez simple, sur lequel on fait ensuite des Doubles ou Variations. (Voyez DOUBLE, VARIATIONS.)

VIOLE. *s. f.* C'est ainsi qu'on appelle, dans la Musique Italienne, cette Partie de remplissage qu'on appelle, dans la Musique Françoise, Quinte ou Taille ; car les François doublent souvent cette Partie, c'est-à-dire, en font deux pour une ; ce que ne font jamais les Italiens. La *Viole* sert à lier les Dessus aux Basses, & à remplir, d'une manière harmonieuse, le trop grand vide qui resteroit entre deux. C'est pourquoi la *Viole* est toujours nécessaire pour l'Accord du tout, même quand elle ne fait que jouer la Basse à l'Octave, comme il arrive souvent dans la Musique Italienne.

VIOLON. Symphoniste qui joue du *Violon* dans un Orchestre. Les *Violons* se divisent ordinairement en premiers, qui jouent le premier Dessus ; & seconds, qui jouent le second Dessus : chacune des deux Parties a son chef ou guide qui s'appelle aussi le premier ; savoir, le premier des premiers, & le premier des seconds. Le premier des premiers *Violons*, s'appelle aussi *premier Violon* tout court ; il est le Chef de tout l'Orchestre : c'est lui qui donne l'Accord, qui guide tous les Symphonistes, qui les remet quand ils manquent, & sur lequel ils doivent tous se régler.

VIRGULE. C'est ainsi que nos anciens Musiciens appelloient cette partie de la Note, qu'on a depuis appellée la Queue. (Voyez QUEUE.)

VITE. En Italien *Presto*. Ce mot, à la tête d'un Air, indique le plus prompt de tous les Mouvemens ; & il n'a, après lui, que son superlatif *Prestissimo*, ou *Presto assai*, très-*Vite*.

VIVACE. [Voyez VIF.]

UNISSON. *s. m.* Union de deux Sons qui sont au même Degré ; dont l'un n'est ni plus grave ni plus aigu que l'autre, & dont l'Intervalle étant nul, ne donne qu'un rapport d'égalité.

Si deux Cordes sont de même matière, égales en longueur, en grosseur, & également tendues, elles seront à l'*Unisson*. Mais il est faux de dire que deux Sons à l'*Unisson* se confondent si parfaitement, & aient une telle identité que l'oreille ne puisse les diftinguer : car ils peuvent différer de beaucoup quant au Tymbre & quant au degré de force. Une Cloche peut être à l'*Uniffon* d'une Corde de Guitarre, une Vielle à l'*Uniffon* d'une Flûte, & l'on n'en confondra point les Sons.

Le zéro n'eft pas un nombre, ni l'*Uniffon* un Intervalle ; mais l'*Uniffon* eft à la férie des Intervalles, ce qu'eft le zéro à la férie des nombres ; c'eft le terme d'où ils partent, c'eft le point de leur commencement.

Ce qui conftitue l'*Uniffon*, c'eft l'égalité du nombre des Vibrations faites en temps égaux par deux Sons. Dès qu'il y a inégalité entre les nombres de ces vibrations, il y a Intervalle entre les Sons qui les donnent. (Voyez CORDE, VIBRATION.)

On s'eft beaucoup tourmenté pour favoir fi l'*Uniffon* étoit une Confonnance. Ariftote prétend que non, Muris affure que fi, & le P. Merfenne fe range à ce dernier avis. Comme cela dépend de la définition du mot *Confonnance*, je ne vois pas quelle difpute il peut y avoir là-deffus. Si l'on n'entend par ce mot *Confonnance* qu'une union de deux Sons agréable à l'oreille, l'*Uniffon* fera Confonnance affurément ; mais fi l'on y ajoute de plus une différence du grave à l'aigu, il eft clair qu'il ne le fera pas.

Une queftion plus importante, eft de favoir quel eft le plus agréable à l'oreille de l'*Uniffon* ou d'un Intervalle confonnant, tel, par exemple, que l'Octave ou la Quinte. Tous ceux qui ont l'oreille exercée à l'Harmonie, préferent l'Accord des Confonnances à l'identité de l'*Uniffon* ; mais tous ceux qui, fans habitude de l'Harmonie, n'ont, fi j'ofe parler ainfi, nul préjugé dans l'oreille, portent un jugement contraire : l'*Uniffon* feul leur plaît, ou tout au plus l'Octave ; tout autre Intervalle leur paroît difcordant : d'où il s'enfuivroit, ce me femble, que l'Harmonie la plus naturelle, & par conféquent la meilleure, eft à l'*Uniffon*. (Voyez HARMONIE.)

C'eft une obfervation connue de tous les Muficiens, que celle du frémiffement & de la réfonnance d'une Corde, au Son d'une autre Corde montée à l'*Uniffon* de la première, ou même à fon Octave, ou même à l'Octave de fa Quinte, &c.

Voici comme on explique ce phénomène.

Le Son d'une Corde A met l'Air en mouvement. Si une autre

Corde B se trouve dans la sphère du mouvement de cet Air, il agira sur elle. Chaque Corde n'est susceptible, dans un temps donné, que d'un certain nombre de Vibrations. Si les Vibrations, dont la Corde B est susceptible, sont égales en nombre à celles de la Corde A, l'air ébranlé par l'une agissant sur l'autre, & la trouvant disposée à un mouvement semblable à celui qu'il a reçu, le lui communique. Les deux Cordes marchant ainsi de pas égal, toutes les impulsions que l'air reçoit de la Corde A, & qu'il communique à la Corde B, sont coïncidentes avec les vibrations de cette Corde, & par conséquent augmenteront son mouvement loin de le contrarier : ce mouvement, ainsi successivement augmenté, ira bientôt jusqu'à un frémissement sensible. Alors la Corde B rendra du Son ; car toute Corde sonore qui frémit, sonne ; & ce son sera nécessairement à l'*Unisson* de celui de la Corde A.

Par la même raison, l'Octave aiguë frémira & résonnera aussi, mais moins fortement que l'*Unisson* ; parce que la coïncidence des Vibrations, & par conséquent l'impulsion de l'air, y est moins fréquente de la moitié : elle l'est encore moins dans la Douzième ou Quinte redoublée, & moins dans la Dix-septième ou Tierce majeure triplée, dernière des Consonnances qui frémisse & résonne sensiblement & directement : car quant à la Tierce mineure & aux Sixtes, elles ne résonnent que par combinaison.

Toutes les fois que les nombres des vibrations dont deux Cordes sont susceptibles en Temps égal sont commensurables, on ne peut douter que le Son de l'une ne communique à l'autre quelque ébranlement par l'aliquote commune ; mais cet ébranlement n'étant plus sensible au-delà des quatre Accords précédens, il est compté pour rien dans tout le reste. (Voyez CONSONNANCE.)

Il paroît par cette explication, qu'un Son n'en fait jamais résonner un autre qu'en vertu de quelque *Unisson* ; car un Son quelconque donne toujours l'*Unisson* de ses aliquotes. : mais comme il ne sauroit donner l'*Unisson* de ses multiples, il s'ensuit qu'une Corde sonore en mouvement n'en peut jamais faire résonner ni frémir une plus grave qu'elle. Sur quoi l'on peut juger de la vérité de l'expérience dont M. Rameau tire l'origine du Mode mineur.

UNISSONI. Ce mot Italien, écrit tout au long ou en abrégé dans une Partition sur la Portée vide du second Violon, marque qu'il doit jouer à l'Unisson sur la Partie du premier ; & ce même mot, écrit sur la Portée vide du premier Violon, marque qu'il doit jouer à l'Unisson sur la Partie du Chant.

UNITÉ DE MÉLODIE. Tous les beaux Arts ont quelque *Unité* d'objet, source du plaisir qu'ils donnent à l'esprit : car l'attention partagée ne se repose nulle part, & quand deux objets nous occupent, c'est une preuve qu'aucun des deux ne nous satisfait. Il y a dans la Musique, une *Unité* successive qui se rapporte au sujet, & par laquelle toutes les Parties, bien liées, composent un seul tout, dont on apperçoit l'ensemble & tous les rapports.

Mais il y a une autre *Unité* d'objet plus fine, plus simultanée, & d'où naît, sans qu'on y songe, l'énergie de la Musique & la force de ses expressions.

Lorsque j'entends chanter nos Pseaumes à quatre Parties, je commence toujours par être saisi, ravi de cette Harmonie pleine & nerveuse ; & les premiers accords, quand ils sont entonnés bien justes, m'émeuvent jusqu'à frissonner. Mais à peine en ai-je écouté la suite, pendant quelques minutes, que mon attention se relâche, le bruit m'étourdit peu-à-peu ; bientôt il me lasse, & je suis enfin ennuyé de n'entendre que des Accords.

Cet effet ne m'arrive point, quand j'entends de bonne Musique moderne, quoique l'Harmonie en soit moins vigoureuse ; & je me souviens qu'à l'Opéra de Venise, loin qu'un bel Air bien exécuté m'ait jamais ennuyé, je lui donnois, quelque long qu'il fût, une attention toujours nouvelle, & l'écoutois avec plus d'intérêt à la fin qu'au commencement.

Cette différence vient de celle du caractère des deux Musiques dont l'une n'est seulement qu'une suite d'Accords, & l'autre est une suite de Chant. Or, le plaisir de l'Harmonie n'est qu'un plaisir de pure sensation, & la jouissance des sens est toujours courte, la satiété & l'ennui la suivent de près : mais le plaisir de la Mélodie & du Chant, est un plaisir d'intérêt & de sentiment qui parle au cœur, & que l'Artiste peut toujours soutenir & renouveller à force de génie.

La Musique doit donc nécessairement chanter pour toucher,

pour plaire, pour foutenir l'intérêt & l'attention. Mais comment dans nos Syftêmes d'Accords & d'Harmonie, la mufique s'y prendra-t-elle pour chanter ? Si chaque Partie a fon Chant propre, tous ces Chants, entendus à la fois, fe détruiront mutuellement, & ne feront plus de Chant : fi toutes les Parties font le même Chant, l'on n'aura plus d'Harmonie, & le Concert fera tout à l'Uniffon.

La manière, dont un inftinct muſical, un certain fentiment fourd du génie, a levé cette difficulté fans la voir, & en a même tiré avantage, eft bien remarquable. L'Harmonie, qui devroit étouffer la Mélodie, l'anime, la renforce, la détermine : les diverfes Parties, fans fe confondre, concourent au même effet; & quoique chacune d'elles paroiffe avoir fon Chant propre, de toutes ces Parties réunies, on n'entend fortir qu'un feul & même Chant. C'eſt-là ce que j'appelle *Unité de Mélodie*.

Voici comment l'Harmonie concourt elle-même à cette *Unité*, loin d'y nuire. Ce font nos Modes qui caractérifent nos Chants, & nos Modes font fondés fur notre Harmonie. Toutes les fois donc que l'Harmonie renforce ou détermine le fentiment du Mode & de la Modulation, elle ajoute à l'expreffion du Chant, pourvu qu'elle ne le couvre pas.

L'art du Compofiteur eft donc, relativement à l'*Unité de Mélodie*. 1°. Quand le Mode n'eft pas affez déterminé par le Chant, de le déterminer mieux par l'Harmonie. 2°. De choifir & tourner fes Accords de manière que le Son le plus faillant foit toujours celui qui chante, & que celui qui le fait le mieux fortir foit à la Baffe. 3°. D'ajouter à l'énergie de chaque paffage par des Accords durs fi l'expreffion eft dure, & doux fi l'expreffion eft douce. 4°. D'avoir égard dans la tournure de l'Accompagnement au *Forte-piano* de la Mélodie. 5°. Enfin, de faire en forte que le Chant des autres Parties, loin de contrarier celui de la Partie principale, le foutienne, le feconde, & lui donne un plus vif accent.

M. Rameau, pour prouver que l'énergie de la Mufique vient toute de l'Harmonie, donne l'exemple d'un même Intervalle qu'il appelle un même Chant, lequel prend des caractères tout différens, felon les diverfes manières de l'accompagner. M. Rameau n'a pas vu qu'il prouvoit tout le contraire de ce qu'il vouloit

prouver

prouver ; car dans tous les exemples qu'il donne, l'Accompagnement de la Basse ne sert qu'à déterminer le Chant. Un simple Intervalle n'est point un Chant, il ne devient Chant que quand il a sa place assignée dans le Mode ; & la Basse, en déterminant le Mode & le lieu du Mode qu'occupe cet Intervalle, détermine alors cet Intervalle à être tel ou tel Chant ; de sorte que si, par ce qui précede l'Intervalle dans la même Partie, on détermine bien le lieu qu'il a dans sa Modulation ; je soutiens qu'il aura son effet sans aucune Basse : ainsi l'Harmonie n'agit, dans cette occasion, qu'en déterminant la Mélodie à être telle ou telle, & c'est purement comme Mélodie que l'Intervalle a différentes expressions selon le lieu du Mode où il est employé.

L'*Unité de Mélodie* exige bien qu'on n'entende jamais deux Mélodies à la fois, mais non pas que la Mélodie ne passe jamais d'une partie à l'autre ; au contraire, il y a souvent de l'élégance & du goût à ménager à propos ce passage, même du Chant à l'Accompagnement, pourvu que la parole soit toujours entendue. Il y a même des Harmonies savantes & bien ménagées, où la Mélodie, sans être dans aucune Partie, résulte seulement de l'effet du tout. On en trouvera (*Pl. M. Fig. 7.*) un exemple, qui, bien que grossier, suffit pour faire entendre ce que je veux dire.

Il faudroit un Traité pour montrer en détail l'application de ce principe aux *Duo*, *Trio*, *Quatuor*, aux Chœurs, aux Pièces de symphonie. Les hommes de génie en découvriront suffisamment l'étendue & l'usage, & leurs ouvrages en instruiront les autres. Je conclus donc, & je dis, que du principe que je viens d'établir, il s'ensuit : premièrement, que toute Musique qui ne chante point est ennuyeuse, quelque Harmonie qu'elle puisse avoir : secondement, que toute Musique où l'on distingue plusieurs Chants simultanés est mauvaise, & qu'il en résulte le même effet que de deux ou plusieurs discours prononcés à la fois sur le même Ton. Par ce jugement, qui n'admet nulle exception, l'on voit ce qu'on doit penser de ces merveilleuses Musiques où un Air sert d'Accompagnement à un autre Air.

C'est dans ce principe de l'*Unité* de Mélodie que les Italiens ont senti & suivi sans le connoître, mais que les François n'ont ni connu ni suivi ; c'est, dis-je, dans ce grand principe que consiste la différence essenitelle des deux Musiques : & c'est, je crois, ce qu'en dira tout juge impartial qui voudra donner à l'une & à l'autre la même attention, si toutefois la chose est possible.

Lorsque j'eus découvert ce principe, je voulus, avant de le proposer, en essayer l'application par moi-même ; cet essai produisit le *Devin du Village* ; après le succès, j'en parlai dans ma *Lettre sur la Musique Françoise*. C'est aux Maîtres de l'Art à juger si le principe est bon, & si j'ai bien suivi les règles qui en découlent.

UNIVOQUE. *adj.* Les Consonnances *Univoques* sont l'Octave & ses répliques, parce que toutes portent le même nom. Ptolomée fut le premier qui les appella ainsi.

VOCAL. *adj.* Qui appartient au Chant des Voix. Tour de Chant *Vocal* ; Musique *Vocale*.

VOCALE. On prend quelquefois substantivement cet adjectif pour exprimer la partie de la Musique qui s'exécute par des Voix. *Les Symphonies d'un tel Opéra sont assez bien faites ; mais la Vocale est mauvaise.*

VOIX. *s. f.* La somme de tous les Sons qu'un homme peut, en parlant, en chantant, en criant, tirer de son organe, forme ce qu'on appelle sa *Voix*, & les qualités de cette *Voix* dépendent aussi de celles des Sons qui la forment. Ainsi, l'on doit d'abord appliquer à la *Voix* tout ce que j'ai dit du Son en général. (Voyez SON.)

Les Physiciens distinguent dans l'homme différentes sortes de *Voix* ; ou, si l'on veut, ils considerent la même *Voix* sous différentes faces.

1. Comme un simple Son, tel que le cri des enfans.
2. Comme un Son articulé, tel qu'il est dans la parole.
3. Dans le Chant, qui ajoute à la parole la Modulation & la variété des Tons.
4. Dans la déclamation, qui paroît dépendre d'une nouvelle modification dans le Son & dans la substance même de la *Voix* ; Modification différente de celle du Chant & de celle de la parole, puisqu'elle peut s'unir à l'une & à l'autre, ou en être retranchée.

On peut voir, dans l'Encyclopédie, à l'article *Déclamations des Anciens*, d'où ces divisions sont tirées, l'explication que donne M. Duclos de ces différentes sortes de *Voix*. Je me contenterai de transcrire ici ce qu'il dit de la *Voix* chantante ou musicale, la seule qui se rapporte à mon sujet.

« Les anciens Musiciens ont établi, après Aristoxene : 1°. Que
» la *Voix* de Chant passe d'un degré d'élévation ou d'abbaissement
» à un autre degré ; c'est-à-dire, d'un Ton à l'autre, par saut,
» sans parcourir l'Intervalle qui les sépare ; au lieu que celle du
» discours s'élève & s'abbaisse par un mouvement continu.
» 2°. Que la *Voix* de Chant se soutient sur le même Ton,
» considéré comme un point indivisible ; ce qui n'arrive pas dans
» la simple prononciation.

» Cette marche par sauts & avec des repos, est en effet celle
» de la *Voix* de Chant : mais n'y a-t-il rien de plus dans le
» Chant ? Il y a eu une Déclamation tragique qui admettoit le
» passage par saut d'un Ton à l'autre, & le repos sur un Ton.
» On remarque la même chose dans certains Orateurs. Cepen-
» dant cette Déclamation est encore différente de la *Voix* de Chant.

» M. Dodart, qui joignit à l'esprit de discussion & de re-
» cherche la plus grande connoissance de la Physique, de l'Ana-
» tomie, & du jeu des parties du corps humain, avoit particu-
» lièrement porté son attention sur les organes de la *Voix*. Il
» observe, 1°. que tel homme, dont la *Voix* de parole est dé-
» plaisante, a le Chant très-agréable, & au contraire : 2°. que
» si nous n'avons pas entendu chanter quelqu'un, quelque con-
» noissance que nous ayons de sa *Voix* de parole, nous ne le re-
» connoîtrons pas à sa *Voix* de Chant.

» M. Dodart, en continuant ses recherches, découvrit que,
» dans sa *Voix* de Chant, il y a de plus que dans celle de la
» parole, un mouvement de tout le larynx ; c'est-à-dire, de la
» partie de la trachée-artère qui forme comme un nouveau ca-
» nal qui se termine à la glotte, qui en enveloppe & soutient les
» muscles. La différence entre les deux *Voix* vient donc de celle
» qu'il y a entre le larynx assis & en repos sur ses attaches, dans
» la parole, & ce même larynx suspendu sur ses attaches, en
» action & mû par un balancement de haut en bas & de bas en
» haut. Ce balancement peut se comparer au mouvement des
» oiseaux qui planent, ou des poissons qui se soutiennent à la
» même place contre le fil de l'eau. Quoique les ailes des uns

Y y y ij

„ & les nageoires des autres paroissent immobiles à l'œil, elles font de continuelles vibrations, mais si courtes & si promptes qu'elles sont imperceptibles.

„ Le balancement du larynx produit, dans la *Voix* de Chant, une espèce d'ondulation qui n'est pas dans la simple parole. L'ondulation soutenue & modérée dans les belles *Voix* se fait trop sentir dans les *Voix* chevrotantes ou foibles. Cette ondulation ne doit pas se confondre avec les Cadences & les Roulemens qui se font par des mouvemens très-prompts & très-délicats de l'ouverture de la glotte, & qui sont composés de l'Intervalle d'un Ton ou d'un demi-Ton.

„ La *Voix*, soit du Chant, soit de la parole, vient toute entière de la glotte pour le Son & pour le Ton; mais l'ondulation vient entiérement du balancement de tout le larynx; elle ne fait point partie de la *Voix*, mais elle en affecte la totalité.

„ Il résulte de ce qui vient d'être exposé, que la *Voix* de Chant consiste dans la marche par sauts d'un Ton à un autre, dans le séjour sur les Tons, & dans cette ondulation du larynx qui affecte la totalité & la substance même du Son."

Quoique cette explication soit très-nette & très-philosophique, elle laisse, à mon avis, quelque chose à desirer, & ce caractère d'ondulation, donné par le balancement du larynx, à la *Voix* de Chant, ne me paroît pas lui être plus essentiel que la marche par sauts, & le séjour sur les Tons, qui, de l'aveu de M. Duclos, ne sont pas pour cette *Voix* des caractères spécifiques.

Car, premièrement, on peut, à volonté, donner ou ôter à la *Voix* cette ondulation quand on chante, & l'on n'en chante pas moins quand on file un Son tout uni sans aucune espèce d'ondulation. Secondement, les Sons des Instrumens ne different en aucune sorte de ceux de la *Voix* chantante, quant à leur nature de Sons musicaux, & n'ont rien par eux-mêmes de cette ondulation. Troisièmement, cette ondulation se forme dans le Ton & non dans le Tymbre; la preuve en est que, sur le Violon & sur d'autres Instrumens, on imite cette ondulation, non par aucun balancement semblable au mouvement supposé du larynx, mais par un balancement du doigt sur la Corde, laquelle ainsi racourcie & ralongée alternativement & presque imperceptiblement, rend deux Sons alternatifs à mesure que le doigt se recule ou s'avance. Ainsi, l'ondulation, quoi qu'en dise M. Dodart, ne consiste pas dans un balancement très-léger du même Son, mais dans l'alternation plus ou moins fréquente de deux Sons très-voisins, & quand les Sons sont trop éloignés, & que les secousses alternatives sont trop rudes, alors l'ondulation devient chevrottement.

Je penserois que le vrai caractère distinctif de la *Voix* de Chant est de former des Sons appréciables dont on peut prendre ou sentir l'Unisson, & de passer de l'un à l'autre par des Intervalles harmoniques & commensurables, au lieu que, dans la *Voix* parlante, où les Sons ne sont pas assez soutenus, &, pour ainsi dire, assez uns pour pouvoir être appréciés, où les Intervalles qui les séparent ne sont point assez harmoniques, ni leurs rapports assez simples.

Les observations qu'a fait M. Dodart sur les différences de la *Voix* de parole, & de la *Voix* de Chant dans le même homme, loin de contrarier cette explication, la confirment; car, comme il y a des Langues plus ou moins harmonieuses, dont les Accens sont plus ou moins Musicaux, on remarque aussi, dans ces Langues, que les *Voix* de parole & de Chant se rapprochent ou s'éloignent dans la même proportion. Ainsi, comme la Langue Italienne est plus Musicale que la Françoise, la parole s'y éloigne moins du Chant; & il est plus aisé d'y reconnoître, au Chant, l'homme qu'on a entendu parler. Dans une Langue qui seroit toute harmonieuse, comme étoit au commencement la Langue Grecque, la différence de la *Voix* de parole à la *Voix* de Chant seroit nulle; on n'auroit que la même *Voix* pour parler & pour chanter; peut-être est-ce encore aujourd'hui le cas des Chinois.

En voilà trop, peut-être, sur les différens genres de *Voix*; je reviens à la *Voix* de Chant, & je m'y bornerai dans le reste de cet article.

Chaque Individu a sa *Voix* particulière qui se distingue de toute autre *Voix* par quelque différence propre, comme un visage se distingue d'un autre; mais il y a aussi de ces différences qui sont communes à plusieurs, &, qui, formant autant d'espèces de *Voix*, demandent pour chacune une dénomination particulière.

Le caractère le plus général qui distingue les *Voix*, n'est pas celui qui se tire de leur Tymbre ou de leur Volume ; mais du Degré qu'occupe ce Volume dans le Systême général des Sons.

On distingue donc généralement les *Voix* en deux classes ; savoir, les *Voix* aiguës & les *Voix* graves. La différence commune des unes aux autres, est à-peu-près d'une Octave ; ce qui fait que les *Voix* aiguës chantent réellement à l'Octave des *Voix* graves, quand elles semblent chanter à l'Unisson.

Les *Voix* graves sont les plus ordinaires aux hommes faits ; les *Voix* aiguës sont celles des femmes : les eunuques & les enfans ont aussi à-peu-près le même Diapason de *Voix* que les femmes ; tous les hommes en peuvent même approcher en chantant le Faucet. Mais de toutes les *Voix* aiguës, il faut convenir, malgré la prévention des Italiens pour les Castrati, qu'il n'y en a point d'espèce comparable à celle des femmes, ni pour l'étendue ni pour la beauté du Tymbre. La *Voix* des enfans a peu de consistance & n'a point de bas ; celle des eunuques, au contraire, n'a d'éclat que dans le haut ; & pour le Faucet, c'est le plus désagréable de tous les Tymbres de la *Voix* humaine : il suffit, pour en convenir, d'écouter à Paris les Chœurs du Concert Spirituel, & d'en comparer les Dessus avec ceux de l'Opéra.

Tous ces différens Diapasons, réunis & mis en ordre, forment une étendue générale d'à-peu-près trois Octaves, qu'on a divisées en quatre Parties, dont trois, appellées *Haute-Contre*, *Taille* & *Basse*, appartiennent aux *Voix* graves, & la quatrième seulement qu'on appelle *Dessus*, est assignée aux *Voix* aiguës. Sur quoi voici quelques remarques qui se présentent.

I. Selon la portée des *Voix* ordinaires, qu'on peut fixer à-peu-près à une Dixième majeure, en mettant deux Degrés d'Intervalle entre chaque espèce de *Voix* & celle qui la suit, ce qui est toute la différence qu'on peut leur donner, le Systême général des *Voix humaines* dans les deux sexes, qu'on fait passer trois Octaves, ne devroit enfermer que deux Octaves & deux Tons. C'étoit en effet à cette étendue que se bornerent les quatre Parties de la Musique, long-temps après l'invention du Contre-Point, comme on le voit dans les Compositions du quatorzième siècle, où la même Clef, sur quatre positions successives de Ligne en Ligne, sert pour la Basse qu'ils appelloient *Tenor*, pour la Taille qu'ils appelloient *Contratenor*, pour la Haute-Contre, qu'ils appelloient *Mottetus*, & pour le Deſſus qu'ils appelloient *Triplum*. Cette diſtribution devoit rendre à la vérité la compoſition plus difficile; mais en même temps l'Harmonie plus ſerrée & plus agréable.

II. Pour pouſſer le Syſtême vocal à l'étendue de trois Octaves avec la gradation dont je viens de parler, il faudroit ſix Parties au lieu de quatre; & rien ne ſeroit plus naturel que cette diviſion, non par rapport à l'Harmonie, qui ne comporte pas tant de Son différens; mais par rapport aux *Voix* qui ſont actuellement aſſez mal diſtribuées. En effet, pourquoi trois Parties dans les *Voix* d'hommes, & une ſeulement dans les *Voix* de femmes, ſi la totalité de celles-ci renferment une auſſi grande étendue que la totalité des autres? Qu'on meſure l'Intervalle des Sons les plus aigus des *Voix* féminines les plus aiguës aux Sons les plus graves des *Voix* féminines les plus graves; qu'on faſſe la même choſe pour les *Voix* d'hommes; & non-ſeulement on n'y trouvera pas une différence ſuffiſante pour établir trois Parties d'un côté & une ſeule de l'autre: mais cette différence même, s'il y en a, ſe réduira à très-peu de choſe. Pour juger ſainement de cela, il ne faut pas ſe borner à l'examen des choſes telles qu'elles ſont; mais voir encore ce qu'elles pourroient être, & conſidérer que l'uſage contribue beaucoup à former les *Voix* ſur le caractère qu'on veut leur donner. En France, où l'on veut des Baſſes, des Haute-Contres, & où l'on ne fait aucun cas des Bas-Deſſus, les *Voix* d'hommes prennent différens caractères, & les *Voix* de femmes n'en gardent qu'un ſeul: mais en Italie, où l'on fait autant de cas d'un beau Bas-Deſſus que de la *Voix* la plus aiguë, il ſe trouve parmi les femmes de très-belles *Voix* graves, qu'ils appellent *Contr'alti*, & de très-belles *Voix* aiguës, qu'ils appellent *Soprani*; au contraire, en *Voix* d'hommes récitantes, ils n'ont que des *Tenori*: de ſorte que s'il n'y a qu'un caractère de *Voix* de femmes dans nos Opéra, dans le leur il n'y a qu'un caractère de *Voix* d'hommes.

A l'égard des Chœurs, ſi généralement les Parties en ſont diſtribuées en Italie comme en France, c'eſt un uſage univerſel, mais arbitraire, qui n'a point de fondement naturel. D'ailleurs n'admire-t-on pas en pluſieurs lieux, & ſinguliérement à Veniſe, de très-belles Musiques à grand Chœur, exécuté uniquement par de jeunes filles ?

III. Le trop grand éloignement des *Voix* entre elles, qui leur fait à toutes excéder leur portée, oblige souvent d'en subdiviser plusieurs. C'est ainsi qu'on divise les Basses en Basse-Contres & Basses-Tailles, les Tailles en Haute-Tailles & Concordans, les Dessus en premiers & seconds : mais dans tout cela on n'apperçoit rien de fixe, rien de réglé sur quelque principe. L'esprit général des Compositeurs François est toujours de forcer les *Voix* pour les faire crier plutôt que chanter : c'est pour cela qu'on paroît aujourd'hui se borner aux Basses & Haute-Contres qui sont dans les deux extrêmes. A l'égard de la Taille, Partie si naturelle à l'homme qu'on l'appelle *Voix humaine* par excellence, elle est déja bannie de nos Opéra où l'on ne veut rien de naturel; & par la même raison elle ne tardera pas à l'être de toute la Musique Françoise.

On distingue encore les *Voix* par beaucoup d'autres différences que celles du grave à l'aigu. Il y a des *Voix* fortes dont les Sons sont forts & bruyans, des *Voix* douces dont les Sons sont doux & flûtés, de grandes *Voix* qui ont beaucoup d'étendue, de belles *Voix* dont les Sons sont pleins, justes & harmonieux : Il y a aussi les contraires de tout cela. Il y a des *Voix* dures & pesantes; il y a des *Voix* flexibles & légères; il y en a dont les beaux Sons sont inégalement distribués, aux unes dans le haut, à d'autres dans le *Medium*, à d'autres dans le bas; il y a aussi des *Voix* égales, qui font sentir le même Tymbre dans toute leur étendue. C'est au Compositeur à tirer parti de chaque *Voix*, par ce que son caractère a de plus avantageux. En Italie, où chaque fois qu'on remet au Théatre un Opéra, c'est toujours de nouvelle Musique; les Compositeurs ont toujours grand soin d'approprier tous les rôles aux *Voix* qui les doivent chanter. Mais en France, où la même Musique dure des siècles, il faut que chaque rôle serve toujours à toutes les *Voix* de même espèce, & c'est peut-être une des raisons pourquoi le Chant François, loin d'acquérir aucune perfection, devient de jour en jour plus traînant & plus lourd.

La *Voix* la plus étendue, la plus flexible, la plus douce, la plus

plus harmonieuse qui peut-être ait jamais existé, paroît avoir été celle du Chevalier Balthasar Ferri, Pérousin, dans le siècle dernier. Chanteur unique & prodigieux, que s'arrachoient tour-à-tour les Souverains de l'Europe, qui fut comblé de biens & d'honneurs durant sa vie, & dont toutes les Muses d'Italie célébrerent à l'envi les talens & la gloire après sa mort. Tous les écrits faits à la louange de ce Musicien célèbre, respirent le ravissement, l'enthousiasme, & l'accord de tous ses contemporains montre qu'un talent si parfait & si rare, étoit même au-dessus de l'envie. Rien, disent-ils, ne peut exprimer l'éclat de sa *Voix* ni les graces de son Chant; il y avoit, au plus haut degré, tous les caractères de perfection dans tous les genres; il étoit gai, fier, grave, tendre à sa volonté, & les cœurs se fondoient à son pathétique. Parmi l'infinité de tours de force qu'il faisoit de sa *Voix*, je n'en citerai qu'un seul. Il montoit & redescendoit tout d'une haleine deux Octaves pleines par un Trill continuel marqué sur tous les Degrés chromatiques avec tant de justesse, quoique sans Accompagnement, que si l'on venoit à frapper brusquement cet Accompagnement sous la Note où il se trouvoit, soit Bémol, soit Dièse, on sentoit à l'instant l'Accord d'une justesse à surprendre tous les Auditeurs.

On appelle encore *Voix* les parties vocales & récitantes pour lesquelles une Pièce de Musique est composée; ainsi l'on dit un Mottet à *Voix* seule, au lieu de dire un Mottet en récit; une Cantate à deux *Voix*, au lieu de dire une Cantate en Duo ou à deux Parties, &c. (Voyez DUO, TRIO, &c.)

VOLTE. *s. f.* Sorte d'Air à trois Temps propre à une Danse de même nom, laquelle est composée de beaucoup de tours & retours, d'où lui est venu le nom de *Volte*. Cette Danse étoit une espèce de Gaillarde, & n'est plus en usage depuis long-temps.

VOLUME. Le *Volume* d'une Voix est l'étendue ou l'Intervalle qui est entre le Son le plus aigu & le plus grave qu'elle peut rendre. Le *Volume* des Voix les plus ordinaires est d'environ huit à neuf Tons; les plus grandes Voix ne passent guères les deux Octaves en Sons bien justes & bien pleins.

UPINGE. Sorte de Chanson consacrée à Diane parmi les Grecs. (Voyez CHANSON.)

Dict. de Mus.

U T.

UT. La première des six syllabes de la Gamme de l'Arétin, laquelle répond à la lettre C.

Par la méthode des Transpositions on appelle toujours *Ut* la Tonique des Modes majeurs & la Médiante des Modes mineurs. (Voyez GAMME , TRANSPOSITION.)

Les Italiens trouvant cette syllabe *Ut* trop sourde, lui substituent, en solfiant, la syllabe *Do*.

Z.

ZA. Syllabe par laquelle on distingue, dans le Plain-Chant, le *Si* Bémol du *Si* naturel auquel on laisse le nom de *Si*.

F I N.

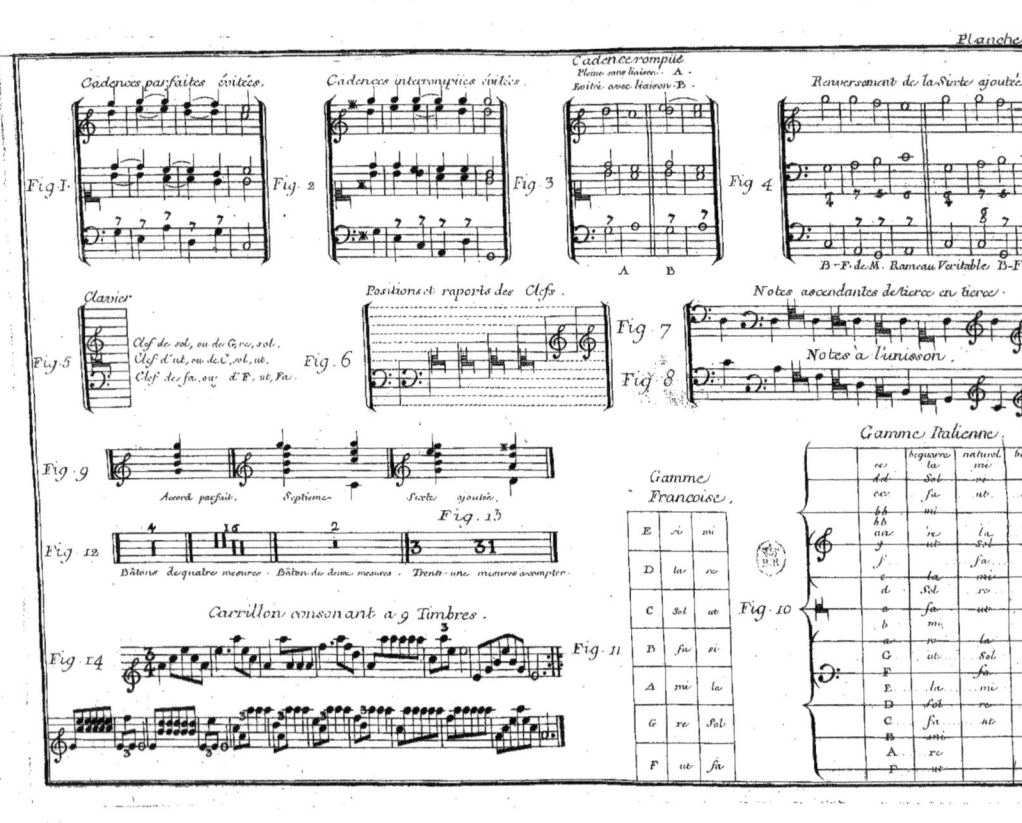

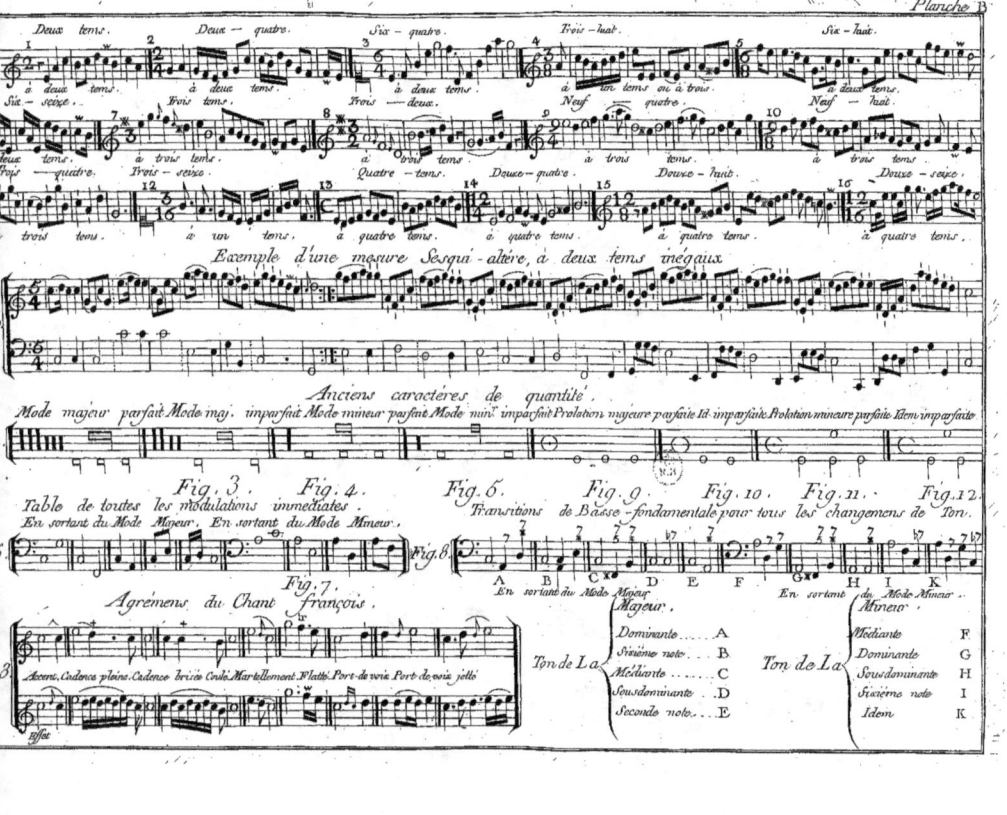

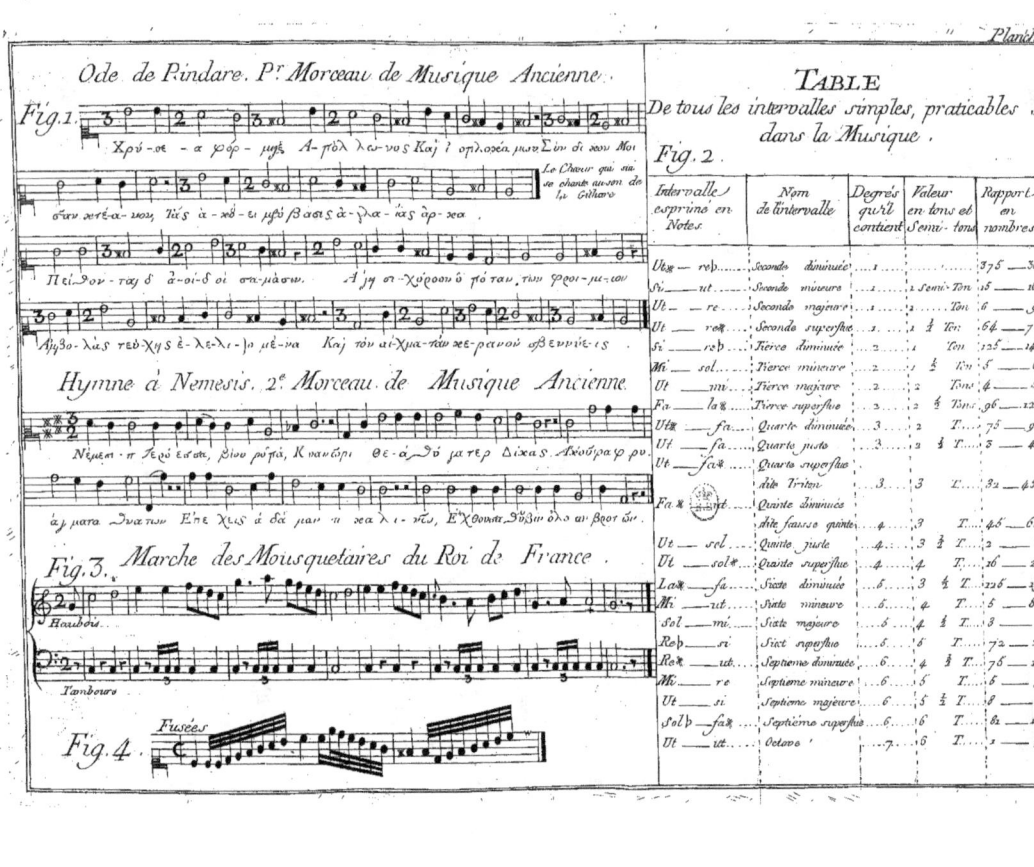

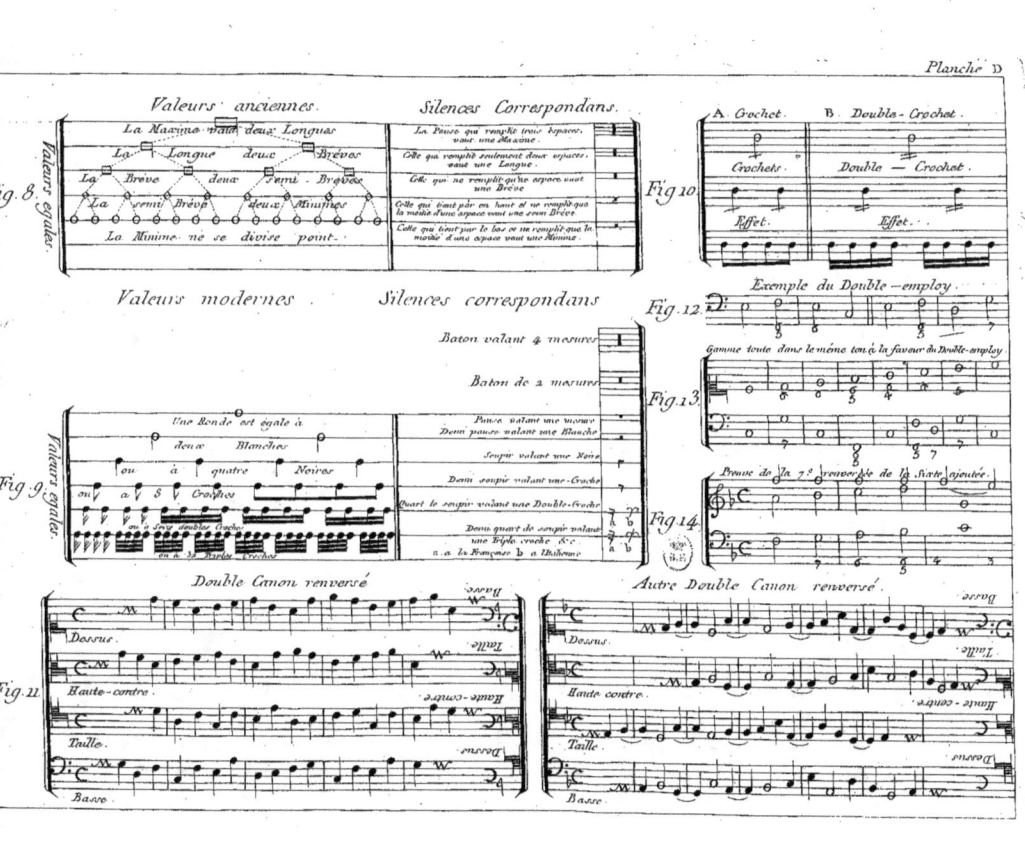

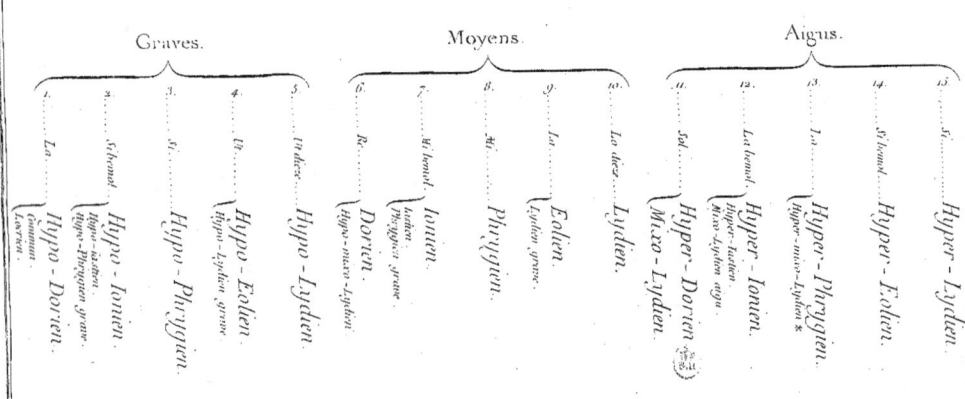

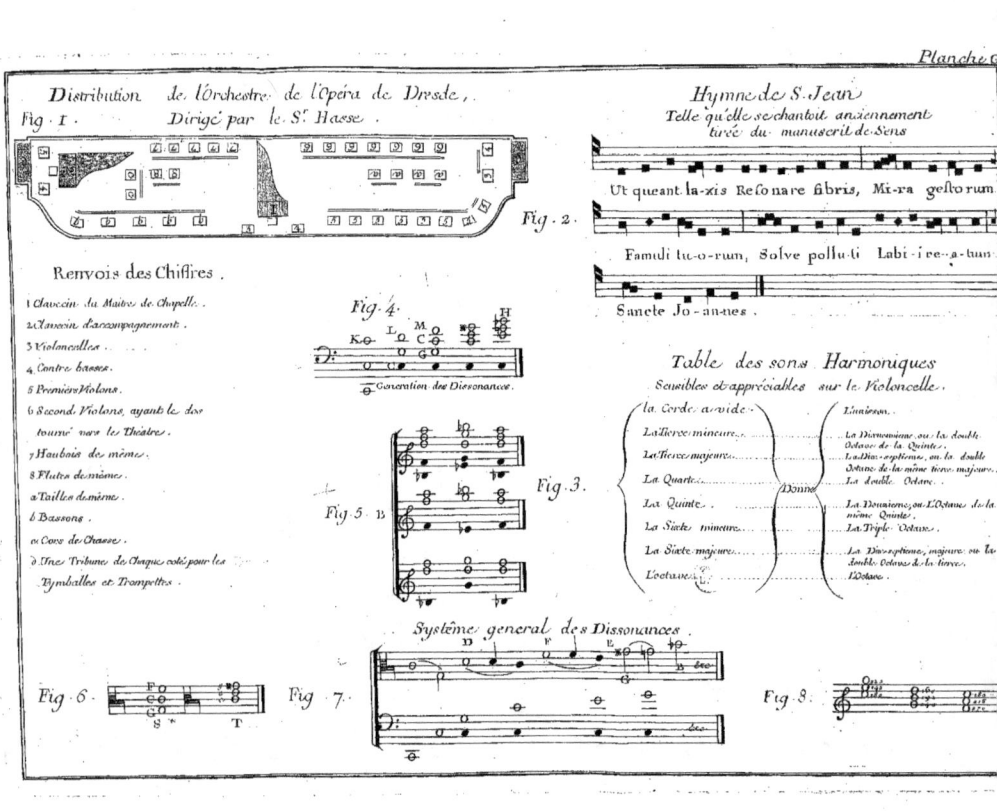

Planche H.

NOTES DE L'ANCIENNE MUSIQUE GRECQUE
Fig. 1. Genre Diatonique Mode Lydien

N.B. La première note est pour la Musique vocale, La seconde pour l'instrumentale.

Noms Modernes	Noms Anciens	Notes			Explication
La	Proslambanomené	7	Ⱶ	Γ	Zeta imparfait, et Tau couché
Si	Hypaté hypaton	T	Γ		Gamma à rebours, et Gamma droit
Ut	Parhypaté hypaton	R	L		Beta imparfait, et Gamma renversé
Re	Hypaton Diatonos	Φ	F		Phi, et Digamma
Mi	Hypaté meson	C	Σ		Sigma, et Sigma
Fa	Parhypaté meson	P	Ͻ		Rho, et Sigma couché
Sol	Meson Diatonos	M	Ꞁ		Mu, et Pi prolongé
La	Mesé	I	◁		Iota, et Lambda couché
Si ♭	Trité Synnemenon	Θ	V		Theta, et Lambda renversé
Si ♮	Paramesé	Z	⊓		Zeta, et Pi couché
* Ut	Synnemenon Diatonos	Γ	N		Gamma, et Nu
* Re	Neté Synnemenon	Ω	Z		Omega renversé et Zeta
* Ut	Trité Diexeugmenon	E	ɿl		Eta, et Pi renversé et prolongé
* Re	Diexeugmenon Diatonos	comme la			Neté Synnemenon qui est la même corde
Mi	Neté Diexeugmenon	Θ	ɥ		Phi couché, et Eta courant prolongé
La	Trité hyperboleon	⅃	∠		Epsilon renversé, et Alpha tronqué à droite
Sol	Hyperboleon Diatonos	M	Ꞁ́		Mu, et Pi prolongé surmonté d'un accent
Fa	Neté hyperboleon	I	◁́		Iota, et Lambda couché, surmonté d'un accent

Remarques.

Quoique la corde Diatonos du Tétracorde Synnemenon et la Trité du Tétracorde Diexeugmenon aient des notes différentes, elles ne sont que la même corde, ou deux cordes à l'unisson. Il en est de même des deux cordes Neté Synnemenon et Diexeugmenon Diatonos; aussi ces deux-ci portent-elles les mêmes Notes. Il faut remarquer aussi que la Mesé et la Neté hyperboleon portent la même note pour le vocal, quoiqu'elles soient à l'octave l'une de l'autre, apparemment qu'on avoit dans la pratique quelque autre moyen de les distinguer.

Les Curieux qui voudront connoître les notes de tous les Genres, et de tous les Modes, pourront consulter dans Meibomius, les Tables d'Alypius, et de Bacchius.

Fig. 2. Diagramme general du Systême des Grecs pour le Genre diatonique

Noms modernes	Noms anciens		
La	Neté hyperboleon		
Sol	Hyperboleon diatonos		Tétracorde hyperboleon
Fa	Trité hyperboleon		
Mi	Neté diexeugmenon		Synaphe ou conjonction
Re	Diexeugmenon diatonos		
Re	Neté synnemenon		Tétracorde diexeugmenon
Ut	Synnemenon diatonos		
Ut	Trité synnemenon		
Si	Paramesé		
Si bémol	Trité synnemenon		Diaeuxis ou dejonction
La	Mesé		
Sol	Meson diatonos		Tétracorde meson
Fa	Parhypaté meson		
Mi	Hypaté meson		Synaphe ou conjonction
Re	Hypaton diatonos		Tétracorde hypaton
Ut	Parhypaté hypaton		
Si	Hypaté hypaton		
La	Proslambanomenos		

(Tétracorde Synnemenon bracket spans Neté synnemenon to Trité synnemenon)

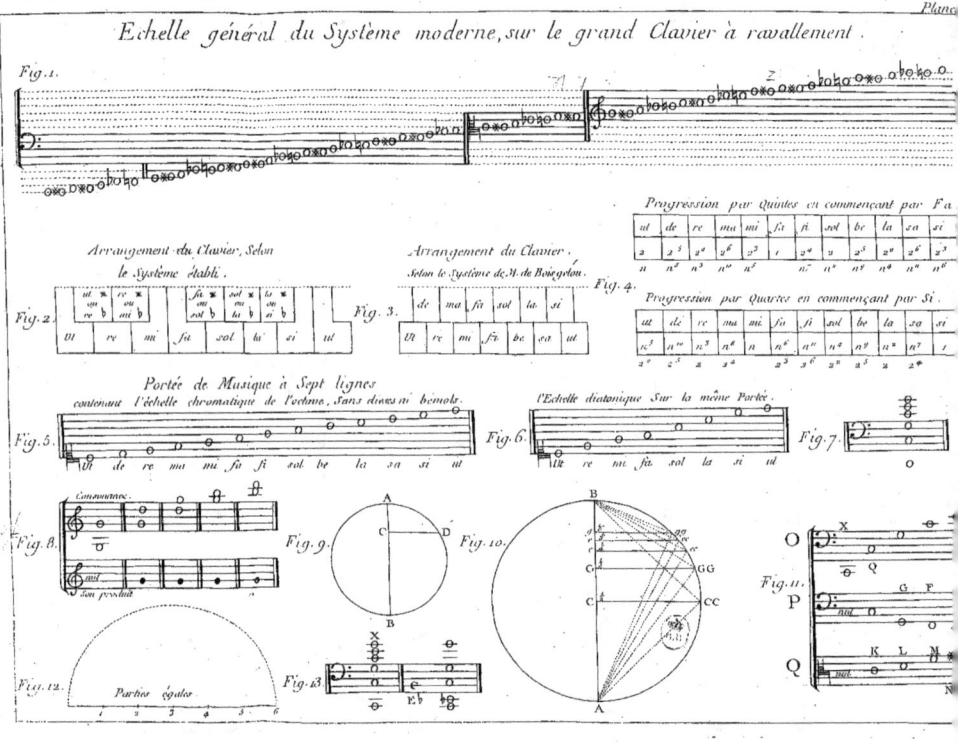

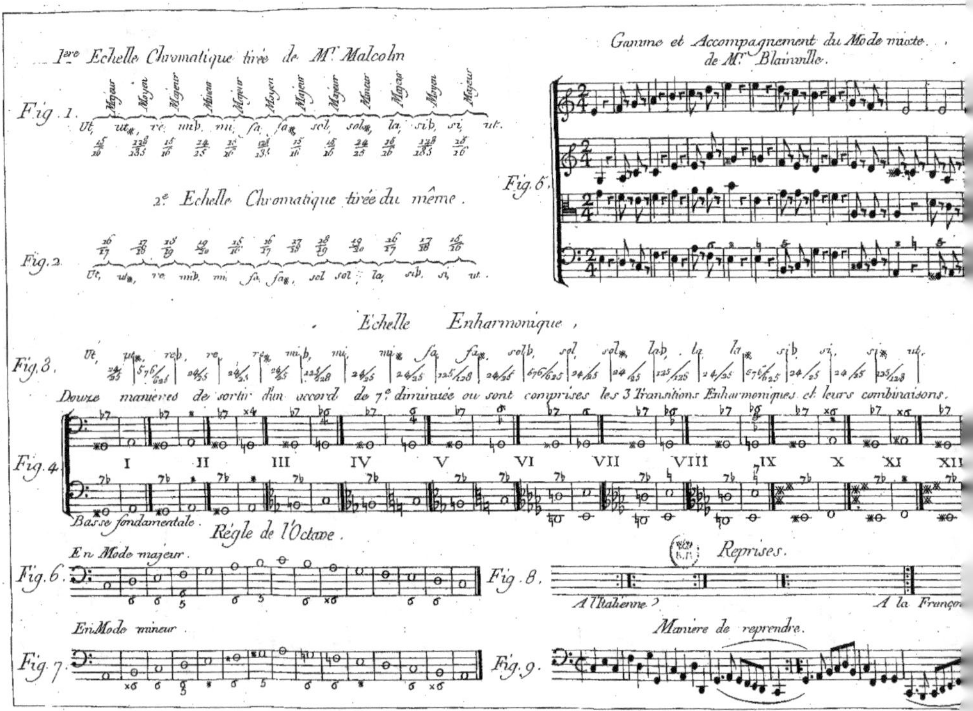

1.ere Echelle Chromatique tirée de M.r Malcolm
Fig. 1.
Majeur Moyen Majeur Mineur Majeur Moyen Majeur Majeur Mineur Majeur Moyen Majeur
Ut, ut✱, re, mib, mi, fa, fa✱, sol, sol✱, la, sib, si, ut.
2.e Echelle Chromatique tirée du même.
Fig. 2.
Ut, ut✱, re, mib, mi, fa, fa✱, sol, sol✱, la, sib, si, ut.
Gamme et Accompagnement du Mode mixte de M.r Blainville.
Fig. 5.
Echelle Enharmonique,
Fig. 3.
Ut, ut✱, reb, re, re✱, mib, mi, mi✱, fa, fa✱, solb, sol, sol✱, lab, la, la✱, sib, si, si✱, ut.
Douze manières de sortir d'un accord de 7.e diminuée ou sont comprises les 3 Transitions Enharmoniques et leurs combinaisons.
Fig. 4.
I II III IV V VI VII VIII IX X XI XII
Basse fondamentale.
Régle de l'Octave.
En Mode majeur.
Fig. 6.
En Mode mineur.
Fig. 7.
Reprises.
Fig. 8.
A l'Italienne.
A la Françoise
Maniere de reprendre.
Fig. 9.

www.ingramcontent.com/pod-product-compliance
Lightning Source LLC
Chambersburg PA
CBHW060755230426
43667CB00010B/1582